快与慢

一只蜜蜂
一只蜘蛛

蜜蜂代表了古人的一种品位,蜂巢稳定有序,是有理数的象征:确定和优雅。

蜘蛛象征了现代人的一种理性,蜘蛛网呈几何图形,是无理数的代表:不确定和不斯文。

蜜蜂筑巢,无论采集什么,都滋养了自己,但丝毫无损花朵的芳香、美丽和活力。

蜘蛛吐丝,无论形状怎样,都是织造粘网,为了猎杀他者……

"轻与重"文丛的 2.0 版

主　编　点　点

编委会成员（按姓氏笔画排序）

伍维曦　杨　振　杨嘉彦　吴雅凌　陈　早
孟　明　袁筱一　高建红　黄　蓓　黄　荭

卢梭渴望心灵的沟通与透明,
然而他在这份期待中受挫了。
于是,他选择了相反的道路:
　　接受乃至挑起障碍……

　　　　——让·斯塔罗宾斯基

华东师范大学出版社六点分社　策划

Le traducteur a bénéficié, pour cet ouvrage, du soutien du Centre national du livre
本书译者翻译此书得到法国国家图书中心的资助
Cet ouvrage a bénéficié du soutien des Programmes d'aide à la publication de l'Institut français.
本书得到法国文化中心出版资助项目的资助

快与慢
点点 主编

透明与障碍
论让-雅克·卢梭

[瑞士] 让·斯塔罗宾斯基 著　汪炜 译

Jean Starobinski
Jean-Jacques Rousseau,
la transparence et l'obstacle

华东师范大学出版社

缘 起

倪为国

1

继"轻与重"文丛,我们推出了2.0版的"快与慢"书系。

如果说,"轻与重"偏好"essai"的文体,尝试构筑一个"常识"的水库;书系 Logo 借用"蝴蝶和螃蟹"来标识,旨在传递一种悠远的隐喻,一种古典的情怀;"快与慢"书系则崇尚"logos"的言说,就像打一口"问题"的深井,更关注古今之变带来的古今之争、古今之辨;故,书系 Logo 假托"蜜蜂和蜘蛛"来暗合"快与慢",隐喻古与今。如是说——

> 蜜蜂代表了古人的一种品位,蜂巢稳定有序,是有理数的象征:确定和优雅。
>
> 蜘蛛象征了现代人的一种理性,蜘蛛网

呈几何图形,是无理数的代表:不确定和不斯文。

蜜蜂筑巢,无论采集什么,都滋养了自己,但丝毫无损花朵的色彩、芳香和美丽。

蜘蛛吐丝,无论形状怎样,都是织造粘网,为了猎杀他者……

2

快与慢,是人赋予时间的一种意义。

时间只有用数学(字)来表现,才被赋予了存在的意义。人们正是借助时间的数学计量揭示万事万物背后的真或理,且以此诠释生命的意义、人生的价值。

慢者,才会"静"。静,表示古人沉思的生活,有节制,向往一种通透的高贵生活;快者,意味"动",旨在传达现代人行动的生活,有欲望,追求一种自由的快乐生活。今日之快,意味着把时间作为填充题;今日之慢,则是把时间变为思考题。所以,快,并不代表进步,慢,也不表明落后。

当下,"快与慢"已然成为衡量今天这个时代所谓"进步"的一种常识:搜索,就成了一种新的习惯,新的生活方式——我们几乎每天都会重复做这件事情:搜索,再搜索……

搜索,不是阅读。搜索的本质,就是放弃思考,寻找答案。

一部人类的思想史,自然是提问者的历史,而不是众说纷纭的答案历史;今日提问者少,给答案人甚多,搜索答案的人则更多。

慢慢地,静静地阅读,也许是抵御或放弃"搜索",重新学会思考的开始……

3

阅读,是一种自我教化的方式。

阅读意义的呈现,不是读书本身,而是取决于我们读什么样的书。倘若我们的阅读,仅仅为了获取知识,那就犹如乞丐渴望获得金钱或食物一般,因为知识的多少,与善恶无关,与德性无关,与高贵无关。今天高谈"读什么",犹如在节食减肥的人面前讨论饥饿一样,又显得过于奢求。

书单,不是菜谱。

读书,自然不仅仅是为了谋食,谋职,谋官,更重要的是谋道。

本书系的旨趣,一句话:且慢勿快。慢,意味着我们拒绝任何形式对知识汲取的极简或图说,避免我们的阅读碎片化;慢,意味着我们关注问题,而不是选择答案;慢,意味着我们要回到古典,重新出发,凭靠古传经典,摆脱中与西的纠葛,远离左与右的缠斗,跳出激进与保守的对峙,去除进步与落后的观念。

从这个意义上说,我们遴选或开出的书单,不迎合大众的口味,也不顾及大众的兴趣。因为读书人的斯文"预设了某些言辞及举止的修养,要求我们的自然激情得以管束,具备有所执守且宽宏大量的平民所激赏的一种情操"(C. S. 路易斯语)。因为所谓"文明"(civilized)的内核是斯文(civil)。

4

真正的阅读,也许就是向一个伟人,一部伟大作品致敬。

生活与伟大作品之间/存在古老的敌意(里尔克诗)。

这种敌意,源自那个"启蒙",而今世俗权力和奢华物质已经败坏了这个词,或者说,启蒙运动成就了这种敌意。"知识越多越反动"恰似这种古老敌意的显白脚注。在智能化信息化时代的今日,这种古老的敌意正日趋浓烈,甚至扑面而来,而能感受、理解且正视这种敌意带来的张力和紧张的,永远是少数人。编辑的天职也许就在于发现、成就这些"少数人"。

快,是绝大多数人的自由作为;慢,则是少数人的自觉理想。

著书,是个慢活,有十年磨一剑之说;读书,理当也是个细活,有十年如一日之喻。

是为序。

目 录

译者前言 …………………………………（1）
告读者 ……………………………………（1）
序言 ………………………………………（1）

第一章

《论科学与艺术》……………………（1）
"表面现象指控了我"…………………（9）
分裂的时代与透明的神话……………（18）
历史知识与诗性幻象…………………（24）
格劳克斯神像…………………………（27）
一种神义论:为人与上帝开脱 ………（39）

第二章

社会批判………………………………（43）
原初的纯真……………………………（49）
劳动,反思,骄傲………………………（52）
革命综合法……………………………（57）

教育综合法 …………………………………（61）

第三章

　　孤独 ………………………………………（66）
　　"把我的信念一劳永逸地确定下来" ……（91）
　　然而,统一性是自然的吗? …………………（96）
　　内在冲突 …………………………………（107）
　　魔法 ………………………………………（115）

第四章

　　蒙面纱的雕像 ……………………………（129）
　　基督 ………………………………………（135）
　　伽拉忒亚 …………………………………（141）
　　揭面纱的理论 ……………………………（145）

第五章

　　《新爱洛漪丝》 ……………………………（162）
　　音乐与透明 ………………………………（178）
　　哀伤之情 …………………………………（184）
　　节庆 ………………………………………（188）
　　平等 ………………………………………（199）
　　经济 ………………………………………（213）
　　神化 ………………………………………（227）
　　朱莉之死 …………………………………（232）

第六章

误解 …… (249)

回归 …… (257)

"一言不发" …… (281)

符号的力量 …… (286)

爱欲的交流 …… (346)

裸露癖 …… (352)

家庭教师 …… (366)

第七章

自传问题 …… (374)

如何描绘自身? …… (387)

言无不尽 …… (391)

第八章

疾病 …… (417)

有罪的反思 …… (426)

重重障碍 …… (452)

沉默 …… (464)

无所作为 …… (476)

植物之谊 …… (486)

第九章

终身监禁 …… (495)

得偿所愿……………………………………（497）
　　两个法庭……………………………………（520）

第十章
　　水晶般透明……………………………………（526）
　　双重判决………………………………………（541）
　　"我就这样孑然于世了"………………………（553）

卢梭七论
　　卢梭与起源探寻………………………………（559）
　　卢梭论不平等的起源和基础…………………（578）
　　卢梭与语言的起源……………………………（624）
　　卢梭与布丰……………………………………（664）
　　小说的歧异……………………………………（687）
　　遐思与嬗变……………………………………（729）
　　论卢梭的疾病…………………………………（755）

人名索引……………………………………………（785）

译者前言

> 但是对理性而言,落入实在,即是落入不透明中。
>
> ——斯塔罗宾斯基:《1789,理性的象征》

经典的作品无需作序,时间已经说明一切。自1957年由法国普隆出版社(Plon)首版①以来,半个多世纪过去了,每一个想要全面深入地思考卢梭"体系"的专业读者——不管他们来自什么领域,不论他们抱持何种追求——都很难绕过这部无与伦比的开

---

① 《透明与障碍》是斯塔罗宾斯基的文学博士论文。该书于1971年由法国伽利马出版社再版时,被收入了享有盛誉的"观念文丛"(Bibliothèque des Idées);1976年被收入著名的半袖珍普及读本系列"如是丛书"(Collection Tel),编号为6。同样的命运也在米歇尔·福柯的身上重现:他的博士论文《古典时代疯狂史》最早也由普隆出版社出版(1961);1972年,伽利马出版社再版时将其收入了"历史文丛"(Bibliothèque des Histoires);它也于1976年被收入普及读本系列"如是丛书",编号为9。

创性著作;读者们总是会在这座丰富的宝库当中流连忘返,寻得自己必需的食粮与指南。莫里斯·布朗肖、克洛德·列维-斯特劳斯、米歇尔·福柯、雅克·德里达、朱迪丝·施克莱(J. N. Shklar)、茨维坦·托多罗夫、罗伯特·达恩顿、彼得·盖伊、曼弗雷德·弗兰克(M. Frank)、柄谷行人……只要我们愿意,这份杰出读者的名单可以一直开列下去。尽管如此,每一位新的读者在翻开一本名著之前还是不禁要问:它那似乎不会衰竭的魅力从何而来?

今天,无论是在客观的意义上还是在形式的意义上,严肃的研究者们已不大会对卢梭作品的统一性价值产生怀疑——即便他们可能对这种价值的本质及其效果持不同见解。从居斯塔夫·朗松、恩斯特·卡西尔到让·斯塔罗宾斯基、吉尔·德勒兹,几乎所有重要的阐释者都在提醒我们,如果忽视了卢梭整个哲学思想的逻辑性与体系性,我们就很可能会误读这位伟大的作者。可是,布朗肖提出的似乎不可逾越的巨大困难如梦魇一般从未放过任何一个研究者,他发出的慨叹依旧在我们耳畔不停回响:卢梭的思想"还不是思想",因为它仿佛被一种原初的经验卷入种种极端的诱惑当中,它们拒斥一切清晰的概念与解释——"当我们想要思考它们时,它们是荒谬的,当我们想要接受它们时,它们是不可承受的"

（《未来之书》）。布朗肖以及后来的大部分卢梭读者①对这一困难的感知其实从来没有超出他们在阅读斯塔罗宾斯基的作品时所捕获的经验②。

---

① 布朗肖在其《未来之书》(1959)中解读卢梭的那个章节简直像是《透明与障碍》的微型缩略本；斯塔罗宾斯基的名字、他的思想的影子在其中随处可见。在福柯分析卢梭《对话录》的那篇长长的"导言"(1962)中，在德里达的代表作《论文字学》(1967)讨论"卢梭时代"的那个部分（占据了全书三分之二的篇幅）中，我们同样见证了这位瑞士批评家和他的这部杰作的惊人的影响力与启发性。
② 如何评价半个多世纪以来法语世界的卢梭研究？这是一个无法最终获得一致答案的复杂问题。既然如此，我们不妨在此稍稍援引斯塔罗宾斯基自己的一项观察，尽管他的观察以及这种援引行为本身都有可能被一些读者们指责为不够审慎。在 2011 年 6 月 27 日寄给译者的一封信中，斯塔罗宾斯基写道："在我看来，今天的法语读者们所读到的那么多的［卢梭研究］著作大都在徒劳无益地重复着——甚至通过模仿我的个人方式——他们能够在别处读到的东西……请允许我向您推荐埃里克·韦伊(E. Weil)的那篇收录在其普隆出版社的文集里的文章。这篇文章对卢梭的解读虽不够宽容，却也因此而更加启发人心……"同年 9 月 7 日，斯塔罗宾斯基在写给译者的另一封信中谈到了他来年（即卢梭诞辰三百周年）将在伽利马出版社的"观念文丛"中出版的一部卢梭研究文集(J. Starobinski, *Accuser et séduire: Essais sur Jean-Jacques Rousseau*, Gallimard, 2012)：此书"既标志着我对先前那本著作的忠诚，同时也体现出我的'方法'在那之后所发生的变化。"在 2012 年如期出版的这本著作中，斯塔罗宾斯基公开重申了他对自己的早期研究的忠诚与自信：此书将以同样"二项式的"(binomiale)形式从若干新的方面进一步"展开我在《透明与障碍》中已经提出的那些思考"。

不但如此,斯塔罗宾斯基自己也从不甘心停留在这种解释学效力早已饱和的经验层面之上。问题不在于将批评的经验导向其可能性的条件,而在于通过同时找到现实载体与思想意图的具体化方式以及它们之间多样化的接合点来重新思考这种经验,从而刻画"客观的解释循环"与"主观的解释循环"之间的那条关系的轨迹(trajet):"这轨迹通过一系列连续的、有时非连续的平面而在不同的实在层级之上获得实现"(《批评的关系》)。斯塔罗宾斯基的一个重要功绩无疑在于,他以极为难得的有效手段第一次成功地将卢梭的重重矛盾的倾向与意图收敛于"统一的意向"之中——他的忠实读者们不会对此存有异议。卡尔海因茨·施蒂尔勒(K. Stierle)的评价十分中肯,毫不夸张:斯塔罗宾斯基不仅对卢梭作出了崭新的理解,他还是真正"解译"(déchiffrer)卢梭思想的第一人;唯有瓦尔特·本雅明对波德莱尔的解读堪与此书媲美。朱迪丝·施克莱则称此书的独创价值和精彩程度至今仍未被超越。两人都是在上世纪八十年代作出这番评价的。倘若我们还能回想起罗贝尔·德哈代(R. Derathé)、昂利·古叶(H. Gouhier)、阿历克西·费罗南柯(A. Philonenko)这些卢梭研究和哲学史研究权威们的崇高声望,还能回想起康德、卡西尔、德里达这些大哲学家们的历史威名,回想起他们为了清晰地解释或"以自己的方式重新阐发"①卢梭完整的哲学方案而付出的艰辛努力以及由此得到的了不起的结论,我们就不难理解上述评价对于今天的读者而言究竟意味着什么。

发现一个又一个的断裂,这对于思想而言并非什么难事;然而这种发现只能构成思想的每一次辛苦劳作的起点。如何摆脱各种目的论的诱惑,解译连续性与不连续性之间的恒久张力以及它们在一种新的几何

---

① 这是斯塔罗宾斯基在本书中论及卢梭对康德的影响时不止一次使用的说法;他还写道:"他[康德]所做的不过是以其完备的哲学体系来阐发卢梭的思想。"反过来说,他基本赞同德裔法国哲学家、卡西尔的学生埃里克·韦伊的观点:"需要通过康德来思考卢梭的思想。"在后者看来,康德是真正理解卢梭思想的第一人;没有康德,就没有作为哲学家的卢梭(E. Weil, *Essais et conférences*, t. II, Plon, 1971)。对卢梭的康德主义解释直至今日都是卢梭研究中一派十分强势的力量,这种倾向可以一直追溯至康德本人。不过很显然,上述正反两种表述的逻辑内涵及其理论效果不尽相同。如果缺乏严格的辨析和限定,所谓的斯塔罗宾斯基的"康德主义解释"将是一个不可谈论的对象。卢梭与康德一直是一个经久不衰的研究话题。在较为晚近的著名研究中,德国古典哲学专家迪特·亨利希(D. Henrich)的一个评价与斯塔罗宾斯基的上述说法最为接近:"我们可以将康德的全部哲学都视为一个企图所导致的后果,这个企图就是要将那位哲学家的思想转化为一套具备科学声誉和普遍效用的理论。那位哲学家就是让-雅克·卢梭。"(D. Henrich, *Aesthetic Judgment and the Moral Image of the World: Studies in Kant*, Stanford University Press, 1992)

平面之上不断拓展的连通分支和结构相关性,这不仅是我们可以从卢梭严密的作品本身当中读出的科学意义,更是年轻的斯塔罗宾斯基在大洋彼岸的新世界里慢慢学会的东西(他后来将其比喻为"交响乐")。如同卢梭小说中那个自我放逐至宇宙尽头的情人一般,他在未知的星辰与不忠的天极的指引下同旧世界挥手告别,坠向人类意识的另一个半球:在美国,在巴尔的摩(1953—1956)[①],他聆听了亚历山大·柯瓦雷在约翰·霍普金斯大学所作的关于封闭世界与无限宇宙的科学史讲座(四年后,那本讨论相同主题的名著在巴尔的摩首版);他见证了发生在乔治·布莱与里奥·斯皮策这两位大师之间的伟大论争,读到了亚瑟·洛夫乔伊的崭新的观念史研究,敏锐地感受到了"言说之艰难"、思想之缺陷,以及不同时代和不同领域中那些并不必然能被发现和说出的转折与嬗变;他继续研读一直以来就令他"备受鼓舞的"乔治·康吉莱姆的著作,一种不再将概念与生命、反常与正常截然对立起来的科学哲

---

① 1952年,乔治·布莱开始在美国约翰·霍普金斯大学任教,在他的提议和帮助下,斯塔罗宾斯基得以在约翰·霍普金斯大学罗曼语言学系获得一份为期五年的教职(助理教授)。这次难得的海外经历不但使他能够有更为充分的时间继续思考和完成他已经在日内瓦大学注册的文学博士学位论文,同时还使他能够在约翰·霍普金斯医学院极为优越的学术环境中研究医学和医学史。斯塔罗宾斯基后来在回顾他的美国岁月时,称这三年时光是他的整个学术生涯的"决定性的转折点"。

学在他的内心深处烙下了牢固的印记,从此,疾病、环境、错误、变异将在他的批评活动中被赋予一种更为积极的认识论和价值论地位;斯塔罗宾斯基很早就发现了文艺批评与临床医学之间的相似性①,两者在本质上都相当于一种"sémiologie"——它在人文学科中被称为"符号学",在医学或病理学领域里则指代"症状学"(symptomatologie);他开始研究医学史,继续在医学院学习神经眼科、解剖病理学以及精神病学的课程,同时,他密切关注着莫里斯·梅洛-庞蒂在那个年代早已探讨过的重要的医学哲学问题——正是在这位同精神分析、社会人类学以及意识哲学都保持着若即若离的暧昧关系的法国哲学家的帮助下,斯塔罗宾斯基

---

① 斯塔罗宾斯基在日内瓦大学求学时期就已经开始研修医学,为期六年(1942—1948)。跟福柯一样,斯塔罗宾斯基也是法语世界中较早关注路德维希·宾斯万格(L. Binswanger)的"存在分析"(Daseinsanalyse)的那批读者之中的一员。不过我们不应夸大这种影响的效果。斯塔罗宾斯基既阅读宾斯万格,也研究康吉莱姆,正是在这两人的共同启示或平衡作用之下,他逐渐找到了医学与人文学科之间的"毗连性"(contiguïté)。斯塔罗宾斯基曾说,"卢梭是我的最著名的病人"。我们很难不把这种毗连性与后来德勒兹的那本被命名为《批评与临床》(1993)的文集联系在一起,因为后者所说的作为"健康事业"的文学构成了我们在下文将要讨论的一种同时超越现象学与精神分析的批评经验或风格理论的激进版本:作家"不是病人,而毋宁是医生,他自身和世界的医生。世界是症状的集合,它们所表征的疾病与人混为一体……文学的终极目标,即从谵妄中释放出一种健康的创造……也就是一种生命的可能……句法的创造,风格,这就是语言的生成。"(《批评与临床》)

得以在纽约结识了流亡美国的德国犹太人科特·戈尔德斯坦(K. Goldstein),一位在梅洛-庞蒂的《行为的结构》(甚至《知觉现象学》)和康吉莱姆的《正常与病理》中都占据着特殊地位的神经精神病学家;斯塔罗宾斯基还在梅洛-庞蒂的邀请下为其主编的《著名哲学家》(*Les Philosophes célèbres*, 1956)撰写了一篇关于蒙田的文章,而在其后来出版的《符号》一书的序言中,梅洛-庞蒂援引了斯塔罗宾斯基的那本同样声名卓著的蒙田研究……

还有必要继续不厌其烦地回顾斯塔罗宾斯基的巴尔的摩岁月吗?年轻的探险家就像一名文艺复兴人(*uomo universale*)那样游走于不同的学科领地(这是他一直以来的梦想),他不断地在文学与科学、启蒙与现代之间搭建起概念点集的"舷梯"(passerelle),衡量它们或远或近、或粗或细的拓扑关系。他意识到必须找到一种独特的语言去描述这个新世界,更准确地说,找到能够以别样的方式刻画思想经验的新语言——正是在这里,我们终于看到了卢梭的深刻教诲在他身上引发的连锁效应。然而,就像朱莉的情人圣普勒那样,他并不急于满足这种企图,而是更愿意无止无休地挑动它、激发它,引发持久泛音的"多重共鸣"。思想的经验-实验(expérience)不仅使这位波兰犹太裔的瑞士人(生于日内瓦的他直到二十八岁才获得瑞士籍)对德国人(法兰克福学派、海德格尔)关于启蒙和理性所作的"过于简单化的"批判一直心存警惕,同时也让他在一种新生的认识论中重新发现了意识、语言和历史的正当位置。正是在巴尔的摩,他的目光穿过了所有这些问题组合而成的棱镜并最终聚焦在卢梭的身上,他开始撰写关于这位启蒙时代的日内瓦哲学家的博士论文[1];也正是在这座城市,他收到了恩师马塞尔·雷蒙从日内瓦向他发来的邀请,参与编纂日后注定会成为一座丰碑的"七星文丛"版《卢梭著作全集》。用不了多久,年轻的探险家将带着大洋彼岸的新发现返航。只不过,这不再是苏格拉底口中的"第二次航行"(*deuteron ploun*)[2]的简单重演,不再

---

[1] 卢梭很晚才进入斯塔罗宾斯基的研究视野。在这之前,他对于启蒙时代的主要兴趣集中于孟德斯鸠的身上:早在1948年,他就应法国哲学家让·瓦尔(J. Wahl)的邀请在巴黎的哲学学院(Collège de Philosophie)做了一场关于孟德斯鸠的讲座。

[2] 我们在这里会想起斯塔罗宾斯基曾经引用的贝尔纳丹·圣-皮埃尔(B. de Saint-Pierre)的一段美妙文字。跟《斐多篇》中的这个著名比喻相比,这段文字在色调上的细微变化使其无论是在个人的还是社会的层面上都极具象征意味:"真理往往也是这样,假如它不体现在具体的感性事件上,或者不通过暗喻、明喻映射出来,我们是无法抓住它的;它需要借助一个载体投射。我们的思维、智力驾驭不了纯粹形而上学的真理,但可以感知到神的旨意,从而目眩惊叹……因为分散的云彩形态不一、薄如轻纱,往往会将太阳的光线分解开来,从而形成丰富多样的晕染,为自然界的规则作品着色,添衣;因此,寓言对真理的折射范围极为广阔,往往甚于一般性真实事件。寓言给真理提供了一个平台,使真理作用于各个领域,寓言使真理适用于动物、树木,以及各类元素,并使其折射出万道光芒。这样,太阳的光线息息不止,地上、天上的物体投射到水底,水天一色,光影显得愈加美丽。"(转引自斯塔罗宾斯基:《自由的创造与理性的象征》,张亘、夏燕译,华东师范大学出版社,2015)

只是一种知识和影像的"权宜之计",因为它虽然不会要求哲学家们为了认识和描述超验的对象而让自己的目光离开水面,投向天空,但这并不意味着客观经验的真实规定性必然要通过意识的概念化操作及其判断的句法形式才能够被我们理解。在卢梭的《语言起源论》、《遐思录》乃至《植物学通信》这样的作品中,我们发现了那些最不可言明的暧昧经验,它们不仅构成了对其《论文》和《社会契约论》的严重挑战,同时也通过各种微分结构与之形成内在的多晶整体,它具有一种独特的"多价性"(polyvalence)。1956年,三十六岁的斯塔罗宾斯基放弃了宾夕法尼亚大学的副教授职位,揣着刚刚完成的博士论文跨越大西洋,回到了欧洲。

环境(circonstances)对于一部杰作的诞生发挥着难以估量的巨大作用,这也正是它在卢梭的历史社会学和人类学思想内部蕴含的理论价值。显然,斯塔罗宾斯基用来解释卢梭第二篇《论文》的这个原理同样适用于他自己的作品。在卢梭的文本与斯塔罗宾斯基的文本之间,在它们各自的内部与外部之间,分别形成了双重的应和或同伦现象:文字"既是其自身起源的映像,亦是其存在所依托之危险的写照"。一个行动的初始有效环节并不在于其意识或欲求本身,而在于行动如何与它们建立起可以接受的关联,并在介入事件的过程中加以利用。正是在接触环境的活动中(也就是在事件中),作者反复创造出其文本-意向的种种形态。因此,斯塔罗宾斯基试图在卢梭作品当中寻找的那个"统一的意向"无关乎主体意识的确定属性,也并非是在精神的上升通道(综合、善良意志或马拉美嘲笑的"普遍报道",等等)与下降通道(黑格尔说的"灵魂病"或是卢梭眼中的"康复",等等)之间作出的抉择,它其实是引导我们走向思想经验之真正实在性的"联结内外的根本扭结":它虽自称具有现象学的雄心,但它也深感被给予物的"现象化"程度与一个构造、表述命题的"我思"(无论以何种变体)所注入的解释学能力并不一定成正比;它既是透明意识之记号,亦无法脱离被视为障碍的肉身和环境;它承认意义只能向意识显现,它应向"体验"(*Erlebnis*)索要认识行为的原初意义,可它又希望意义不以自己的行为作为可能性条件,而是完全内在于身体之中,始终隶属于可感之物;它事实上运用了外部中介,但它相信自己一直忠于纯粹的直接性和内在性,即它误以为自己可以实现一种只能被摄入沉默经验自身的"纯粹表达"(*reinen Aussprache*)[①];它

---

① 现象学描述始于这种"沉默的经验";陈述应被建基于显现之上。那么,问题似乎就是,前述谓性的意义如何进阶至可理解的概念环节?话语形式究竟是一种与知觉直接相连的描述,还是仅仅构成了可识别对象的简单注解?《透明与障碍》整本书在某种程度上都可以被视为对这个问题 (转下页注)

追求辩证运动的三拍节奏,同时又不断陷入那威胁综合的欲望与幻想的空拍;它总想调和不可调和之物、言说不可言说之事,而这是否会让它背弃自我承诺的真诚、清白与受动性?

斯塔罗宾斯基不断提醒我们,解释的关键并不在于知道卢梭的或有意识的、或象征性的欲望是什么,而在于发现他以何种方式引导自身满足其欲望。斯塔罗宾斯基其实埋藏了另一条线索,可以说,他提出了一项未能言明的屈光学研究:如果我们没有把起源理解为自发的涌现,那么意向的统一性就不能建立在某种实指的直接起源之上,它更像是一条条不相交的光线最终会聚其上的"虚拟点"(point virtuel)。如何找到某个对象的开端?卢梭明确说过,这并非他真正关切的科学问题(他常常拿物理学来

(接上页注)的追问,故而,它其实也是卢梭以不同方式、在不同地方不断提出的哲学问题,甚至对于似乎与它距离最为遥远的政治科学,情况也应如此:"自然法如何发声?它如何被我们感知到?"然而,不可言说性与沉默本身是一回事吗?不可解决的问题困境难道不意味着我们的提问方式值得怀疑吗?是否存在一种无需话语翻译的、非范畴化的(或者卢梭所说的"符号性的")可理解性?斯塔罗宾斯基在某些地方透露出了他对这些疑难之处的模糊预感,但在思考它们时,他始终没有彻底放弃传统的提问方式和语言——这也许源自他的审慎的批评风格,但它也可以被视为一种犹豫不决的缺陷;他引领我们找到了问题的真正入口(这是他的功绩所在),但他仍旧缺少打开它的合适钥匙。

进行比照);同样,它也不是斯塔罗宾斯基真正要处理的问题——只要"起源"这个暧昧不清的古老概念依然在离散性与收敛性、经验事实与康德式的"理性事实"之间摇摆不定,问题的最终形式就始终不可辨识,我们就仍旧停留在一种精神现象学之替代品的空缺焦虑当中。要想炼铁,就得先有铁锤,而铁锤须先经过锻造才会出现。斯宾诺莎揭示的这个著名悖论以不同的形态体现于卢梭和斯塔罗宾斯基的文本当中,应对之道的关键一环即在于不再把功能归属于概念,不再将它们铭刻于由严密的等级制和一致性所规定的"封闭而完备的"等式表中。把这样一种哲学经验外推至批评活动的领域后,斯塔罗宾斯基便不难得出如下原则:批评的关系本身应被视为一种能够自我锻造的序列工具,解释的活动应当重新自行运转起来。

"作品总是偏离中心的"(《批评的关系》);言说者与言说活动的情感中心从不重合。甚至在大部分时刻,主体自身都"没能意识到言说行为本身已经推翻了他赋予其言语的意义"。所以,更为恰当的解释态度应是首先承认"卢梭理论话语的间断性与潜在自我的连续性之间的一种往复运动(battement)";自我之所以是潜在的,乃是因为它"只是一幅被隐约瞥见的图像……永远都不会停驻于稳定的同一性之中"。原初的被给予物之所以需要被超越,不是因为它被现象学的批评者们简化为了直观经验或感觉材料,而是因为它是不可识别之物,是永远无法通达的神秘性;它必然会以自我歪曲的方式描述自身。"它刚被给予,就被即刻收回了。"但这就是批评活动的不可撤销的命运。唯一值得解译的对象不是某个纯粹且空洞的原点,也不是必然预设了所思之物(cogitatum)的思想活动(cogitatio),而只是这种"往复运动"留下的轨迹本身,是思想生成涌现的瞬间所捕捉的符号和形象。我们始终都应停驻于"文字生命的意义变动"之中。卢梭说:"什么风格(style)浮现于我脑中,我就用什么风格。"斯塔罗宾斯基在这里看到了一种深刻影响后来的超现实主义运动的新语言观。我们也可以将其称为一种自主表达的风格理论:占据主语(主体)位置的不是我,而是风格;我思(cogito)则是一个空集,是意义生成形式的真子集。

风格"既不是纯粹的特殊性,也不是普遍性,而是一种正在普遍化的特殊性,一种为了朝向特殊的自由而退避三舍的普遍性"(《批评的关系》);风格拒绝承认莱布尼茨式的普遍语言的理想,它是符号载体及其意图之间的多样化的扭结。在这个意义上,斯塔罗宾斯基倒是离里奥·斯皮策更近,而距乔治·布莱更远。风格从来不是一个单纯的艺术或技术问题,它是意识留给我们的唯一标记或症状（symptôme）①。如果说在批评的活动中，真正值得解译的对象确实是我们刚才所说的连续性与非连续性之间、内部与外部之间的往复运动，那么，我们就没有理由拒绝施莱尔马赫的立场：解释学的唯一目标就是理解风格。在为卡西尔的《让-雅克·卢梭的问题》法文版（1987）所撰写之序言的结尾部分，斯塔罗宾斯基专门向我们提出了这样一项解释学任务："研究卢梭风格的种种哲学意涵，同时反过来，将其思想作为一种风格的创造者而加以分析。"

风格不仅是解释学的唯一目标，也是批评家在进行解释活动时唯一能够仰仗的可靠手段，是他的"元方法"（méta-méthode）。风格不同于方法（méthode）。就其严格的科学定义来说，方法总是悖论性地预设了意识从某种具体的科学典范（如几何学或物理学）中抽绎出来的一套拥有先天确定性的（即据称通过理性能力自身的自主运用而直接获得的）规范（常常是作为一种 ars inveniendi），比如笛卡尔所追求的理智思维活动的绝不会出错的匿名性秩序。今天的历史、文艺批评等人文学科领域如此广泛地借用方法这一概念，这表明它们希望自己能

---

① 我们不应感到奇怪，斯塔罗宾斯基曾将症状学与斯皮策的风格学相提并论。

够成为如自然科学一般严格的知识(这也就意味着,批评的方法始终离不开方法的批评)。解释的话语虽然预设了方法的必要性,但是它自身"并不拥有任何方法论的保证",或者说,它永远都不能被彻底还原为某种批评经验的句法模式。解释者一旦开口说话,方法便不再存在,它只能隐匿于批评实践的风格之中;"当方法卸下职责并变得近乎无用之时,它才能通过概念被陈述出来"(《批评的关系》)①。斯塔罗宾斯基会说,一种弗洛伊德式的解释风格是可以想象的,但我们很难在精神分析中找到真正意义上的方法。这当然并不意味着否定方法,而是说批评的关系绝不是简单的概念组织,它是一张有时会缓慢地逾越确定规范或理论之合法界限的概念网络。卢梭说:"秩序与方法对您[德尚(L. M. Deschamps)]来说宛若天神,可对我来说则如同悍妇。"批评家时时刻刻都需要抵抗"方法崇拜"(méthodolâtrie)的诱惑,始终都不应彻底顺从任何一类方法的权威,这权威习惯于"从外部把它的价值、秩序

---

① 相较于斯塔罗宾斯基,笛卡尔对方法的态度倒是显得更为谨慎。在 1637 年 3 月写给法国数学家马兰·梅森(M. Mersenne)的一封信中,笛卡尔强调了他在《谈谈方法》的第一部分里就已表明的立场,即我们无法以理论和概念的严格形式清晰地阐明方法的本质,方法只能在实践活动中存在;因此,他"并不企图教授它,而只是打算谈谈它",这也正是《谈谈方法》这一书名的用意。

和各种预设的分类强加上来",从而导致概念同化功能,方法吸纳问题。

于是,我们会看到,斯塔罗宾斯基一方面承认"需要通过康德来思考卢梭的思想",需要在其两极化的哲学倾向之间开启一种辩证的运动,但他同时也发现,追求自然与文化之综合的调和解释乃是一种"危险的做法",因为内在的矛盾与统一性的欲望如何能在一个秩序井然的体系中达成和解?看来,我们还"需要通过弗洛伊德来思考卢梭的情感"。只不过,精神分析的方法也蕴藏着另一重风险,即诱使我们接受一种线性的心理因果关系,误以为某种心理情结具有普遍的解释效力;所以,我们也可以挪用巴什拉的看法,反过来指责精神分析缺少一个辩证法的维度。在弗洛伊德表明"客体选择"固着于自我的地方,黑格尔则看到了一个将自己当成优秀本质的"美好的灵魂";他的矛头不仅指向苏格拉底,更指向了未被直接点名的卢梭。哲学家所批评的这种拒绝在外部世界异化自身的个体性在他的诗人同窗荷尔德林眼中,则是一个将自我与自然融合为一的"坚韧不拔的灵魂"、一位通晓诸神语言的半神半人的英雄……

康德主义或精神分析,现象学或社会学,存在主义或马克思主义,斯多亚主义或超现实主义……斯塔罗宾斯基的"方法"既是这一切,又不是其中任何之一；所有的权威在他那里都不过是种种互补的、临时的、非排他性的手段，因为没有任何一种解释能够穷尽它的全部问题，还原它的完整对象。总是存在着某种解释学的剩余，某个不透明的角落，某股反抗理性的疯狂。帕斯卡尔说，上帝"将黑暗掺入明亮之物"（《思想录》）。世界就是一本有待破解的大书；这本大书是用数学的语言书写而成的吗？笛卡尔接着伽利略的隐喻继续说道："我的物理学只是几何学。"无论如何，我们不应忘记的背景是，数学与物理学在单一的思维活动中被有效联结起来的结果只是一个持续了不到三百年的历史产物。从十八世纪开始，一方面，一些博物学家和语法学家们已经不再像他们的先辈那样试图在认识论或伦理学的层面上分离出经典力学的理性主义元素；另一方面，一些数学家和哲学家们明确意识到，物理学无需总是服从一种复制数学的科学句法模式，通过数学语言进入"自然"的合法性通道开始逐渐关闭。有趣的是，正是在十九世纪的绘画和文学运动中，在二十世纪的那些不可进行概念化还原操作的代数结构乃至证明论中，我们听见了尚未被哲学话语捕捉到的"间接语言"（借用梅洛-庞蒂的表达）的最初回响——因为对于前者，这种话语向来表现出最令人惊愕的迟钝姿态，而就后者来说，当《几何原本》中的和谐公理受到破坏，当经典数学的推理能力与合法性遭遇数学家们在上世纪初所说的"新的基础危机"(neue Grundlagenkrise)之时,这种哲学话语便开始陷入一种"科学危机"的焦虑与谵妄之中。

总之,与十六世纪以来的状况不同,解译的工作已无法再把方法的客观价值建立在某种具体实在的相关性之上,它放弃了通过判断与知识之间的单调的连续操作而将自己的严格性寄托于一种普遍科学(mathesis universalis)的古老乌托邦中。我们很难确定斯塔罗宾斯基究竟在多大程度上将这一理论方向拓展到了他的批评活动当中,但是,早年即接受了柯瓦雷的科学史教导并把从不简单的目光投向启蒙时代的斯塔罗宾斯基对这段短暂而复杂的历史不会没有觉察。我们没有理由不以这样的方式来重新评估其批评活动所开辟的可能空间,因为这正是这种活动本身所追求的内在有效原则:"方法"的概念或许可以被我们接受,只要每一种方法都被看成整个解释活动应当平等选用的不同平面,尽管这些平面相互之间可能存有纷争,但是解释话语的功能并不是在描述与对象之间确立和谐一致的关联性(在很多情况下,这是不可能完成的任务),它仅仅满足于辨识并更新某种可理解性的属性与形式。所以,虽然不存在任何一种严格的方法能够实现从一个平面向另一个平面的转换,但是这种转换本身"正是批评轨迹的核心动力"(《批评的关系》),它构成了斯塔罗宾斯基的个人的（因而奇特的）、严格的（因而客观的）解释风格，他的"元方法"。

大诗人伊夫·博纳富瓦（Y. Bonnefoy）曾将这种始于《透明与障碍》的风格看作直觉与博识完美融合的典范。精神分析学家让-贝尔特朗·彭塔力斯（J.-B. Pontalis）则借用保罗·瓦莱里的观念把它称为一种"梦思"（pensée rêvante）……丰富却不驳杂，严谨而不失轻盈，诱人且不乏热诚，这就是斯塔罗宾斯基的批评带给读者们的最直接的阅读感受。

最后还应补充的一点是，在这位波兰犹太裔的日内瓦批评家眼中，这种解释风格还为我们打开了一个反极权的可能维度，因为很显然，"政治的极权主义通常都伴随着解释的极权主义"。一种自称没有错误、毫无空隙的全能的解释不是解释，而是恐怖。

* * *

读者面前的这部汉译本是依据法国伽利马出版社 1971 年再版的 *Jean-Jacques Rousseau : La transparence et l'obstacle*（Paris: Gallimard, Bibliothèque des Idées, 1971; Collection Tel, 1976）译出的。《透明与障碍》早已被翻译为许多国家的语言。1973年，即此书法文本再版两年后，邻国日本有了自己的译本；又过去了近半个世纪，汉译本姗姗来迟。对于一本名著而言,这番命运颇有些不可思议;对于近代以来的西学东渐史而言,这倒不是什么稀奇的事情……

卢梭仍有部分著作以及大量书信尚没有汉译。出于风格与概念的统一需要,同时为了准确传达作者的意图以及作者所理解的卢梭文本,本书中的所有卢梭原著引文——无论是否已有汉译——均由译者据法文原本译出。依据的版本分别是:

1. 法国伽利马出版社"七星文丛"权威评注版《卢梭著作全集》(*Œuvres complètes*, sous la direction de Bernard Gagnebin et Marcel Raymond, Paris: Gallimard, Bibliothèque de la Pléiade, 1959—1995);

2. 拉尔夫·利(R. A. Leigh)主编的 52 卷本《卢梭书信全集》(*Correspondance complète de Jean-Jacques Rousseau*, Genève: Institut et Musée Voltaire, puis Oxford : The Voltaire Foundation, 1965—1998)。

另外需要说明的是,本书法文原版中的个别卢梭引文内容或引文页码与《全集》之间存在出入,译者或据《全集》自动订正,或在译注中另作说明。作者引用的其他文献若为非法语原著的法语译本,译者均据作者参引的法语译本译出,否则依原本翻译。原书人名索引中的页码存在少量遗漏,译者已尽力补全。

让·斯塔罗宾斯基先生曾给予译者宝贵的鼓励与建议。译者于 2013 年访法时曾获法国国家图书中心(CNL)资助;同年夏天,译者与家人在阿尔勒逗留期间得到了设立于"梵高疗养院"(Espace Van Gogh)的国际译者中心(ATLAS-CITL)的热情接待。本书的顺利出版离不开倪为国先生、高建红女士的关心与支持。在此致以诚挚感谢。

汪炜

2018 年 9 月,巴黎

告读者

较之前一版(1957年)，这里发表的版本在细节上做了诸多改动。尽管如此，这些变化并未影响作品的整体结构。

引文此后均依据贝尔纳·伽涅班(B. Gagnebin)和马塞尔·雷蒙主编的《卢梭著作全集》评注版(收于"七星文丛"，共五卷，四卷已出①)。我们按照现代法语规范订正了卢梭的单词拼写，但一般仍遵守其标点符号的使用方式。以今天的标准来看，这种使用方式往往不甚得当，它表现为一种由大音段所构成的分句法。我们从中可以辨察出卢梭特有的言语"气息"。

本书最后所辑录的七篇论文曾于1962至1970

---

① [译注]斯塔罗宾斯基此作于1957年由巴黎普隆出版社(Plon)首版时，"七星文丛"版《卢梭著作全集》(以下简称《全集》)尚未出版；至1971年由伽利马出版社再版时，《全集》已出版四卷。最后一卷即第五卷于1995年面世。斯塔罗宾斯基本人亦参与了《全集》的编纂工作。

年间发表在别处。《让-雅克·卢梭与反思的危险》不在此列,而是成为《活眼》一书(伽利马出版社,1961年第一版,1968年第二版)的组成部分;《解释者及其循环》则收入《批评的关系》一书(伽利马出版社,1970年版)。

日内瓦,1970年9月

序　言

这并非一本传记,尽管在整体布局上,它恪守卢梭的态度与观念之发展的时间顺序;它更不是对这位日内瓦公民之哲学的系统阐述,尽管对一项足够严谨的研究来说,这种哲学的根本难题正构成它要探究的对象。

不论正当与否,卢梭都不愿将其思想与个体性、理论与个人命运区隔开来。应当在存在与观念的融合和混杂中,循着卢梭呈现给我们的那个样子去理解他。由此,我们便通向这样一处境地:分析让-雅克的文学创作,就好像它体现了一种想象的行动一般;研究他的行为举止,仿佛它们建构了一种真实的虚构似的。

冒险家、遐思者、哲学家、反哲学家、政治理论家、音乐家、被迫害妄想症患者——让-雅克集所有这些身份于一身。不管其作品何等多样,我们依然相信,它可以被一道并不回避其任何面向的目光所看透和辨明——其作品是如此丰富,以至于它本身便足以向我们透露那些主题和动机。正是通过这些主题和动机,我们将既在其作品之离散的倾向中,亦在其统一的意向中把握住他的作品。当我们给予卢梭单纯的关切,不去过于仓促地为其定罪或开脱时,我们便将遭遇种种形象、种种纠缠不休的欲念、种种怀乡的思愁——它们以一种近乎恒久的方式牵引着让-雅克的行为举止,支配着他的种种活动。

我们尽可能将这项研究限定在如下范围之内,即考察和描述专属于让-雅克·卢梭的那个世界的种种结构。相较于一种压迫性的批评活动——这种批评习惯于从外部把它的价值、秩序和各种预设的分类强加上来——我们更喜欢这样一种阅读活动,它老老实实地致力于揭示那内在于其所探问的文本之中的秩序或无序,破解作者思想生发形成时所依据的那些符号和观念。

即便如此,这项研究也并未止于一种"内部分析"。因为很明显,如果置卢梭作品所要抗争的那个世界于不顾,我们就无法解释这些作品。正是在与一个不可接受之社会的冲突中,内在体验方获其独特功能。进一步来看,只有在同外部现实的一切令人满意的关系均告失效的地方,专属于内在生命的那片领地才得以被界定。卢梭渴望心灵的沟通与透明(transparence),然而他在这份期待中受挫了。于是,他选择了相反的道路:接受乃至挑起障碍(obstacle),这障碍使他得以退隐到逆来顺受的状态以及对其清白无辜的确信之中。

第一章

《论科学与艺术》

《论科学与艺术》以一番对文化的浮夸赞美开场。华丽典雅的辞藻渐次铺陈，寥寥数笔便将知识取得进展的整个历史勾勒出来。可突然间，卢梭笔锋一转，将存在与表象①之间的矛盾推到我们面前："科学、文学和艺术……用花环装点那压在他们[人类]身上的铁镣。"②巧妙的修辞术发挥了效应：魔杖

---

① [译注]卢梭关于 être(存在)与 paraître(表象)的二分法是斯塔罗宾斯基在本书中展开讨论的起点和母题。这对可以上溯至柏拉图哲学传统的陈旧概念在卢梭那里获得了异常丰富的理论维度。在卢梭的文本中，paraître 有很多近义词，如"外表"、"表面现象"、"假象"、"面具"、"面纱"等。译者将充当名词时的 paraître 统一译为"表象"；当 paraître 用作动词时，考虑到汉语表达习惯以及具体语境，译者多以"表现"或"示"译之，并相应以"存在"或"是"译 être。
② 《论科学与艺术》，见《卢梭著作全集》(以下简称《全集》，共五卷，四卷已出)，巴黎：七星文丛，自 1959 年起出版，卷三，第 7 页。我们已经按照现代法语规范订正了卢梭的所有单词拼写。

一挥,涵义便被颠倒了过来,而卢梭刚刚在我们眼前展现的那番辉煌夺目的图景不过是一层骗人的包装而已,华而不实:

> 假如外在的言谈举止永远都是内心倾向的映像,那么生活在我们大家中间将何等美妙啊。①

虚假表面的背后出现了空洞,我们所有的不幸正由此而来。因为这种断裂阻碍了"外在的言谈举止"与"内心倾向"相符,它使罪恶渗入世界。知识所带来的益处被那些源自欺骗性外表的不可胜数的恶习所抵消,几近一笔抹煞。先是一段气势恢廓的宏论勾画出了艺术与科学的辉煌进展,可随后而来的滔滔雄辩却把我们带向反面,并将"世道沦亡"的严重程度呈现给我们。人类的精神胜利了,可是人却迷失了。这种反差是严酷的,因为它所牵涉的不仅仅是存在与表象的抽象概念,还与人类的命运息息相关。这命运在那遭到背弃的纯真和从此往后确定无疑的沉沦之间分裂开来:表象与罪恶同为一体。

* * *

外表的欺骗性在 1748 年那个时候绝不是什么

---

① 《论科学与艺术》,同上。

第一章　　　　　　　　　　　　　　3

新鲜的题材。在剧场和教堂里,在小说和报纸中,伪装、客套、虚伪和面具都被人们以种种方式所揭露。在笔战与讽刺作品的专门用语中,没有什么词汇能比"揭去面纱"(dévoiler)和"拆穿面具"(démasquer)被更加频繁地使用了。《答尔丢夫》①被人们读了又读。我们在所有的喜剧和悲剧作品中都能看到奸佞小人、"卑鄙的谄媚者"和伪善的恶棍这类形象。在一段精心编织的情节终了之时,骗子们的真面目总归是要被揭露的。让-巴提斯特·卢梭②因为写下了这些诗句而被人们铭记:

> 面具脱落了,人还留在那儿,
> 而英雄消失不见了。③

这个被人们广泛采用的题材已经如此通俗化和程式化,以至于无论什么人都能够驾轻就熟地重拾这一题材并赋予其某些变化。存在与表象这对反题业已变成了老生常谈,理念早已形同空话。

然而,当卢梭在前往樊尚途中被真理的炫目精

---

① [译注]即莫里哀创作的五幕喜剧《答尔丢夫,或伪君子》(1664年)。
② [译注]让-巴提斯特·卢梭(J.-B. Rousseau,1671—1741),法国诗人和剧作家。
③ 让-巴提斯特·卢梭:《命运颂》,出自《颂诗集》卷二,第六首,第12节。

芒所射中时①,当他在那些难眠之夜里"反复斟酌"②论稿的字字句句时,陈腔旧调便重获生机。它燃烧起来,变得炽热无比。存在与表象的对子以一种悲恸的方式被激活,并将其悲剧张力赋予话语。这仍然是从修辞法中调用的同一对反题,只不过它现在表达了一种悲痛,一种撕裂所造成的苦楚。不论其辞藻何等浮夸,一种对分裂状态的真实感受得以确立并蔓延开来。存在与表象之间的断裂也酿成了其他的冲突,就像一波接一波放大的回音一般:善与恶之间(以及好人与坏人之间)的断裂、自然与社会之间的断裂、人类与其神明之间的断裂、人与其自身间的断裂。最后,整个历史分裂成一个从前和一个后来:从前,祖国与公民尚存于世,后来则皆已不在。古罗马再一次成为其例证:由于耽溺于外表的虚华,这个曾有着高尚品德的共和国最终在它的骄奢和征战中迷失了。"愚妄的人啊,你们都干了些什么!"③

卢梭将矛头直指舆论之威信,并哀叹日渐衰敝的古罗马自此便听任那些修辞家们的摆布。尽管如此,他的滔滔雄辩却遵守着演说体的全部法则。对

---

① [译注]指卢梭于1749年夏天去樊尚监狱探望狄德罗,途中发现了第戎科学院的征文启事,灵感忽现。
② 《忏悔录》章八,见《全集》卷一,第352页。
③ 《论科学与艺术》,见《全集》卷三,第14页。

于一场科学院的征文比赛来说，论稿里该用的修辞都用到了：呼告、拟人、层递。文艺传统的影响在这篇论稿中无处不在，连题铭也不例外。*Decipimur specie recti*①，古罗马的一句箴言确保了论辩的根本主题一上来就能被传达给我们，而这一援引也是恰如其分的。它预告了如下观点：我们拜倒在良善的幻觉之下，变成了外表的俘虏，任凭自己被正义的假象所迷惑。我们的谬误属于道德的而非知识层面上的问题。犯错即意味着我们在做错事的同时相信自己的所作所为是对的。我们被不知不觉地引向罪恶，尽管这并非我们所愿。幻象不但扰乱我们的认识，蒙翳真理，它还会扭曲我们的一切行动，腐蚀我们的生活。

通过此番修辞，卢梭传达出一种苦闷的思绪，人际沟通之不可能这个念头百般纠缠，挥之不去，令其难得安宁。他后来在遭受迫害的那段岁月里满腹牢骚，怨言不断，而其主题都早已体现在这第一篇《论文》②中了：灵魂之不可见、友爱之不可能、信任之不长久，没有什么确切可靠的征象能助我们辨察心灵：

---

① 贺拉斯：《诗艺》，第 25 行。[译注：意即"我们被公道之假象所蒙骗"。]
② [译注]即《论科学与艺术》，下同。

世人不再敢示其所是（paraître ce qu'on est）①。而在这永恒的拘禁下，构成我们称之为社会这一群体的那帮人就都在干着相同的事情，既然他们都处在同样的环境之中——除非有更加强有力的动机使他们改弦易辙。由此，人们永远都不能清楚地知道自己在跟谁打交道：为了认识自己的朋友，他就必须等待那些重大的时刻，也就是等到没有时间可以再等的那些关头，因为只有到了这个时候，对朋友的认识才是根本性的。

与这不确定性伴生而来的将是怎样的连串罪恶啊！不再有诚挚的友爱，不再有真实的尊敬，也不再有牢靠的信任了。猜忌、多疑、惧怕、冷漠、戒慎、憎恨与背叛，凡此种种不断地通过社交礼仪的一成不变的虚伪面纱，通过那被如此夸耀的归功于我们时代智慧的文雅世故来掩饰它们自身。②

存在与表象的泾渭分明、一种掩盖了真实感受

---

① ［译注］斯塔罗宾斯基在本书开篇所提出的存在（être）与表象（paraître）这对核心概念在这里作为动词（est 与 paraître）体现于卢梭文本中。后文还将出现此类情况，译者不再一一赘述。
② 《论科学与艺术》，见《全集》卷三，第8至9页。

的"面纱"(voile):这就是卢梭最开始遭逢的丑闻,是他不可接受的境况(他试图寻求其解释和原因),也是他期盼摆脱的不幸。

这个具有丰富意涵的主题开启了一种无尽扩展的可能。正如卢梭自己承认的那样,欺骗的丑闻为他全部的理论反思注入动力。在发表第一篇《论文》多年以后,为了解释其著作并理出"他的观念的历史",卢梭回过头来重新审视自己的作品,并声称:

> 一旦我能够去观察人们,我便注视着他们的行为,聆听着他们的言谈。当我随后看到他们言行不一时,我便去找寻这种不一致的原因,而我发现对他们来说,存在与表象就如同行事与说话那样是两种截然不同的东西。这第二种差异正是导致前面那种差异的原因。[①]

这段说明颇值得注意,也牵出了一些问题。

一旦我能够去观察人们:卢梭在这里以观察者的身份自居,摆出了一个自然主义哲学家的姿态,即把他观察到的结果转换为概念,并通过归纳法追溯

[①] 《致克里斯多夫·德·波蒙的信》,见《全集》卷四,第 966 页。

其理由和第一因。可当卢梭采用了这种无利害性的分析方式时,他难道没有因此而将那些纷乱得多的情感和更具利害关系的感受都一并"合理化"了吗？通过一种抽象认知的口吻,他难道不多多少少有意想要抵消或者掩饰某些完全个人性的失望和失败吗？正是卢梭自己授予我们提出这些问题的权利。现代心理学已将我们的注意力转向了思想的情感根源和无意识的底层结构,而早在这之前,卢梭就已经通过《忏悔录》邀请我们在情感经验中去寻觅其理论的起源,而《遐思录》中的卢梭甚至会说:"我的整个人生不过是一场漫长的遐思"①,因此还要在这幻想的经验中去寻觅。

那么,存在与表象之间的矛盾是通过一种批判性的关注行为才进入卢梭的思考视野吗？激发他展开思索的是一种冷静的比较吗？读者或许可以对此表示怀疑。表象这一主题经常出现在那个时代的知识分子们的用语当中,考虑到这个因素,我们就得再掂量一下能否从这主题当中找到卢梭展开其反思的那个真正的出发点和原动力。假如弄清这种思想的根源和起点是可能的,那么我们难道

---

① 《记在扑克牌上的字句》,见《漫步遐思录》附录,马塞尔·雷蒙评注版,日内瓦:德罗兹出版社,1948 年,第 167 页。另见《全集》卷一,第 1165 页。

不应该下探至更加深层的心理层面,去寻找一种原初的情感和一种更为私密的动机吗?不过我们将再次遭遇那虚假外表的魔咒,不再是作为陈腐的修辞或系统观察的对象,而是化身为种种隐秘的心理戏码。

"表面现象指控了我"

让我们重新翻开《忏悔录》的第一章。"我已示我所是"①(按照他相信、希望自己曾是的那个样子)。卢梭所关切的并不是勾画其观念的发展过程;他任凭自己在情感的回忆中沦陷。在他看来,其存在的构成元素乃一系列的感受,"一连串的隐秘感情"②,而非思想。如果骗人的表象这个主题只是一种理智的上层建筑,那么它在《忏悔录》中就毫无地位。不过真实的情况恰好相反。

让-雅克的自我意识始自他与"文学"的相遇——这一点或许并非无足轻重。"我不知道我五六岁前都干过些什么:我不知道自己是如何学会阅读的;我只记得我最初的那些读物和它们对我产生的作用:正是从这个时候开始,我才对我自己具有了

---

① 《忏悔录》章一,见《全集》卷一,第5页。
② 《忏悔录》初稿,载于《卢梭学会年鉴》第四期(日内瓦,1908年),第3页。另见《全集》卷一,第1149页。

连续不断的意识。我的母亲遗留下一些小说……"①与自身的遭遇,与想象事物的遭遇,这两者重合在了一起:它们构成了同一种发现。从一开始,自我意识就与变成他者这种可能性密切地连结在一起("我变成了我正在阅读其生平的那个人物"②)。不过,无论卢梭认为这种教育方法有多么危险——它让情感先于理性而苏醒,让对想象事物的认识早于对真实事物的认识——表象在这里并不必然是一种有害的影响。阅读活动所唤起的情感幻象的确暗藏某种危险,但在这种特殊情况下,这危险也带来一种宝贵的特权:让雅克作为一个与众不同的生命而成长起来。"我接二连三地体验到的那些纷乱的情感并未败坏我尚不具备的理性,它们却以另一种方式给我造就了一种理性……"③让-雅克的独特性从小说的幻想所激发出的令人着迷的幻景中获得其源泉。而正是在此处,《忏悔录》开篇的宣言——"我生来就不同于我所见过的任何人"④——第一次得到了生平材料的佐证。让-雅克渴求并哀叹自己的与众不同:它既是一种不幸,也是引以为豪的理由。那些虚幻的激动之情和想象的兴奋感

---

① 《忏悔录》章一,见《全集》卷一,第8页。
② 《忏悔录》,同上,第9页。
③ 《忏悔录》,同上,第8页。
④ 《忏悔录》,同上,第5页。

使他变得与众不同,而他对它们所抱持的态度则只是一种模棱两可的嗔怪:那些小说是他过世母亲的遗物。

我们接下来所读到的一段童年回忆则描述了他与表象的遭遇,如同一场剧烈的动荡。不过,他并不是通过观察,而是通过亲身经历存在与表象之间的冲突来展开这段回忆。这段记忆追溯了他对外表之恶的最初体验;让-雅克描绘了他通过这次经验所获得的"创伤性的"启示,并把一种决定性的重要意义赋予这启示:"从那个时候起,我再也没有享受到一种纯粹的幸福了。"① 就在这一刻,灾难("堕落")发生了,它摧毁了孩子的纯净幸福。非正义从这一刻开始存在于世,不幸降临了,或者成为了一种可能。这段回忆在卢梭那里具有一种原型意义,即与不正当指控的遭逢。让-雅克看上去有罪,但实际上无罪。他是真诚的,但看起来像在撒谎。责罚他的那些人满口公道正义,但所作所为却并不公正。不过,这里的体罚可并未产生出朗贝尔希耶小姐捆打他屁股时的那种色情效果②:让-雅克在这体罚中发现的只是孤独和隔离,而非肉体的

---

① 《忏悔录》,同上,第20页。
② [译注]参《忏悔录》章一中的记叙。另参斯塔罗宾斯基在本书第六章中的相关讨论。

快感：

> 有一天，我一个人在厨房隔壁的房间里学习功课。女佣把朗贝尔希耶小姐的几把梳子放在火炉的平板上面烤干。当她回来取时，不想其中一把梳子一侧的齿全都折了。是谁弄坏了梳子呢？除了我没有别人进过这房间。大家便讯问我，而我否认碰过那梳子。朗贝尔希耶先生和朗贝尔希耶小姐联合起来劝导我，逼问我，威吓我；而我仍然倔强地矢口否认。但是他们认定罪责在我的信念是如此强大，任我万般申辩也无济于事，尽管这是他们头一遭看到我如此公然撒谎。这在他们眼里可是一件严重的事情，也确实值得严肃对待。损坏梳子、公然撒谎、拒不认错，这些看起来都该受到惩罚……
>
> 这一意外事件距今已将近五十年了，我并不害怕今天再次因为同样的事情而受到惩罚。哎，好吧！我对天发誓我是清白的……
>
> 我那时尚无充足的理性能力，故而既不能感受到表面现象对我的指控有多么严重，也无法设身处地地站在别人的位置上来考虑问题。我固守在我自己的位置上，所能感受到的一切就是那可怕的惩罚有多么严酷，而这惩罚却归

因于一个我并未犯下的罪行。①

卢梭在这里身处被告席。而在第一篇《论文》中,他扮演的角色则是原告。然而一旦遭遇那对矛盾,他便会重返被告席。我们方才读到的对这次经历的描述并不是要将实在与假象的概念抽象地加以对照:这其实是清白的-存在与有罪的-表象之间的令人不安的对立。"观念都变得多么颠三倒四啊!情感该多么混乱啊!……该是怎样的惊慌失措啊!"②当存在与表象间的存在论的裂缝隐约显露出来时,这个孩子便感受到了难以容忍的非正义的秘密。他懂得了清白的内在确信在面对罪错的表面证据时不堪一击;他明白了意识与意识是彼此隔离的,而人们在自身当中体验到的直接明证性不可能相互传达。天堂从此陷落,因为所谓天堂,正是意识与意识之间的相互透明,是彻底的互信沟通。世界自身的样貌改变了,变得昏暗起来。卢梭用来描述这次断梳事件之后果的词汇与他在第一篇《论文》中谈论世人因"不再敢示其所是"而滋长出的"连串罪恶"时所采用的字眼异常相似。在这两个文本中,卢梭所讨论的都是信任的消亡,然后

---

① 《忏悔录》,同上,第18至20页。
② 《忏悔录》,同上。

便是那挡在中间的面纱:

> 我们在博赛(Bossey)还呆了数月。我们在那儿就像人们所说的亚当一样,依然住在伊甸园中,却已不再能享受到那里的快乐了。从外表上看,一切照旧,不过真实情况却完全是另一番样子。学生和他们的导师不再是通过依恋、尊敬、亲密、信任连结在一起了,我们也不再把他们看成是能读懂我们心灵的神了。我们对于坏事不再感到那么羞耻,而是更加害怕被告发:我们开始掩饰自己,为自己强辩,乃至撒谎。我们那个年纪所具有的一切恶习将我们的纯真腐蚀了,将我们的游戏丑化了。甚至连乡野在我们眼中也失去了优美纯朴的魅力,不再撩人心弦,显得荒芜而阴郁,仿佛被一层面纱覆盖着,遮掩了它的美丽。[①]

从今以后,灵魂与灵魂不再相连,它们反而乐于躲藏起来。一切都被搅浑了,受罚的孩子会发现,对他人的认识具有一种不确定性,正如卢梭在第一篇

[①] 《忏悔录》,同上。关于卢梭文本中的"透明性"这个主题,参见毕尔热兰的《卢梭的存在哲学》(巴黎,1952年),第 293 至 295 页及别处。

《论文》中抱怨过的那样:"人们永远都不能清楚地知道自己在跟谁打交道。"对于让-雅克来说,由于这灾难恰好将他与"他最珍爱、最尊敬的那些人"①分离开来,因而就显得更加沉重。这种断裂构成了一种原罪,由于让-雅克本不应为其承担罪责,故而这种指控就显得愈加残酷。

其实应该注意到,在这起断梳事件的整个过程当中,谁都不该为邪恶与疏离之最初产生承担罪责。导致这一切的乃是偶然性,是单纯的误解而已。卢梭从头到尾都没有把朗贝尔希耶一家说成是邪恶的和不公道的人。相反,他们在他笔下是"柔惠的"、"很讲道理的"、"正直而严苛"的人。他们只不过犯了错,因为他们被正义的虚假外表所蒙骗(套用第一篇《论文》开头的那句箴言),而非正义的降临则像是一种非人格化的宿命结局。"表面现象"指控了卢梭,而"他们认定罪责在我的信念是如此强大",因此在这整个故事中,没有谁有罪,只有一种对罪行的指责,一种有罪的-表象似乎碰巧出现,并自动招致了惩罚。所有人都是清白的,但是他们之间的关系被表象和非正义腐蚀了。

虚假外表的魔咒以及意识与意识之间的鸿沟终结了孩童世界的美满统一性。从此,统一性需要被

---

① 《忏悔录》,同上。

收复,需要被重新寻获;疏离的人们需要彼此和解:被赶出天堂的意识必须经历漫长的征途才能回归至福;它必须去寻找另一种幸福,一种迥然不同的幸福,而在这幸福中,意识的初始状态将被原封不动地恢复。

创伤体验让卢梭获得了外表欺骗性的启示。他以表象受害者的身份揭露表象。正当他发觉其主体性的界限时,这主体性便成为他不得不领受的被诋毁的主体性。他遭到他者的误解:自我忍受着其外表招来的不公判罚,而他本希望得到判罚者的喜爱。

因此,世界之"现象的"结构只是间接地受到质疑。在这里,对表象的揭露根本不是对知觉现实之虚幻本性的反思所导致的结果。让-雅克并非这样一个哲学"主体":这主体分析外部世界的景观,并对这景观抱持怀疑态度,将其视为感官之迷惑作用所造成的表面现象。让-雅克发现他人不再能通达他的内在真理、清白和诚实;在这之后,乡野才开始变得黯淡无光,似戴了面纱一般。在他感到自己与世界隔离之前,自我就已经体验到其与他者的疏远;在将世界的形象扭曲之前,外表的魔咒就已经戕害了自我之存在本身。"自然景观的生命就存在于人心当中。"①当人的心灵不再透明,自然景观便失去了

---

① 《爱弥儿》卷三,见《全集》卷四,第 431 页。

光泽,变得浑浊不堪。世界的图景取决于意识与意识之间的关系:这关系的诸种变化都会对它造成影响。博赛岁月以心灵之透明性的毁坏而告终,它同时也意味着与大自然所散发之光芒的永别。"能读懂我们心灵"的几近于神的可能性不复存在;乡野披上面纱,世界之光暗沉。

这"面纱"垂落于卢梭和他自身之间,致使他看不见他那原初的天性与纯真。于是,让-雅克当然就干起了坏事来("我们对干坏事不再感到那么羞耻……我们开始掩饰自己……"①),但并不是他把邪恶引入世界当中;如果他开始掩饰自己,那首先是因为真理已将自身隐藏。他的历史已经以另一种方式展开。最初是完全信任的、透明的童年;他的记忆仍可以让他重新沉浸在那段时光中,让他回归到一个更为明澈的世界的通透状态。但这仍然改变不了那个事实,即透明性已被我们遗失,整个世界都变得昏暗了:

> 我们既看不见他人的灵魂,因为它把自己隐藏了起来;也看不到我们自己的灵魂,因为我们没有精神之明镜。②

---

① 《忏悔录》章一,见《全集》卷一,第 21 页。
② 《道德书简》,见《全集》卷四,第 1092 页。

我们必定活在不透明的世界之中。①

分裂的时代与透明的神话

这是一个危机的时刻:隔离的"面纱"垂落下来,世界变得黯淡无光,意识与意识互不通透,人与人之间的不信任让友爱之存续永无可能。这一时刻在历

---

① 人们或许会说,如果我们想要找到与卢梭的原初体验相关的真实材料,那就不应该依赖于《忏悔录》中的叙述。《忏悔录》的指导思想是要抗辩一种诋毁性的指控,而人们可以就此提出异议,即这种不正当指控的主题在卢梭的真实童年中或许根本就没发生过,那只不过是一个被迫害妄想症患者的强迫观念在回忆中的投射。不过,我们所掌握到的他最早撰写的一段文字(他二十岁以前写给表哥的一封信)却正好表现为一种申辩行为:"通过这一切,你可以看出那个唆使你对我作出这番指责的人的可恶本性了吧……请从这张面孔中认清他那卑鄙的行径吧,远离你所陷入的关于我的错误偏见吧",见《卢梭书信集》,巴黎:阿尔芒·科兰出版社,1924 至 1934 年,20 卷,杜福尔(T. Dufour)和普朗(P. -P. Plan)编纂,卷一,第 1 页;另见《卢梭书信全集》,日内瓦:伏尔泰学会和博物馆,已出 12 卷,由拉尔夫·利(R. A. Leigh)编纂评注,卷一,第 1 至 2 页。这封信的开头表现出对隔离和误解的警觉,卢梭要与它们抗争,从而修复已被伤害的友爱。他抱怨自己跟表哥已形同陌路:"尽管你寄给我的信如同写给一个陌生人一般,可我还是无法不按照我们惯常的方式来回复你,我正是要以这样的口吻来努力向你澄清你在信中对我作出的那些指责……"这是一个不同寻常的开头,对意识隔离的体验以及对误解的不满在其中以生涩而明确的方式表达了出来,这种体验和不满正构成了卢梭日后向他的所有同时代人所传达的那个主题。

史中有其自身的确定地位:它标志着让-雅克童年幸福中的一场动荡的开始。一个新的时代从此展开,那是意识的另一个发展时期。这个新时期被一种根本的发现所规定:意识第一次具有了一段过去。不过这发现在给意识带来丰富性的同时,也让它发现了本质上的贫瘠和匮乏。其实,在当下瞬间背后绵延的时间维度只有通过如下这一事实才能被感知:时光飞逝且无法捕捉。意识转向了一个先前的世界,它不仅发现这个世界曾经属于它,也发觉这个世界已被永远遗失。当童年幸福远离它时,它便认识到这禁忌的幸福所具有的无穷价值。剩下唯一能做的就只是为那逝去的年代构造一个诗意的神话了:往昔,面纱尚未挡在世界与我们之间,那时还存在着"能读懂我们心灵的神",没有什么事物会破坏灵魂的透明性和明证性。我们同真理栖居在一起。无论是在个人的生命中还是在人类的历史中,这个时代都更加靠近那初生的时刻,它与起源相邻。卢梭是最早重拾柏拉图的灵魂放逐与轮回神话的作家(或不如说诗人)之一,不过它朝向的不再是天国,而是童年状态。

当论及透明性的时代时,第一篇《论文》所展现的图景同我们在《忏悔录》的那个故事中所看到的情况具有惊人的相似性。与他对博赛岁月的那段叙述一样,卢梭在第一篇《论文》里也谈到了亲近"神明"

的存在。在那个时代,人类之中依然存在着可以读懂他们心灵的神性见证者;在那个世界,人们的意识只消一眼便可洞悉彼此:

> 那是一片完全被大自然的巧手装点的美丽湖岸,它紧紧地抓住了我们的目光,令我们不愿远离它。那时,人们纯真而高尚,他们喜欢让神明们成为他们行动的见证者,于是人们便跟这些神明同住一间陋室里;但不久以后,人变坏了,他们对这些碍手碍脚的旁观者感到厌烦了……①

> 在艺术将我们的举止风度塑形,并教会我们的激情说着一种矫饰造作的语言之前,我们的风尚是粗野的,然而却是自然的;而行为举止的差异让人们一眼就可以看出个性上的差异。实际上,那时候的人性并不比现在更好,但由于人们能轻而易举地相互深入了解,他们便找到了自己的安全感。②

在提出关于自然状态的任何理论和假说之前,卢梭已经对这样一个时代有了直觉(或者想象),这

---

① 《论科学与艺术》,见《全集》卷三,第22页。
② 《论科学与艺术》,同上,第8页。

个时代与他遭到不义指控之前的童年时光颇具相似性。人类在那个时候平静地过着幸福的生活,存在与表象在一种确定无疑的平衡状态中被调和。人们示其所是,如其所是地被他人看见。外在的表象并未构成障碍,而是忠实的明镜,意识与意识在其中相遇并和谐共处。

惋伤的目光转向了"往昔的生活"。可是,如果说这种情感令我们从"当代的"世界中抽离出来的话,那么,它并未让我们脱离这个人类世界的尘世风景。在从前的幸福世界中环抱我们的大自然和植物在今天同样围绕在我们身旁。尽管我们对森林造成了破坏,但它依然保存着大片未受损毁的部分可供我们沉浸其中。其实,我们堕落的根源完全可以用人类自身的原因来解释,而不需要诉诸于诱惑者撒旦和被诱惑者夏娃这类超自然的因素。因为人是可完善的,而他也从未停止过把他自己的创造物添加于大自然的馈赠之上。在我们的各种人工伎俩和骄奢自大愈演愈烈的状况之下,世界的历史承受着愈加沉重的负担,于是呈现出朝着腐化状态加速堕落的样貌:我们惊恐地张开双眼,看见的是一个充斥着各种面具和致命幻象的世界,即使对于这个世界的观察者(或控诉者)来说,也没有什么能够保证他自己免受这场瘟疫的侵害。

因此,堕落的悲剧伴随着人类的尘世存在而开始上演。卢梭将宗教神话搬上了历史舞台;历史则被他划分为两个时期:一个是纯真的、稳定而平和的时代,它属于纯净自然的安详王国;另一个则是变动不居的历史年代,充盈着人的罪行和对自然的否定。

不过,既然人的堕落应归咎于我们自作自受,既然它是人类历史的一个偶然结果,那么我们就不得不承认,人并非天生就被判决必须活在不信任、不透明的状态以及随之而来的种种邪恶之中:这些都是人类或社会的造作。因此,没有什么能阻止我们去重构或解构历史,从而找回那遗失的透明性。没有任何超自然的禁戒会反对我们这么做。人之本质并未遭到破坏,被破坏的只是他的历史处境。"你也许想要能倒退回去?"[1]这个问题一直悬而未决,但无论如何都不会有一把锋刃雪亮的利剑阻挡我们踏进那失乐园中。对那些尚未走出伊甸园的人们(他们生活在远离我们文明的另一片土地上)来说,"停下脚步"[2]或许还为时不晚。不过,即便由于某种纯属人类自身的宿命,罪恶变得不可逆转;即便我们不得不承认,一个"邪恶的民族永远不会重获美德",可是,历史还是赋予我们一个反抗和抵制的艰巨任务。

---

[1] 《论不平等的起源》,见《全集》卷三,第133页。
[2] 《论不平等的起源》,同上。

如果我们不能"让那些不再是好人的人变好",那么至少可以"去保护那些有幸是好人的人"①。由于罪恶的降临已是一个历史事实,因此抵抗罪恶的战斗也就取决于历史当中的人。

卢梭并不怀疑行动的可能性,他也不怀疑自由的决断可以让我们献身于被遮蔽的真理。但是关于这种决断和行动的本性,他的内心则听见了许多种召唤,并渐次(或同时)在他的著作中将它们阐述出来:对个人的道德改良(*vitam impendere vero*②)、对个体的教育(《爱弥儿》)、集体性的政治构成(《政治经济学》《社会契约论》)。除此之外,让-雅克内心深处的踌躇不决也使得他的欲望漂移不定:他有时期望时光倒流;有时想要停驻在最切近的当下——那是一个自足意识的庇护所;还有比较少的时候则祈求一种面向未来的超越。他时而沉湎于回归原始森林的"田园牧歌式的"遐思;时而为一种保守的稳定状态作辩护,在这种状态下,灵魂和社会都保住了对于它们来说仍然纯粹而原初的东西;还有的时候,他试图勾画"人类未来的幸福理念"③,或最终构建出一座存于时间之外的德性之城,一部理想的《政治制度

---

① 《〈那喀索斯〉序言》,见《全集》卷二,第 971 至 972 页。
② [译注]意即"终生献给真理"。原出自古罗马诗人尤维纳利斯的《讽刺诗集》第四首,卢梭将其引为自己的座右铭。
③ 《对话录》对话二,见《全集》卷一,第 829 页。

论》。对于这么多各不相同的设想来说,试图以完全令人满意的方式将它们统一起来是异常困难的。不过,我们倒应该考虑它们共有的如下特征,即它们的意向的统一:力求保卫或修复被损害的透明性。卢梭向他的同时代人发出了热情澎湃的呐喊,他呼求的无非是培育一种关乎善良意志和良心的伦理道义,但我们从中也可以听出一种通过有效的政治行动来变革社会的呼声。这种含糊不清的声音颇令人困惑。不过异常明确的一点是,卢梭的首要任务是号召我们在自己的生活中——同时也是为了我们自身——希求透明性之回归。这一单纯而强烈的欲望十分清楚。当这欲望触及种种具体任务和复杂处境时,造成人们困惑不解的含混性便产生了。因为在对透明性的欲求与获得之间,没有捷径,没有直达目标的门路。如果我们想要从欺骗中解放出来,我们就难以避免迟早会面对手段(它们是多样而矛盾的)和行动的问题;这行动可能失败,也可能成功,并具有令我们重新堕入欺骗和不透明的世界中的风险。

历史知识与诗性幻象

然而,我们离那遗失的透明性到底有多远呢?是多大的障碍将我们与其分隔呢?为了找回它,我们需要跨越多少距离呢?

在《论不平等的起源》中，卢梭带我们穿越了"许多个世纪"。那是一段巨大的间隔，我们最初的幸福之光几近沉湮于时间的漫长距离中。一个如此遥远的时代可以让我们获知些什么呢？理性不禁发出疑问：透明的时代真存在过吗？还是说那只是我们的臆想、虚构，目的在于让我们从某种起源出发来思辨地重构历史呢？在第二篇《论文》①的一个段落里，卢梭显然在审视他自己的思考，他最后的推测不就是自然状态"或许没有存在过"吗？因此，自然状态只是一种"假定历史"的理论公设，是支撑演绎推理的原则，由此寻得一条连贯的因果链，并按照世界呈现给我们的样子来为其构造一种发生学式的解释。在那个时代，几乎所有的科学家和哲学家都是以这种方式来工作的。他们相信，如果没有追溯到一切现象的单纯而必然的源头，他们就什么问题都论证不了。于是，他们成为研究地球、生命、灵魂之官能以及各种社会之起源的历史学家。他们将这种思辨方式称为观察，并期望由此就无需提供任何其他证明。

其实，随着卢梭不断展开他的"历史"虚构，它逐渐失去了其假定性的特征：思考的审慎完全被笃信与迷醉所废除。对近乎于动物性的原初状态的描述

---

① ［译注］即《论不平等的起源》，下同。

变成了对某个"生活场所"的迷人回想。游牧式的"健康的"生活、感官的平衡及其恰到好处的自足性——这种构想催生出一种哀婉的乡愁。在卢梭的脑海中,这番生活景象是如此不容怀疑,如此令人满足,以至于它不可能不与历史事实严格相符。于是,一种确信应运而生,它本具有诗的本质,却弄错了自己的本性:它想用历史的语言说话,想用最严肃的渊博学识来证明自身。信念被无可辩驳地树立了起来:这毫无疑问就是人类的开端,是人的第一张面孔。卢梭给自己构想了一个透明的美好时代的客观历史,以证明其怀乡病的正当性。他所怀抱的确信是一种回忆的确信,它不断传染蔓延开来。卢梭的信徒们不再把他视为一个"假定历史"的作者,而是一位先知(即荷尔德林所说的 Seher),他掌握着一个古老过去、一个更美好的时代的记忆。在一首题名为《卢梭》的未完成的颂诗中,荷尔德林写道:

> *auch dir , auch dir*
> *Er freuet die ferne Sonne dein Haupt ,*
> *Und Strahlen aus der schönern Zeit. Es*
> *Haben die Boten dein Herz gefunden.* ①

---

① 荷尔德林:《卢梭》,见《全集》卷二,斯图加特:科尔汉默出版社,第 12 至 13 页。

(你也一样,你也是一样啊
远方的太阳欢快地照耀着你的额头,
道道光芒源自一个更美好的时代。它们,
那些信使们,已经寻到了你的心灵。)

荷尔德林在这里将卢梭塑造成一个"解译者",他被未来的时代或已逝的过去所绽放的光芒射中。

格劳克斯神像

我们还能否说原初的透明已经消失了吗?既然可以在记忆中重新发现它,那么这不就意味着它在记忆之透明性当中被复原,并因此而被拯救了吗?它彻底将我们遗弃了吗?还是说它仍然栖身于我们近旁?卢梭在两个矛盾的回答之间踌躇不决。在某个特定时刻,这个神话分裂为了两个版本。第一个版本断言,人的灵魂已经堕落了,它发生了变质,经历了近乎根本的蚀变,因而永远都找不回它那最初的美好了。在第二个版本中,灵魂并没有发生畸变,而是被遮蔽了:原始天性尚存,只是被交叠的重重面纱掩盖了、罩住了,被种种人为的伎俩埋翳了,但始终完好无损。一个悲观,另一个乐观,这便是起源神话的两个版本。卢梭有时采用其中之一,有时则选用另外一个,甚至在有些时候将两个版本一并纳用。他告诉我们,人已经无可挽回地将他的自然同一性摧毁了;但他同样宣称,原初的灵魂不可摧毁,即使在种种外物的遮盖下,它也将永远与它自身保持同一。

卢梭出于自己的特殊用意而重提柏拉图的格劳克斯神像的神话:

> 就像格劳克斯神像那样,在时光、大海和狂风暴雨的作用下,它的面容已如此变形,看起来倒更像是一头凶恶的猛兽而非一位神明了。人的灵魂也是如此,由于上千种层出不穷的原因,由于获得了大量的知识和谬见,由于体质上的种种变化,由于激情的不断震荡,灵魂在社会里被败坏了,可以说,它已经改头换面,乃至近乎认不出来了。[①]

然而,这段话中的"可以说"和"近乎"两个词又使希望重燃。卢梭笔下的这尊格劳克斯神像掩藏着某种谜一般的东西。它的面容被时光啃噬和毁坏了吗?它永远丧失了那出自雕刻师巧手的外

---

① 《论不平等的起源》序言,见《全集》卷三,第122页。另参柏拉图:《理想国》卷十,第611节。

形了吗？或者说，它只是被积盐和海藻所形成的硬壳覆盖，而硬壳下面的面孔则毫无损伤，保持着原初的样貌？还是说，原初的面容不过是一个虚构而已，它被用作理想的范型以解释人类的现实状态？

> 想要区辨清楚人的当前的本性中那些原初的和人工的东西，这可不是一件轻松的事情；同样不容易的是去清楚地认识一个不再存在、或许没有存在过、可能将来也永远不会存在的状态，然而拥有关于这个状态的合理正当的观念是必要的，为的是能够公允地评判我们当下的状态。①

保持我们曾经所是的那个样子，或者任凭自身在变化中败坏：这便触及了在卢梭那里相当于神学所说的救恩与沉沦的范畴。卢梭并不相信地狱，不过他却相信同一性的丧失是头等的不幸，而与自身保持同一则是一种生命救赎的方法，至少是救恩之许诺。历史化的时间对卢梭来说并未摆脱有机发展的理念，它仍然背负着罪行；历史运动带来一种晦暗不清的状态，它导致畸变而非质的进展。卢梭将变

---

① 《论不平等的起源》，同上，第 123 页。

化理解为腐化①:时光流逝,人随之变形、衰堕。这不是单指他的外表,而是连他的本质都变得认不出来了。此乃起源神话的一个严苛版本(也可以说是加尔文主义版本),卢梭在其著作的许多地方都采用了这一版本。我们在这种观念的根源里头可以觉察到一种十分真实的焦虑不安。由于对那不可补救之现状的真切感受,这种焦虑感变得愈发强烈了。卢

---

① 卢梭的政治保守主义中的某些方面乍看上去让人惊讶,却可以被如下事实所解释,即卢梭认为一个国家的结构性变化几乎必然等同于衰败:"想象一下那组成法兰西君主国的庞大民众们一旦都被煽动起来将会造成怎样的危险吧!有谁还能平抑那因此而引起的震荡,或预测它可能造成的所有后果?……不管现在的政体仍是从前的那个政体,还是说它在过去的那么多个世纪里已经慢慢地改变了本性,在这两种情况下去改变它都是同样不够审慎的。如果它和从前的政体一样,那么就应该遵从它;如果它已经腐化了,那么这也是时间和事物本身的力量所造成的,人类的智慧也无力回天。"(《多部会议制评议》,见《全集》卷三,第638页)。在这一点上,卢梭跟孟德斯鸠很像。他们有着同样的审慎态度,他们的抉择都同样介于原始制度的维护与其堕落之间,他们对于以进步的名义而行动的做法都心存疑虑。

  [译注:"多部会议制"(Polysynodie)系法国奥尔良公爵腓力二世摄政时期(1715—1723)所建立的一种政体(于1718年废止),它取消了路易十四时期各部大臣的职权,代之以由贵族成员组成的分管不同政府事务的各个集体会议,它们隶属于摄政会议。著名的法国神甫圣-皮埃尔(C.-I. C. de Saint-Pierre, 1658—1743)于1718年出版了《论多部会议制》;卢梭曾对他的政治思想作了相当全面的研究。]

梭曾多次断言,罪恶之路有去无回,一旦跨过某个致命的门槛,灵魂便迷失了,且只能就此走向衰败的终点,别无他途。他告诉我们:"被窒息的天性"永远都回不来了,"人们因而同时失去了他们毁掉的东西和创造的东西"①。

> 不幸的人啊!我们变成了什么啊?我们怎么会不复往昔了呢?②

畸变似乎意味着,没有什么需要依靠原初的形态才能继续存在。卢梭甚至感到他自身也面临这种腐坏和威胁:

> 最卑贱恶劣的趣味、最低级下流的行为取代了我的可爱消遣,甚至让我对它们不留一丝印象。尽管我受过最为高尚的教育,但我想必肯定具有一种强大的堕落倾向,因为这堕落发

---

① 《新爱洛漪丝》卷五,第三封信,见《全集》卷二,第 564 页。而在这之前,卢梭早已在《致巴里索先生的诗体信》中写道:

> 没有什么不会最终被时光腐坏,
> 万事万物乃至智慧都抗拒不了衰败。(《全集》卷二,第 1138 页)

② 《新爱洛漪丝》卷三,第十六封信,见《全集》卷二,第 336 页。

生得如此之快,毫不费力,连那么早熟的凯撒①也未曾这么迅速地变成拉里东。②

这一段落紧随关于博赛岁月的叙述之后,我们可以把它同卢梭写于其生命最后时光的一段文字加以比照。这段文字很能说明问题,因为它正好写于这样一个时期,即卢梭不断重申他始终忠实于其自身:

> 或许连我自己都没有察觉,我自身所发生的变化已经超出了它本该有的程度。什么样的天性能够抵拒得了我这样的处境而不会变质呢?③

对这个问题,卢梭赶忙给出否定的回答。因为恰恰是当一切对他来说都已改变,当他相信自己活在一场梦中的时候,他才用尽全力去对抗这种内在

---

① [译注]"凯撒"和下文所说的"拉里东"均系两只狗的名字,出自拉·封丹的《寓言诗集》卷八第二十四首。凯撒在森林中享受大自然的滋养,而拉里东则在厨房中变得衰颓。诗末说道:"关护得太少,时光的流逝,一切都会让人们日渐腐朽。由于没有培护好天性及其禀赋,呜呼! 有多少凯撒都变成了拉里东啊!"
② 《忏悔录》章一,见《全集》卷一,第 30 至 31 页。
③ 《遐思录》漫步之六,见《全集》卷一,第 1055 页。

变质所引起的焦虑不安,并为保卫他的同一性而战。外物已变,但他自己的灵魂始终如一。他将变质的责任抛出自身之外。发生最不可思议之变化的乃是他人,变得认不出自己的也是他人,正是他人歪曲了他的形象和作品。只有他自己还保持着曾经的样子。他的感受变化了,这只是由于外部现实不再始终如一:

> 然而一旦我的不幸生活开启……事物就改头换面了。从那时起,我就生活在新的一代人中间,他们与前一代人毫不相像,我对他们的感受发生了许多变化,而在他们的感受中,我也发现了这些变化。可以说,我在如此不同的两代人中接连见到的那同一批人都先后被这两代人同化了。①
>
> ……与曾经的我、现在的我保持同一的这个自我。②

在他人从外部强行套在他头上的面具之下,让-雅克从未停止过是让-雅克。当他被迫害妄想折磨到痛不欲生时,他的反击方式便是给自己讲述那个

---

① 《遐思录》,同上,第 1054 页。
② 《遐思录》漫步之一,见《全集》卷一,第 996 页。

乐观版本的起源神话：什么都没有遗失,时光没有让本质腐变,它所侵蚀的只是表面而已,罪恶源于外部,且一直停留在外部。在扭曲格劳克斯面容的锈蚀外壳之下,真容仍完好如初。于是,让-雅克把他之前用在一般人性身上的那个理念应用在了自己身上(且只用在他自己身上),即把遗失的天性与隐藏的天性这两个概念对立起来,后者是我们可以遮蔽却永远无法摧毁的自然①。这种自然太过强大,或许也太过神圣,以至于无法被我们改动或消灭,也不会被我们亵渎、伤害。它躲藏在深处,只是被一些外壳包裹而已。它被遗忘了,但并非真被遗失。如果记忆让我们在遥远的过去隐约瞥见它的身影,这就意味着我们快要将它从面纱中解放出来,在我们自身当中将其重新激活。

> 灵魂的疾苦……一种不朽而单纯的存在,它那外在的和暂时的变质会被不知不觉地消除,只剩下它那原初的形式,什么都无法改变这形式。②

---

① ［译注］在本书中,译者依不同语境将"nature"译为"自然"、"天性"或"本性"。
② 《新爱洛漪丝》卷三,第二十二封信,见《全集》卷二,第389页。

当卢梭自信地诉诸于"无法被任何事物所摧毁的自然"时,他就化身为了一个诗人,试图揭去那遮蔽永恒的面纱。他在自身当中发现了原初透明的亲密性;他曾在历史的深渊中寻觅"自然的人",如今却在自我的幽深之处重新发现了他的"原始容貌"。懂得返归自身的人可以一睹那湮没无踪的神的面容,它从覆盖着它的斑斑锈迹中挣脱出来,重新绽放出耀眼的光辉:

> 如今,人的天性已被如此歪曲和诋毁,它的画家和辩护者若不从他自己的内心中又能从哪里获得其原型呢?他按照对他自身的感受来描画这天性。他没有向那些偏见低头,也没有成为那些人工的虚假激情的牺牲品,这些偏见和激情并未像遮住其他人的双眼那样遮住他的眼睛,他看到了那被如此普遍地遗忘或认不出来的原初的容貌。这容貌对我们来说是那么新鲜,那么真实,一旦被描画出来,它就在我们的内心深处找到了其精确性的明证。但是,假如探究这天性的历史学家没有事先剥除覆盖在那容貌上面的锈蚀的话,那么它就永远不会自行重新显露出来。过一种遁世绝俗的孤独生活,拥有一种对退思和静观的强烈爱好,让返归自身和在激情平复的状态下探寻消失在芸芸众生

那里的原初容貌成为自己的习性,只有这样才能让他重新看到那原初的容貌。总而言之,一个人必须通过描画他自身才能让我们看见那原始的人……①

对自身的认识相当于一种回忆;尽管"原初的容貌"属于过去的世界,但卢梭完全不是通过记忆的努力才重新看到它的。为了发现自然人并成为探究他的历史学家,卢梭并不需要追溯久远年代的开端:他只需描画他自身,通过一种既受动又主动的运动靠近他自身的内心生活,靠近他自身的本性,探寻自己,沉醉于遐思之中。与探究最遥远之过去一样,这种向内的求索也可以通达同样的实在性,译解出同样的绝对规范。由此,历史之时间秩序中最初始的东西就等同于让-雅克当下体验中最深层的东西。历史的距离无非只是内心的距离,而对于懂得全然沉溺于内心所唤醒之情感的人来说,这个距离很快便会被跨越。从此,自然——就像上帝的存在之于奥古斯丁那样②——不再是距离我们最为遥远的东

---

① 《对话录》对话三,见《全集》卷一,第936页。
② 参见昂利·古叶(H. Gouhier)的《卢梭思想中的自然与历史》,载于《卢梭学会年鉴》第三十三期,1953至1955年。重新收录于《让-雅克·卢梭的形而上学沉思》,巴黎:沃兰出版社,1970年,章一,第11至34页。

西,它就是内在于我们的最核心的东西。可见,规范不再是超越性的东西,它就内在于自我当中。只需要真诚,只需要成为我们自身,这样就够了,从此以后,自然人不再是一个被我参照的遥远原型,他与我自己的在场、与我的存在本身相一致。从前的透明性源于人们纯朴天真地生活在诸神的目光之下;新的透明性则是一种内在的自我关系,一种自身与自身的联系,它在关照自身的通透目光中诞生,它使让-雅克得以按其真实的样子来描绘自身。一幅图画就此创作出来了,它等同于(正如卢梭向我们担保的那样)整个物种的真实历史,它让遗失的过去重现,将其呈现为自然的永恒当下。人们从中重新发现了某种普遍相似性的明证(蒙田曾说:"每个人都承载着人类境况的整个形态"①)。由于让-雅克已经委身于自身当中,因此,人们也将继而认识他们自己。他们会在自己的虚假真相背后发现一种被遗忘的存在,一种在面纱之下完好如初的形式。由此,他们摆脱了遗忘。

故而,我们无需追溯真实的起源,无需在历史的重构中冒险,却仍然可以重获人的原初天性。卢梭在第二篇《论文》中以格外清晰明确的方式对此作了说明,他轻而易举地放弃了任何关于"真实起源"的

---

① [译注]出自蒙田《随笔集》卷三,第二章。

论断,并给自己保留了通过假设来阐明事物本性的权利:

> 我们在这一问题上所能进行的那些探究不应被认为揭示了历史事实,而只应被看作是假设性的和条件性的推理,它们更加适宜于阐明事物的本性,而非说明真实的起源……①

但是,我们能独立于人类历史之外来理解人的天性吗?卢梭颇有疑虑。事实上,如果他无法放弃人之天性的本质概念的话,那么他就更不能摒除历史生成这一观念,正是这一观念让他可以对人类远离其至福的起源时所发生的变质作出合理解释。卢梭既希望控诉社会所带来的堕落,又想要保留权利去表明原初善好(bonté originelle)②的延续不绝。正是在这里出现了一种双重论断,或者说矛盾的论断,人们因此从未停止过对让-雅克的非难。因为,就社会是人类的产物这一点来说,我们不得不承认人是有罪的,而且正是他的自作自受才给他带来所

---

① 《论不平等的起源》,见《全集》卷三,第132至133页。
② [译注]卢梭对原初的、自然状态下的"bonté"与道德意义上的"善"以及德性作了严格区分。汉语不太容易表达出这种差别。我们权且用"善好"来翻译前者,以区别于"良善"或"善良"。

有那些罪恶;但另一方面,人始终还是自然之子,就这一点来说,他永葆不可抹煞的纯真。该如何调和这两个论断呢:一方面,"人天然地就是善好的",而另一方面,"一切都在人的双手中堕落了"?

一种神义论:为人与上帝开脱

卡西尔已经明确地指出①,卢梭所提出的这些公设使得神义论难题得到了解决,既不需要将罪恶的起源算到上帝的头上,也不需要将之归咎于有罪之人。

> 既然我们[能够]指明恶人之恶的起源和发展,那么恶人乃天性使然这一假设就不[是]必要的。这些思索引导我去重新考察处在社会状态下的人类精神,而我发现知识与邪恶——在民众当中而非在个体那里——总是以同等的程度来发展的;我总是仔细地作出这种区分,而攻讦我的那些人中从未有一人能想到这种区分。②

---

① 卡西尔:《让-雅克·卢梭的问题》,载于《哲学史档案》,1932年。
② 《致克里斯多夫·德·波蒙的信》,见《全集》卷四,第967页。

罪恶乃历史与社会之产物，它并未败坏个体之本质。社会的罪错并非本质的人之罪错，而是关系中的人之罪错。不过，只要将本质的人与关系中的人加以区别，只要将社会性与人之天性区分开来，我们就可以把罪恶和历史衰变视为一种外围的境况，而与之相对的核心地带则是恒久不变的原初天性。由此，人对于外在于他的东西，对于外表、名望、表象以及物质财富之占有的激情就与罪恶形影不离了。罪恶是外在的，它是朝向外部的激情：如果人彻底耽于身外之物的诱惑，他便会完全受制于罪恶。尽管如此，返归自身在任何时候都可以成为他获得救恩的方法。因而，卢梭跟过去几乎所有的伦理学家都不同，他并不满足于谴责外在性，更要把它与恶之根本定义紧密联系起来加以批判。这一批判只是为了抵偿一种开脱罪责的行为，这种行为试图一劳永逸地保全人的内在本质。罪恶被驱逐至存在的外围区域，被抛入关系的世界，故而与人之"天然的善好"具有不同的存在论地位。罪恶乃面纱和变形，它是面具，与人工性相互勾连。假如人不具备危险的自由——即能够以其人为活动拒绝自然之馈赠，罪恶也就不会存在。一切都在人的双手而非心灵中开始堕落。双手劳作，改造自然，创造历史，塑造外部世界，久而久之便会造成时代差异，燃起民族战火，导致"个人"之间的不平等。

在《〈那喀索斯〉序言》的同一页中，卢梭一方面反对那种声称"天下人都一个样"的"虚假哲学"，另一方面却又坚持认为当代世界之种种邪恶"并非人之恶，而是坏统治下的人之恶"①。这一矛盾意味深长。卢梭由此既肯定了一种恒久不变的纯真本质，同时又承认了历史的运动，后者意味着变质、道德堕落、政治腐败，它造成了人与人之间的冲突与不公②。

在卢梭后来提出的进步理论中，我们会看到一种相当类似的假设，它试图将人之恒定天性这一公设与集体变化这一观念调和起来。歌德说，"人始终如一，人类则总在前进"。人们对于第二篇《论文》中的历史悲观主义的正当性颇有微词，他们更愿意肯定歌德的乐观主义见解。但从哲学的角度看，问题其实都是一样的。悲观也好，乐观也罢，我们都必须调和人之天性的稳定性与历史真实发展的运动性，都必须解释为什么人（作为个体）拥有保持"同一"的特权，而人类（作为集体）则受制于变化。

不过，卢梭之所以需要历史，只是为了向它索取关于罪恶的解释。正是罪恶观念将历史维度赋予卢

---

① 《〈那喀索斯〉序言》，见《全集》卷二，第969页。
② 参见《爱弥儿》卷四中卢梭对于"进步"观念所采取的立场。见《全集》卷四，第676页。

梭的思想体系。人类在历史之生成运动中沦为罪人。人并非天生就是(est)邪恶的,他只是变得(devenu)邪恶了。因此,返归善好与反抗历史是同一种行动,尤其要反抗当下的历史处境。如果说卢梭思想确实具有革命性,那么我们必须立即补充说明的是,它是以永恒人性而非历史进步之名才获得这种革命性的——必须解释(interpréter)卢梭的著作,这样才能从中辨识出十八世纪政治进程中的决定性因素。我们将会看到,卢梭的社会思想已经意识到必须将世界与"如其所是之人"(les hommes tels qu'ils sont)对立起来,尤其要力图创建或恢复直接性(l'immédiat)的至高权力,即一座不受时间左右的价值王国。

第二章

社会批判

在卢梭生活的时代,很多作家都对君主制社会的价值和结构极为不满,卢梭也是其中一员。尽管这些作家们相互之间分歧很大,但对社会的共同不满令他们彼此相像,仿若兄弟一般:他们当中的每一个人在某种意义上都可被视为后来大革命的创造者或预言家。这就是为何卢梭与伏尔泰得以身后和解。他们俩被共同尊为圣贤,甚至被升格至雅努斯双面神或并列守护神般的崇高地位。民间流行的版画使他们二人并肩化作不朽:他们被表现为手持火炬的神明,如光之使者一般向前方放射出耀眼夺目的万丈光芒。

卢梭想要抓住罪恶的根源。他将矛头指向社会,指向整个社会秩序。他没有分散批判火力;一个个地抨击罪恶的种种表征并非他的任务,他要做的乃是追根究底,找到那个普遍的原因;因此,他用不着去单独抨击个别的滥用、侵占和欺诈现象(况且,卢梭太以自我为中心,以至于不会甘于做一个纠正别人错误的矫正工。伏尔泰则不然,他参与了包括卡拉斯疑案①在内的十起同类事件。而对卢梭来说,他所关心的事务只是他自己)。

* * *

卢梭是这样来描述其思想发展史的:他首先观察到人们言行不一;这种差异可通过另一种差异得到解释,即存在与表象的矛盾;但造成这种矛盾的原因仍需被找到。卢梭是这样来阐述这个原因的:

> 我在我们的社会秩序当中找到了它。社会秩序在一切方面都与无法被任何事物所摧毁的自然相对立。社会秩序不断地压制自然,迫使它不断地索求自己的权利。我循着这对矛盾得出了它的种种后果,并且发现仅靠这一矛盾就可以解释人们的一切恶行和社会的一切疾苦。②

---

① [译注]1762年,图卢兹的一名新教徒让·卡拉斯(J. Calas)涉嫌为阻止其子改信天主教而将他谋杀。卡拉斯后被图卢兹高等法院判处轮刑,含冤而死。伏尔泰组织各方力量吁求重审此案,并为此于1763年发表了《论宽容》一文。卡拉斯案最终于1765年得以平反。
② 《致克里斯多夫·德·波蒙的信》,见《全集》卷四,第966至967页。

卢梭在这段话中极其明确地概括了两篇《论文》①的要旨,并用最清晰的语言界定了其社会批判的对象和意义:他所批判的社会是作为自然之对立面的社会。否定自然(自然秩序)的社会并未消灭自然。两者维持着恒久的冲突,由此造成了人类所遭受的种种疾苦与邪恶。所以,卢梭的批判开启了一种"否定之否定":他指控文明,而文明的基本特征即在于否定自然。两篇《论文》和《爱弥儿》给出了一个令人痛心的断言:我们建立起来的文化乃是对自然的否定。文明的"虚假光辉"根本没有照亮人类世界,反而给透明的自然披上了面纱,致使人们彼此隔离,钻营于个人私利,摧毁了相互信任的一切可能,用一种毫不真诚的、矫揉造作的交易关系取代了灵魂间的根本沟通。在以这种方式形成的社会中,每个人都把自己隔绝于他的私心②之中,用骗人的外表保护自己。奇特的悖论出现了:这个似乎让人们拥有更紧密的经济关系的世界,实际上变成了一个不透明的、虚假的、伪善的世界:

---

① [译注]即《论科学与艺术》和《论不平等的起源》,下同。
② [译注]卢梭的"amour-propre"概念的意义较为复杂,将其译为"自尊"、"虚荣"、"自私"或"骄傲"等均有不妥。鉴于对这一概念之统一性的理解并不构成斯塔罗宾斯基的思考重点和论述前提,译者在本书中将依具体语境采用不同的译法。

我既抱怨哲学致使那些由相互的尊重与善意所形成的社会纽带变得松散,也抱怨科学、艺术和其他一切交易对象强化了那些源于个人利益的社会纽带。事实上,这是因为只有当其中一种纽带变得松散时,另一种纽带才会以同等程度被加强。所以这里并无矛盾。①

卢梭意味深长地将两类关系加以对照,它们就像透明与不透明那样截然对立。尊重与善意所形成的关系使人们可以直接地(immédiatement)联合在一起:没有什么会横亘在意识与意识之间,它们以一种一目了然的方式自发地相互呈现。相反,由个人利益所建立的关系则丧失了这种直接性,它无法再让意识与意识直接沟通:以后需要其他事物作为中介。造成这种堕落的原因不仅在于事物介入了意识之间,还在于人们从今往后将其利益与居间对象、而不再是与其个人存在视为同一,他们相信这些对象是构成其幸福的不可或缺的要素。社会人的自我在其自身当中已不再能认出自己,他只能在外部、在事物当中找寻自己。他的手段变成了目的。人完全沦为物,或者说沦为物的奴隶。卢梭的批判工作就是要揭发这种异化,并提出回归直接性

---

① 《〈那喀索斯〉序言》,见《全集》卷二,第968页。

这一任务。

文明社会在发展过程中会与自然愈发对立,并使意识之间的直接联系变得模糊难辨:原初透明性之丧失与人在物质事物中之异化如影随形、相伴而生。在这一点上,卢梭的分析预示了后来的黑格尔和马克思;由于这种分析还依托于对人类历史生成进程的描述,这就让卢梭与他们更为相像了。其实,《论不平等的起源》就是一部文明史;文明的进步意味着对自然馈赠之否定,对应于原初纯真天性之堕落。技术史与人类的道德史密不可分。不过,既与十九世纪哲学家们的努力不同,也与同时代某些人的实证主义主张形成鲜明对照,卢梭试图建立一种关于历史的道德判断,而非一种人类学知识。他是作为一个伦理学家来书写道德的历史。由此导致其论证的暧昧性。人类所经历的各个发展阶段及其所达到的状态首先应被确认为事实;一旦确认下来,它就应该被我们接受:人类经历了许多无法抗拒的改变,并由此不可避免地进入他当下的状态之中,这些都毫无疑义。然而,事实之有效性并不能让我们预断正当性。历史事实无法证明任何事物的合理正当,历史并不具备道德正当性,而卢梭也毫不犹豫地以永恒的价值标准之名谴责历史的机制,他一方面指出了这种机制的必然性,另一方面也将其延伸至道德功能自身的领域之中。

在对文明发展作出描述并将其规定为自然的否定性之后,卢梭以其拒绝姿态以及新的否定性来反抗文化。这种新的否定性源于道德判断,它建基于一种伦理绝对之上。卢梭(他自己是"自然的"人)直面社会(作为历史的产物)时的义愤填膺正是这种冲突的悲壮体现。他发出呐喊,为的是向违反自然的状态说"不"。贫富悬殊的人类现状乃是历史逻辑的必然,但在道德上却不可接受。卢梭理解他那个时代的社会,但他仍要满腔义愤地指控和对抗这个社会。所以,卢梭的思考不能止步于此。因为对一个不透明的卑劣浊世的理解并不能让我们重获或恢复透明性。对卢梭来说,理解远不等于理性的认同;确证"事实"只是为了立刻将"正当"与"事实"对立起来。他反对格老秀斯的方法,因为后者的"推理方式总是用事实来确证正当"①。对于那些已被证明具有历史必然性的事实,卢梭要以正当性之名作出评判和指控。为了实现透明性的理想,他需要一个事实与正当相一致的世界。有时,他在历史中,在那滋长腐败的进步尚未发生的"久远时代"中找寻这个世界;有时,他则在历史之外寻觅这个世界,那是一个抽象的未来,现实的混乱无序将被更完美的秩序所克服。

---

① 《社会契约论》卷一章二,见《全集》卷三,第353页。

第二章

原初的纯真

在艺术与知识取得长足进步以前,人类的事实状态尚未发展到与一种依然沉默的正当性势不两立的地步;原始人之所以是"善好的",是因为他作恶的主动性尚不充分。此乃这位伦理学家对这种善好的回溯式判断。自然人"天真地"生活在一个非道德的或先于道德的世界里。对于他那有限的意识来说,善恶之间并无差别。因此,事实与正当之间没有真正的一致性:它们的冲突尚未出现。生活在自然状态下的人的视野非常有限,他处在一种平衡状态,这使他与世界或与其自身尚未形成对立。他既不知道何谓劳动(劳动让他与自然对立),也不懂得如何反思(反思使他与其自身及其同类对立):

> 他的欲望绝不会超出他的身体需求……他的想象力不会为他描画什么,他的心灵也不会向他要求什么。满足他那微薄需求的东西是如此唾手可得,而他所具备的必要的认识水平又是如此低下,以至于他不会想要获取更高级的知识,因此他既无远见,也不好奇……他的灵魂不为任何事物所扰,只会沉浸于对其当下存在

的感受之中。①

在这种完美的自足生活中，人无需为了满足自己的需求而改变世界。这是斯多亚主义自足（autarcie）理想的一种"动物性的"、"感觉性的"变形。人既不会越离自身，也不会超出当下瞬间。一句话，他活在直接性中。假如每一簇感觉对他来说都是新鲜的，那么这种表面的不连续性不过是一种体验直接连续性的方式而已。在他"有限的欲望"及其客体之间毫无障碍，连作为媒介的语言也近乎不必要。感觉直接向世界敞开，以至于让人难以将自己与其周遭环境区分开来。由此，人感受到一种与事物的通透关系，任何谬误都尚未将其搅浑：由于感官被局限在它们自身的范围之内，未被判断和反思污染，故而也就没有受到任何扭曲。卢梭以回溯的方式将良善的道德品质授予先于道德的人类状态，同样，他也通过回溯的方式把真理的价值赋予先于反思的经验，而这种经验被他设想为一种全然的受动性。在这种状态下，人的存在被认为达不到能够对真假对错作出区分的层次，可卢梭却赋予其直接掌握真理的特权。在卢梭看来，这种状态就是一种童年状态；即使对今天的孩童来说，只要成人没有过早地"腐

---

① 《论不平等的起源》，见《全集》卷三，第 143 至 144 页。

蚀"他们,他们就依然可以活在这种状态中。爱弥儿"完全活在他当下的存在中,却享受着一种完满生命的快乐,这生命似乎要漫溢到他自身之外……他那仍然纯净的感官幸免于种种幻觉的干扰"①。

卢梭讨论"感官真理"的方式与孔狄亚克哲学的观点并无二致。对后者来说,谬误只会诞生于我们对感性材料作出判断的那一刻:

> 无论是谬误、晦涩还是含混不清,它们都既不会存在于我们内心深处所产生的东西当中,也不会存在于我们在这些东西与外部之间所建立起的关系当中……假如谬误出现了,那只是在我们作出判断时才会如此。②

感觉总是正确的,但它并不知道自己是正确的。③

---

① 《爱弥儿》卷二,见《全集》卷四,第 370 页。爱弥儿与第二篇《论文》所讨论的野蛮人之间的这种类比由乔治·布莱在其《人类时间研究》中提出。我们注意到《对话录》中的让-雅克——"懒散"、"善好"却无力付诸成就"德性"的努力——与"野蛮人"具有不少共同特点。
② 孔狄亚克:《人类知识起源论》卷一篇一章二,第 11 节。
③ 卢梭并不总是肯定这种"感觉真理"。在他"柏拉图主义化"的时期,感官被他贬斥为引发谬误的能力:"如果我们愿意,可以把它们看作五扇窗户,我们的灵魂想透过这些窗户沐浴在阳光下。但是这些窗户都很狭小,玻璃灰暗,墙壁厚实,屋内的照明极其不好。"(《道德书简》,见《全集》卷四,第 1092 页)

劳动,反思,骄傲

不过,正像孩童在成长过程中会脱离感觉世界而逐渐进入"道德世界"和社会世界那样,原始人也同样会渐进地、不可逆转地失去纯粹感性的天堂。在这个过程中,卢梭使克服自然之重重障碍的斗争发挥着最为关键的作用。心理变化只有在开始使用工具以后才会出现。按照时间顺序,劳动和工具使用要先于判断和反思的发展。

> 这就是初生的人的境况,这就是最初受制于纯粹感觉的动物的生活,这种动物几乎无法利用大自然给予他的馈赠,根本想不到从大自然那里掠取任何东西。然而,困难很快就出现了,他必须学着去战胜它们……树枝和石块这类自然武器很快便被他握在手中,他学会了克服自然之重重障碍,在必要时同别的动物进行搏斗,甚至与其他人争夺食物,或者因其被迫向最强者让与之物而获取补偿。[①]

新的障碍迫使人们去制造相较于树枝和石块来

[①]《论不平等的起源》,见《全集》卷三,第 164 至 165 页。

说没有那么"自然的"新工具:这便使自然与人之间的距离被拉大了,人为了更好地支配环境而采用的伎俩造成了这种距离:

> 荒歉的年景、漫长的严冬、酷热的夏季令万物凋耗,这就要求他们必须具备一种新的技能。在大海和河流边,他们发明了钓线和鱼钩,成为渔民和食鱼为生的人。在森林中,他们制造了弓箭……①

人与世界的积极斗争导致了心理演化。对事物进行比较——这种官能使他具有了某种初级反思:他能够觉察出事物间的差别,意识到自己与动物的不同,并感到自己比其他物种更优越,由此滋生出一种恶,即骄傲。

> 各种不同的生物与人之间以及人们相互之间的这种反复不断的接触,必定会在人的精神中自然而然地产生对某些关系的知觉。这些关系……最终会在他那里产生某种反思。
>
> 由这种发展而得来的新知识提升了他相对于其他动物的优越性,同时也让他意识到了这

---

① 《论不平等的起源》,同上,第165页。

种优越性……这样一来,他投向自己的最初的目光让他产生了骄傲的最初躁动。①

于是,卢梭得出人因其可完善性而要经历的一连串关键的"环节",这些环节相互依赖、环环相扣。劳动对抗障碍,由此促成反思的诞生,反思又引起"骄傲的最初躁动"。

随着反思的出现,自然人消失了,"人化人"(l'homme de l'homme)诞生了。堕落不是别的什么,正是骄傲心之侵入;感性存在的平衡状态被打破了;人丧失了与他自身保持单纯而自发的同一性的幸福。如果说大自然"本来是要让我们成为健康的人,那么我几乎敢断言,反思的状态是一种违反自然的状态,而沉思的人则是一种堕落的动物"②。由此便掀开了自我与他者主动分裂的序幕。纯真的自爱情感被骄傲自负所败坏,邪恶滋长,社会成形。当理性日臻完善,所有权与不平等就在人们中间产生了,我的东西与你的东西被划分得愈加清楚。从此,存在与表象间的断裂标志着"人工性"的胜利,不断拉大的差距不但令我们远离了外部自然,也让我们与自身的内在天性日渐疏离。

---

① 《论不平等的起源》,同上,第165至166页。
② 《论不平等的起源》,同上,第138页。

> 每个人都开始关注他人,也希望自己被他人关注。①
>
> 为了自身利益,世人不得不示其所不是(se montrer autre que ce qu'on était)。存在(être)与表象(paraître)变成了两种截然不同的东西,而正是这种不同招来了虚浮的卖弄、骗人的花招,以及随之而来的一切邪恶。②

人在其虚假外表中异化了。对卢梭来说,表象既是经济转变之结果,亦是其原因。事实上,卢梭将道德问题与经济问题深刻地联系在一起。社会人之存在处于关系中,不再独立自足。他不断创造出种种新的欲望,而他又无法仅仅通过自身去满足这些欲望。他需要财富和名望:他渴望占有对象并操纵人们的意识。只有当其他人都因他的财富和外表而"重视"他、尊敬他时,他才相信他真是他自己。表象作为一个抽象范畴可以衍生出各种具体的疾苦,它不但解释了文明人的内在分裂、他的奴役状态,也揭露出他的欲壑难填。这与沉浸在直接性中的原始人所体验到的幸福状态相距最为遥远。对于活在表象中的人来说,除了手段,别无其他,连

---

① 《论不平等的起源》,同上,第 169 页。
② 《论不平等的起源》,同上,第 174 页。

他自己也只是一种手段而已。他的任何欲望都无法直接得到满足,必须经过想象物和人工化的中间环节;他人的意见和劳动对他来说都不可或缺。由于人们想要满足的不再是他们的"真实需要",而是那些由虚荣心所制造出来的需要,他们便不断地置身于自身之外,异于自身,沦为对方的奴隶。卢梭在揭露社会状态之种种异化时所使用的话语明显预示了后来的康德和黑格尔,同时,他在很多方面也保留了斯多亚主义伦理学家的语言[1]。在下面这段预言了现代历史哲学的铿锵文字中,我们可以找到古代智慧的所有主题:

> 可以说,从前自由而独立的人,如今则由于其大量的新的需要而臣服于整个自然,尤其是臣服于他的同类。纵然变成其同类的主人,他在某种意义上仍沦为他们的奴隶。如果富有,他需要他们来服侍;如果贫穷,他需要他们的救助;即使不穷不富,他也离不开他们。因此,他必须不断力图让他们与他自己的命运利害相关,让他们在为了他的利益所付出的劳动中可以实在地或在表面上获得他们自己的利益:这

---

[1] 卢梭将野蛮人的"恬静和自由"与"斯多亚派的不动心(ataraxie)"加以对照(《论不平等的起源》,同上,第 192 页)。

就使他对一些人巧言令色,对另一些人则踞踬冷酷……①

从今往后,专制主义必将成为这种普遍奴役的极端形式,人不仅是其同类的奴隶,亦是其自身需求的奴隶。饱受暴政蹂躏的人们重获一种新的平等,然而这是一种压迫性的无效平等:"正是在这里,所有个人又重新变得平等了,因为他们都形同乌有。"②圆圈重新闭拢了:我们从先于社会状态的独立自主的平等出发,最终通向专制社会的彻底奴役性的平等。人在这一发展进程中自我生产,然而在其智力与技术取得进步的同时,他的道德却随之退化。他把自己变成了人工性的虚假存在,他与自然的冲突不断恶化。

革命综合法

没有办法摆脱这种处境吗?它没有留给我们任何超越它的可能性吗?当恩格斯解读《论不平等的起源》时③,他尤为强调这篇文本的结尾部分:被奴役的人们受尽了暴君的残酷统治,现在,轮到他们用

---

① 《论不平等的起源》,同上,第 174 至 175 页。
② 《论不平等的起源》,同上,第 191 页。
③ 恩格斯:《反杜林论》(苏黎世,1886 年),第 131 页。

暴力来解放自己、推翻暴君了:

> 只有在暴君是最强者的时候,他才是主人,而一旦人们能够把他赶下台,他对这种暴力就不该有任何异议。以绞死或废黜暴君而结束的暴动与这个暴君过去处置其臣民之生命财产的行为是同样合法的。惟有强力可维持其统治,也惟有强力可推翻其统治。万事万物皆这般遵循自然秩序。①

这就是说,在人与其"自然状态"渐行渐远的历史当中存在着一种"自然秩序"。恩格斯补充道,不平等最终转变为平等,而这种由终极革命所实现的平等不再是无语言的原始人所享有的远古时代的自然平等,而是社会契约所带来的更高平等。压迫者即被压迫者。先前的各个环节不但得到保留,而且被超越了。人类由此实现了否定之否定。这种黑格尔-马克思主义的解释方法意味着我们可以把《社会契约论》解读为《论不平等的起源》之续篇乃至结论。

这确实是一个观察卢梭著作的诱人角度。只要人们能按照一条连贯的线索将这两部著作前后对接,这个角度就说得通。

---

① 《论不平等的起源》,见《全集》卷三,第191页。

不过,我们或许可以对此提出异议。因为单就第二篇《论文》的观点来看,在历史终点爆发的革命并不会激起任何决定性的变化。革命是徒劳无效的:它仅仅造成了罪恶的稳定状态,这与自然状态之纯真的稳定状态截然对立。反抗暴君的革命并不会建立起新的正义;人已丧失了天然的独立状态下的平等,如今则在奴役中重获平等:卢梭不抱什么希望,他也没有告诉我们如何才能战胜自己的命运,在社会的自由状态下赢得平等(这是《社会契约论》将要探究的问题)。他所预想到的只是"短促而频繁的革命",也就是一种持久的无政府状态。道德沦丧达至顶峰时的人类无法从这无序的暴力中脱身。人们目睹了历史的终结,但这是一种混乱的终结:从今往后,罪恶将不可撤销①。

另一方面,单就《社会契约论》来看,其中没有任何部分论及现在或未来的历史境况。假设性的契约位于社会生活刚刚开始、自然状态刚刚结束的时刻。这里所讨论的问题无关乎如何摧毁一个不完善的社会以建立自由平等。卢梭由此避开了实践难题,即如何从先前的社会过渡到绝对正义的社会(当他后

---

① 不过,我们也应注意到卢梭对一种更为积极的可能性的说明,这一说明简短而明确:这些"新的革命彻底瓦解了政府,或者使之更加接近合理制度"(《全集》卷三,第187页)。

来需要给波兰人提供建议时,他才更加认真地考虑了这个难题)。他一下子就把我们带向了确立公意及正义律法之支配地位的那个关键决定,而省略了各个中间阶段。这是一种创始性的而非变革性的决定。尽管卢梭明确提出了立法者问题,但他并未将法律假设放置于人类具体历史的某个确定时期当中加以考察:他没有明确指出什么样的行动有可能实现这一假设。社会公约并不是在第二篇《论文》所描述的演化路线中,而是在纯粹规范性的、位于历史时间之外的另一个维度中获得实现的。卢梭从零开始,从一个正当的开端重新出发,但不问实现这一政治理想需要哪些先决条件。这是一段重新展开的合理的历史,它始于把所有人的共同意志转让至所有人的手中,而不是那个表达占有的主张:"这是我的。"因此,这种社会从一开始就摆脱了历史厄运,即通过一种必然的、致命的连续运动迫使真实的人类不可逆转地衰败与腐化。这种社会构成了一个理想模型,我们正是以它的名义才得以批判腐败的社会①。

---

① 参《爱弥儿》卷五,见《全集》卷四,第 837 页。当卢梭否认他想要扰乱业已确立的秩序并推翻君主制法兰西的体制时,他确实是真诚的。他在《山中来信》(第一部分,第六封信)中肯定地谈道,《社会契约论》根本不是要提供一个取代现存社会的城邦图景,它仅限于描述那个在过去尚未被种(转下页注)

第二章

教育综合法

恩格斯的解释方法在于用革命观念("否定之否定")将《社会契约论》与第二篇《论文》相连。康德以及后来的卡西尔都同样把卢梭的理论思想视为一个连贯统一的整体。他们也在这种思想中发现了同样的辩证法、同样的三拍节奏。但是,为了调和诸对立面,他们并没有使用革命观念,而是将决定性的重要意义赋予了教育。最终的环节都是一样的,即自然与文化在一个回归自然且超越文明之种种不义的社会中获得调和。两种解释方法的本质分歧在于它们

(接上页注)种动荡混乱所腐化的日内瓦共和国。而在《忏悔录》中,《社会契约论》则被呈现为一部抽象反思的作品,卢梭从没想要为其"寻求实际的应用"。他所做的只是充分运用了所有人都普遍拥有的"思考权利"。不过我们不要忘了,《忏悔录》《对话录》《遐思录》乃是对过去的重构,这便使过去染上了一层纯真遐思的色彩。一个纯真无邪的卢梭撰写的不过是纯真无邪的作品。从这种角度来看,卢梭的政治学作品似乎丧失了它们的意义:它们不过是一个美好灵魂的种种冲动的见证者。曾经的政治理论后来却被卢梭解释为一种自我表达:"他的体系可能是假的,然而在阐发它的过程中,他已经真实地描绘了自身"(《对话录》对话三,《全集》卷一,第 934 页)。一切都被吸纳进个体供认(aveu)行为的诗学中。卢梭不再希望他的作品指向一种可能的行动;他的作品只指向其作者,它是间接的肖像,它描绘出了一种丰富的内在涌动,但人们不应认为其作品对于政治领域至关重要。

对第二篇《论文》与《社会契约论》之间的过渡环节有着不同的理解。卢梭从未阐明过这种过渡,他的解释者需要借助其能够发现的各种线索将过渡环节构造出来,但其中任何一条线索都不具有决定性作用。既然我们不得不在卢梭明确表达的东西之外来考察其思想,那么某种程度上的武断就会在所难免。恩格斯的解释所选用的是第二篇《论文》的最后两三页,卢梭在其中谈到了平等的回归和奴隶的反抗;康德和卡西尔则选择插入卢梭的《爱弥儿》及其教育学理论,从而在第二篇《论文》的分析与《社会契约论》的积极建构之间确立必然的关联。革命或者教育:这是对卢梭的"马克思主义的"解读与"唯心主义的"解读之间的最根本的不同,尽管两者仍具有一致的立场,即都认为有必要对卢梭的理论思想作出总体化的解释。

卢梭遵循着一个理性方案而展开其思想,康德是最早肯定这一点的人之一。那些指责卢梭的思想自相矛盾的人并没有真正理解他。在康德看来[①],卢梭不仅揭露了文化与自然之冲突,还寻求解决这一冲突的方法。卢梭竭尽全力思索的是文化进步的诸种条件,正是这种进步"使得人类可以作为道德物

---

① 见 1786 年的一篇文章《关于人类历史开端的推测》,《文集》卷八,柏林:莱默出版社,1912 年,第 107 及后页。

种(*sittliche Gattung*)发展其禀赋(*Anlagen*),而不会违背他自身的规定性(*zu ihrer Bestimmung gehörig*),从而克服导致作为自然物种(*natürliche Gattung*)的人类与他自身相对立的那个冲突"。当艺术与文化达到完美的顶点时,我们便重获自然:"至善至美的艺术重新变成了自然。"康德所说的艺术乃是法律制度,是自由而合理的秩序,人决意要让自身的存在服从于这种秩序。教育与法律这两者都建基于人类的自由之上,它们的天职乃是让自然在文化中蓬勃生长。由此(卡西尔补充道[①]),人们便恢复了他们曾经在其自然存在状态中所享受的直接性[②]。不过,他们现在所发现的这个直接性已不再只是感觉和感受之原始的直接性了,而是自律意志与理性意识的直接性。

此外,从第一篇《论文》的结尾部分开始,卢梭就让我们瞥见了一种调和的可能性:只要人们(尤其是君主们)愿意,分隔疏离的状态就可以被克服,真正的共同体就可以得到重建。罪恶从本质上来说并不存在于知识和艺术(或技术)当中,它们源自社会统

---

① 卡西尔:《让-雅克·卢梭的问题》,同上,第498页。
② 埃里克·韦伊也强调了同样的看法:"人可以生活在他那天然的独立状态中,他可以生活在对法律的全然依附状态中,而这是自由,因为它是对理性之必然性的直接依附,正如自然人直接依附于自然那样"(《让-雅克·卢梭及其政治学》,载于《批判》第56期,1952年1月,第9页)。

一性之瓦解。在当前的状况下,我们确实发现艺术和科学有助于并加速了这种瓦解。尽管如此,这并不意味着它们不能被用来服务于更正当的目的。因而,卢梭的用意并非是要从根本上肃清艺术与科学,而是要诉诸于德性的律令以修复社会的整体性,因为只有德性才能产生必要的凝聚力:

> 只有在这个时候,我们才将看到由一种高贵的竞争精神所激发的并为了人类的至福而同心协力地积极努力的德性、科学和权威能够达成什么事情。然而,只要权力单独站在一边,而知识与智慧单独站到另一边,那么学者们便很少会去思考那些重大的事情,君主们就更少会去做高尚的事情,而人民则继续是卑劣、腐化和不幸的。①

卢梭叹惋的是政治权力与文化这两者所追求之目的的不一致。因为只要文化成为和谐整体的组成部分,不再鼓动人们追逐各自的好处和快活,那么,卢梭是准备要给文化赦罪的。因此,他完全没有想

---

① 《论科学与艺术》,见《全集》卷三,第 30 页。不过对这种综合理想的最为清晰明确的表达出现在《社会契约论》第一版中。卢梭吁请我们去发现"完善化的艺术对初始阶段的艺术给自然所造成之危害的修复"(《全集》卷三,第 288 页)。

过要废除科学;相反,他倒是建议保留科学,但需要消除当前造成"权力"与"知识"对立的那个冲突。卢梭为此向君主和科学院(出于礼貌,这里显然是指第戎科学院)发出了吁求。不过,在那些奉承的客套话背后,我们明显可以感受到一种愿望,即希冀返归统一,唤醒信任,重启沟通。故而,人们所思所造之任何事物都不会被拒斥,一切都将在一种调和的幸福生活中得到恢复。

第三章

孤　独

如果说这些阐释者们的理论相互矛盾，那是因为卢梭仅仅简略地勾勒出一种可能的综合——丧失的统一性正是通过这种综合而得以收复。一种十分模糊不明的视域让我们隐隐预感到了这一可能性，它就像一个虚拟点，一条条不相交的线似乎最终会聚其上。卢梭从历史角度思考了不平等的起源问题，但他并不关心如何解决人类历史中不平等[①]之终结这一"末世论的"难题。《社会契约论》提供给我们一个没有历史坐标的公设：它确定了社会自由的必要性，而这种必要性源于所有人都同意将他们的自然独立性让渡出来。严密的哲学反思本应促使卢

[①] 更准确地说：过度的不平等。因为卢梭赞成一种"合适称当的"不平等，或者，我们也可以称之为"能力主义体制"，即根据人们对"祖国"所做出的功绩和服务来分配相应的收益。

梭去追问同社会全体息息相关的综合得以可能的诸种条件。为此,他不但应该对社会之自由发展的那个完美时刻心存梦想,更应阐明我们达成这一梦想的具体的行动方法。但是,若想冷静地思考回归统一性的历史条件,卢梭就得能够忘却自己。而一个能够脱离自身的卢梭就不再是让-雅克·卢梭了。他过于急切追求的那种幸福目前无法获得历史的担保。只有在遥远的过去或未来之中,他才能依稀瞥见这种调和状态;可是,对他一个人来说,对此时此地的他来说,这种调和难道就无法在其有生之年达成了吗?急切的让-雅克似乎把这一难题转移到了他自身的生命当中,为的是找寻一种直接的解决方法。卢梭曾努力阐明他对世界和普遍历史的思考,现在,他却折返回主体性的层面之上,仿佛被他之前从历史和社会角度所提出的那些急迫问题压入其自身的内在性之中。这个时代尚未准备好去解决这些难题,而让-雅克不想脱离自身并踏入行动的王国。如果确有什么事情需要去做,那么这项任务只与自我相关,无关乎外部世界。

卢梭已在历史层面将难题提了出来,现在,他终于要在个体存在的层面切身体验这些难题。他的工作开始于历史哲学,最终在存在之"体验"中结束。这项工作不但预示了黑格尔,也预示了黑格尔的反对者克尔凯郭尔。现代思想的两股力量均生发于此:理性的历史发展;个体救恩之追求的悲剧性。

第二篇《论文》的这位作者向自己发问:我该让我的生活变成什么样子? 他觉得人们并不会期待他创作一部新的文学著作,以解决他之前作品中那些如此激烈对立的反题。在他看来,真正需要他去做的乃是让自己的存在成为一个典范,让他的那些原则在其生活本身当中变得彰明较著。他首先得向人们展示何谓自然,何谓遭受文明戕害的原始统一性。这一决定从今往后只关乎他一人,也只需他一人担负,而与作为集体的人类无关——他之前已经出色地分析了人类的历史演化进程。

至此,人们不禁要问,卢梭的整个历史理论是不是为了替个人选择作辩护而建构起来的? 对他来说,至关重要的问题就在于按照自己的原则生活吗? 或者相反,他之所以构建这些原则和历史解释不就是出于一个目的吗,即为他那不同寻常的人生,为他的腼腆、笨拙、反复无常的性情,为他与缺乏教养的泰莱丝的同居生活作辩解并使之合理化? 让-雅克所揭露的历史冲突也具备个人冲突的所有属性。这种暧昧含混的情况值得我们注意,不能为了解释的便利就省略不顾。

卢梭是孤独的。他遭逢的那些人都戴着面具。"所有人都将他们的存在藏于表象中"[①]。他孤独地

[①] 《对话录》对话三,见《全集》卷一,第 936 页。

沉思着人类的集体命运。然而这并非是无利害性的沉思,因为这种沉思使他得以把其个人生命中的罪错归咎于历史和社会。他要证明他的遁世绝俗与特立独行是完全合理的。他所关切的与其说是论证其思想体系的真理性,倒不如说是证明其个人态度的正当性。理论的思辨逐渐让位于个人的申辩……

* * *

当卢梭谴责社会的种种邪恶时,没有人站在他那一边,他也不想要任何盟友。由于他的指控更具普遍意义,因此,他把自己推向了更加孤立无援的境地(其他人则会说:他自愿孤立,这就迫使他发出最具普遍性的控诉)。他批判的是一种根本恶,这与启蒙运动的"哲学家们"对不合理制度的批判截然不同。因为在卢梭看来,这些哲学家们的批判仍然只是社会罪恶的一种表现罢了。这种批判根本没有与社会罪恶为敌,它恰恰是社会罪恶最精巧、最恶毒的产物,它将我们拼命地拖向那万劫不复之地。这些启蒙"哲学家们"也同样沉沦于无所不在的虚荣和腐败当中,不仅如此,他们还从这走向自我毁灭的浊世中捞取私利。他们的影响力只会加剧意识与意识的相互隔离以及社会统一体的分崩离析(卢梭后来又以一种妄想症的形式重新表达了上述看法。他想象出一个由启蒙哲学家和权力当局共同组成的迫害他的阴谋集团:百科全书派成员与舒瓦瑟尔[1]因此是邪恶的共犯。他们狼狈为奸而非同室操戈)。

这些哲学家们依然隶属于他们抨击的那个世界。他们关心的乃是对邪恶制度的维护,卢梭可以把他们统统划为真实社会联系的破坏者加以批判。他们是四分五裂的社会中的寄生虫,他们对应该在一个更加正义的体制中将人们团结起来的那些理念加以嘲谤。"他们对祖国和宗教这类古老的字眼报以轻蔑的讥笑。"[2]但是,他们的这种行径不过是出于一种"出人头地的狂热",这只是他们在一个不再是祖国(甚至嘲弄自己的宗教)的社会中谋取成功的方法而已。在各种沙龙里,外表和意见无往不利,人们畅所欲言、无所不谈,但一句话都不会有人相信:这些哲学家们的控诉不过是社交性的无谓闲聊,他们用非本真的话语谈论着一个非本真的世界。

为了不沦落为这种最为糟糕的夸夸其谈者,卢梭特立独行,不与他们同流合污。尽管他已向专制的制度、不义的极权、荒谬的恶习与流弊发起声讨,然而,还没有什么因素能把他与百科全书派成员决定性地区分开来,也没有什么因素能使他的孤独构

---

[1] [译注]即舒瓦瑟尔公爵(É.-F. de Choiseul,1719—1785),曾任法王路易十五的外交大臣。
[2] 《论科学与艺术》,见《全集》卷三,第19页。

成其思想的必要补充:造成他离群索居的原因或许只是他的性格、疾病、自恋,孤独不过是其生命的细枝末节,不太能引起我们多少兴趣。卢梭的孤独与卢梭的思想之间或许并无任何深刻联系。

然而,卢梭的反抗直指当代社会之本质,这种反抗的规模和力度是如此巨大,以至于为了能够站得住脚,它必须来自于一个已将自己排除在社会之外的人。如果他不能在这个虚伪的社会之外找到一个立足点(独自一人,且反对所有人),那么他就无法保证其挑战的严肃性与重要性。罪恶蔓延至社会的每个角落;社会伸展到哪里,谎言与伪善就会在哪里恣肆无忌。故而,他必须不惜一切代价地脱离社会,他必须成为一个美好的灵魂(belle âme)①。

卢梭批判的激烈性与彻底性将他拽入了孤独之中(其他人则会说:正是因为他想要离群索居,所以他才会拿腐蚀公共生活的根本恶作为其借口)。如果他希望人们认真地看待他和理解他,那么反抗作家这一身份对他而言就必定是远远不够的:他感到

---

① [译注]斯塔罗宾斯基对卢梭式"美好的灵魂"的评述(详见本书多处)基本延续了黑格尔的思路。黑格尔在《精神现象学》(特别是第六章第三节)中对"美好的灵魂"(die schöne Seele)的分析建立在他对卢梭、雅可比、歌德、席勒等人作品的深刻理解之上。这是一种在陈述中承认自我之必然普遍性的主体性,即无力异化自身、无力把实体性赋予自身并支撑存在的纯粹自我意识,它不敢在现实世界中付诸真实的行动。

自己不得不变成一种活生生的反抗。只有当他的整个生命都成为一种对立的榜样时,他的批判才会真正有效。

* * *

当一个人为了揭露社会的欺骗性而成为作家时,他就将自己置于悖论当中;当卢梭成为一位作家,尤其是当他的写作生涯以赢得科学院的奖励而开始时,他便踏进了由舆论、成功和风尚所操纵的社会运转体系之中。因此从一开始,他就具有口是心非的嫌疑,而且会被他抨击的那些罪恶所腐蚀。随着他的孤独状态变得愈加彻底,卢梭越来越坚信其文学生涯的开端乃是一场厄运的开始:"从那一刻起,我便堕入歧途。"[1]唯一的赎救可能就是公开决裂:抽身离别必不可少,永恒的逃离充当了申辩。我向你们说话,但我并不是你们当中的一员。我属于另一个世界、另一个祖国。你们不再知道何谓祖国,而我呢? 我是日内瓦公民。不,我甚至不是日内瓦公民,因为日内瓦人早已不复往昔了。你们所拥戴的伏尔泰已把日内瓦腐化。我的身份只有一个:公民[2]。一旦成为文人,这

---

[1] 《忏悔录》章八,见《全集》卷一,第351页。
[2] 在写了那封放弃其日内瓦公民身份的信件之后没多久,卢梭便要求友人迪贝鲁称呼他为"公民"。

位控诉者永远都无法为他与罪恶的妥协找到充分的辩辞;只要他持续不断地写作,罪恶就将一直与他如影随行。即便对这辩辞本身来说,只要它面向公众,它就仍然构成了控诉者与舆论世界之间的纽带,无法抹除任何罪错。说到底,他必须保持沉默,他必须成为一个对其他人来说无足轻重的人。但是卢梭做不到缄口不言,他唯一能做到的就是把他想要成为无足轻重之人的意愿写下来。

所以,卢梭面临的难题就在于消除其生命与原则之间不断重现的鸿沟。他的所作所为必须与他揭发的这个腐化世界的虚假伎俩截然对立,可他又如此深刻地介入到这种伎俩当中。他必须让他的抗议不被当成寻常的文学用语。他操着太过华美的言辞冒险宣说了一个真理,而这真理恰恰谴责虚华空洞的雄辩,宣扬缄默智慧的美德。

* * *

社会与自然对立,这一命题直接导出如下结论:我与社会对立。拒斥否定自然的社会,这一重任的承担者正是我。于是,否定之否定就从根本上转变成了真实的个人态度(它不是作为历史进程,甚至不是作为历史行动的筹划来发挥作用的)。社会是对自然的集体性否定;孤独的让-雅克则是对社会的个体化否定。由此,我们就从卢梭的历史理论退回到让-雅克这一个体身上,从对人类历史演化的思辨分析转向存在本身的内在难题。从一种范畴到另一种范畴,从客观认识到主观经验,这似乎是一个不合逻辑的过渡;但没有什么能比这种联系更具逻辑性了;这是一种试图在行为与言语之间达成一致的道德逻辑。让-雅克将把他的个人救恩铭刻在他所揭露的集体沉沦这一底座之上。

* * *

人们一直在强调卢梭个人主义的"现代的"或"浪漫主义的"色彩。我们从中其实不难发现它所具有的古代的(特别是斯多亚主义的)思想根源。与自身、与自然和谐共处,这或许是卢梭在塞涅卡或蒙田那里获得的教导。他只不过是重新采纳了一个十分古老而陈旧的道德原则,但却投入了非同一般的强大激情:

> 我使出我灵魂的全部力量去打碎舆论的铁镣,并勇于去做一切在我看来正确的事情,丝毫不去担心世人的评说。[1]

---

[1] 《忏悔录》章八,见《全集》卷一,第 362 页。克尔凯郭尔则以他自己的方式说道:"存在之透明要求我们成为他们所教导的那个样子",见《日记》,菲尔洛夫、伽多译,巴黎:伽利马出版社,1957 年,卷四,第 149 页。

卢梭不希望自己被当成一个演讲家和智术师：他要让自己言行一致，他要活在他的真理之中，不为他人的评判所左右。这样，他便生活在了一种正当化的孤独当中：只有他一人有理由去反对其他所有人。他能够对他的孤独作出合理解释，以普遍的价值标准为其奠基。然而，这一决断却令卢梭备感冲突与撕裂之苦，并没有给他带来古代智慧所许诺的那种内在满足：不动心（ataraxie）。事实上，按照自己的想法而活，不会在与他人的交往中忍受极端的压力与无休止的误解，这对卢梭而言近乎不可能。他决意过合乎道德的生活，这相当于决意寻找不幸。如何能活在普遍的真理之中，同时又反对所有人呢？回归孤独与呼求普遍，这两者难道不是根本矛盾的吗？当我打定主意"丝毫不去担心世人的评说"时，我还能用普遍性为自己申辩吗？

卢梭不能原谅这个虚伪的世界，但又无法彻底脱离它。他既疏离它，又转身回来指控它。他否定这个世界，但并未将之弃绝。从此，他沦为一种角色的俘虏，这角色迫使他在公众眼中表现自己拥有高尚的品德。他保留了这最后一丝联系，因为通过这丝联系，他才得以告诉世人他已斩断了自己与舆论之间的所有联系。回归自身的运动，为了重获自由而采取的非同寻常的行为，所有这一切都是为了能使让-雅克被看见(同时也让他所选择的真理能被看见)。因此,孤独的生活未能完全实现:卢梭的表现癖(exhibitionnisme)①使他依然被困在社会的陷阱之中。他自己也心知肚明,并为此备受煎熬,不断地责罚自己。然而,为了能用自己的真实存在去印证他的理论思想,卢梭便离不开证人:就像他之前公开发表自己的思想理念一样,他的生活方式也必须被公之于众。除非能激起舆论("我的决心引起了反响……"②),否则,他的"个人改造"③就无法彻底达成目标,即从舆论桎梏中解放出来。他的敌人则会说,他建构自己的理论体系只是为了凸显其个人的与众不同。

* * *

让我们采用双重视角来看待卢梭:一方面,他让自己的生活遵循其理论思想的要求;但另一方面,他也调整其理论体系以适应自己的"感性"要求,即适应其情感满足的需要。在其"非同一般的姿态"中,我们可以察觉到一种骄傲的冲动,一种意欲引人注目的行为;他的批判者从未忘记在这

---

① [译注]也暗指卢梭的裸露癖。参见本书第六章之《裸露癖》一节。
② 《忏悔录》章八,第364至365页。
③ [译注]参见《忏悔录》章八。

一点上对他大张挞伐。不过,最早认可这种批判的人正是卢梭自己;最严厉的、最讥讽的批判正来自于卢梭本人。正是卢梭教会我们去怀疑他。看上去是为了德性的要求而英勇献身,但有时候,这不过是一种内心的诡辩而已:这种指责在《忏悔录》的文本中就可以找到①。卢梭是批判自欺(mauvaise foi)的第一人。他指控的确实只是他的理性,他跟这理性划清了界限。运用"冰冷的理性"进行论证,这对他来说不过是为了自我申辩,而申辩的最终目标并不是支持理性的真理,而是要满足某种相当模糊不清的切身利益或病态的"力比多"(libido)。

在卢梭那激情澎湃的话语中,在他向反思所发起的合理指控中,我们觉察出某种心醉神迷的状态,这状态干扰了他对理性的正当运用;不过我们也应从中发现一种欲望,即想要让晦暗不明的体验沐浴在真正独立自主之理性的光芒下。卢梭对情(pathos)与理(logos)的这种混杂可以得到双重的解释:在情感诉求似乎要扭曲逻各斯的时候,我们还应看到一种意识的努力(这种努力从未获得圆满成功),

---

① 尤其参见卢梭在《忏悔录》章九中是如何批判他的"诡辩"的——他利用这些"诡辩"为其对杜德托夫人的爱慕之情作辩解。

即挣脱情感束缚,通向逻各斯的泰然自若——"在激情的沉静状态中"[1]。而卢梭挣脱激情束缚的行动本身仍是一种激情的涌动:纷乱不清的内心感受如此不休地折磨着他,以至于他不得不欲求理性的明晰状态。但是,他所要求的理性并非是作为知识确定性之根基的推理理性:他想使他的观念变得明晰,这只是为了更有力地证明其存在的正当性。如果一个生命的独特性始终无法得到证明,那么这生命注定沦为绝对的非理性:无意义。逃离这种无意义的状态才是最要紧的事。可另一方面,让-雅克又不屑于在其他人所鼓吹的共同理性中安身立命。因为他想拯救而非牺牲自己的孤独,他把这种神圣化的力量赋予了理性真理[2]——既私人又普遍,且不为他人所知。

* * *

在卢梭关于其"个人改造"的叙述中,自傲与讽刺奇怪地混杂在一起,而人们并未足够重视这一点。

---

[1] 我们会想到乔塞夫·儒贝尔(J. Joubert)的评语:"比如,在让-雅克·卢梭的作品中,灵魂与身体总是混杂在一起,它们从未分离过"(《札记》,鲍尼埃编,卷二,第 496 页)。不过,他也略带嘲讽地写道:"卢梭将其满腔的肺腑都献给了文字"(《札记》,同上,第 729 页)。

[2] 关于理性被赋予的角色,参见罗贝尔·德哈代(R. Derathé)的著作《卢梭的理性主义》(巴黎,1948 年)。

他高调地肯定这一行动的重大意义,但又即刻对其加以嘲讽,就像对待一场骗局那样;它既是一个前所未有的英勇行为,也是狂热与"愚蠢的骄傲"所激发出的一时冲动。于是,卢梭使我们有理由对其"改造"作出双重解释。一方面,他用他的孤独来对抗社会,这可以被解释为一个腼腆病人的意识形态(idéologie),他希望尽可能地利用自己与社会的这种格格不入,以至于使之变成他的至上荣衔。他无法生活于其他人中间吗?好吧!但愿他的疏离姿态与困窘神情至少能表明他充满激情地皈依德性吧!既然他在沙龙里感到局促不安,那么希望他摔门而去的举动会引起他们的注意吧!米拉波(Mirabeau)[1]在给卢梭的信中写道:"您在很大程度上活在他人的意见之中。"[2]然而,从另一方面来看,关键在于要把作家的生涯转变为英雄的命运:把生命从文学探险中解救出来,严格依照德性理想来校准现实生活中的品行举止;这种理想首先是通过他的阅读经验而扎根于他的心灵当中,最后则经由存在的真理而得到确证;他发展出一种被书写的思想,这种思想的主题充满了悖论,即拒斥文学。"只有在一种

---

[1] [译注]米拉波侯爵(Victor Riquetti de Mirabeau, 1715—1789),法国经济学家、哲学家,重农主义代表人物。
[2] 《卢梭书信集》,杜福尔和普朗编,同上,卷十六,第239页。

绝对的退隐状态中,我才能着手去完成我要撰写的那部作品①。"②文学之"存在的"超越这一问题第一次在传统宗教灵修生活的各个维度之外被提了出来:弃绝世间虚华,皈投"另一个道德的世界"③,这种做法并未把卢梭带入教会,而是令他投向了森林与漂泊的人生。

那些在教会中寻求庇护的人可以一言不发(因为教会通过圣徒和圣师之口代表他们讲话,为他们的沉默作了辩护),但卢梭只能靠他自己获得辩护,他永远无法三缄其口。他之所以要刺刺不休,乃是因为他对其孤独之真意的阐明将永无止境。他其实很明白,孤独也可以被曲解为恶毒之人和骄傲之人的孤独。狄德罗就宣称:"只有恶徒才会孑然一身。"④卢梭深感此话所针对的人正是自己,于是终其余生与之抗辩,他无法容忍这种模棱两可的观点。

倘若对于卢梭来说,关键问题仅仅在于让自己变得特立独行,并将其与众不同展示出来,那么他的抗争行为就不会如此具有悲剧性了。他不应只是扮演一个他者的角色(穿上亚美尼亚人的服装⑤),更

---

① [译注]指《爱弥儿》卷四中的《萨瓦助理牧师的信仰自白》。
② 《遐思录》漫步之三,见《全集》卷一,第 1015 页。
③ 《遐思录》,同上。
④ 《忏悔录》章九,见《全集》卷一,第 455 页。
⑤ [译注]参卢梭在《忏悔录》章十二中对其在纳沙泰尔州莫蒂埃村生活的叙述。

要直面一个邪恶的社会,向它展现那从根本上有别于罪恶的东西,即让世人无法认出的良善出现在他们的视线之中。在卢梭那里,悲剧张力不仅源于他与世界的疏离和决裂本身,还源于一种必要性,即无论何时,他的孤独生活都应同根本的真与善相一致,而这种真与善不仅得到了他的良心的确认,还能得到其他所有人的认可。因此,我们所面对的不单单是一个试图以对抗姿态存在的意识所发出的非理性要求;卢梭的主体性要求享有特权,但这不只是为了完全赢得他人的承认(当这位日内瓦钟表匠的儿子误入法兰西元帅和包税吏们的圈子时,他就已经获得了他们的充分认可),也不是为了向世人展现某种决不妥协的独特人生的奇观,而是为了能够以那早已被他人抛入遗忘深渊之真理的合法解释者这一身份被人们所接受。卢梭希望把双重的意义赋予其孤独的言语:既是否定和挑战,也是一种预言。通过与他人对立,卢梭不但想要树立其独一无二的自我,还为了遵从普遍价值(自由、德性、真理、自然)而英勇奋斗。

卢梭在孤独中安身立命,为的是以普遍性之名合法地说话。他远离大都市,与"所谓的朋友们"绝交——他想要在"神秘性"或主体性存在的"精神深渊"中寻求庇护吗? 完全不是。我们不应把后世所说的某种浪漫主义算到卢梭的头上,他只不过很早就预示了它的诞生而已。尽管在卢梭那里，主体的直观根本不具备笛卡尔和马勒伯朗士所赋予它的那种理智特征，但与他们一样的是，卢梭也认为这种直观试图通达普遍性，而这普遍性在本质上也不是非理性的或超理性的。返归自身确实可以通向某种更为高深的理性的明晰性以及某种可直接感知的明证性，这与充斥于社会的无意义状态截然对立。假如我们能够认识到，只有当理性妄图以非直接的方式，即通过连续的推论，通过推理的序列或"链条"去把握真理时，理性对于卢梭来说才是危险的，那么，我们也就不难理解卢梭对于理性价值的犹疑态度了。当卢梭批判理性时，他所针对的尤其是推论式理性。而一旦他仰赖于能够引发直接领悟的直观式理性时，他就重新变成了一个理性主义者。根本的抉择并不存在于理性与情感之间，而在于间接途径与直接通道之间。卢梭选择的是直接性，而不是非理性。直接的确定性有时可以隶属于情感，有时则隶属于感觉或者理性。只要直接性能得到维续，卢梭就不会在"感性直接性"与"理性直接性"①之间确立任何优劣高下之别。相反，理性和情感从此水乳交融。

---

① 关于感性直接性与理性直接性之间的区分，参见让·瓦尔的《形而上学论》，巴黎：贝友出版社，1953年，第498页及以后。

卢梭所指责的只是从事推理论辩活动的理性（康德后来称之为"知性"），它会招致"人们的种种愚谬判断"①。这种工具理性会令人们沦为意见与幻觉所扰乱的主观性的因徒。卢梭要揭露这种理性的荒诞；以更为深刻的理性眼光来看，人们共有的推理能力所获得的明晰性乃是虚假的明晰性，它不过是一种无意义而已。

卢梭向我们展现出一种一直以来令他备受责难的悖论：为了声讨那导致人们形同陌路的异化力量，卢梭反倒让自己变成了一个异乡人。他要献身于追求缺席真理的事业，这一决心使他甘愿背负流亡的命运；他化身为失落的（或不为人知的）透明性的保卫者，这一举动也令他沦为了流浪者。流亡者、流浪者——不过，这只是相对于异化的人类而言，况且，这也是为了让他们感到羞愧难当。事实上，他说他自己早就"打定"了主意，早就"安心定志地去面对他的余生"。他已将其安身立命之所扎根于真理之中，这就是为什么他会变成一个无家可归者，一个不停逃亡之徒：从一处避难所到另一处避难所，从一个隐居地到另一个隐居地，他不断闪躲于社会的边缘，正是这社会蒙翳了人的原初天性，扭曲了意识与意识之间的一切交流。由于他对完

---

① 《遐思录》漫步之三，见《全集》卷一，第 1015 页。

全透明的、直接的交流心存梦想,故而他必须把所有会导致其依附于混乱世界的联系统统斩断,令人不安的阴影、戴着面具的脸孔和晦暗不明的目光充斥于这个世界。

一旦卢梭赢得孤独,垂落在自然头顶的面纱、弥漫于博赛美景之上的阴云便消失无踪了。遗失的幸福被归还到他的手中。但这只是一部分事实,因为对美景与自然之光彩的重新发现是以他与同胞的更具决定性的决裂为代价而换来的。只要卢梭坚持远离社会,孤独就会变成透明性之回归:

> 自负的迷雾与世界的喧嚣使那树林的清新美好在我眼中也变得灰蒙黯淡,干扰了隐居生活的清静。我逃到森林深处也无济于事,那纠缠不休的人群处处尾随着我,在我面前把整个自然都遮盖了起来。只有在我摆脱了社会性的激情以及它们的可悲后果之后,我才重新发现了自然的全部魅力。①

一旦忘掉社会,一旦把源于他人意见的全部回忆和忧虑都一扫而净,自然风景在让-雅克眼中便会重新呈现出无比优美的原初景象。这就是被重新发

---

① 《遐思录》漫步之八,见《全集》卷一,第 1083 页。

现的魅力、真实的魔力。由此,卢梭便可以与自然直接相遇,任何外部对象都无法横亘其间:既无人类劳动留下的任何不当标记,也无历史或文明产生的任何污迹:

> 于是,我迈着更加平缓的步伐在森林里找寻某处荒野之地,找寻某个看不到人类双手留下的任何奴役与操控痕迹的人迹罕至之地,找寻某个避风港,它让我相信我是深入此间的第一人,那里没有任何讨厌的第三者会横插在大自然与我之间。①

在那摆脱了不透明的厄运、重新变得可被直接感知的大自然中,卢梭扮演起先知的角色,宣说着被遮蔽的真理:

> 我隐没于森林深处,寻寻觅觅;我发现了原始年代的景象,我勇于勾画它的历史;我剥褪了人们的卑劣谎言,我敢于揭去那掩盖他们天性的面纱,使之暴露无遗,并追踪那扭曲了这一天性的时间进程与事物……②

---

① 《致马勒塞尔布先生的信》第三封信,见《全集》卷一,第 1139 至 1140 页。
② 《忏悔录》章八,见《全集》卷一,第 388 页。

然而对于一个单纯想要回归自然的人来说,卢梭太过乐于表明自己已然远离了充斥于这个世界的虚华快乐。正如我们强调过的那样,他并未将世界彻底遗忘,他也没有完全脱离世界。尽管他或许并不留恋这个世界,但为了谴责它,他依旧对其念念不忘。当他隐没于森林深处时,当他庇藏于根本的真理中时,他始终挂怀着他所拒斥的虚假世界和他所不齿的"卑劣谎言"。只有在他公然声讨这个充斥着间接关系的工具世界时,他才会享受到直接的快乐。因此,他与世界的疏离还没有达到让他忘却他人罪错的地步;即便他已不再受制于"社会性的激情",可他毕竟还是这个腐化社会的对抗者。不论这看起来有多么矛盾,但即便是在卢梭与社会最为隔绝的状态下,他依然以其反叛行为和反社会的激情而与这个社会相连:敌对的态度构成了联结的纽带。

对让-雅克而言,避免危险的不透明性的唯一方法就是让自己变得透明,活在透明性当中,同时在受制于不透明性的他人的目光中保持可见。只有这样,普遍真理之显现与自我呈现才会变成唯一的、同一个揭去面纱的行为。真理若想显现自身,就需要被一个"见证者"亲身体验(克尔凯郭尔后来写道:"与理想之间的存在联系永远都不可见,因为这种存在就是真理见证者的存在。"①)。不过这个见证者生活在双重关系中:他与真理的关系,以及将他与社会相连的关系——他伫立在社会面前,见证着它的一切。他将无休无止地阐明这种关系。他以见证者自居的权利从何而来?如果社会乃是假象,那为何还要保留这种可疑的关系呢?

所以,他必须证明自己确实就是有权向社会发起这种挑战的人②。他必须能够确信自己与真理保持着本质关系,即把个人之存在与真理之本质融为一体,制造一种言语,自我用这种言语肯定自身,而这不过是为了消失在非个人的透明性之中,由此,永恒的价值得以显现:自由、德性,等等。卢梭不可能满足于不牢靠的、臆测性的主观经验,他急于要把它升华为绝对之物,因为只有在绝对

---

① 克尔凯郭尔:《日记》(1849 年),菲尔洛夫与伽多译,卷三,巴黎:伽利马出版社,1955 年,第 15 页。
② 弃绝世界的同时仍继续向公众喊话:可当话语出自一个垂死之人时,这里的悖论性就被削弱了。卢梭相信自己已经奄奄一息;其言语乃一个被死神施与短暂延缓期的垂死者的言语:"只有当我将自己视作一个死人时,我才开始活着!"(《忏悔录》章六,见《全集》卷一,第 228 页)。每当他提起笔时,他的疑病症就会让他非常真切地身处于一种宣布遗言的临终状态中。因此他有权说话:天鹅之哀歌并非社会虚荣使然之行为。但愿人们都注意到他的 ultima verba [译注:意即"最后的话、遗言"]吧!这不仅是一种悲怆的引诱行为,还是一种自我辩解。死亡的逼近使得他与世界的决裂变得不可避免。

之物的佑护下,他才能克服对于罪行的忧虑和恐惧。高尚的言辞、涤净罪恶的决裂以及痛苦的拒斥还不足以让他达成这个目的;他卖掉了怀表,舍弃了佩剑和精美的内衣①,逃离都市:这些都还不够。他还得提供其他证明,还得甘受其他牺牲,顶住最为可怖的不幸、迫害与"暴风雨"带给他的考验。对于自身之真实存在以及他试图带给人们的那个真理来说,这位"真理的见证者"永远都无法赢得最终的确信,永远都免除不了人们对其证明的期待。卢梭焦灼不安地呼唤不幸之降临,因为不幸乃一种圣化。真理的见证者期望受难,这正是对其使命的至上证明:

> 我期盼着有一天,人们将通过我能忍受的那些事物来评判我曾经之所是(ce que je fus)……不,我想不出还有什么事情能像为真理而忍受苦难那般伟大和美好。我羡慕受难者们的荣耀。②

克尔凯郭尔也曾着迷于受难的想法,他用异常

---

① [译注]参卢梭在《忏悔录》章八中对其"个人改造"的叙述。
② 《致德·圣-日耳曼先生的信》,1770 年 2 月 26 日,见《卢梭书信集》,杜福尔和普朗编,同上,卷十九,第 261 页。

相似的语句将其表达了出来:"毕竟,为真理效力的事情只有一件:为它去忍受苦难。"①

* * *

由此,社会批判被转换为个人意识之显现。这倒不是因为个体存在的价值必定要高于集体存在的价值。社会之所以是恶的,并不是因为人们共同生活于其中,而是因为将人们联结起来的那些动力使他们无可救药地脱离了原初的透明。卢梭痛恨的不是社会本身,而是不透明的谎言和舆论。故而,他不是为孤独而孤独(至少他自己否认了这一点):孤独是必要的,因为它使我们通达理性、自由、自然,等等。假使我们可以构建一个透明的社会,假使每个人的精神都愿意向他人敞开,抛弃一切隐秘的、"个别的"意志——这就是《社会契约论》的假设——那么,我们就没有任何理由把个体置于社会之上。恰

---

① 克尔凯郭尔:《日记》,同上。不过,在克尔凯郭尔看来,卢梭所遭受的苦难不够深重:"他缺少理想、基督教的理想;这理想使其谦逊,能够教会他懂得,他所受之苦难跟圣人们相比毕竟是何等微乎其微;而且,这理想可以防止他陷入诗人的遐思与懒散,让他保持不断努力的状态。这个例子向我们揭示出弃绝世界对人类来说是何等艰难",见《日记》,菲尔洛夫与伽多译,巴黎:伽利马出版社,1957年,卷四,第252至253页。关于克尔凯郭尔与卢梭,参罗纳德·格里姆斯利的《索伦·克尔凯郭尔与法国文学》(威尔士大学出版社,1966年)。

恰相反,在一个崇尚意识与意识彼此沟通的社会组织中,在一种建基于"公意"之上的和谐状态下,没有什么比个体的自我封闭以及对个人意志的倚重更加有害了。当人们把自身的利益放在首位时,社会机体的和谐性便会受到损害。因此,过错不在于集体性的律法,而在于个体的违抗。传统的批评观点认为,卢梭的《社会契约论》和他的其余著作之间存在一个神秘的断裂:前者没有把正当地位给予个人幸福之诉求,而在他的其他著作中,这种幸福却显得那么宝贵。其实,卢梭始终完全效忠于透明性原则:如果透明性要通过公意而获得实现,那么社会范畴就应处于优先地位;如果透明性只能诞生于离群索居的生活中,那么就应把优先性给予这种生活。卢梭的迟疑、"摇摆不定"仅仅与他重获这种透明性的地点、时机和条件相关。他对巴黎社交圈子感到心灰意冷,转而躲藏到他的"退隐庐"中:他打定主意要选择一种"个体的存在"了吗? 不,因为他很快便开始构思他的《政治制度论》。孤独的透明始终是片断的,而卢梭想要完整的透明。

我们在这里还需作出一点补充,它涉及的是卢梭的思想和生命所引发的那些对他来说无法预料的后果,而无关乎他自己的意图。我们已经看到,卢梭关注的主要问题偏离了历史和社会哲学,几乎完全同其个人感性的种种需要密切相连。不过我们不得不承认,这种退隐到自身的独特存在之中的姿态不但没有削弱卢梭的历史影响力,反而强化了它。如果说卢梭改变了历史(不单单是文学),那么,这种改变不仅源于其政治理论及其历史学说所产生的效力:或许,它在更大程度上源于他那不同寻常的存在所营造的神话。当他远离尘嚣,渴望自己在他人眼中无足轻重时,他无疑是真诚的。然而他弃绝世界的方式却改变了世界。诚如我们所知,在他生命的最后时光里,他不再关心国家的未来,但对其死后的声名颇感忧虑。他的声誉最终能够得到恢复吗?后世能否还他清白?对这位《对话录》和《遐思录》的作者来说,唯一重要的事情不在于未来的人类革新律法,而在于他们改变了对让-雅克的态度。不过很快,连后世还他公道的希望都在他心中泯灭了。他只求助于自己的良心和上帝。这个对历史漠不关心的人却以更深刻的方式影响了历史。

"把我的信念一劳永逸地确定下来"[1]

通过化身为真理之信使,让-雅克希望借此天职约束自身,迫使自己将其个人品性固定下来。为了

---

[1] 《遐思录》漫步之三,见《全集》卷一,第 1016 页。卢梭接着说道:"让我在余生都做我深思熟虑后认为自己应当成为的那个人。"

解释让-雅克投身文学生涯的动力,《忏悔录》更多地是诉诸于心灵的需要,而非理智的确信。这种需要是多重的:他追寻的当然是真理,但他同样也对英勇行为所彰显出来的力量心醉神迷,他想要获得英雄主义的荣光。不过,他最根本的需要似乎还是在一种能够经受住任何考验的身份中安身立命。卢梭以德性的捍卫者自居,他必须实现自身的统一,而这统一性正源于德性本身的统一。对统一性的需要不仅存在于他的求真冲动中,也体现于他那骄傲的要求中。因为卢梭想把他的生命确定下来,他要赋予其生命无比稳固的基础,那就是真理、自然。为了保证自己从此往后都忠于自身,他高调宣布自己的决心,让整个世界成为自己的见证者。是的,这个人发自真心地追求真理;是的,他的灵魂充满了骄傲之情:为了赢得自己的身份,为了最终成为让-雅克·卢梭——公民、自然人,他别无他法。

因此,追求真理的激情并非是"无利害性的";它不是在关于世界的知识中达成目标的。让-雅克凭着这股激情开启了一段怀抱坚定意志与牢固信念的时期。这是一种终结无常的方式,他曾被这无常折磨甚久。三十八年了,他漂泊不定,居无定所。是时候结束流浪的生活了,结束这一半是谎言、一半是怯懦的人生。他扮演过许多角色,但并不都是那么成功:家庭教师、音乐家、出纳、外交职员。他曾听任自己被那些可疑的大师们蛊惑;他受到过太多的影响。终于,他要重新成为他自己了:一个"公民",一个异乡人,他把自己的事业与德性的事业融为一体。他"安于自身";他只是一个靠自己的劳动维持生计的平民百姓,他要迫使这个世界(上流社会、贵族、上层布尔乔亚妇女)为其目睹的这番奇景感到震惊:一个自食其力者恰恰在他大获成功、可以企望荣华富贵的生活之时,却甘做一个手艺人过活,这实在叫人难堪。他拒绝那些游手好闲、养尊处优之人送来的馈赠,执意"按页取酬"①来维持生计,这令他们羞愧难当。

卢梭控诉社会之虚伪,寻求自身的恒定存在。然而,我们马上会发现,他其实并不相信自己有能力完成这个任务。于是,卢梭诉诸于自身之外的其他力量。长久以来,他有好几次"踏上歧途"②,背叛了自己的美好初心;他有好多次都不得不偏离自己的人生轨迹。这一回,他求助于普遍性:他吁求那些无比高贵的价值,他恳请全人类都做他的见证者。这样一来,他便令自己受到了严密看管。假使他想要放弃他的任务,人们是不会准许他这么做的。他没

---

① [译注]指卢梭靠誊抄乐谱维持生计。参见《忏悔录》章八以及《遐思录》漫步之三。
② 这一说法出自他给马勒塞尔布的第二封信,见《全集》卷一,第 1136 页。

有诉诸于自己的个人意志,而是仰赖于某种超越性的约束,这种约束无法容忍一丁点的软弱。他必须规规矩矩,小心行事,因为这就是德性的要求。一旦走错一步,人们便会报以嘲笑。

斩断一切社会关系,这于他实乃莫大的帮助。过激的控诉以及对自己高尚品德的夸大让他不得不与绝对价值维持联系。从今往后,任何妥协均不再可能。他如此干脆地脱离了社会,以至于除了那不可腐蚀的真理外,他不再拥有别的庇护所。如今,击打在他身上的(或由他自己招引的)厄运与灾难反倒变成了他的优势,因为它们确保他获得一种连续不断的同一性,并把其个人形象树立为正直的受迫害者。于是,让-雅克迫使自己(不是通过意志,而是通过放弃)只为唯一一个原因而活:他让这个独一无二的原因构成其自身统一性的基础。他寻求外部力量的协助以弥补其软弱,这力量迫使他听任(在大多数情况下显然带着某种愉悦之情)那无情命运的摆布。他遵从奥古斯丁的教诲:返归自身。然而,为了实现向内的反转,为了完满体验自身之内在性,卢梭需要某种源自外部的敌意将他的决定强加给他自己:在他控诉命运或那些"先生们"对他的谋害之前,这一功能往往是由疾病来承担的。他不再需要自己选择位置,也不再可能犹豫不决了:他人已替他做好了选择,他唯一能做的就只是遵从命运的安排行事。他将让人们看到,他可以自足地生活。即便人们时时排挤他,处处驱离他,可这只能迫使他反求诸己而已。他只会从中获利。迫害对他来说乃是一条救恩之路:卢梭之所以不断地告诉自己这一点,不仅是因为他可以从中获得慰藉,或许,他还供认了一种隐秘的意图,即把外部的敌对行为转化为有利因素:

> 迫害升华了我的灵魂。我感到真理之爱对我来说变得宝贵了,因为它让我付出了代价。或许一开始,它于我而言不过是一套体系,而现在,它是支配我的激情。①

幸亏有迫害,真理的抽象理想变成了活生生的价值;让-雅克的"施虐的超我"(sur-moi sadique)赐予他永不衰竭的勇气。身处于这种一直凶险的逆境当中,他需要有相应的恒心来与之对抗。由此,迫害似乎被当成了一种值得期盼的援救,它使其良心愈加坚定。这个人狂热地沉溺于那些最为矛盾的诱惑和最不协调的冲动之中,他祈望命运之重负,心甘情愿地吁求永世的离群索居,由此,在对那不可撤销之厄运的顺服中,他将其缺失的生命重心给予自身。

---

① 《卢梭学会年鉴》第四期,1908 年,第 244 页;参见《全集》卷一,第 1164 页。

然而，统一性是自然的吗？

不过，对于那驱动他追求统一性的"炽烈的热情"，卢梭后来却加以责难。它没有破坏其自发的天性吗？他那追求抽象的普遍真理的冲动没有使他背离自身的真理吗，即他本想克服的脆弱、多变与无常？追寻自然这一公共使命没有使让-雅克违背自身的天性吗？当他试图构建其存在的统一性时，他却就此沦为内在冲突与悖论的囚徒。

* * *

爱比克泰德（卢梭经常研读他）曾劝导我们，要如同剧场演出那样来表演人生[1]。然而，我们无从选择自己扮演的角色；我们应该做的事情就是专注于演好分配给我们的人物。按照斯多亚派的道德学说，人应当欲求成为他自身，但是这种欲求必须依循命运或者上帝的要求。贤圣者将虚构与谦卑合二为一，通过前者，他得以扮演其人物；经由后者，他甘受其被预先规定好的角色。他并不自我创造，而只是力图使自己的表现与其角色相符，成为一名出色的即兴喜剧演员。不过，他既不能改变这出戏的情节，

---

[1] 爱比克泰德：《道德手册》，第十七条。

也无法改变其结局。他的表演只关乎风格。他可以亦庄亦谐地、乃至纵情肆意地表演一个角色,但不能随意选择和改变这个角色。由此,斯多亚主义的德性成为了一种技艺,因为我们需要一种高超的技巧才能在以下两者之间达到正当的平衡状态:对必然性的完全服从,以及在规定情境中"尽展风采"的才华。我们可以达至这个平衡点吗?若表现过火,贤圣者的坚定品格就变成了谎言和华而不实的卖弄;可若少了剧场表演应有的傲逸之气,对命运的顺服便会沦为卑怯。毫无疑问,当让-雅克实施其"个人改造"之时,他相信自己已经实现了这种平衡。他知道自己在表演,他对此也毫不遮掩,但他坚信自己所扮演的终究是属于他的真实角色,他融入了这个真实的人物之中。让-雅克的"改造"不正是从最外在的、最醒目的部分开始的吗?"我从我的装束开始改造;我脱去金饰和白袜,戴上一顶圆假发,取下了佩剑,卖掉了我的怀表"①……最初的姿态也最为招摇:他以剧场表演的方式拒斥那些令文明生活仿若戏剧的东西。不过,演员的姿态恰恰呼应了他忠于自身的意愿:"为了始终是我自己,无论在哪里,我都不该因为按我自己所选的身份来穿着而感到羞愧。"②

---

① 《忏悔录》章八,见《全集》卷一,第 363 页。
② 同上,第 378 页。

然而在写作《忏悔录》的时候，卢梭却将其"改造"归咎于一种迷醉状态。不，它既不是通过可靠的智慧而获得的平衡状态，也并非使存在与表象完全达成一致的高超技艺。最初的冲动其实源于外部。在樊尚监狱的那次谈话中，狄德罗扮演了蛇的角色，即诱惑卢梭偷尝禁果的魔鬼。在叙述卢梭作家生涯的最初境况时，《忏悔录》表现出一种奇怪的模棱两可。一方面，一切似乎都可以通过灵感之闪现以及内心之变化而得到解释（"在读到题目的一刹那间，我感受到了另一个世界，我变成了另一个人。"[1]）。可另一方面，卢梭又指责那些外来的影响和有害的建议，他因软弱而屈服于它们（狄德罗"鼓励我充分打开思路，参加征文评奖。我照做了，而从那一刻起，我便堕入歧途。我的整个余生及其不幸都是这头脑发热的时刻所导致的必然后果"[2]）。因此这一事件具有两个面向。卢梭一方面感到自己被一团"真正的天火"[3]所燃烧，《忏悔录》的叙述被那记忆所点燃：一切都被真理之精芒所照亮。然而，当他在伍顿（Wootton）与蒙甘（Monquin）重新回味和审视这同一个事实时，黑暗而险恶的面向便骤然浮现：当

---

[1] 《忏悔录》章八，见《全集》卷一，第 351 页。
[2] 同上。
[3] 《忏悔录》章九，见《全集》卷一，第 416 页。

他耽湎于"对真理、自由、德性的狂热"时,他便不自觉地踏入其生命的阴暗地带,不祥的命运攫住了他。对往昔岁月的这种双面阐释共存于《忏悔录》之中。寥寥几行文字之隔,相同的事件既可以被呈现为无上灵感之效果,也可以被视为无法逃脱的命运锁链。

上天之启示,抑或不怀好意的朋友之影响,这两种解释都诉诸于一种异化:外力(迫害性的或启发性的)迫使卢梭背离他自身。恶徒之受害者也好,狂热追求至善的被启示者也罢,卢梭在这两种情况下都不再是他自己了。无论如何,时过境迁之后,这就是那充满了狂热行动的激奋岁月在他眼中呈现出的样子。

这种暧昧的视角令人瞠目。《忏悔录》讲述的是让-雅克为摆脱他人意见和判断所带来的异化而付出的英勇努力,但他对其"个人改造"的辩解本身却也意味着他经历了一场异化。迷醉、疯狂、天火、厄运:正是在他想要回归和建立统一性的那股冲动中,他被驱赶至自身之外。不可控的极端力量令他身不由己地走上了文学生涯。对让-雅克来说,对统一性的寻求已变成外在于其真实"天性"的歧途。他的天性需要的是安宁、悠闲、无忧无虑以及纵情沉溺于彼此矛盾的欲望之中。他天生就跟别的生活状态格格不入。对真理的激情使他陷入了一个可怖而陌生的世界。他到底游走于怎样的荒芜之地?既脱离了他自己,又与他人相隔绝,那么他到底变成了谁?在回顾那段激情澎湃的岁月时,写作《忏悔录》的卢梭似乎也不再能理解这一切,他不知该作何评判:他赞赏他的勇气,他以讽刺的笔调同情他的种种幻想,他对自己变成另一个人感到恐惧;那是一段与神圣性亲密无间的时期,也是一段极为不忠和错谬的时期。

* * *

在《嘲笑者》(创作于其"个人改造"之前)中,卢梭将自己描述为变动的、多变的、不稳定的人,他无法停驻于稳固的形态之中:

> 当布瓦洛谈到一般人就像由白变黑那般善变的时候,他便寥寥数笔勾画出了我的肖像;要是他再加进去种种别的色彩以及过渡性的细微差别,那么个体的特质就会被表现得更加精确了。除了我自己,没有什么能和我如此不同,这就是为什么想要不通过这种奇特的变异性而对我作出描述的任何尝试都会是徒劳的;这变异性如此深植于我的精神之中,以至于它时不时地就会影响我的感受。有时候,我是一个严苛而冷酷的愤世嫉俗者,其他时候,当我沉浸于迷人的社会和美妙的爱河之中时则会心醉神迷。我时而严肃和虔诚,而且为了有利于我的灵魂,

我会费尽周折让这神圣的内心倾向变得持久;但我很快就变成了一个不折不扣的不信教者,由于我此时更多考虑的是我的感官而非理性,所以我一直避免在这些时候写作……一句话,普罗透斯①、变色龙、女人都不如我这般变化无常。从一开始就应该打消掉那些好奇者们的全部期望,即他们总有一天能够看穿我的性格;因为他们会发现,我总是处于某种特殊状态中,而它只有在那个特定时刻才会变成我的状态;他们甚至也不能期望认清我的种种变化,因为它们根本没有固定的周期,有时,它们会源源不断地产生出来,而在另一些时候,我却整整几个月都处于同一种状态中。正是这种不规律性本身构成了我的性格基础。②

对其他人来说,这个出乎意料的人就是一个谜团,而他也以此为傲。他很乐意成为难以捉摸的人(但他后来又抱怨自己不被理解)。一切变化和彻底的不规律性都能在这个人身上找到。不过,卢梭很快便违逆了他刚刚作出的断言。在接下来的段落中,他承认存在着某种内在节奏、某种更加规律而持

---

① [译注]希腊神话中的一个海神,可以随意变换外形并预知未来。该词和下文中的"变色龙"在法语中也可用来表示善变的人。
② 《嘲笑者》,见《全集》卷一,第1108至1109页。

续的交变。故而,他的各种变化不再毫无"固定的周期";他意识到了一种稳定的循环律。站在循环之外,卢梭以戏谑的口吻展现出某种或多或少被遮掩的、恒久在场的"疯狂":

尽管如此,通过不断地自我审视,我仍然在我身上厘清了某些支配性的心理倾向和近乎周期性的反复,它们很难被其他任何人所觉察到,除了那个最为专注的观察者,也就是我自己:这就好比任凭风云如何变幻无常,也无法阻碍水手和农民从中观察到某些常年出现的状况和已被化约为规律的现象,他们可据此大致预测特定时节的天气状况。比如,两种主要的心理倾向支配着我,它们每八天变换一次,相当稳定,我把它们称为我每周的灵魂(âmes hebdomadaires):在一种情况下,我处于理智式的疯狂之中;在另一种情况下,我处于疯狂式的理智之中。不过无论在哪种情况下,**疯狂相较于理智都更占上风**。这样一来,在我自称为智者的那一周,疯狂所具有的优势地位便更为凸显,因为不论我当时处理的所有素材的本质有多么合理,它几乎都会完全淹没于那些总被我用来小心掩饰它的絮絮叨叨和胡言乱语中。而对我的疯狂灵魂来说,它要比这理智得多,因为尽管它总是从它自己的能量中汲取其论述所关涉的文字,但是它在其推理和证明中调用了如此多的技巧、规则和智力,以至于对一种如此伪装过的疯狂来说,它与理智几乎毫无二致。①

所以,在《嘲笑者》的各种变化背后存在着一种隐秘的恒定性,卢梭称其为他的疯狂:他将间断与变化之原则本身单独分离出来,为的是以一种诙谐的方式赋予其连续性。诚然,卢梭在这里确实是在向读者炫耀自己;他表现出的这种恣肆无忌的态度受到了同时代的狄德罗以及更早的蒙田的影响。不过他的这种文风并没能维持太久。而在《对话录》中(即二十多年以后),我们又重新看到了一幅类似于《嘲笑者》的自画像。卢梭再次强调他的变化无常,以及那些导致其性情大变的理由和动因是多么微不足道:

> 他的想法不够连贯,以至于无法形成真正的计划;但是对一个对象的长时间静观却往往会激发他在房间里迅速下定强烈的决心,可还没走上街头,他就忘记或者放弃了它们。他的意志力的全部活力都耗费在了下定决心上,于

---

① 同上,第 1109 至 1110 页。

是就没有多余的意志力去执行它了。他整个人都保持着一种原初的不一致性。他的性格构成元素之间的这种矛盾也同样存在于他的爱好、习惯和品行中。他活泼、热情、勤勉、不知疲倦,但也怠惰、懒散、无精打采;他自豪、果敢、无所畏惧,但也胆怯、腼腆、拘谨不安;他冷漠、傲慢、拒人于千里之外以至严酷无情,但也温和、深情、平易近人以至懦弱无能,而且他不懂得如何避免从事或忍受那些令他最为不快的事情。总而言之,他以一种不可想象的速度从一个极端转向另一个极端,他自己甚至都没有注意到这种转变,也想不起来他前一刻是个什么样子了……①

卢梭在这里同样是通过某种恒定的原因、某种持久的品性来解释他的变化无常。他将这种原因和品性称为感性或激情。由此,极端的多变性便消融于"一种不变的、单纯的和常规的生命"②之中。一切品行的不规律性都源于一种"热烈天性"的躁动,它将其印记铭刻于千差万别的行动之上。让-雅克不断表明其身上深藏的这种统一性,它会在各种变

---

① 《对话录》对话二,见《全集》卷一,第817至818页。
② 同上,第865页。

化以及性情转变的自发性中显露出来。我们应该带着同理心去解读这种性格的统一性,正如我们有必要将其全部作品都看作是某一个独特计划之实现。为了让人们看到变化中之不变,卢梭在《对话录》第二篇"对话"的开头再次采用了他在《嘲笑者》中运用的那个比喻,即天气变化的周期性[1]:

> 我不仅在他保持着无比稳定之存在方式的时候,也在其经历着细微波动的时候观察过他。就像最晴朗的天气也夹杂着轻微的风云变幻那样,在平静的个人生命里,细小的波动也同样必然出现,或许也同样不无裨益。[2]

他在《嘲笑者》和《对话录》中就是这样来描述自己的。写作前者时,他尚未晕乎乎地沉溺于写作的狂热中;而创作后者时,正值他力求逃脱作家生涯令其陷入的"悲惨命运"和桎梏。曾几何时,他纵情肆意地浪迹天涯,漂泊不定,等候着某个重大时机的降临,让他得以把自己的人生角色固定下来,向公众展

---

[1] 马塞尔·雷蒙曾强调这种"天气比喻"的重要性,参见其《让-雅克·卢梭:关于其内在生命的两个方面》,载于《卢梭学会年鉴》第二十九期,1941至1942年;后收录于其《让-雅克·卢梭:自我探寻与退思》,巴黎:科尔蒂出版社,1962年,第31页以后。

[2] 《对话录》对话二,见《全集》卷一,第795页。

现自己并在无上的荣耀中安身立命。然而,在他被"天火"启示的"六年"当中,荣耀却令其沦为异乡居所(亲王和法兰西元帅们的城堡、包税吏们的乡居)的囚房。随后,他再次变成了漂泊者、流浪者。只不过这一次,流浪的生活不再充满期待,不再是为了大胆追逐成功,而是为了逃逸。他要逃脱他赢得的荣耀所带给他的诅咒;他要与它一刀两断。或许一开始,他逃离荣耀的举动并非绝对发自真心,或许当他逃向新的庇护所的时候,他其实很乐于听到身后不断滋生的蜚短流长。然而,嗷嗷谗口终究还是将他俘获,如冰雹一般砸向他的家园。不,荣耀不能成为安身立命之所,它会迫使让-雅克无处栖身。现在,他要寻找一座小岛,在那里,他会被遗忘,他可以慢慢悠悠地沉浸于其彼此矛盾的欲望冲动中,让他的真实天性得以释放。然而,这种寻找是徒劳的。要是能够寻回纯真无忌的浪荡人生,寻回年少时的那种不计后果的善变无定,要是能够打破诅咒,放任自己的软弱和怠惰,随性而活,岂不美哉! 幽居于普拉特里街①的寓所里,卢梭尝试着重建这种无忧无虑的生活,尽管遭受迫害和诽谤的执念纠缠着他,令他忧心忡忡;此时,他对自己的描述与《嘲笑者》中的说法如出一辙:易变、敏感、泰然自若,完全顺从于某种

---

① [译注]巴黎一区的一条街道,现名让-雅克·卢梭街。

隐秘的节奏,这节奏就好像晴朗的日子里支配风云变动的规律一样。毫无疑问,卢梭想要改变命运:他之所以要把幸福的感受与内心的安宁宣说出来,正是为了赋予它们更多现实性,并在他感到威胁来袭之时以此与之抗衡。当他重构青春岁月的记忆时,他将其描述为充满着快乐遐思与纯真狂喜的美好时光,因为他需要有这样一个过去来充当他的庇护所。可是,大量的文献资料告诉我们,卢梭年少时饱受焦虑不安之折磨,其痛苦程度远超其在《忏悔录》中的供述。卢梭扭曲现实以构造其存在的神话:青春时代的不羁遐思被外来的诅咒所打断,他任其摆布,远离了自己的幸福;现在,他找回了自己。浑水终于重归清澈,可映照其中的倒影却愈发空乏;他的透明性日渐空虚、冰冷……

内在冲突

极端的多变性并不意味着意识处于内在冲突的状态。《嘲笑者》中变化无常的卢梭以及《对话录》中千变万化的让-雅克都活在一系列连续不断的、各不相同的瞬间中,尽管在每一个瞬间,他们都发现自我的一张新面孔忽然显露,但他们仍与自身保持一致。他们所经历的这种变化如同强加其身的律法;他们并非其变化的主人;他们像天气那样变动不定(有时

则是因为天气变化而变化)。他们满足于做自身变化的观察者,而非反抗者。故而,他们能够感到自己处在一种泰然自若的状态中:

> 生活的单调以及他从中发现的美妙都说明其灵魂是安宁的。①

多变性被化约为了单调和安宁,但这只是一种表面的悖论。只要那些无比矛盾的情感和思绪被连续地体验到,只要它们得到自我的完全认同,它们就不会导致任何内心斗争。只有在从外部评判它们的目光中,也就是说,只有对于苛求绝对一致性的严格的观察者来说,它们才会是矛盾的。对于一个不会抵制自身变化的顺服的意识而言,它始终与自身保持完全一致:无论各个瞬间多么千差万别,它都不会与自身不符。要想认识自身的矛盾,它必须拥有严苛的法官视角,即置身事外地提出一种严密统一性的要求。然而,没有什么能阻止它否定外部旁观者的权威,它不愿忍受其律法。只要它还能继续活动,它就会无止境地逃避冲突状态。它既不会与自己斗争,也不会对抗它所拒斥的外在目光。它会继续活在矛盾之中,但不为其所苦;它会意识到自己异于自

---

① 《对话录》对话二,见《全集》卷一,第 865 页。

身,但不会与自身之多变性发生内在冲突。

当卢梭决心进行"个人改造"时,他已经意识到其整个生命的支离破碎,他试图遏止这种不一致性。他的自由多变在他眼里忽然就变成了一种必须消除的矛盾;他忽然开始无法容忍其品行、话语、情感不受恒定原则的支配。他以一个严苛法官的目光审视自己,吁求所有人都关注他,他誓要在众人面前达成自身之统一并把自己的理念确定下来。因此,他所追求的目标乃是一种他自己并不习惯的忠诚;他要用德性的姿态来严格要求自己。从这个时候开始,冲突便产生了,并将持续加剧,因为让-雅克并未就此根除其易变的、不稳定的"天性";他要求自己务必驯服它,然而它却一直在场。从今往后,他必须与之战斗;他必须发挥出全部力量(force)①,唯其如此方能获得高尚的灵魂;他必须表明自己已同轻浮而软弱的过去划清了界限。变化无常的冲动不再能够与内在的安宁和谐共存了:任何变化都是一种虚弱无力,任何改变都意味着一种摇摆不定,并终将成为内疚的根源。对于某个瞬间来说,其支配力量之正当性不再源于自身;只有当它成为一条连贯序列中的组成部分时,它才是正当的,因为一旦脱离高尚品行

---

① [译注]卢梭多次强调德性(vertu)之本义与根源乃力量(force)。

的延续性,它就会变成有罪的懦弱。由此,意识在其自身当中觉察到一种失谐的危险,它发现自己在直面冲突与危险时,它的内部被撕开了一道深渊(不过,这恰恰说明了我们对于精神的需求本身。只有当意识以它追求的最高目标之名,不再愿意与其任一连续瞬间保持简单的一致关系时,精神需求才会苏醒)。

所以,当卢梭企图抗拒世界之假象时,他必然要抗拒自身。他以德性之名对抗一个败坏的、虚伪的社会,而德性之令人生畏的苛刻要求使他意识到了内在的分裂以及统一性之阙如。他不得不承认以下两者之间的鲜明对照:臣服于直接的冲动易如反掌,而追求德性的努力却压力重重(卢梭很快就坦承:他无法实现这种努力,让-雅克并不高尚;他是感官的奴隶,他活在直接而自发的纯真世界,无力对抗自身)。他原本期望用"个人改造"来实现其内在统一,却因此发现自身统一之实现是何等艰难。他原本以为可以结束漂泊不定的生活,终于能将其理念和品行确定下来,可事实上,本该驱除罪错的决定却变成了艰辛冒险的开始,它让真理陷入怀疑之中。本该达成结果的行动却毫无结果,而行动之剧烈程度又激发了新的内部压力与迷惑。追求统一性的意志使得内心的脆弱愈发昭显和有效,统一性被这脆弱拖向险境。卢梭原本指望,那些最为高贵的价值可以保障其获得更为可靠的稳定状态,但他逐渐意识到,他令自己变得脆弱并陷入危险之中,因为当他诉诸于绝对正当时,等待他的只是失败的危险而非安定。

这种危险是双重的:一方面,正如我们已经看到的那样,卢梭只有向世界借用其腐化的武器,他才能够将他对世界假象之抗拒表达出来,而这武器正是他的言语,也就是文学;另一方面,他希望从今往后能将其存在建基于严苛的价值之上,可他的易变、软弱以及直接享乐之诱惑都对这些价值造成了内在威胁。这种散乱不定的状态正是其自然的生存方式,它构成了他必须战胜却从未击败过的敌对力量。

* * *

在写作《忏悔录》第九章时,卢梭对其意气昂扬的光辉过往颇有微词,那时的他想要成为"真理的见证者":

> 人们要是想在世间找到与我的天性最为对立的状态,他们会发现那时的我就处于这种状态;人们要是想回忆我人生中变成他者而不再是我自己的短暂时刻,他们仍会在我所说的那个时期发现这一时刻。然而,这一时刻可不是持续了六天、六周,而是近乎六年,而且,要不是某些特殊境况打断了它,让我回归我本想逾越

的天性，那么这一时刻可能还会持续下去。①

让-雅克意识到，"个人改造"不过是另一种骤变，他已习惯于这些变化了。可改造之目的正是为了终结所有变化，这便给他造成了最为剧烈的矛盾。卢梭要与无所不在的假象开战，然而他试图为其生命和言语设定的崭新的中轴线与构成其真实"天性"的那条多变曲线却不再吻合。他想要超越其原初天性的间断性，这就在间断性之上又平添了更严重的矛盾。他不想生活在由彼此分裂的瞬间所构成的散乱状态中，却因此而令自己陷入了紧张与不满。他不断遭受内心的剧变、无法预见的性情波动，所有这些都是造成其根本分裂的动因。因为他既无法摒弃直接经验中变化无定的材料，亦无法将它们整合进道德要求的统一性之中（我们会看到，卢梭确实计划写作《感性伦理学》来尝试实现这种调和；不过，我们也将看到究竟是何原因导致这一计划不可能成功）。

在为自然和德性的抽象观念辩护，并尝试在"存在的"意义上实现其理想的同时，卢梭发现自己跟他在经验层面上的本性相冲突。他性格中的每一个弱点、情绪的每一次骤变都构成了不利于他的证词，人们由此而质疑他那高尚的申辩是否真诚，以及他宣

---

① 《忏悔录》章九，见《全集》卷一，第417页。

称要为世人树立的那个榜样是否正当。他无法逃离其自发生命的矛盾多样性。这多样性就像一种充满敌意的威胁，一直潜伏于他的体内。卢梭将严密统一性的要求与这威胁对立起来，却从未实现过这种统一。由此，一切都遭受威胁，一切都陷入险境：对立面水火难容，令彼此处于可疑境地。追求严密统一性的行动对于自发的直接经验来说乃是一种威胁，尽管这种直接经验在其本真的涌现中会有损耗，但它仍强大到足以遏止对"反自然"之统一性的追求，并使这追求显得荒诞可笑。静止已不再可能；紧张的状态激起了再也无法停下来的运动。如果说卢梭最终还想重返其变化无常的天性，投身于感性和直接感受的王国之中，那么他已无法再纯真地享受这一切了：他必须证明自己的纯真清白，他必须为自己辩解；故而，他必须写作，即必须依靠语言和文学这种中介。即便他写作是为了揭发自己的错误，可他却让自己在错误的泥潭中越陷越深。回归天性的要求无法靠它自身达成，它仰赖于一种极端的反向努力。为了追求统一性，以便让自己从其不可预见的性情波动中解脱出来，让-雅克启动了一种极端的振荡机制，其振幅之大足以将其抛向那可以承受的极限之外。这种把让-雅克推向反面的"剧变"并未带给他安定，他曾试图以另一种方式获得这种安定，然而没有成功。从今往后，他将不得不忍受精神的

剧烈振荡,无法回归那相对安定的、轻微至极的振荡状态,在他被文学志趣裹挟之前,他曾幸运地享受过这种状态:

> 如果这剧变只是让我做回我自己,并止步于此,那倒是万事大吉了;可不幸的是,它走得更远,而且很快就将我抛向了另一个极端。从此,我摇摆不定的灵魂只能不断地越过那条休止线,不断重启的振荡永远都不会让它停歇下来。①

于是,我们不禁要问,自然这个观念本身是否还有意义?振荡不会让静止成为可能,也不会允许我们平稳地回归自然状态。我们甚至要问,是否存在一种自然状态呢?它至多不过是一个介乎各个极限之间的潜在区域:但是在这个区域,运动不会停止;自我只是一幅被隐约瞥见的图像,飞速穿越这个区域的运动让这图像显得模糊不清、转瞬即逝。从此,我只能把自我思考为我所匮乏之物、不停闪躲之物。我永远都在自我之外,永远都不会停驻于稳定的同一性之中。或许,我们可以采用一种激进的语义学

---

① 同上。参见蒙提阿奴在《让-雅克·卢梭的孤独》一文中的阐释,载于《卢梭学会年鉴》第三十一期,1946至1949年。

转换,把自然(或真理、本质)命名为运动本身,我正是通过这运动而摆脱静止:振荡状态由此重获它原本似乎缺乏的正当性;自我不是我永远无法企及的静止,恰恰相反,我就是那焦虑不安本身,它禁止我停歇下来。正是在我摆脱原先被我当作原始给予物(donné primitif)的事物(它刚被给予,就被即刻收回了)的过程中,我自身的真理得以显露,而我原以为在这事物中找到了"真实自我"。由此,我的所有行动、错误、虚构、谎言都体现着我的天性:我本真地就是这种不忠实的状态,即背离那永远吸引我、却永远躲避我的平衡状态(蒙田说过:"一切活动都会暴露我们"①)。不存在无法被自我之整体性所吸纳的疯狂或谵妄。整体性的所有侧面都同样可疑、同样非法,但它们所构成的整体则奠定了主体之不可磨灭的价值与正当性。这就是为什么一切都必须被讲述、被坦白、被揭露,由此,一个独一无二的存在者才得以从那无比完整的混沌中显露出来。

魔 法

在《忏悔录》中,卢梭把他对德性的狂热描述为"愚蠢的骄傲"以及"与我的天性最为对立的状态"。

---

① [译注]出自蒙田《随笔集》卷一,第五十章。

而就在同一页,卢梭也宣称:"这种心醉神迷萌生于我的头脑,但它也渗入我的心灵。虚荣心已被拔除,最为高尚的骄傲在其残骸之上生根发芽。我完全没有在假装;我确实变成了我表现出来的那个样子。"①

究竟是愚蠢的骄傲还是高尚的骄傲?是违背天性的状态还是真诚的转变呢?在评判其过往岁月时,卢梭将这种模棱两可保留了下来。他没有忠实于他的"真实天性",但他也没有撒谎;他并未戴上面具。他真实地变成了他表现出来的那个样子,毫无保留,绝不掩饰。卢梭试图在这里表明一种"正常"人格的消隐,而非内在的分裂:在颇长的一段时期内,他成功地融入了一种"虚构的"人格之中。卢梭调动其全部才智和精力来支撑这一虚构人格:人们不能指责他在表演,因为他全心全意地投身于他的角色以及这角色迫使他接受的命运。这是一种虚构(fiction),不过在这里,虚构性的标志并不在于卢梭没有充分地投入其角色,而恰恰在于他过分投入其中,有时还达到了难以想象的地步。一个戴着面具的人是不会如此全身心地与他的角色融为一体的,他会对此保持着一定程度的嘲讽与超然;他会永久保留解除这种关系的权力(pouvoir),并准予自己有

---

① 《忏悔录》章九,见《全集》卷一,第 416 页。

权在需要的时候更换面具。但对卢梭来说,情况却截然相反,他太过渴望跟他的角色完全融合为一;他希望自己是高尚的,以至于无法再逃离德性所赋予他的命数。他没有给自己保留置身事外和游戏人间的一丁点的自由,他走向了相反的极端,拒斥一切变动的自由、一切可能的退缩、一切与之不同的选项。他会成为高尚的人,而且只会成为高尚的人。

为了解释他对德性的心醉神迷,卢梭把他在青年时代变成"另一个人"的"那些时刻"拿来作对照。他想要委身于一种高尚的身份,在其中安身立命,这一决定恰似其谎语癖(mythomanie)之发作:他将自身投射于虚幻的遐思和化名的(pseudonyme)存在之中。如今,他献身于真理,他想要成为让-雅克·卢梭,一位日内瓦公民,于是,他重复了过去的"荒唐"举动——那时的他让自己化身为了沃索尔·德·维勒诺夫或英国人杜丁①。他并非不够真诚,也并非不够"谵妄"。

假名之下的奇特经历,以及用真名如实生活的压力:卢梭坦承这两者是完全对等的。这看似奇怪,可一旦我们考察卢梭关于其化名之奇特经历的叙述,我们就会发现,这些经历并不能用自我掩饰这种心理来加以解释。除了某些极其罕见的情况外,卢

---

① [译注]这两个假名见于《忏悔录》章四、章六。

梭从未隐藏其真实身份,恰恰相反,他想要赢得一个新身份,并且能够与这身份永远融合为一。他戴上面具不是为了欺骗他人,而是为了改变自己的生命。当卢梭撒谎时,他相信他的谎言,这就好像他在阅读《被解放的耶路撒冷》时感到自己变成了塔索,在阅读普鲁塔克时变成了古罗马人一般。卢梭如此深陷于他的虚构之中,以至于在被他摒弃的过往"现实"与令其着迷的虚构之间不再存留任何间隙。他消除了自身的个性,以便融入他的新角色,而这种变形是彻底的、毫无保留的。他确信自己的"心脏长了息肉"①,就好像癔症患者深信其下肢瘫痪了一样。卢梭并不知道他正在假装,或者说他不想知道这一点。马塞尔·雷蒙在分析卢梭冒充作曲家沃索尔·德·维勒诺夫②的那次音乐会事件时指出:"他蒙骗的正是他自己。"③他并不满足于只是扮演沃索尔这个角色,他还想要变成沃索尔,他想要占有他的才华和音乐技能:他全身心地化为了沃索尔,乃至于他迫不及

---

① [译注]参见《忏悔录》章六。
② 需要指出的是,"沃索尔"(Vaussore)是通过易位构词法(anagramme)从"卢梭"(Rousseau)变形而来的;而"维勒诺夫"(Villeneuve)则是强烈影响了卢梭的音乐家旺蒂尔(Venture)的"高贵尊称"(很可能是编造的)。卢梭在洛桑时所设想的这一虚构身份是一个混合体,即把一个被改变的自我与受到钦仰的另一个人的姓名相嫁接。
③ 马塞尔·雷蒙,同上,第 21 页。

待地要通过一场音乐会来直接证明这一点,尽管这场音乐会最后以闹剧收场①。骗子是不敢接受检验的;卢梭则正相反,他欣然迎接这种考验,因为他终于以其新的身份而生活,听任其新的自我开始发号施令。让-雅克不仅完全置身于他的角色之中,他还期望这角色能引导他,支配其有效的言行,令他认识乐谱并懂得指挥乐队,等等。卢梭信赖并委身于他的角色。从他化身为另一个人的这种方式中,我们确实可以发现意志的力量;不过,这力量同时也是一种诱发幻觉的受动性。一开始是意志行动,随后则发展为催眠状态。在此种状态下,无论沃索尔这个角色想要做什么,卢梭都只能任他去做。可以说,这就是一种魔法行为,因为魔法(magie)之为魔法就在于召唤某种力量,而这力量随后即可独立发挥作用;它们自我操控,不受我们的支配;一旦被激发出来,这力量便使我们脱离了意志的必要性,操纵着我们的行为。由此,无论发生什么,我们都只需顺势而为。魔法活动因我们而产生,但其完成却不需要我们。

这就是让-雅克的魔幻般的变身:最初的力量将其卷入一个虚构身份之中,而他所能做的只是遵从这一身份。于是,他离开了自愿行动的状态,踏入了

---

① [译注]参见卢梭在《忏悔录》章四中对此事件的叙述。

命运的领地:昏头昏脑的他相信,在这领地,才华、荣耀、幸福终将作为神奇的奖赏降临在他身上。需要特别注意的是,对卢梭来说,向魔法求援乃是一种无需动用正常手段便可达成目的的方法:顷刻间的一次突变使他实现了自己的目标,助其规避了障碍并免除了所有中间步骤。魔法乃是一座直接行动的王国;在魔法面前,劳动和学习这种艰苦的中间环节是徒劳无益的。正如马塞尔·雷蒙强调的那样:卢梭的欲望试图绕开强加其身的人类条件之局限性以实现自身[1]。他想要无需学习便可瞬间变成作曲家和音乐家;这是一种内在恩典所产生的效果,它源于强烈的欲望本身。

洛桑的那场音乐会是一次失败;但是《乡村占卜师》将会成功,他的两篇《论文》和《新爱洛漪丝》将会深深吸引那些感性的灵魂。在魔法的召唤下,真实的言语和真实的力量在卢梭身上被唤醒了:他将真正地被他的角色所占有。这就是他的机遇:他不会再遭到其扮演的人物的背叛,就像洛桑的那次经历那样;他可以完完全全地委身于他的角色。他曾被虚构的沃索尔抛弃,但他不会被虚构的让-雅克·卢梭抛弃:这个角色把他推向荣耀之巅,也把他卷入厄运之谷。

---

[1] 马塞尔·雷蒙,同上,第22页。

在"个人改造"的过程中,迷醉状态与德性冲动相伴而生,正是前者令这种改造所具有的魔幻性质显露无遗。一开始是自愿的选择,后来则演变为受动的享受。当意志的冲动达至顶点时,卢梭不再能控制他的狂热,而是被一股令人晕眩的浪潮所裹挟。他很清楚,并不存在没有力量的德性;但他自己却耽湎于德性迷醉之悖论中,丧失力量的意志任凭自身被这股浪潮吞没:他只能听任其德性的支配。然而,这种被煽动起来的德性不过是一个迷惑人的幻象;灵魂的活力在这飘飘然的心醉神迷中消弭殆尽。由此,德性王国没能建立在清醒的意志之上,反而在一种自我消耗的、脆弱不堪的狂热状态中烟消云散了。

不过,狂热离不开孤独,它趋于牺牲,甚或殉道。让-雅克在其中不再看得见他自己的欲望面孔:他看到的是命运之不可抗拒的律令。那个曾因自己能像普罗透斯那样千变万化而沾沾自喜的人,那个顶着沃索尔或杜丁的名字混迹四方的冒险家——这同一个卢梭——如今被下达了逮捕令,逃离了蒙莫朗西(Montmorency);此时的他却不再知道该如何隐瞒自己的真实姓名,尽管这攸关他的人身自由。当他准备签署假名时,他的手在颤抖。他无权违抗德性,他不能撒谎。他将自身暴露于危险之中,忍受着自己的命运:

> 然而，我必须跟您说，在经过第戎的时候，我不得不提供自己的姓名，当我拿起笔企图写下我母亲的姓氏以替换我自己的姓氏时，我终究还是做不到。我的手颤抖得如此厉害，以至于我不得不两度将笔放下；最后，"卢梭"是我唯一能够写下的姓氏，而我篡改之处不过是删除了我两个名字[①]当中的一个"J"。[②]

这是充满勇气和挑衅意味的行动，可卢梭却表现得像一个着了魔的受害者一般。我们在这受迫的真诚中同样可以发现某种"情不自禁的"夸张、意志力的瘫痪、着魔般的迷醉状态，这跟卢梭变成"另一个人"且对其角色唯命是从的那些荒唐举动如出一辙。

* * *

一方面，正如我们所看到的那样，个人改造将矛盾和冲突带入了让-雅克的灵魂当中；但另一方面，我们也见识了他的特异功能，即近乎完全地同化为他想要表现的那个人物：他能够像他的角色那样真

[①] [译注]即卢梭的名字"让-雅克"(Jean-Jacques)，缩写为"J.-J."。
[②] 卢梭于 1762 年 6 月 17 日致卢森堡夫人的信。参见《卢梭书信集》，杜福尔和普朗编，卷七，第 304 页。

实地活着,而这角色起初不过是他的精神幻象。在关于其个人改造的整个叙述中,卢梭在两种解释之间来回切换,这可能会令读者颇感困惑:一方面,他通过"违背其天性的努力"而远离自身;可另一方面,最初只是某个随意选定的原则,后来却变成了一股真诚的激情,佯装的德性化为了真实的迷醉。观念先于感受,但感受并未一直落后:它迅速弥补自己的延宕,而自我倾注其全部能量去支撑那个最初只是一种虚构的"自我理想"(idéal du moi)。重读刚刚引用的那些段落,我们就会发现,它们非常清晰地勾勒出一种演变进程,即从非本真的分裂状态出发而生成某种本真状态。自我由此通达真理,而它自己正是此真理之作者;它进入一种此前并不存在的同一性中:

> 我的感受以最不可思议的速度追上了我的观念的步调。①

卢梭的全部性情的本质就在于这里所说的速度(rapidité),它将一个灵魂的激烈冲动刻画了出来,这灵魂能将其生命提升至曾经只有其反思方可企及的层面……让我们再来听听他的另一番供认:

---

① 《忏悔录》章八,见《全集》卷一,第 351 页。

> 我感到真理之爱对我来说变得宝贵了,因为它让我付出了代价。或许一开始,它于我而言不过是一套体系,而现在,它是支配我的激情。①

知识体系变成了激情;空想获得了活生生的经验形式。这不仅是因为道德要求每个人都依循其原则生活,还因为感受想要与观念同一,而后者许诺了一种更高的正当性。

《忏悔录》向我们讲述的乃是这种自我转变的失败和内在真理。最初只是佯装的德性,随后逐渐获得了真正的高贵与美德的属性;然而,这番努力到头来却令让-雅克发现,他已不再是他自己了:

> 尽管不情愿,可我还是被卷进了社交圈子;我身上没有那个圈子的调调,我也没法装成那个样子去迁就它。既然如此,我就大胆地做我自己,而不必顾忌那种调调了。由于我那令人尴尬与不快的腼腆源于我对失礼的担忧,而我又无法克服它,所以为了壮胆,我决定藐视那些礼仪。既然羞怯,我就让自己变得玩世不恭和

---

① 《卢梭学会年鉴》第四期,1908 年,第 244 页;参见《全集》卷一,第 1164 页。

尖刻辛辣；对于我无法践行的礼节，我就装出一副鄙夷的样子。确实，这种粗暴的态度与我的新原则相吻合，它在我的灵魂中变得高尚起来，化为了追求德性的无畏勇气；而我敢说，我的灵魂正是在这令人崇敬的根基之上才得以保持得那么美好和恒久，这超出了人们对于如此违背我的天性的努力所抱有的期待。不过，尽管我的外表和伶牙俐齿使我在社交圈子里获得了愤世嫉俗的名声，但可以肯定的是，在私下里，我总是不能很好地保持我的这种角色。[①]

这段话极富启示：灵魂赢得其根基的运动同时也是迫使它感受其分裂的运动。上述段落向我们揭示了存在者如何自我创造，从而将支离破碎的自己完整集中于它的虚构当中。无所顾忌的洒脱姿态（"我就大胆地做我自己"）打开了通往无比高尚之情操的道路。然而，一旦最终要在其根基之上安身立命，存在者便深陷矛盾、摇摇欲坠了（这一段落及其语句的转变过程本身正体现了这种矛盾）。那个曾经严厉批判文明社会中存在与表象不一致的人，如今在他自己身上也发现了外表和天性的对立。他觉得自己就是他所否定的脆弱。他指控的那个世界的

---

① 《忏悔录》章八，见《全集》卷一，第368至369页。

丑闻现在转移至他自己的生命中；他激烈揭露的外部罪恶内在化了。故而对德性的追求并未终结存在与表象之分裂：只不过现在，问题变成了我的问题。我曾给予自身的那个根基在我脚下崩塌了，一切又再度变得可疑。

从理论上讲，这些矛盾本可以更好地得到调和。在致苏菲·杜德托夫人的一封信中，让-雅克写道：

> 无论是谁，只要勇于示其所是（paraître ce qu'il est），他早晚都将变成（deviendra）其所应是（ce qu'il doit être）。①

同一句话将两种观点完美地调和起来：自我之自然恒定性，以及道德义务要求下的自我转变。所谓真诚（sincérité），即是对自然存在者的单纯而透明的肯定；它可以转化存在者，使之变成其所应是。承认真实的自己，他就变成了另一个人，获得了一张新面孔。重言式自白乃是创造与变形之原理。真诚拯救并改造了灵魂——再没有比这更好的说法了。卢梭在这里无疑是想表述一种彻底世俗化的伦理，然而若不参照宗教范式，这种伦理将无法获得理解。

---

① 《卢梭书信集》，杜福尔和普朗编，卷三，第 101 页；《卢梭书信全集》，拉尔夫·利编纂，卷五，第 2 页。

自愿地示其所是，这种行为所产生的作用就像基督在宗教中所扮演的中保(médiateur)角色，他使信徒的灵魂获得重生。不过对于卢梭来说，"示其所是"乃是一种直接将我转化的行为，我并不需要为了改变自身而专门对自己做出任何行动，我也不需要求助于某种外在于我的力量或恩典。将我转化的那个恩典内在于我的意识之中。为了变成我所应是，我不应脱离自我。

* * *

我们在后文还会回到真诚这个问题上来。目前，我们只想界定这一问题在让-雅克的整个生活境遇中所具有的位置。

真诚乃是与自身的和解：它是摆脱内在分裂的出口。然而这种内在分裂并不原初；它不过是让-雅克对抗不可接受之社会的反叛行为所激起的内在回响。即便对于一种追求纯粹"存在主义的"(而非社会学的或马克思主义的)风格的分析来说，反抗问题在某种程度上较之真诚也更具优先权和先在性。在自我这一层面上(且只就这一层面而言)，让-雅克对真诚问题的关切乃是对某种境遇的部分回应，这境遇从一开始就超出了自我的边界，并涉及它与 1750 年[①]的社

---

① [译注]《论科学与艺术》在这一年发表。

会的种种关系。不过,即便真诚迫使意识远离社会生活以关注其内在的个人冲突,它仍然需要他人对其予以关注。真诚将目光转向内部问题,但它仍与外部间接相关:真诚的自我倾诉之所以是值得的,是因为在这个我们已经与之决裂的社会中,或许已然存在着某些能够理解我们的人。真诚开启了修复社会关系的进程——不是在政治行动的层面上,而是在人类理解的层面上。就此来看,真诚之表露就体现为革命前的一种灵魂状态,对于那些满足于自身热情的"美好的灵魂"来说,它有可能会取代一切真实的行动。

第四章

蒙面纱的雕像

《寓言残篇》①结束于一场哲学梦,其颇为传统的象征意味(以西庇欧和波力菲鲁斯②为原型)当然不会源于真正的"梦的想象"——浪漫派作家们其实更加深谙此道。不过,这篇文本并未因此而丧失其重要价值。尽管《寓言残篇》呈现给我们的意象如此幼稚且了无新意,但它却非常清晰地(也许太过清晰地)勾勒出了真理降临的连续环节。这一残篇没有完成,或许卢梭也没打算要发表它;但我们会看到,对于他在其中所讲述的那个神话,卢梭比我们一开

---

① 《让-雅克·卢梭未出版著作和书信集》,斯特莱凯森-穆尔图编纂出版(巴黎,1861年),第171页及以后;参见《全集》卷四,第1044页至1054页。
② [译注]这两个人物分别出自西塞罗的《论共和国》卷六,以及据说由意大利文艺复兴时期的多明我会修道士弗朗切斯科·科隆纳所作的《寻爱绮梦》(*Hypnerotomachia Poliphili*,1467年)。

始所以为的要更加珍视它。

* * *

一位哲学家静观宇宙,沉思上帝之存在;随后,他进入了梦乡。梦境将其引入"一幢有着炫目穹顶的宏伟建筑,七座巨型雕像将这穹顶托起":

> 走近看,所有这些雕像都是恐怖而畸形的,不过若是站在建筑的中央去看,每一座雕像都在巧妙的透视作用下改头换面,在我们眼中呈现出迷人的样貌。

正如在第一篇《论文》中那样,我们在这里也即刻遭遇幻觉和骗人的外表这一主题。这个由表象(paraître)之致命诱惑力所统辖的地方乃是一座神庙、人类的庇护所。故事场景十分庄严,人在其中与神圣性相连。我们目睹了一场奇怪的宗教仪式:一座祭坛位于中央,上面矗立着"第八座雕像,整座建筑都是献给它的";而这座雕像"一直被一层难以看透的面纱所包裹"。不过,它与《百科全书》卷首插画中占据显要位置的年轻女神可毫不相像;女神的曼妙身姿在她勉强拽着才没滑落的薄纱之下隐约可见①。《百科

---

① [译注]在这幅著名插画的右方,"理性"和"哲学"都试图揭去真理女神身上的薄纱。

全书》中这位蒙面纱的女性散发着拂晓的阳光,驱散了前行途中的黑暗,这黑暗在科尚①绘制的这幅插画顶部表现为巨大而无害的涡纹②。与之相反,在卢梭的梦境开头,我们仍被谬误和非理性的意见所束缚;启明的时刻要稍后才会降临。荒诞的宗教祭礼所产生的浓烈烟雾从那蒙着面纱的雕像脚下缭绕腾起:

> 它持续受到人们的侍奉,但人们却从未目睹它的样子;崇拜者们发挥想象,按照他们自己的性格和喜好描画着它;崇拜对象愈富于想象色彩,崇拜者对它就愈加恋慕。每个人在这神秘面纱背后所看到的都只是他自己心目中的那个偶像。

这座奇怪雕像的四周毫无光线;它是统治着黑夜王国的邪恶权力。梦中人隐约瞥见了种种可怕场面,目睹了一座巨大的索多玛城中的滔天罪行:

> 位于神庙中央的祭坛在浓密的烟雾中难以

---

① [译注]科尚(C.-N. Cochin,1715—1790),法国版画家。
② [译注]卷涡纹形的柱头装饰是爱奥尼亚建筑的典型特色之一。《百科全书》卷首插画所设定的场景正是一座爱奥尼亚式的真理圣殿。

识别,这烟雾源于某种让人头晕且扰乱理性的浓烈燃香;在这里,常人看到的只是其躁动想象力所滋生的幻象,而更为澹然的哲学家所觉察到的一切已足以使其对他无法看清的事物作出判断。可怖的祭坛四周持续不断地上演着各式各样的杀戮;凶杀与荒淫骇人地交织在一起,他惊恐地目睹着这一切。

为了"诗意地"铺陈这种邪恶氛围,卢梭尽情施展了所有经典象征手法来表现黑暗、欺骗和罪行掩盖。就他所描绘的这个场景来看,与其说它的可怕之处在于那些罪行本身,倒不如说源于笼罩着那些罪行的浓重神秘感(我们还会回到这一问题上来:"被隐藏的"、"神秘的"这两个词在卢梭那里几乎总是带有贬义;在他笔下,特别是在他写作《对话录》时,"神秘"与"罪恶"这两个词近乎同义)。雕像崇拜使人们沦为其非理性的主观性的奴隶,这崇拜化身为普遍的恶:它在那幽暗之处,在偶像之蒙面纱的雕像脚下蔓延开来。受害者们被他们的幻觉所引诱;祭司-刑吏们则在"一种谦和而专注的神态之下"掩藏他们的残暴,他们蒙住人们的双眼,从而成功地使其盲目;不仅如此,他们还拥有一种力量,可以对反抗的受害者施以惩罚,即歪曲他们在别人眼中的样貌:

他们先是蒙住神庙入口处所有人的眼睛,随后将他们引向庙宇一隅;只有当所有事物都有助于蛊惑双眼的时候,他们才会让这些人恢复视力。如果有人在这个过程中企图拿掉蒙住眼睛的布带,他们便立即对其施咒,把他变成怪物的模样,使他遭受所有人的嫌恶,连亲人都认不出他;没多久,他就会被聚集起来的人群撕成碎片。

卢梭在这里宣泄了一种恐惧之情,它后来也一直折磨着晚年的卢梭(不过自其少年时代起,这种恐惧就已萦绕在他心头),即担心自己的形象因毁谤而扭曲变形。他害怕自己被套上怪物的面具且无法将其脱掉:世人将一清白之人构陷为有罪之人,他将被众人的齐声挞伐所击垮。

解救行动乃是揭去面纱的行动,为的是祛除蒙面纱雕像的魔法。三个人物先后登场;他们每个人都单独行动,但皆是为了全人类的利益。卢梭以充满寓意的笔法描述了作为解放者的英雄人物的行动;因为这里所象征的正是 *Aufklärung*① 本身:英

---

① [译注]德文中的"启蒙",本义即澄清、澄明,让事物本身显明、清透。中文译法"启蒙"也准确地表达出了这种动作意象。斯塔罗宾斯基在此处显然试图借用该德语词的这种意蕴。

雄会恢复盲者之视力,使被蒙翳者可见,并带来光明。

第一个登场的人物可能是哲学家的替身(他的"穿着跟其一模一样"),他虽恢复了几个人的视力,却不敢破坏雕像。等待他的命运恰恰是那致命的毁谤:

> 此人举止庄重沉稳,他自己并未走向祭坛,而是轻轻触碰了那些被带向祭坛的人所戴着的布带,他在没有造成任何明显干扰的情况下恢复了这些人的视力。

神庙里的神甫们将其抓住,并"在成群盲者的齐声喝彩中"就地"处决了他"。

在这个真理殉道者之后出场的第二个人物,是一个自称眼盲但其实不然的老汉。我们认出此人正是苏格拉底。他的行为更加果敢:他勇于揭下雕像的面纱,却终究未能让真理获胜:

> [他]敏捷地跳上祭坛,伸出一只手大胆地揭去了雕像的面纱,使之曝露在众人眼前。人们看到它的脸上流露出带着些许愠怒之情的恍惚入迷的神态;它将人类的化身踩在脚下,双眼则深情地凝望天穹……这一形象令哲学家颤栗

不已,却根本没有激怒那些旁观者们;他们在这雕像身上看到的不是残暴的模样,而是对于天国的热忱;他们发现自己在尚未目睹雕像真容时就对它怀抱的那份狂热,在揭去面纱后变得愈发强烈了。

这寓意不难理解:偶像不是别的,正是狂热的盲信,它牺牲人类,却假装崇敬天国。这正是启蒙哲学决意打败的敌手。在这一点上,卢梭与启蒙哲学家们有着共同的目标,他们严厉抨击伪善的教士和迷信的天真。不过,卢梭也告诫我们,仅仅揭去罪恶之面纱依然不够:因为它制造幻觉和迷惑的力量仍然毫发无损。那位老汉被判喝下"绿色毒液"(eau verte)①;临死前,他出乎意料地向那可怖的雕像致以敬意。恶之真实面孔已被彻底揭露:但这还不够,善之真理仍亟待揭示。本质的行动尚未完成。

基 督

现在,轮到第三位英雄登场了,他被称为"人子":显然就是基督。他只需显明自身便可令真理显

---

① [译注]这一描述显然是在影射苏格拉底受刑时所喝的毒芹汁。

露。他即是真理。他的真理明证性瞬间就赢得所有人心。他无需操戈亦不必冒险,即可战胜那座雕像:

> "啊!我的孩子们!"他以触动灵魂的慈爱语调说道,"我来弥补并纠正你们的过错。去爱那深爱你们的上帝吧;去认识那存在的上帝吧。"他刚刚抓住雕像,便轻而易举地将它推倒;他那么平静地走上雕像的底座,就像站在他自己的位置之上,而不是篡取别人的位置……只要聆听过一次他的话语,就必定会对他永怀敬仰。人们发现真言(langage de la vérité)对他来说垂手可得,乃因他自身即掌握真理之源。

故而,此即决定性的环节:骤然的翻转在恶的废墟之上建立起善之王国。这种毫无折中的、泾渭分明的对立在卢梭那里数见不鲜。绝对善或绝对恶:两者必择其一。不过应当注意的是,正是一个神人(homme divin)之解救性的在场取代了蒙面纱之物的黑暗统治。不能仅仅满足于揭去那掩盖恶之可怖面孔的面纱;即便面纱被揭去,那座雕像依然无所不能。关键在于人与真言之显现,在于真理之启示,而真理之本源就根植于某种意识之中。

所以,关键时刻不在于揭露罪恶,而在于道成肉身对真理之有效在场的确证。现在,某种意识向我们敞开,这意识通过其透明性本身而显现为普遍真理之源。至善通过令其显明的自我而在世间显现。神-人(就像其他情况下的卢梭自己)在所有人的目光中呈现自己,这不是为了让他自己被看见,而是为了让神圣的本源在这全无保留的言说与表达行动中得到确认。

这真理异常容易。它对于言说它的人来说"垂手可得",而且它瞬间即可被聆听者领会。我们面对的是一种双重直接性:人-神直接掌握真理,而且他直接传授它。人类的皈依即刻发生。这里不存在任何类似于福音书所说的坏榜样(scandale)的情况。真理通过某种横扫重重障碍的魔法作用而得以确立,故而无需我们为其付出任何艰苦努力。我们得承认,卢梭的这种想法颇为孩子气,它通常只会发生在童话故事里。

不仅如此,这种基督形象的真实性也值得讨论。他宣称自己前来"弥补"人类犯下的过错,然而恰恰就在耶稣被钉上十字架的受难故事发生之前,卢梭的文本突然中断了(它真的未完成吗?)。这一中断意味深长,因为卢梭并不关心象征某种中介性的十字架。对卢梭来说,基督教的本质在于直接真理之宣讲。因此,他向我们展示的基督形象乃是人类的教育者,他以动人的演说,"直达心灵"的言语向人类发话。

卢梭笔下的基督并不是一位"中保";他不过是

一个伟大的榜样。如果说他比苏格拉底更伟大,那不是因为他的神性,而是因为他那更为英勇的人性。就其神学意义而言,基督之死从未被表现为在人类历史核心之中弥补罪错的行为。基督之死只是一个令人钦仰的原型,即遭受全体人民污蔑的正直之人的死亡。苏格拉底并非孤独地死去;而基督的伟大就源于其孤独。他提供了一种非同寻常之命运的最具教化意义的榜样,而让-雅克自己也忍受并欲求这种命运:

> 在他[苏格拉底]规定德性之前,希腊便处处都是高尚之人了。但是,在耶稣的同胞当中,他得上哪里找寻这种崇高而纯粹的道德呢?只有他自己提供过关于这种道德的教导和榜样。最高贵的智慧让自己在最狂热的崇拜中被听见,最英勇的美德以其单纯质朴的力量将荣耀赐予所有民族中最卑劣的那一个。苏格拉底临死前平静地跟朋友探讨哲学,这是我们所能欲求的最愉悦的死亡了;耶稣则在折磨中奄奄一息,忍受着全体人民的辱骂、嘲讽、诅咒,这是我们所畏惧的最恐怖的死亡了。①

---

① 《爱弥儿》卷四,见《全集》卷四,第 626 页。

卢梭将种种对立集中在一起，无视任何中间层次：最卑劣的民族与最高贵的智慧、最愉悦的死亡与最恐怖的死亡；一个最高级形式的形容词同另一个最高级形式的形容词相对立。而终极对立则存在于人与上帝之间：

> 是的，如果苏格拉底的生与死是一位贤哲的生与死，那么耶稣的生与死则是一位上帝的生与死。①

但是，耶稣之死只是一个英雄灵魂的壮烈事迹。这种神圣的死亡并不会引起超自然的后果。毕尔热兰就此写道："卢梭的基督教想要成为 *evangelium Christi*②，即接受那位来自加利利的神圣先知③的布道，他教导一切高尚的心灵，向他们传授爱的律法。卢梭拒斥 *evangelium de Christo*④，即把为了救赎人类而赴死的耶稣确立为绝对价值。"⑤

事实上，《寓言残篇》所展现的基督乃是一种在其自身当中发现真理之源的意识（尽管这真理最初可能

---

① 《爱弥儿》卷四，见《全集》卷四，第 626 页。
② [译注]指耶稣本人所宣讲的福音。
③ [译注]即耶稣。
④ [译注]指耶稣的门徒们关于基督所宣讲的福音。
⑤ 毕尔热兰：《卢梭的存在哲学》，巴黎：法国大学出版社，1952年，第 434 页。

源于意识自身之外的某个地方)。我们每个人都可以效仿他,反躬自省,在自身当中寻找本源,倾听"良心之声的律令"。每个人因而都可以成为(以基督为榜样)人类的教育者,升华人的心灵并唤醒麻痹的仁善。在卢梭那里,效法耶稣基督就是模仿"神圣的"行动,孤独的人类意识经由这行动而成为真理之源,或者成为承接超越性真理的透明载体。因此,基督绝不是人类获得救恩的必不可少的"中保";他教导人类拒绝中介性,他的榜样激发人们去聆听"良心的直接性原理"①。卢梭并不寻求通过基督而获得自己的救恩;他想要像基督那样显明真理。基督不过是原初之光所启明的良心见证者,每个人都可以成为这种见证者。

那位萨瓦牧师慨叹道:"有多少人横亘在上帝与我之间啊!"卢梭欲求直接见到上帝。中间环节越少,我们就越能领会神圣之在场。不需要教士,不需要作为中介的教条。如果说让-雅克接受了福音书,那是因为真理在其中可以被直接感受到:"我在其中认出了神圣的精神:它无比直接;在这明证与我之间没有他人。"②

---

① 《爱弥儿》卷四,《全集》卷四,第 600 页。卢梭在写作时颇为犹豫。他最先写的是"内在感受",随后改为"积极的、内在的原理",最终定为"良心的直接性原理"。参见马松(P. M. Masson)编注的《萨瓦助理牧师的信仰自白》,弗里堡,1914 年。
② 《致克里斯多夫·德·波蒙的信》,见《全集》卷四,第 994 页。

伽拉忒亚

"舞台呈现的是一间雕塑家的工作室。墙边可以看到大理石块、群像、雕像粗胚。舞台深处是另一尊被盖布遮掩的雕像,盖布的材质轻薄而有光泽,带着穗边和花饰。"①于是,蒙面纱的雕像再次在卢梭的著作中出现:此乃皮格马利翁按自己的喜好所雕刻的伽拉忒亚的完美身形。这一次,雕像不再是象征恶的偶像:它是理想的美,化身于一块无生命的石头之中。皮格马利翁感叹道:"我在我的创造物中倾慕我自己。"他就像那喀索斯那样爱上了自己的面容,想要拥抱他在其作品中所倾慕的自己的映像。他将自身一分为二,其灵魂的一个部分进入了这件无生命的事物之中;然而皮格马利翁不想与他的创造物分离。他不能忍受艺术作品不同于他自己、外在于他自己。他将爱倾注于他的创造物,可他却无法从中获得回馈之爱,于是,皮格马利翁深感自己注定得活在一种不可忍受的孤独之中:他不再真正地活着;他曾企图把灵魂赋予那迷人的雕像,而他现在却感到自己的整个灵魂变得贫瘠。"死亡的冰冷仍盘踞在这大理石上;我因生命之过剩而灭亡,而这生

---

① 《皮格马利翁》,见《全集》卷二,第 1224 至 1231 页。

命于它而言却是匮乏……是的,两个存在者都欠缺事物的完满性。"皮格马利翁不仅希望雕像获得生命,他还想要这雕像爱上并承认他自己。因此,他想重获其在创作中耗费的力量;因为他是一个贪婪的艺术家,他无法在其创造物中忘掉自己,而他又没有勇气接受这种损耗,即一件完成的作品。他所期望的不是别的,正是其欲望的完美映像,然而这映像得由一面活生生的镜子反射形成。故而,作品不应只是冰冷的、被固化于自身存在当中的大理石物件。皮格马利翁祈求奇迹出现,以废黜作品之外在性并代之以不断扩张的自恋激情之内在性(当卢梭在其幻想中"随心所欲地创造"那些"人物"时,他也发出了这样的祈求)。需要顺带指出的是,我们在这里可以看到一种"感伤"美学的神话形态,这种美学给艺术作品确定的目标乃是模仿欲望理想,但是它随即又寻求将作品转化为真实的幸福。作品不再具有独立的客观性;艺术家创造出来的作品是一种主观想象,它势必要回应创造者的主体性。艺术家将形式赋予灵魂,但他拒绝与这灵魂分离;诗人想要与其诗歌永结连理。然而,这种艺术的成功将会导致艺术的沉默。如果一切都应当在真实体验的愉悦中完成的话,那么生命将令艺术凋亡。有生命的伽拉忒亚将不再是一件作品,而是一个意识。快乐的皮格马利翁将放下他的工具;伽拉忒亚的爱已令他心满意足,他不会再去雕刻了。

歌德对卢梭的《皮格马利翁》的评论是多么意味深长啊:"关于这个话题,可以说的有很多:因为这部绝妙的作品同样在自然与艺术之间摇摆不定,它抱持着错误的雄心,即令艺术消融于自然之中。我们看到的是这样一位艺术家,他已经完美地完成了创作,而且,在他已将其理念投射到自身之外,在他根据艺术规律已将这一理念呈现出来并将一种更高的生命赋予它之后,他却并未从中获得满足。不,他还必须让它重新降落到自己的尘世生命之中:对于精神和行动所创造的最高贵的东西,他想要用最庸常的感官活动将之摧毁。"[①]歌德认为,作品最好停留于这种更高的生命之中,它与我们的"尘世生命"不再具有任何共同之处。就精神需求自身而言,艺术家应当愿意在其作品中失去自我。

一开始,皮格马利翁用面纱将雕像蒙住:

> 我害怕的是,我对自己作品的倾慕会令我在工作中分心。我就用这面纱将其遮住。

然而对皮格马利翁来说,揭去面纱的那一刻只

---

① 歌德:《诗与真》,见《全集》卷四,斯图加特:科塔出版社,1863年,第180页。

会引起更为剧烈的痛苦:他看到了他的完美作品,可他同时也看到,这件杰作仍无生机。正是通过揭去雕像的面纱,皮格马利翁发现了最根本的匮乏:

> 但你还缺一个灵魂:你的形象少不了它。

在神迹的作用下,伽拉忒亚获得了生命:雕像具有了感觉,就像孔狄亚克所设想过的另一尊雕像①。不过,伽拉忒亚的存在并非开始于对外部世界的知觉;她没有变成"玫瑰的香气"。她的第一个感知行为是触碰自己,并即刻成为"自我意识"。她说出了"我"。接下来,外部世界才开始向这初生的意识显现。"伽拉忒亚走了几步,碰到一块大理石:这不是我了。"最后,她遇到了皮格马利翁,用一只手触碰了他,然后慨叹道:"啊!还是我。"同一自我的两个部分终于重逢。之前横亘在艺术家及其创造物之间的分裂被废黜了。创造活动之所以发生,只是为了回归到一个充满爱意的统一自我之中。

无论《寓言残篇》与《皮格马利翁》的写作意图多么不同,这两篇文本仍表现出惊人的相似性。两尊雕像在一开始都是被遮盖的。揭去面纱的那一瞬间

---

① [译注]参见孔狄亚克的《论感觉》(1754);下文中的"玫瑰的香气"出自该书卷一章一。

才使我们能够直面隐匿之物：两尊雕像变得可见了，它们激起一种"神圣的"慑服力——恐惧抑或爱慕。然而，不管揭去面纱的行为有多么重要，它只是一个环节而已；它提供给我们的仍不过是一个不完整的真理。只有当活生生的人出现在雕像的底座上时，悲苦的期待才终获满足。在这两则寓言中，神秘的干预力量、魔法的或神圣的行为支配着从无生命向有生命的过渡。奇迹就在于意识取代了客体。

揭面纱的理论

通过这两个文本，我们或许可以提出一种揭面纱的理论。

面纱的揭除包含两个环节，其意义和价值极为不同。每一个环节都实现了某个真理（或某种实在）的显现，只不过这些真理并非同等重要。揭去面纱的第一个环节乃是一种批判活动：以指控的方式揭去面纱，打破外表的诱人魅惑；骗人表象的不祥魔咒被中断了。揭去面纱乃是除幻、祛魅的行为。其效用的本质不在于面具之下所发现的实在，而在于它所消除的谬误。人们发现自己曾被欺骗了。虽然对于其他事情，他们还是一无所知，但他们已经实现了一种解放。揭去面纱的这个批判环节所要抨击的乃是阻挡我们通向真理的那些谬误；甚至在抨击存在于面纱背后的实在之前,我们得先揭露这面纱之在场。在《寓言残篇》中,这一环节体现为哲学家的介入和苏格拉底的行动,前者让雕像的受害者们恢复视力,后者则扯掉了面纱。

卢梭对其著作(尤其是最初的两篇《论文》)的功能定位即是批判性地揭去面纱:

> 在其早期著述中,他更多地专注于打碎幻觉的魅惑,纠正虚谬的评价:这幻觉使我们愚蠢地赞美那些造成我们不幸的工具;这评价让我们崇敬那些危险的才华,却藐视有益的美德。①
>
> 教皇派、胡格诺派、达官显贵、无名小卒、男人、女人、法官、士兵、修道士、神甫、信徒、医生、哲学家,*Tros Rutulusve fuat*②——全都被描绘出来,全都被摘下面具;对任何人都从未有过一句尖酸刻薄的或人身攻击的言辞,但对任何派别都严酷无情。③

读罢上述宣言,我们便能理解席勒何以会把卢梭定义为一个创作悲怆讽刺诗(satire pathétique)的

---

① 《对话录》对话三,见《全集》卷一,第 934 页。
② [译注]意即"特洛伊人或鲁图利人",出自维吉尔《埃涅阿斯纪》卷十第 108 行。
③ 《对话录》对话一,见《全集》卷一,第 688 页。

"感伤"诗人①,他批判现实世界与"理想"要求不符。

假若卢梭止步于此,那么他与他的哲学家敌人们就没有什么不同了。跟后者一样,他也抨击神甫和教会的冠冕堂皇的谎言;他乐于把揭穿骗局、"破除神秘化"的批判效果推至耸人听闻的地步:

> 宗教只是私利之面具,圣礼不过是虚伪之掩护。②

这与那些哲学家们的批判不谋而合。不过,卢梭并不想止步于这种非本质的批判;他力图宣说其他人(那些哲学家们)所不愿听到的本质的真理。卢梭谴责这些哲学家们崇敬他们所揭露的谎言,就像《寓言残篇》中的苏格拉底,临死前还向那代表着盲目崇拜的雕像致以敬意。当"霍尔巴赫主义者们"扯掉了专制君主与神甫们的面具时,他们揭露了私利的丑恶嘴脸。好极了!可是,当他们解释自然时,他们却从中推出一连串同样适用于人类道德的因果必然性;他们由此得出,每个人最好都应追逐自己的利益。然而如果恶是私利的话,道德又怎么可能也是

---

① 席勒:《论素朴的诗与感伤的诗》,《全集》卷十二,斯图加特:科塔出版社,1838年,第206页。
② 《爱弥儿》卷四,见《全集》卷四,第560页。

"我们所谓的私利"呢？在控诉了私利之后，霍尔巴赫和他的朋友们又恢复了它的所有权利，并心安理得地认可了他们自己不用承受的社会苦难。他们都是贵族或富有的资产者，颇为满意现在这个世界的样子。他们质疑虚幻的价值只是为了更易于在价值真空中安身立命，更舒服地享受他们的种种特权和精美的晚餐；他们揭穿面具不过是为了消除不安因素，因为他们所揭露的这些虚伪价值（宗教、善恶的社会约定）妨害了他们的享乐。在万事万物之物质必然性得到确立的机械论和唯物论的体系中，一切享乐、一切特权都可以找到根据，一切习性爱好都应该被满足。"那些在此世构建其天堂的享福之人和有钱人的实用哲学……"[1]在卢梭眼中，由于其唯物主义敌手们无法在非人格的力量之外构想任何体系，故而他们最终跟自己的体系化为一体：卢梭将他们视为由"盲目必然性"所驱动的"机械的生命"。因此，让-雅克想要揭露这些所谓的"面具揭露者"的面具，他也深知其中的风险以及他可能要为此付出的巨大代价："我所揭露的这些哲学家们不惜一切代价地想要毁掉我，他们会成功的。"[2]

揭去面纱的第二个环节是第一个环节的补充和

---

[1] 《对话录》对话三，见《全集》卷一，第971页。
[2] 《卢梭书信集》，杜福尔和普朗编，卷十八，第295页

后续。如果说第一个阶段乃是揭露"幻觉的面纱",那么第二个阶段将是发现和描述先前对我们而言一直隐匿不显的东西。谬误一旦消除,我们便会面对坚实的实在。揭去面纱这个隐喻以形象化的方式表达了一种知识实在论:"天真的"乐观主义者们所借用的正是这种意象,即试图看见面具背后的真实面孔,最终把握"自在之物",触及被表象和偶然性所掩盖的存在与实体。不过,对于揭去面纱这一隐喻所蕴含的这种实在论意义,卢梭是否认可呢?

只有当卢梭期望恢复面具之下的真实人性和道德实在性时,我们才能在他那里看到这种乐观主义的实在论;卢梭力图揭去人性的面纱,但他并不鼓励如下这种研究野心,即企图发现构成物理世界和事物之物质本性的实体性实在。从马勒伯朗士的忠告和洛克的经验主义那里,卢梭得出结论,即在"事物之中"寻求隐匿真理的想法是虚妄的:我们能够通达的唯一真理存在于我们的观念、感觉或情感中——存在于意识中。

在神话或寓言的形式下,这种揭去面纱的主观性也可以被描述为揭去面纱的客观性,即被揭露对象既具有一种重新可见的事实特征,又具备一种道德价值:它既是冷酷雕像的丑恶面貌,亦是伽拉忒亚的完美理想。这对反题意味深长,应该引起我们的注意:一方面是破除魅惑的揭面纱行为,它通过驱散诱惑我们的迷人幻象,赤裸裸地揭穿恶之真实本质;另一方面则是激奋地发现隐匿的美或善。如果说恶躲藏于诱人的外表背后,那么,我们难道不能在那已被揭露的、当前充当第二副面具的恶之面孔背后,更加深入地探寻并发现某种依然潜藏着的纯洁天真之物吗?与那可怕的雕像形成鲜明对比的乃是格劳克斯神像①,在海藻和贝壳的覆盖之下,神像的原始容貌或许依旧完好如初:

> 有些面孔比遮掩它们的面具更美丽。②

因此,揭去面纱的后一个环节有可能变成幻灭之后的惊喜。卢梭让善之启示的可能性与恶之揭露形成强烈对照。

然而,我们兴奋发现的这一正面价值根本就不是一个事物。只有寓言这种文体才会需要将某种实物外表赋予这一价值。格劳克斯神像是自然人,而自然人就直接等于让-雅克的自我。为了揭示自然人,让-雅克应该自我显现。他的证明活动不再是指向外部对象的行为,而就是自身之"显现":为了让其

---

① [译注]参见斯塔罗宾斯基在本书第一章《格劳克斯神像》一节中的论述。
② 《爱弥儿》卷四,见《全集》卷四,第525页。

独特性得到承认,同时也为了宣称自己乃普遍真理,一种意识向我们敞开。

伽拉忒亚的雕像是多么奇怪的事物啊!其难堪之处就在于,它是一个物质客体,而这一难堪之处最终会被消除。事实上,甚至在伽拉忒亚获得灵魂之前,它就已经不是平常之物了。它是想象出来的完美形象,是欲望幻觉的形象化。而最后的奇迹并未驱散这一幻觉;相反,它正是幻觉之胜利。伽拉忒亚突然"获得生命",这或许就是幻觉之顶点:此乃卢梭所暗示的寓意;他并不喜欢奇迹,他宁愿给出一种心理学解答:

> 啊!销魂的幻觉……从不放过我的感官。[①]

同时,我们在这里也可以看出卢梭对幻觉的平反。恶存在于舆论幻觉中;可现在,理想之美同样被定义为一种幻觉。恶乃主观表象;但善与美亦同样主观。

倘若外部世界之实在性对我们而言始终隐匿不显,那么它就变得无关紧要了,因为从今往后,真理将向我们显现为一种内在性。况且,根据他的某些文本来看,让-雅克似乎明确希望外部物质世界的实在性一直被面纱掩护。因为"自在之物"的世界是无

[①] 《皮格马利翁》,见《全集》卷二,第 1230 页。

法通达的；如果不回归内在的明证性，任何探究都是徒劳或有害的。*Vana curiositas*①。让我们彻底摒弃揭去自然之面纱的想法吧：

> 它给它的所有活动都披上了厚重的面纱，这似乎是在警告我们，它并不打算让我们从事那些虚妄的研究。②

在写给弗朗吉耶尔先生的信中，卢梭作出了同样的断言，这一回，它关乎我们对人类精神本质的认识。人类理智无法达至对灵魂与上帝的清晰理解。让我们接受这一现实吧，那至高无上的实在对我们来说总是披着面纱：

> 对于既有理性（raison）又具虚心的人，他的训练有素却能力有限的理智（entendement）③感

---

① [译注]意即"虚妄的好奇心"。
② 《论科学与艺术》，见《全集》卷三，第 15 页。
③ [译注]在法语哲学文献中，entendement（理解力、理智）对应于德文概念 Verstand，而 raison（理性）则对应于德文中的 Vernunft。众所周知，康德哲学中的 Verstand 一般被翻译为"知性"。不过，鉴于"知性"这一汉译一般专用于卢梭之后的康德哲学，译者在这里仍把 entendement 译为"理智"。我们在卢梭的这段书信文字（写于 1769 年）中已可以明显看出后来康德哲学的雏形；斯塔罗宾斯基也确实试图强调康德对卢梭思想的继承。

到了自身之界限并固守于其中;他在这界限中发现了他的灵魂的理念,以及其存在之创造者的理念,然而他无法更进一步地去澄清这些理念并尽可能切近地一一思考它们,除非他自己就是一种纯粹精神。于是,他满怀敬意地停下脚步,绝不触碰面纱,只满足于知道那无限的存在就藏于其下。①

此乃活人无法妄求的至上启示,尽管如此,《遐思录》中的卢梭仍希望死后可以通达它:

> 我的灵魂……将摆脱包裹和蒙蔽它的身体,目睹那未被面纱遮蔽的真理……它将会意识到,让我们的那些名不副实的学者们如此妄自尊大的种种知识是多么微不足道。②

我们在这里可以看到柏拉图主义传统的影响,即认为只有从晦浊的身体中解脱出来的精神方能洞察真理。但对于尘世的存在来说,只要作为意识的人对其自身完满在场,卢梭就可以迁就如下状况,即

---

① 《致弗朗吉耶尔先生的信》,见《卢梭书信集》,杜福尔和普朗编,卷十九,第52页;《全集》卷四,第1137页。
② 《遐思录》漫步之三,见《全集》卷一,第1023页。

我们试图认识的对象(包括灵魂和上帝的理念)被面纱遮蔽。为了行善,我们没有必要诉诸于被面纱所遮掩的"无限的存在";我们正是在自身当中发现了律令。我们应该仰赖于内在的确信,它虽不是客观知识,但并不因此而缺少绝对的确定性。良心的律法既是普遍理性,亦是内在感受,它给予我们一个不可撼动的支点。康德肯定了实践理性的至上地位,他所做的不过是以其完备的哲学体系来阐发卢梭的思想。

> 先生,您反驳说,假如上帝真想让人们认识祂的话,那么祂本应在所有人眼中显明自身之存在。应该对这一反驳作出回应的乃是这样一群人,他们把对上帝的信念变成了必要的救恩信条,他们会用启示说来回应它。至于我,我相信上帝,但我不相信这种必要的信条;我搞不懂上帝凭什么有义务要把启示赐予我们。我认为,对每个人的审判都将据其所做,而非据其所信;而且,我也不相信一套教理体系对于人们的品行举止来说是必要的,因为良心会替代这一体系。①

---

① 《致弗朗吉耶尔先生的信》,见《卢梭书信集》,杜福尔和普朗编,卷十九,第 51 页;《全集》卷四,第 1136—1137 页。

所以,存在着某种启示,但它并非宗教学说告诉我们的那种启示;唯一重要的启示未被任何教义所宣讲,而它直接就在我们的意识中自我显现。它不是信仰的对象,因为它就像我们对自身存在的感受那样,无可辩驳地向我们直接显明。我们可以违背内在的良心之声所下达的命令,但我们永远无法停止听见这声音。

于是,光明与在场占据着我们的内心,它对应于我们对外部现实世界之面纱的揭除。这种对应性在卢梭的作品中表现为极为多样的意象。有时,内心的澄明会导致一种象征性的结果,即外部景物也神奇地变得明朗通透起来;这跟在博赛生活时的情况正好相反:非正义一旦被意识到,乡野便笼罩上了一层面纱①;意识一旦获得道德确定性,空气就变得透明了。然而在另一些时候,人可以一直沉浸在自己的内心世界中,享受着这种绝对在场,仿佛外部世界之面纱也被同时揭除了一般;他可以放弃客观地揭除自然之面纱,因为自身之在场伴随着一种扩张性的感受,通过这种感受,透明内心之出神状态根本用不着诉诸于事物,用不着与世界真实接触,即可转变为整个生命的出神之境。写给马勒塞尔布的第三封

---

① [译注]参见本书第一章之《"表面现象指控了我"》一节,以及《忏悔录》章一。

信中的一个著名段落为我们提供了这样的例证:关于伟大存在的"神秘"体验使得在物质层面上揭除自然之面纱的行动变得徒劳无益。揭除面纱,这仍是一种行动;因此,它仍是一种中介性活动。然而,卢梭是在享受伟大存在带给他的快乐,它超越了任何主动的认识活动:他愉悦地体验着伟大存在的直接在场,而其面纱之揭除乃是由它自行完成的。他不再需要发现和认识什么,只需向伟大的存在敞开怀抱即可,这存在自动向他显现自身,并在其内心当中揭去自身之面纱。揭去面纱的活动不再是由我,而是由那伟大的存在来完成的:

> 我相信,假如我把自然之全部奥秘的面纱都揭开了,那么跟心醉神迷的出神之境相比,我会发现自己所处的状态并没有那般美妙;我的精神毫无保留地沉浸于那出神之境,它令心神激荡的我时不时地喊道:"啊,伟大的存在!啊,伟大的存在!"除此以外,我无话可说,思绪空白。①

想象的扩张性并不朝向外部世界。意识停留于

---

① 《致马勒塞尔布先生的信》第三封信,见《全集》卷一,第1141页。

自身之中;在狄奥尼索斯式的心醉神迷的恍惚状态中,意识作为与其自身以及与一切事物的绝对直接关系既占有也迷失它自己。"自然之奥秘"始终是奥秘:朝向伟大存在的出神境界之所以彻底取代了不可能获得的宇宙知识,是因为对全体性的主观感受取代了对自然及其规律的客观揭示。自然不再是一个有待我们揭去其面纱的外部奇观,它被完全内化于"内感官"。由此,想象的扩张性将"事物的普遍体系"消融于独一无二的、耽溺于出神之境的自我之中。

* * *

真理面纱之揭除本质上乃是意识面纱之揭除:这便是《寓言残篇》和伽拉忒亚神话以其形象化的笔法告诉我们的道理。在这两个文本中,下述两个环节都被截然区分开来:雕像之面纱被某人揭去,以及一种取代了雕像的活生生的意识之显现。一旦雕像从面纱背后露出真容,它就必须消失,以使至上的真理得以显现。石块必须获得生命,或者必须被我们摧毁。扯掉面纱,我们就消除了充满谬误的主观性;但终极环节则让我们直面一种新的主观性,它自身即具备其真理确定性。我们从有害的主观性过渡到有益的主观性。故而,即便当我们相信自己已经触及客体之时,我们依然没有脱离意识;雕像自身即为精神之作品、欲望之象征：这是一个充斥着虚假客体与幻觉的世界，谬误将它们升格为了绝对之物，我们应该从它们那里解脱出来，通达纯粹的主体性和自身的单纯确定性。在观者眼中呈现为事物的雕像被意识所取代，这意识在其真理中自我显现，且即刻被观者的意识所承认；不仅如此，景观与观众都不复存在。曾经的景观现在变成了令人激奋的交流，以及以至极的方式表达出来的爱欲交融："人子"赢得了所有人心，伽拉忒亚和皮格马利翁结合成单一的自我。一切都消融于那唯一的在场（présence）之中。

伽拉忒亚仅仅说道："我"；"人子"则以"真言"向人类发话，而"他自身即掌握真理之源"。这两种"启示"是何等不同！但它们又何其相似！

在伽拉忒亚那里，我们看到的是感性生命的最初萌动；存在意识诞生了，它从沉睡石块之虚无中解脱出来。存在的感受在最为原初之物、在觉醒之自我中闪现。这种觉醒是绝对原初的：初生的意识尚无过去，对时间毫无感知；它还谈不上返归自身、认识自我；它第一次发觉自身、感知到自身。因为就在前一瞬，仍然只有那物质的黑夜笼罩一切。

我们注意到，卢梭把一种优越的价值赋予了觉醒的瞬间，特别是赋予如下罕见情况，即意识觉醒时并不认识自身，尚无法与其历史或过去建立关联，这样一来，没有什么能搅扰其当下时刻的完美澄明之境。在里昂的乡野,在威尼斯的剧院,尤其是在梅尼孟丹(Menilmontant)的那次摔倒①之后,让-雅克体验到了"生命诞生"的觉醒时刻:他脱离了虚无,但尚未进入时间。由此,他的灵魂完全沉浸在第一次感受世界和感受自身所带给它的超越时间的幸福之中。在昂莉叶特寄给他的那封奇怪信件中,触动卢梭的正是"那些悲伤而残酷的觉醒",而她"如此强有力地"向他描述了这种觉醒所造成的"恐惧"②。卢梭想教会她懂得"这种美妙的觉醒"所带来的幸福。从少年时代开始,死亡之迫近感就折磨着卢梭,与此同时,他或许还一直无法摆脱如下执念,即他的出生害他母亲赔上了性命,这是"我所有不幸中的头一个";于是,卢梭便热衷于想象一种纯粹的开端,具有感觉能力的意识如无中生有一般涌现出来,抑或是某种道德意识的重生,"我仿佛已经感觉到生命在流逝,于是我试图通过把握其开端来重新抓住它"③。

不过,如果说伽拉忒亚向我们展示的意象关乎感觉经验之诞生的话,那么"人子"则是从其自身掌握的本源出发来宣说真理。我们在这里再次触及起源(origine)和自发涌现(surgissement spontané)这

---

① [译注]参见《遐思录》漫步之二中的记叙。
② 《卢梭书信集》,杜福尔和普朗编,卷十一,第56至59页。
③ 《忏悔录》章一,见《全集》卷一,第21页。

一观念——不过这次是在道德情操的层面之上。在上述两种情况中,意识都获得了以无条件的原初方式被给予的某种东西:对前者来说就是独特存在之自我;对后者来说则是诞生于内在感受之中的普遍真理。在这两则寓言中,意识都显现为绝对的开端、创始行为,它截然不同于揭除面纱这种活动:后者不过是幻觉之终结,它虽先于前者,但并未开创任何东西。

* * *

卢梭试图宣称自己既是伽拉忒亚的大写自我,亦是"人子"道出的普遍真理;他同时是这两者。在唯一的、活生生的真理之中,这种双重启示被重新混合起来,它将证明让-雅克的孤独以及他与腐化社会之冲突的正当性。他像伽拉忒亚那样重复道:"是的,就是我,也只可能是我"①。他也像"人子"那样喊道:"德性、真理!我将不停地呼喊,真理、德性!"②我们已强调过,卢梭在其个人改造时期为自己确定的责任乃是在透明的本源中证实那原初的真理、被遗忘的纯真。他既想成为那个独一无二的人:

---

① 《忏悔录》初稿,载于《卢梭学会年鉴》第四期(1908年),第2页;另见《全集》卷一,第1149页。
② 《致雷纳尔神甫的信》,见《全集》卷三,第33页。

让-雅克·卢梭,也想成为普遍的榜样:自然人。对于自我之感性完满性以及真理之占有,卢梭都怀有无法遏止的欲望;他既想拥有特殊经验之独特性,也想获得普遍理性之统一性。梦想自己死后享有至福的卢梭在《爱弥儿》中写道:"我将成为浑然一体的自我"[1],在《遐思录》中则说:"我将看到那没有面纱的真理"。成为自身并看见真理:卢梭想两者兼得,他想借由一方而获得另一方。

不过,我们仍需知道,卢梭是否成功地达成了特殊与普遍、本真体验与理性真理的这种调和。这一问题在这里尚未得到回答,我们不应将其忘记。

---

[1] 《爱弥儿》卷四,见《全集》卷四,第604至605页。

第五章

《新爱洛漪丝》

《新爱洛漪丝》向我们呈现的是关于透明与面纱的一场延绵不绝的遐思;这是这部作品相互交织的诸多主题之一。

小说伊始对瓦莱山区的描写让我们看到了一片揭去面纱并恢复其光彩的美景,而在博赛生活的那段时期,这光彩曾变得灰蒙黯淡:

> 请您想象一下,那令人惊叹的众多美景是何等纷繁、壮丽而美妙啊;放眼望去,四周尽是全然新鲜的事物、奇异的飞鸟、稀奇而未知的植物,在某种意义上,我所观察的乃是另一个自然,而我身处于一个新世界,所有这些都令人何其愉悦啊。一切都在我们眼中妙不可言地交融为一体,而清新的空气使其显得愈加迷人:它令色彩更为鲜活,轮廓更为分明,它让所有的视点

都变得接近起来。跟在平原上的情况相比,距离看上去不再那么遥远了;在平原上,稠密的空气给大地披上了一层面纱,地平线在我们眼中似乎承载着超出它所能容纳的更多东西。总之,这里的美景具有某种难以名状的魔力和超自然性,它令精神和感官都陶醉不已;人们忘记了一切,忘记了自身,不再知道自己身在何处。①

卢梭在这里描绘了另一个世界的风景,富于魔力的透明空气充盈其间:这是一个更为辽阔的世界,但其中的一切都看上去更为接近,事物的距离所造成的不幸得以减轻。

需要立刻指出的是,在《对话录》之"对话一"的开篇部分,卢梭运用与上述引文十分相近的语言来描述那个"神奇的世界"。这个理想王国同样富于鲜活的色彩和透明性。《新爱洛漪丝》的那封描绘山区美景的书信涉及面纱的消失,而《对话录》所谈论的则是直接的享受。两种表述彼此呼应;在卢梭那充满寓意的语言中,面纱的消失与直接的享受完全同义:

---

① 《新爱洛漪丝》卷一,第二十三封信,见《全集》卷二,第79页。

请您设想……一个与我们的世界相似的、却又完全不同的理想世界。那里的自然与我们地球上的自然是一样的,但其结构更为清晰可见,秩序更为井然分明,景色也令人更为动容;更优美的形态,更鲜活的色彩,更怡人的香气,一切事物都叫人更加兴趣盎然。在这里,整个大自然是如此美妙,以至于静观自然的灵魂燃起了对如此动人美景的爱恋之情,它在担心其和谐状态遭到破坏的同时,也被激发出一股为这美好体系添砖加瓦的欲望。由此,一种精微的感性(exquise sensibilité)诞生了,它使具备这种禀赋的人获得了直接的享受,那些同样静观自然却不被打动的心灵从未体验过这种享受。①

按照那封描绘瓦莱美景的书信来看,观者的精神在这种出神的直接享受中激奋异常,乃至完全忘却自身。"人们忘记了一切,忘记了自身。"恰在景物最为明晰动人之时,存在者发觉其个人存在之界限消弭无形。面纱被揭除,观者自身亦不再那么晦暗不明,他消失于光线之中,他现在是全然透光的存在。色彩更为强烈,形态愈加清晰,这似乎反过来导致那界定自我之个体性的个人意志与思维趋于衰

---

① 《对话录》对话一,见《全集》卷一,第668页。

退。存在延展至更为辽阔的天地,感性存在者体验到一种强烈的充盈状态,而与此同时,这种个体性存在也忘却了自己的与众不同;在一种"澹然的快感"中,他如释重负、怡然自得。"一切太过激烈的欲望都开始衰退,它们丧失了刺痛人心的锋刃,只在心灵深处留下一丝轻柔之情。"[1]自我痛感之缺失似乎悖论性地起因于一种过敏的、增强的感觉,这种感觉是由那些更为分明的形态和更为鲜活的色彩所激活的。卢梭在这里向我们描绘了一种由怠惰与敏锐组合而成的奇特状态,它存在于其幸福生命的每一个瞬间。纯粹感官享受与自我之忘却协调一致,而这种忘却与扩张性的感受并不是不可兼容的。在一个不再充斥着重重障碍的世界里,灵魂之冲力不会被迫偏离自己的方向抑或向自身反射;存在者全然融于(相信自己融于)当下感觉之中。既然他忘记了、否定了自己的历史,卸下了自己背负的过去,他便忘却了自身,失去了(或者妄想自己失去了)分别心——一种与外物分别、亦分别外物的意识。然而另一方面,他也肯定了自身,因为当下感觉的延展空间与其欲望是协调相称的,外部世界在自我之纯粹享受中实现了统一,并找到了自己的中心。由此,这个通过遗忘而卸去命运重负的自我欣喜若狂地不断

---

[1] 《新爱洛漪丝》卷一,第二十三封信,见《全集》卷二,第78页。

扩张,甚至达至那最为遥远的边界。微弱的个人存在以颇为神秘的方式转化为强烈的快乐和通透的空间。万物皆穿我而过,我亦通达万物。我不再是一个微不足道的存在者;我否定了空间,因为我自己变成了空间。

在通透的空间里,透明的灵魂向那透明的空气敞开着:这就是卢梭的全部欲求,这就是他有幸体验过的美妙时刻,无论是自我克制还是放任自流,没人能够妨碍到他。每当他遭受不幸之折磨时,他就想要重新沉浸于这样的时刻。在从伍顿寄给米拉波的信中,他写道:

> 我要求的东西不多,一点点即可令我心满意足;肉体的痛苦少一些,气候再温和一些,更纯净的天空,更清朗的空气,尤其是得有更敞亮的心灵,这样,当我倾诉衷肠时,我的心灵便能感到自己融入了另一颗心灵。①

他的要求近乎于无;他不想拥有什么。他只是希求混浊的空气和心灵的障碍能消失殆尽。在表达他对于透明世界的怀乡之情时,卢梭重拾了圣普勒

---

① 《致米拉波的信》,1767年1月31日,见《卢梭书信集》,杜福尔和普朗编,卷十六,第248页。

那封关于瓦莱美景之书信中的用词:

> 云中漫步过后,我抵达了一处更为清朗的胜地稍作停歇,在合适的季节,人们从这里可以目睹雷电与风暴在自己脚下翻涌成形……正是在此处,在我所身处的纯净空气中,那造成我的性情变幻不定,并促使我回归我已丧失良久的内心安宁的真实缘由被我看得一清二楚。①

不过,更鲜活的色彩、更分明的形态以及更通透的空气并非山中美景或任何一种美景所独有的优势:此乃一种目光的特性、一种幸福的神秘形象、一种变形,它们可以被激奋的灵魂投射至其周遭世界之中。倘若山间的清新空气能够陶化漫步者的性情,那么相应地,幸福恋人的灵魂状态也能够改变空气的品质。于是,无论是在山谷中还是在山巅上,天空看起来都同样明澈通透;目光被同一种魔法所诱惑。心灵之透明修复了大自然已丧失许久的炫目光彩和动人力量:

> 我发现乡间更为宜人,绿野更加清新和鲜活,空气更为纯净,天空更为清朗;鸟儿的歌唱

---

① 《新爱洛漪丝》卷一,第二十三封信,见《全集》卷二,第 78 页。

似乎更加温柔和欢快;潺潺的流水激起了更加含情脉脉的爱意;葡萄树上鲜花绽放,无比甜美的香气飘向远方;隐秘的魔力美化了一切事物,或令我的感官沉迷其中。①

圣普勒是在朱莉向他表白爱意之后写下这段文字的。

* * *

整部《新爱洛漪丝》在我们看来就像一场白日梦,卢梭听任自己被那想象的通透世界所诱惑,在现实世界和人类社会中,他再也找不到这种通透性了:更纯净的天空、更敞亮的心灵、更鲜活和更透明的世界。

"如果我对朱莉和克莱尔的心灵的设想是恰当的,那么它们对彼此来说都是透明的"②。可以说,"两位迷人的女性密友"这一题材(卢梭的小说想象以此基本素材为基础不断生发出来)构成了透明世界的中心区域,一个"十分亲密的社会"围绕这一中

---

① 《新爱洛漪丝》卷一,第三十八封信,见《全集》卷二,第 116 页。
② 《致德·拉图尔夫人的信》,1762 年 5 月 29 日,见《卢梭书信集》,杜福尔和普朗编,卷七,第 253 页;《卢梭书信全集》,拉尔夫·利编,卷十,第 310 页。

心区域而逐渐结晶成形。该作开头几页便向我们透露了这一迹象:"克莱尔"和"克拉朗"①这些具有象征意味的名字,以及作为故事背景的湖泊("尽管如此,我还是需要找到一处有湖的地方"②),等等。

每一位新登场的人物若不战胜种种障碍与错乱,就无法补全那原初的透明,无法扩大那个由敞亮的灵魂所构成的小圈子。圣普勒完全不懂得掩饰自己。朱莉在给他的信中写道:"人们从你的灵魂里可以察知我俩的所有秘密。"③不过,圣普勒这种受动的透明状态却正好契合于德·沃勒玛先生的窥探欲、爱深究的好奇心。"他具有某种超自然的天赋,可以看透别人的内心深处。"④他想要像上帝一般全知。"如果我真能改变我的存在本性,变成一只活眼(œil vivant)⑤,我会乐意接受这种改变的"⑥。朱莉则是按照爱弥儿的样子来培养她的孩子们,他们从不会掩饰任何秘密:

---

① [译注]"克莱尔"(Claire)系女子名,"克拉朗"(Clarens)系地名,位于瑞士沃州,莱芒湖东北岸。这两词词源含有"光亮、明晰"的意思。
② 《忏悔录》章九,见《全集》卷一,第 431 页。
③ 《新爱洛漪丝》卷一,第四十九封信,见《全集》卷二,第 136 页。
④ 《新爱洛漪丝》卷四,第十二封信,见《全集》卷二,第 496 页。
⑤ [译注]斯塔罗宾斯基 1961 年出版的《活眼》一书的书名即由此而来。
⑥ 《新爱洛漪丝》卷四,第十二封信,见《全集》卷二,第 491 页。

我们的孩子完全听从自己的内心倾向,毫无掩饰或歪曲,故而,他们根本不受人为的虚假外在形式的影响,如实地保持着自己的原初性格:这种性格每天都在我们眼皮底下不受约束地发展着,我们可以研究天性的种种活动,以至其最隐秘的原理。由于确信自己绝不会受到责骂和惩罚,他们便既不懂得撒谎,也不懂得隐瞒;而在他们所说的每一句话中——不论是他们相互之间说的话,还是对我们说的话——他们都毫无保留地让别人看到其灵魂深处的全部。①

令人安心无疑的明证性!随着故事不断发展,秘密被泄露出来,信任逐渐加强,各个人物总是以更为完善的方式相互了解。

从一开始,圣普勒和朱莉就把他们的爱情告诉了克莱尔。然而这爱情起初是在暗中展开的。它需要用面纱来遮掩。朱莉在给她情人的信中写道:

最后要说的是,在这个季节,此时的天空早就暗沉下来,夜的面纱可以让路上的行人轻而易举地躲避旁观者的目光……②

---

① 《新爱洛漪丝》卷五,第三封信,见《全集》卷二,第584页。
② 《新爱洛漪丝》卷一,第五十三封信,见《全集》卷二,第145页。

紧接下来的那封信是圣普勒在他情人的闺房里写就的,信中再次出现的面纱主题如同一曲回应朱莉的轮唱:"迷人之处,幸运之所……成为我那幸福的见证者吧,用面纱把人类这最忠贞、最幸福的快乐永远蒙住吧"①。朱莉的母亲发现了圣普勒的书信,她女儿的有罪的激情泄露了出来。随后,朱莉的表妹克莱尔在信中写道:"这可憎的谜团得用那永恒的面纱遮盖起来……这秘密仅限于六个可信的人知道。"②六个人!一开始只有三个人知道而已。然而,当这对恋人经受分离的考验时,"知情人"的数目却增加了。因为恰恰是在圣普勒的爱情升华之时,在他远离肉欲的满足之时,他在他人的目光中才变得透明起来:曾经遮遮掩掩的他,现在能够毫无羞愧地袒露自己了。爱情在不断超越的过程中获得净化,这超越与揭去爱情面纱、将其透露给更多见证者的行动是协调一致的。赢取德性即赢取信任;通过这种完全的信任,这个由"美好的灵魂"所组成的小圈子体验到了美妙无比的快乐:

> 您得承认……我们这个小团体的全部魅力就在于敞开心扉,它让一切感受、一切想法都息息相通,让每一个意识到其所应是的人在所有人面

---

① 《新爱洛漪丝》卷一,第五十四封信,见《全集》卷二,第 146 页。
② 《新爱洛漪丝》卷三,第一封信,见《全集》卷二,第 309 页。

前都示其所是(*se montre ... tel qu'il est*)。请您设想这样一个时刻,我们之间藏着不可告人的诡计、必须加以掩盖的关系、需要有所保留或秘藏的理由,那么从这一刻起,我们相见时的全部快乐都烟消云散了,我们在对方面前感到局促不安,想要闪躲;当我们聚在一起时,却想逃离彼此。①

一个全体一致的世界就此形成。就像《社会契约论》所构想的社会那样,在这个世界里,任何个别意志都无法脱离公意。在《新爱洛漪丝》中,这个小共同体以朱莉为核心,而她的灵魂与她身边的所有人都息息相通。这个小圈子以一位女性人物为核心,并按一种颇为"母系的"方式被构建起来,无疑,它在各个方面都迥异于《社会契约论》中的那个平等主义的、阳刚有力的共和国。不过,通过彼此敞开心扉之绝对信任的作用,澄净与纯真的优先地位在这两部著作中都得到了恢复。存在者们经由彻底异化而呈现自身、相互可见,这种异化-让渡(aliénation)②

---

① 《新爱洛漪丝》卷六,第八封信,见《全集》卷二,第689页。
② [译注]法语中 aliénation 兼具"异化"、"让渡"之意。斯塔罗宾斯基提出了一种整体阐释的可能,即把《社会契约论》在法学层面上所谈论的"让渡"与《新爱洛漪丝》在存在和意识层面上所涉及的"异化"问题作对勘性的解读。除此之外,我们在本书第八章之《有罪的反思》一节中还将看到斯塔罗宾斯基在精神病学的意义上使用该词。

最终也将如下权利回馈给他们：即作为自主的、自由的个人而存在。从此，他们不用忍受孤独或奴役所带来的折磨；通过他人的承认，他们的个人存在获得了正当性与肯定性，并被建基于全体一致的仁善之上。他们都活在彼此的目光之中；他们构成了一具社会躯体（corps）。所以，在《新爱洛漪丝》中，朱莉就把她身边的朋友们视为其个体存在的组成部分：

> 我关切的所有人都环绕在我身旁，对我来说，整个天地都在这里；我既享受着我对朋友们的眷恋之情，也享受着他们回馈我的绵绵爱意，以及他们彼此之间的深情厚爱；他们相互间的友善要么源自于我，要么与我相连；我目光所及的一切都会扩张我的存在，没有什么会将它分裂开来；它存在于我身边的一切事物当中，没有哪个部分远离于我；我的想象力不再有用武之地，我不再欲求什么；感受与享受于我而言是一回事；我同时活在我所喜爱的一切当中；我对这幸福和生活感到心满意足。①

显然，对于《新爱洛漪丝》中由不同人物所撰写的这些书信来说，它们的语言和表达方式本该是迥

---

① 《新爱洛漪丝》卷六，第八封信，见《全集》卷二，第689页。

然相异的,不过,既然朱莉在这个围绕她的亲密的小社会中充当着无所不在的普遍灵魂,那么,卢梭就有正当理由让这部书信汇编中的所有信件都具有统一的风格。他诉诸于心理根据,而非文学原理:风格的统一性并不源于艺术要求;它是意识透明性之记号,是朱莉所发挥的魔法般的影响(influence)的标记。在《新爱洛漪丝》的第二篇序言中,卢梭对这一点作出了相当清楚的说明:

> 我注意到,在一个十分亲密的社会中,风格和性格都会相互接近,朋友们会混淆彼此的灵魂,也混淆他们的思考方式、感受方式和言说方式。朱莉之为朱莉,就应该是一个充满魔力的女人;靠近她的所有人都必会与她相似;在她身边,所有人都会变成朱莉。[1]

卢梭在这里没有诉诸于美学证明,而是调用了灵魂相通的道德原则(卢梭后来在《忏悔录》中对其小说作出了评论,他通过说明自己的幻想和欲望内在于其塑造的每一个人物之中,以证明风格之统一:由此,他便将这部作品的统一性归结于作者的自我,而不再是作品之核心人物所发挥的影响。最终,问

---

[1] 《新爱洛漪丝》,第二篇序言,见《全集》卷二,第28页。

题就被归结为一个,即自我表达的问题①)。

* * *

朱莉的透明力量向四周辐射;她的在场照亮了一个既是世俗的亦是精神的共同体,代价是牺牲了肉欲的满足。在对德性的渴慕中,感官爱欲被超越了。然而,当精神升至顶点时,品德高尚的朱莉却重新获得了感受的原初快乐:"感受与享受于我而言是一回事。"②在道德情操的至高统一性中,朱莉跟感觉的直接幸福达成和解。感性存在之愉悦在被中断之前,已经先被充分体验过一番,随后再被超越:通过回返运动,这种愉悦失而复得,统一性的整个循环就此完成。在这部小说第五卷的结尾,主人公们的

---

① 关于卢梭作品中"影响"问题的重要性,参见毕尔热兰的《卢梭的存在哲学》,第 162 至 168 页。他在书中引用了如下段落:"可以说,那些具备特定品格的灵魂……将其他灵魂转变为它们的样子;它们具有一定的作用范围,在此范围之内,没有什么能抗拒其影响:人们一旦认识了这些灵魂,就不可能不想模仿它们。它们以其崇高的境界吸引着周遭的一切。"《新爱洛漪丝》卷二,第五封信,见《全集》卷二,第 204 页)。在这里,毕尔热兰非常准确地抓住了朱莉之"中间人性格"的证据。需要补充的是,朱莉所发挥的中介作用为的是确立(或恢复)直接交流的支配力量。朱莉之死是一种媒介,它促使德·沃勒玛先生恢复了信仰;但另一方面,朱莉也获得了与上帝直接交流的幸福。卢梭似乎无法接受中介作用,除非随之而来的结果是赢得直接性。

② 《新爱洛漪丝》卷六,第八封信,见《全集》卷二,第 689 页。

灵魂得到了升华,不仅超越了曾经阻碍他们满足欲望的荒谬制度,也超越了混乱不羁的狂热激情。这是一种双重的否定,一种双重的解放努力:激情之爱以自然之名违犯了传统社会的规范与习俗,它们是无比古板而严苛的戴丹热先生(猜忌的父亲)极力维护的东西;随后,合乎道德的克己姿态(不管多么艰难)反过来战胜了纷扰无序的激情。卢梭在这里展示了一种双重否定,而正是这种否定让我们得以相继对欲望和德性作出肯定。

我们在更高的层面上获得了一个新的社会和一种新的爱情,从今往后,这两者不再相互对抗。爱欲之需求与秩序之要求最终得以调和。不过,先前的社会秩序与多情的迷醉状态之所以都受到致命性的破坏,正是为了能够通过一种再生运动而得到复原。在这一过程中,被克服的种种冲突融合为完美的统一体。作为爱情之变形,一种仁爱的共鸣情感支配着这个再生的社会。

因此,这部小说呈现给我们一幅辩证法的图景,它最终通向一种综合(小说第五卷阐明了这种综合,该卷可被视为《新爱洛漪丝》的第一个结局;小说的最后篇章正由此发展而来,并结束于朱莉之死)。我们在这里有必要强调指出激发这种辩证运动的根本对立。卢梭并非一个偏好辩证法的辩证论者。相反,他不得不运用辩证法,这只是由于他一开始想要满足的种种要求太过不可调和,以至于他无法同时实现它们,而这种同时性恰是其欲望之所在。卢梭投身于辩证综合的艰难道路(尽管他只喜欢直接性),因为他从一开始就想要同时获得身体之享受与德性之升华,而这种同时性无法被直接给予。朱莉宣称:"清白与爱情于我而言曾同等必需",但她明白自己无法"同时保有这两者"①。不过,当她通达更高的层面时,她终于能够兼得两者,同时领略它们所带来的快乐。为了调和不可调和者,需要发明一种辩证发展,借由一些中间环节,付诸超越性的努力,激活一种生成(devenir)过程。这就是为何卢梭让时间在《新爱洛漪丝》中发挥着关键作用:小说的情节势必得在一个相当长的时间跨度内展开。卢梭常被人们视为一位沉醉于出神瞬间的诗人,这种看法恰如其分;对于这样一位小说作者来说,"巨大的时间跨度"被赋予的重要意义颇值得玩味(不过我们很快就会发现,小说的第二个、也是最终的结局却将时间与永恒骤然撕开;看来,卢梭似乎并不认可人类生成发展的时间性)。

* * *

这部作品的辩证运动在幸福的综合中圆满完

---

① 《新爱洛漪丝》卷三,第十八封信,见《全集》卷二,第 344 页。

成;葡萄收获节的各种象征形象(卷五,第七封信)完美体现着这种综合。在这个节日里,一切面纱似乎都消失不见了,小说中的人物保持着最值得信赖的亲密关系。卢梭不禁运用秋日初升的太阳来比喻此番情形;在赋予这一天"节庆氛围"的种种景象中,卢梭专门提及那"像剧场幕布一样被旭日拉开的雾纱,如此迷人的景象于是印入了眼帘"。这番景象向我们展现了快乐与义务、酒神迷醉与有序制度的调和。这个节日不也是在劳动中度过的一天吗?这跟过去那种无度挥霍累积财富的节日盛宴毫不相似。卢梭把葡萄收获节描述为一个积累财富的日子,与之相伴的消耗活动是合理节制的。辛苦的劳作与欢庆的娱乐很难截然分开:"这节日在我们事后的回想中变得愈加美妙,因为我们想到唯有在这一天,人们才能够把愉悦感与实用性结合在一起。"由此便产生了一种"共同的节庆状态",一种"仿佛在大地之上蔓延开来的普遍欢乐"。

音乐与透明

从黎明时分开始,人们就可以听见"采摘葡萄的姑娘们的歌声";而这场节庆也是在音乐中悄然结束的(尽管人们并未停止劳动):

晚餐过后,大家在睡前还要花一两个小时梳麻;每个人轮唱一曲歌谣。采摘葡萄的姑娘们有时会齐唱,有时则是独唱和合唱轮换着来。大部分歌谣都是一些古老的浪漫曲,曲调并不动听;但听得久了,它们那难以言喻的古韵与柔情便会慢慢地拨动心弦。歌词简单、素朴,常常带着一丝哀愁,却讨人喜欢。①

节日的清晨和夜晚都有素朴的音乐与诗歌相伴,没有什么能比这种意境更加意味深长了。这里顺带提一下"古老的浪漫曲"这一老生常谈的观念,它在当时的文学中颇为流行,后来也依然持久地发挥着文学影响。还要指出的是,民间流传的诗歌与民谣也很快引起了人们十分严肃的研究兴趣,这尤其体现在卢梭的一位重要读者赫尔德那里。

* * *

妇女们齐声合唱,她们的嗓音和谐地交织在一起。圣普勒在这封关于葡萄收获节的书信中接着写道:"在所有的和声中,没有什么比齐唱(chant à

---

① [译注]原书中并未注明出处。该段引文仍出自《新爱洛漪丝》卷五,第七封信,见《全集》卷二,第609页。

l'unisson)更为悦耳。"查阅卢梭的《音乐词典》,我们会发现:同度(unisson)代表着"最为自然的和声"[①]。而浪漫曲(romance)又是什么呢?卢梭将其定义为"一种轻柔的、自然的、田园的旋律,它自身就可以产生艺术效果,而无关乎演唱它的方式"[②]。所以,齐唱的浪漫曲就是以自然的和声方式表现的自然旋律。这是大自然的杰作;自然通过演唱者放声歌唱,而演唱者无需表现"艺术家的个性"。诠释者无需介入其中:浪漫曲直指人心,它的表现力不依赖于任何媒介。它不仅不需要能手巧匠的介入,也不需要感觉的介入,它可以直接触动听者的灵魂。因为旋律必定具有拨动心弦的力量:此乃卢梭音乐理论的基本命题;这也解释了他对旋律的偏爱,以及对和声的质疑。他既厌恶专供演奏者炫技的音乐,也拒斥只诉诸于感官快乐的音乐。为什么?卢梭在这里主张一种情感唯心论;在他看来,诠释者的个性与纯粹的感官享乐是横亘在音乐"本质"与听者灵魂之间的障碍。诚然,演唱的歌喉与聆听的耳朵都必不可少,但是,歌者与听者之间的传递过程应该毫无阻隔。卢梭的这种理论意味着,歌者与听者之在场均可消失,

---

① 《音乐词典》之"同度"词条,见《全集》(巴黎:福尔纳出版社,四卷)卷三,第851页。
② 同上,"浪漫曲"词条,见《全集》(巴黎:福尔纳出版社)卷三,第795页。

被立即抹去,它们不过是一种传导媒介。旋律的魔力就在于,它能够超越感觉而变成纯粹的情感:

> 和声所带来的愉悦只是纯粹感觉上的愉悦,而感官的享乐总是短暂的,厌腻与无聊紧随而至;但是旋律与歌声所带来的愉悦富于趣味和情感,它直指人心。①

> 只有从旋律中,激情澎湃的声调所蕴积的势不可挡的力量才能迸发出来;只有从旋律中,音乐触动灵魂的全部力量才能喷薄而出。②

当然,无论是感觉还是情感,它们都具有一种直接性。事实上,和声型音乐直接诉诸于感官。不管这种音乐多么复杂和精巧,它都无法超越身体感觉这一基础层次,因为它是通过"感官之直接影响"来触动我们,它"只是间接地、浮浅地作用于灵魂"③。由此,对于这种直接的幸福来说,其满足对象乃是感官而非灵魂,后者被剥夺了享受这种幸福的权利:在音乐中,纯粹的感官愉悦缺乏深度,毫无共鸣;而悖

---

① 同上,"旋律的统一性"词条,见《全集》(巴黎:福尔纳出版社,1835年)卷三,第852页。
② 《新爱洛漪丝》卷一,第四十八封信,见《全集》卷二,第132页。
③ 同上,第131页。

论似乎在于,只有通过人工手段,这种愉悦才能得到延续。相反,旋律具有"超出感官之直接影响的精神效应"①。卢梭在这里将如下特权赋予旋律,即它可以直接通达一个更内在的领域:由此来看,只有灵魂才能感受到直接的快乐。②

故而,对于一场颂扬透明心灵与无碍沟通的节庆来说,"古老的浪漫曲"旋律可谓正逢其时。不过,素朴的旋律向生活在道德律王国中的"美好的灵魂"诉说着自然王国,由此,音乐给节庆增添了某种更为深远的视域:它使过去这一时间维度在节庆中浮现——不仅是因为这些曲调"具有难以言喻的古

---

① 《音乐词典》之"旋律"词条,见《全集》(巴黎:福尔纳出版社,1835 年)卷三,第 724 页。
② 相较于他的其他著作,卢梭在其音乐论著中把灵魂与感官(情感与感觉)更为激烈地对立起来。不过,卢梭又提出了一种综合概念,以消融情感与感觉的对立性。正如《社会契约论》调和了自然人与"人化人"(l'homme de l'homme),《新爱洛漪丝》则调和了激情与德性,卢梭也提出了旋律-情感与和声-感觉之间的调和:反题在旋律的统一性中被超越了。卢梭在其《音乐词典》中专门设置了"旋律的统一性"这一词条:"本来会抑制旋律的和声激活、加强、限定了旋律:不同的声部没有混淆起来,而是共同促成了相同的效果;尽管每个声部似乎都有属于它自己的歌曲,但我们从所有声部中听到的只是唯一一首歌曲。"环绕在如优美旋律一般的朱莉身边的那个协调一致的小团体也具有类似的统一性。完美的融合作用调和了感官愉悦与情感享受:旋律的统一性将物理和声与对位手法并不具备的价值赋予它们,而只有与旋律相调和,它们才能获得这种价值。

韵",更是因为纯粹自然的王国正是美好的灵魂在其历史中本该超越的对象,为的是构建其当下的现实幸福。因此,音乐向朱莉和圣普勒诉说着他们自己的过去,那时,他们的激情服从于自然法;音乐使他们回想起他们曾想挣脱的痛苦。这些曲调(其歌词是哀愁的)既表达着透明的幸福,也道出了威胁着当下的透明、令其脆弱易变的危险:它们唤醒了对不复往昔之物的惋伤之情。卢梭在《音乐词典》中断言,音乐乃"记忆符号"(signe mémoratif)①。于是,当妇女们的歌声响起时,朱莉与圣普勒以其不同寻常的敏感发觉那遥远的岁月苏醒了:

> 当我们在这些歌谣中听到我们曾几何时也讲过的字眼和词句时,我们开始不能自已了:克莱尔露出了笑容,朱莉红着脸,我则长吁短叹起来。当我将目光投向她们,回想起那遥远的岁月时,一阵颤抖席卷我的全身,一种不可承受之重瞬间压上我的心头,徒留一番难以磨灭的惨兮兮的滋味。不过,在这不眠之夜,我也感受到了某种无法向您解释的魅力。②

---

① 《音乐词典》之"音乐"词条,见《全集》(巴黎:福尔纳出版社,1835年)卷三,第744页。
② 《新爱洛漪丝》卷五,第七封信,见《全集》卷二,第609页。

圣普勒陷入了回忆,并对其过往生命的各个时期作出比较。于是,一种烦扰浮现于透明的节庆之中:那就是反思。

哀伤之情

投向过去的目光、颤抖、魅力:所有这些都完美地揭示了灵魂的哀伤之态。事实上,这可能是关于席勒所说的素朴与感伤之对立性①的最为动人的阐明了。"美好的灵魂"聆听着朴实素雅的民间歌谣,沉浸在哀愁与惋伤("微笑中带着一丝惋伤")的情绪当中。经由回忆,"美好的灵魂"明白,它已无可挽回地别离了自己的过去;而这过去不是别的什么,就是在那透明的民歌旋律中折射出来的依旧纯真的自然。旋律本身并不哀伤,它只是让人自然而然地感到忧伤;不过,由于它既是自然,亦是往昔世界之面纱的揭除,故而,作为记忆符号的它化身为了美好灵魂之遗失天性的表征;它显现为不复存在之世界的幽灵般的在场。哀伤之情并不存在于素朴的歌谣中,它在歌声的激荡之下被唤醒。

令人惋伤的往日时光骤然涌现,它揭示出一种内

---

① 席勒:《论素朴的诗与感伤的诗》,《全集》卷十二,斯图加特:科塔出版社,1838 年,第 167 页。

在张力,节庆的幸福感正建基其上。它不仅意味着逝者如斯,而且,弃绝与超越的环节还横亘其间,它们在现在与过去之间确立起不可弥合的距离。深感惋伤的存在者发觉自身的某个本质部分隶属于已然消失的世界。他着迷于过去的真实自我;然而,不论现在还是过去,都无法提供给他一个真实的支点。过去的已然过去,现在则沦为一片流亡之地。激动不已的圣普勒想要防止自己陷入对于过去的惋伤之情,朱莉也同样试图从中解脱出来。回忆往昔的欢乐,这只会造成烦扰:他们竭力要从这种回忆中摆脱出来,可这种努力并非一劳永逸;他们必须不断地重新开始这番努力。所以,这场抗争很可能会变得难以忍受。事实上,通过辩证综合而获得的幸福要求我们时刻保持全神贯注的警觉状态(过去仍极具诱惑力,它必须被不断压抑),它意味着我们需要付诸反思性的行动。可在卢梭那里,奋力行动这一理想准则几乎总会让位于更具诱惑力的内心安宁与逆来顺受的生活状态。朱莉之死并不只是一场令女读者们泪流满面、痛不欲生的悲剧。死亡代表了解脱的唯一可能:朱莉幸福地死去,摆脱了行动的必要性,她欢喜地发现,从今往后再也不用奋力履行那强加其身的义务律令了。

* * *

卢梭描绘着美好灵魂之绝对信任、意识之无碍沟通以及一切秘密之消失无影,可与此同时,我们还感受到一种压力,一种被遏制的、被故意"压抑"的过去之在场。葡萄收获节全程都处在一个家长制主人的全知眼睛的注视之下;圣普勒在赞美完满透明性的同时,也承认有必要对抗那"甜美的回忆":

> 我无所顾忌地流露出激奋狂喜之情,再也用不着对这种情绪秘而不宣了,而它也再不会让我在明智的沃勒玛面前感到拘谨了。我并不担心他那明察秋毫的眼睛看透我的内心深处;当一种甜美的回忆试图在我心底复活时,克莱尔的一个眼神便可使它偏离方向,朱莉的一缕目光便会让我羞愧得脸红。①

要不是总会面对那些破坏田园幸福的威胁,我们早就生活在如牧歌般纯美的环境(席勒正是这样来评价《新爱洛漪丝》的)当中了。卢梭的艺术手法就在于,他不断地提醒我们,为了做一个品德高尚的人到底需要付出多么大的代价:在错误和罪恶中迷失自我的危险始终同他笔下的人物如影随形。透明性并不会自发产生力量:它的力量建立在对不透明性的拒斥之上,而这种不透明的危险每时每刻都会

---

① 《新爱洛漪丝》卷五,第七封信,见《全集》卷二,第609页。

重现。只有"甜美的幻觉"能够让圣普勒的精神回归《圣经》中的那幅田园美景:"啊,爱与纯真的时代!那时,女人们温柔而端庄,男人们淳朴而知足常乐!啊,拉结①呀! 你这迷人的、一直被爱慕着的姑娘。"②我们发现了一个原初的纯真年代,但它是作为一种虚构而在我们面前幽幽浮现。我们觉得自己似乎回到了第一篇《论文》所描述的那片"完全被大自然的巧手装点的美丽湖岸"。在这无比通透明净的美景中,我们近乎相信自己已然返璞归真,但我们却与这种纯真状态永远相隔。作为善恶知识以及战胜邪恶的意志,德性无法返璞归真,即无法回归不知善恶和整体未分的状态。高尚的灵魂经历了种种混乱烦扰,它们从今往后再也无法否认这一点。"美好灵魂"的互信恢复了通透性的力量:然而它们明白,这是它们已然失去的、后来修复的透明性。在这回归的幸福中,它们无法忘却那段充满了不幸与分裂的岁月。故而,它们仍保有一段苦难的回忆,它介于原初的透明与修复的透明之间:它们认识到了自己的历史性。它们同时懂得,当下的幸福源于它们自己的能力和自由选择,因此并不牢靠。一旦厌倦了

---

① [译注]《旧约·创世记》中的人物,雅各的表妹和第二任妻子。
② 《新爱洛漪丝》卷五,第七封信,见《全集》卷二,第 604 页。

竭力按照自己的意志而活,它们就可能重新深陷浑浊的泥潭。稍有一丝松懈,心灵就会重新把自己包裹得严严实实、密不透风,它们好不容易才赢得的泰然自若之境被就此打破了。它们对于此番困境心知肚明,故而情不自禁地叹惋那个遥远的时代,那时,纯真的力量自然而然地统治着一切,毫不费劲,下一个瞬间绝不会威胁到前一个瞬间。

节 庆

准确地说,乡间节庆向美好灵魂呈现的乃是一场模拟返璞归真的演出。它们深知,这不过是一场幻象;但其效果却是让那幅纯真无邪的田园美景与我们异常接近,以至于让人以为,终点与起点重新联结;在精神的演进运动终了之时,意识得以重新融入其历史曾使其脱离的那种非反思的自发性之中。这是一种虚构,一场象征游戏,而不是起源的真实回归。

除此之外,卢梭笔下的这个葡萄收获节也毫无"仪式感",并不隶属于任何传统。节庆的方方面面都没有依照习俗进行,反而看起来是完全即兴的。它不仅象征着黄金时代和《圣经》中那个古老时代的回归,而且,它也被描述为克拉朗这个"十分亲密的社会"成功实现的一次活动。它是纯粹的发明、自由的创造,摆脱了各种先定形式。令卢梭着迷的这场演出展现了一种充满欢乐的满足感,当符合义务的行为完成时,这种满足感便会在心中油然而生。人们竞相劳动,直至演变成一场节庆,仁善的良心在这节庆中颂扬自身(按照黑格尔的说法,这就是"美好的灵魂"所颂扬的崇拜①)。节庆使初民时代的纯真图景浮现出来,不过就其意图而言,这场节庆根本无关乎"记忆"或纪念。它在一群人共同劳作的过程中即兴地、自然而然地形成,任何人都无需再隐瞒自己的所思所感。人们之所以感到快乐,并不是因为他们受邀参加了一场节庆:节庆只是聚在一起的人们共同体验到的快乐情感的显著表征——这种快乐的充盈程度超出了人们的想象,其溢出部分涌入了欢快的外部动作、游戏、仪式与歌声之中。

葡萄收获节只是一个托辞,一种"偶然原因"。这场节庆的实质、真正目标是敞开心扉。我们看到的乃是一场演出:卢梭不是把消散的晨雾比作升起的剧场大幕吗? 不过,这是一场特别演出,所有人都彼此袒露、赤诚相见,他们沉浸在欢乐的迷醉状态之中:没有戴面具的演员,也没有躲在黑暗中的观众。每个人都既是演员,也是观众;每个人都有权享有同样的舞台灯光和同等关注。

---

① [译注]参见黑格尔《精神现象学》第六章第三节。

这个理想化的节庆可以被视为卢梭作品中的一个核心意象——这并非言过其实（另外，考虑到法国大革命曾力图设立的那些节日①，它也可以被视为最富启示性的意象之一）。让-雅克流着"甜美的泪水"写下了《致达朗贝尔的信》②。这眼泪、这"温柔的谵妄"将该作的哀伤气质淋漓尽致地揭示了出来。这封书信一方面对戏剧的危害性作出了道德批判，另一方面，卢梭显然也处处在参照一种理想演出的意象，他只是在这本小书的最后几页才将这一意象勾勒了出来：卢梭的注意力聚焦于对即兴节庆的回忆，童年时的他曾亲眼目睹过这样的节庆。卢梭将喜剧和悲剧的全部"虚假"魅力都同这种回忆、这种在乡愁中重温的集体欢乐对立了起来。

记得我在童年时期，曾被一场颇为淳朴的演出所打动，尽管早已时过境迁，它却在我心里留下了难以磨灭的印象。圣-日尔维军团的士兵们完成操练，按照惯例分成不同的连队去吃晚餐：他们当中的大部分人晚餐过后聚集在圣-日尔维广场上，无论军官还是士兵都围绕着喷

---

① 参见奥拉尔：《大革命的演说家们》，巴黎：科尔内利出版社，1906 至 1907 年。[译注：奥拉尔（A. Aulard, 1849—1928），法国历史学家，以研究法国大革命著称。]
② [译注]参《忏悔录》章十中的记叙。

第五章

泉，一起手舞足蹈起来，敲鼓的、吹笛的和举火把的人爬上了喷泉的水池。享受完长时间的用餐过后，人们欢快地跳起舞来，这似乎不是一件特别引人驻足观看的事情。可是，五六百个身着军服的人步调一致地跳着舞，他们一起手拉着手，踏着节拍，形成了一条蜿蜒曲折却毫不杂乱的长长的队列；变换的曲调激发出成百上千种队形变化；喧嚣的鼓点、闪耀的火把以及这欢腾的场面所蕴含的军队仪范——所有这一切都给人极其强烈的感官冲击，叫人无法漠然置之。夜色渐浓，妇女们早已睡下，可现在她们又爬了起来。窗口很快就挤满了女观众，这再一次点燃了表演者们的激情：趴在窗边的女人们再也按捺不住了，纷纷跑下楼去；主妇们与她们的丈夫会合，仆人们带来了好酒；被喧闹声吵醒的孩子们连衣服都没顾得上穿好，就冲到了他们的父母身边。舞蹈中断了：处处尽是亲吻、欢笑、举杯与拥抱。所有这一切激发出某种无所不在的感动之情，尽管这种感动无法言喻，但只要身处于我们心爱的人当中，我们就能够从这普天同乐的场景中自然而然地体验到这份感动。父亲一边亲吻着我，一边浑身颤抖着，直到现在，我都依然对这颤抖感同身受。"让-雅克"，他对我说道，"要爱你的祖国。看见这些善良的日内

瓦人了吧？他们都是朋友，都是兄弟，他们之间
充满了欢乐与和谐……"①

    这次事件是否真像卢梭所描述的那样，这已无
关紧要。问题的关键在于，卢梭的回忆意象构成了
一种内在规范，他正是据此规范来评判和谴责其他
类型的演出。在他所描绘的这场晚会的图景中，没
有什么是无足轻重的：无论是最初的用餐、人们畅饮
的美酒，或是音乐的出现（正如葡萄收获节的情形）、
身着军服的欢腾场面透露出的爱国情怀，甚至是父
亲的在场、主人与仆人在这场适度的狂欢中暂时达
成的平等——一切都耐人寻味。

    倘若我们再来研读《致达朗贝尔的信》中的另一
个段落，那么节庆的意义就会更加清楚明白了。在
这个段落中，卢梭将剧院的封闭演出与集体欢腾的
露天表演对立了起来。我们要格外注意卢梭运用的
那些词汇和意象：

    切不要采用那种排外的演出方式：一小拨
人被惨兮兮地幽禁在一个黑暗的洞穴中，战战

---

① 《致达朗贝尔的信》（巴黎：伽尼埃-弗拉马里翁出版社，1967
年），第248页。对卢梭来说，他在这个长长的注释中所描绘
的这场日内瓦节庆再现了斯巴达式节庆的"辛劳而悠闲的"
状态，后者的榜样作用在正文中得到了揭示。

兢兢的他们一动不敢动,沉默无言且无所作为;这些演出呈现在人们眼中的只是隔墙、刀锋、士兵以及奴役和不平的凄楚景象。不,幸福的民族啊,这不是你们的节庆。你们应该在户外、在天空下聚集起来,陶醉在你们甜美的幸福感受当中……让太阳照耀你们那纯真的演出吧;你们将把这演出化为你们自身,那是太阳能照射到的最可贵的演出。

可是,这演出的对象到底是什么?人们在演出中要表现什么?无物,如果可以这么说的话。有了自由,哪里人声鼎沸,哪里就欢欣喜乐。在广场中央立一根装点着鲜花的木桩,再把人们召集过来,一场节庆就会在你们身边上演。你们还可以更进一步:让观众也融入演出;让他们自己也变成演员;让每个人都通过他人而看见并爱护自己,从而让所有人都更紧密地凝聚在一起。①

剧院与节庆的对立犹如黑暗世界与透明世界的对立。刀锋与隔墙林立的黑暗剧院所激起的恐惧感也萦绕着寓言故事中的那座雕像②所统治的残酷神

---

① 同上,第 233 至 234 页。
② [译注]参见本书第四章之《蒙面纱的雕像》一节。

庙。同一种邪恶魅力在此显露。反对剧院的卢梭完全没有低估剧院的诱惑力。只不过在他眼中,这种诱惑力(正如那座雕像的诱惑力)会把人类拖入由致命的幻觉与不幸的间隔所构成的黑暗世界。黑暗的大厅里,观众被囚禁在自己的孤独之中。"人们以为自己聚在一起观看演出,可这里的每个人其实都孑然一身;他们在这里忘记了自己的朋友、近邻、亲人"①。人们去剧院是为了"忘记自己",在这里,他们能最彻底地忘记自己和他人。剧院演出窃取了我们的存在:这是彻底的异化,我们从中得不到任何回馈。我们被引向了虚无缥缈的远方。如果说剧院演出作用于我们的激情,那么它通过间距与疏离所产生的魔法来迷惑我们:"剧院里上演的一切并未令我们与之接近,而是让我们远离了它。"②

卢梭所描绘的幽暗剧院与《寓言残篇》中的那座阴森神庙遥相呼应,而在这之后,卢梭所赞美的集体节庆与蒙面纱雕像神话的结尾骤然出现的场景也尤为相似。奇迹敉平了分裂——这分裂不仅区隔了演出与观众,更导致观众彼此疏离。演出-对象窃取了我们的自由,令我们动弹不得,如同黑暗大厅里的死物一般:美杜莎的目光将我们石化。就像露天的节

---

① 《致达朗贝尔的信》,第 66 页。
② 同上,第 79 至 80 页。

庆要取代封闭的演出一样,现在,昏暗的演出对象也要被一种敞亮的意识共同体所替换,每一个意识都不断地靠近另一个意识。意识的交互性取代了分裂。我们之前已经看到,作为"圣物"的伽拉忒亚变成了一种意识,它与皮格马利翁在同一个大写自我中平等地融合为一;我们还看到,"人子"推翻了那座雕像,通过一种内在的"本源"宣说着瞬间即被人类承认的真理。同样,我们现在也可以看到,"排外的"、"封闭的"演出变成了开放式的节庆,全体人民都把自己的幸福呈现出来。这种向所有人敞开怀抱的演出是"纯真无邪的",它敲开了每一扇心扉;它"并不危险",却着实更为"醉人"。生机勃勃的集体节庆实现了卢梭曾梦想得到的那种透明性。

"只有共同的欢乐才是纯粹的欢乐。"[①]这种欢乐是普遍的,没有对象,其纯粹性正由此而来。共同体在交流的过程中表现自身,它把自身视为其热情颂扬的主题。所有意识都向外部敞开,因为纯洁无邪的它们没有什么需要掩饰;但我们也可以说,正因为它们能够相互敞开心扉,它们才纯化了彼此。纯粹性或许并非是普遍欢乐的原因,而是其结果。

"人们在演出中要表现什么? 无物,如果可以这么说的话。"假如节庆不是透明意识的自我肯定,假

---

① 《致达朗贝尔的信》,第 249 页。

如演出具有特殊的对象，我们仍将停留在手段和中介性的王国之中。是否真如卢梭所说，我在剧院里会被抛入绝对的孤独之中呢？绝非如此。我知道还有其他目光也聚焦于舞台之上，在我们所有人共同注视的戏剧行动中，我与他人连为一体。这是一种典型的间接融通（communion médiate）：我的注意力将我与戏剧行动直接相连，而中介性的戏剧行动将我与其他人间接地连结在一起。不过，这种把剧院观众连为一体的间接关系对于让-雅克而言似乎毫无价值。在他眼中，如果融通不是通过绝对的直接性得到实现，那么它就不是真正的融通：也就是说，它构成了一种孤独与离散的不幸状态。在我们轻而易举地发现间接融通的地方，让-雅克看到的却是交流的中断。我们眼里的中间环节在他眼里则是障碍。没有任何办法能补救这种状况，除非这演出无物表现。

无物表现——由此形成了一个完全自由的、空虚的空间，就像透明的光学介质一般：所有意识对彼此而言都纯粹在场，无物横亘其间。无物表现的可能结果就是，所有人都表现自我，所有人都看见彼此。"无物"（就对象来说）对于主观全体性（totalité subjective）的显现而言极其必要。

卢梭对集体节庆的颂扬与《社会契约论》中的"公意"有着相同的结构。他对共同欢乐的描述揭示了公意概念的抒情维度,即它穿着节日盛装时的另一种面向。

> 全体人民都沉浸在节日的欢乐气氛中,所有的心灵都向那崇高的快乐之光盛开,这快乐虽转瞬即逝,却猛烈地刺穿了生活的阴云——还有什么享受能比目睹这番景象更加美妙呢?①

节庆的情感性"存在"表达了《社会契约论》在法学理论的层面上所阐发的一切。在共同欢乐的迷醉状态中,每个人都既是演员,也是观众;而契约缔结之后,我们也很容易发现公民的双重身份:既是"主权者的成员",也是"国家的成员";既是法律的欲求者,也是其遵守者。"让每个人都通过他人而看见并爱护自己,从而让所有人都更紧密地凝聚在一起。"注视你的所有兄弟,也被你的所有兄弟注视:我们在这里不难再次发现如下公设,即所有意志的同时异化-让渡使每个人最终都拿回了他向集体让渡的一切。

因此,人们享受的这种直接性是派生的直接性,它首先意味着分裂,然后是克服分裂的中介活动赢

---

① 《遐思录》漫步之九,见《全集》卷一,第 1085 页。

得了绝对胜利。

> 每个人都委身于所有人,故而我们不委身于任何人;而由于不存在这样一个结合者,即我们无法从他那里获得我们自身让渡给他的同等权利,所以,我们所获得的东西等价于我们所丧失的一切,我们也更有力量去维护已有的东西。①

《社会契约论》在意志和占有层面上所规定的东西正是节庆在目光和存在层面上所实现的东西:每个人都在他者的目光中"异化",每个人也经由普遍的"承认"而回归自身。绝对的献身行为反转成为自我的自恋静观,然而被如此静观的自我乃是纯粹的自由、纯粹的透明,它与其他自由的、透明的自我紧紧相连:这是一种"公共的自我"。从此,世界向翩翩起舞的身体敞开,向摆脱了孤独忧恼的生机勃发的身体敞开。"让我们在榆树下起舞吧。年轻的姑娘们,点燃你们的热情吧"②:《乡村占卜师》的最后一场戏以其"素朴的"田园诗笔调道出了一切。

---

① 《社会契约论》卷一章六,见《全集》卷三,第 361 页。
② 《乡村占卜师》第八场,《全集》卷二,第 1113 页。

第五章

平　等

在克拉朗的葡萄收获节里，"每个人都过得无拘无束、亲密无间；所有人都是平等的，没人会被遗忘"①。我们似乎在普天同乐的状态中重获原初的平等。第二篇《论文》描述了这种初民时代的平等，并将人类的历史发展勾画为朝向不平等的堕落过程。这一切还能够补救吗？克拉朗的居民们重获了原始时代的幸福吗？或者，就像回归纯真一样，这也不过是一场"甜美的幻觉"、一座在秋日清晨的美景中转瞬即逝的蜃楼？

其实，这种重建的平等是彻头彻尾的幻觉。它在令人心醉神迷的节日中浮现，也必将随之而逝：它不过是伴随着集体欢庆而出现的附带现象。因为平日里的克拉朗既不存在初民时代的自然平等，也不存在《社会契约论》所说的公民平等。主仆关系该有多么不平等，就有多么不平等。诚然，将仆人与主人联系在一起的纽带乃是信任（卷四，第十封信），但是，古板的沃勒玛之所以谋求仆从的信任，只是为了把他们变成听话的奴才：这是一种训练方法，目的是享受更好的服务，而非建立团结一致的平等关系。

---

① 《新爱洛漪丝》卷五，第七封信，见《全集》卷二，第 607 页。

在那封有关家政的书信的每一行文字中,我们都可以看出"家长制管理"的显著特征:想方设法地赢得仆人们真心实意的拥护以至于热爱,把他们变成一个更顺手的工具。主人保留如下特权,即只要他们愿意,他们就可以感到自己是平等的;然而这种特权只属于主人,并不属于仆人。所以,平等感只是主人才拥有的奢侈品,它让主人在享受自己的占有物的同时不会感到良心不安:

> 令我佩服的是,他们如此亲切和蔼,却能把仆人管得服服帖帖;她跟她丈夫经常屈尊与仆人平起平坐,但仆人却不敢把主人的话当真,也去跟他们平起平坐。同这些和蔼可亲的主人们在家里所享受的伺候相比,我不相信亚洲的帝王们在皇宫里所享受到的服侍会带有更多的敬意。我不知道还有什么会比这些主人的命令更不急迫,却如此迅速地得到执行:他们一发出请求,就有人飞奔去做;他们一说对不起,就有人会意识到自己的不是。[1]

---

[1] 《新爱洛漪丝》卷四,第十封信,见《全集》卷二,第 458 至 459 页。由于仆人并未构成一种对立"阶级",卢梭便成功维持了社会"地位"的原状,同时又避免了"小集团"所带来的风险,即对共同体的完整性造成危害。

虚伪隐藏在这种亲切的信任关系中,或许,被这虚伪所蒙骗的并不只是仆人。对于扮演亲切主人这一角色的"美好灵魂"来说,这难道不也是一场幸福的骗局吗?他们如其所愿地欺骗了自己;他们给自己灌输了一种幻觉,即他们没有离开直接交流的王国。由于他们的所作所为建立在信任之上,他们便相信自己并没有把仆人当作手段:他们没有堕落到一个充斥着工具和工具行为的浊世之中。美好的灵魂不但保有完满的纯洁性,而且对他们来说,根本的行动也必须体现在这纯洁性之中。为了使家产兴旺发达,他们需要做什么?什么都不用做:只需示其所是。其他人自会承担起实实在在的劳动:

> 主人的高超技艺就在于,他们在仆人面前示其所是,从而把仆人变成他们所希望的那个样子。①

他们在享受服侍的同时,一刻都不用责怪自己背离了崇高的原则:"人是如此高贵的存在者,他不应只被当作他人的工具。"

评论家们敏锐地指出了《社会契约论》的民主理想与克拉朗共同体之依然封建式的结构间的反差。

---

① 同上,第 468 页。

这种反差至关重要,它让我们怀疑卢梭是否忠于民主平等的理想。不过,同样需要指出的是,卢梭已经认识到有必要通过节庆来弥补不平等的状况,他承认这种状况存在于日常生活的秩序当中:他只能在心醉神迷的葡萄收获节中消解真实的不平等。在酒精的帮助下(有节制地饮用),感受的平等将建立起崭新的人类关系。对应于《社会契约论》之法律公设的情感等价物在一种并不长久的快乐中获得实现,尽管它只是昙花一现;自由的、没有"中介体"(corps intermédiaires)①的社会得以形成。然而,所有人都享有的这种友爱关系只是暂时取得了胜利,它根本不能动摇这座庄园的日常秩序和经济结构——其基本原则即主人统治、仆人服从。对平等的颂扬无法持续,它自身并不蕴含保障连续性的任何力量。演出何时结束,节日的幸福就何时终结。我们在这节日里极其强烈地感受到了平等关系:可这种转瞬即逝的强烈感受无力持存,无法转化为真实的制度。既然我们早就知道,最终等待我们的只有回忆与惋伤,此时此刻何不好好享受平等带给我们的快乐?"美好的灵魂"并不梦想着改造世界,让平等之花开遍四方;它只满足于表达如下愿景(它深知这是徒劳

---

① [译注]这是卢梭在《社会契约论》卷三章一中用来界定"政府"概念的一个表述。

无益的),即时光停驻,幸福重现:

> 明天、后天乃至终其一生都重过这一天,也不会让我们感到厌烦。①

我们有必要思考如下问题,即卢梭是否决意在这种昙花一现的节日迷醉状态中寻找一种替代的幸福?他在这状态中发现了平等的情感本质,但他并不打算为确立这种本质的实际条件而奋斗。我们已着重指出,《社会契约论》中的普遍让渡与节庆中的普遍异化具有某种对等性;我们还把《社会契约论》的公意概念与节庆的普遍透明性加以对照:让-雅克会作何选择呢?相较于革命,他难道没有更偏好节庆吗?让我们重读卢梭的最后一部政治著作《波兰政体论》。卢梭用节庆和"公共游戏"的理论回答了开头提出的问题:如何"使法律高于人?如何触及人心?"他给波兰人的建议如下:

> 许多露天的演出,各个阶层在其中被小心地加以区分,但全体人民都平等地参与其中,就像古代人那样。②

---

① 《新爱洛漪丝》卷五,第七封信,见《全集》卷二,第611页。
② 《波兰政体论》章三,见《全集》卷三,第963页。

卢梭承认,即便在节庆中也存在社会地位的不平等;他所要求的平等只体现于全体人民都参与演出时的主观激情之中。制度平等与否乃是无关紧要的问题:对卢梭来说,只要平等实现为灵魂的集体状态即可。

圣普勒的那封关于葡萄收获节的书信也格外清楚地表明了上述观点。平等并不属于克拉朗的实际社会结构:它只同"节庆状态"相关。圣普勒写道:

> 支配这个地方的那种美妙的平等关系恢复了自然秩序,教育了主人,抚慰了仆人,在所有人之间结成了友爱的纽带。①

尽管自然秩序被"恢复",可不幸的穷人只获得了"抚慰";因此,社会秩序并未被真正改变,也就是说,自然秩序只是以一种游戏的方式被恢复。卢梭添加的脚注也明确表达了上述观点:节庆并未真正消除社会差别,它只是使这些差别看上去没有差别;节庆中的平等状态表明,社会的真实变革徒劳无益。我们在这里不难看出整个十九世纪以至其后的保守思潮所秉持的一种论点:

---

① 《新爱洛漪丝》卷五,第七封信,见《全集》卷二,第608页。

> 假如由此诞生某种公共的节庆状态,而在这种状态中,地位上升者并不会比地位降低者获得更为愉悦的感受,那么我们难道不该得出如下结论吗,即所有地位就其本身而言几乎没有差别,只要我们能够且愿意时不时地脱离自己的地位?①

我们可以看到,一旦让-雅克能够运用感受理论去证明平等之幻觉等物的正当性,他就那么迫不及待地承认了它们。卢梭已然准备好去接受一个只有虚假社会平等的世界,只要所有人都能够时不时地觉得自己是平等的。这似乎是在告诉我们,平等之本质就在于平等之感受②。这种"心灵柏拉图主义"(platonisme du cœur,毕尔热兰语)使得幻觉诉求被正当化了,乃至于我们欺骗他人的行为都可以被原谅,只要这是为了他们好,也就是说为了激起他们的幸福幻觉。当沃勒玛冒称自己有权要求其仆人的完全信任时,他表现得像个"开明的专制者"(despote éclairé),根本不重视互惠性的伦理要求。可这

---

① 《新爱洛漪丝》卷五,第七封信,见《全集》卷二,第 608 页。
② 当卢梭草拟其《政治制度论》时,他似乎试图在政治事务中谨防自己诉诸于感受之证词:"对国家昌盛之判断不应源于……公民对其幸福的感受,故而也不应源于他们的幸福本身。"参见《让-雅克·卢梭未出版著作和书信集》,斯特莱凯森-穆尔图编纂出版,1861 年,第 227 页;另参《全集》卷三,第 513 页。

又有什么关系! 反正他成功地制造了平等的感受;人们不得不忘记并原谅那促使他成功的可疑手段。正如毕尔热兰所评论的那样,卢梭的社会理论蕴含某种"马基雅维里主义"面向。这个敌视舆论、面具和面纱的人居然许可主人出于确立家庭秩序与和谐的目的而掩饰其强制手段:"如果不采取强制和约束手段,如何去管治家仆与佣工呢? 主人的全部技艺就在于把这种约束隐藏于快乐和利益的面纱之下,由此,他们就会以为自己被迫做的所有事情都是他们自己想要做的事情"。① 在这里,主人对待仆人的方式与爱弥儿的老师对待他的方式如出一辙:理性人巧妙地强加自己的意志,掩饰了他所施加的暴力,让学生或仆人心甘情愿地听命于他,并自以为行动自由。这里是否存在着某种对儿童和下等民众的轻视态度呢? 或许存在。不过,卢梭本人毫不犹豫地与儿童和平民为伍。"自然人"完全不懂得掩饰自己的感受,就像儿童和平民那样:"平民示其所是……上流人士则伪装自己。"②沃勒玛的优越社会地位把

---

① 《新爱洛漪丝》卷四,第十封信,见《全集》卷二,第 453 页。参见埃里克·韦伊的评论:"家仆只能为了且依赖其主人而存在;由于他们没有理性,故而他们没有自由,他们无法被教会自由。用亚里士多德的话说,他们生而为奴。"(《让-雅克·卢梭及其政治学》,载于《批判》第 56 期,1952 年 1 月)。

② 《爱弥儿》卷四,见《全集》卷四,第 509 页。

他变成了一个伪装者,《爱弥儿》中的老师也是一个伪装者。不过,他们的本质区别在于,老师引导爱弥儿走出了童年状态,而沃勒玛则不太关心如何把仆人变为理性人。

* * *

克拉朗并未光复纯真的王国,平等的世界也没能建立起来。唯一实现的就是节庆当天,纯真的影像和平等的感受令感性的灵魂陶醉不已。还要补充的是,克拉朗是一个有限的小社会,它自愿与世隔绝、不问世事;然而,其中的一个个灵魂却醉心于具有普遍性的共通情感。看看圣普勒在葡萄收获节开始时的那种激奋状态,我们就不难明白这一点:面对着"此时此刻仿佛在大地之上蔓延开来的普遍欢乐所构成的那幅可爱动人的图景"[1],圣普勒感动不已。此时,想象力将欢乐的情感普遍化了。

这种"亲密社会"的理想(它既像是《对话录》中唯有"深谙其道者"方能进入的"神奇世界"的理想,也像是祖国理想)同卢梭对于受限存在的强烈欲望似乎内在契合。阿米埃勒已经非常出色地证明[2],

---

[1] 《新爱洛漪丝》卷五,第七封信,见《全集》卷二,第 604 页。
[2] 参见《今日日内瓦人评判让-雅克·卢梭》(日内瓦,1879 年)中所收录的阿米埃勒的文章,第 37 页。

卢梭内心向往一种岛屿状态（insularité），他需要把自己的生命幽禁在岛屿之上。克拉朗就是一座小岛、一处庇护所、一片封闭的庄园、一个小共同体——这个遁世绝俗的小共同体把自身严格限制在它那自给自足的幸福生活之中。此乃美好灵魂在尘世间的避风港，它们把自己排除①出外部世界。不过，这个共同体仍需要那"仿佛在大地之上蔓延开来的普遍欢乐"在其内部涌动。因此，卢梭不仅要使其对于受限存在的需求获得满足，他还要将其"扩张的灵魂"的冲动不断释放出来。让-雅克想要体验全体的、普遍的迷醉状态，即便他不得不接受这种状态的幻觉本质（他宣称幻觉已足以满足他）。封闭共同体的普遍激奋之情化身为普遍性的象征，尽管它始终固守于主观内在性的限度之内。封闭世界的内在透明性在激奋欢快的节日气氛中演化为一种幸福，美好的灵魂随即将这幸福解释为普遍性之在场；它们

---

① 在卢梭的术语中，只有当他试图说明共同体内部人与人的区隔状态时，"排除"才是一个贬义词；相反，当他想要描述那群与外部世界相对抗的社会人的精神品质时，它又变成了一个褒义词。卢梭之所以建议波兰人举行演出（节庆），是因为他希望"如果可能的话，没有什么东西会专属于大人物和有钱人"，然而在同一部著作中，他又赞美古代的立法者们确立了种种"宗教仪式，它们在本质上始终具有排外性和民族性"（《波兰政体论》）。另外参见《爱弥儿》的开篇部分："任何一个小社会，当它变得十分紧密且团结时，就会同整个大社会相疏离。"

将其完满的欢乐感受解释为对无限整体之分有(participation),对无限敞开世界之分有。故而,在给马勒塞尔布的第三封信中,卢梭说他想要逃离世人,但这是为了投身于一种静观,最终将其思想和情感提升至"事物的普遍体系",通达那"包容万物的不可思议的伟大存在"①。卢梭树立了一个甘愿与世隔绝的、"岛屿状态"的生活榜样,但这种生活状态同时得到了普遍性的、整体性的内在体验的补偿。克拉朗的集体欢乐不过是让-雅克的孤独出神的感受扩张而成的一幅影像。克拉朗是一个封闭的世界,但在这里,人们陶醉于"伟大存在"的出神之境。

还需要补充的是,在卢梭那里,节庆的意象摇摆于两种迥异的"理想型"之间。事实上,我们可以通过两种相反的方式来组织节庆活动。

第一种是通过灵魂的共通状态来激活全体。能动性源于集体的所有组成部分。由此,集体节庆中就不存在任何具有优先地位的核心人物。所有人都同等重要;每个人都既是演员,亦是观众。共同体的团结一致的精神在每位成员那里都以同样的方式被表达和激发出来。每一个意识都自发地萌生出同一股冲动。这节庆没有任何立法者,正如"社会公约"这一假设在其初始状态时并无任何法律制定者的介

---

① 《致马勒塞尔布先生的信》第三封信,见《全集》卷一,第 1141 页。

入,它是所有意志同时作出的决定。

第二种意象在节庆中设置了一个核心人物、一个光彩照人的存在者,他可以影响他人的行动,所有人都朝他汇拢。这一无处不在的灵魂人物将欢乐之情传染开来。于是,节庆就围绕着一个造物主般的人物而被组织起来,其影响力势不可挡地波及他身边的所有人。仁善的、扩张的灵魂在其周遭激发出一种普遍的欢乐。

其实,这两种理想意象对卢梭来说具有同等的吸引力。在《致达朗贝尔的信》中,节庆首先表现为集体自我的激奋状态;但同样是在这部作品中,卢梭也醉心于如下想法,即在节庆中扮演创造者、施予者的角色。重读那个长长的段落,我们就会发现,其中的每一个句子都以"我希望……"①开头。卢梭实实在在地让自己沉浸在那想象的节庆之中,他把自己变成了节庆的核心人物与立法者。

把自己变成节庆的中心与起源;在其激发的欢乐之中寻求自己善心的镜像:这就是卢梭在《遐思录》漫步之九中回想起的那些"难得的、短暂的快乐"。在拉米埃特时,卢梭曾将糕饼分给一群姑娘:"分配得比较均等了,也就会有更多人变得开心

---

① 《致达朗贝尔的信》(巴黎:伽尼埃-弗拉马里翁出版社,1967年),第238页及后页。

了……而且,这份欢乐也不破费,我最多只花了三十个苏,获得的满足感却值一百多个埃居。"① 对这场即兴节庆的描述立即唤醒了让-雅克对另一场节庆的回忆,他再次发现自己置身于普遍欢乐的核心地位。不仅如此,卢梭所促成的这场节庆与富裕阶层的虚假快乐形成了鲜明对照:

> 我在拉舍福莱特时,正值这家主人举行节日宴会;整个家族欢聚一堂,共同庆贺这个日子;为了达到节日效果,大家举行了各式各样的娱乐活动,好不热闹。游戏、演出、盛宴、焰火,一个都没落下。大家忙得头昏眼花,上气不接下气,却并没有乐在其中。②

让-雅克将"干瘪的苹果"分给了五六个嘴馋的萨瓦男孩们——此乃节庆中之节庆,它并没花费让-雅克多少钱:花费虽不多,却换来了真实的快乐,这与那些大人物们穷奢极侈的欢庆场面形成了强烈反差。

> 此刻,我目睹了一场悦人心脾的最美妙的

---

① 《遐思录》漫步之九,见《全集》卷一,第 1091 页。
② 同上,第 1092 页。

演出,我看到欢乐的情绪与那个年纪才有的纯真融为一体,在我四周蔓延开来。那些看见此情此景的人们也都分享着这份欢乐;而对于如此合算地赚得这份欢乐的我来说,由于它是我一手导演的作品,我所感受到的欢乐也就会更多些。①

更进一步来看,让-雅克在这类情境中体验到的幸福感是被他那魔法般神奇的行动所唤醒的。没什么成本的行为却在他身边激发出如此强烈的欢乐氛围,这种不对称的状况着实令卢梭惊异不已。如果说他确实向四周播撒了快乐,那么这是通过善行的魔力而非金钱的力量所达成的。因为真正的节庆不需花费一分一厘;事实上,为了让欢乐真正变成直接的欢乐,我们不仅应该消除演出对象,还得在分文不费的条件下完成所有活动,也就是说不能运用金钱这种不纯洁的手段。对卢梭而言,不管节庆是由集体冲动激发而成,还是由某种乐善好施的人格扩张而成,它永远都该是朴实节俭的。这一看法显然同一种带有强烈清教徒色彩的经济考量相契合:卢梭不爱花钱。不过,这倒不是为了存钱,而是因为<u>一旦钱财介入其中,就会玷污节庆的纯洁性</u>。节庆若要

---

① 《遐思录》漫步之九,见《全集》卷一,第1093页。

保持纯粹,灵魂就必须在其中自发地表现自身:它们必须依靠自身去创造一切;集体欢庆乃是意识的自主行为,它们没有花费一分一厘便创造出了彼此融通的幸福状态。即便我们在节庆中有些开销(就像卢梭对萨瓦男孩和拉米埃特的女孩们所做的那样),我们也可以这样来为自己辩解:我们的花费近乎于无,而且,投入的钱财与我们在节庆中赚得的欢乐也不可等量齐观。

经 济

在克拉朗,节庆的平等状态似乎源自所有灵魂同时萌生的冲动、所有和谐心灵在同一瞬间感受到的欢乐。不过,这并没有动摇朱莉作为节庆之光芒四射的核心人物的地位。她那"扩张的灵魂"在其四周激发出一片普遍欢乐的氛围。为了把葡萄收获节营造成一派生机勃勃的幸福景象,朱莉只需是(être)她自己即可。既然朱莉的在场本身就足以使其身边的整个小圈子变得激奋活跃起来,同时又不会陷入纵恣无度的境地,那么也就没有必要再用金钱给这场幸福的演出锦上添花了。朴实节俭的理想再次得到完美实现:

> 晚餐是在两张长桌上享用的。没有奢侈的

装饰和盛宴的排场,但是丰盛且充满了欢乐。①

事实上,节日乃是工作日,生产远远超过消耗。重读圣普勒的那封关于葡萄收获节的书信的开头,我们就会发现,这番欢乐的景象就如同一首讴歌劳动积累财富的抒情诗,它道出了欣欣向荣的乡村生活的本质所在:

> 可是,目睹这样一番迷人景象该是多么愉悦啊!善良而聪明的管家们把土地耕作变成了他们获得收益、消遣与快乐的手段,他们的双手满满地盛着上天的恩赐;他们用谷仓、地窖和阁楼里塞满的粮食养肥了他们周遭的一切,不管是人还是牲口;他们在身边积累着财富与欢乐,他们把致富的劳动变成了一场持续不断的节庆。②

还需要补充的是,财富积累要与共同体的需求保持相称,而这个共同体唯一的经济目标就是自给自足。人们劳动致富只是为了独立自主。如果说意识在节庆中表现出完全的自主性,那么,繁荣向上的

---

① 《新爱洛漪丝》卷五,第七封信,见《全集》卷二,第 608 页。
② 同上,第 603 页。

农业生产作为其背景则使得共同体能够在物质层面上获得完全的自主性。事实上,克拉朗的成功就在于它同时赢得了两种自主性。卢梭经常将意识问题与经济问题联系起来:在他看来,只有以经济独立为支撑和保障,意识才可能获得独立性。这种道德要求显然源于斯多亚主义学说,即自我之满足绝不能外求于世,而只应内求于己,内求于己之所有。在克拉朗,自足之道德理想被转移到了经济层面之上,其表现形式就是一个自给自足的封闭社会。所有合理需求都将有节制地获得满足,财富积累不会超出这个限度。德·沃勒玛先生绝对不能允许如下现象出现,即赚取的收益无法立刻转化为消费。沃勒玛家繁荣兴旺的农业生产不会转变成资本积累。这个家庭毫无负债,但它也没有储备任何剩余产品;它只满足于生活的舒适状态,并不想赚取更多商业利润。美好的灵魂抵制一切过重的物质负担:他们不赚钱。他们的经济学原则是既不亏空,也不储蓄。对这个小群体来说,他们生产多少(或者说,他们让仆人和佃农生产多少)就消费多少;他们只生产少量的盈余,这使日常消费看起来就如同俭朴的节庆活动。这番完美的自足景象既不会在未能满足的需求中,亦不会在过度的富足中被异化。在这种经济生活的具体细节中,金钱很少被提及。其实,金钱无关乎这个小共同体的内部生活,只有当这个共同体要与外

部世界打交道时,它才会介入其中,而共同体的成员会尽可能避免这种情况发生:

> 我们富有的关键秘诀就在于……没多少钱,而且,当我们使用财富时,尽可能避免产品及其使用之间的**中间交换环节**……我们生产的东西就在当地使用,从而避免运输它们;我们直接消费产品以避免交换;我们用我们过多占有的东西去换取我们匮乏的东西,在这个必不可少的交换过程中,我们没有通过金钱来买卖——这会造成双重亏损,而是寻求实物交易,这样一来,交易双方虽没有盈利,却都获得了便利。①

在一个直接消费其产品并依靠其劳动产物而存续的社会中,作为抽象中介的金钱并不是必需的。当然,如果人们不进入充斥着工具与手段的悲惨世

---

① 《新爱洛漪丝》卷五,第二封信,见《全集》卷二,第 548 页。《爱弥儿》同样表达了这种封闭的、自足的、本质上依赖农业的经济理想:"你觉得特别美味的那块黑面包是用这个农民收获的小麦做成的;他的葡萄酒是用自己葡萄园产的葡萄酿造的,看起来黑浊,尝起来酸涩,却既解渴又健康;家里的衣被是他的妻子、女儿和女仆在冬天用他种植的大麻织成的;餐桌上的饭菜都是自家人做的,没有外人插手;对他而言,最近的磨坊和旁边的市场就是世界的尽头。"(《爱弥儿》卷三,见《全集》卷四,第 464 页)购买行为是不道德的,只有物物交换才是合法的。

界的话(这个重担落在了仆人的身上),这种劳动就无法产生;但是,劳动产品的直接消耗在某种意义上消除了作为自然之否定者的劳动的原罪:财富不会成为意识之间的障碍,人们可以在当下瞬间获得完满的自主性。在劳动产品中,人们只是获得了直接满足当下需求的可能性。故而,金钱也好,占有也罢,它们都不会成为时间通道中的绊脚石:美好的灵魂将以其纯洁无瑕的完满状态奔向未来。

沃勒玛对中间交换环节的反感值得我们注意。不难看出,卢梭在面对金钱时总是感到不适;不过,《忏悔录》用"喜好"和"厌恶"这类词汇表达的意思在沃勒玛那里被转化成了一套高尚的理论体系和经济学说:

> 我的主要喜好都与可购买的事物无关。我需要的只是纯粹的快乐,而金钱会毒化一切……就其自身来说,它毫无益处;为了享用它,就必须转化它。[①]

金钱事实上是我们无法直接享用的东西:它所带给我们的全部享受必定是间接的。用金钱手段换来的快乐不再直接和纯粹;它被毒化了。

---

① 《忏悔录》章一,见《全集》卷一,第36至37页。

还有一个问题值得我们注意；我们可以把《新爱洛漪丝》和《忏悔录》加以对照，从而寻得关于此问题的思考线索：在克拉朗，直接性原则构成了合乎道德的自足经济的基础；而在《忏悔录》中，这一原则却成为了让-雅克的不道德行径的辩护词。为什么他会犯下那么多小偷小摸的恶行？因为他害怕使用金钱这一中介；因为欲望想要直接投注于它觊觎的对象：

> 跟事物相比，金钱对我的诱惑力不大，因为在金钱和我想要占有的事物之间总是横亘着某种中介，而在事物本身与我对它的享用之间则没有这种中介。我眼中只有事物，它就会吸引我；如果我眼中只有获得它的手段，这手段就无法吸引我。所以我那时是个小混蛋，现在有时还是如此；看到那些吸引我的小玩意儿时，我更喜欢直接拿走，而不会向别人索要。[1]

因此，促使让-雅克变成小偷的原因同样也是促使沃勒玛在本地消费产品的原因。我们几乎可以说，它们就是同一种道德的两个面向。当卢梭解释其偷窃行径时，直接性原则被用于说明一种心理机制，其说明方式是纯粹描述性的；不过，相较于我们

---

[1] 《忏悔录》章一，见《全集》卷一，第 38 页。

判定正义与不义的那些日常准则,这种直接性原则很快就被赋予了更高的正当性以及更具约束力的道德律令的价值。

想要什么就拿什么——曾几何时,此乃自然状态之特权;《论不平等的起源》第一部分已对此作了阐明。可在社会中,"你的"与"我的"被区分开来,我们已无回头之路:窃贼被关进了监狱。自足闲散的自然状态终结之后,我们进入了永不满足的状态:人在劳动中忘记了自身,变成了外物与他人之奴隶。不过,劳动也让人成长为人,它把人提升至动物状态之上:从此,人把自己定义为能够劳动的自由存在者,通过诉诸于劳动的手段和工具,他与自然相对立并由此改造自然。社会状态之不幸就在于,人在无止无休地寻求新的满足的过程中迷失于手段的王国,再也无法回归自身。他总是觉得不够快乐,这种感受不断将他拽出自身;当他想要谋求新的快乐时,他却感到更不快乐了……但是在克拉朗这一实现了辩证综合的世界,美好的灵魂在其自身当中调和了自然与文化,自然状态的自足与今后不可或缺的劳动协调一致。独立自主的原始状态与文明手段之运用得以重新兼容。从今往后,人们需要通过劳动这条迂回之路获得自给自足的生活,再也不能单纯依靠采摘大自然赐予的野果为生了。尽管如此,人们还是可以找回那构成自然人之幸福所在的完满自足的平衡状态。现在,正是由理性来确定必要之物,削减多余之物,调节劳动生产以满足合理需求;因此,理性划定界限,在这界限之内,所有人都将满足于俭朴节制的生活状态;理性废黜了意见的统治,清除了文明状态之恶,但并未消损其益处:

> 没有什么会受意见左右,一切事物都具有实实在在的用途,它们只被用来满足真实的自然需求:这种事物的秩序(ordre de choses)所展现出的景象不仅为理性所认可,而且既顺眼也称心,因为身处其中的人只会看到可爱讨喜的自己,一个自足的自己……一小群温柔和善之人通过彼此需要和相互善待而凝聚在一起,他们从事着各不相同的工作,但为了达成共同的目标而齐心协力;每个人在其地位上所获得的一切都会让他对自己的地位心满意足且不愿脱离它,他如此忠于这一使命,仿佛准备一辈子在此恪尽职守,而他坚守的唯一志向就是尽职尽责地工作。发号施令者如此善于拿捏分寸,服从命令者又如此热情高涨,以至于同等地位的人可以分得同样的工作,而任何人都不会对这分配抱有怨言。由此,谁都不会嫉妒别人的工作;谁都不会认为自己的财富能够不通过公共福祉之提升而获得增长;就算是主人,他们也只

能通过周围人的幸福来衡量他们自己的幸福。在这里,既不需要增添什么,也不需要削减什么,因为这里的一切都是有用的,而有用的东西也都在这里了;故而,没有人会想要获取他看不见的东西,而只要是人们看见的东西,就不会有人想到说:"为什么不多来些?"①

没有任何内在冲突会对这个群体的凝聚力构成威胁;而且,由于它不欲求任何外在对象,故而也就没有什么诱惑能从外部侵入它。这个共同体的唯一目标就是通过肯定"公共福祉"而肯定自身,每个人都在这种福祉中获得自我肯定。人们已付诸的一切行动手段均消失不见了,为的是使那唯一重要的事物得以显现,即自主意识之幸福。劳动产品被尽可能迅速地转化为需求的合理满足。这里的劳动方式完全无法跟工业制造相提并论,后者累积商品以便将它们销往远方。通过想象克拉朗的幸福生活,卢梭揭示了在哪些理想条件下,劳动可以被直接转化为享受。衡量经济成功的标准就在于,当地的所有需求皆获满足,同时,付出的劳动不会产生剩余之物,因而不会出现销售和贸易问题:它们会如乌云一般遮暗那透明世界的视域;因为对于拥有自主理想

---

① 《新爱洛漪丝》卷五,第二封信,见《全集》卷二,第 547 至 548 页。

的意识来说,任何物质利益,只要它与真实需求不匹配,或无法被公众想要满足的共同需求迅速吸纳,它就会变成一种不可承受之重担。超出共同体之消费能力的财富无异于一种奴役。因此,不管是作为待售商品,还是作为财富累积,劳动产品永远都无权独立存在:一旦脱离人手,每个产品都应被立即投入到合理的使用当中,其存在理由正在于此,而人相对于物的超越性也就此得以恢复。在克拉朗,人们生产物品只是为了尽快占有它,为了从中解放出来,通过其纯粹的自由来肯定自身。"人们劳动只是为了享受。"[1]

对卢梭的个人生命来说,情况也是如此。为了生活,必须诉诸于某些生活手段。为了自由生活,就必须不为这些手段所束缚,意识绝不能无可挽回地沦陷于这些手段当中:最理想的工作往往无关紧要、微不足道,它绝不会诱惑我们沉迷其中,我们反倒总能抽身而出,找回那个完好如初的自己:

> 我想要过独立自主的生活,同时还得要维持生计。为此,我想到了一个特别简单的办法:那就是誊抄乐谱,按页取酬。如果有什么更稳定的工作可以达到同样的目的,我也会去做的;

---

[1] 《新爱洛漪丝》卷四,第十一封信,见《全集》卷二,第 470 页。

可是，唯有这项与我的趣味相符的本领可以让我每天都挣到面包钱，同时又不会受制于人，于是我就一直干着这个行当。①

事实上，卢梭是依照斯多亚派哲人的自足榜样来勾画克拉朗的自足经济的。不过，如果说斯多亚派哲人的所有道德力量皆源于自身，那么很明显，克拉朗这座庄园是无法仅靠自己的物质资源维持生计的。近乎封闭却依然繁荣的经济生活——这种假设显然不可接受。这是一种多愁善感的空想，我们从中不难看出《鲁滨逊漂流记》留下的深刻烙印。

尽管如此，卢梭并不觉得自己脱离了莱芒湖畔的这个封闭共同体可能遭遇的那些真实条件。通过扩张性的想象冲动，他把自我之自足理想移植到了共同体之自足神话当中。身处于他"随心所欲地创造的人物"中间，他以其抚慰人心的幻想将古代贤哲之孤独自足扩张成为多人之自足（suffisance à plusieurs）。他创造了一个社会，但他也保留了孤独的根本特权：自由，不依附于一切身外之物的感受。由此，他将一种更为成熟的形态赋予其独立自主之欲望：孤独个体为了维持生计不得不向外部寻求给养，可理想的共同体则无需如此。这一共同体被构想为

---

① 《忏悔录》章八，见《全集》卷一，第 363 页。

一个独一无二的有机体,其所有组成部分均相辅相成;它也被设想成一个集体性自我,其所有活动均限于自身之内,与外界无涉。鲁滨逊为了占有岛屿必须进行斗争;但对于沃勒玛和朱莉来说,所有权已然确立,他们要做的只是维持需求、生产和享受之间的平衡。任何劳动都会将个体卷入外部世界,他部分地依附于这个世界;而共同体的劳作则始终是纯粹内在的:它运用的手段不会让它隶属于任何外部事物。其能动性会瞬间向内部折返。这群劳动者根本不觉得自己需要同外部世界打交道,故而也就无需从事任何商贸往来,一切都仅限于物物交换。在保证自身完全独立自主的情况下,这一封闭的共同体就像一个悠然自得、完全自由的个人那样面对着外部世界。

在克拉朗,一切要素都相互关联,密不可分。经济的自给自足以社会群体的团结一致为前提;而后者又以敞开心扉、毫无保留的信任为条件。卢梭把所有理想条件开列了出来,并确保它们协调一致,完美融合。

还有什么能比那些极具象征意义的虚构意象更能说明问题呢?在这些意象中,自足这一主题同自然-文化之调和的主题融合为一。

朱莉的马拉加葡萄酒。自足原则禁止进口任何外来产品。德·沃勒玛先生说:"所有来自远方的产品都容易伪造或掺假。"①对于决意过自足生活的人来说,外部世界充斥着谎言与幻象。只有本地出产的、*home made*②的东西才具有真材实料。即便外部世界可以提供真实的快乐,我们又何必徒劳无益地向外寻求？克拉朗同样能够提供这些快乐。朱莉掌握了一种制作秘诀,可以让本地葡萄酿造的酒尝起来像是马拉加葡萄酒。为此,必须迫使自然稍稍做些改变,得利用某种"俭省的酿酒技艺"去改造自然。这是欺骗吗？不能这么说。相较于得从国外才能买到的马拉加葡萄酒相比,这种仿制的马拉加葡萄酒反倒更显真实。因此,技艺弥补了自然之无法避免的局限。克拉朗"将二十种水土汇集于一身"③,在这里,人们可以忽略世上的其他地方。

朱莉的乐土。劳动使这片土地变得生机勃勃、繁荣昌盛；朱莉在其中心区域划出了一块封闭的自留地,一座 *hortus clausus*④,一个 *locus amœnus*⑤。"环绕它的茂密树丛让目光无法穿入,而它的入口总是十分小心地锁闭着"⑥。这是一座什么样的花园呢？一件艺术品,它呈现了原始自然之幻景；一片"人造荒原"。圣普

---

① 《新爱洛漪丝》卷五,第二封信,见《全集》卷二,第 550 页。
② [译注]意即"自家做的、自制的"。
③ 《新爱洛漪丝》卷五,第七封信,见《全集》卷二,第 606 页。
④ [译注]意即"围起来的花园"。
⑤ [译注]意即"惬意的地方"。
⑥ 《新爱洛漪丝》卷四,第十一封信,见《全集》卷二,第 471 页。

勒天真地惊叹道:"我在这里看不出一点人工斧凿的痕迹。"可真实情况却与之相反:它是如此巧夺天工,以至于早已化人工于无形。在这座自然圣殿里,没有什么不是出于朱莉的意愿,没有什么不是由她布置而成,正如她所说:"确实,大自然完成了一切,但它是在我的指挥下完成的,这里没有什么不是由我安排而成。"我们之所以没有看到人类留下的任何足迹,"是因为它们被非常小心地抹去了"。而且,所有这些安排都是"利用相当简易的办法"完成的,朱莉保证这没有花她一分钱。俭省的道德原则得到了贯彻:人工手段并不铺张,十分节制;这是一处繁茂丰饶之地,然而承担其巨大花销的正是大自然自己。故而,文明家庭中的这处 *sanctum sanctorum*① 是按照自然被文明改造前的那个样子来展现自然之图景的。"我相信我看到的乃是大自然中最原始、最孤独的地方,我觉得我就是深入这片荒原的第一人。"一座遥远的波利尼西亚荒岛似乎藏身于克拉朗这座文明小岛的中央。因此,辩证综合(即正义社会)保留了它所超越的东西。通过一种幸福的幻觉,这片乐土让我们拥有了时间之开端与世界之尽头。"啊,蒂尼安! 啊,胡安·费尔南代兹②! 朱莉,世界的

---

① [译注]意即"至圣所"。
② [译注]按卢梭自己的注释,这些都是"南海上的荒岛"的名称。

尽头就在你家的门口！"从今往后，谁还想要旅行呢？自给自足的克拉朗甚至可以重现起源之完美图景。

这种重现的自然当然不是原始人所生活的、可以通过简单感觉直接触及的那个自然世界。乐土乃是由感性存在过渡至道德存在的理性存在者重建的自然。借用席勒的词汇，我们不妨说，重现的自然不再是"素朴的"自然，而是自然之幻影，它源于失落自然所唤起的"多愁善感的"惋伤之情。这让我们想起早前所援引的康德的说法："至善至美的艺术重新变成了自然。"[1]没有什么能比作为人类艺术品的自然更具间接性了。只不过在至善至美的艺术中，劳动的痕迹被抹除了，我们所得到的客体是一种新的自然。作品是间接的，但其中介性消失不见了，我们重新获得了直接的享受（或者说是一种直接性的幻觉）。《皮格马利翁》的美学再次与我们相遇：艺术家创造的最美形体不能仅仅停留在"艺术作品"的层面，它必须回归自然的存在，就好像雕塑家从未创作这件作品似的。

神 化

克拉朗所达成的这种成功是纯粹人间的、世

---

[1] [译注]参见本书第二章之《教育综合法》一节。

俗的成功。它是无神论者沃勒玛的杰作（尽管皈依基督信仰的朱莉确实是这个朋友圈子里的灵魂人物）。由于人类的意识奋力赢得了德性与信任，透明性才得以恢复。通过此番努力，意识与意识不再相互掩藏什么。既然供认行为本身就已经构成一种压抑，它将肉身的激情转化为精神的透明，那么，一切混乱的欲望、一切不洁的冲动便都可以得到坦承。

于是，上帝之国的先兆便在尘世显现，它仅限于一小群选民，他们可以体验到统一性的幸福状态。因为直接的在场、绝对的自足、内在的享受、统治的权力都是上帝的特权：只有当人的本质冲突通过综合而平息时，他才能拥有这些特权。故而，"一家之长"变得与上帝相似；他在其所占有的一切事物中在场且自足。对他来说，占有之完满性与存之完满性完全协调一致。他拥有什么，他就是什么；他在他所拥有的庄园中泰然自若、成其自身。他周围的那片小天地乃是他的 *sensorium*①，就像空间乃是牛顿所说的上帝的 *sensorium* 一样。他什么都不缺，所以，外部的一切对他来说都不存在。作为存在之匮乏，欲望在他身上不再占有任何位置。如果他诉诸

---

① [译注]意即"感觉中枢"。下述牛顿的这一说法出自其《光学》。

于某些手段,那么它们总是最为直接的手段;一旦被运用,它们便即刻消失,让位于直接的关联。一家之长没有运用金钱或专制暴力这类中介手段来管理下属;通过信任和尊重这种直接的关联,通过意识之间的直接关系(或者,至少通过某种相当于自由信任的关系),他获得了下属的合作:

> 对于一位乐于呆在家里的一家之长来说,他对家务的持续操持让他获得了回报,即持续享受那最甜美的自然情感。在所有人中,只有他才是其至福的主人,因为他就像上帝那样感到幸福,除了他所享有的一切之外,他别无他求:就像那无限的伟大存在,他并不梦想着增加自己拥有的东西,而只想通过最完美的关系和最有效的管理使它们真正为我所有:他致富不是靠攫取新的财产,而是靠更好地占有他已有的东西。过去,他只是享受土地的收成;现在,通过对耕种的管理以及对这片土地的不断巡视,他还享受到了土地本身所带来的快乐。过去,他的仆人对他来说都是陌生人;现在,他把他们变成了他的财富、他的孩子,他占有了他们。过去,他只有权对行动发号施令;现在,他还可以掌控意志。过去,他只是因为付给了工钱才当上主人,现在,他通过尊重与善行的神圣

权威而成为主人。①

沃勒玛不信上帝,但他自以为变成了类似于上帝的存在;他在一种沉思性的满足状态中泰然自若,并占有他周遭的一切。物质占有在精神享受中得以完成;克拉朗的庄园就是一种意识场(champ d'une conscience),这个意识处处都发现它与其自身同一(当沃勒玛表达他想要变成"一只活眼"的愿望时,他就已然在索求一种神圣的特权了)。

一个无神论者却妄图跟上帝如此相似,我们应该对此感到讶异吗?在这里,没有什么不能与"启蒙哲学"的种种倾向(不管是坦承的还是潜藏的)相调和。人们常说,启蒙哲学家的伟大理念大多是世俗化的宗教观念。正如贝拉瓦勒所指出的那样,十八世纪哲学似乎"将上帝的无限属性移植到尘世之中,并使上帝的道德属性有可能被移植到人的身上"②。

无神论者沃勒玛之所以拒绝相信人格化的上帝,只是因为他想要把自己确立为上帝在尘世间的继承人。他之所以自认为拥有神圣的特权,乃是因为享有完满自足状态的人会因此变得神圣。在卢梭

---

① 《新爱洛漪丝》卷四,第十封信,见《全集》卷二,第466至467页。
② 贝拉瓦勒:《启蒙哲学中的宇宙几何化危机》,载于《国际哲学期刊》第二十一期第三册,1952年,第354页。

看来,知识之树所结出的果实永远无法使人近似于上帝:只有自足,只有绝对安宁的自足状态方能实现这一目标——即便这种自足近乎于无知,即便它如此脆弱,乃至于衰减为单纯的"存在的感受"。《遐思录》漫步之五就描述了这样一个至福的时刻,人之所以感受到自己的神圣性,并不是因为他通达了上帝或得到了伟大的超越性存在的启示,而是因为他在其内在的存在(être immanent)之中完全自足,由此便可与上帝相媲美:

> 在这样一种状况下,我们的享受从何而来呢?不是任何身外之物,不是任何并非源于自身及其存在本身的东西;只要这种状态持续下去,我们就如同上帝一般自足。[1]

让-雅克在瑞士比尔湖畔体会到的孤独而闲适的幸福存在与沃勒玛的积极能动的幸福生活几乎是用相同的词汇描绘出来的。消极的状态与积极的人生——人们或许会说,这两者是何等大相径庭啊!

---

[1] 《遐思录》漫步之五,见《全集》卷一,第 1047 页。关于同上帝的这种类比,参见马塞尔·雷蒙为《遐思录》撰写的"导论"(日内瓦:德罗兹出版社,1948 年),第 33 至 36 页;另参其《让-雅克·卢梭:自我探寻与遐思》(巴黎:科尔蒂出版社,1962 年),第 150 页。

可是，正如我们已经看到的那样，并未脱离自我视域的能动性与悠闲自在的独立性是一回事；自足状态使沃勒玛在物质层面上的能动性获得了一种无限安宁的精神价值。无所事事的让-雅克与积极主动的沃勒玛获得了同样的神性。

朱莉之死

沃勒玛在人间赢得了胜利，他让自己变得类似于上帝；朱莉的行动却与此相反，她想要直接通达上帝。《新爱洛漪丝》的故事本可以"合理地"结束于尘世的幸福生活，但卢梭偏偏给出了与之对立的第二个结局，一个具有宗教意味的结局。

这场历险最终没有定格于克拉朗这个亲密社会的幸福田园生活。朱莉死了。她的死亡绝不只是为了令全体一致的美好灵魂陷入哀痛而临时添加的一桩悲惨事故，就好像大调终止式之后又出现一个小调终止式似的。朱莉之死及其信仰自白打开了一个"意识形态的"（idéologique）维度，它截然不同于克拉朗这一和谐的人类社会似乎已然实现的理想。朱莉之死促使我们重新审视整个人类秩序；它勾画和阐明了一种迥然不同的透明性。

无疑，这部作品的悲剧结局将我们带回到笼罩着小说前几卷的那种激情之爱的氛围当中。激情具有毁灭性:圣普勒总会想到自杀。按照卢热芒①的说法②,《新爱洛漪丝》以布尔乔亚的笔调重述了特里斯坦的故事③。根据这一原型,情人们不得不面对无法克服的重重障碍,只有当他们最终在坟墓里相聚时,障碍才会被战胜。确实,朱莉并非为爱情而死;她是因为履行了母亲的义务而丧命:按照激情之爱的传说,主人公的行为本应由内在于激情本身当中的毁灭意志所驱动,可卢梭现在却将这行为搬移至德性的层面之上。尽管如此,这里依然残留着某种暧昧性。朱莉最终是为德性而死,但其死亡却让圣普勒早前的那句发自炽热情爱的哀叹一语成谶:"我宁愿她死了!"④

我们知道,卢梭曾一度想让朱莉和圣普勒的那段湖上夜游的著名情节悲剧性地收场:狂风袭来,小舟倾覆,困难重重的爱情最终因这对情人的同时丧命而得以实现。然而,这种结局会丧失灵魂之辩证发展的全部意义;小说结束于那最具毁灭性的激情所奏响的胜利凯歌。激情引发的灾祸会使这场历险

---

① [译注]卢热芒(D. de Rougemont,1906—1985),瑞士作家和哲学家。
② 卢热芒:《爱情与西方》(巴黎:普隆出版社,1939 年),第 205 至 209 页。
③ [译注]即 12 世纪流传的特里斯坦与伊索尔德的悲剧爱情故事。
④ 《新爱洛漪丝》卷五,第九封信,见《全集》卷二,第 615 页。

退回到它的起点:肯定爱情的绝对性,而它的唯一出路就是死亡;湖上夜游的出神之境将使这种爱情的最为纯粹的理想形态得以实现。

为了保存他要超越的激情,卢梭力图使其升华。情人双双罹难,这已然是对肉身激情的否定。接下来,这种否定也必须被升华,爱欲激情为了朝向上帝而重生:否定激情便是拯救激情;朱莉的宗教式死亡依然也是为爱而死。她写给圣普勒的遗言意味深长:"不,我没有舍你而去,我会等着你。德性把我们在尘世中分开,它将让我们在那永恒的天国团聚。"①在转向上帝的同时,朱莉并未离开她的情人(合乎德性的理想三角关系也被带到了永恒的天国;在那里,上帝取代了作为配偶的沃勒玛)。

一些暧昧难解的问题依然存在。激情与德性这两个对立面是否确实得以调和?激情真被超越了吗?综合真的发生了吗?克拉朗的幸福"社会"所呈现出来的自然与文化之和谐状态到底有多么牢靠呢?所有这些问题都应该被提出来,而我们在回答它们时所遇到的困难也揭示出一种危险的做法,即毫无保留地采用一种"辩证的"解释方法来研究卢梭的思想,就像我们刚才简要论述的那样。我们在克拉朗所看到的这种自然与文化之综合正是康德鼓励

---

① 《新爱洛漪丝》卷六,第十二封信,见《全集》卷二,第 743 页。

我们追寻的目标。设立对立面以使其调和,这真是卢梭的明确意图吗?他肯定地告诉我们,他的小说乃是一场遐思;但辩证综合靠的可不是幻想……人们会说,卢梭的思想风格具有两极化倾向;而对统一性的持久渴望也激励着这种风格。两极化倾向与统一性欲望共存,它们可以开启一种辩证运动,甚至还能使之延续良久。然而,内在矛盾与统一性渴望无法在一个秩序井然的思想"体系"中相互联结并协调一致。尽管卢梭坦承自己的天性充满矛盾,但他远没有厘清其性格和思想中的所有矛盾。故而,统一性意志缺少完全清晰的概念的支撑:此乃其整个个体生命中的混乱冲动,而非其思想方法。他自身及其作品中一定隐含着连他自己都不知道的更为丰富的深意。每个作家都处在这种境况之中,卢梭则尤其如此。埃里克·韦伊写道:"需要通过康德来思考卢梭的思想"①。我们必须补充一句:需要通过弗洛伊德来思考卢梭的情感。

统一性渴望永远得不到满足:它体现的是欲望的方向,而非确定的占有。它无法防止让-雅克再次陷入最初的矛盾当中。卢梭的读者常常会有这样的感觉,即对立面顽固地维持着它们的对抗状态;最高统一性之实现就像一座不断重现的乌托邦,它使冲突状

---

① 参见前引韦伊的论著,第11页。

态变得可以忍受。我们没有进入辩证的运动,而是停留在破碎与分裂之中:相反的力量争斗不休。欲望同时沉湎于相互矛盾的诱惑:既想回应白昼的召唤,也想满足黑夜的煽诱;既希望顺应人间的秩序,也祈求享受遁世绝尘的出神之境。当让-雅克陷入这般极端的诱惑时,他更像是一个被矛盾心绪所折磨的不安的灵魂,而非一位设立正题与反题的思想家。

《新爱洛漪丝》是一部"意识形态的"小说。不过,这部作品的可贵之处在于,道德综合之追寻并未阻挡个体生命不断滑向激情的矛盾漩涡。卢梭自身始终都能感受到一种暧昧不清的心理状态,圣普勒和朱莉正是它在小说中的代言人;而这种暧昧状态威胁到了小说中的理性代言人沃勒玛奋力赢得的成功——这一点很能说明问题。故而,失败的诱惑抵消了幸福的渴望,惩罚欲望与申辩意志共存。

* * *

面纱的主题再次出现了。

克拉朗的亲密社会生活在幸福与互信之中:如果没有隐藏一丁点的秘密,如果没有残留一丁点的阴影,心灵就会变得彻底透明可见。朱莉的心灵并非完全敞亮;光彩照人的朱莉被"隐秘的忧伤"[1]所

---

[1] 《新爱洛漪丝》卷五,第五封信,见《全集》卷二,第592页。

折磨(在这里,卢梭破例将一种正面价值赋予秘密,它像是某种既危险又珍贵的东西):

> 睿智而诚实的面纱包裹着她的心灵,起了这么多褶皱,以至于人类的眼睛已不再能看透它,连她自己的眼睛都不能。①

这段话虽出自"全知的"沃勒玛,但它意味着唯有上帝之目光才能实现全知。所以,必须承认的是,人类意识之间的关系终会遭遇无法逾越的界限,它掩护着个体存在的隐秘之处;除了上帝,谁都无法触碰它。一种崭新的"直接的交流"已然在这里得到了肯定,它具有至高无上的透明性和直接性;它不再存在于人类意识之间,而是将灵魂与上帝相连。

朱莉是基督徒。她那"隐秘的忧伤"的症结就在于,沃勒玛拒绝相信上帝。朱莉在沃勒玛面前不用隐藏自己的信仰,但她却努力掩饰自己的忧愁,尽管没能藏住:

> 不论他的妻子在他面前多么小心地掩饰自己的忧愁,他都能感受到并分担着这份忧愁:休

---

① 同上,卷四,第十四封信,见《全集》卷二,第509页。

想欺骗这般敏锐的眼睛。①

　　一种掩饰招致了另一种掩饰。沃勒玛同意在世人面前隐藏自己的无神论倾向(对平民百姓而言,宗教难道没有带给他们有益的慰藉吗?)。比如,他会装出一副信教的姿态:"他去教堂……他遵守习俗……他避免做出丢脸的事",由此,"面子"得以"保全"②。可是,美好的灵魂却变成了伪君子。对于在任何时候都应压倒一切的绝对坦诚原则而言,这是何等严重的违犯啊!忧郁的气氛笼罩着这对夫妇:

> 他们的婚姻被这对立的情感所笼罩,没有什么能比它那忧愁的面纱更充分地证明朱莉的无法抗拒的影响力……③

　　结合④与疏离共存!朱莉的影响力是"无法抗拒的",但它免不了会引发"对立"的忧愁。面纱意象所表征的并非是造成朱莉与沃勒玛相互疏离之物,反倒是包裹着他们的婚姻本身的那个东西,如同一

---

① 同上,卷五,第五封信,见《全集》卷二,第 594 页。
② 同上,第 592 页。
③ 同上,第 595 页。
④ [译注]法语单词 union 既有"联合、结合"之意,亦可表示"婚姻"。

层令灯光朦胧的薄雾。

让-雅克构想了一个世界,其中的居民同时体验着完满统一的情感与分裂的情感。让-雅克的矛盾心绪就体现在他构想这个世界的方式当中。意识之结合与意识之疏离共存;既与上帝联合,亦与上帝分离。

沃勒玛不是一个教徒,因为"他缺乏内在的或情感的明证"①。而朱莉就拥有这种明证。除此之外,她还需要生活在一个超越性的见证者的目光之中;为了履行自己的义务,她需要这位见证者作出的永恒审判。上帝之在场对她来说是必需的,然而这种在场却躲闪不定。这是一种至高无上的矛盾状态:上帝处处在场,上帝隐匿不现。

"上帝给自己蒙上了面纱"②。朱莉拥有"内在的明证",却深感自己与上帝分离。卢梭似乎要让两种难以调和的神学学说共存:一是上帝的内在启示存于人类意识之中,意识的"直接官能"完全能够听见良心之声的神圣律令;二是 Deus absconditus③ 的神学,它肯定了一种悲剧性的疏离,只有《圣经》之启示与作为中保之基督可以防止这种疏离演变成无

---

① 同上,第594页。
② 同上,卷六,第八封信,见《全集》卷二,第699页。
③ [译注]意即"隐匿的上帝"。

法修复的断裂。

朱莉想要借由一条直接的纽带与上帝相连。她没能达成这个目标,并承认了自己的失败:

> 当我想把自己提升到祂的高度时,我却不知自己身在何处;由于没有发现祂与我的任何联系,我便不知如何才能通达祂。我再也不能看见或感受到任何事物,我陷入一种虚无的境地之中。①

直接的交流已无法实现。于是,只剩下一种可能性,即与上帝的间接联系;朱莉不得不诉诸于"感官或想象力的中介作用"。不过,她是"不情愿地"(用她自己的话说)接受间接方式的:

> 我不情愿地降低了神圣的权威,我在它与我之间插入了可感知的对象;既然无法静观其本质,我至少可以静观其作品,我通过热爱其恩德来热爱它。②

---

① 《新爱洛漪丝》卷五,第五封信,见《全集》卷二,第 590 页。
② 同上。不过另一方面,朱莉也怀疑神秘主义:"我曾谴责那些神秘主义者的出神状态。我现在还要谴责他们,因为这种状态会使我们脱离自己的义务;他们利用静观的魅力诱使我们厌恶积极的人生,由此将我们引向了寂静主义;您认为我与这种寂静主义十分接近,可我认为我跟您一样远离它。"(同上,卷六,第八封信,见《全集》卷二,第 695 页)

故而，我们必须转向上帝的创造物，通过其作品去热爱和静观上帝：不过在卢梭看来，这只是一种权宜之计。实际上，一切直接可感之物皆为上帝与我们之间的障碍（面纱）。对于任何想要"提升自己以通达其本源"的人而言，感觉与情感直接给予我们的一切都不再具有直接性的意义，它们反倒变成了横亘其间的中介；感觉之明证性骤然由光明遁入黑暗。

需要注意的是，朱莉是通过世界——即可感知的存在者和对象——而非通过基督或福音来间接地静观上帝的。这位可经由其作品而被我们热爱的隐匿上帝不是冉森教派的上帝；它更像是亚略巴古的托名狄奥尼修斯和亚西西的圣方济各所说的不可认识的上帝，二者都规劝那些热爱上帝的灵魂要谦卑地崇敬上帝之创造物。上帝用面纱蒙住了自己的面容，然而，世界即神之显现。

不论这种间接联系理论多么令人满意，精神都只能"不情愿地"接受它，因为对卢梭来说，它并不能抚慰人心，而卢梭的个人需求永远都指向直接性。正如我们反复看到的那样，在面对任何一种形式的间接交流时，卢梭都会感到不适与焦虑：只要没能成功免除手段与中介，他就不得安宁。卢梭十分擅长对手段与目的之关系作出理论构想，但他无法生活在手段王国之中。因此，他急忙终结了朱莉所处的那个状态，即她不得不插入种种"可感知的对象"。

通过死亡,朱莉幸福地赢得了"直接的交流";通过死亡,她摆脱了肉体生命之障碍,目睹那层遮掩上帝的面纱被揭开。卢梭在这里采用了一种接近摩尼教的二元论学说,对精神与物质作出根本的区分;死亡废除了所有中介障碍,消灭了一切手段:

> 一个灵魂在摆脱了曾经居于尘世的肉体之后还能重返人间,或许在它曾经爱恋的那个人的周围游荡和驻留,这种想法在我看来并不荒唐;它重返人间不是为了让我们知道它的在场,因为它没有任何手段去这么做;不是为了影响我们并向我们传达其想法,因为它没有什么办法能作用于我们的大脑器官;也不是为了目睹我们的所作所为,因为它得有感官才行;而是为了通过一种直接的交流去亲自认识我们的所思所感,这就好似上帝通过直接的交流去获知我们在世间的想法;既然我们在另一个世界将面对面地看到祂,我们也就会相应地通过直接的交流而获知祂的想法。[1]

这段信仰自白大胆彰显出的唯灵论式的形而上学特征并非我们在这里想要说明的重点。关键问题

---

[1] 《新爱洛漪丝》卷六,第十一封信,见《全集》卷二,第 728 页。

在于,它让我们看到了具有最绝对的形式的直接性终获胜利。摆脱肉体的灵魂享有了上帝的视线,在面对面的交流中,它自身得以神化,如同上帝一般,因为它获得了看透人心的能力,而这原本是上帝才拥有的特权。沃勒玛将自己同上帝相提并论,朱莉则预示了自己的神化:因为她不仅最终与她一直祈求的上帝、她期待能被其称义的那位终极见证者重聚,而且从今往后,对于比她活得久的那些人来说,她自己也变成了一位超越性的见证者。克莱尔呼唤道:"让我们一直活在她的目光之下。"①

上帝用面纱蒙住了自己的面容,朱莉却逾越了分隔物质与精神、生与死的面纱。不仅如此,在小说的最后几页,卢梭在把某种形而上学意涵赋予面纱的同时,还使其获得了一种物质实在性。圣普勒从印度带回的"以珍珠装饰的黄金面纱"盖在死去的朱莉的那张变了形的脸上。故而,朱莉之死不仅是透明性之达成,亦代表着面纱之胜利。在这部作品的最终乐章,两个对立的主旋律——一个是主题,一个是对题——以无比庄重的方式相互加强、相互肯定。

动词"蒙上面纱"(voiler)与名词"面纱"(voile)原本只是隐喻性的表达,它们被用来象征分隔与不透明。现在,"面纱"获得了物质的、具体的存在属

---

① 同上,卷六,第十三封信,见《全集》卷二,第 744 页。

性，其实在性不断增强，直至变成一个真实的客体，但并未因此而丧失其比喻性的表意能力。在卢梭的所有著述中，除了我们之前所讨论的那两部涉及蒙面纱雕像的短篇作品[1]以外，只有此处这篇文本以连贯的、主动的、自觉的方式运用了面纱意象，并且摒弃了这一意象通常带有的半抽象特征。现在，面纱不再是一个次要的、暂时的隐喻，而是变成了恒久的寓言。面纱即是分裂与死亡。一旦我们确认了此处这一意象的重要意义，我们便可以回过头来，轻而易举地得出如下结论：即便在某些文本中，卢梭对这一意象的运用看似寻常，但它的出现绝非无关紧要；它总是蕴藏着丰富的意旨与象征内涵。

面纱隐喻进入了现实。不过，它是逐步进入现实的：因为在变成有形的真实客体之前，面纱还是一个梦境幻象。正如我们所知，在圣普勒的那个先兆性的梦境里，面纱以无比传统的"小说"风格出场：

> 我看到了她，我认出了她，尽管她的面庞被一层面纱蒙住。我呼喊着；我扑过去，想扯掉面纱，可我却够不到它；我伸出双臂奋力抓它，却什么都没碰到。她用微弱的声音对我说："朋友

---

[1] [译注]即《寓言残篇》和《皮格马利翁》。

啊,冷静下来!这可怕的面纱遮蔽了我,任何一只手都无法将它扯掉。"①

在前往意大利途中,如梦游般"昏昏沉沉的"圣普勒回到了克拉朗。站在朱莉的乐土之外,他听见了克莱尔与朱莉交谈的声音。他没有与朱莉重逢便离开了。正如奥斯蒙(R. Osmont)指出的那样②,面纱这一符号衍生出了一个新的意象:环绕那座秘密花园的树篱亦是面纱之"象征":

> 一想到我只需越过一道树篱和几片灌木,便可以见到我曾以为再也见不到的健康活泼的她时,我便永远弃绝了种种忧虑、恐惧、幻想;我轻松地作出决定:重新启程,即便没有见到她。③

卢梭使象征意涵变得更为丰富:后来盖在死去的朱莉脸上的面纱是圣普勒在遥远的印度放逐时获得的,它是情人分离之见证。由此,困难重重的爱情所导致的分离与死亡所造成的分离就具有了一种深

---

① 《新爱洛漪丝》卷五,第九封信,见《全集》卷二,第 616 页。
② 奥斯蒙:《评〈新爱洛漪丝〉的缘起与创作》,载于《卢梭学会年鉴》第三十三期,1953 至 1955 年,第 126 页。
③ 《新爱洛漪丝》卷五,第九封信,见《全集》卷二,第 618 页。

刻的相似性。放逐乃精神之完美结合的条件,死亡之分离亦是绝对团圆之许诺。障碍必须最大程度地赢得胜利,只有这样,摆脱肉身的精神才能最终体验到它向往已久的完满出神之境。卢梭千方百计地将超自然属性赋予面纱:克莱尔的"诅咒"、深受触动的旁观者的反应、故意在面纱的珍贵材质(黄金和珍珠)与已经开始"腐败"的面部肌肤之间形成的对照——所有这一切都以略显生硬的方式凸显了神秘性之在场以及神圣性所带来的恐惧与诱惑。

* * *

克拉朗的尘世幸福就体现在它战胜了面纱的魔咒;然而这幸福是脆弱的,透明性仍不完满;为了维续这幸福,需要德性的压力,需要不断抵抗那一直死灰复燃的欲望魅惑;必须付诸坚韧的劳动以获得神圣的自足;建基于个人自由和当下意识关系之上的"亲密的社会"必须无休无止地对抗时间与命运的威胁以肯定自身(因为这样一个小于共和国、大于家庭的社会既无法依靠家庭传统,亦无法仰赖法律制度而存续);最后,信教的朱莉与不信教的沃勒玛之间的冲突使我们对这透明性的本质仍保留着些许疑虑:人类意识间的善意交流就足够了吗? 有必要召唤一种超越之光吗?

朱莉之死使得在她身边确立起来的社会幸福被

彻底摧毁了:在她死后,她的朋友们作为个体依然会活下去,可亲密的社会却不复存在了。朱莉一个人进入了直面上帝之在场的出神之境;她一个人享受着"直接交流"的欢乐。从前,揭去面纱乃是一小群决意在最紧密的共同体中生活的人类存在者不得不达成的任务;如今,揭去面纱则是一个单独面对其最高审判者的意识的终极行动。

所以,卢梭的这场遐思始于"十分亲密的社会"的毫无隔阂的友爱关系,它通过一种扩张运动而形成;随后,通过孤独的退隐运动,个人冲动朝向了一个超越性的见证者,祂的目光使灵魂得知自己终被称义。卢梭先后构思了两种情形:先是信任之情的倾吐,再是与人类世界之决裂;先是理性之综合,再是崇高之灾祸;先是道德追求之积极行动,再是榜样性死亡之顺从无为;先是活人间的宽恕难求(我们必须不断地重新赢得宽恕,始终让自己配得上它),再是在最高审判者面前出庭应讯;不过这位审判者并不判决,而是让灵魂"定居"在其幸福之中,使它拥有完满的存在,使它摆脱决断与努力的苦恼,使它在认同自身的同时不会沦为罪人,因为在这位称义的审判者的目光之下,透明性再也不会被我们失去。

这两种回归透明的意象相继呈现在我们面前。该选哪一个呢? 必须作出抉择吗? 卢梭结束其小说的方式对应于其中的一个选择。在绝对的共同体与绝对的个人救恩之间,他选择了后者;朱莉之死的意义正在于此。我们之后还会看到,让-雅克在其自传性的作品中也为自己作出了同样的选择。

第六章

误　解

在成为一名作家之前,卢梭就发现了言语的有力与无力。在博赛的朗贝尔希耶家时,他宣称自己是清白无辜的,但是无济于事:"表面现象指控了我"。在都灵的维切利家里时,他自己偷了丝带,却指控是可怜的玛丽翁小姐干的。他"极为恬不知耻地"撒了谎,而那些正直的审判者们也被他的谎话骗了:"大家的偏见于我有利。"①言语一无所能,又无所不能:它无法战胜虚假的"表面现象",却可以制造"偏见",成功地对抗真相。任何言语都无法传达纯真的内在感受,可虚构却出奇容易地虏获信任。

言语活动并非理所当然。每当需要说话时,让-雅克总是感到不适。他不是自己言语的主人,正如他不是自己激情的主人。他几乎总是言不由衷:语

---

① 《忏悔录》章二,见《全集》卷一,第 85 页。

词从他的嘴边溜走,他也从自己的言谈中遁逃。当他对别人讲话时,要么言辞平庸,有失水准;要么雄辩滔滔,言过其实。他有时觉得自己的言语活动因一种可怕的羸弱而陷于瘫痪,有时又发现它因一种"不由自主的"夸张而扭曲变形。我们时而看到让-雅克结结巴巴、局促不安,时而又看到他在人前自信满满,以其如珠妙语碾碎"他们的不值一提的俏皮话"——"就好像捏碎我手指间的小虫一般"[1]。然而在这两种情况下,我们看到的都不是他自己,都不是真实的让-雅克。无论他显得愚钝还是聪慧,他都在他自身之外,低于或高于他自己:

> 独自一人时的我对自己精神的掌控尚且如此无力,可以想象谈话中的我会变成什么样子了。为了言辞得体,谈话时需要同时且即刻顾及许多事情。那么多习俗准则,我肯定会至少忘记其中的某一条——光是想到这一点就足以让我打退堂鼓了。我甚至想不明白,怎么会有人敢在社交圈子里讲话……在两个人的单独交谈中,还有一个在我看来更麻烦的不便之处,那就是必须一直说话。别人对你讲话,你就得回应;如果他不说了,你就得接下话茬,好让对谈

---

[1] 《忏悔录》章九,见《全集》卷一,第 417 页。

继续……更要命的问题在于,当我无话可说时,我不但不懂得闭嘴,反而疯狂地大讲特讲,像是为了尽早还清我的债务似的。我结结巴巴地急于把未经思考的话快速说出来,倘若它们都是些毫无意义的废话,我反倒要谢天谢地了。①

让-雅克在社会中笨手笨脚的;他不具备必要的谈吐与合乎礼仪的举止。对他来说,更严重的问题倒不是无法传达其思想或坚持自己的想法,而是难以让别人重视自己的价值。在十八世纪的"社交圈子"里,人们辩护自己的观点只是为了维护自己在别人眼中所拥有的优秀品质。结结巴巴的让-雅克感到羞怯:一言不发就等于一无是处。他若无话可说,便是无足轻重之人;一旦他说了什么,正是为了什么都不说,即为了自我虚无化,似乎他说话只是为了惩罚自己说了话。

故而,让-雅克之所以在谈话中显得不适,乃是因为这攸关其自身形象,攸关其在他人眼中呈现的自我。他希望自己在其每一句话中亲身在场,他的价值都能得到承认。因为对他来说,活在社会之中就意味着要遭受隐性的评判,这评判无关乎他说了什么,而关乎他是什么:任何愚蠢的言谈都会有损

---

① 《忏悔录》章三,见《全集》卷一,第 115 页。

让-雅克的声名。即便在最无关紧要的谈话中,不当的言辞对他来说也并非无关紧要,因为它会损害其形象。

卢梭所担心的并非是言说之物遭到误解,而是言说之人——即他自己——被误解。他内心感受到了或者说预感到了自己的价值,但他不知该如何使其彰显。对自身价值的内在感受无法满足他(倘使他能够获得满足,还会成为一名作家吗?);只有当其价值通过他人之赞赏而得到肯定时,这价值对他而言才真正存在。

当然,他绝不会接受他人对他的看法;他绝不会接受他人评判他时所依据的那些价值。他不想跟他们有任何共同之处:他想让自己被他们承认,想在他们眼中表现为一个令人钦羡的、独一无二的存在者。可是,这个结结巴巴的卢梭却显得愚蠢无能;而在他自己以及别人的眼中,他确实是愚蠢无能的:"我想要克服或掩饰自己的愚蠢无能,可我却总是把它表现了出来。"[1]笨手笨脚、局促不安的卢梭仅仅展现出其个性的一个侧面而已:他的内在感受向他保证,他其实要比他展现出的那个样子更好,然而,其他人已经对他作出了评判,他们已经低估了他,剥夺了他成为自身、展现其另一番面貌的权利。只要给他充

---

[1] 《忏悔录》章三,见《全集》卷一,第115页。

分的自由，他就可以展现出一个完全不同的让-雅克，一副完全不同的形象。于是，让-雅克从他人的"错误评判"中挣脱出来，期望能够发明一种别样的语言去征服他们，迫使他们承认他的天性及其不同寻常的价值："我宁可被全人类忘记，也不愿被视为一个常人。"①

卢梭虽然拒斥其见证人的意见，但他却离不开他们，他无法不表现自己，因为得不到公众承认的他就等于一无是处。他要跟公众的各种评判作斗争，他被它们囚禁在大众普遍接受的价值标准当中，或者被它们僵化成他笨拙地表现出来的那副模样。不过，即便他否认外在评判的有效性，他还是坚持留在公众的"视线之中"。不要评判我，但不要停止关注我……

其实，卢梭既希望也害怕被误解。假如被理解（compris）就意味着被接受（pris），即在世人所依从的"非本真的"价值体系中获得一个现成的位置，那么，卢梭便不想被人理解。不，他不想沦为一介"文人"（就该词的通常含义而言）；让-雅克深感自己是绝对独特的。尽管希望被他人承认，但他却拒绝被当作他们之中的一员。他想要与众不同："当人们注

---

① 《我的肖像》，载于《卢梭学会年鉴》第四期（1908 年），第 265 页；另见《全集》卷一，第 1123 页。

意到我时，我不会因为他们是以某种略为特殊的方式才注意到我而感到不快"①，即便这种"略为特殊的方式"可能会引起流言蜚语。因为就算是流言蜚语，也比在他人眼中微不足道要好得多。失败不在于被误解，而在于一直被无视——在真空与普遍的冷漠中可笑地表现自己。让-雅克不断地经历着失望：他徒劳无益地展现自己，他在那从未敞开的窗户下用他最美的声音歌唱。我们只需回顾一下《忏悔录》第二章开头所记叙的安纳西（Annecy）之旅便足以认识到这一点："但凡我在四周发现一座城堡，我就会跑去那里，想要经历一场风流奇遇，我觉得它一定在那等着我去发现。由于生性格外胆怯，我不敢踏入城堡，也不敢敲门。但我却站在看起来最有可能打开的窗户下放声歌唱。十分奇怪的是，我声嘶力竭地唱了很久，却没有看到一位太太或小姐在我的优美嗓音或俏皮歌曲的吸引下露面……"②

只要他人在场，误解就会产生。让-雅克无法示（paraître）其感受向其保证其所是（est）：

> 我虽不是一个蠢货，却常被人看作蠢货，甚至在极具判断力的人们眼中也是如此。更不幸

---

① 同上。
② 《忏悔录》章二，见《全集》卷一，第 48 页。

的是，我的相貌和眼睛会让人对我抱有极大期望，而这份受挫的期望只会让我的愚蠢在他人眼中显得更为不堪。[1]

如何克服那些妨碍其展现自己真实价值的误解呢？如何避免即兴的言谈可能带来的风险呢？还有别的什么可供利用的交流方式吗？还有别的展现自我的手段吗？让-雅克选择了不在场（absent）和写作。悖论即在于，他掩藏自身以更好地展现自身；他把自己托付给写下的言语：

> 要不是因为我确信自己在社交时不仅会以不利于自己的方式，还会以截然不同于真实自我的方式展现自己，我也会像其他人那样热爱社交的。我作出的写作和隐藏自身的决定正是适合我的决定。如果我在场，人们绝不会认识到我的价值所在。[2]

这份奇特的自白值得我们重视：让-雅克与他人决裂，但这是为了经由写下的言语而向他们展现自己。他在孤独的庇护下自由自在地反复斟酌其遣词

---

[1] 同上，章三，见《全集》卷一，第116页
[2] 同上。

造句。他把最为强烈的意义赋予其不在场:真理在这个社会中是缺席的,我在其中也是缺席的,故而,我即是那不在场的真理;当我将自我的价值与他人的价值对立起来时,我便将不为他们所知的自然的普遍权威同他们的价值对立了起来。在那些精神世界一片混乱的人们眼中,真理既丑恶,又迷人:我既是这丑闻,亦是此诱惑。

为了让世人最终认识到他的价值,让-雅克远离尘嚣,著书谱曲……他将其存在(他的个性)安放于另一种表象之中,它不再是其身体、面孔和具体的言辞,而是一种不在场的悲怆讯息。由此,他为自己塑造了一种形象;其不在场所营造的神秘魅力以及他写下的那些醒世名言所激发的回响将共同促使这一形象深入人心、备受敬仰;作为一位激情澎湃的遐思者,让-雅克的切身体验让他明白,没有什么能比一种在不在场之中并通过不在场而显现的在场(présence)更令人着迷了。"除了那依靠自身便可存在的伟大存在者之外,唯有不存在者才是美的。"①让-雅克作出了"写作和隐藏自身的决定",他试图以此让自己蜕变,从而在他人眼中呈现出"不存在者"的美。

写作并隐藏自身:卢梭给予这两种行为同等的

---

① 《新爱洛漪丝》卷六,第八封信,见《全集》卷二,第693页。

重要性，这或许令人颇感讶异。但这两者的确缺一不可。隐藏自身而不写作，这便等同于销声匿迹；写作而不隐藏自身，这无异于放弃宣称自己的与众不同。只有在写作并且隐藏自身的过程中，让-雅克才能表达自我。表达意图同时存在于这两种姿态中：既在写作的决定中，也在孤独的意愿中。通过与他人决裂，卢梭试图向他们表明，他的灵魂与常人所追求的快乐格格不入。这种疏离姿态所道出的意味不亚于文本本身（这就是为何我们认为有必要对卢梭的思想及其生平予以同等关注）。

书写行为所追求的结果无法被书写出来——此乃文学之外的目标。当他的读者们想要跟他展开思想争论时，他们便搞错了问题的方向；当批评家们讨论他所具备的作家才能时，他们也误入了歧途。这些都不是关键所在；对他来说，关键就在于要被世人承认是一个"美好的灵魂"，要激发他们将他亲身在场时未能赢得的那份欢迎（accueil）之情给予他。倘若人们在第一眼看到他时就向他报以热烈的欢迎，他就用不着写作，甚至用不着说话了。

回 归

让-雅克隐藏自身，潜心写作，但这是在为回归（retour）营造条件，它将弥补欢迎之阙如带给他的失望之情。故而,他之所以与世人决裂,只是因为他对一种更加激动人心的回归怀有憧憬;让-雅克之所以要借助"言语的流转",只是为了能够再次出现在他人面前,要求他们承认其真实价值,欢迎其回归。

事实上,欢迎与回归的问题不仅决定了卢梭的作家志向,而且,它也是遍及其作品的一个内在主题,同时还支配着他在多种多样的情境之下的个人行为。此乃一种行为原型,卢梭的生活与想象始终受此原型支配:由于得不到自发的欢迎,让-雅克便不断加剧误解,直至造成决裂的局面。但这只是为了日后能通过一场动人心弦的回归而超越决裂:人们相互拥抱,宽恕彼此,尽释前嫌。通过这种视角,我们可以对《新爱洛漪丝》作出如下补充分析:圣普勒乃是一位受到欢迎的客人,甚至在故事情节正式展开之前便是如此。故而,一场关于欢迎的遐思构成了这部作品的基本预设:小说情节沿着一连串的分裂与回归而不断展开。在误解与无根据的猜疑之后,我们迎来了和解与"澄清"(特别参见爱德华与圣普勒争吵并决斗的那段情节)。漫长的旅程虽以牺牲激情而告终,但它却让重逢的时刻愈发震撼人心。朝向透明心灵的每一步都以暂时的黑暗为前提,而它终将被那耀眼夺目的回归之光所穿透。对朱莉而言,死亡即回归其存在之本源。似乎是为了强调这一神秘的象征意象,卢梭让女主人公的死亡与女仆芳琼的丈夫幡然悔悟后的回归①同时发生……

《爱弥儿》第五卷向我们先后展现了欢迎、分离与回归的时刻。《爱弥儿》的续篇(《爱弥儿与苏菲，或孤独者》)则让分离愈发悲哀，让回归愈发动人。爱弥儿与苏菲的第一次相遇意味深长：爱弥儿和他的老师在乡间迷路了，又遇上一场突如其来的大雨，二人想要在一户陌生人家落脚。他们在这个模范家庭里受到了慷慨的款待。在此，欢迎的梦想以其最为质朴和稚嫩的形态呈现了出来：在这热情好客的港湾，他们养精蓄锐，恢复体力，享用了一顿简单却美味的饭菜；年轻纯情的女孩一直等待着她的忒勒玛科斯②出现，她的目光与男孩的眼睛不期而遇。幸福就藏身于这远离尘嚣的乡村小屋之中，它向我们许诺了一种天长地久的生活：粗茶淡饭但美味可口，平静祥和但激情涌动。生命的崭新阶段开始了：爱情在爱弥儿的心中萌生。他们两人(或三人)时常在这乡村小屋的四周散步。不过很快就出现了短暂的争吵，这也为后来的"甜蜜和解"埋下了伏笔。随

---

① 芳琼丈夫的回归是以乡间田园牧歌式的传统笔调而加以表现的，它再现了科兰的回归——此乃《乡村占卜师》的主题。不过，卢梭也可能想到了另一种回归，即他的父亲伊萨克·卢梭的回归。作为君士坦丁堡的宫廷钟表匠，他的父亲与妻子长期分隔两地。卢梭补充道："我是这回归所结出的悲惨果实。"
② [译注]古希腊神话人物，奥德修斯与佩涅罗珀之子。

后的分离则是一场更为严峻的考验:爱弥儿的老师希望他出去认识世界和多种多样的国家政治制度。他们将游历各方,但不得不把苏菲留在乡下。这对恋人只能挥泪分别(爱弥儿的老师一手造成了这一结果,他从这对恋人的泪水中获得了一种隐秘的快感。其实,我们无需读到《爱弥儿》第五卷便可发现这位老师的施虐倾向)。分离终将结束,我们会目睹回归时的"欣喜若狂"。黄金时代"似乎已然在苏菲的居所周围重生"①。因为所谓回归,确实就是返回到深远的起源当中。两个年轻人结婚了,可他们的幸福是否稳固呢?并非如此。如果让让-雅克自由地设想他们的婚姻生活,那便是没完没了的分离与回归。在巴黎定居后,爱弥儿和苏菲都被这座大都市所腐化。他们彼此成了陌生人。"我们不再是一体的了。"②苏菲有了外遇,爱弥儿离开了她。他要与过去永别;他喝下了"遗忘药水"③。他将在孤独中回归自身。再一次回归,然而是向自身的回归;过去、未来、他人都不复存在:

  我奋力让自己完全进入这样一种状态之

---

① 《爱弥儿》卷五,见《全集》卷四,第859页。
② 《爱弥儿与苏菲》,见《全集》卷四,第887页。
③ 同上,第912页。

中,即这个人刚刚开始活着。我告诉自己,我们能做的事情其实从来就只是从头开始;而且,除了一连串前后相继的当下瞬间,我们的存在并不具备什么连贯性,而最初的那个瞬间永远都是现实中正在发生的瞬间。①

可是,如果向自身的回归没有在两个分离灵魂的和解中完成,那么这个回归就依然毫无意义。爱弥儿将与苏菲重逢,他将得知她的过错属无心之失:在一个天堂般的荒岛上,爱弥儿与苏菲不期而遇并认出了她。这部小说并未完成,不过它从一开始就预告了回归的欣喜若狂:"一个灵魂得有何等独特的坚韧品质,才能在走了那么远的路后还能恢复它从前的样子啊!"②我们一下子就放心了:即便是一场漫长的痛苦考验,也终将有一个令人动容的结局。

* * *

现实生活中也存在着欢迎的问题:如何在接受款待的同时,不会丧失自己的自由,不会依附于慷慨

---

① 《爱弥儿与苏菲》,见《全集》卷四,第 905 页。回归自身,此乃回归的自恋形态。
② 同上,第 887 页。关于卢梭为《爱弥儿与苏菲》所设想的结局,参见威尔兹的文章《评〈爱弥儿与苏菲,或孤独者〉》,载于《卢梭学会年鉴》第三十六期,第 291 至 303 页。

的主人呢？如何在平等的关系中受到欢迎呢？因为如果欢迎是纯粹的，它就不应带有任何物质关联，它就不应暗含任何感谢的义务。它所代表的应是灵魂与灵魂的直接结合，这些灵魂深知自己的崇高品质并发现它们彼此相像。让-雅克应该接受卢森堡元帅的邀请吗？他犹豫不定。他能够在朋友直接在场的状况下生活吗？他可否不用忍受太多中间环节呢？

> 这确实是我考虑了最长时间且最为心仪的计划之一。可不管我怎么想，我最后还是得承认，这个计划不妥。我只考虑到了两人之间的喜爱之情，却没有考虑到那些会疏离我们的中间环节……①

尽管如此，欢迎的梦想至少还是有一次被实现了。那位好客的、过于好客的华伦夫人走进了卢梭的生命当中。只需一个眼神、一封介绍函便足矣：她微笑着，认可并接纳了让-雅克：

> 那是1728年的圣枝主日。我飞奔着去追她：我看到了她，我追上了她，我对她说话……

---

① 《致马勒塞尔布先生的信》第四封信，见《全集》卷一，第1146页。

第六章

我肯定记得这个地方；自那时起，我的泪水就常常浸润这片土地，我的亲吻遍及这里的每一个角落。幸福之地啊，怎能不用一圈黄金栏杆将它围起来呢？怎能不把全世界的人都引来向它致敬呢？任何愿意向人类救赎之纪念碑表达敬意的人到了这里都会下跪膜拜。

那是她宅邸后面的一条小径，右边是一条小溪，将宅邸与花园分开，左边是院墙，经由一扇便门通向方各济会的教堂。华伦夫人正准备走进那扇便门，听见我的声音便转过身来。眼前的一切令我震惊！我原以为会看到一个令人嫌恶的虔信的老太婆……我看到了一张无比优雅的面孔，含情脉脉的美丽的蓝眼睛，散发着光彩的肤色，还有那透着诱人轮廓的酥胸。没有什么细节会被一个年轻的新信徒的一扫而过的目光所漏掉，因为我瞬时就沦为了她的俘虏，可以确信的是，由这样一位传教士来布道的宗教是不可能不把人带入天国的。她微笑着接过我那只颤抖的手递给她的信函，打开它，扫了一眼彭维尔先生的信，又回过头来读我的信，她完整地读完了它，而且，要不是仆人提醒她是时候进入教堂的话，她还会再读一遍的。她用令我颤抖的语调对我说道："啊！我的孩子，你年纪还这么小就在这个国家四处奔波。这真是太让人遗憾了。"随后,还没等我回答,她就接着说道:"去我家里等我吧;让他们给你准备午餐,做完弥撒后我就回来跟你谈话。"①

正如让-雅克的记忆所重构的那样,这个场景几乎不包含让-雅克的任何言语:他要表达的一切都在他的信中,故而,他摆脱了言语活动所引发的忧虑,整个空间都留给了目光的交换。"灵魂的共鸣"先于一切解释;为了显露自身,它只需"第一次会见"时的一个"眼神"②即可。华伦夫人甚至没有等让-雅克作出回答;还有必要用言语作出回答吗?在华伦夫人的语调和嗓音("少女的银铃般的嗓音")所激起的颤抖中,他的真实回答已然表露无遗……

他后来离开了她,四处漂泊;但是奇迹般的回归平复了分离的苦楚:

> 靠近华伦夫人家时,我的心脏跳动得多么厉害啊! 我的双腿颤抖着,我的双眼被一层面纱遮盖,我什么都看不到,什么都听不见,也不认得任何人了;我好几次不得不停下脚步来调整呼吸,恢复我的神志……一出现在华伦夫人

---

① 《忏悔录》章二,见《全集》卷一,第49页。
② 《忏悔录》章三,见《全集》卷一,第107页。

面前,看到她的神情后,我便安心了。她一张口说话,我便颤抖着扑倒在她脚边,欣喜若狂地把我的嘴唇紧紧贴在她的手上。①

所以,面纱很快就消失了:让-雅克进入了一个新的人生阶段,对他来说,这个阶段标志着透明性的回归。他将一颗"面对她就像面对上帝一样敞亮的"②心灵呈献给华伦夫人。他重新获得了他曾在博赛失去的那种幸福:生活在神圣的(或者说被神化的)人的目光之中,"毫无杂念地、毫无障碍地"③成为自身,完全不用顾虑金钱④:

> 我更加沉溺于在她身边的那种安乐生活所带给我的甜美感受,因为我所享受到的这种安乐没有掺杂一丝对于维持它的金钱的忧虑。⑤

158

---

① 同上,第 103 页。关于让-雅克的回归与圣普勒的回归之间的相似性,可以参见卢梭稍后的叙述:"我看见我的小旅行包被拿到了指定给我住的卧室里,这有点像圣普勒看到他的马车驶进了沃勒玛夫人家的车房一样。"
② 《忏悔录》章五,见《全集》卷一,第 191 页。
③ 《遐思录》漫步之十,见《全集》卷一,第 1098 至 1099 页。
④ [译注]法语词 moyen(手段、方法)作复数时亦可表示"金钱、钱财"。对卢梭而言,金钱乃手段、中介。
⑤ 《忏悔录》章三,见《全集》卷一,第 106 页。

在未完成的《遐思录》漫步之十中,让-雅克对其第一次幸福回归的叙述(与安纳西的第一次会见已相距五十年)意味深长:

> 她把我送到了远方。一切都召唤着我回到她的身边,我必须回到她的身边。这回归决定了我的命运。①

然而,让-雅克仍然被他那"自由来去的欲望"所折磨,而他后来的几次回归都更加令他失望。在陪伴勒·梅特尔先生前往里昂的旅程结束后,让-雅克便抛下了可怜的勒·梅特尔,极其愉快地离开了那里。他一心想着归途:

> 没有什么能让我高兴,没有什么能令我着迷,我什么都不想要,只想回到妈妈②身边……于是,我尽快地回到了她的身边。我的回归是如此迅速,而我一路上又是那么心不在焉,以至于我没有留下关于这次归途的一丁点的回忆,尽管我可以饶有兴致地想起我的其他所有旅程。我完全想不起这次归途中的任何事情……

---

① 《遐思录》漫步之十,见《全集》卷一,第 1098 页。
② [译注]即华伦夫人。

> 我到家了,却找不到她。想想我有多么吃惊和悲伤吧!①

可最后一次回归又是什么结果呢! 经历了疑病症的长期折磨后,与拉尔纳治夫人的风流韵事结束以后,让-雅克离开了蒙彼利埃(Montpellier),满怀着道德热情回到了夏尔梅特(Charmettes)。他下定决心,从今往后要控制自己离开或逃跑的冲动。他已经脱胎换骨。回归的想法再一次同"重生"这一观念联系在一起,让-雅克将在"妈妈"那里获得重生:"一旦我下定决心,我就会变成另一个人,或者不如说,我变成我曾经是的那个人。"回归自身,回到妈妈身边,"回归善好"。呜呼哀哉! 可惜的是,这一次回归却没有受到节庆般的欢迎:

> 我想要感受到与她重逢的快乐所蕴藏的全部魅力。我宁愿稍稍延迟到家的时间,这样,除了能体验到重逢的快乐,还会因为被人等待而额外获得一份快乐。我的这点小心思屡试不爽。我到家时总是会目睹一场欢迎我的小型节庆:我料

---

① 《忏悔录》章三至四,见《全集》卷一,第 130 至 132 页。需要注意的是,从第三章到第四章的突然转折显示出这次失败的回归所引发的失望之情。

想这次也少不了；而这种欢迎的热情是如此令人动容，所以为了享受它，晚点到家也是值得的。①

他在家中的地位已经被一个叫做温岑里德的假发师男孩所取代。这不是一次光彩夺目的回归，世界反而显得黯淡无光了。让-雅克曾描述过那个变得荒芜阴郁的博赛乡野②，而现在，在一个与之完全呼应的段落里，让-雅克向他的幸福青春挥手永别，正如他曾经向其童年的幸福挥手永别：

你们应该都已了解了我的内心，它那无比坚贞不渝的真情实感，尤其是此刻将我带回到她身边的那些情感。我的整个存在发生了多么迅猛而又彻底的剧变啊！你们设身处地地想想吧。一瞬间，我眼睁睁地看着我为自己描画的整个幸福的未来都永远消失不见了。我那么热切怀抱的所有甜美的设想都无影无踪了；童年时的我所能想象到的生活就只是跟她在一起的生活，可现在，我第一次发现自己成了孤家寡人。这是令人恐惧的时刻：从这一刻起，以后的日子都将变得黯淡无光。我还年轻，可是，那赋

---

① 《忏悔录》章六，见《全集》卷一，第261页。
② [译注]参见本书第一章之《"表面现象指控了我"》。

予青春活力的充满了享乐与希望的美妙感受已然永远离我而去。从今往后,这个感性的存在者变得半死不活。展望未来,等待我的不过是乏味人生残存的一点悲哀;就算在某些时刻,幸福的影像从我的欲念之中一闪而过,这幸福也不再是属于我的幸福了。我觉得,就算获得这幸福,我也不会真的幸福。[①]

幸福的回归曾决定了他的命运;如今,失败的回归则使他永远丧失了幸福(需要注意的是,卢梭在《忏悔录》的整个叙述过程中表现出这样一种倾向:即他需要把厄运的意义赋予某些事件,它标志着不幸和灾祸魔咒的开始。他反复使用"就这样开始了"这一表达,它每次都在向读者郑重宣告,一扇通往苦难王国的大门打开了;似乎在作出此番表达之时,让-雅克就可以暂时忘却先前的不幸)。当然,回归的欲望在让-雅克与华伦夫人的关系中之所以如此重要,只是因为在他那里还同时潜存着一种疏远与分离的强烈意志。过度亲密会令卢梭感到恐惧。他想要在一种半不在场的状态中在场;他想要分离,为的是享受回归的欢乐。分离时间愈久,和解愈发美好。在被温岑里德取代之后,内心充满了宽恕与爱情并

[①] 《忏悔录》章六,见《全集》卷一,第 263 页。

160 尤为自责的让-雅克还尝试过一次回归：

> 我好多次都疯狂地想要立即出发，徒步回到她的身边；只要能再见她一面，我情愿在见她的那一刻死去。我终究还是无法抗拒如此甜美的回忆，它们召唤着我，让我无论付出何等代价都要回到她的身边。我告诉自己，过去的我不够耐心，不够体贴，不够温柔；只要我能比过去投入更多的真情实感，我就还是可以幸福地生活在无比美好的友爱关系之中。我想出了全世界最美妙的计划，迫不及待地要去实现它。我放下一切，抛弃所有；我出发了，飞奔而去，怀着年少时的那股激情到了她家，再次拜倒在她脚下。啊！要是在她的欢迎中，在她的爱抚中，最终在她的内心中，我可以再次发现我昔日曾经获得的、我还能令她重燃的那份爱意的四分之一，我肯定会快乐地死去的。
>
> 世事无常如梦幻泡影，多么可怕啊！她依然怀着那颗良善之心待我，只要她还活着，这颗心就不会死去。可是，我想要寻找的乃是那不复存在且无法重生的过去。只跟她呆了半个钟头，我就意识到，我的昔日幸福已经一去不复返了。①

---

① 《忏悔录》章六，见《全集》卷一，第 270 页。

当卢梭企图返回日内瓦时,他遭遇到了同样的失败。他本想体验他每次回到妈妈身边时所受到的那种欢迎,即一场令他备受感动的"小型节庆"。事情一开始倒进展不错,可是很快,他就再一次发现自己的"地位被取代了":恰如那个叫做温岑里德的假发师男孩钻进了华伦夫人的床帷,"伏尔泰这个小丑"住进了日内瓦城。另一个人从他那里窃取了他本该享有的热烈欢迎。这正是卢梭在抱怨此事时所使用的词汇:"倘若让-雅克不是日内瓦人,伏尔泰在那里就不会受到那么热烈的欢迎了。"① 他对伏尔泰说道:"先生,我不喜欢您;您对作为您的信徒和仰慕者的我所造成的伤害最为深重。您让日内瓦走上了堕落之途,这就是您对它向您提供庇护的报答;您让我失去了我的同胞,这就是您对我在他们中间为您大声鼓掌的报答;您害得我不被允许住在自己的国家;您害得我不得不客死他乡,受人唾弃,丧失了行将就木者的所有慰藉,无法体面地入土为安。"② 要么回归,要么死亡!回归无望,大限未至,而文学尚存。放逐乃创作之益友。"我作出的写作和隐藏自

---

① 《致穆尔图的信》,1762 年 4 月 25 日,见《卢梭书信集》,杜福尔和普朗编,卷七,第 191 页;《卢梭书信全集》,拉尔夫·利编,卷十,第 210 页。
② 《致伏尔泰的信》,1760 年 6 月 17 日,见《卢梭书信集》,杜福尔和普朗编,卷五,第 135 页;《卢梭书信全集》,拉尔夫·利编,卷七,第 136 页。

身的决定。"《致达朗贝尔的信》和《山中来信》都代表着卢梭向故乡的回归(或温柔的,或激烈的)。让-雅克相信,最为有效的政治行动的条件乃是距离:"若有人想通过著书立说为祖国的真正福祉作出贡献,他就不该在祖国的怀抱中书写它们。"①

* * *

在让-雅克和他的朋友之间也存在着上述状况:一旦产生一丁点误解,让-雅克就封闭自我,疏远朋友。不仅如此,他还主动地加剧误解,不断地累积不满、指责、猜疑;他给犯了错的朋友写信,长篇累牍地控诉他们。让-雅克想要知道自己被人喜爱;为了获得这种确信,为了迫使朋友们热情洋溢地向他袒露重归于好的真心,他便不断否认自己被人喜爱。不!您并不爱我,您并不理解我,您与我已形同陌路。他焦急等待着朋友们来消除他的疑虑,等待着自己因为这种疑虑而受到朋友们的责骂乃至惩罚。让-雅克已做好准备去祈求宽恕;他想要体验被羞辱的快感,这与朗贝尔希耶小姐掴打他屁股时令他头一回感受到的那种快感如出一辙。"跪在一个蛮横的情妇面前,服从她的命令,还得向她讨饶,这些对我来说都是无比美妙的享受"②——让-雅克明确祈求埃

---

① 《忏悔录》章九,见《全集》卷一,第 406 页。
② 《忏悔录》章一,见《全集》卷一,第 17 页。

皮奈夫人以这种方式对待他:

> 您对我太过体贴,待我太过温柔。很多时候,我需要的是比这严厉得多的斥责;在我活该被骂时,责骂的口吻会令我格外开心;我有时会把它当作一种传达友爱的甜言蜜语。

卢梭描绘了他梦想中的完美场景,爱抚与惩罚混杂其中:

> 这就是我想让我朋友做的事……我希望他温柔地爱抚我、亲吻我;您懂吗,夫人?简单地说,就是一开始先安抚我,这当然不会占用很长时间,因为无论何时,一滴眼泪便足以浇灭我内心深处的熊熊火焰。然后,当我变得温和、平静、羞愧、尴尬时,再让他严厉地斥责我,指出我干的错事,他肯定会对我感到满意的。[1]

这种行为实例在卢梭的书信中比比皆是。这一手段屡试不爽;让-雅克得到了他想要的肯定:朋友

---

[1] 《致埃皮奈夫人的信》,见《卢梭书信集》,杜福尔和普朗编,卷三,第 43 页;《卢梭书信全集》,拉尔夫·利编,卷四,第 197 及后页。

们爱他、尊重他,并未将他忘记,他的抱怨指责实乃无理取闹。卢森堡元帅去世后,卢梭给他的遗孀寄去一封极其自我中心的吊唁信,我们在信中看到了一个顾影自怜之人:

> ……他也学您的样子忘记了我。呜呼!我都干了些什么?如果我的罪过不是太过深爱你们二人,并由此为自己种下了痛彻心扉的苦果,那还会是什么?①

无根据的责难终于换来了令人释怀的回复:"他爱您,我再跟您说一遍,没错,他全心全意地爱着您,而且我向您保证,您离开巴黎是最令他担忧和痛苦的事情之一。"②这正是卢梭想要听到的话,这就是他需要的确信。他沉醉在一种自我感动的幸福当中,哀悼之情转化成了自恋式的沾沾自喜:

> 我的处境是多么可怕啊!而您的来信又是多么令我欣慰啊!是的,元帅夫人,当我确信元帅先生曾对我钟爱有加时,这虽未让我免于他

---

① 《致卢森堡夫人的信》,1764年6月5日,见《卢梭书信集》,杜福尔和普朗编,卷十一,第112页。
② 《卢森堡夫人致卢梭的信》,1764年6月10日,见《卢梭书信集》,杜福尔和普朗编,卷十一,第123页。

的逝去所带给我的痛苦,但它还是缓解了这痛苦的程度,并用珍贵而甜蜜的泪水取代了我的绝望。①

卢梭的怨言愈激烈,他对于澄清误解、重归于好之动人时刻的期望就愈发明确。当谈及狄德罗时,卢梭写道:

> 一个词,只消一个甜美的词便能让我手中的笔杆落下,眼泪夺眶而出,我就会拜倒在我的朋友脚下。②

在写给大卫·休谟的那封重要书信中,一切言辞都是为了最终通向这样一个动人场景:休谟来见卢梭,带来了证明自己清白的证据,从而使卢梭从那"不幸的怀疑"中解脱出来。祈求宽恕会使让-雅克感受到无上的幸福:

> 如果您是有罪的,我就是世人当中最不幸

---

① 《致卢森堡夫人的信》,1764 年 6 月 17 日,见《卢梭书信集》,杜福尔和普朗编,卷十一,第 141 页。
② 《致埃皮奈夫人的信》,见《卢梭书信集》,杜福尔和普朗编,卷三,第 32 页;《卢梭书信全集》,拉尔夫·利编,卷四,第 183 页。

的一个;如果您是清白的,我就是世人当中最卑鄙的一个。您使我情愿成为这个可鄙之人。是的,要是我能拜倒在您脚下,呼唤您的宽恕,竭尽所能赢得它,高声揭露我的卑鄙,并向您的德行致以最崇高的敬意,那么我的心灵在经历了因您而陷入的死气沉沉的窒息状态之后,将会变得喜悦欢乐起来。①

事实上,卢梭已经上演过这场重头戏,只不过当时就他一人演出,休谟却不明就里;这个苏格兰人没有作出一点回应,完全没搞明白到底发生了什么。奇特的场景就此出现了:卢梭在看到招待他的这位主人的眼神时,害怕地颤抖起来;随后,他甚至还没吐出一个字,就啜泣着扑向"善良的大卫"的怀抱之中(而休谟却根本不知道是怎么回事):

我很快就陷入了强烈的内疚之中;我对自己感到气愤;最后,怀着我至今仍乐于回味的那股激动之情,我冲上前搂住他的脖子,紧紧地抱着它;我抽泣着喘不过气来,泪湿衣襟;我断断续续地哭喊道:不,不,大卫·休谟不是一个背

---

① 《致休谟的信》,1766 年 7 月 10 日,见《卢梭书信集》,杜福尔和普朗编,卷十五,第 324 页。

信弃义之人;如果他不是那个最善良的人,那他就只能是个坏透顶的人了……①

这一场景在某些细节上几乎完全复制了圣普勒祈求爱德华绅士宽恕时的场景。卢梭在行动时参照了自己创造出来的小说原型:"我拜倒在他的脚下,满怀钦仰、懊悔和羞愧之情,用尽全身力量紧紧地抱住他的双膝,一言不发。"②然而,卢梭对这场动人表演的复制是徒劳无益的:它顶多是一种回归的幻影、一次不完全的和解;朋友只是暂时回心转意,可过后,面纱和误解将再次横亘其间。卢梭焦虑而急切地想要确定自己被人喜爱,可他为了实现这一目的而运用的手段却带来了相反的结局。他加剧了分离,期冀能够催生突然的反转,由此消除隔阂,重建完全的信任。他想要把决裂状态推至不可忍受之极限,从而招致一场让他既丢脸又心满意足的失败,想象的敌人通过这场失败而变成了与他重归于好的朋友:他痛苦地远走他乡,直至世界的尽头,直至暗夜里最为深邃的黑暗之境,为的就是有机会一瞥那复旧如初的在场所骤然迸射出的耀目光芒。然而,这份期望是徒劳的,他只能以想象的精神食粮聊以自

---

① 同上,第308页。
② 《新爱洛漪丝》卷二,第十封信,见《全集》卷二,第219页。

慰(这就是《对话录》之对话一和对话三之间的情节走向:一个关于回归的故事。那位法国人承认了让-雅克的清白,而他的回心转意也预示着所有其他尚未承认让-雅克清白的人之后也会回心转意:"为了妨碍和阻止这种回归,人们无所不用其极;然而这是徒劳无益的,自然秩序迟早会被恢复。"[①]或者更准确地说,让-雅克不得不一直向自己重述这个回归的故事:这是他乐于怀抱的美丽幻想)。

卢梭自己能够实现这种骤然的反转和耀眼的回归。然而对于其他人来说,他们是真心实意地回到他的身边吗?这会长久吗?难道他不应该不断激怒他们吗?为了让他们想念自己,难道他不应该不断远离他们吗?他们一转头就忘了他,关注别的事情,辜负了让-雅克的绝对需求:"我尤为气愤的是,一旦什么人碰巧出现,立马就填补了我在他们心中留下的空缺。"[②]他人总会误解他:他们看到了一个将自己囚禁在猜忌中的人,一个在苦海中拼命挣扎的愤世嫉俗者;他们并未意识到(至少不是总能意识到),这颗诓骗了他们的心灵不过是想要"确定自己被爱"。任何误解都未消失:障碍、猜疑、冷酷的言辞不

---

① 《对话录》对话三,见《全集》卷一,第 973 页。
② 《致埃皮奈夫人的信》,见《卢梭书信集》,杜福尔和普朗编,卷三,第 45 页;《卢梭书信全集》,拉尔夫·利编,卷四,第 198 页。

断累积；剩下的只有决裂。出格之举并未消除隔阂，反而导致不可挽回的疏离。其他人都小心提防着这个疯子。他把自己打入那无法弥补的分裂与孤独之中。在这种状态下，他甚至进入某种寂静泰然之境，不再对未来感到忧心忡忡：他的命运"被无法挽回地决定了下来"，他放弃了"公众会回心转意的错误指望，即便是在另一时代……"①

回归的主题与晦暗和透明的神话在卢梭的作品中被明确地联系在一起，这方面的例子并不少见。疏离，此即企盼并忍受黑夜与晦暗。回归的欢乐随之而来，它奇迹般地重建了一座新的透明王国。让我们重读《爱弥儿》第二卷中孩子砸破卧室窗户的段落。我们需要注意窗户玻璃的象征意涵，以及作为惩罚手段的黑暗同样蕴含的不可小觑的象征意义。卢梭显然对此事件感同身受；他甚至可能把自己当成了那个受罚的孩子，只有这样，他才能够跟这孩子一起分享那重返光明的欢乐：

　　他砸破了自己卧室的窗户玻璃：那就让他日

---

① 参见《遐思录》漫步之一："一旦我开始隐约看见这张如此巨大的罗网时，我便永远放弃了如下想法，即在我有生之年争取公众回到我这一边；而这种再也不是有来有往的回归对我而言也毫无用处。世人就算想要回到我身边亦是枉然，因为他们再也找不到我了。"（《全集》卷一，第 997 至 998 页）

夜经受风吹吧……最后,您找人把窗户修好了,可还是什么都别说。他又把窗户砸破了,这时您就换个法子……把他关在一个无窗的黑屋子里。碰到这种从没见过的手段,他会开始大哭大闹;任何人都别去管他。他很快就会累了,并且改变腔调,哼哼唧唧地叫苦连天。这时,仆人出现在他面前,这个淘气鬼便会央求他放了自己。仆人什么都没做,也没有为此寻找任何借口,只是回应道:"我也得保养窗户玻璃",然后就离开了。最后,当这个孩子已经被关了数个小时,时间长到足以让他心烦意乱且记住这次教训后,找人去建议他跟您订一个约定,按照约定,您还他自由,但他不能再砸破窗户玻璃;此时的他肯定已经别无他求了。他会央求您去见他;您去了,他便向您提议订一个约定,您马上就同意了,并跟他说:"这个想法很好,我们俩各取所需,你怎么没早点想到啊!"然后,您并不会要求他对自己的承诺起誓或作出保证,而是高兴地拥抱他,并立刻把他带回他自己的卧室。①

此乃回归主题在教育领域的变奏,不过,我们依然可以从中看到施虐性的决裂以及尽释前嫌的拥

---

① 《爱弥儿》卷二,见《全集》卷四,第 333 至 334 页。

抱。连续发生的一系列事件都以不可思议的方式遵循着同一种"心理动力学"机制,重复着同样三段式的辩证运动:误解、蓄意决裂、重修旧好的拥抱。

"一言不发"①

回归的欢乐强烈而无声;言语中断了。圣普勒扑倒在爱德华绅士的脚边,"一言不发"。让-雅克期冀获得一个符号("一个词,只消一个甜美的词")能够让他不用说话,使他手中的笔杆落下。在我们刚刚引述的所有场景中,本质内容都是通过日常语言以外的其他途径被说出来的:当华伦夫人接纳让-雅克时,一切都在先于任何言辞解释的"第一个字眼、第一缕目光中"被决定了下来;在他激动地搂住休谟的脖子之前,让-雅克什么都没对他说。理想的欢迎和回归先于或超越言语活动:要么尚未开口说话;要么一切皆已言尽,唯一要做的就是把重归于好的朋友拥入怀中。

让-雅克作出了写作和隐藏自身的决定。然而,写作只是因为他对言语失效的奇妙时刻心怀期待;隐藏自身只是因为他憧憬着这样一个瞬间,即他仅需示其所是。在卢梭抱有的希望中,"言语的流转"

---

① 《新爱洛漪丝》卷二,第十封信,见《全集》卷二,第219页。

确实就是一个循环过程,因为它通向的终点与言语尚未产生的初始时刻如出一辙。理想的回归会消除一切误解,它甚至会把在书面语言中累积的种种"澄清"一并消除:此乃一种新生、"再生"、重启、苏醒。在卢梭的笔下,言语活动否定他者世界:我跟你们不一样,我不认同你们的价值。而回归时刻同样否定了这种否定性的言语活动;不在场与放逐在文学中转化为沉默的在场,让-雅克在此在场之中示其所是,即他通过不在场和文学而把自己塑造成的样子。一切言语皆被废除;在这种纯粹状态下,唯有言语活动本想证明的那个对象依然存在,即让-雅克的清白、真实和独一无二。借由话语,他按照自己在任何话语之外以及在情感完全自足之"激奋"状态下能被承认的那个样子塑造了自我。

　　拜倒、拥抱、啜泣已然揭示了全部;一切尽在不言中。言语并非从不起作用,但那只是一种多余的作用,其功能并非是把言语活动之外已然涌现之物翻译为清晰的语言。情绪本身即已道出一切,言语不过是其不可靠的回响。于是,我们看到了一种汪洋恣肆的言语:充满感叹、语句错乱、不成章法;它无需再被组织为话语,因为它不再是中介,不再是交流必需的手段(我们都还记得,在写给马勒塞尔布的第三封信中,沉浸在"心醉神迷的出神之境"中的让-雅克情不自禁地喊道:"啊,伟大的存在!"还有那位可怜的老妇人,做祷告的她只会说一声"啊!"①)。

在卢梭那里,我们目睹了一场情感飓风:哆嗦、呼号、颤抖、窒息、急速的心跳,等等。所有这些生理反应在卢梭的日常经验中都被当作正常表达的障碍,而现在,他已然能够接受它们并沉醉其间,仿佛这就是一种理想的表达模式。在"日常状态"下,情绪紊乱是一种妨害,它会麻痹卢梭,使其无法思考。"情感比闪电更迅速地充塞于我的灵魂,不过它并未照亮它,而是点燃并迷惑了它。我感受到了一切,却什么都看不见。我变得急躁而愚蠢"②……而在回归的理想瞬间,情绪所激发的身体躁动本身就蕴含充足的意义,它确实超出了语言符号的意义。让-雅克成为作家本是为了弥补他那激动易躁的情绪给别人留下的愚蠢印象,而他却在不断营造这样一种情境,即富于表现力的情绪取消了书写和言说的必要性:由此,他与自己的身体达成和解,他得以亲身示其所是。

在这些特殊时刻,直接的情感即刻化为表达。被感动与表露情绪——这两者其实是一回事。故而,我们不再有必要把情感让渡于一种会扭曲它的言语。一切皆停留在身体层面,但身体已不再是障

---

① 《忏悔录》章十二,见《全集》卷一,第 642 页。
② 《忏悔录》章三,见《全集》卷一,第 113 页。

碍,不再是作为中介的晦暗之物:通过其运动、颤抖、快感,它彻头彻尾地成为了意义本身。情感的狂风暴雨既是激情,亦是行动:此乃一种扩张、喷发之态;世界敞开怀抱迎接我,我打开了众人心扉。当世界必须诉诸于言语的表达时,它就依然狭隘;如今,既然言语活动不过是身体和情绪之外的另一条途径,世界便得以将"心灵"所需要的全部空间统统打开;统一性重新成为可能。言语或许是和解的预备条件,但和解本身缄默无言。

有害的情绪会令世界昏暗无光,并封锁一切交流途径;与之相对的则是一种解放空间的情绪魔法。此魔法(正如萨特在其《情绪理论纲要》中指出的那样)乃一种通过身体体验世界的方式,它是"意识之直接的体验(vécu immédiat)"①。故而,情绪不仅是最直接的自我表达,还是最直接的作用于外部世界的行动方式:其效力就体现在,它改造世界的方式无需超出身体,也无需借助任何作用于世界的工具行为。

卢梭想要重返一种在推论式言语之下涌动着的表达,他想要回归肉身:心理学家们会用自恋、转换性癔症、退行(régression)等术语来谈论这种欲望。

---

① 让-保罗·萨特:《情绪理论纲要》(巴黎:埃尔芒出版社,1939年),第41页。

此外，他们还会强调疾病在让-雅克的表达系统中所扮演的角色。我们难以判断其膀胱疾病①到底是器质性的还是功能性的（我们今天称之为"心身疾病"）：稍加回想便不难发现，这两种假说其实具有同等效力。可以确定的是，疾病被投注了直接的意义。在让-雅克那里，疾病始终具有一种表达功能。它不仅是特定感受产生的诱因或借口，它还表现为一种感受本身：它是拒绝、责备、自我惩罚、疏远。它总是以多少有些含混不清的方式言说着什么。诚如拉佛格②所推测的那样③，当让-雅克认为自己的"心脏长了息肉"④并离开华伦夫人，前往蒙彼利埃寻求治疗时，他无疑也是在惩罚自己，因为他竟然向华伦夫人索要克洛德·阿奈遗留的衣服⑤，而后者在他们的三角关系中扮演着父亲的角色。在这次事件中，冲突显然不是通过言语活动这种外部"手段"表现出来，而是通过内部脏器的病征体现出来。让-雅克所描述的身体不适乃是欲望和意志在躯体层面的外部

---

① ［译注］参见《忏悔录》章八。关于卢梭的疾病，可参本书最后所附的第七篇论文《论卢梭的疾病》以及第八章之《疾病》一节。
② ［译注］拉佛格（R. Laforgue, 1894—1962），著名的法国精神病学家和精神分析学家，巴黎精神分析协会的创立者之一。
③ 拉佛格：《让-雅克·卢梭研究》，载于《法国精神分析杂志》1927 年 11 月。
④ ［译注］参见《忏悔录》章六。
⑤ ［译注］参见《忏悔录》章五。

表征,而这些欲望和意志无法或不愿化身为客观的行动和言明的思想。意识拒绝将某些问题彻底客观化,于是,它们就"转化"成了器质性紊乱,并以病征的形式言说出来。故而,体验情境的意义一直内在于身体当中,它化身为了痛苦的受动性。在疾病的掩护下,让-雅克退返至最直接的表达模式(不过,读者们是否注意到以下情况呢?自从卢梭开始撰写《忏悔录》,他在通信中就较少抱怨其健康状况了;更重要的是,他不再频繁地把疾病用作其情感的论据。或许,忏悔行为本身就具有排解效用;或许,受迫害的强迫观念彻底吸收了原本作用于身体的疑病症的影响)。

符号的力量

朱莉罹患过天花。产生谵妄的她以为自己在梦中见到了圣普勒(可后者实际上就在她的枕边)。她提出一个假设,同时也是一个心愿:

> 两个如此紧密相连的灵魂,难道就不能拥有一种独立于身体和感官的直接的交流吗?[1]

---

[1] 《新爱洛漪丝》卷三,第十三封信,见《全集》卷二,第330页。

后来,就在去世之前,朱莉再一次表达了同样的心愿,即通达直接的交流:"这就好似上帝通过直接的交流去获知我们在世间的想法……我们也就会相应地通过直接的交流而获知祂的想法。"无需身体和感觉世界的中介作用而直接交流,这原本是专属于上帝的特权;当灵魂让自己能够直接交流时,它就变得如上帝般神圣了。然而,这却是一颗禁果。尽管卢梭觊觎它,但他深知,人类不被允许占有这颗禁果。当一个人妄图省略行动和人类话语的手段时,当他自称掌握了直接的知识和"直接的享受"时,他跟路西法(Lucifer)又有何差别呢?后者不正是因为自己能如上帝那般发出同样耀眼的光芒而洋洋自得吗[①]?奥古斯丁和马勒伯朗士的教诲被卢梭铭记在心:"人不是照亮他自己的光明。"[②] 必须抵制自视为光明之源的诱惑,因为这光明其实是经由衍化、折射和减弱之后才抵达我们内心。唯有上帝方可直观地认知普遍;人类世界无法企及作为直接性的直观,它只拥有话语、语言,以及前后相继、交叉错杂的各种手段。正是这一缺陷使得我们的知识永远不够完整,我们的思想总是以不确定的和歪曲的方式被传

---

① [译注]众所周知,"路西法"拉丁文名称的原意是"光之使者",在后来的基督教神学和宗教传说中发展为撒旦的同义词。

② 马勒伯朗士:《形而上学对话录》对话三,第三节。

达出来,我们的感受则藏匿于最为隐秘的深渊,即便对于那些自认为能够感同身受的人来说,这些感受也依然无法理解。人类被放逐到了手段的王国。这就是事物的秩序,逃离这一秩序的企图徒劳无益。卢梭重拾神学家们的教诲,把被造物与他们的造物主无限地区隔开来,而他这么做无疑是为了扑灭他自己怀抱的直接交流的欲望:

> 上帝是智慧的;然而祂是如何具有智慧的呢?人类在运用理性思考的时候是智慧的,而至高无上的智慧无需用理性思考;对这种智慧而言,既不存在前提,亦不存在结论,甚至连命题都不存在;它是纯粹直观性的,它能同时看到存在的和可能存在的一切事物,所有的真理对它而言只是唯一的一个理念,正如所有的地点只是唯一的一个点,所有的时间只是唯一的一个瞬间。人力需靠手段施展,神力则能自行施展。[①]

凡人之间不可能实现直接的交流:故而,我们必须诉诸于行动和可感知的符号。一句话,人们需要一种约定性的语言,因为思想无法直接相互传达。

---

① 《爱弥儿》卷四,见《全集》卷四,第 593 页。

"创制的符号"乃是我们不得不采用的权宜之计。我们不得不说话,不得不写作,不得不借助听觉和视觉手段。卢梭的很多同时代人都提出过这种语言理论,而这种理论正源自洛克。在《人类理解论》的最后一章,我们确实读到了如下段落①:

> 由于构成一个人思想的那些观念的画面既不能被另一个人直接看到,也不能被储存在记忆以外的别的地方,而记忆并不是一个特别可靠的储藏库,因此,我们需要拥有观念的符号,从而能够相互交流思想,也可以把它们记录下来供我们自己使用。人类所发现的最便利的符号,因而也是最被广泛运用的符号,就是清楚分明的发音了。②

按照洛克的说法,观念本身已然是"所思之物"的符号了,故而,作为观念之符号的言语就是符号之符号。可见,这里存在着一系列外在性的关系。对卢梭来说(他也追随了这一论证),言语是思想的分析性符号,而文字又是言语的分析性符号,所以,我

---

① [译注]斯塔罗宾斯基在这里参引的是法文译本,在表述上与洛克原文略有出入。
② 洛克:《人类理解论》,皮埃尔·科斯特(P. Coste)译,阿姆斯特丹:莫尔蒂埃出版社,1742年,第602页。

们最终面对的也是符号之符号：

> 思想的分析由言语完成，言语的分析由文字完成；言语通过约定性的符号再现思想，而文字也以同样的方式再现言语。因此，写作艺术只是思想的一种间接再现……①

所以，写作艺术是思想的双重的间接再现，它与朱莉希望死后能够享受到的那种直接交流的特权地位相距最远。我们深陷于工具行动的泥沼之中，难以自拔；理想的状态则是这样的：我根本不用设法让自己被他人理解，而他们却能够理解我。

作为一位出色的作家，卢梭却不断抨击写作艺术。这是因为他虽然承认"人力需靠手段施展"，可在这样一个充斥着手段的浊世之中，他并不幸福。他感到迷惘困顿。倘若他依然抱持着写作的意愿，那是因为他想要激发这样一个时刻：笔杆从他手中落下，本质的内容则经由那象征着和解与回归的无言的拥抱而被言明。在跟背信弃义的朋友们尚未达成和解的情况下，写作的唯一意义就在于揭露一切交流企图的

---

① 《让-雅克·卢梭未出版著作和书信集》，斯特莱凯森-穆尔图编纂出版（巴黎，1861 年），第 299 页；参见《全集》卷二，第 1249 页。

无意义；这个写出了《遐思录》的人已无法停止写作（只有死亡可以逼他停止），因为从今往后，写作正是非交流状态的绝对明证。对一个不再想传达什么的人来说，言语便不再是一种放逐。其实，当不再有什么人值得求助，对和解也不再抱有任何期待时，隔离之感也就同样不复存在。放逐本身也不能再被称为"放逐"，因为它是我们仅存的驻足之地。言语可以继续平静地、无尽地流淌着；它摆脱了沦为中间环节、手段和中介工具的诅咒。更准确地说，写作这种中介行为确实会发挥作用，但这种作用仅局限于自我内部。它向让-雅克呈现让-雅克，令他享受着一种双重的在场：正如他自己所说，阅读自己的遐思"让我回想起我在写下它们时所体味到的那种愉悦，这对我来说就是让过去的时光重生，可以说，也让我获得了双倍的生命。不管人们怎么对待我，我仍然得以领略到社会生活的迷人之处，而我也以这老朽之躯同另一个年代的自我一起生活，就如同在跟一个年轻的朋友生活似的"[①]。对让-雅克来说，只有从他不再为他人写作的那一刻起，写作活动才是幸福的。

* * *

正如我们所知，驱使让-雅克从事写作的动力就

---

① 《遐思录》漫步之一，见《全集》卷一，第 1001 页。

在于，他需要摆脱腼腆性格的困扰，更好地证明自身的价值。他写作是为了表明自己要比他表现出的那个样子更好；不过，他写作其实也是为了宣称，他比他自己所描述的那个样子还要更好。我们不能按字面意思来理解他；我们不能把真实的他框在他自己的言辞当中。关键问题在于他的意向，它独立于一切言语；这种"灵魂的倾向"①乃是读者在阅读之后所处的状态，它呼应着作者在写作之前所体验到的那种状态。因此，卢梭拿起笔杆只是为了让读者重新体验他的感受，而在理想的状况下，这种感受应当先于写作的那个时刻或者摆脱了书面文本的束缚。卢梭写给维尔德兰夫人的一封书信颇能说明问题。卢梭在信中恳求她不要过于在意他在前一封信中对她所说的那些话：

> 我明白在前一封信中，我的某些表达颇为暧昧，措辞欠佳……难道您从没有听说过，应该根据一个人的性格来解释其话语，而非根据其话语来解释其性格吗？……求求您，从今往后

---

① "为了评判这些书的真实意图，我并不致力于审视分布在各处的零散语句，而是要在阅读过程中且在完成阅读后考察我自身，我会检视……这种阅读将我置于、令我沉浸于哪些灵魂的倾向当中，我认为……这是深入理解作者在写作它们时所处的倾向以及他打算营造的效果的最好途径。"（《对话录》对话三，见《全集》卷一，第930页）

学会如何更好地理解我吧。①

此外,他还写道:

> 如果我的表达中经常出现模棱两可的措辞,那是因为我努力去过这样一种生活,即我的言辞的意义由我的行为举止所决定。②

现在,让-雅克要求人们依据其生活来解释其言语。一种奇特的反转出现了。为了让他人承认其价值,卢梭原本逃离了社会,决心只用他写下的言辞来呈现自身的形象:他想要超越那种暧昧不清的可疑状态,这种状态迫使其在他人眼中显得徒有其表、名不副实——他那热烈如炬的目光和才华横溢的外表让人觉得他大有前途,可他事实上却并非如此。现在,我们看到了一种相反的情况:暧昧不清的可疑状态产生于言语活动当中(通过言语活动而产生);让-雅克诉诸于生活的真相来对抗书面语言所造成的误解。他拿起笔杆原本

---

① 《致维尔德兰夫人的信》,1760 年 2 月 4 日,见《卢梭书信集》,杜福尔和普朗编,卷五,第 42 至 43 页;《卢梭书信全集》,拉尔夫·利编,卷七,第 32 页。
② 《致维尔德兰夫人的信》,1760 年 11 月 5 日,见《卢梭书信集》,杜福尔和普朗编,卷五,第 243 页;《卢梭书信全集》,拉尔夫·利编,卷七,第 293 页。

是因为他不想成为他人眼中的那个结结巴巴的狼狈之人。如今，他从事写作是因为他同样不想被还原成他所写的那个样子。不，骄傲的语句、粗鲁的回绝、无理的猜疑对他来说都是言不由衷的，这并非真实的他，它们至多不过是其保持自我独立、确保自由的一种方式而已；而在这种方式的掩饰之下，他其实对所有人都默默地怀揣着温情与善意。不管他写了什么样的书信，不管他没写什么样的书信，他都恳求他的朋友们对他心存信心。他从他人的沉默当中能很快地读出不祥之兆，而只要他认为合适，他也应当有权保持沉默。人们不应让他为其在"痛苦的谵妄"[①]中所写下的那些愚蠢之辞负责。但愿世人能够据其所是而非据其所写来评判他吧！他在信中不断呼求：评判我吧！评价我吧！然而，一旦他发现自己遭受评判（即便这评判对他有利），他便觉得自己受到了误解，人们歪曲了他，把他错看成另一个人；人们在他不在场时不去讯问他本人，便对他作出了评判。他必须不断重建真相，重塑其真实形象，宣告自己不同于他那言不由衷的言辞，并质疑他自己提交给其审判者的证据的有效性。最终，他要求获得这样

---

① 《卢梭书信集》，杜福尔和普朗编，卷七，第3页；《卢梭书信全集》，拉尔夫·利编，卷九，第341页。

一项特权:不用说话即被世人理解和接受。可是,他只有通过写作和说话才能索要这项特权:他得利用语言中介说出他不想利用语言中介这一想法。只要直接性的无声幸福尚未获得,我们就只能哀悼直接性之不在场,而哀悼的手段就是欲求语言之死的语言。不论直接交流的愿望有多么强烈,我们都应保持坚韧;不管愿不愿意,我们都只能接受话语这种人类手段。卢梭写下的卷帙浩繁的著作见证着这种充满激情的韧性。荷尔德林在谈到卢梭时,说他拥有"极为坚韧不拔的灵魂"(starkausdauernde Seele)[1]。

这是一种带有乡愁的韧性,它不会错过任何机会来传达这种怀乡之情。卢梭撰写的所有关于语言问题的文字都向我们表明,他极其清醒地认识到了哪些条件使得约定性符号成为人类必不可少的手段,同时,他对更为直接的交流模式也怀有十分强烈的惋伤之情。

1742年,卢梭发表了《新音乐符号草案》[2]。这是卢梭第一次进入公众视野,却以失败告终。八年后,卢梭在第戎科学院的征文比赛中获奖,总算弥补

---

[1] 参见荷尔德林的赞美诗《莱茵河》,见《全集》卷二,斯图加特:科尔汉默出版社,1953年,第153页。
[2] 见《全集》(巴黎:福尔纳出版社,1835年)卷三,第448页。

了这次挫败。尽管如此,让-雅克在八年前为了简化乐谱而提出的这项改革仍然具有重大意义!他向约定性符号发起了战争①:这些符号太多,它们是横亘在音乐观念与解码旋律的眼睛之间的无益障碍:

> 这么多的线条、谱号、移调、升号、降号、本位号、单拍子和复拍子、全音符、二分音符、四分音符、八分音符、十六分音符、三十二分音符、全休止符、二分休止符、四分休止符、八分休止符、十六分休止符等等,所有这些都造成了大量的符号和组合,并导致了两个主要缺陷:一是占用了过多的空间,二是加重了初学者的记忆负担;其后果便是,由于早在初学者能够识谱视唱之前,耳朵便已经得到了训练,各个器官也完全获得了必要的灵敏度,于是,全部困难就在于遵循规则,而非歌曲演唱。②

音乐传统让我们不得不面对"大量的五花八门的无用符号"。既然运用符号不可避免,那么让我们

---

① 我们在这里不再回顾卢梭对于金钱的批判。他把金钱也视为一种约定性符号;相较于其所代表的事物,即通过劳动创造的真实财富,我们却更为看重这种符号。
② 《新音乐符号草案》,见《全集》(巴黎:福尔纳出版社,1835年)卷三,第448页。

至少把它们简化为最简易的形式,并把它们占用的"空间"限定在读懂乐谱所必需的最小范围之内。由此,卢梭试图提炼和简化这样一类交流方式:它那过于繁多的元素堆积成了一块令人不快的晦暗之物,导致我们的目光无法穿透。该怎么办呢?"如何让我们的符号更为一目了然,且不会增加它们的数目呢?"[1]削减符号,满足于"极少量的字符",而每个字符都极其清楚明晰。除此之外,在过去的记谱法系统中,符号都是任意的;但是它们可以变得更为自然,也就是说,与它们所代表的事物本身更为相似。因此,卢梭用数字取代了画在谱表上的音符;因为数字其实与声音具有更自然的亲缘性,尽管它看起来更为抽象:

> 数字符号是我们给予数的表达形式,而数本身则是声音之生成行为的指数;通过算术数字来表达多样的声音,没有什么会比它更加自然了。[2]

其效果如何呢?读谱这种中介性的行为变得更

---

[1] 《现代音乐论》,见《全集》(巴黎:福尔纳出版社,1835年)卷三,第460页。
[2] 同上,第458页。

为简易了;学习识谱这一中间环节所需的时间也缩短了。让-雅克曾经走过许多弯路来学习音乐,而他相信自己现在已经发明了一条"捷径"(他原本还指望顺便靠这个发财)。通过他的记谱法,人们能够以"最短和最简单的途径"①完全掌握音乐。不过毫无疑问的是,学习过程依旧必不可少,而在洛桑的特雷托朗先生家时,卢梭期望即刻发生的那个奇迹并未发生。尽管如此,按照这种新"方法",准备工作将被降低到最低限度。让-雅克承诺会"在一年时间内"训练出"一个一流的音乐家",他可以轻松应对一切困难,并不再把手段当作一个难题。"一个受到这种方法严格指导的初学者"将以异常惊人的速度成长为一位音乐大家,他"不仅可以演唱所有谱号的音乐,熟知所有的调式和调子、所有隶属于它们的和弦以及所有的转调模进,而且,他还可以不费吹灰之力就把任何音乐片段都转变成各种调子"②。从此,"遵循规则"不再是一个障碍,精神可以全然专注于情感和"歌曲演唱"。

*　*　*

爱弥儿在事物的包围当中成长起来。他是自由

---

① 《现代音乐论》,见《全集》(巴黎:福尔纳出版社,1835 年)卷三,第 459 页。
② 同上,第 475 页。

的;他遭遇的唯一障碍就是身体需要。爱弥儿的老师把他的意志乔装改扮成身体需要之后,才将其强加给爱弥儿,也就是说,把事物的沉默的、绝对的权威赋予他的每一项决定。只要爱弥儿的理性尚未形成,他的经验就源于同世界的直接接触。老师向爱弥儿发话只是为了引导他亲近事物;总之,他说话只是为了能更好地让事物自行说话:

> 不要给你的学生任何口头上的教诲,他只应该从经验中获得教诲。[1]

因此,卢梭建议推迟孩子从接触事物转向接触事物符号的过程,让它尽可能晚一些发生。但愿童年一直停留在直接性的时代!但愿我们不会让年轻的头脑迷失在充斥着任意性符号的世界之中,这些符号无法将它们的意义告诉我们:

> 不论学习什么,要是不具有符号所代表的那个事物的观念,这个代表事物的符号就一无是处。可是,人们总是把孩子局限于符号当中,导致他们始终无法理解这些符号所代表的任何事物。当我们想要教他地球知识时,我们只是

---

[1] 《爱弥儿》卷二,见《全集》卷四,第321页。

教他认识了地图:他学会了城市、国家、河流的名字,但他并不知道这些地方其实存在于别处,而不在我们向他展示的那张地图之上。①

一般来说,绝不要用符号代替事物,除非你确实无法展示那个事物。因为符号会吸引孩子的注意力,使他忘记它所代表的事物。②

诚然,《爱弥儿》本身就包含着丰富的话语,但它们总是与事物密切相连,总是在接触了真实的客体之后才会出现;口头上的教诲(即便是《信仰自白》本身)不过是在解释和阐明人们在同教育环境的接触过程中业已默默形成的知识。当萨瓦的助理牧师对让-雅克发话时,他们在山巅之上静观的那片风景其实早已将一切道出。《信仰自白》同样是源于事物本身的教诲。言语符号并未与"符号所代表的事物"分割开来;宇宙和上帝从一开始便骤然显现:

时值夏日,我们在破晓时分便起床了。他带我出城,爬上一座高山,波河在山脚下流淌而过;循着它滋养的富饶河岸,我们可以看出波河水道的轮廓。远处,雄伟的阿尔卑斯山脉高耸

---

① 《爱弥儿》卷二,见《全集》卷四,第 347 页。
② 《爱弥儿》卷三,见《全集》卷四,第 434 页。

入云,如头顶花冠一般装点着这番美景。太阳缓缓升起,把光芒洒向平原;田野上,树木、山丘、房屋投下了长长的影子,瞬息千变的光影令这幅图景愈显丰满动人,这或许是人眼所能见到的最美图景了。可以说,为了让我们的谈话言之有物,大自然将它的整个壮丽美景都展现在我们眼前。就在那里,我们无言地静观着这番景物,过了一会儿,这位内心安宁之人对我说了这样一番话。①

风景最先开口说话:内心安宁之人试图用言辞论证的一切都已被先于其话语的无言静观呈现了出来。

* * *

现代语言由约定性符号构成。但在这之前,在更接近起源的时候,人们如何说话呢?我们甚至要问,他们需要说话吗?是否存在这样一个时代呢,那时的语言更生动,约定性更少,更接近自然?这些就是卢梭提出的问题;我们可以看到,尽管他在第二篇《论文》和《语言起源论》中展现出渊博而精深的学识,但是他对这种思辨语言学的兴趣却是被一种并

---

① 《爱弥儿》卷四,见《全集》卷四,第 565 页。

不属于科学范畴的怀乡思愁所激发。我们从中可以再一次发现他的欲望,即反抗那个他不得不生活其中的充斥着中介手段和间接活动的世界,卢梭把它同另一个可能世界对立起来:在这个可能世界中,人类通过更少的、更直接的、更可靠的手段建立关系。情感需求由此转化为历史假设:曾几何时,交流方式更为即时,包含更少的话语;符号与感受本身更为接近;符号可能是无用的,因为情绪与感受本身就已然足以被人们清楚辨识,无需通过符号翻译。

自然状态下的人活在直接性中;他的需求不会遭遇障碍,他的欲望也不会超出他触手可及的事物。他绝不会寻求他并不拥有的东西。由于只有当需要被弥补的匮乏产生时,言语才会诞生,故而自然人不会说话:

> 男人和女人根据不同的际遇、时机和欲望条件偶然地结合在一起,对于他们需要相互诉说的事情来说,言语并不是一个十分必要的传达手段:他们分手也同样容易。①
>
> 我们看到……为了促使人们通过相互需求而彼此接近,以及为了方便他们使用言语,大自然并未作出多少帮助;由此可见,大自然为了人

---

① 《论不平等的起源》,见《全集》卷三,第147页。

类的社会性所准备的条件是多么少,而对于人类为了建立相互之间的联系所付出的一切,大自然贡献的力量又是多么少。①

自然人只能沉默地交流,这甚至算不上一种交流,不过是接触罢了:没有思想沟通,没有交谈,因为没有需要被逾越的障碍。

不过,人们想要彼此承认。自然把可完善性赋予人类,它长久以来只是一种潜能,得在相当晚的时候才有机会发展出来。它促成了人类的所有发明创造以及言语工具,正是通过这一工具,这些发明创造才得以保存并传播开来。只有当人类发现自己不得不对抗自然时,语言才会获得长足发展,尽管如此,它却具有一个"自然起因"。

故而,语言具有一个开端,在这开端之前则是绝对直接性的时代;那时的人们萍水相逢,聚散不定,连相爱都沉默无语。一开始,人们只能使用手势,发出喊叫:重音、呻吟、"自然的呼喊"、激情所激发出的"嗓音"②。言语刚开始还不是感受的约定性符号;它就是感受本身,无需转述便可将激情传达出来。言语不

---

① 《论不平等的起源》,见《全集》卷三,第151页。
② 《语言起源论》章二,见《全集》(巴黎:福尔纳出版社,1835年)卷三,第498页。

是表象,它并不异于其所表示的存在:在原初语言中,感受直接示其所是,其本质与发出的声音是一回事。卢梭不会忘记柏拉图的《克拉底鲁篇》,因为他对原初语言的描述不过是重拾了"自然命名"与"原始名称"的假设,并将它应用于激情和感受。"名称天然地包含着某种正确性"①。按照卢梭的设想,原始语言的力量近乎绝对可靠,不会出错,它向"感官和理智"呈现那"想要被传达出来的激情的近乎必然的印象"②:

> 它说服但不说理,描绘但不推论。③
>
> 人们歌唱而非说话;大部分根词都是对激情之声调或可感对象所引发之感受进行模仿而产生的声音:人们经常会运用象声词。④

过渡到现代语言后,我们将目睹怎样的堕落啊!现代语言结构受书写习惯支配,它不再表达感受的生动在场。人们抛弃了特殊真理(本真性),为的是

---

① 柏拉图:《全集》卷一(巴黎:七星文丛,伽利马出版社,1950年),第623页;参见《克拉底鲁篇》(391 a)。
② 《语言起源论》章四,见《全集》(巴黎:福尔纳出版社,1835年)卷三,第499页。
③ 同上。
④ 同上。另参前引毕尔热兰的著作,第246页。卡西尔比较了卢梭的语言理论与维柯的语言理论,参见其《符号形式哲学》卷一,牛津:布鲁诺·卡西尔出版社,1954年,第90至95页。

获得普遍概念的客观清晰性。"在书写中,人们被迫按照公认的词义来使用每一个词汇;但在说话时,他可以通过声调改变词义,随心所欲地规定词义。"①生动的、抑扬顿挫的言语乃是个性的直接表达;书写语言则需要许多迂回婉转的累赘言辞,以此人为地构造出同口头语言所释放出的活力和激情大致相当的表达。对于让-雅克这种力图描绘自身之与众不同的人来说,上述问题并非无关紧要。假如我们可以重获原初的歌唱式语言、直接表意的旋律,一切都将得到何等完美的表达啊!然而,我们是否可能摒弃约定性符号,重获自然符号呢?

我们在此又一次发现回归之不可能。法语必须按照它现在的那个样子被我们使用,它那冗赘的推论性和抽象性必须被我们接受。我们无法重获那种完全由"画面、感受、图形"②所构成的原始语言;我们已不再可能赋予"每个词整个命题的意义"③。尽管如此,卢梭却试图让他的言语接近理想的原始语

---

① 《语言起源论》章五,同上,第 501 页。
② 《语言起源论》章四,同上,第 498 页。
③ 《论不平等的起源》,见《全集》卷三,第 149 页。推论式语言不能表达瞬时情绪,它将这种情绪稀释于分析性陈述所占用的时间中。这种观点亦见于狄德罗:"一个不可分割之瞬间中的灵魂状态被大量的词汇描述出来,这些词汇对于语言的精确性来说是必需的,但它们也将一个完整的印象分割为许多部分"(狄德罗:《论聋哑人书简》,见《全集》卷二,巴黎:1969 年,第 543 页)。

言：他的文字灵动而富于音乐感，仿佛有意效仿"原初语言"。有许多种方法能够恢复抑扬顿挫的言语活力，而卢梭在一个短小却重要的注释中建议改进标点符号①。我们已经丧失了呼格标点和反语符号，他对此感到遗憾。所以，卢梭在书面语言中不停地寻求这样一类表达方式，它们与那些在文字之前就已存在的更加单纯的表达手段旗鼓相当。故而，通过书写风格本身，通过灵动的措辞及其独特的断句和旋律性，卢梭表达了他的怀乡之情：他思慕着另一种更直接的语言。作为一种不可思议的在场，他的语言以其悲怆的声调和连续的意象悄悄地哀悼着"原始语言"之不在场。卢梭的文学"话语"体现为一种完美的书写；但其哀婉之情和内在张力却泄露了他的永恒遗憾：那原本存在于嗓音之中的自然符号已被我们遗失了。

* * *

在十八世纪，"自然符号"与"人造符号"（或者说"创制的符号"）之区分颇为常见，比如在孔狄亚克的著作和《百科全书》中都可以看到这种区分。在《百科

---

① 《语言起源论》章五，见《全集》（巴黎：福尔纳出版社，1835年）卷三，第501至502页。关于标点符号在卢梭那里所具有的重要性，参见马塞尔·雷蒙为《遐思录》撰写的"导论"（日内瓦：德罗兹出版社，1948年），第58至59页。

全书》中,自然符号被界定为"大自然为欢乐、畏惧、痛苦的感受所创造的呼喊声"("符号"词条)。而在一种略为不同的意义上,自然符号也可以指各种身体动作;孔狄亚克就认为,在具有清晰发音的言语手段被发现之前,原始社会中男女之间使用的就是这种"动作语言"①……如果说作为自然人的让-雅克拒绝被约定性符号所奴役,那么除了自然符号,他还能用别的什么手段表达自己吗?我们现在会发现,卢梭愿意信任符号,只要它们是自然符号而非创制的符号:

> 最能触动他的情感甚至可以通过身体符号表现出来。哪怕只是稍稍受到感动,他的双眼也会瞬间湿润。②
> 他的情绪迅猛而激烈,但来得快,去得也快,这些都是显而易见的……在一阵急剧的冲动之下沸腾起来的热血,将那标志着激情的狂躁活动引到了眼睛、嗓音和面孔之上……一旦那代表着愤怒的符号从脸上消失,这愤怒也就在心中熄灭了。③

---

① 孔狄亚克:《人类知识起源论》卷二"论语言与方法",章一第1节。
② 《对话录》对话二,见《全集》卷一,第825页。
③ 同上,第860至861页。[译注:此处引文页码应为860至862页;两个省略号之间的句子出自第862页,应位于该段引文的最后。]

让-雅克形容自己是一个"感性的灵魂",他的所有情绪都即刻可见:自然符号与感受如影随形,因为这种符号并不由异于感受自身的实体所构成。可以说,自然符号即是感受,它通过身体层面被言说。当情感事件在身体内部涌动时,它即刻就会体现于外部,而这一生动的讯息无需再被"清晰地讲出来"。情绪波动具有且需要具有直接的表现力:眼眸中跳动的火花不仅是愤怒之情本身,亦是道出愤怒之情的语言。这种语言绝对忠诚;它道出了真实存在之物。不论他是否愿意,让-雅克灵魂中发生的一切都会被瞬间表现出来;这就是为什么他如此脆弱,在众目睽睽之下毫无防守之力。危险随之而来,因为他完全暴露在他的迫害者们面前,而后者却极力掩饰他们的感受。不过,这也是一种不可思议的幸福,因为自然符号所构成的语言已然自动表达出了自我的真理,它先于一切追求真实和真诚的反思性努力。倘若这种自动作用无所不能,那么让-雅克就可以摆脱其对真理的关切了;他可以彻底委身于自己的受动性及其天性的简单"机制",因为假使我们能够完全信赖自然符号,那么为了揭示真理,我们所需做的就只是*存在着*(être)。于是,我们什么都不用做(faire),只需成为真正的自己。揭去本真存在之面纱的唯一正当手段就是摒弃一切人工手段,包括言语。

一座符号(即自然符号)交流的乌托邦就这样被构造了出来,它让我们可以忽略任何其他语言。《爱弥儿》《现代音乐论》让我们警惕符号的魔咒,即约定性符号,它们根本不是意义的传达者,而是横亘其间的障碍和阻隔。卢梭渴望仰赖于一种完全别样的符号:手势和动作的意义以可靠无误的方式自行呈现出来,无需口头语言的约定性符号提供额外帮助。

在《论不平等的起源》中,让-雅克拿沃西乌斯①的观点作挡箭牌,为自己的理论作辩护。他如愿以偿地找到了一段可以准确表达其意图的文本,便索性让这位说着拉丁语的博学的理论家代他发言,后者对多样语言所造成的混乱感到遗憾:

> 为了探讨语言创制之利弊,需要进行一些哲学反思,而我警告自己不要卷入其中……所以,我们索性就让这样一些人来发言吧,他们敢于站在理性这一边去反对大众舆论,但人们并未就此指责他们犯下罪错。"*Nec quidquam felicitati humani generis decederet*, *si*, *pulsa tot linguarum peste et confusione*, *unam artem callerent mortales*, *et* signis, motibus, gestibusque,

---

① [译注]沃西乌斯(I. Vossius, 1618—1689),荷兰古典语文学家、珍本收藏家。

*licitum foret quidvis explicare*①…"②

卢梭梦想着重获这种真实的语言;他之所以会有此梦想,正是因为他并不拥有这种语言;他不得不使用约定性语言去言说他所体会到的那种只能用自然符号表达的幸福。他不是常常意识到感受注定会陷入一种根本的黑暗吗?"所见者不过是存在者的最小部分;它只是表面效果,而其内部原因却隐秘不现,且常常极为复杂……没有任何人能给某个人撰写生平,除了这个人自己;只有他自己懂得其内在的存在方式、其真实的生活。"③在自然符号所构成的语言中,表面效果与内部原因密不可分;显者与隐者之间不会出现断裂,让-雅克在这里所要批判的正是这种断裂。然而,他却一直遭受着存在与表象之分裂所带给他的折磨。正如我们所知,他之所以拿起笔杆,是因为他的外表虽让人对其前途抱有期望,可他在社交圈子里的羞怯表现却无法兑现这份期望。他写作是为了表明自身的真正价值,这恰恰是因为

---

① [译注]此段拉丁文意即:"假如人们消除了语言的有害而混乱的多样性,力图精通一门统一的艺术,并能够借助于符号、动作、手势来表达他们关于所有事物的想法,那么这完全不会剥夺人类的幸福。"
② 《论不平等的起源》注释十三,见《全集》卷三,第 218 页。
③ 《忏悔录》初稿,载于《卢梭学会年鉴》第四期(1908 年),第 3 页;另见《全集》卷一,第 1149 页。

他无法通过"捷径",即通过真实的在场和生动的言语来证明它。但他写作也是为了表达他对书写这条"曲径"的怨恨,以及他对无言的交流、无表达手段之表达的怀乡之情。

于是,当卢梭在《对话录》之"对话一"的开头部分描述那个"神奇的世界"的居民时,他很乐于沉醉在他的美梦之中:与其他人亲密地生活在一起,相互之间拥有可信赖的、近乎沉默的亲近关系,灵魂运用毫不含糊的符号说话,这符号取代了言语或无需言语便可独立发挥作用。对于这些"深谙其道者们"来说,由于他们"是在内在感受而非表面现象中寻求他们的幸福",故而他们无法满足于日常语言——这种语言本身就带有表面现象的魔咒;只有符号可以传达内在感受:

> 如此奇特地造就出来的存在者必然会以异于常人的方式表达自己。既然他们的灵魂以如此不同的方式得到改变,那么其感受和观念的表达就不可能不刻上这些改变的印记。如果说对这种存在方式毫无概念的人会遗漏这种印记的话,那么懂得这种存在方式并且自身就受其影响的人是不会遗漏掉它的。这是一种**独特的符号**,深谙其道者们通过它而认出彼此;这种符号仍鲜为人知,对它的运用更是少之又少,而其

巨大价值就在于它无法被仿造,它从来都只能在其本源性的层面之上发挥作用;如果它并非发自那模仿它的人的心灵,它也就不会触动那天生便可辨识它的心灵;然而,一旦它触及心灵,人们就不会把它搞错。一旦被感受到,它就是真实的。它是在整个生活行为中,而非在某些孤立的行动中才以最可靠的方式显现出来。但是在那些热烈激昂的情境中,灵魂不由自主地兴奋起来,深谙其道者很快就可以将他的弟兄同并非其弟兄的人区分开来,后者只是想装出其弟兄的腔调……①

让-雅克设想了一种更可靠、更直接、几乎不会出错的语言;但是这种语言并不具有普遍性:它是一种仅为少数深谙其道者掌握的奥秘,大自然让这些人迥异于普罗大众。一方面,他们离群索居,与世隔绝,他们的神秘语言也印证了这一点。而另一方面,他们相互之间却能够更深刻地交流,这也得益于这种神秘符号的力量。深谙其道者们之间不会出现任何误解。但是他们的交流并非对话。既然"深谙其道者们"可以直接相互理解,对话又有何意义?不,这些体会到"直接享受"的人不会对话,他们只会产

---

① 《对话录》对话一,见《全集》卷一,第 672 页。

生共鸣,即倾注他们的感受;符号与沉默乃共鸣的语言,各个意识由此"在本源性的层面之上"汇聚起来。一部题为《对话录》的作品却描述着一种比对话更幸福、更有效的交流,多么耐人寻味啊! 我们在此真切地听到了一种想要消除言语的言语,因为感性的灵魂就是如此急不可耐:

> 对他们来说,话语的笨拙而呆板的时序性难以忍受;话语进程的冗长拖沓令他们感到气恼。他们体验着迅速变动的情感,在这种情况下,他们觉得应当让自己的感受明朗可见,并且使它无需言语的冷漠帮助便可从一颗心灵深入到另一颗心灵当中。①

"无需言语的冷漠帮助",这一表述几乎逐字呼应了《新爱洛漪丝》中的一句话:

> 多少事情无需开口便已被道出! 多少炽烈的感受无需言语的冷漠介入便被传达出来!②

我们本应在此近乎完整地引述这封关于"英国

---

① 《对话录》对话二,见《全集》卷一,第 862 页。
② 《新爱洛漪丝》卷五,第三封信,见《全集》卷二,第 560 页。

式的上午时光"的书信(卷五,第三封信)。它呈现了一个完美的透明时刻,其象征意涵的重要性不亚于葡萄收获节。这段英国式的上午时光以内景的形式呈现了葡萄收获节这一露天场景所传达的讯息:绝对的信任、毫无障碍的交流。在这"归于沉默、汇于友情"的时刻,三位存在者共享的欢乐通过符号在他们之间循环流转:

> 强烈而神圣的感受啊,什么样的话语才配得上你呢?什么样的语言才敢于成为你的传译者呢?一个人对朋友说的话能否等同于他在朋友身边所体验到的感受?我的上帝啊!紧紧攥着的手,炽热的目光,紧贴胸脯的拥抱,还有那随之而来的叹息,它们都道出了多少深意啊!而在这一切之后,嘴里蹦出的第一个字眼是多么冰冷啊![①]
>
> ……听到这话,她正在做的针线活儿从她手中滑落;她转过头,向她这位可敬的丈夫投来一个眼神,这眼神是如此动人,如此温柔,连我自己都为之一颤。她什么都没说:跟这眼神相比,还有什么值得说呢?我俩的目光也相遇了。通过她丈夫紧握着我的手的情况,我意识到我

---

① 《新爱洛漪丝》卷五,第三封信,见《全集》卷二,第558页。

们三人全都被同样的情绪所感染;这个扩张的灵魂在她四周发挥着美妙的影响,这影响甚至征服了冷漠本身。①

扩张、影响:此乃卢梭式灵魂的根本行动;存在者彼此交流的同时不会发生异化,不会脱离自身。这段英国式的上午时光呈现为扩张性时刻的理想图景。由于扩张和影响是由符号而非言语所引导的,故而,扩张的幅度会更宽广,影响的效果会更纯粹。我们所读到的这一场景体现出三重的出神状态。在设想用来表现这一段落的版画插图②时,卢梭所表达的意思正是如此:"三个旁观者露出一种遐思的、温柔的静观神情;那位母亲尤其应该表现出动人的出神状态。"③

* * *

以下是见证符号力量的另一证词。贝尔纳丹记

---

① 《新爱洛漪丝》卷五,第三封信,见《全集》卷二,第559页。
② [译注]著名的法国插图画家格拉弗洛(H.-F. Gravelot,1699—1773)为《新爱洛漪丝》创作了十二幅版画插图(小说共六卷,每卷两幅),卢梭则为确定插图所要表现的主题和人物撰写了《〈新爱洛漪丝〉版画插图的主题》,并于1761年出版。
③ 《〈新爱洛漪丝〉版画插图的主题》,见《全集》卷二,第769页。关于"扩张"和"影响",参见前引毕尔热兰的著作,第149至190页。

述了卢梭私下向他吐露的一段爱情经历：

> 他对我说：啊！纯真给爱情平添了多少力量啊！我曾两次陷入热恋：一次是跟一个我从未讲过话的人。激发那么多封炽热的信函和无比甜美的幻想的源泉不过是一个符号而已。我走进她所在的一个套间：我发现她在里面，背对着我；一看到她，欢乐、欲望、爱情便挂在了我的脸上，我的眉眼和肢体泄露了一切；我没发现她已从镜子中看到了我。我的兴奋之情冒犯了她，她转过身来，用手指了指地板；我正要跪倒在地时，有人进来了。①

这段情事发生在少年卢梭与巴希勒夫人之间，那时的他刚刚离开都灵的教理初学者收容院。但若我们翻开《忏悔录》，却找不到"那么多封炽热的信函"的任何证据（这是贝尔纳丹对事实的额外美化吗？不过，无论是否属实，这种美化都符合情理，它与卢梭的心理现实相吻合，而卢梭后来写的《致苏菲的信》②也为此提供了迟来的证明）。《忏悔录》第二

---

① 贝尔纳丹：《让-雅克·卢梭的生平与著作》，苏里奥（M. Souriau）编（巴黎，1907年），第94页。
② [译注]即《道德书简》；"苏菲"即指杜德托夫人。

章对此情事的许多细节描述颇显不同。这两个版本向我们透露出某些关键"变量"①。为了简化讨论,我们是否应该忽略贝尔纳丹的证词呢?当然不能。我们可以在这两个版本之间发现那些比变量更为关键的"不变量"。这促使我们作出如下猜想,即卢梭从某些确定的基本事实出发,在想象中美化了他的回忆;根据其写作时的情绪起伏,虚构的细节以富于音乐性的方式被组织在一起,但这些变动并未偏离记忆素材所限定的不变要素。那么,在这个与巴希勒夫人有关的场景中,不变要素是什么呢?一方面是沉默;我们由此可以看出差异当中的一致:

> 贝尔纳丹的版本:"一个我从未讲过话的人"。
>
> 《忏悔录》:让-雅克已经跟巴希勒夫人说过话了,但是核心场景"充满激情且默默无言"。

---

① 按照贝尔纳丹的说法,让-雅克正准备向巴希勒夫人下跪时,一个闯入者打断了他的行动;而按照《忏悔录》的记叙,他已经跪了两分钟。另一处不一致的细节如下:根据《忏悔录》的定稿版本,让-雅克没敢触碰巴希勒夫人;可在最初一版草稿中,我们看到了一个更大胆的举动:"如果说我有时会冒失地把手放在她的膝上,那是因为我的动作如此轻柔,以至于天真的我竟会以为她对此并无察觉。"(《卢梭学会年鉴》第四期,1908年,第236至237页)。

另一方面,有些意象始终相同:被从镜中瞥见的让-雅克的映像;尤其是手指符号,此乃巴希勒夫人向其爱慕者做出的唯一动作。根据《忏悔录》中的说法,这一爱情场景之所以弥足珍贵,就在于它只是一场由符号所构成的沉默。让-雅克一言不发,却表达了他的爱慕之情,而这位少妇则以一个简单的"手指动作"回应了他。让我们重新翻开《忏悔录》的这一段落,看看作者是如何描绘这场充满激情的会面的;我们会发现,整个场景都围绕"手指动作"这一核心要素而结晶成形:

> 我一踏入房间便跪倒在地,两只胳膊热情地向她张开;我确信她没听见我的动静,也以为她没看见我:但壁炉台上的那面镜子却暴露了我。我不知道我的这种兴奋异常对她产生了什么作用;她既没看我,也没跟我说话,而是半转过头来,做了一个简单的手指动作,向我指了指她脚边的垫子。我颤抖着,喊了一声,扑向那个她给我指定的地方——所有这些反应对我来说都不过是一回事[①]。不过令人难以置信的是,我在这

---

① 注意这里的身体反应(颤抖)、"自然符号"(喊了一声)和动作(扑向)所具有的同时性。我们在此目睹了一种表达的"超载"状态,一种"超表达性",它以言语之外的所有可能方式显示出来。

种状况下竟不敢越雷池一步:既不敢说一个字,
也不敢抬眼看她,甚至在如此窘迫不适的姿势下
也不敢触碰她的双膝,好让自己的身体能够支撑
片刻。我沉默不语,一动不动,但内心显然并不
平静……她表现得并不比我更平静,其羞怯程度
也不亚于我。见我就这么跪在那儿,她显得局促
不安,把我引至其身边的举动令她陷入尴尬的境
地,她开始意识到这个无疑未经反思的示意符号
所引发的整个后果。她既没接受我,也没拒绝
我;她目不转睛地盯着手中的活儿,努力表现出
似乎没看见跪在她脚边的我……①

在描述了这场沉默的会面之后,卢梭作了一番
反思,并再次忆及那个简单的手指符号;这次私下会
面之所以难忘而幸福,恰恰因为让-雅克的表白和巴
希勒夫人的默许都未运用日常语言,而是在化身为
符号的纯粹感受中得以完成:

> 通过占有一个女人而获得的全部感受根本
> 比不上我在她脚边度过的那两分钟,尽管我当
> 时连她的衣角都没碰到……*手指的一个不起眼*
> *的示意符号*,轻按住我嘴唇的一只手,这些就是

---

① 《忏悔录》章二,见《全集》卷一,第 75 至 76 页。

我从巴希勒夫人那里获得的全部恩赏,尽管这恩赏如此微不足道,但对它们的回忆直至今日仍让我在想起它们时心荡神驰。①

对让-雅克来说,爱情之幸福并不在于占有,而在于在场,在于在场之强度:让-雅克一动不动、沉默不语,在巴希勒夫人面前,他显得紧张不安;不过,更为重要的是,他沉浸在自己的感受之中。由此,符号的交流确保了在回忆中可被再次体验到的感受的完满状态。

* * *

无人能比荷尔德林更好地揭示出符号之于卢梭的重要意义了。在一首未完成的献给卢梭的诗歌中,符号交流之力量启发荷尔德林对卢梭作出了如下出色阐释:

> *Vernommen hast du sie, verstanden die Sprache der Fremdlinge,*
> *Gedeutet ihre Seele! Dem Sehnenden war*
> *Der Wink genug, und Winke sind*
> *Von Alters her die Sprache der Götter.* ②

---

① 《忏悔录》章二,见《全集》卷一,第 76 至 77 页。
② 荷尔德林:《全集》卷二,斯图加特:科尔汉默出版社,第 13 页。

第六章

(你听见了它,你领会了异乡人的语言,
解译了他们的灵魂!你的欲望
被符号所满足,而那些符号
自古以来便是诸神的语言。)

异乡人乃何许人也?无疑就是"神奇的世界"中的居民;他们的到来企踵可待(*die Verheissenen*)。在此,符号令异乡人的灵魂获得解译(*deuten*)。尽管这是一种瞬间认识(我们在稍后的诗行中读到:"*Kennt er im ersten Zeichen Vollendetes schon*",意即"他已然从那原初的符号中认出了完满的整体"),不过在荷尔德林眼中,这种认识是解释性认识。诸神只向极少数懂得其语言的人道说:他们只会向先知的灵魂显现自身。此即卢梭所描述的"神奇的世界":"深谙其道者们"乃一群精神上的精英分子,他们掌握着通过符号达成相互理解的特权,这特权是一种解译天赋、一种预言能力。

我们还需对符号解译问题作进一步说明。在真正的直接交流中并不存在符号的解释问题;解释(*inter*-prétation)乃一种介入(*inter*-position),一种中介行为。直接性理想要求符号之意义在客体本身当中以及在我对符号的感知当中完全同一;意义不可避免地显现,而我被动地迎接它。这就是卢梭的期望:符号只需被感受,无需被解读(否则,符号与约定性语言就无法被区分开来,而后者需要我们付出艰辛的解读努力)。然而,这就把灵魂的活动化约为对符号作出反应的单纯感受;按照卢梭的看法,灵魂对意指活动中意义本身的产生不起任何作用;它只是让自己得到启示而已。符号的明证性如此强烈,它使一切解释都变得徒劳无益。被给予我们的这种明证性无需解释。可是,现实似乎并不如卢梭所愿。即便我们摒除约定性符号,重拾自然符号;即便我们不再对能指符号与所指事物作出区分,但我们仍不得不承认,符号意义之感知须以意识活动为前提。抛开所有的唯心主义立场不论,我们仍得说,意义只能向意识显现——这意识期待(或者说"追求")符号之显现,并在其自身周围激发出种种意指活动。激发本身从一开始便已然是一种自发的解释了;它暗含着对世界之一般意义的预先选择,特殊意义正以此为根基衍生出来。换句话说,投向外界的目光唤醒了只能为它所用的符号,这些符号向其揭示出它的世界:这当然不是观者"内心现实"的纯粹而简单的投射,而就是他选择面对的世界,是他令自己遭逢的敌人和共犯。

但卢梭不愿意承认意义取决于他自己,他不愿意承认意义在很大程度上乃是他自己的作品。他希望意义全部从属于被感知物。他不承认自己的探问暗含于世界反馈给他的回答中。故而,他剥夺了自己的自由——存在于我们所有感知当中的自由。在外部客体向他显示的种种可能意义中,他已然作出了抉择,而他把这抉择归因于客体本身;他在符号中看到了一种不容置辩的、毫不含糊的意向。他最终把一种决定性的意志赋予事物,而这决定其实就内在于他自己的目光之中。在接触世界的那一刻,卢梭便当即作出了解释,但他不愿知道自己作出了解释。

卢梭渴望符号的交流,但符号却反过来伤害了他。它们向他预示了无法逃脱的厄运,昭示了无所不在的恶意与敌视。他确实是在解释表面现象;可在大多数时候,他并不知道或不想知道这厄运已然内在于他投向人与物的目光之中。卢梭寄希望于某种神秘的语言,人们通过这语言可敞开心扉、坦诚相见,达成毫不暧昧的沟通;而卢梭对世界的解释性妄想不过是对这种希望的颠倒戏仿。他原本希求一种摆脱了口是心非的交流方式;每一个记号都无需解译,瞬间即可"在本源性的层面之上"将他人心灵的确定状态精准无误地展露出来;简言之,他本来渴求一种比语言更直接的语言,通过这种语言,存在者们仅需在场便可揭去他们灵魂的面纱。如今,他被这些不容置辩的符号所包围,它们的言说方式要比任何语言和推论式理性都更具说服力,但它们所揭示的却是心灵之浑浊、灵魂之晦暗以及沟通之不可能。

符号的魔法变成了不祥的妖术,招来了阴影与面纱的决定性在场。此乃彻底的质的反转:符号的力量在于瞬间的遮蔽,而非瞬间的澄明。"全部或全无"法则在此发挥效力。透明与不透明之间没有中间状态;亲密无间的社会与迫害压制的世界之间没有折中道路。"关于幸福和享受,我需要的是全部或者全无。"[1]既然得不到全部,让-雅克似乎就主动寻求全无。这就是为什么最细微的浑浊、最稀薄的雾气也会即刻化为全然不透明之物。对理想的符号交流来说,一丁点障碍都会构成那代表着敌视与恶意的不容置辩的符号。正因为让-雅克太过强烈地欲求透明,他的目光才会被无处不在的黑暗所笼罩。

否定性符号、敌视性标记不仅表现在脸上,也内在于事物中。表情符号(这是一种人类行为)与预言性的或征兆式的符号(它们从无生命物体那里神秘地流溢出来)之间其实并没有什么本质差别;由此,我们便近乎不知不觉地从一种符号转向了另一种符号。只要目光不懈地探察世界,隐藏的意向立马就会在目光下现形,预兆便即刻显明。

卢梭常常会过一段时间之后再对符号作回溯性解释。在《忏悔录》中,自视为命运受害者的卢梭想要在其过往的生命图景中辨读出那些预示其当下不

---

[1] 《忏悔录》章九,见《全集》卷一,第 422 页。

幸的征兆。故而,唯有在书写自己生平之时,他才意识到其年少时期的某些场景所蕴含的预言性意义。当日内瓦城门前的吊桥升起时,让-雅克是否辨识出某种预言性符号呢?无论如何,这在他的记忆中确实是这样一个符号:

> 距离岗哨还有二十来步时,我发现第一座吊桥正在升起。看到桥上那些可怖的犄角升至空中,我颤抖起来,这是那不可逃脱之命运的不祥的、致命的预兆,而对我来说,这命运从那一刻起就已然开始了。①

这是否定性符号的绝佳例证:分离、驱逐通过一幅场景被道出和言明。不过,让-雅克必须先经历其命运,这场景才能通过逆推的方式而成为命运之先兆。我们在这里看到了一种逆推式(或者说回溯式)解释,卢梭在《忏悔录》的另一段文本中确立了它的原则:

> 只有外部符号能够打动我。可随后,一切都在我的回忆中重现:我想起了地点、时间、语调、眼神、手势、环境,巨细无遗。于是,我从人

---

① 《忏悔录》章一,见《全集》卷一,第42页。

们的言谈举止中发现了他们的所思所想,而我很少会弄错。①

符号的意义在事件发生之时依旧模糊不清,只有通过弥补当下知觉缺陷的记忆才能被"清楚地"揭示出来。唯有回忆中的重现之物才具备完整的意义。卢梭相信自己追溯至意义的明证性:符号代表着隐藏其后的不容置辩的实在性,卢梭在当时根本无法参透这一点,可他现在确信自己重构出了他人的隐秘想法;然而,最初的模糊不清在经过一段时间间隔之后本该使这隐秘想法变得更为隐蔽难辨才对。故而,人们不禁会问,《忏悔录》或卢梭书信中的这些不祥符号是否并非是通过对手势、眼神、事物的回溯式的反复思考而构造出来的,这种回溯式思考的目的在于以逆推的方式赋予它们某种预言性的致命价值。

不过,我们不难发现这类例子:充满恶意的符号即刻引起他的震惊。他在这里当场作出解释,毫无时间间隔。就此而言,我们不得不承认卢梭提供给我们的书面证词(故而是由记忆创造的证词,即它是被构造之物)。想让这证词与"真实经历"的本来面目进行对质,这是颇为徒劳无益的企图,因为"真实

---

① 《忏悔录》章三,见《全集》卷一,第 115 页。

经历"终究还是被自传的重构行为所改动。

卢梭所描述的这种符号魔法骤然创造出怪物,这与童话故事里怪物变成白马王子的情形正好相反。只要某个出乎意料的细节扰乱了他所期望的通透交流,只要某个意外状况无法被透明性即刻化解,他的对话者就会被变成一头怪物,似乎那暧昧符号的魔法毒化了对话者,使他从头到脚都变得肮脏不堪。交流是绝对的,否则就不存在交流:无法解释的缺陷只要产生一丁点的犹豫或半刻的迟疑,共鸣就会被彻底摧毁,让-雅克的灵魂就会望而却步、无法动弹,仿佛被美杜莎的目光所石化一般。由此便出现了反转:赞同变成了反对,扩张与迷醉变成了猜疑与中断。祖丽埃塔的凹瘪的奶头就是这种否定性魔法的完美例证:刚刚还是一个令人欲火难消的性感尤物,转眼之间就变成了一头怪物:

> 正当我准备沉醉于她那在我看来似乎头一回被男人的嘴和手所抚弄的胸脯时,我却发现她的一个奶头是凹瘪的。我吓了一跳,仔细端详了一番,我确信自己看到的这个奶头与另一个形状相异。于是,我便在脑海里搜寻原因,我想知道一个人怎么可能长出凹瘪的奶头,而我相信这是十分明显的自然缺陷;我反复寻思着,最终恍然大悟:我自己想象出来的这个无比迷

人的可人儿,其实是我搂在怀里的一头怪物,她是自然、男人和爱情的废弃物。①

但是,符号在这里如何发挥作用呢?这个突然出现的符号抑止了性欲冲动吗?这符号是真正的障碍吗?我们要问的是,让-雅克面对祖丽埃塔时的这种无能为力是否并非"失败神经症"②的表现,即他既害怕也希望行动中断,既害怕也希望性能量损耗并突然退隐到遭受创伤的孤独状态之中。卢梭的象征式自残(automutilation)选择了祖丽埃塔身上一个无关紧要的缺陷作为其客观借口,并使之变成了决定性的符号。可是,对冲动的抑止本来也可以选择任何别的真实细节作为其借口。或许对于卢梭来说,关键问题仅仅在于把他的失败或拒绝归咎于某个外部障碍:毫不夸张地说,一切都可以变成促使抑止活动合理化的符号。有时,卢梭只需把他的注意力集中于现实当中的某个特殊方面,譬如笑容引起的皱纹;他无需一直专注于这些方面:不祥的符号魔法会自行施展威力,并引发否定性的揭去面纱的行

---

① 《忏悔录》章七,见《全集》卷一,第 321 至 322 页。
② [译注]精神分析学家拉佛格的一个术语(尽管弗洛伊德已谈过此类心理机制),一般指主体无法承受其欲望获得满足的特定心理状态;在现实中达至成功的可能性引起主体的精神失调以至行动障碍。

为。让-雅克眼中的他人变成了丑恶的怪物,笑容变成了恶魔的鬼脸。

让我们来看看卢梭与休谟共度的那段英国式的夜晚时光。目光在沉默中交织:《新爱洛漪丝》中的那段英国式的上午时光关乎的乃是"美好灵魂"的美妙享受,他们由此体验到"心灵的结合";而现在,朋友的僵硬脸庞退隐至黑夜之中,永远化为了陌生人的面孔。一句话都还没说,这位朋友从此就变成了虚伪的朋友:

> 他的目光生硬而强烈,持久且透着嘲讽之意,这已不单单令人感到不安了。为了摆脱他的目光,我试着反过来盯着他看;可是,当我的眼睛聚焦于他的眼睛上时,一阵毫无来由的颤抖向我袭来;很快,我不得不垂下眼睛。善良的大卫有一副好人的面容和谈吐,可是伟大的上帝啊!这个好人到底是从哪里借来了这样一双眼睛盯着他的朋友看呢?[1]

面具因变形而瞬间脱落,可露出的却是一张比面具本身更阴暗的嘴脸。跟这样一个摘掉面具的休谟真诚交流已不再可能,何况他从此以后似乎处心

---

[1] 《卢梭书信集》,杜福尔和普朗编,卷十五,第 308 页。

积虑地想要切断让-雅克身边的人际关系,让其他任何交流都不再可能实现。"我的这位迫害者和他的朋友们似乎意在断绝我跟大陆的一切联系,让我痛苦地、不幸地死在这里。"①

我们不妨再看看另一些十分类似的例子:绝对恶的符号在让-雅克的目光下令朋友的面孔骤然变形。当迪贝鲁在药力作用下打起盹儿时,他的脸孔变得扭曲——这是何等奇怪的变形啊!

> 当他闭上眼睛时,我发现他的面部轮廓起了变化,他的脸孔呈现出一种畸形的、近乎丑恶的样子;我可以想象出在这个被死亡恐惧搅得不得安宁的脆弱灵魂当中到底发生了什么。于是,我把自己的灵魂提升至天国,我把自己交到上帝的手中,托付祂称我为义。②

从此,这位"亲爱的主人"③便隶属于黑暗王国,卢梭与他不会再有任何真实的情感联系:

> 在这颗阴暗而隐秘的……现存的最隐秘的

---

① 《卢梭书信集》,杜福尔和普朗编,卷十六,第 56 页。
② 《卢梭书信集》,杜福尔和普朗编,卷十七,第 341 页。
③ [译注]此为卢梭对好友迪贝鲁的昵称,后者则称卢梭为"亲爱的公民"。

心灵中,我从来都看不到一丁点的敞亮、光明,看不到一丝真情流露。①

贝尔蒂埃神父的笑容则化身为一个令人极其不安的符号:

> 有一天,他冷笑着向我表示感谢,因为我把他视为一位好好先生。从他的笑容中,我觉察出某种说不清的挖苦意味,这彻底改变了他在我眼中的形象,从那以后,这笑容便常在我的记忆中重现。②

当他怀疑那些耶稣会士截获他的《爱弥儿》手稿时,他便回想起这副笑容。这个符号仅对他有用,让他萌生出自己深陷阴谋的执念。一旦卢梭遭遇未知和神秘,他就硬是将其视为"邪恶秘密"。不存在其他假设的可能:如若灵魂没有敞开心扉、流露友情,它便即刻化为全然阴暗的灵魂,积极策动着罪恶苟且之事。对卢梭而言,认识他人就意味着他需要在是与非、黑与白之间作出判定。较之事态极其糟糕这一判定,悬念、犹疑和不确定性更令他难以忍受。

---

① 《卢梭书信集》,杜福尔和普朗编,卷十八,第 292 页。
② 《忏悔录》章十,见《全集》卷一,第 505 页。

与其对朋友心怀猜疑,倒不如干脆当他是一个加入了敌对阴谋集团的恶徒;这样一来,他至少可以毫无负疚感地与朋友决裂……

一条奇特的界线划分出两个意识"区域":在一个区域里,卢梭仍能意识到自己的想象力正以一种谵妄的方式解译符号;在另一个区域里,焦虑不安的他再也无法觉察出自己的解释活动,并认定那谵妄的执念就是一种实在的、确凿的明证性。让我们翻开《忏悔录》中的一个段落,它记述了卢梭在发现《爱弥儿》的印刷进程被耽搁下来时的惊慌失措;他对自己行为的分析如此锐利,以至于让人觉得他似乎就要从这慌乱之态中清醒过来。难道他没有准备去驱除想象的魔咒吗?难道他没有发现萦绕在他心头的全部执念都是同一个心理活动的产物吗?

> 不管发生什么不幸,只要我明白到底是怎么回事,我就绝不会慌乱和气馁;但我天生害怕黑暗;我畏惧并憎恶它那漆黑阴暗的样子。神秘之物总是让我感到不安,它跟我那坦率到有点冒失的天性过于格格不入。我觉得,就算是目睹最可怖的怪兽,我也不会太害怕;可如果在夜晚瞥见某个裹着白布的身影,我就会害怕。我的想象力就这样被长时间的沉寂所点燃,专注于描绘种种鬼影幻象……我的想象力刹那间

如一道闪电放射出来,揭开了整个邪恶秘密的面纱:我如此清楚、如此确实地看到了它的运转过程,就好像它暴露在我眼前一般。[1]

卢梭承认自己的错误:这一切都是幻象;长时间的孤独使精神陷入忧虑不安,产生种种幻觉。不过,这种"自我批评"的范围仅仅局限于《爱弥儿》的出版事件。卢梭撤销其谵妄性解释似乎只是为了赋予其他抱怨(同样源于谵妄)更重的分量,而对于这些抱怨,他却毫不苛责。由此,他便获得了不偏不倚的客观性假象的优势:既然他能够意识到自己的想象力所造成的危害,那么,当他揭露其身边构筑起来的阴谋罗网时,他难道不该要求我们相信他吗?他责怪自己过分解读某些符号,但这是为了在面对其他符号时可以更安心地信赖他的解释性妄想,更彻底地委身于他不会疑虑的不祥符号的力量。

对让-雅克来说,生活在一个饱受迫害的世界里即意味着自己被一张由种种协调一致的符号所构成的罗网捕获,这些符号强化了一种"难以识破的神

---

[1] 《忏悔录》章十一,见《全集》卷一,第 566 页。另参《遐思录》漫步之二:"我始终憎恶黑暗,它自然而然地让我感到恐惧,那些人这么多年以来在我身边干的种种阴暗勾当让我的这种恐惧感有增无减"(《全集》卷一,第 1007 页)。

秘"。它们是焦虑不安的思辨①和无止境探寻的起点；这种探寻试图更完整地弄清楚它们的意义，而这意义首先就是无声的敌意、暗藏的指控、秘密的谴责。当符号甚至连恶意都不表达，拒绝显露任何意义时，它的敌意可谓达至顶点。在受迫害者卢梭的眼中，这些符号"清楚明白"，但它们全都依托于一种终极黑暗，一种永远晦暗且荒谬的"根源"：

> 有些人殷勤地争着跟我结交，一看到我就流下欢乐而感动的泪水，他们激动不已，泪流满面地拥抱我、亲吻我；另一些人一见到我就怒气冲天，我可以看到他们眼中迸射的怒火；还有一些人往我身上或在我身边装模作样地吐唾沫，他们的心思在我眼里一清二楚。如此不同的符号全都被同一种情感所激发，这在我看来也是一清二楚的。到底是什么样的情感能以这么多相反的符号表现出来呢？我看得出，这是我的所有同时代人都对我抱有的情感；只不过这情感不为我所知。②

---

① 柯勒律治在谈到卢梭时曾提及一种"思辨的蛛网"（*speculative cobweb*）。参见《柯勒律治哲学讲演录》，科本（Kathleen Coburn）编，伦敦：劳特利奇与科甘·保尔出版社，1949年，第308页。
② 《记在扑克牌上的字句》，见《漫步遐思录》附录，马塞尔·雷蒙评注版，日内瓦：德罗兹出版社，1948年，第173页。另见《全集》卷一，第1170页。

这些符号准确可靠,但它们自身所透露的信息却是透明之不可能性。符号意味着揭去面纱,然而需要被揭去的面纱却是不可逾越的障碍。故而,卢梭虽探察了一个又一个符号,却一无所获。他不仅没能解开谜团,反而要直面更深厚的黑暗:孩子们的鬼脸、菜市场上豌豆的价钱、普拉特里街上的小商铺——所有这一切都暗示着同一个阴谋,而其动机却永难参透。卢梭徒劳地整理着他发现的各种符号,徒劳地想把它们连成一条严密的逻辑线索,可最终却总是通向同样的黑暗。

埃纳尔①认为:"解释者的病态世界是一个私人的意指关系世界、一个有意义的世界。"②他明确指出:"病人在理性思考之前就已感知到这种私人的意指关系。"卢梭晚年时的状况即是如此。解释构成感知的一个部分:感知现实,并将现实解释为充满敌意的符号——这两者乃同一个行为。由此就引发出让-雅克一看到符号便会即刻作出的反应;随后则是长时间的反复思忖,他试图以此勾连出一条连贯线索,不但能将符号串联起来,还能揭示出其多样性所掩盖的无所不在的诡计、系统、阴谋集团。从瞬间显现

---

① [译注]埃纳尔(A. Hesnard, 1886—1969),著名的法国精神病学家和精神分析学家,巴黎精神分析协会的创立者之一。
② 埃纳尔:《罪疚的病态世界》,巴黎:法国大学出版社,1949年,第 95 至 96 页。

的符号出发,卢梭总会持续地展开一连串推理思考,他力图以此追查那张严密而一贯的阴谋罗网。然而从他感知符号的那一刻起,一切便立刻染上敌对的色彩;原初给予物既具决定性,亦不完整:符号揭示出某种意向性,但它既未说明这意向性的成因,亦未澄明其本源。符号揭去恶之面纱,却又遮蔽其根源。

《遐思录》以及卢梭晚年的某些证言告诉我们,他能够从无比阴郁的心境毫无征兆地跳转到近乎孩童般的快乐状态。迫害他的世界只能以某种奇怪的交替规律断断续续地存在于让-雅克周围。可是,从一种状态骤然转变为另一种状态,这是如何发生的呢?让我们看看卢梭自己的解释:

> 我总是太容易受感觉对象影响,特别是受那些带有快乐或痛苦、善意或反感的符号影响,于是,我便任由自己被这些外部印象牵着鼻子走,常常无法摆脱它们,除非我溜之大吉。陌生人使的一个符号、一个手势、一个眼神就足以干扰我的快乐或平复我的痛苦:只有当我一个人时,我才属于我自己;除此之外,我是我周围所有人的玩物。①

---

① 《遐思录》漫步之九,见《全集》卷一,第 1094 页。

故而,情感状态的骤然反转源于符号所诱发的反应;它们体现了对外部刺激的直接的、几乎机械性的顺应。只消一个符号,让-雅克便从一种情绪转换到另一种情绪,不仅如此,他还从一个世界过渡到另一个世界。所以,任何转变均源于一种无言的相遇。在对话者自我解释之前,符号便已开口:言辞和话语试图改变让-雅克的信念,但这是徒劳的;提出异议也于事无补。经过军校时,他并不跟伤残退伍军人说话,而只满足于解读符号,即军人们的敬礼和看他的眼神:

> 我最喜欢散步的一个地方就是军校附近;我很乐于在那里时不时地碰见一些伤残退伍军人,他们保持着往日的军人威仪,在经过时都向我敬礼。这敬礼让我心满意足,增添了我在看到他们时所感到的快乐,而我在内心也向他们回礼了上百次。由于我不擅长掩饰任何打动我的事物,我便常常谈起这些伤残退伍军人,以及我在看到他们时是如何深受触动的。这就已经足够了。过了些时日,我发现我对他们来说已不再是一个陌生人了,或者不如说,我在他们眼中是一个更加陌生的人了,因为他们看我的眼神跟普罗大众看我时一模一样。不再有军人的威仪了,不再有敬礼了。一副嫌恶的神情、一道凶狠的目光取代了他们最初的礼貌。昔日职业培养出来的直率性

情使他们无法像其他人那样把自己的恶意隐藏在嘲讽的、虚伪的面具之下,于是,他们赤裸裸地向我表现出无比强烈的憎恶之情。[①]

无需更多证据,让-雅克便可得出结论:在某些人的授意之下,这些退伍军人才会如此敌视他。

有时,一张快乐的面孔、一副亲切的表情即意味着雨过天晴、重归于好。可大多数时候,友善的符号已不再属于"自然符号"的范畴;卢梭不再从面部表情当中寻找好感或友爱的表征符号,他对此已不再抱有希望,也不再想有任何期待:"这个阴谋集团无所不在、概莫能外,而且木已成舟,回天无力;我确定,当我在这可怕的放逐中了此一生时,我也从未看透这谜团。"[②]卢梭转向了其他符号,我们到目前为止还从未谈及它们。

* * *

其实,还有最后一类符号,它既不是"创制符号",也不是"自然符号"。《百科全书》将这类符号称为"偶然符号":它们是"这样一些对象,某些特殊环境使之与我们的某些观念相联结,由此它们便能够

---

① 同上,第1095至1096页。
② 《遐思录》漫步之八,见《全集》卷一,第1077页。

唤醒这些观念"(《百科全书》之"符号"词条)。通过偶然符号,往日的幸福便可重现。让-雅克可以躲藏在其记忆之中体味回忆的纯粹在场,而他对于他人来说则是不在场的。他向他的过去寻求庇护,而"偶然符号"正是叩开往日时光大门的魔法钥匙。偶然符号并不显现外在现实;它唤醒内在影像。

让-雅克其实没有论及"偶然符号",不过他对"记忆符号"(或者更简洁地说,"记忆术")的讨论更具启发性。音乐便是作为一种记忆符号来发挥作用。卢梭在《音乐词典》中论及"瑞士牧歌"(*ranz des vaches*)时就谈到了这种回忆的力量:

> 外国人完全无法感受到这些效果,它们只能从习俗、回忆和千万种不同环境中产生出来,这种曲调可以让听者回想起这些环境,使他们想起自己的祖国、往日的欢愉、他们的青春岁月以及他们的整个生活方式,并在他们心中激发出因失去这一切而萌生的强烈的哀伤之情。故而,音乐是作为记忆符号而非只是作为音乐来发挥作用。[1]

---

[1] 《音乐词典》之"音乐"词条,见《全集》(巴黎:福尔纳出版社,1835年)卷三,第744页。关于记忆和"记忆符号"问题,读者应当参考乔治·布莱在《人类时间研究》(巴黎:普隆出版社,1950年)中探讨卢梭的那篇文章。

197　　于是,让-雅克"以已经全然沙哑的颤抖嗓音"自顾自地唱起了他从姑母那里学会的歌谣;正因忘记了一半歌词,这歌谣才愈显珍贵①。另外,植物标本若不是记忆符号,又会是什么呢?

> 为了恰当地认识一株植物,首先应在其未被采集时去观察它。植物标本作为**记忆符号**适用于那些已为我们所知的植物……②

> 如果我们的起步阶段不是在田野中实地采集植物标本,那么,在植物标本集中,特别是在苔藓植物标本集中收集植物标本的做法就是徒劳无益的。这样收集来的标本应该只被用作**记忆符号**……③

然而植物标本不只是真实植物的记忆符号。干制的花瓣是"偶然符号",它可以让人回想起采集它时所领略的美景、度过的时日、沐浴的阳光以及孤独漫步的幸福感。它是一种让逝去的幸福重新化为直接感受的符号。它将往日的时光片断从遗忘当中拯救出来,为当下瞬间构建了一个坚不可摧的透明背

---

① [译注]参见《忏悔录》章一中的记叙。
② 《植物学基础通信》,见《全集》卷四,第 1191 页。
③ 《植物学通信》,见《全集》(巴黎:福尔纳出版社,1835 年)卷三,第 395 至 396 页。

景。在植物标本集的纸面之上，植物不但在永恒的相之下（*sub specie œternitatis*）①显明其样式，而且，它亦是让-雅克所经历之时日、环境的永恒重复。在一个为各种强迫观念所纠缠的世界中，它是一种不会即刻变成障碍的罕见符号，它是打开敞亮空间、内在空间的钥匙，大自然那包容万物的天地得以在此重现：

> 我再也见不到那些壮美的风景、森林、湖泊、树丛、峭壁、山峦了，这美景一直令我心荡神驰，可现在，我再也无法走遍这些幸福之地了；但只要打开我的植物标本集，它就会迅速将我送回那些地方。我在那里采集的植物残片足以令我回想起所有无与伦比的美景。这植物标本集对我来说就是一本采集日志，它以全新的魅力让我再次体验到采集植物的美妙时光，并造成一种视觉效果，让这些时光重新浮现于我眼前。②

所以，这一切似乎告诉我们，除了使卢梭沦为囚

---

① ［译注］斯宾诺莎的著名表达。参见其《伦理学》卷五，命题二十三的附释部分。
② 《遐思录》漫步之七，见《全集》卷一，第 1073 页。

徒的符号以外,还存在着另一些符号,它们向他敞开了逃逸的可能。对于这个充耳不闻世人评说的孤独者来说,符号的律动令世界不可思议地忽明忽暗,就像云彩在田野上投下的斑驳阴影。因此,世界具有双重结构;它交替呈现出两种形态:不祥符号所构成之网络,以及幸运符号所构成之网络。

然而,云彩毕竟是在让-雅克注视的目光中飘然而过。倘若世界具有两套符号,那是因为卢梭具有两种解释态度,当它们被分别运用于同一个人或同一个事物时,往往就会产生截然相反的意义。客体本身没发生任何变化,但却出现了一种变形,它改变了客体传递出来的信息。由于阴影从让-雅克的目光中掠过,幸运符号便化为了不祥符号。

下面这个例子很能说明问题。卢梭想把《对话录》手稿托付给一个可靠的人保管。他碰巧接见了一位前来拜访的英国年轻人,此人曾是他在伍顿居住时的邻居:

> 我的所作所为跟一切不幸的人一样,以为从降临在自己身上的所有遭遇当中洞悉了命运的明确指引。我告诉自己:这就是上天为我选定的保管人;上天把他派到我的身边……这一切在我看来是如此清楚,以至于我以为在这意外的机遇当中看到了上帝的手

指,我急忙抓住了它。①

可左思右想过后,这个源自天意的符号却暗沉下来。透过布特比(B. Boothby)的造访,卢梭看到的不再是上帝的手指,而是敌人的阴险勾当。无论如何,这位客人一定被某股隐匿的力量所驱使。他的造访本身毫无意义:它是另一个事物的符号;它显示出某种超越的意向。卢梭选择了最坏的情况:"我怎能忽略如下事实呢?长久以来,没有哪个接近我的人不是被特意派来的;信赖我身边的人,这无异于把我自己交给敌人"②。起初,这位拜访者的神授天职明确无疑,而现在,这种负面解释也同样如此。

卢梭相信符号会说话;他并不知道,也不想知道符号的意义已然被他自己所确定。重读前文那个关于巴希勒夫人的段落,我们可以提出如下问题:这位少妇的"手指符号"的真实意义是什么?在贝尔纳丹的记述中,它是一个受冒犯的女人的手势;而在《忏悔录》中,它是沉默的爱情宣言。在这两个文本中,符号都具有不容置疑的价值,而其意义乃是确定无疑的给予物。但是,确定其意义的正是让-雅克:这意义或有利,或不利。符号的绝对价值并不源于客

---

① 《对话录》之《上述作品之纪事》,见《全集》卷一,第 983 页。
② 同上,第 984 页。

体本身,而源于让-雅克的信念行为,他想要生活在一个命定的世界之中。如果他发现自己可以随心所欲地解释符号,那么在他眼中,这个世界依旧暧昧不清:他永远都无法在其中发现绝对的善和绝对的恶,而只能发现善与恶的可能性。但卢梭想要的却是"是"或"否"、全部或全无。他期望符号具有不可更改的、决定性的意义。

他褫夺了自身的自由权威,将其赋予符号。他信赖那完全出自外部意志的决定(即便这意志具有迫害性),这会令他的内心无比安宁。倘若上天、上帝已经颁布了旨意,那么,卢梭能做的就只是立刻谦卑地接受它或忍受它;他不会否认如下看法:"他的力量不在于行动,而在于忍耐。"[1]由此,卢梭就摆脱了行动以及在世界提供的诸种可能意义中作选择所带来的折磨。他对符号作出了解释,但这解释仿佛是由外部强加于他,而非他自己的作为。从此,他的责任被解除了;他无需再去探究外部世界;他可以返归自身,专注于他周围的符号在他心中所激发的感受。下面这个段落很能说明问题。住在夏尔梅特的卢梭向符号求助,以预知自己究竟会堕入地狱还是获得救赎:

---

[1] 《对话录》对话二,见《全集》卷一,第818页。

我机械地做着向树干投石子的练习;我发挥出了自己的正常水平,也就是几乎一颗未中。就在我拼命练习的时候,我居然想到,可以通过预测来平复我内心的不安。我告诉自己,我现在要向对面那棵树投掷石子。如果我击中了,这就是预示我会得救的符号;如果没有击中,这就是预示我会下地狱的符号。我一边这么想着,一边把石子从我那颤抖的手中投了出去,心怦怦直跳。但幸运的是,石子正中树干中央。这其实并不难,因为我特意选了一棵又粗又近的树。从那以后,我对自己的救赎不再心存疑虑了。一想起此事,我就哭笑不得。①

正如他在《爱弥儿》印刷受阻时所陷入的荒唐状态一样,让-雅克在这里对其后来未加批评而采取的一种行为作出了批评。这段症候性的文本表现了他对符号的态度:他期待某种回应能够平复他内心的不安。回应能否平复他内心的不安,并不取决于这回应是否对他有利,而仅仅取决于它是否具有决定性。显而易见,让-雅克唤起上帝的审判,试图将他最初发动的行为转化为一种向他预示着超越性意志的符号。这本是他自己的行为,但上帝立刻发话,接

---

① 《忏悔录》章六,见《全集》卷一,第243页。

管了这一行为,剥夺了让-雅克的能动者身份。他手中掷出的石子一碰到那棵树,便化为一个向让-雅克回返的符号;方向反转过来,那只手忘记了它刚刚掷出的石子,从此,一切皆为上帝所为。荷尔德林在献给卢梭的颂诗中写道:"那些符号自古以来便是诸神的语言。"是的,让-雅克想要倾听诸神的语言。倘使诸神沉默无言,他便准备唤起他们的道说,向他们祈求那平复不安的回应:你将获得救赎,抑或,你将堕入地狱。然而,到底是谁在道说?不是上帝,而是让-雅克的回声,它被当成了绝对之物。

卢梭渴求比人类日常交流更完美的沟通方式,可他难道没有因此被迫忍受交流之缺席吗?他难道没有沦为符号罗网的囚徒吗?这符号并未向他显明世界,并未向他揭示他人之灵魂,反倒向他映照出他自己的焦虑不安,抑或将他带回他自己的过去。事实上,对卢梭而言,这恐怕才是符号力量之所在:符号没有向他敞开世界的大门,而是变成了一个工具,自我通过这工具不可思议地沦为自身映像的奴隶,如同凝望水中倒影的那喀索斯。

爱欲的交流

对让-雅克来说,性经验长久以来都属于交流问题。如果《忏悔录》的说法可信,那么,性欲最初表征为无客体的焦虑,它无法觊觎某个明确的现实对象并企图占有之。它是一种兴奋、一种狂热;它一无所求,或者说,它欲求太多外在于自身的事物。这种欲望甚至无法被体验为欲望,它只是一种骚动、一种模糊的预期。一切都可以刺激它、"点燃"它,但没有什么能满足它,因为某个确定的满足对象的引诱尚不存在。长久以来,欲望客体与欲望引发的迷醉状态似乎始终混杂不分。让-雅克预感到未知的欢愉,于是,他满足于这种不安的快感,停留在欲求状态,停留在全然盲目的肉欲的激奋状态,任何外部客体都无法回应或应和这种状态。

可很快,他就给自己虚构了种种"想象的交往",他随心所欲地创造人物,幻想着令人感动的场景:由此,他重温了自己在童年的无数个夜晚里读过的小说……他试图以此满足自己:让-雅克为了构想这些想象的交流殚精竭虑,但这对他而言无关紧要。在这个王国里,幻觉比现实更有价值;既然在这里,一个诱人的存在者之在场不过是一个"偶然原因",那么更有益的做法便是将在场赋予那些想象的尤物,因为她们更懂得在适当的时候抹除自身之在场,让-雅克得以体味到他自己内心当中无比珍贵的感动之情。真实的人类身上总有太多晦暗不明的、令人不快的、出乎意料的地方需要加以提防,但卢梭对此却毫无头绪。而且,当他面对一个令他怦然心动的人时,他会即刻陷入情感的漩涡,神魂颠倒,无法再以清醒的头脑和充足的精力去赢得爱情。他变得笨手笨脚、战战兢兢;如果他在沉默的会面中没有寻得幸福,如果心上人的单纯在场所激发的"闪电般迅速"的情绪并未令他心满意足,那么,他便没有真正占有她,真人的爱情还不如幻想的爱情走得更远。幻想的完美尤物向他投怀送抱,这种梦幻场景更让他感到称心如意!幻想带给他的愉悦感与一个活生生的存在者带给他的愉悦感难道不是一样真实吗?如果说幻想的世界对卢梭而言乃是一个理想的世界,那么这不只是因为他在其中创造的那些存在者美丽无瑕,而且在很大程度上还因为障碍不复存在,他可以即刻享受便利:让-雅克只需原地不动,所有人都会主动送上门来,他无需大费周章便可赢得一切。这是因为在想象的世界中,爱情的赢得、不幸、分离和回归都不过是被给予的影像、神奇的馈赠。而且,在他的梦想中,满足并不仅仅意味着占有,它还包含了拒绝和牺牲;因为没有什么能比为了德性而作出放弃的心灵的情感更加美妙了;想象的挫折亦可催人流下甜蜜的泪水。这就是为什么在卢梭的白日梦中,两位"迷人的表姐妹"①(以及她们的原型格拉芬丽小姐和加莱小姐)虽向他投怀送抱,可品德高尚的

---

① [译注]指《新爱洛漪丝》中的两位女主人公朱莉和克莱尔。

他却远离了她们。

幻想之所以美妙,乃因一切皆被给予:所有行为均出自想象力的模拟,在现实性缺席的基底之上,唯一残留的真实便是深深触动让-雅克灵魂的感受。没有真实有效的行动;他要做的就只是敞开双臂欢迎幻想,而他也幻想自己受到一个"亲密社会"的欢迎。欢迎以及受到欢迎,这两种情形被一种对等性和可逆性联结在一起;物与人主动走向让-雅克,他无需征服他们(我们在前文分析过①,卢梭更愿意受到欢迎;他认为并感到自己从一开始就是一个受排挤者,丧失了母亲的疼爱,只能在故土的城墙外四处漂泊;他期待那些贵妇人们接纳他,给予他亲密无间的关怀,将他领入她们的社交圈子、宅邸乃至闺房之中。卢梭想要退隐到被给予的亲密关系之中,这种需要其实紧随另一种冲动之后,想象在这种冲动中发挥着同样不可小觑的作用。在这冲动的驱使下,让-雅克首先让自己沦为了一个受排挤者、一个放逐者、一个流浪者。这两种冲动交替而生:一种冲动促使让-雅克将自己抛入了"世界的广阔天地"②;另一种冲动则让他哀怨连连,乞求欢迎、令人快慰的热情、惩罚以及一个犯下罪错的浪子所能获得的宽恕)。

---

① [译注]参见斯塔罗宾斯基在本章之《回归》一节中的讨论。
② 《忏悔录》章二,见《全集》卷一,第45页。

故而,让-雅克期望华伦夫人和拉尔纳治夫人采取主动,迈出决定性的一步;他像个女人一样任由自己被他人征服:

> 我从来……没敢向哪个女人主动求欢,除非她故意挑逗,几乎是要逼我就范时,我才会有所行动。①

可卢梭其实并不需要这种征服:在"妈妈"打算委身于他之前,在她身边生活的他就已经感到十分幸福了。无需占有她的身体,让-雅克体会到一种无比圆融的满足感:

> 我对她既无冲动,亦无肉欲:我处在一种毫无来由的、迷人而快乐的澹然之境。②

除此之外,他也甘愿仅仅获得象征性的满足(包括一些"口唇期"式的满足):

> 我那么多次亲吻自己的床榻,就是因为想到她曾在此安睡! 我那么多次亲吻我房间里的

---

① 《忏悔录》章三,见《全集》卷一,第88页。
② 同上,第107页。

窗帘和每一个家具,就是因为想到它们都属于她,都被她的纤纤玉手触过!我甚至会那么多次跪着亲吻地板,就是因为想到她从这上面走过!有时,我甚至会情不自禁地当着她的面做出一些似乎唯有最炽烈的爱情才会激起的出格举动。那一日在吃饭时,她刚把一块肉放入嘴里,我便大声说我看到一根头发粘在上面;她把肉吐到盘子里,我如饥似渴地把它抓起来,一口吞了下去。总之,跟最狂热的情人相比,我只有一个差别,但这却是一个本质的差别,它使我的状态在理性看来近乎不可思议。①

可一旦成为华伦夫人的情人,让-雅克便即刻投身于一个超越肉体之爱的世界。在他们的爱情中,真正重要的问题并非肉欲层面的结合,而是某种极其类似于卢梭曾经体验过的那种幸福的东西:他们的"相互占有"不是"爱的占有,而是一种更为本质的占有,它并不取决于感官、性、年纪、外表,而取决于一切能让我们成为自身的事物——只有当我们不再存在时,我们才会失去它们"②。此乃直接的占有;它无需通过感官和身体便可将存在者们结合在一起。

---

① 《忏悔录》章三,见《全集》卷一,第108页。
② 《忏悔录》章五,见《全集》卷一,第222页。

裸露癖

还有什么会比卢梭的某些极端行为更能说明问题呢？倘若批评活动关注的目标不是对作家及其作品之整体作出解释，至少，它也得达至某些原则，从而让这个整体变得可被理解。对这样的批评而言，卢梭作品本身所记录的他的性反常行为不仅有助于我们解释这一整体的意义，同时也有助于我们把握那支撑其理论思想的脚手架。问题的关键并不在于将卢梭的意识形态还原为其情感基底，同样，我们也不可能将他的"私人"生活完全局限于轶事趣闻：他的作品清楚再现了他的亲身经历，我们不能只把它当成一份次要的观察材料。裸露癖是让-雅克的一个反常的性行为阶段；但它以某种变换的形式内化于《忏悔录》这类作品的根本原则当中。当然，我们没有任何理由采纳一种退行式的解释（流行的精神分析法习惯于这类解释），即把《忏悔录》简化为让-雅克青少年时期的裸露癖或多或少升华之后的变形产物。相较于这类解释，我们更愿意作出一种"前瞻式的"解释，即试图从过去的事件或态度中探察种种意向、抉择、欲望——它们所蕴藏的意义超越了那些首次彰显它们的环境。即便我们事先不把如下情况考虑在内，即让-雅克在都灵的"阴暗巷道"和"隐蔽陋室"里的裸露癖行为已经预示了他后来公开宣读《忏悔录》的行为,可是,只要我们对其性行为的分析未能揭示出导致其自传叙事方式的某类"与世界的关系",这种分析就依旧不够完整。性行为并非零碎的材料,而是完整个体之体现——我们必须从这样的角度来分析它[①]。不论是为了忽略它还是为了使它成为一个具有特殊地位的研究主题,裸露癖都不应被局限在性经验的"范围"之内:完整的个性以及某些基本的"存在选择"均在裸露癖中显现出来。故而,文学作品不应只是被还原为某种幼年心理倾向的伪装。分析的目标在于从情感生命的早期事实中发现到底是什么因素驱动着这些事实演化为文学形态,直至成为思想和艺术。

确实,一切似乎都开始于母爱的缺失。"我断送了我母亲的性命,我的出生乃是我所有不幸中的头一个。"[②]关于卢梭的出生,人们能说的差不多都被说尽了:或许正是这一诞生使让-雅克产生了存在的罪恶感。由此出发,批评家们构建出一系列连贯的(甚至太过连贯了)阐释:如何解释其受虐倾向?因为他的诞生乃是一个罪过,他需要赎罪。那么华伦

[①] 参见梅洛-庞蒂:《知觉现象学》卷一章五《身体作为有性别的存在》,巴黎:伽利马出版社,1945年。
[②] 《忏悔录》章一,见《全集》卷一,第7页。

夫人呢？显然源于卢梭对母亲乳房的欲望。三角关系又代表什么？象征性地寻求父亲的宽恕与保护。他为何会表现出受动的、自恋的行为？此乃罪疚感的结果，它阻碍让-雅克去寻求"正常的"满足，即在面对女人时把自己设定为父亲的竞争者。如何解释存在的感受、出神之境以及他对直接性的渴望呢？因为他想要回归原初的母腹、安宁的自然。那么他为何热衷于乳制品[1]？这里暗含的意义似乎已着实不言而喻了……

然而，用行为的隐秘目的和初始借口来解释行为，这仍然无法达成对行为的完整理解。同样，仅仅指出意识朝向象征性的目的并用这些目的替代其欲望的最初客体，这种做法也不够充分。我们需要找到那个联结内外的根本纽结：它就存在于意识与其目标的关联方式当中，存在于这种关系的结构本身当中。唯有如此，我们才能接近思想和体验的实在性。认为某个可以引导个性各个方面的心理情结

---

[1] 乳制品是让-雅克特别偏爱的一个性幻想主题。在前往都灵的途中，他想象了"挂满枝头的甜美果实；树荫下的撩人幽会；山坡上的一桶桶牛奶和奶油"。另外别忘了《小萨瓦人》中这个带有古老牧歌式风情的奇妙场景：漂亮的乡下女孩为了保护自己的名节，将一整瓶牛奶都倒在了太过胆大妄为的年轻领主身上；后者"浑身湿透了，甚至受了伤，但这反而让他更来劲了"。在热衷于解读象征符号的批评家眼中，这一场景简直就是意外收获的阐释良机！

(在这里即指俄狄浦斯情结)具有普遍解释效力,这就意味着接受了一种相当贫乏的心理因果性观念。人们常常援引心理情结来说明问题,似乎它具备某种独立的、与众不同的效力一般;可是,真实的心理生活从一开始就是个人接触周围"环境"时的一种活动。行为的首要环节既不在于其无意识的动机,也不在于其有意识的目的,而在于行动如何协调一致地利用动机与目的,也就是说行动者如何介入某个事件,他在这个事件中创造了其欲望的诸种形态。这种研究视角要求我们不能只考虑卢梭欲求什么(无论是有意识的还是象征性的欲求),还要特别关注他以何种方式引导自身满足其欲求,也就是他的"方法风格"……

　　　　　　＊　　＊　　＊

卢梭提供给我们许多有关他瞬间发生转变的例子。在《忏悔录》中,我们可以找到一些彼此并列却又如此相反的时刻,它们仿佛从属于迥异的人格。尤其令人惊讶的是,卢梭在某些时候显然忘记了他刚刚讲述过的事情,而这个曾经似乎具有重大意义的事情现在又忽然显得无关紧要了。《忏悔录》从第二章到第三章的过渡就明显印证了这种状况。第二章结束于偷窃丝带事件以及让-雅克捏造事实,指控可怜的玛丽翁,害后者遭到辞退;卢梭信誓旦旦地告诉我们,这桩"罪行"给他的整个余生刻上了"可怕的印记"。在紧接下来的第三章开头,让-雅克描述了他在这桩"罪行"发生后几个星期内的一些感受,可我们从中却看不到之前事件给他造成的一丝一毫的影响;这一事件没有导致任何后果。卢梭就好像"喝下了遗忘药水",拒绝与他的过去发生关系,为的是全身心地投入他的当下欲望:

> 我焦虑不安、心不在焉又胡思乱想;我泪流满面,长吁短叹,渴求着一种幸福;虽不知这幸福为何物,我却感到了它的阙如。这种状态难以言表,甚至很少有人能够想象它,因为大部分人已经预见到了那种既痛苦又甜美的完满生命,它在欲望的迷醉状态下赐予他们一种享受的预感。我那沸腾的热血让我的脑海里总是萦绕着姑娘和女人们的倩影,可是由于我并不知道她们对我到底有何用处,我便只能在头脑里以一种奇怪的方式幻想她们,却不知还能做些别的什么了……①

可这些幻想呈现给他的画面却是朗贝尔希耶小姐的处罚:既是惩戒又是性满足的暧昧体罚。我们

---

① 《忏悔录》章三,见《全集》卷一,第 88 页。

不禁要问，从某种意义上来说，这种惩罚想象是否构成了某种"无意识的"回应——即回应他对玛丽翁犯下的罪错。况且，这罪错本身也是一种暧昧的行为——在指控玛丽翁的同时，他也表明了自己的爱意，他甚至差一点就要向她示爱了："当我指控这个不幸的女孩时，很奇怪却也很真实的是，我正是出于对她的友爱才做出这种行径。她当时浮现于我的脑海，我便把罪责推给了我第一个想到的人。我把我自己本来想要干的事情嫁祸给她；我原本想把丝带送给她，却指责是她偷了来给我。"① 尽管上述两个事件没有什么明显的联系，但我们却可以发觉它们之间的某种隐秘关联。即便卢梭对"罪行"的记述与他对性痴迷的描述之间存在生硬的断裂，即便这两段文字的唯一的显著相似点就在于都使用了"奇怪"这一字眼，可我们还是能从让-雅克的受虐幻想中探察出某种深意，即这幻想乃是对在它之前出现的施虐情境的反应。力比多的涌动乃是对维切利夫人之死的反应；而在那些惩罚幻想中，敢作敢为的女孩们捆打让-雅克的屁股，也就是说，它们虚构出了一个朗贝尔希耶式的玛丽翁，她以色情的方式报复了让-雅克：这种反应既堕落反常，亦"合乎道德"；它以想象的惩罚补偿了罪错，并在一个作为惩罚者的伙伴

---

① 《忏悔录》章二，见《全集》卷一，第86页。

的许可之下完成了施虐之爱的宣言。

　　裸露癖行为正由此产生。让-雅克想从幻想进入现实,他想要受到他想象的那种对待。然而,他既不愿意也不知道如何跨越他与真实女人之间的距离。他不敢要求觊觎之物。他如何能够保证提出要求的行为不会破坏可能获得的满足感呢?因为他所期望的恰是女人完全采取主动。让-雅克最希望发生的事情就是他原地不动,女人主动过来捆打他;身体的受辱令他体验到一种美妙的感觉。感到羞耻的让-雅克无法直呼欲望之名:他只能试着在一言不发、不道出觊觎之物的情况下激发出他"想要受到的那种对待"。他满足于"远远地向异性展露我原本想要在她们身边展露出的那个样子"[①]。故而,卢梭想要获得的满足感根本不源于裸露行为本身,而源于本该随之而来的色情惩罚。裸露癖不过是让-雅克羞于用直白词汇提出的一种缄默形态的要求罢了。这是一种诉诸符号的病态行为模式!为了获得他所觊觎的享受,让-雅克能做的一切就是默默展露自身。他所发挥的作用到此为止,除此以外,他无法再有更多举动:接下来的行动必须源于外部。卢梭能够采取的唯一行动止于自身:

---

① 《忏悔录》章三,见《全集》卷一,第89页。

就差最后一步,我便可以感受到我想要受到的那种对待。①

然而,这一步却需要"某个果敢的姑娘"来完成。让-雅克自己无法迈出这一步,他的全部勇气都仅仅意味着"勇于等待"②。可他等来的却是一个"长着大胡子,戴着巨大的帽子,手握大刀的壮汉"——这是一个象征着阉割式惩罚的滑稽形象。

《忏悔录》这种具有嘲讽意味的叙述让这一切都看起来相当可笑。然而,卢梭在这里就整个事件所作的供认却具有非同寻常的意义。它彰明一种倾向——尽管我们之前曾谈及这种倾向,但它从未如此清晰地展现出来:具有魔法般效力的在场(présence)的引诱。让-雅克相信,他只需"展露自身"便可向其四周释放吸引力。出于这个目的,他用"滑稽的"裸体来施展诱惑。需要重申的是,卢梭追求的目标根本不是展露自身这一行为本身所带来的快感。裸露癖对他来说不过是一个手段:更准确地说,这是卢梭能够采用的唯一手段;这一手段恰恰意味着拒绝一切"正常"手段,诉诸于直接的引诱。让-雅克无疑想要影响他人,然而他的行动意志却使他

---

① 《忏悔录》章三,见《全集》卷一,第 89 页。
② 同上。

无法走出自身：裸露癖代表一种行动的极限，这行动指向外部，却不愿同外部世界的重重障碍发生激烈冲突。他想接触他人，却又不愿走出自身；他满足于做他自己，满足于示其所是。既然他拒绝向世界和他人施加真实的行动以跨越他们之间的距离，那么唯有魔法的力量方能达成这一目标。

然而这企图终会失败：激发出他"想要受到的那种对待"，这并不简单，甚至连吸引注意力也绝非易事。失败使让-雅克退隐于自身及其孤独意识之中（这一时刻有利于萨瓦助理牧师或甘穆先生①的教导）。于是，那喀索斯望见了自己的影像，一见倾心。他再次把自己幽禁于幻想中，不过，他从现在起深知，这幻想无法简简单单地从想象世界进入现实世界。只剩下一种可能，那便是牢牢依附想象，毫无保留地融入它的世界。"我作出写作和隐藏自身的决定。"而在爱欲方面，让-雅克作出了同样的决定：

> 我记得有一次，卢森堡夫人语带嘲讽地跟我谈起一个人，说他离开他的情人是为了可以给她写信。我跟她说，我曾经可能也是这样的人；我本可以再补上一句，我有时就是这样的人。②

---

① ［译注］即《爱弥儿》中萨瓦助理牧师的原型。参见《忏悔录》章三的说明。
② 《忏悔录》章五，见《全集》卷一，第 181 页。

给她写信——即与爱人（或者觊觎的人）分开，为的是怀恋着她的音容笑貌，独自生活；但这同样意味着：独自生活，为的是在字词、语句、意象中向爱人袒露自己，这或许可以产生出比单纯的身体在场更强大的吸引力。

我们在这种向想象世界和自我内心的折返姿态中察觉出某种暧昧性。一方面，对卢梭来说，此乃向绝对独立性的回归、向完满自足之直接感受的回归。然而对我们来说，这种姿态在客观上却以迂回的方式、以单纯的身体在场并不具备的手段诱捕目光。通过言语活动，让-雅克那独一无二的灵魂诉诸于普遍性的中介作用，为的却是更好地展露自身的独特性及其对外部世界的敌意。让-雅克事实上运用了中介，但他相信自己始终忠于直接性。

这似乎就是让-雅克的计划：通过一种激奋状态而变得诱人——自我在这种激奋状态中并未舍弃自己的幻想和虚构。引诱别人，但不脱离自身，欲望也不会牺牲它那直接的迷醉状态；虏获他人的注意力、好感、激情，但不需为此多做什么，只需被自己的迷人幻想所引诱，沉湎其中。故而，他是一个被引诱的引诱者；因为被引诱，所以才引诱别人；他的目光令观众着迷，因为这目光被一场内在的演出引诱而折返。

这显然是一场双重游戏：当卢梭自我暴露于他

者的目光下时,我们可以在其姿态中明确看出他的意图,即激发出他需要的回应;然而,他在激发这种回应时表现得似乎不是为了获得这回应而有所作为,他似乎既不觊觎也不谋求这一回应,它似乎只是在某个机缘巧合或心血来潮的情况下自发产生。他有时会佯装惊讶。他所做的一切只是为了回应义务(或真理、快乐)的内在呼唤而大声表达自己,人们由此便会拼命地反驳他或奉承他;但他不在乎这一切,他不需要这样的荣誉,他只想成为他自己……内在生命之直接性就是他的不在场证明、他的庇护所;但这也是一种手段,为的是让自己不用为了跟他人打交道而不得不使用那些正常的手段。让-雅克希望自己什么都不用做,只做他自己,便可被别人喜爱;他想完全停驻于自身当中,由此便可博得深情的关切与温柔的爱恋。有人可能会说——事实上已经有人这么说了——这是一种虚伪和自欺;与同类真诚交流,这需要走出自我的边界,可卢梭既不愿为此承担风险,也不愿为此付出努力:于是,他也就丧失了与他人交流的真诚。不仅如此,他也丧失了自身感受的真诚,因为他的所有感受——公开的也好,私密的也罢——无一不是为了在见证者面前展示:他在全欧洲人的眼中都是一个清白的、真诚的、听天由命的、受苦受难的人。由于不愿采用中介行动的决定性步骤,因为没有明确介入那个严酷的手段世界,让-雅克既失去了直接感受的纯粹性,亦失去了与他人真实交流的可能性。这种双重缺失界定了他的作家身份。

他著书立说,创作歌剧,只是为了抚慰自己,同自己的幻想对话。然而,他也渴望这种囿于自身的行为能够为他赢得同时代人的由衷赞美。他一头扎进自己的幻想,无所作为,似乎不愿跨越他与世界之间的距离;他获得了他的欲求之物:他人将目光投向他,困惑不安地走向他。他的目标不单单是艺术,因为他过于关注自己施加于感性灵魂的影响;可另一方面,他无需穿越那条通往人心的真实道路,无需忍受和跨越那横亘其间的恼人距离,因为他并不关心自己能否构建并维持与他人的真实联系。

于是,再现的魔法出现了,其效力与让-雅克起初指望的在场之魔法并不相同。他创作了《乡村占卜师》与《新爱洛漪丝》,沉醉于自己的幻想和音乐之中;人们终于将目光聚焦在他身上——这既出乎意料,又如其所愿;他如饥似渴地"舔食着"观众们流下的"甜美的泪水"。让-雅克在一种令女观众着迷的、再现他的影像中感到自身之在场:在《乡村占卜师》大获成功之时,这份荣耀带给他的最珍贵的享受就是爱欲之满足,这种满足在本质上无异于十六岁的他在都灵的巷道与"陋室"里裸露身体时所期待的那种满足。让-雅克展露自身,只不过这一回,他在其作品(作为其纯真温柔的灵魂的幻梦)中展露自身;他可以原地不动,只需"勇于等待":爱欲之满足自会送上门来。他不再被动地接受充满色欲的惩罚,而是主动地催生泪水与叹息。捆打屁股的受虐快感转化为田园牧歌式的温情施虐:

> 我感到全剧场的人都变得如痴如狂、心醉神迷,连我自己都开始头脑发热了①……我很快便全身心地沉浸其间,享受我的荣耀所带来的快乐。不过我很确信,此刻的这份快乐更多源于性快感,而非作者虚荣心的满足。一种欲望无时无刻不在折磨着我——我想用嘴去舔食她们被我感动后流下的甜美的泪水;假如剧场里都是男人,我肯定就不会这般饱受煎熬。②

这是一种奇妙的回归。当让-雅克第一次呈现(présenté)自己时,他失败了;现在,当他再现(représente)自己时,他成功了。

当然,卢梭深知歌剧不过是以最不直接的方式模仿感受。他在《音乐词典》中也没有忘记指出这

---

① 《卢梭学会年鉴》第四期,1908 年,第 228 页;参见《全集》卷一,第 1164 页。
② 《忏悔录》章八,见《全集》卷一,第 379 页。

一点:

> 为了持续产生愉悦,防止无聊乏味,音乐必须将自身提升至模仿艺术的层次;不过它的模仿并不像诗歌和绘画那样总是直接的;歌词是音乐最常用来确定其表现对象的手段,它向我们呈现对象的意象;正是通过人的歌喉发出的动人声音,这种意象在我们内心深处唤醒了它应当产生的那种感受。①

但是,卢梭在《乡村占卜师》获得成功时感到的那种快乐不再源自他所创作的音乐作品的歌词和旋律。此时发生的事件关乎色欲,只不过身体本身在其中并不重要。这是一种远距离的交流所产生的幸福。尽管女观众们的目光聚焦于舞台,可是让-雅克觉得自己才是她们心灵的主人。感动落泪的女人们都为他所有;他不想占有她们的身体,只想占有她们的情感;他现在知道,她们的眼泪已属于他。以如此间接的方式获得的享受却是一种直接的快乐,它废弃了晦暗不明的厚重肉身:唯有灵魂方能在这种交流中达成沟通。卢梭就是狄奥尼索斯,他的女祭司们环绕着他,

---

① 《音乐词典》,见《全集》(巴黎:福尔纳出版社,1835年)卷三,第810至811页。

他使她们沉浸于一种混杂着高尚之爱与不由自主的疯狂的迷醉状态。她们对他充满激情,通过他获得激情。他的力量与他的在场最终合二为一,因为他懂得如何让自己无止无休地不在场,隐身于一种歌颂不在场之诱惑与回归之幸福的音乐当中。

不过对卢梭来说,这种抒情的迷醉状态并非重获诱人在场之可能性的唯一方式。他还有其他途径可选,尤其是可以诉诸于反思的优越性以及道德英雄主义的追求。我们从中并不只是看到了超越与升华——它们令道德最终获胜:这种行为实际上强化了在场的魔力,从而使独特的爱欲得到满足。

家庭教师

有些批评家认为(拉佛格尤其持此论点),三角关系的爱情对于卢梭乃是一个契机,它重现了一个想要重获失去的亲密关系的有罪儿子的处境。不过必须补充的是,卢梭很快就开始努力克服其闯入者身份强加给他的依附性的次等地位:他想要赋予自己家庭教师的角色,即让自己成为一位导师,成为幸福知识的唯一掌握者。于是,让-雅克以爱护学生的导师姿态出现了,他想要促成苏菲·杜德托和圣-朗贝尔的结合。他为苏菲撰写了《道德书简》,教导她何谓具备美德与智慧的爱情。让-雅克由此获得一种快乐,即两个情人之间的情爱冲动得通过他来传递。他是中介者,但并不会因此就无法直接感受自己的善举。他似乎不想再占有任何身外之物。两个情人需要通过他才能心意相通,这一点对他来说就已足够。他既不是爱人,也不是被爱者:他是两个相爱之人的交汇点,是他们灵魂彼此沟通的"媒介"。同样,《爱弥儿》中的老师也将那对年轻夫妇的手握在了一起:

> 从他们身上看到我的心血换来的成果,我曾多少次兴奋得心跳加速啊!我曾多少次把他俩的手握在我的手中,激动地慨叹,由衷地感恩上天啊!这两只紧紧相握的手被我亲吻了多少回啊!我在它们上面洒下了多少欢乐的泪水啊!他们分享着我的激动之情,同样也深受感动……①

这真是一种奇特的享受:它一方面想要成为这对情人的欢乐见证,另一方面又要占据这种欢乐,将其视为自己的成果。这位家庭教师要求自己不但居于狂热爱情的中心,还要在它之外。故而,他同时拥有身临其境的迷醉体验和完全抽离的自由状态。他既享受其间,亦冷眼旁观;既耽溺于感觉,也瞬间超脱、进入反思。

---

① 《爱弥儿》卷五,见《全集》卷四,第 867 页。

在卢梭那里,三角关系的爱情总是同时包含着迷醉状态和换位反思。卢梭式的英雄既是掌握智慧的导师,也是引诱者。他既扰乱灵魂,也助其升华(他助其升华的同时也扰乱它)。与身体的占有相比,他更为专注于引诱灵魂、成为心灵相通的知己①。

于是,卢梭施展出一种引诱的魔法,但它本身不会陷入爱欲行为的漩涡。这魔法与道德升华通常密不可分;它们相互加强,产生出一种暧昧多义的状态,而我们明白,这种状态有可能显得并不纯洁。同时"被两位情妇爱着"的波姆斯顿绅士游移于激情的谵妄和冷静的理性之间:他让一位热情的侯爵夫人"狂怒不已",与此同时,他教导一位卑微的罗马妓女什么是懊悔和美德。这对他已然足够:他不想占有任何一个女人。从此,他便可以自恋式地爱着自己,毫无保留地钦慕自己:

> 他的美德赐予他的享受要比美人儿给予他的享受更美妙,前者不像后者那样终会衰竭。拒绝享乐的他要比那些纵情享乐之人更幸福;他爱得更长久且不失自由之身,他比那些浪费生命之人更好地享受了人生。②

---

① 我们也不难联想到他曾企图教育温岑里德。参见《忏悔录》章六,见《全集》卷一,第264至265页。
② 《爱德华·波姆斯顿绅士的爱情》,见《全集》卷二,第760页。

双重的爱欲影响变成了双重拒绝的托辞:爱德华·波姆斯顿绅士虏获了两个想要拥有他的女人的心,但他却一直跟她们保持距离。被他拒绝的这两位迷人女郎映照出他自己的影像,这影像因这拒绝而得到净化。波姆斯顿绅士的爱欲最终"反射"向他自身;在内心的狂风暴雨与激情的纷纷扰扰过后,这段情事最终结束于完整自我的回归。我们甚至不能说一切都复归内在感受,因为一切都未曾离开这感受的王国。就像老师将爱弥儿与苏菲的手握在一起那样,反思智慧需要感官迷醉的响应与配合,这既是为了享受这种迷醉状态,也是为了以最高自由之名迅速从中解脱出来。这是一种暧昧的默契,它以特有的方式体现了间接与直接、反思与感觉的调和状态。由此,反思者在一个似乎被他拒绝的王国里掳获幸福;为了让自己获得享受,他侵占了他在别人身上激起的感官快乐或痛苦,可他又不愿受制于这种享受。他暂时重新成为一个感性的灵魂,为的是暗中窃取他将在孤独中享受的情感,但他同时相信自己与感觉之间保持着纯粹超然的距离。

当爱弥儿与苏菲相互许下婚姻的誓言时,家庭教师完全沉浸于他们流露出的幸福情感之中;这幸福乃是他的杰作;他想深入其中去享受它。然而,他同时保持着一种独立的、优越的姿态:这两个年轻人亏欠他的人情,他们应该向他表达感谢和挚爱之情,但他并不亏欠他们任何东西;他所得到的回报就是分享他们的爱情……由于婚姻誓言的责任全都落在爱弥儿和苏菲身上,故而,对于导师来说,他依然保有自己的全部自由;即便他冒失地介入了这对夫妻的二人世界,乃至洞察其中最私密、最纯粹、最甜蜜的(以及最平淡的)部分,他也不会承受任何现实束缚。可是,为了最终享受这一无比动人的时刻,他得事先付出多少时间、多少努力啊!家庭教师必须先创造这两个年轻人的幸福,才能最终收获这幸福。为了达至这样一个独立享受的时刻、这样一股充满魔力的纯粹激奋之情和这样一种无拘无碍的分享状态,我们需要付诸多少行动、多少手段、多少中间环节啊!我们再次看到,如果不以大量的迂回手段为代价,如果不借助于中介性反思所推动的发展过程[1],在场之魔法就无法完成。现在,施展引诱的不再是狄奥尼索斯,而是苏格拉底;他向灵魂指明了应当遵循的道路[2]。

---

[1] "于是,我就这样成了这两个善良的年轻人的知己以及传递他们爱意的中介"(《爱弥儿》卷五,见《全集》卷四,第788页)。在谈到苏菲和圣-朗贝尔时,他说道:"不论是成为知己还是她的爱情对象,我都感到同样快乐"(《忏悔录》章九,见《全集》卷一,第462页)。

[2] 关于卢梭与苏格拉底,参见前引毕尔热兰的著作,第61至70页。荷尔德林则在其赞美诗《莱茵河》中将卢梭比作狄奥尼索斯。

第六章

* * *

那么该如何解释泰莱丝呢？她使让-雅克不会偏离自身，不会脱离到自身之外。她向他确保了他所需要的"替补"（supplément）①。一种"替补"②：这个词颇能说明问题的关键；我们在《忏悔录》第三章中已经看到了这个概念："我学会了这种危险的替补，它欺骗了本性，并把那些具有我这样性情的年轻人从放荡不羁的生活中解救出来，但其代价却是损害了他们的健康、精力，有时甚至是他们的性命。"③

---

① 《忏悔录》章七，见《全集》卷一，第332页。
② ［译注］斯塔罗宾斯基对卢梭的性经验、"替补"、书写、在场与不在场等问题的讨论显然引起了德里达的兴趣和重视，并启发了他的相关思考。详见德里达在《论文字学》中对斯塔罗宾斯基的重要评论。
③ 《忏悔录》章三，见《全集》卷一，第109页。对精神分析来说，自体性行为揭示了"客体关系"的脆弱。让-雅克的性能量的真正对象是自我（通常采取伪装的形态）而非外部客体，而后者才是正常性欲指向的对象。在精神分析学的视角下，我们有理由将卢梭的性生活的整个结构以及由此引发的罪疚感全都归因于某种"婴儿的固着（fixation）"——甚至是口唇期和肛门期的"性成熟前的"固着。由此出发，我们不难将让-雅克行为的多种病征都归结为某个共同的根源；这些病征包括其泌尿功能障碍、经常性的探条插入（易感尿道的性欲亢进）、亚美尼亚长袍（潜在的同性恋倾向），乃至其晚年时的系统性妄想症。［译注：关于卢梭病症问题的分析，可参见本书最后所附的第七篇论文《论卢梭的疾病》以及第八章之《疾病》一节。］

（转下页注）

(接上页注)极具启示的一点就在于,两种批评方法、两种解释类型可能在这里交会:借用弗洛伊德的术语,我们可以说"客体选择"固着于自我之上;借用黑格尔的术语,我们也可以说主体性拒绝在外部活动中"异化自身"。"自恋"、"婴儿的固着"都是与直接性立场相对应的精神分析学的表达。

不过,如果不马上作出准确界定的话,我们就无法谈论让-雅克的自恋:那喀索斯需要影像。他的欲望既不直接固着于自我之上,也不固着于他者身上,而是固着于想象的形象、映像、幻影之上,他赋予它们一种虚幻的独立性。在让-雅克创作的那部喜剧中,瓦莱尔只在如下时刻才真正成为了那喀索斯,即他看到自己被改扮成女人样子的那幅画像,无法从中认出他自己。他陷入了图像之爱,而这图像其实就是他自己的图像,但它表现出了某种他没有意识到的隐秘的女性气质。这种对自身的无法认知正是自恋激情之涌现得以可能的条件:"瓦莱尔生活得很精细,对穿着打扮讲究得过了头。他可是某一类藏在男人装束之下的女人呢。像这样乔装改扮的画像与其说是化了妆,倒不如说是恢复了他的自然状态哩"(《全集》卷二,第 977 页)。画像在这里具有根本的重要性。因为,如果说它首先揭示了瓦莱尔隐蔽的女性气质,如果说它是一种计策,这位年轻男子的自体性欲正是借此以一种狂热的方式现实化,并堂而皇之地展露出来的话,那么,它在最后则诱发了一个决定性的危机,那喀索斯由此摆脱了他的自恋并重新成为了瓦莱尔,回到了(这又是一种"回归"!)之前曾被他拒绝的温柔的未婚妻身边。安姬莉可最终战胜了画像:那喀索斯找到了他的"客体"。

在《新爱洛漪丝》中,当圣普勒揭除了裹着画像的包装纸时(朱莉将画像寄给了在巴黎自我放逐的圣普勒),他体验到了一种情感的"狂热",其激烈程度不亚于身体的占有本身:"每当我除去一层包装纸,我就感到我的心脏在剧烈地跳动,而我很快就发觉自己透不过气来了,以至于在除去最后一层封皮时,我不得不先喘一口气,稍作歇息……朱莉!……啊,我的朱莉啊!……面纱已被撕碎……我看见了(转下页注)

这种措辞上的惊人相似向我们揭示了卢梭对泰莱丝的看法:他可以轻易将这个人等同为他自己的肉身;在她面前,他永远都不需要考虑他者的问题。泰莱丝不是一个对话伙伴,而是身体存在的补充物。在别的女人那里,卢梭寻求的是这样一个美妙时刻,即身体之在场不再构成障碍;而在泰莱丝那里,他看到的则是一个甚至算不上障碍的身体。

(接上页注)你……我看见了你的神圣魅力!"(卷二,第二十二封信)。朱莉的画像是一个记忆符号,每撕掉一层包装纸,时间的厚度就被削减一分。圣普勒沉浸在过去的占有所唤起的出神状态之中;但是,作为客体的朱莉与他天各一方,逝者如斯;而这位情人的情绪却处于当下时刻。这种当下的透明性源于一种过去的、但通过影像得以重现的幸福;这是一种苦中带乐的享受,它只需爱欲客体的象征性在场。画像其实是一个彻底脱离了朱莉的符号,它使分隔两地的情人可以产生魔法般的沟通;画像无需通过身体的真实在场,便以一种纯粹的方式恢复了在场的感受:"啊,朱莉啊!如果真能把我的狂热和幻觉传达至你的感官,那该多好啊!……不过,为什么不可能呢?为什么灵魂如此强烈地感受到的印象不能像灵魂那样传达到那么远的地方呢?"

不过,画像需要一位艺术家。将让-雅克与普通的神经症患者区分开来的关键就在于,幻想并未被其自身所耗尽,它要求发展为实在的活动,它激起了写作的欲望,它想要引诱罗大众,等等。直接性的立场转变成文学作品,它在展露自身的同时也背弃了自己。故而,一切都被内在矛盾所推动;他所欲求的平静变成了运动,自身的享受变成了焦虑不安的反思。身不由己的卢梭被抛入了手段的世界;我们不得不承认,至少就这个不同寻常的人来说,本能之病态退行与思想之进展并非不可兼容。

第七章

自传问题

"我是谁?"对此问题的回答须瞬间作出。"我感受着我的心灵"①,此乃直观认识之特权,它直接向自身显现;它完全形成于一种独一无二的感受行为。在让-雅克看来,认识自身并不是难题,它是一种被给予性:"我跟自己度过了一生,我应该能认识我自己。"②

毫无疑问,为自我认识奠基的感受行为从来都没有相同的内容。每一个新情境中的感受行为都不容置疑,它就是明证性本身。每一次自我认识都是崭新的开始;真理总以原初的方式显现。感受行为可以无限重复,但它在每一个当下时刻都具有绝对的权力,掌握某种创始性的价值。自我一旦发现自

---

① 《忏悔录》章一,见《全集》卷一,第 5 页。
② 《致马勒塞尔布先生的信》第一封信,见《全集》卷一,第 1133 页。

身,便同时占有自身。在占有自身的那一瞬,它便对之前关于自身所知或自以为所知的一切都产生了怀疑:它在过去形成的自身真理之意象是模糊的、片断的、幼稚的。只有现在,真理之光才真正闪现或即将闪现……

这就是卢梭自传作品之多样性的由来。在《忏悔录》中,他宣称自己已经"言无不尽"(tout dit),可《对话录》似乎又告诉我们,他在《忏悔录》中尚未真正描绘过自己。随后,《遐思录》诞生了,一切又重新开始:"我到底是什么? 这便有待我去探寻了。"[1]随着让-雅克愈发陷入自己的谵妄之中,并逐渐丧失与他人的联系,自我认识对他来说似乎就更为复杂和艰难:"德尔斐神庙上的那句箴言认识你自己"并非"像我在《忏悔录》中以为的那样容易遵循"[2]。自我认识尽管艰难,但并未艰难到真理隐匿不显、意识无计可施的地步。内省始终是可能的;倘若真理并不直接显明自身,那么利用孤独漫步的闲暇时光从事"意识的省察",我们也足以克服一切晦暗无明。一切皆可解释;我们最终会彻底看清自己,"自为地"(pour soi)成为我们"自在地"(en soi)所是的那个人:卢梭有时会承认其行为之乖张,但他从未将其归咎

---

[1] 《遐思录》漫步之一,见《全集》卷一,第 995 页。
[2] 《遐思录》漫步之四,见《全集》卷一,第 1024 页。

于某种不可看透的黑暗本质,从未将其看作他的意识或意志之隐晦部分的外在表现。他的反常行为并不完全受他自己掌控;他只满足于陈述它们,把它们说成是乖张的行为,似乎这番忏悔即可涤净它们的神秘性。对让-雅克来说,自我意识乃是一座永无阴影的剧场:这是一个绝无例外的公设。诚然,卢梭有时在面对自己时也会困惑不安,难以看清自己:"我的绝大部分行动的真实而原始的动机对我来说并没有我长久以来以为的那么清楚。"可就在这段文字之后(《遐思录》漫步之六),他却不再强调内在明晰性之阙如,而是反过来表明自己彻底弄清楚了起先似乎并不那么清楚的事情。卢梭的沉思有时的确开始于承认自身之无知,但它最终通向的结论却绝不会是这一承认。记忆空白不会令他不安:他绝不会像普鲁斯特那样认为,遗忘的事件隐藏着某种根本的真理。对卢梭而言,既然一件事物被记忆遗漏,那么它必定无关紧要,不可能具有本质意义。从这个角度来看,卢梭怀抱一种坚定的乐观主义精神,始终相信自己能够完全掌握内在的明证性。

不仅如此,内在明证性还倾向于即刻外化自身:让-雅克自称无法掩饰这种明证性。一旦感受到某种情感,它就会瞬间化为符号并明确显示出来。正如我们所知,卢梭情愿相信他的一切情感冲动都清清楚楚地挂在了脸上。对卢梭来说,主观的生命体

验本身并不会"隐藏于"或折拢于"深处",它会自发浮上表面;情绪总是太过强烈,以至于无法被克制或压抑。让-雅克宣称:

> ……我的一切所感所思根本无法被我掩藏,此乃我的天性使然。①
>
> 我的心灵如水晶般透明,任何躲在里面的稍微激烈点的情感都无法被它藏住,哪怕就藏一分钟。②

然而,拥有绝对的透明亦是枉然。呈现于所有人眼中,这还不够;他人还须愿意目睹如此这般显现的真理;他们还须具备理解这种语言的禀赋。可他们却并未认清他的真实天性、真实感受以及他行动或克制的真实理由:

> 通过观察那些自以为了解我的人如何解释我的行为举止,我就发现他们其实根本不了解我。这世上没有任何人了解我,除了我自己。③
>
> 我发现生活中与我最亲近的那些人并不了

---

① 《忏悔录》章十二,见《全集》卷一,第622页。
② 《忏悔录》章九,见《全集》卷一,第446页。
③ 《致马勒塞尔布先生的信》第一封信,见《全集》卷一,第1133页。

解我,他们把我的大部分行动——无论好坏——都归因于另一些不会导致这些行动的动机。①

故而,问题出在他者的目光当中。让-雅克完全可被世人了解,但世人却根本不了解他。尽管他活得襟怀坦荡,可他看起来却像在遮遮掩掩。他相信自己纯真坦率地面对他人,可他发觉自身的真理并未大白,犹如戴着一副面具伪装自己一般。由于他人的错误认识,这个光明磊落之人看起来别有用心,似乎藏着不可告人的秘密……准确地说,他的自传作品所关切的问题并非自我认识,而是他人对让-雅克的承认。在他眼里,症结其实不在于清晰的自我意识,不在于"自在"与"自为"之统一,而在于如何将自我意识翻译为源自外部的承认。《忏悔录》的首要意图在于纠正他人的错误认识,而不是追寻一段"逝去的时光"②。所以,卢梭的关切始于如下问题:具有直接明证性的内在感受为何不能同协调一致的直接承认产生共鸣?自为的存在与他者眼中的存在为何如此难以调和?个人申辩与自传书写之所以对

---

① 《卢梭学会年鉴》第四期,1908 年,第 263 页;另参《全集》卷一,第 1121 页。
② [译注]此处暗指普鲁斯特的《追忆似水年华》。

让-雅克尤为必要,是因为只要自我认识的明晰性没有传导至外部,没有在其见证者眼中再现为清楚的映像,那么这种明晰性对他而言就依然不够充分。

活在透明性的恩典之中,这还不够;还必须说出自身之透明,说服他者承认它。对于渴求承认的人而言,有一种行动必不可少:这就是言语活动、坚持不懈的言说;必须用"世俗的言辞"(mots de la tribu)①阐明那些素朴符号纯粹地、却也徒劳地显示的事物。既然心灵自发的明证性不够充分,那么我们就要赋予它更多明证性。心灵透明亦是枉然,因为它还必须对他者透明,在众目睽睽之下除去面纱,使他者承认他们之前未能看清的真理:

> 我希望所有人都可以读懂我的心灵。②
>
> 我希望能够以某种方式使我的灵魂在读者眼中变得透明,为此,我试图从各个视角向他们坦露我的灵魂,照亮它的每一个侧面,使其一丝一毫的波动都可被读者察觉,从而让他们自行判断究竟是何原因造成了这些波动。③

---

① [译注]斯塔罗宾斯基的这一表达可能借自马拉美的著名诗作《爱伦·坡之墓》第六行:"赋予世俗的言辞更纯粹的意义"。"世俗的言辞"即实用的、有别于诗歌的日常语言。
② 《卢梭书信集》,杜福尔和普朗编,卷二十,第46页。
③ 《忏悔录》章四,见《全集》卷一,第175页。

"使我的灵魂在读者眼中变得透明"……所以,这似乎是在告诉我们,透明性不是先存的被给予性,而是需要我们完成的任务。更准确地说,意识的内在明晰性似乎并不自足;只要它严格地停留在"内部",只要它并未被他者接受,它就仍然是一种悖论性的、被面纱遮蔽的孤寂透明;它不是现实的(en acte)透明,而是"潜能"的(en puissance)透明;作为一种无法走出自身的被遮蔽的透明,它感到了自身的矛盾;它暂时无法向外部彰显自身。只有当它在某个见证者面前显现为透明时,或者用卢梭的话说,只有当它在读者眼中变得透明时,它才能成为现实的透明。

* * *

不被承认乃是让-雅克的内在透明从外部暂时获得的回应(可这要持续到何时为止呢?):这是一种没有观众的透明性。更糟糕的是,人们还把他误认为其所不是之人,把傲慢之人或恶徒的灵魂强加于他。他在博赛头一遭碰到的处境①便是如此,那时他被指责犯下了一桩根本不是他干的"罪行"。别人误解他、惩罚他,他们对一种想象的猜疑深信不疑;

---

① [译注]参见本书第一章之《"表面现象指控了我"》一节,以及《忏悔录》章一。

他蒙受了不白之冤。他是清白的,可"意见"误导了他的审判者。他过于软弱,无法逃脱他们的判决……

让-雅克开始谈论自己,因为从一开始,他就处于已然被判决的位置,而他拒不接受这样的判决。卢梭写给马勒塞尔布的四封书信是他撰写的第一部重要的自传作品。面对出版商的杳无音信①,陷入胡思乱想的卢梭发出了无端的指责和绝望的求助;这四封书信便是他在摆脱了这段谵妄时期之后很快写就的。恢复理智的他承认了自己的过错,并把之前的疯狂言行归咎于自己的极端孤僻。可在此期间被他无故搅扰的友人无疑会对他颇有微词。让-雅克深感有必要为自己辩解,对他自认为受到的评判作出反驳。既然他的荒唐举动被归咎于孤独,那么他现在就得解释他选择孤独的真实动机:这是出于他对正义和人类的爱,出于他对行动的厌恶,他宁可选择离群索居的生活。他并不愤世嫉俗,他并不憎恨人类;相反,他太过深切地爱着人类,以至于在与他们接触时总是受到伤害。他的不义行径原本只是源于他那纯真无邪的意向和感受、温柔的激情、被辜负的善心以及他对友爱的强烈需求,而这份需求不

---

① [译注]指《爱弥儿》一书印刷进程受阻。参见《忏悔录》章十一中的记叙。

得不从他幻想的那些人物身上得到满足。卢梭就这样呈交了申辩,期望改变世人的评判。他质疑之前评判的有效性。在他"言无不尽"之前,他希望自己只是暂时受到怀疑。"读者啊,请将你们的评判悬置起来吧……"他诉诸于最后的审判——一个终究公正的、可靠的审判。我们不难发现,卢梭将判定真假的逻辑判断与判定善恶的道德判断混淆了起来,而这或多或少是他有意为之。事实判断同时也是价值判断,这便是卢梭心目中的理想状况。他祈求一位正直的法官审视他;对这位法官而言,确定真理与主持正义是同一个行为。卢梭在谈到自己时也肯定了这一点:"在他的头脑中,正义与真理是一对同义词,他可以不加区别地交替使用它们。"[1]"为承认而斗争"(借用黑格尔的术语)没有别的意思,它就是指出庭受审。在卢梭看来,得到承认从本质上说就是被称义、被宣判无罪(不过,唯有一个法庭的权能不会被他拒绝,那就是上帝的法庭。唯有这个法庭掌握正义与真理;而他愿意服从的审判只有一个,即上帝作出的最后的审判)。于是,卢梭提起上诉,要求撤销前判,以使其生命与清白、本真的存在与道德的价值不可分割地融为一体;由此,在那位视正义与真理同义的法官的注视下,他便会拥有一种相应的特权,

---

[1] 《遐思录》漫步之四,见《全集》卷一,第 1032 页。

这特权让这个受审的被造物从此往后可以坚定不移地确信:存在与清白是一回事。

在他某些作品的草稿以及《忏悔录》初稿的序言中,卢梭颇为关切另一个问题——他有必要探讨这个问题,尽管这种讨论在其作品的最终版本中并未保留下来。他打算叙述自己的生活;可是,他既非主教(如奥古斯丁),亦非贵族(如蒙田),也没有参与到宫廷或军队的各项事务之中,故而,他没有任何资格让公众关注他;至少,在他身处的那个时代,他并不具备必要的资格能使他的自传书写具有正当性。何况,他还是个穷光蛋,不得不挣钱养活自己。他有什么权利要求别人关注他的生活呢?可问题恰恰在于,他为何就不能争取这种权利呢?他不过是一介平民,可他凭什么就不能仅仅因为自己是一个人而要求这种关注呢?对于一个人而言,萦绕心头的情感既不取决于地位,也不依赖于财富:

> ……我是个穷光蛋,当我快要没有面包果腹的时候,除了靠我自己的劳动谋生,我想不出还有别的什么更诚实的挣钱法子了。
>
> 不少读者仅凭这一看法就不愿再读下去了。他们无法想象,一个需要为面包发愁的人有什么地方值得他们去了解。而我写的书也不

是给这些人看的。①

请不要提出这样的反对理由,即我不过是一介平民,我所说的一切都不值得读者们关注。对我生活中发生的那些事件而言,或许确实如此;然而,我所要记述的并非是这些事件本身,而是随着它们的不断发生,我的灵魂所经历的状态。但是,一个人的灵魂究竟有多么卓越,这只取决于它的情感有多么伟大和高尚,它的观念有多么鲜活和丰富。事实本身在此不过是偶然原因。不管我的人生多么寂寂无闻,只要我比国王们更勤于思考,且思考得更深刻,那么记述我的灵魂就会比记述他们的灵魂更有趣。②

在这里,肯定情感权利与辩护平民身份相辅相成,因为人的价值完全取决于情感,特殊待遇或社会特权不再那么重要(圣普勒便是见证者,朱莉则是这种新真理的殉道者)。更伟大的情感、更鲜活的观念:情感主义与启蒙时代的理性主义在这里显然毫不矛盾。正相反,理性的精神权威与情感的道德至上在前革命时期的布尔乔亚那里乃是并行不悖的意

---

① 《我的肖像》,载于《卢梭学会年鉴》第四期(1908年),第262至263页;另见《全集》卷一,第1120页。
② 《卢梭学会年鉴》第四期,1908年,第4至5页;参见《全集》卷一,第1150页。

识形态武器。灵魂状态、情感、思想都是优越性的同等保障。

所以,卢梭准备完成的作品不但是受迫害者自证清白的辩护词,也是第三等级平民的宣言,他宣称自己的意识和个人生活中的事件具有绝对的重要性;尽管他不是亲王、主教或包税吏,但这并不意味着他没有权利要求获得公众的普遍关注。《忏悔录》的创作本身所蕴涵的社会意义不应被我们忽视。让-雅克想要获得承认:不只是作为一个不同寻常的灵魂、一个拥有纯洁心灵的受害者,还是作为一个普通人、一个没有贵族家世的异乡人,但他却因此更有资格向我们勾画一幅具备普遍有效性的人类画像。他曾四处游历、历尽艰险,他自认为享有一种特权,即他可以更深刻地认识人类,他掌握着更广博、更多样且更有效的知识。如今,曾经的仆人公然宣称仆人要比主人更优越。作为一个异乡人和无名小卒,他的社会地位反倒使他可以随心所欲地四处走动,观察法国社会的各个阶层,而不会将自己限于其中之一。既然他在哪里都无立足之地,他便可以去认识所有阶层:

> ……我自己不属于任何阶层,但我却了解所有阶层;从最底层到最顶层,除了王权以外,我在所有阶层都待过。大人物只了解大人物的

生活,小人物也只了解小人物的生活,后者只能以他们那个等级才会有的仰慕之情去看待前者,而前者只会带着一副不义的轻蔑态度看待后者。他们的关系隔太远,虽共同存在于世,却都无法看透人本身。可对我来说,由于我会小心翼翼地揭去人的面具,所以我到哪里都能认清他的真面目。我会衡量、比较他们各自的趣味、喜好、偏见和准则。作为一个朴实谦卑又无足轻重的人,我可以去他们所有人的家中做客,无拘无束地研究他们;当他们不再伪装自己时,我便可以把各个人、各个阶层放到一起进行比较;由于我就是个无名小卒,也一无所图,所以我不会让谁感到尴尬,也不会搅扰到谁;我哪儿都能去,但没有什么能让我舍不下;有时,我早上才跟亲王吃了早餐,晚上就跟农民一起吃晚饭。①

这段文字向我们清晰说明了让-雅克·卢梭这一个体想要拥有的权利是什么:他的经验具有一种普遍意义;作为平民百姓和自学成才者,他的这种身份反而让他更有资格要求世人听他讲话,因为只有他才能把握如其所是之人的真实观念。他自己是一

---

① 同上,第1150至1151页。

个无足轻重之人,可他却获得了力量补偿,即一种可以理解所有人的力量。人类的普遍形象之前一直由贵族阶级、上流士绅或世家子弟所把持,而现在,这一权利被交到了一个有教养的新贵、一个布尔乔亚的手中;贵族社会的逐步瓦解让他有机可乘,他可以观察所有人、评判所有人。

如何描绘自身?

说出自身的真理,这可能吗? 卢梭的回答是肯定的。自传把握内在真理的能力远超一切从外部观察模特的绘画。画家只满足于形似;他们构造出来的真实远远多于他们模仿的真实;他们本该描绘灵魂,却总是远离它;他们的大胆创作源自他们的武断和随意:

> 他们抓住某种性格凸显出来的特点,然后虚构出一些特征将它们连成一个整体,只要这个整体确实勾画出了一副容貌,管它逼不逼真呢? 反正没人可以作出评判。[①]

从外部去看,我们永远无法核实一个人的画像

[①] 同上,第1149页。

是否传神。无论肖像画家多么专注于他的模特,都无法认清其"内在原型";如果他想要阐明行为的隐秘动机和原因,他别无他法,只能揣测和虚构。从原则上说,外部观察者并不具备透视心理深度的视角,而这个视角与过去这一时间维度密不可分;他的目光只能停留在表面,无法离开当下并向前回溯。卢梭的这一看法似乎意味着心理世界具有某个不可知的部分;不过它所针对的其实只是外部观察者:

> 为了清楚认识一种性格,必须区分其中属于天性的部分与属于后天习得的部分,搞清楚这种性格如何形成,哪些因素导致其发展,是怎样一连串的隐秘感情使它成为现在这个样子,以及它如何改变,从而在某些时候产生出如此矛盾的意外效果。所见者不过是存在者的最小部分;它只是表面效果,而其内部原因却隐秘不现,且常常极为复杂。每个人都以自己的方式去揣测,都按自己的幻想去描绘;他并不担心人们比照画像与模特,因为我们如何才能够认识其内在原型呢?描绘他人之内在原型的那个人无法真正看清它,而在自身当中看清其内在原型的人又不愿意描绘它。[1]

---

[1] 同上。

"在自身当中看清其内在原型的人";故而,内在原型对于主体自身来说并非晦暗难解;主体甚至可以"描绘"它,只要他在通常情况下不会不愿意或者沉默地拒绝他人认识自己。所以,卢梭赋予自传一种可能性,而画家在他看来却不具备这种可能性:

> 没有任何人能给某个人撰写生平,除了这个人自己;只有他自己懂得其内在的存在方式、其真实的生活……①

卢梭立即补充道:"不过,在撰写其生平的时候,他有所掩饰。"跟画像一样,自画像不也是武断随意的作品吗?一个人给自己画的那幅肖像不也是一种虚构和创造吗?然而,卢梭并未将这些异议指向他自己,而是指向了前人,特别是蒙田。卢梭将是第一个,也是唯一一个完整描绘自身的人;第一次有人如其所是地刻画自己……卢梭把自己树立为特例。他的这幅画像不仅不会像依照外表创作出来的画像那样武断随意,而且也绝无虚伪,有别于所有人的自传。他的这份记述标志着一个新时代的开始、真理的降临。"我构想出一项前无古人的事业。"②这是

---

① 同上。
② 《忏悔录》章一,见《全集》卷一,第5页。

一个"独特的"、与众不同的存在者将要从事的独一无二的事业。不过,他还想要赋予这项事业一个重大意义:向他人提供一个"可资比照的范例",向哲学家们提供一个研究对象。

他人并不懂得公允地评判人,也不能客观地认识自己,这恰恰是因为他们并不了解外在于他们的任何人。为了克服这种"自我中心的双重错觉"[1],他们应该迫使自己不再用自己的尺度去评判他们的同类;他们应该乐于去认识异于自己的人。所以,让-雅克必须把自身的真理作为礼物赠予他们,让他们不再生活于误解和谬见之中。他们需要他——他向他们表明了这一点:

> 为了让人们学会自我评判,我想努力让他们至少能有一个可资比照的范例;每个人都可以既认识自己,也认识他人,而这个他人就是我。
>
> 是的,就是我,也只可能是我……[2]

卢梭再次把自己树立为特例。事实上,假如他

---

[1] 《卢梭学会年鉴》第四期,1908 年,第 2 页;参见《全集》卷一,第 1148 页。
[2] 同上,第 1149 页。

迫使自己恪守他加诸于别人的这种规定,那么他也得将目光转向外部,寻找某个"可资比照的范例"。任何囿于自我界限之内的精神都有陷入谬见的危险;然而,就在他作出这一断言之后,他却专断地自称有权不谈他人,只谈自己。我们在此可以发现,把自己置于交互性的地位,迫使自己接受他给别人规定的相同义务,这对于卢梭来说是多么困难的事情。真理在他眼里乃是一项单边特权:他人必须认识他,才能更清楚地认识自己;他们必须评判他、判他无罪,才能最终达到"自我评判"。他应该成为万众瞩目的焦点——这是他应得的承认;而他必须履行的义务只是描绘他自己。

言无不尽

认识自我是一个瞬间发生的单纯行为。在卢梭那里,认识自我与感受自我没有差别,感受直接决定自我之本质性的清白。然而这种独一无二的单纯感受无法只满足于它自己的确信:还须将它传达出去;可是,我们无法通过同样独一无二的单纯表达行为如其所是地传达它。卢梭当然希望只靠一个符号、一句简短的言辞便可一下子道尽一切,使他人对其清白深信不疑。有时,在一种极度焦虑不安的状态下,他甚至会肯定地感叹道:"我是清白的!"①可倘若他人没有听见他的呼喊或不承认其真诚性,那该如何是好呢?沉默不语吗?沉默是不可忍受的,这等于承认那损害名誉的判决公正有效。故而,他必须开口说话;他不甘于接受那不可传达的内在明证性,他必须寻求一种手段,将它翻译为有效的语言。

如何翻译一种对我们而言存在于感受的直观活动当中的明证性呢?如何从他人那里得到同样直观性的评判和承认呢?整个"言语的流转"将会介入最初的感受(卢梭自证无罪)与最后的审判(他人承认卢梭的清白)之间。关键问题在于要让他人获得一幅关于让-雅克的性格和心灵的真实画像,而这画像在原则上应与卢梭的内在感受一样单纯、清晰、统一。

那么该如何去做呢?卢梭要把他"灵魂"中的"所有褶皱"②都铺展开来;他要把其内在感受一下子把握到的全部真理都浓缩于一部传记之中并展示出来;他要把这真理的统一性与单纯性展现为连续不断的、多种多样的真实瞬间,从而更清晰地揭示出使其性格的各个要素相互联结、前后连贯的法则;他要说明他如何变成他现在所是的这个人;为此,他必须

---

① 《卢梭书信集》,杜福尔和普朗编,卷十九,第 310 页。
② 《卢梭学会年鉴》第四期,1908 年,第 9 页;参见《全集》卷一,第 1153 页。

用话语陈述其生命的整个历程,并要求他人自行综合其生命历程的各个片断。既然让-雅克无法一语道破其本性、性格及其统一性的原则,他便把这任务留给他的见证者们:如何绘制那幅独一无二的画像并评判它,这完全取决于他们;不过这一回,他们必须从极为丰富的生活素材出发去绘制和评判,这些素材将迫使他们看到一个真实的卢梭。必须重申的是,尽管卢梭自己也苛责其生命中的种种矛盾和间断,但他一刻也没有怀疑过其统一性;只不过在他看来,他不可能不通过自我描述而获得公认,况且,相较于那句全然肯定的断言("我是清白的"),对自己生活细节的记述会更容易被人们"接受"。任何全然肯定的断言都可能会遭到全然的否定:面对一个全然现成的综合判断,人们会心生疑虑,怀疑它是一句谎话。于是,卢梭将其生命中的种种事件和情境所构成的"原始材料"呈现出来,为的是让读者自行把它们串联在一起,综合成一个整体;由于是读者自己完成了材料综合,故而他们会更愿意相信它的真实性。详尽的生平记述不仅会俘获读者的目光,还会引发他们的评判,迫使他们勾画一幅真实的让-雅克的画像:

> 一切都是相互关联的……我性格中的所有要素都不可分割……这是一个奇怪的、独特的

组合;为了彻底揭去它的面纱,需要了解我生命中的所有状况。①

如果我自己直接给出结论,并对他们[读者]说:"这就是我的性格",他们可能会认为,即便我没有欺骗他们,至少我自己也搞错了。但是,当我朴直地向他们详尽讲述我所遭遇的一切、我所做过的一切、我的全部所思所感时,我便无力诱使他们产生误解,除非我有意如此;可即便我有意如此,我也不可能以这种方式轻易得逞。正是读者自己组合这些素材并评判这个由它们构成的存在者;结论应由他们自己作出,如果他们弄错了,那么全部错误都在他们头上……不应由我来判断事实是否重要;我自当言无不尽;至于如何取舍,那是读者操心的事。②

于是,把多样性还原为统一性的任务被卢梭交给了读者。他对读者充满信任。我们不难猜到,这其实也是一个无罪辩护的法子:一个如此自信之人,不愿有任何隐瞒,任由读者评判他,他又怎会是一个恶徒? 不过,我们也不难发现,卢梭同时也把所有可能出现的误解之责都丢给了他人:假如读者理解有

---

① 同上,第10页;参见《全集》卷一,第1153页。
② 《忏悔录》章四,见《全集》卷一,第175页。

误,那么全部错误都在读者一方。此乃决定性的检验:如若《忏悔录》的读者或者听众没有得出站得住脚的结论,那么好吧!卢梭最终可以确信,罪错全都在这些读者和听众的头上。

在通常的肖像画中,画家们依据"五点定位"进行人脸构图,剩下的工作则交由画家自己的创造力。不过卢梭问道,如果作者叙述了所有的事件、想法和感受,甚至不错过最为微不足道的细节,那么他不就迫使读者接受一个由大量"定位点"构成的整体、集合了吗?这些"定位点"不会任由想象力误入歧途。只要作者不断供述自己的生活,他提供给读者的素材就会构成一个无限接近原型的综合体:

> 说这些到底有什么用呢?用处就在于烘托其他内容,使它们形成一个协调一致的整体;脸部的各个特征只有形成一个整体时才会给人留下真实的印象:倘若缺少其中之一,容貌就会变形。当我在写作时,我并不考虑我写下的这些内容会构成怎样的集合;知无不言才是我唯一要考虑的事情,由此,这些内容便会组合成一个与其原型相似的整体。①

---

① 《卢梭学会年鉴》第四期,1908 年,第 264 至 265 页;参见《全集》卷一,第 1122 页。

可是如何才能言无不尽？应该遵循什么样的顺序和方法呢？如果说为了彻底揭去性格的面纱，卢梭需要记述生命中的所有状况，那么这将变成一项永无止境的任务。既然一丁点的遗漏都会损害整个事业的真实性，那么这项事业岂不蕴藏着巨大的风险？习惯于思考对立关系的卢梭在这里只看到两种结局：他的努力要么换来成功，要么换来彻底的失败。"如果我有所隐瞒，人们就会对我一无所知。"[1]一方面，卢梭期望达到无限近似的真理（相当于完整的真理）；另一方面，无法摆脱误解乃至进一步加剧误解的风险始终存在。遭受指控的威胁一直困扰着卢梭，他感到不得不毫无隐瞒：

> 既然我已从事这项事业，即向公众彻底展露自我，那么，我的任何事情对于公众来说就不应是模糊的或隐秘的；我必须不断处于他们的目光之下；让他们看见我内心的所有疯狂和错乱吧！让他们看见我生命里的所有幽暗角落吧！但愿他们时时刻刻都能看到我，因为一旦发现我的记述有一丁点疏漏、一丁点省略，他们就会寻思："他在这段时间都干了些什么？"我担心他们会因此指责我不愿言无不尽。我的记述

---

[1] 同上，第10页；参见《全集》卷一，第1153页。

已经给我招来够多的恶意了,我不想因为沉默又招来更多。①

卢梭始终在威胁之下说话。我们在阅读《忏悔录》的过程中会感到,言说之艰难与痛苦愈发明显。不仅如此,从第七章开始,卢梭归于"同时代人"的那些意图的本质发生了根本变化。起初,他感到自己被世人要求开口讲话,可他现在却获得另一番印象:他的敌人们为了阻止他写作、防止世人听他说话,可谓无所不用其极。故而,卢梭要继续言无不尽,他的这一意图不会改变,但这不是为了满足读者的要求,而是为了对抗无所不在的敌意:"我头顶上的楼板里藏着眼睛,我四周的墙壁中潜伏着耳朵;我身边尽是一帮不怀好意、时刻警觉的奸细和密探们;我忧虑不安、魂不守舍,慌忙地在纸上草草写下几句前言不搭后语的话,几乎都没时间重读一遍,更别提修改了"②……他者之目光现在变成了想要看见一切、但不再想知道真理的目光,它不再要求认识真理,而毋宁要尽力掩埋真理。所以,对于其他人以及后世而言,言无不尽就变得愈发重要了(前提是手稿能够流传到他们手上,它在此期间没有被阴谋家们销毁或

---

① 《忏悔录》章二,见《全集》卷一,第 59 至 60 页。
② 《忏悔录》章七,见《全集》卷一,第 279 页。

篡改)。

然而,我们可以用日常语言做到言无不尽吗?正如我们所知,卢梭信赖的是符号,而非"言语的冷漠介入"。日常语言并不适合用来表达那些组合成为某种独特存在的事件和感受。这就是为何这个自认为与众不同的人想要用别样的语言来表现他的不同,而他会是第一个和唯一一个使用这种语言的人;随后,这种语言的模子将被打碎,就像大自然打碎了"它用于铸造"让-雅克的"那个模子"一般:

> 为了说出我要说的话,需要发明一种跟我的计划同样新颖的语言:因为,我得使用怎样的语调、怎样的风格才能澄清无限混沌的感受呢?这些如此多变、如此矛盾的感受常常是那么卑劣,有时又那么崇高,它们不断搅动着我的内心。为了把握我的隐秘思想倾向的发展线索,为了描绘在我的灵魂深处留下痕迹的每一个印象最初如何钻入其中,有什么微不足道的事物和不幸是不该被我讲述的呢?有哪些令人反感的、有失体面的、幼稚的乃至常常荒唐可笑的细节是不该被我谈论的呢?[①]

[①] 《卢梭学会年鉴》第四期,1908年,第9至10页;参见《全集》卷一,第1153页。

正如卢梭在这里指出的那样,困难之处就在于要找到一种语言,它可以忠实地保留个人体验所蕴含的无法比拟的韵味;要发明一种足够灵活多变的书写方式,它可以言说杂多、矛盾、无关紧要的细节、"微不足道的事物"以及接连不断的"微知觉"(petites perceptions)[①]——所有这一切都被组织在一起,共同构成了让-雅克的独特存在。因此,他要探寻一种适合于表述其对象的风格;不过这对象不是任何外在的、"客观的"东西:它就是作家的自我、他的个人存在,它具有无限的复杂性和绝对的差异性。现在,这个人明确想要仰仗一种可以真实描绘他的语言,而在这语言中,他也可以辨识出自己的本质。不过,倘若他必得阐明这种本质,那么这本质正是他的历史;倘若他必须将其历史分解成其构成要素,他将得到无限多的微不足道的事件,它们既不高尚,彼此之间也缺乏明显的连贯性。严格来说,如果想要记述"留下痕迹的每一个印象",就必须描绘每一个瞬间,因为每一个瞬间都是一个开始、一种创始行为。我们不禁回想起《爱弥儿与苏菲,或孤独者》中的说法:"我们能做的事情其实从来就只是从头开始……除了一连串前后相继的当下瞬间,我们的存

---

① [译注]这里应是借用了莱布尼茨的表达。参见《人类理智新论》卷二章九。

在并不具备什么连贯性,而最初的那个瞬间永远都是现实中正在发生的瞬间。在我们生命的每一个瞬间,我们都在死亡和诞生"①……言说一切开始,也就是言说一切瞬间;然而,语言对生命的这种极端忠实近乎不可想象。假使我们实现了这种忠实性,那就是用语言替代了生命。生命消散在复制它的言语中。可对卢梭而言,生命价值的等级要高于"文学",后者不过是前者的影子。为了享受真实体验的快乐,卢梭拒绝把最令他陶醉的遐思落于文字:"我为何要从当下的美妙享受中跳脱出来,就为了把自己的这份享受告诉他人呢?"②他感到自己需要一种沉默的完满状态,这种需要抵偿了他对终极申辩的需要。《忏悔录》相当于这两种需要的中项;可在某种意义上,这部自传作品也注定要遭遇双重的失败:一方面,言无不尽不可能达成,故而,申辩也不会彻底;另一方面,完满幸福的沉默状态已被永远打破。言语在最初的清白与最终的判决之间的场域展开,而这判决的使命就在于确证那重获的清白。最初的幸福已不再完满,申辩的事业还远未成功。《忏悔录》一气呵成,既道出了卢梭对逝去统一性的怀乡思愁,也道出了他对终极和解的不安期待。

---

① 《爱弥儿与苏菲》第一封信,见《全集》卷四,第905页。
② 《忏悔录》章四,见《全集》卷一,第162页。

无论如何,卢梭对下面这条原则不会有异议:按照时间顺序考察其意识的发展,重构其成长轨迹,探查其观念与感受演进的自然序列,通过记忆重新勾勒决定其性格与命运的因果链条。这是一种"发生学"方法,它追溯起源,为的是从中探寻当下时刻的隐秘本源;卢梭在《论不平等的起源》中也把同样的方法应用于历史研究。卢梭的任务就在于证明演化的连续性("我的隐秘思想倾向的发展线索"),同时,这也是为了描绘"最初"触动灵魂的"印象"如何以连续的或不连续的方式显现。故而,卢梭不仅应该说明"一切"是如何"相互关联的",还应说明那些初始时刻是如何逐渐涌现出来的;意识经由这些时刻获得了新的"印象"、新的规定性、不可抹除的"痕迹"或创伤,由此变得更为充实。事实上,对卢梭来说,演化链条的连续性与初始时刻的不连续性之间并不存在任何不可调和性;恰恰相反,连续性与不连续性完全相互依存,每一个新的"印记"就像一个不会终止的新的声部进入交响乐之中:

  ……铭刻在我脑海里的最初印记依然存在,之后的印记并未将前者抹除,而是与它们融合在了一起。感情和观念具有特定的连贯关系;之前的感情和观念会改变随后出现的感情和观念,我们必须了解前者才能评判后者。我在任何时候都专注于阐明初始原因,从而去揭示因果链条。①

然而,为了找到"初始原因",我们要一直回溯到什么地步呢?我们有什么权利判定某个时刻相对于另一事件来说具有决定性的重要意义,且后者只是一个单纯的结果呢?区分原因和结果,此乃一种判断活动。这种判断的特权原本已被完全交给读者,可现在,这一特权难道没有被作者公然收回吗?一切真实体验的瞬间均可被正当地视为结果,同样也可被正当地视为原因。只有任意武断的判定才会把绝对原初的价值赋予其中的某一些瞬间:"就这样开始了……"②可卢梭却毫不犹豫地这么做了:他作出评判,按照因果关系排列各个事件,与此同时,他又声称任由他人评说。任何时候,他都没有在他的叙述中抹除自身,以便于将未经加工的原始材料交付我们,可是他却声称自己是这么做的。当他把书信抄录在他的作品中时,他表现得好像是在展示一份又一份档案卷宗,可它们刚刚被抄写下来,卢梭就立刻作出了评论。他还有别的做法吗?他能够在记

---

① 同上,第 174 至 175 页。
② [译注]这是卢梭在《忏悔录》中惯用的一个表达。另参斯塔罗宾斯基在第六章之《回归》一节中的相关论述。

述自己生平的同时又不赋予它某种意义吗？确立因果相续的秩序，这已然意味着确定某种意义——不仅是因为他强加于事件之上的解释顺序凸显了某些被赋予特殊地位的时刻，而且是因为他对这种解释方式的选择本身就直接表明了他对某种存在意义的选择。只有这种"因果链条"观念才会暗示出命运的律法，以及将自我与其过去相连的隶属关系；卢梭把自己置于受害者的位置，他被迫承受着他无法掌控的过去所引发的种种后果。有意思的是，通过这种决定论式的宿命论，决定性的作用便被卢梭赋予了最为久远的事件："感情和观念具有特定的连贯关系；之前的感情和观念会改变随后出现的感情和观念。"因此，我们可以十分清楚地看到，卢梭的这种方法本身就已经表达了他的"根本选择"：他声称自己是受到敌视的无辜受害者；面对这种敌视，他从今往后却毫无还手之力。他无法掌控那个造就了现在的他的遥远过去；同样，他也无法左右他的迫害者们的恶意。他茕茕孑立，贫困潦倒，完全丧失了行动的自由；但这不是他的罪错，这从来都不是他的罪错。如果他还被允许保留最后一点点自由的话，那么这就是写作的自由，他要说明自己何以会沦落到这步田地。然而，他的文稿已落入敌人之手，他们千方百计地阻挠他写作……既然他已不再自由，他也就毫无责任；既然他毫无责任，任何罪错都不能被归咎于他。他是清白无辜的。证明业已完成,申辩得以成立。

* * *

一切有关过去的视角似乎都笼罩在天命与必然的阴影之下。不过,还有一处庇护所留给了自由:那就是内在感受,以及书写行为本身。尽管卢梭在其生命当中看不到发挥效用的自由原则,但他却使文学表达的自由成为可能。事实上,卢梭把他的生命视为一种强加其身的可怕命运;而他的自传书写却是一种自由行动;他会道出自身的真理,因为他可以自由地呈现自己的感受,无需忍受任何限制、拘束和规则:

> 如果我想要像其他人那样小心翼翼地写一本书,我就不会描绘我自己,而是粉饰我自己。可我现在要创作的是我的画像,而不是一本书。可以说,我是在暗箱(chambre obscure)①里进行创作;我不需要别的什么技艺,只需准确地描画出我清楚看见的线条即可。因此,我所用的风格取决于我所画的事物。我并不致力于保持

---

① [译注]即 *Camera obscura*,一种投影式的光学仪器,其原理早在古希腊时期即被提出,后来被许多画家用于辅助绘画。

风格的统一;什么风格浮现于我脑中,我就用什么风格,依着自己的性子无所顾忌地变换它;对于每一件事物,我有什么感受和看法,我就说什么,绝不矫饰,无拘无束,也不会操心我的记述是否杂乱无章。当我同时沉浸于对过去印象的回忆以及当下的感受时,我便从两个维度描画出了我的灵魂状态,也就是事件降临在我身上时的灵魂状态和我描述该事件时的灵魂状态。我的风格时而简练、时而繁冗,时而审慎、时而疯狂,时而阴沉、时而欢快;这种变幻无常却自然质朴的风格本身便是我的历史的组成部分。①

通达真实世界的契机就藏在这种言语的自由、语言的自发冲动之中。沉浸在回忆里,沉浸在感受中:卢梭在这里提出了一种受动性,但这是一种自由的受动性。它不再是对外部的异质力量的屈从与纵容,而是幸福地委身于内在的力量、内心的冒险。过往时光不再是拴住当下瞬间的镣铐与锁链,不再是迫使我们忍受自身命运的种种决断缠绕而成的死结。现在,目光源于当下的瞬间:"本源"就在此时此

---

① 《卢梭学会年鉴》第四期,1908年,第10至11页;参见《全集》卷一,第1154页。

地,而不在逝去的生活当中。当下的时刻支配着回溯的时光,它没有被沉重的过去所压垮。于是,卢梭不再感到自己由其过去所造就,他发现过去就源于自身,它在其自身之中被那当下涌动的情绪所激发。

"什么风格浮现于我脑中,我就用什么风格",此话意味深长。它说明卢梭有意把主动权让渡给语言:他让自己的情绪开口说话,情愿在其口授之下写作。他并不掌舵,而是任凭自己被回忆和言语的浪涛席卷。一种崭新的语言观在此诞生(其影响一直延续到了超现实主义那里)。

当然,卢梭还远没有摆脱传统的语言观,即仍把语言视为作家力图驾驭的工具:语言只是手段,一种为我所用的器具,就像任何其他物质器具一样。当卢梭随后谈到他"依着自己的性子"去"变换"风格时,他即刻恢复了如下原则:作家对风格的支配作用。故而,尽管他任由自己受其性情牵引,但他依然试图拥有语言的最高控制权。即便如此,我们刚刚引用的这个段落还是透露出了某种崭新姿态:任语言自行其道,勿加干涉。从此,言说主体与语言的关系不再是劳动者与其器具那样的工具关系;如今,主体与语言不再是彼此外在的存在。主体即其情绪,情绪直接就是语言。主体、语言、情绪这三者不再可以区分。情绪就是揭去自身面纱的主体,而语言就是自我言说的情绪。在叙述的冲动中,让-雅克直接是其语言。言语与主体合二为一,就像获得生命的伽拉忒亚与皮格马利翁的"自我"融为一体。毋庸置疑,言语的功能始终在于"居中协调"自我与他者的关系;然而,它不再是与使用它的自我截然不同的工具,而就是自我本身。我们应该在此援引黑格尔的观点,因为正是他出色地分析了"内在信念"的语言——我们在卢梭那里看到的正是这种语言:"语言就是为他人而存在的自我意识,它如其所是地直接在场……良心语言的内容就是知道自己即为本质的那个自我。这就是语言唯一表达的东西。"①自我言说乃是本质的行动,但是自我在这种行动中不会脱离自身。

描绘自身似乎是一个永无止境的任务,可现在,它却显得异常简单。我们只需顺从感受,沉浸其中,让它自己开口说话。正是这种对感受和回忆的顺从确保了自传之真实。我们面对的不再是发明新语言这项艰巨的事业;一旦我们不再专注于言辞的技巧,一旦我们不再抱有创作文学作品这种想法,新语言自然而然便会被发明出来。自我只关切它自己,它

---

① 让·伊波利特:《黑格尔〈精神现象学〉的起源与结构》,巴黎:奥比耶出版社,1946年,第494至495页。[译注:斯塔罗宾斯基在本书中援引的黑格尔文本均为法国著名黑格尔专家伊波利特(J. Hyppolite,1907—1968)的译文。此处这段引文出自《精神现象学》第六章第三节。]

并不关心作品或是作为工具的语言。作品本身该是什么样子,它自会以什么样子出现,其真实性恰恰取决于此。当卢梭讨论表达问题的巨大困难时,他依旧把写作行为视为一种手段,其用途就在于"澄清"如此多变的"无限混沌的感受"。可是,只要我们不再把写作行为视为揭去真理面纱的工具性手段,而就是这种揭示本身,那么从这一刻起,语言难题便烟消云散了。这种态度无非意味着我们要在此刻此地直接追索曾被《语言起源论》赋予"原始语言"的那些极富表现力的特权。语言就是被直接表达的情绪;它不再是揭示隐秘实在性的约定化工具,它本身就是被揭示的秘密、被瞬间显明的隐匿之物。不仅如此,联结言语与情绪的这种自发的一致性也确保了其他一切真实关系:语言的直接真实性保证了卢梭亲身体验的过去的真实性。这种真实性以回溯的方式将自身的纯洁、清白与明证性传播开来。在忏悔的当下的透明性中,让-雅克生命中的一切谎言或邪恶都被涤荡干净,灰飞烟灭了。

* * *

我便从两个维度描画出了我的灵魂状态:卢梭认为自己有幸获得双重的真实,但我们却难免担心,这可能会是一种双重的失败。假使问题的关键在于追忆过去的确切事实,精准定位它的时间、地点并如实描述它,那么这将是一个极其冒险的行为,因为我们最后可能只会得到一个不确定的、不完整的结论。把过去的事实当作一个对象,试图原封不动地恢复它的本来面目——这是根本不可能的事情:我们能够唤醒的记忆是有限的,而且它会出错。只有很少的场景真正留存在记忆中;一旦记忆试图触及其余内容,它们便会即刻消失无影……况且,我当下的灵魂状态难道不会阻挡我投向过去的目光吗?我的当下情绪不就像一面棱镜吗——透过这面棱镜,过往生命的形态和色彩不会发生改变吗?它难道不会随着时间的推移而愈发阴郁或愈发明澈吗?回过头去捕捉客观的往日时光,这如同俄耳甫斯转身回望欧律狄刻①……关于这些问题,卢梭的回答呼应了格劳克斯神像的神话②,即本质始终完好如初。因为本质不是客观事实,而就是感受;过去的感受可以重新浮现并涌入灵魂之中,化为当下的情绪。即使"事件的链条"无法再为记忆捕捉,但它还保有"感受的链条";围绕着这些感受,被遗忘的具体事实便可被重建。所以,感受乃是记忆之坚不可摧的内核,正是由感受出发并通过某种诱导作用,让-雅克得以重新

---

① [译注]俄耳甫斯在将爱妻欧律狄刻救出冥府途中,因关切她尚未痊愈的脚伤而回头看了爱妻,违反了他与冥王的约定,导致欧律狄刻被重新打回冥府。

② [译注]参见本书第一章之《格劳克斯神像》一节。

发现种种外部环境和"偶然原因"：

> 为了弥补记忆力的不足并引导自己的写作事业，我积累了许多材料，可它们全都落入了他人之手，再也回不到我自己手上了。我只剩一个可以指望的忠实向导了，那就是感受的链条，它们标示出我的存在的连续发展的轨迹；通过这些感受，也可以标示出一条事件的链条——这些事件或是引发感受的原因，或是感受导致的结果。我很容易忘记自己的不幸，但我却忘不了自己的罪过，更忘不了那些由衷的感受。它们留下的回忆对我来说太宝贵，在我心中永远不可磨灭。我可能会遗漏某些事实，可能会张冠李戴，记错时间；但我不会弄错自己的感受，我也不会搞错感受让我去做的事情——这才是尤为关键之处。我忏悔的真正目的是要让人们如实了解我在人生各种境遇下的内心世界到底是怎样的。我许诺书写的乃是我的灵魂史，而为了忠实地书写它，我不需要别的记忆：就像我迄今为止一直做的这样，我只需返归自己的内心。①

故而，情感记忆看来是不会出错的。唯有通过这

---

① 《忏悔录》章七，见《全集》卷一，第 278 页。

种记忆,而不是通过严格的反思,往日时光才会真正复苏:"我喃喃自语道,我曾享受的那种快乐,我还在享受它。"① 不仅如此,这种记忆常常体现为更强烈的情绪,它具有比原始印象更加触动人心的强度。这就是为什么记忆中的往日时光非但没有褪色,反而愈发醇郁,激起更为深刻的共鸣:"事物给我造成的印象不如它们留下的记忆那般深刻。"② 只有当我们在回忆中重温某种情绪时,它的真实"厚度"才会展现出来……当然,除了这种不会出错的情感复苏,也确实存在一些例外情况。有些幸福之情再也无法被翻译为言语;还有一些美妙的瞬间太过耀眼夺目,以至于让-雅克永远都无法再次看清它的内容——这便是他在前往樊尚途中灵感闪现时的状况;他在给马勒塞尔布的信中写道:"啊,先生!哪怕我能够把我在那棵树下所见所感的四分之一写出来……"③

毕竟,回忆是否准确,这并不重要。关键在于,记忆可以在心中激起共鸣,不断强化;它与当下感受融为一体,不再泾渭分明。卢梭想要通过讲述他的生命历程来描绘自己的灵魂;但首要问题不在于历史的真实,而关乎意识在让过去显现、重现于其内部时所体

---

① 《卢梭学会年鉴》第四期,1908 年,第 229 页;参见《全集》卷一,第 1174 页。
② 《忏悔录》章四,见《全集》卷一,第 174 页。
③ 《致马勒塞尔布先生的信》第二封信,见《全集》卷一,第 1135 页。

验到的情绪。如果说回忆的影像是虚假的,至少当下的情绪并非如此。卢梭想要传达的真实不是对传记事实的精准确定,而是他与其过去维持的联系。他从两个维度描绘了自身,因为他并非单纯重构自己的历史,而是按照他写作时所重温的历史来描绘自己。所以,他是否用想象填补了记忆的空白,这无关紧要;我们的梦想所具有的特性难道没有体现我们自己的本性吗?自画像在"细枝末节"上是否逼真,这并不重要,因为画家的灵魂得通过他的艺术手法、笔触和风格体现出来。在令自己的画像失真走样的同时,他也揭示出更为本质性的实在,即他投向自身的目光,以及一种不可能性:他无法不以自我歪曲的方式把握自身。他不再试图以历史学家的客观冷静的方式把握他的研究对象(也就是他自己),占有某个不可更改的事实。他在自己的探求和错误中展现自身,同时也揭示出他自认为把握到的那个变动不居的对象。所有这一切共同构成了一种更完整的真理,但我们无法按照通常的法则去检验它。我们不再身处于真实性(vérité)的世界(即真实的历史);从今往后,我们身处于本真性(authenticité)的王国(即本真的话语)。

卢梭在给德尚①的信中写道:"我深信,当我描

---

① [译注]德尚(L. M. Deschamps,1716—1774),法国哲学家,其学说常被认为预示了后来的黑格尔哲学。

绘自身时,我总能描绘得格外真切,即便这画像并不逼真。"① 不存在不逼真的自画像,因为逼真性与再现的影像毫无关系,它只关乎自我在其言语内部的在场。故而,自画像不是多多少少忠实于对象化自我的复制品,而是探寻自我这种行动留下的生命踪迹(trace)。我就是对我自己的探寻。即便我在我的言语中遗忘自身或迷失自身,这言语依然是对我的揭示和表达(在《对话录》中,卢梭说他的全部作品不过是一幅自画像)。本真的言语不再执着于模仿某个先在的被给予者:它可以自由变形、自由发明,只要它始终忠于自身的律法。不过,我们根本无法掌控和讨论这种内在的律法。本真性的律法并不禁止任何事情,但它也永远无法得到履行。它的要求不是言语复制某种先存的实在,而是言语在一种自由的、永不停歇的发展运动中生产它的真理。它准许乃至命令作家在书写中构建他的"真实自我",而不是在凝固的过去时光之中寻找这个自我。于是,这律法便将真理的价值赋予这样一种行为——严格的道德要求或许会把这种行为斥责为虚构、无法核实的捏造②。

---

① 《致德尚的信》,1761 年 9 月 12 日,见《卢梭书信集》,杜福尔和普朗编,卷六,第 209 页;《卢梭书信全集》,拉尔夫·利编,卷九,第 120 页。
② 在《遐思录》漫步之四中,卢梭力图区分虚构(fiction)和谎言(mensonge)。虚构是纯真无邪的;它并不伤害任何人;它是纯粹的创造。

在这个意义上，真诚（sincérité）不再包含对自身的反思。它不再专注于先在的自我（就像那句著名箴言①所说的那样）；关键问题不在于完整地表达这个自我，忠实地描述它——为此需要保持必要的距离以作出判断。这种反思性的真诚割裂了存在，迫使意识出现了不可还原的分裂。卢梭要用一种非反思性的真诚来取代它；因为本真性不是别的，就是一种无间距、非反思的真诚；它是不再屈从于对象的自发性——这对象先于这自发性，且要求后者臣服于它。当我们无忧无虑地陶醉于直接冲动之中，本真的言语便会产生。由此，存在与言语在自我肯定的冲动中即刻达成一致，借用黑格尔的话说，这个自我"知道自己即为本质"。言语与存在之一致不再是一个难题，而是一种原初给予性。自我的自由创造取代了试图界定其对象的反思的审慎活动。自我不再需要逆流而上、追溯本源；本源就在此时此地，就在情绪涌现之当下瞬间。事实上，一切都在当下发生；它如此纯粹，以至于连过去都在此重现为当下的感受。所以，根本问题不在于反思自身或评判自身，而在于成为自身。

按照这种本真性的伦理学，卢梭的座右铭"*vitam impendere vero*"②就意味着"*vitam impen-

---

① [译注]此处应指德尔斐神庙上的箴言"认识你自己"。
② [译注]意即"终生献给真理"。

dere sibi"①;因为他毕生追求的真理首先是他的真理;与真理签订契约也就是与自身签订契约。"成为自身"这一律令(卢梭总是向贝尔纳丹重申这一点)并未迫使他把自己的生命交托于某个预先确定的抽象真理②,而仅仅迫使他承认自己即为绝对的本源。这似乎无比容易,因为在任何时候,无论他干了什么,他的所作所为都表达了他自己。我是否会陷入没有成为自身的危险之中呢?不错,卢梭认为脱离自身的危险是存在的,因为人类具有反思的禀赋,这是一种远离自身的危险特权;故而,成为自身并不像它看起来的那样容易。逃离异化我们的反思,重新成为自身——这是一个永无止境的行动。如果不是这样的话,为何还需为了成为自身而这般长篇大论地谈论自身呢?这就说明,未分裂的统一性尚未达成。他需要不断写作、不断为自己申辩,这就证明他刚刚才开始成为自身,这项任务将一直摆在他的面前。

唯有行文至此,我们方可估量卢梭作品的全部革新性。语言变成了直接经验的场域,尽管它仍是

---

① [译注]意即"终生献给自身"。
② 我们确实不应低估卢梭为了确立并遵循一套严密统一的学说所付出的努力。把自己的观念确定下来,这对他来说十分重要;这些观念的根据源于良心之声的律令,它们也回过头来准许卢梭献身于感受的真理。

一个中介工具。它既揭示了作家与其内在"本源"的固有关系,也显示出直面评判的需要,即赢得普遍的正当性。这种语言与传统"话语"不再有任何共同之处;它更为迫切,也更不稳定。言语是本真的自我,但它另一方面也表明,完美的本真性依旧阙如,完满性仍有待争取;如果见证者拒绝接受,那么没有什么是确定无疑的。文学作品不再试图唤起读者对作家及其读者大众之间的、作为"第三者"的某个真理的认同;作家用作品展示自身,并诱使读者认同作家的个人体验的真理。卢梭早已发现了所有这些问题;他确实发明了一种崭新的姿态,它将成为现代文学的姿态[1](它超越了感伤的浪漫主义,而让-雅克总被人们看作这种浪漫主义的始作俑者);可以说,卢梭是感受到自我与语言之间危险契约的第一人,他是一个典范:在这种"新联盟"中,人变成了语言。

---

[1] [译注]另可参见斯塔罗宾斯基在本书最后所附的第一篇论文《卢梭与起源探寻》中的分析。

第八章

疾　病

当极端的特立独行斩断了一切交互关系时,它就变成一种反常。然而这种决裂姿态从何而来? 我们难道不应在一切人类关系乃至对话中考察那些拒绝融入交互关系的因素吗?

为了判断何谓正常、何谓反常,我们需依据某些确立规范的先决判定;可是,规范从来都只是一种专断的要求(个人的或者集体的),它被拔高到了客观科学规律的地位。历史自称可以对卢梭作出评判,但它依循的仍是它自己的规范。让我们看看当代的批评家们是如何评论卢梭的吧:一些人坚持认为卢梭是个疯子,另一些人则只讨论卢梭的惊恐失措和受伤的敏感内心,还有一些人对卢梭深表认同,并把指控的矛头转向社会,等等。这些不一致的解释首先表明,我们选择的种种规范并不具有绝对权威;其次,这些彼此矛盾的看法也告诉我们,想用一个清楚的、毫不含糊的答案来解决卢梭这一"病例"恐怕是枉费心力。今天的许多精神病医生在考察病人的"人格"时已不会过分倚重诊断了(诊断的功能仅仅在于给疾病归类,并使我们对预后[①]和治疗获得一个大致方向);期望通过回顾性诊断(diagnostic rétrospectif)[②]来最终判定"卢梭病例",这显然是徒劳无益的想法。可是批评家们从未停止过以这样的方式看待卢梭。依据不同的医学解释方案,站在文学的或道德的立场上,人们对卢梭作出了五花八门的判决:退化、精神错乱、神经症、偏执狂、推理性妄想狂以及尿毒症引发的脑功能障碍,等等。如果孤立地考察卢梭的某些症状,并强调某些特定的材料和证词的话,那么一个当代的精神病学家几乎会毫不迟疑地得出结论:这些典型症状都指向了敏感性关系妄想(délire sensitif de relation)[③],一种类似于偏执狂的病症,其病理基

---

① [译注]医学术语,即对病患之病情发展和康复机会等状况作出预估。
② [译注]医学术语,指在病人康复或死亡后通过对各种样本的检测分析所作出的诊断。
③ [译注]即德国精神病学家克雷奇默(E. Kretschmer,1888—1964)所说的"sensitive Beziehungswahn",处于这种病症状态中的主体对周遭世界的感知虽然正常,但他却错误地相信某些外部事件或情境带有针对他的或不利于他的特定意义(如迫害、偏见等)。

础是"敏感型性格"[①]。一旦作出这种诊断,令人感到困惑难解的问题也就接踵而至。卢梭的全部作品和整个人生都刻上了这种疾病的印记吗?抑或相反,他的精神障碍只是一个很晚才出现的、间歇发作的附带现象?于是,这些开放性的问题仍有待探讨:疾病在让-雅克的生命和著作中扮演着怎样的角色?有可能把他的谵妄和"理性"思考联结起来的关系又是什么?

我们都知道,"敏感性关系妄想"的特征就在于谵妄的意念侵入了从外表上看依旧绝对合乎逻辑的心理"情境":世界的实际形态在病人眼中并未改变;他的人格不仅没有分裂,反而比以往任何时候都得到更为坚定的肯定;他对人们习以为常的时空方位的感知与"正常"人无异。病症的严重程度取决于谵妄的意念以何种方式集中意识的其他活动并使之服从于它自身的目的。不过问题恰恰在于要弄清楚卢梭的著作在多大程度上印证了疾病对作品的渗透作用,或者反过来说,他的著作在多大程度上体现为一种或多或少自觉的反抗努力,即抵御被迫害妄想症所诱发的焦虑不安。想要在表征的层面上区辨疾病

[①] 尤其参见克雷奇默的《敏感性关系妄想》(柏林-图宾根:斯普林格出版社,1918年)。另外参见本书最后所附的第七篇论文《论卢梭的疾病》。

与对疾病的抗争,这并非易事(医生们都很清楚,构成病症的诸种症状通常都是人体抵抗有害物质的防御反应)。《对话录》和《遐思录》中那些最为谵妄的段落有时可被视为疾病留下的伤痕,有时也可被看作祛除忧惧的防御机制。逃匿于孤独之中、田园牧歌般的想象冲动、在为机械性的日常事务忙碌的过程中寻求慰藉,还有那悲怆动人的滔滔宏辩——所有这些都既可被视为病痛的表征,也可被看作自发的、临时性的治疗。假如没有病态的猜疑(这猜疑使他觉得自己"不可能接触到真实的存在者"①),卢梭在幻想中为自己精心构建的令他着迷的庇护所就不会存在;然而另一方面,他与他"随心所欲地创造的人物"之间的交流使他得以喘息片刻,焦虑不安的情绪似乎暂获平复,被迫害的妄想也不再纠缠和牵绊着他。这种假想的交流所带来的欢愉、这种在杜撰人物身上体验到的虚构幸福象征着意识的人工呼吸;若不是如此,无所不在之敌意的强迫观念或许早就使这意识在一个死气沉沉的世界中窒息、僵死。

根据我们所研究的存在者的"敏感"性情而认为他注定会陷入谵妄,这种断言是幼稚的;而想要抛开他的疾病来探索"真实的卢梭",这同样也是徒劳的。把他的所有行为都归结于一种病态"性格"或先天的

---

① 《忏悔录》章九,见《全集》卷一,第 427 页。

情绪失衡，这种判定未免太过简单了；而为了赞美这位伟大的作家就低估其精神障碍的重要意义，认为其思想和文学天分都是在他患病之前直面无数敌人时展现出来的能力，故而与他的疾病无关，这种看法也同样太过浅易。疾病虽不能被当作一个充分的解释原则，但也不能被降格为一种偶然的副现象。敌人真实存在，但他们是被挑唆起来的敌人，想象力则夸大了他们的力量。

如果我们以一种整体视角来分析这个问题，那么显然，卢梭的某些初始行为同时构成其思辨及其疯狂的根源。然而这些行为本身在一开始并不是病态的。只是由于它们走向了极端并产生了破坏性，疾病才开始发作并逐渐恶化。疾病确实蕴藏着某种神秘性；这神秘性并不在于原初经验的结构本身，而在于支配其后续演化的那种过度状态。疾病的发展是对某个基础"存在"问题的夸张化表征，而意识无法掌控这个问题。

对卢梭作出描述性的理解并非不可能，尽管这极其艰难。当他陷入谵妄时，他在我们眼中虽然孤独，却并非不可理解。他囿于自己的信念之中，但我们仍将理解他；我们可以努力通过一种感同身受式的共鸣理解进入他的世界。在这个意义上，卢梭的疯狂对我们来说远没有精神分裂症那么神秘，后者禁闭了我们进入其世界的所有大门，并退隐于一个不可还原的他者视域之中。而我们有可能、有必要跟随着让-雅克走上一段又一段的疯狂旅途。

关系妄想并未瓦解人格的统一,而是将其重组为种种极端面向。忍受这种疯狂所带来的折磨,或是拿起笔杆表达其人格的独一无二——它们似乎是同一个"使命"的两个相互契合的侧面。获得不可化约的确定性是可能的,这种可能性隐秘地印刻在卢梭的所有理论著作之中;谵妄的信念不过是这种意向所能达到的极限,它抵偿了个人经验被授予的过度特权。卢梭似乎过于想要肯定其内在信念的正当性,以至于这种正当性在他人眼中或许变成了非正当性。当卢梭进行"个人改造"时,他通过其穿戴和言辞来体现自己的与众不同[1]:他试图证明自己有权按其良心指定的原则来生活;他只听从自己的心灵和理性,毫不在乎他人的看法。随着被迫害妄想越来越令他不得安宁,他的独特性对他而言也就愈加彰明较著,他也就更不需要运用外部符号来声明并展现这种独特性了。他扔掉了亚美尼亚人的服装:他的与众不同不再需要通过外表来展示;他不得不忍受自己的这种与众不同。他不再需要费尽心机地逃离社会;社会已将他驱逐在外。因此,被迫害妄想不过是把自愿的孤独转变成被迫忍受的孤独。在

---

[1] [译注]参卢梭在《忏悔录》章八中对其"个人改造"的叙述。

从前者向后者的过渡中,我们看不到任何断裂或连续性的中断,而让-雅克似乎也并未偏离他所选择的道路。

* * *

任何追索绝对独特性的行为都意味着反抗普遍认可的规范。如果这种反抗乃是个体自身感受到的需要,那么他正是凭借这种反抗逻辑而声称自己有权在反常状态中安身立命,去体验这种反常。不仅如此,他还自称是新规范的奠基者和发明者;若以这种新规范来看其他所有人,那么很显然,他们在他看来都被谬误蒙翳了双眼。

在卢梭的晚期著述中,我们看到的是这样一个人:他时而声称自己被排除在一切秩序之外,时而又肯定自己是一个独一无二的典范,合理的人类秩序正可在此基础之上建构起来。一些文本告诉我们,让-雅克感到自己活在一场噩梦当中,而大梦初醒的那一刻永远不会到来;与此相反,另一些文本则向我们保证,他是这个腐化浊世中唯一能够维持"自然人"之理想原型的那个人。所以,他有时觉得自己的生命外在于一切人类规范,有时又相信自己捍卫着所有同时代人都不知道的那个根本规范。

处处遭受驱逐,却又是一切的中心:他永远都是那个孤单之人。他是唯一被抛入荒谬世界且注定无法再理解自己的那个人;他是唯一掌握明辨善恶的真知与清晰理性的那个人。

* * *

我们不难证明,猜疑与不安早已潜藏于卢梭的早期著述和他二十岁之前所写的书信中:人们诽谤他,曲解他的行为,甚至可能将他当成一个奸细。从一开始,卢梭就得面对人们对他的指控(或只是指控的可能性)并力图为自己辩解。这就是他在博赛面临的根本处境①,即忍受不公的惩罚。所以,卢梭晚年的谵妄并没有发明什么新内容:他不过是把其意识中从未消失过的感受强化为纠缠不清的强迫观念。

不过,指出如下这一点也同等重要:卢梭理论思想中的某些重要主题和概念最终演化成了我们所说的迫害妄想的意识形态相关物。我们会再次发现,卢梭在《对话录》和《遐思录》中并没有发明任何他尚未思考过或表达过的新东西。不过,体系确实发生了改变,观念之间所维系的或不再维系的诸种关系出现了变化;卢梭的思想仍在处理他过去早已掌握且熟知许久的要素,然而,它们的功能和意义被改写

---

① [译注]参见本书第一章之《"表面现象指控了我"》一节,以及《忏悔录》章一。

了。是否有人注意到,某些一开始属于爱情词汇的表达后来转变成了有关迫害的词汇呢? 比如 enlacé[纠缠、牵绊]这个词在《对话录》和《遐思录》中被卢梭不断使用,以刻画其受害者的处境;而在《爱弥儿》第五卷中,它却获得一种爱欲内涵,以表现苏菲的爱情忧虑:"让我们原谅她在她所爱的那个人心中引起的不安吧,她这么做是因为担心他对她从来都不够依恋(enlacé)。"① 不妨再举一例,意义同样发生了偏移:受迫害的卢梭感到自己被掌控在那些"把持着他的命运"(disposent de sa destinée)的人的手中;然而圣普勒所欲求的正是这种绝对的依附性,他向朱莉哀求道:"可怜可怜我吧,不要丢下我,不要让我自生自灭;至少请答应掌管我的命运吧(disposer de mon sort)。"② 在这里,爱情誓愿似乎再一次在那充斥着迫害的残酷世界中呈现出一种戏仿的、受虐性的形态……对于社会公约这个概念来说,一致性是一个令人憧憬的重要特质;而这个特质在卢梭身上却变

---

① 《爱弥儿》卷五,见《全集》卷四,第 796 页。在《新爱洛漪丝》(卷六,第六封信)的一个有趣的段落中,朱莉用这个词来警告圣普勒如果住在克拉朗将会面对的风险。因此,enlacé 是一个暧昧的词汇,它同时刻画出情人和受害者的双重处境:圣普勒会令自己暴露于"所有那些危险的事物之中,它们可能会重新燃起他心中尚未彻底熄灭的激情火焰;他会被他本应最为惧怕的罗网缠住(s'enlacer)"。
② 《新爱洛漪丝》卷一,第二封信,见《全集》卷二,第 35 页。

成了整整一代人对他的敌意,一种无法解释的敌意:"这个阴谋集团无所不在、概莫能外,而且木已成舟,回天无力。"① 在《社会契约论》中,代词 *on*② 表示的是公意;而现在,它指的却是一群无所不在的阴谋家、一种集体的匿名性(这种恶意起初源自一小群"先生们",随后不断扩展并笼络了所有人:这些先生们最初只是 *ils*[他们],随后变成了 *on*[人们])。

有罪的反思

卢梭使用的某些重要概念在《对话录》中被最终确定了下来,它们向我们呈现出其最后的稳定形态。我们在这里想要考察的是反思和障碍这两个概念被赋予的角色。事实上,卢梭对这两个概念的强调极其意味深长,我们据此可以更好地理解卢梭的个人体验所通向的最终阶段③。

在第二篇《论文》中,反思扮演的角色颇为暧昧。众所周知,在这部著作中,反思的能力与人类的可完善性联系在了一起。正是同时经由工具的使用以及

---

① 《遐思录》漫步之八,见《全集》卷一,第 1077 页。
② [译注]法语代词 on 既可泛指人们、大家、有人,亦可有明确所指(比如我们、我)。
③ 在《活眼》之《让-雅克·卢梭与反思的危险》这一章中,我们再一次讨论了这个问题(巴黎:伽利马出版社,第二版,1968 年,第 94 至 188 页)。

反思判断力的发展,人类才从动物界中脱离出来。从此,一切都处于变动发展之中,然而这种变动发展却使我们远离了原初的完满状态:它腐蚀了我们,也就是说,它让我们偏离了自身的原始天性。学会反思的人就是一只堕落的动物,不过这种说法的首要意义无关乎道德谴责:所谓堕落的动物,即不再单纯受其本能驱使的动物。反思令我们丧失了自然世界的直接在场;这就是为什么从理论上讲,反思的发展与最初的工具发明完全同步,人类从此将通过这种工具手段对抗自然。正是通过反思性思维和工具性行动,文明得以建立;倒退是绝无可能的。我们与感性经验的原始明晰性决裂了,尽管这极其不幸,但我们还是得将其视为一个不可逆转的结果,并顺应我们的当下状态①。虽然我们有理由指责反思的种种危害,但我们也必须承认,它确实为人类的精神性提供了明证。在《爱弥儿》中,反思在卢梭反对唯物主义的种种论据中占据着首要地位:人类具有判断和比较的主动能力,因此,他并非完全是质料因的傀儡,他的精神并不完全臣服于惰性自然的规律。尽管卢梭对感性的、本能的直接性生命怀有深厚的乡愁,不过他在《爱弥儿》中也承认,感觉依然只是意味

---

① 关于这一问题的更多细节,读者可参阅我们在"七星文丛"版《全集》中所撰写的相关注释(《全集》卷三,第 1310 及后页)。

着某种受动的存在者。为了真正实现人的完整存在,他必须展示其灵魂的"主动原则",他必须判断、推理、比较(洛克与孔狄亚克在卢梭之前就已对此有所阐述)。超越感性存在的人类获得了"给予'*存在*'(*est*)这个词某种意义"①的能力。

因此,卢梭的教育学说认可反思的作用,它是意识发展进程中的一个必要阶段。当然,让儿童过早学会判断的做法十分有害;爱弥儿在一开始只能感知世界。不应强迫他从事那些会令其脱离直接可感现实的人类活动。但这个时刻终会到来:在青春期前后,他的精神已经成熟到可以进行反思了。对于遵循自然的教育来说,反思有权介入其中,但须待时机成熟、年龄适当。由此,卢梭便构造了一种动态发展图式,反思活动是其中的一个中间环节,它介于儿童期的直接感觉与道德情操的觉醒之间,后者构成一种更高的综合,它统一了本能的直接性与反思所唤醒的精神需求。卢梭在下面这句话中预示了后来的康德哲学,他把确立道德情操之实践律令的任务分配给了反思理性:"更多地听从情感而非理性,我的这条准则因而得到了理性本身的肯定。"②在某种意义上,作为中间阶段的反思意味着一种不幸,因为

---

① 《爱弥儿》卷四,见《全集》卷四,第571页。
② 同上,第573页。

它破坏了意识的原初统一,将其与自然世界分隔开来。判断活动使我远离真理:

> 我只知道真理存在于事物之中,而不在我判断事物的精神中;在这些判断中,我掺加的自己的精神因素越少,我就越确信自己逼近真理。①

不过,意识在与"事物的真理"分离后拥有了自身;从此,它将自己作为良心②加以认识。直接启示源于意识,而不再源于世界。打破原初统一性的反思使我们通达一种新的统一性,它跟最初的统一性一样绝对,但由认识活动所启明。意识不再天真地想与世界达成统一,而是在它自身当中认识到其统一性的本源;它建基于其确信之上:

> 良心告诉我们的不是事物的真理,而是我们的义务准则。③

反思虽给"事物的真理"蒙上面纱,但它揭去了

---

① 《爱弥儿》卷四,见《全集》卷四,第 573 页。
② [译注]在法语中,conscience 一词兼具"意识"(Bewusstsein, consciousness)和"良心"(Gewissen, conscience)这两重含义。
③ 《新爱洛漪丝》卷六,第八封信,见《全集》卷二,第 698 页。

我们内心中的道德情操的面纱,将其以绝对的方式确立起来。它将我们引向下一个阶段:我们可以不再需要反思,而仅仅听命于"良心之声的律令"。反思实现了一种内在化的转变:虽然我们丧失了与外部世界的完美无瑕的联系,但我们的内心却被一束精芒照亮;从此以后,世界可能依然被面纱遮蔽①,但我们将满足于一种点亮我们内心的透明性:在写给马勒塞尔布的第三封信中,卢梭正是用这些字眼来描述他的出神体验;朱莉最终获得"直接交流"的享受时的状况亦是如此,尽管死亡的面纱遮盖着她的脸庞。

* * *

在撰写《对话录》时,卢梭所强调的概念重点却彻底改变了。反思不再是既导致社会腐败又使道德意识发展成为可能的暧昧能力;它不再是精神成长过程中的必经阶段;不再有任何超越反思的道路。于是,反思变成了一种有害的力量、一种罪恶的根源:这一转变毫无暧昧之处,绝无回旋余地。最初的

---

① 参见本书第四章之《揭面纱的理论》一节。我们还应注意到卢梭在给德尚的一封信中这样写道:"我所热爱的真理更多地属于道德真理,而非形而上学的真理。"(1761 年 6 月 25 日,《卢梭书信集》,杜弗尔和普朗编,卷六,第 160 页;《卢梭书信全集》,拉尔夫·利编纂,卷九,第 28 页)

第八章

运动和超越现在却凝固为不可逾越的终极对立。反题不再进入"辩证的"发展过程,而是沉重到停滞不前。从此,"直接性的生命"与"反思性的生命"的冲突将不可调和。卢梭在《对话录》一开篇就构建了一套体系,并用动力学术语将反思表述为灵魂原始动能的偏转(*déflexion*)①:

> 天性的所有原初冲动都是善好的、正直的②。它们以尽可能最直接的方式追求我们的自我保存和幸福:不过,它们很快就会遭遇到如此巨大的阻力,以至于它们缺乏足够的力量维持最初的运动方向;于是,它们在碰到成千上万的障碍后任由自己发生偏转,被迫偏离真实的目标,转向偏斜的轨迹,而人就在这条轨迹上忘记了他的最初目的。③

反思使我们偏离真实的目标。当卢梭把反思之

---

① [译注]斯塔罗宾斯基在这里有意利用了 réflexion(反思)和 déflexion(偏转)这两个具有相同词根的词汇。
② [译注]法语词 droit 做形容词时可引申为"正当的"、"正直的"等抽象含义,也可表示"笔直的"、"垂直的",等等。这段引文的弹道学色彩使我们无法忽略该词的后一种含义。另参斯塔罗宾斯基在本章之《重重障碍》一节中对相关问题的力学和"弹道学"比喻所作的分析。
③ 《对话录》对话一,见《全集》卷一,第 668 至 669 页。

人定义为堕落的动物时,他所表达的想法与他在这里用力学语言阐述的观点毫无二致。

反思在这里体现为精神能量的衰退形态。而在《爱弥儿》中,情况则与此相反,反思性思维证明了人的主动能力,它把人造就成为自主的、自由的存在者:具有判断和比较能力的我们不是被动地接受世界,而是主动地与之对抗。可现在,反思变成了"灵魂的弱点":我们缺乏足够力量通过直接的途径达成原始目标;一旦遇到障碍,我们的能量就开始减弱,最初的热情随之衰退,直至消逝。任何事物一旦被冰冷的反思触碰,致命的寒气会即刻将其冻住。反思即比较;自负就在于拿自己跟他人比较。故而,反思就是自负和一切"排斥性激情"的根源:

> 肯定的或吸引性的作用力乃天性的纯净产物,它寻求扩张和强化我们的存在感受;否定的或排斥性的作用力则是反思产生的一种混杂物,它压减和缩小我们对他人的感受。一切柔和的、甜美的激情都源于前者,一切憎恨的、残酷的激情都出自后者。①

在反思尚未产生时,我们的存在通过自爱而天

---

① 《对话录》对话二,见《全集》卷一,第805页。

真地肯定自身:自爱只关切自身,无视他者之不同,故而它不会主动拿自己与他人对比。然而一旦他人被纳入我们的判断活动范围,自负的激情便会攫住我们;我们开始与他人攀比,罪恶成为可能。只有通过反思拿自己与他人比较的人才会撒谎,才会伪装自己。恶徒和阴谋的煽动者们带着"一颗老谋深算的和深思熟虑的(réfléchie)歹毒之心"①胡作非为。反思即根本恶,它把骗人表象的魔咒带入世界:

> 所有恶徒都擅长的首要技巧就是谨慎,即掩饰。他们有太多的盘算和感受要隐藏,因此他们懂得如何包装自己的外表,驾驭自己的目光、神态和举止,他们把自己造就成了伪装大师。他们懂得利用自己的优势,装出一副沉着睿智的光鲜模样来遮掩那啃噬着他们内心的龌龊激情……炽热而敏感的心灵生发出的激情乃天性使然,无论是谁拥有这些激情,它们都会自行流露;这些激情的最初爆发完全是无意识的,不受人的意志牵制……然而自负及其滋生的那些冲动不过是反思所造成的派生的激情,它们不会那么明显地作用于人的机体。这就是为什

---

① 《对话录》对话三,见《全集》卷一,第 927 页。

么跟那些顺应天性之直接冲动的人相比,受这类激情控制的人更容易成为伪装大师。①

丧失自发性、不再顺应直接冲动,这便意味着加入恶徒的阵营,在恶的王国中安身立命。此乃他者之恶。卢梭则幸免于此:他是自发冲动之人,他的恒定天性与反思势不两立。他只会不假思索地顺着性子行事,他的感性冲动如此炽烈而短暂,绝不会转向"偏斜的轨迹"。让-雅克听命于他的直接感觉:此即其清白无辜的绝对明证。他不可能是一个恶徒,既然他不受反思控制:"他最初产生的所有冲动都是强烈而纯粹的;随后出现的那些冲动则对他影响甚微……他绝不会故意作恶……他的所有过错,哪怕是最严重的过错,也不过是疏忽大意之罪。"②当然,他偶尔也会违背自己的本性,屈从于反思的诱惑。不过事实上,他并不该为此负责,因为他受到他人的引诱,被他们拖入罪恶的深渊。他之所以成为一个作家,正是因为他沦为某种魔咒的受害者:

> 有时,我的思考相当深刻,但它极少给我带来快乐,我几乎总是在不情愿的、仿佛被逼无奈

---

① 《对话录》对话二,见《全集》卷一,第861页。
② 同上,第824至825页。

的情况下才进行思考；遐思令我放松而愉悦，反思则使我疲乏而忧愁；思考对我来说一直是一项艰苦的、毫无魅力的工作。①

他甚至进一步认为，倘若他这一生犯下什么恶行，那么这也是因为他临时听从了反思性思维提供给他的意见："我这一生犯下的所有恶事，都是在我反思的时候干出来的；而我能做的那一点点善行，都是在我一时冲动之下做出的。"②让-雅克的荒唐行径并不源于冲动的情绪，而源于他不合时宜地诉诸于反思的意见。

* * *

《对话录》塑造的让-雅克的形象容忍一切矛盾、一切弱点，唯独反思这一污点不可接受；由此，让-雅克的清白得到了根本保证，因为恶之根基与他毫不相干。卢梭退隐于这样一个世界当中：他必定拥有一颗善好之心，这只是因为他未被反思污染。他有时谈到其激情的能量，有时又论及他的弱点，正是这弱点导致他不由自主地臣服于自己的感觉。不过这无关紧要。自发情感冲动之主动性与感觉自动作用

---

① 《遐思录》漫步之七，见《全集》卷一，第 1061 至 1062 页。
② 《卢梭书信集》，杜福尔和普朗编，卷十七，第 2 至 3 页。

之受动性并不矛盾:两者都体现了对直接性的绝对顺服。直接的主动性与直接的受动性是等价的,它们具有同样的纯粹性。唯一有罪的弱点就在于那些会引发反思的因素。诚然,让-雅克是软弱的,他是"他的感官的奴隶";但这个弱点无关紧要,它不会使让-雅克脱离直接的享受。他只是个好人,并没有多么高尚;但他绝不会是一个罪人。

卢梭把非反思性的世界当作自己的庇护所,这是一个自称充足的、完满的世界。他提出一种修正的理论,不再把反思视为灵魂活动的起始阶段,而这也是洛克和孔狄亚克的心理学学说的意图。在这个号称完全无需反思的世界中,人想要不作判断便充分施展其能动性。正如我们所知,卢梭确立了一种记忆的可能,它源于当下感受的涌现,无关乎对过去某个对象的反思。想象力亦是如此,它的发挥无需反思的帮助。因此,这两种活动都逃脱了恶的染指,卢梭可以纵情沉湎其中而无需自责。不仅如此,一切道德均建基于同情心之上,它先于反思性思维产生——这是卢梭经常坚持的一个观点。他在撰写第二篇《论文》时便已在自然同情心中发现了道德的本源,即"先于任何反思的天性的纯粹冲动"[1]。故而,在他者的存在沦为我们自负心的攀比对象之前,一

---

[1] 《论不平等的起源》,见《全集》卷三,第 155 页。

种正当的生活方式是可能的。在学会反思之前,我们会本能地同情他人,与我们的同类打成一片,而不是与之对立。"肯定的感性"源于自爱,它使我们体验到"柔和的、甜美的激情"①。我们不会丧失任何本质性的东西,只要我们能退隐于这样一个世界:意识的原初之光不会在反思的黑镜中分叉。

由此,卢梭摒弃了那种包含并超越反思阶段的渐进综合的想法。问题已不再是遵循《爱弥儿》开出的那张演化路线图,即人为了超越反思并通达一种更丰富的自发性,须先驾驭反思——似乎在经历一段分离的时光之后,我们终将在一条道路的尽头找回自己。而现在的我们却身处无路之境。这是一个支离破碎的残缺世界,直接性的生命与反思性的思维相互对抗,毫无和解之望:它们之间没有任何贯通之路。坏人固守其反思,好人——即让-雅克——则感受到连续不断的"原初冲动",其中任何一股冲动都不会发生"偏转"。

* * *

反思即判断、评判,而《对话录》的主标题却正是《卢梭评判让-雅克》。

反思即比较。不过在《对话录》的开篇,我们却

---

① 《对话录》对话二,见《全集》卷一,第 805 页。

读到这样一句话:"我肯定需要说明的是,假如我是另一个人,我会以怎样的眼光来看待如我所是的这个人。"①卢梭不仅在这里开启了反思的分裂活动,而且从始至终,他都在拿自己同其敌人作比较,为的是将自己的真实位置安放于清白无辜的非反思性生命之中。卢梭谈论让-雅克,并要证明他是"他的感官的奴隶",可为了证明这一点,他却从未让他者,从未让那些被反思的冰冷激情掌控的恶徒们脱离他的视野。因此,我们可以说,《对话录》在本质上是一种反对反思的反思;其荒谬之处和根本失误正在于此,这种谬误程度不亚于、或许更甚于他的被迫害妄想执念。"卢梭"和"法国人"这两个人物间的对话乃是一场无休无止的反思,目的就在于证明让-雅克只服从其感觉和冲动的指引,无法按照反思性思维的方式生活。让-雅克从自身当中分离出来,为的是告诉我们他从未脱离自身。整部作品就是一场不幸的、羞惭的反思,这反思沉醉于对非反思性的怀乡思愁之中:它在自我展开的过程中指控自身、否认自身;与此同时,它也加重并延续了写作和反思的罪过,可卢梭却自称清白无辜。没完没了的否认就此开始:让-雅克并非天生要成为一个作家,他被拽出自身;

---

① 《对话录》之《论本作之主题与形式》,见《全集》卷一,第665页。

而且，他从不是一个思想家，他开口说话只是为了描绘自己的灵魂，为了表达最自然的感受。真正属于他的王国乃是那个"神奇的世界"，深谙其道者们无需诉诸人类语言，他们运用那些不会出错的可靠符号便能相互理解……

《对话录》中的卢梭确实想用一种尽可能直接的方式揭示一个真实的让-雅克。他想说服他的对话者——那个法国人，方法是在后者心中唤起某种瞬间的启示："让我们试试看……我是否有别的什么手段可以让你通过一个单纯且直接的印象一下子就感受到我要说的事情——既然我无法一步步说服秉持己见的你接受它……"[①]然而，这种单纯的手段并不存在；他必须不断说话，必须无休无止地长篇大论。为了塑造一个不会反思、不会论说的让-雅克的神话，他得动用一切想象得到的论据——哪怕是最抽象的论据——去展开论证。于是，他在努力勾画和描绘这一神话形象的同时，也损害并破坏了这一形象：这一神话的根基遭受到非本真性的威胁。《对话录》中的卢梭在反思的世界中论说，在分裂的不幸生活中申辩。但他所谈论的让-雅克却居住在另一个世界，后者从未跨过反思的门槛，从未脱离尚未分裂的自然统一体——他不需要申辩。

---

① 《对话录》对话二，见《全集》卷一，第799页。

在第一篇《论文》中,卢梭意识到了他的悖论:他深知自己是一个指控文学的文人。现在,同样的悖论发展到了极致,他却不再有所察觉。卢梭没能意识到,他是一个声称完全不会反思的反思者。评判者卢梭与不具备评判能力的让-雅克不可能是同一个人。倘若卢梭就是他以为自己所是的那个人,他便不会拥有反思自己的权利。卢梭企图通过反思活动论证自己的清白,但这反思活动却被它确立善恶条件时依据的那些原则本身所禁止。倘若反思活动能够意识到它自己,它就应该知道自己有罪,因为反思的立场与罪恶本身一致。它应该知道自己隶属于一个它所谴责的世界……为了摆脱这一根本矛盾,两条可能的出路摆在卢梭面前:若继续视反思为恶之本源,他就只能三缄其口;或者,若想使言说成为清白无辜的行为,那就必须判决反思无罪。可卢梭却顽固地坚守这一矛盾:他继续谈论着沉默交流的幸福,继续夸耀着一种已被他用自己的言语毁坏了的直接性。

跟我们说话的这个卢梭绝对异质于他为自己塑造的形象。用精神病学的术语来说,此乃真正意义上的"精神错乱"①:因为卢梭自身发生了分裂,世界

---

① [译注]除了"异化"、"让渡"的涵义之外,aliénation 一词在精神病学中意即"精神错乱"。

被一分为二,反思之恶与直接性之清白由此截然对立,不可挽回;我们看到,这一分裂就发生在卢梭自己身上,在其意识内部筑起一道高墙,区隔了两个相互敌视的世界,没有任何道路能将它们联通。他既未消灭、亦未超越反思,仅仅将它驱逐出境。与此同时,他便迫使自己只能站在外部,站在罪错的立场上谈论他自己。他的言说远远未能实现感受与语言之统一;相对于那个声称栖居于尚未分裂的完满世界当中的"真实自我"而言,这言说最终成为了一个他者。卢梭被排除在让-雅克之外;可正是通过这种奇特的排除,让-雅克的肖像才能被描画出来。

* * *

卢梭在构思其《感性伦理学》的写作计划时就已遭遇类似的问题。一方面,我们会经受周围环境对我们的影响;另一方面,我们需要分析我们感性经验的伦理效果并据此安排身边的事物,以使其产生有利于我们的影响。卢梭想要彻底顺服于感觉,但前提条件是感性环境须以有利于他的方式得到安排:

> 我收集了大量令人印象深刻的观察素材,它们容不得半点争议;而在我看来,这些观察素材的物质基础使它们能够提供一套依环境改变而改变的外部制度,这套制度可以使灵魂处于

或保持在最合乎德性的状态中。①

因此,要想"改变外部制度"并使我们之后有可能完全被动地顺服于外部印象,一种审慎的、反思性的积极能动性必不可少。为了使这样一项计划获得成功,感觉必须被作为一种手段加以运用;它必须充当理性的、反思性的行动的有效工具。但对卢梭来说,感性伦理学的用途即在于使精神从反思的艰辛中解放出来;它的目标是实现一种可以把直接性的生命变成合乎德性的生命的自动机制。成功的理想标准就在于,我们可以天真地委身于感觉,同时忘记了它是被反思利用的一个手段。这样的成功需要付出巨大的思辨努力,而卢梭在这条道路上灰心丧气。为了能够最终摆脱反思,我们不得不预先进行大量的反思(如果精神劳作可以确保内心安宁并使我们再也不用陷入这种劳作的话,那么为此付出一番艰辛的努力倒也值得。在《遐思录》中,卢梭声称他之所以迫使自己从事艰苦的反思活动,为的就是可以把他的形而上学理念和宗教理念一劳永逸地确定下来②。他思考是为了再也不用思考:他确定自己的

---

① 《忏悔录》章九,见《全集》卷一,第 409 页。
② 参见本书第三章之《"把我的信念一劳永逸地确定下来"》一节。

信条,声明自己的信仰,为的就是毫无杂念地委身于感受,再也不会重新堕入怀疑。哲学重拾了它的婢女身份,但它侍奉的主人不再是神学,而是直接的感受)。

卢梭并未意识到,他梦想的这种感性生命唯有在反思性思维的持续监督之下才可能存在;他没有意识到,即便反思可被超越,却不可被弃之不顾——好像我们从未求教于它似的。倘若我们以为可以这般轻而易举地摆脱反思,这无异于是故弄玄虚、自欺欺人;而卢梭似乎想同时成为欺骗者和受骗者、诱惑者和被诱惑者。他想驾驭自身,同时又让自身受外物支配:

> 假如我们能够**强迫**动物性的机能有助于践履那被它如此频繁干扰的道德命令,我们就可以使理性避免多少偏差啊,防止滋生多少恶行啊![①]

如何能够既是一个强迫者,又是一个被强迫者呢?当我们调节自己的感觉时,我们又何以能够天真地活在感觉当中呢?"动物"任由感性世界作用于它,并本能地受其感觉驱使——既然我们要保留这

---

① 《忏悔录》章九,见《全集》卷一,第409页。

种无需承担任何责任的顺服状态,我们又何以能够承担调控我们周围环境的责任呢?我们又何以能够积极安排这样一种外部机制呢?我们须时而成为一位造物主,时而又变成一只动物。为了单纯通过感官冲动便可天真无邪地、毫不费力地实现合乎德性的生活,我们唯有通过某种高超的人工伎俩方能规划出这样一个世界。

当我们出于某种道德目的去摆弄事物的本来状态时,从这一刻起,原初的自发性岂不就被摧毁或至少发生了根本的改变吗?卢梭不愿脱离感性经验编织而成的影响网络,他认为我们的道德情操正源自这些影响;但他也不愿放弃对这种决定机制的操控权:

> 所有这些都向我们提供了无数种近乎可靠的方法,通过这些方法,我们任其支配的那些情感从其发端之时便处于我们的掌控之中。①

然而,当我们掌控这些情感时,如何能保持它们的原初纯粹状态呢?如果没有成功实现某种综合,我们岂不面临着一种风险,即不仅丧失了原初之物的纯真状态,同时也未能借由反思去左右任何事物?

---

① 《忏悔录》章九,见《全集》卷一,第 409 页。

我们不仅被放逐到起源之外,同时在严密的思维王国中也毫无立足之地。感觉的权利有待恢复,反思的权利尚未确立。我们将在羞惭的反思与丧失自发性的感性之间一直摇摆不定:前者不敢肯定自身,后者被反思侵扰且未能完全受控。

利用感性世界的心理效应——这是一种有损自由的人工伎俩。如果不是自欺的话,魔术幻景的制造者与被动沉浸于这场魔术中的观赏者又怎可能是同一个人?他无法忽视这一事实:他自觉地制造出他想要不自觉地经受的影响。倘若他是有意顺从外部事物("气候、季节、声音、色彩、黑暗、光明、环境、食物、喧闹、安静、运动、休息"[1])的影响,那么他也应该意识到,他同样可以随意摆脱这种影响。"感性伦理学"的设想表明,卢梭已决定完全顺从外物影响,但他即刻就忘记了这一决定是在他完全自由的状况下作出的。他相信自己无需做任何事,只需任由事物自行发挥影响;良善将自动产生,道德命令会自动得到履行。卢梭苦苦寻求的似乎就是这种受动的安全感,一种不会再被质疑的顺服的幸福状态。故而,他必须伴装不知晓如下事实,即让他顺从于外物力量的那个自由行动同样也可以随时将他从这种力量中拖拽出来。对于"感性伦理学"而言,调控源

---

[1] 《忏悔录》章九,见《全集》卷一,第 409 页。

于外部，决定由外物（一旦它们得到适当的安排）作出，或在外物的强制作用下作出；卢梭无需再发挥任何能动性，因为此乃感性世界的职责。从此，罪恶消失不见了；既然卢梭放弃了行动，事物本身是清白无邪的，又何来罪错呢？可罪错恰恰在于他摒弃了反思——舞台大幕升起之前，反思便已搭好了布景。罪错就在于他放弃了自由决定的权利，将它让渡给外物和直接性的世界。跟《对话录》中的情况一样，卢梭的谬误就在于他使意识的两个"环节"（反思与感觉）如此泾渭分明，好像不再属于同一个存在者似的。

* * *

其实，早在卢梭大张挞伐反思之前，他就已经把它视为一种无法轻易跟自发感觉共存的官能。反思与感官（或感受）的支配作用无法扎根在同一个灵魂之中。故而，卢梭区分了感性之人与反思之人；他塑造了两类相异且互补的人物：圣普勒与沃勒玛、爱弥儿及其老师。反思的存在者与感性的存在者具有一种培育性的、教育性的积极关系。心思周密的人懂得如何驾驭感性的灵魂。前者对后者施加善意的暴力，首先是为了依照秩序与良善来引导他，然后是为了启发他清楚地认识秩序与良善。此乃教育之目的：感性之人后来也会获得反思能力；综合得以完成。不过在一开始,这二者之间有着霄壤之别,教师与学生分属两个不同的世界。

在卢梭尚未陷入被迫害妄想的时期,他似乎乐于交替体验这两种角色:时而是心思周密之人,时而是感性的灵魂。如果说爱弥儿或许是另一个让-雅克的话,那么爱弥儿的老师就是另一个卢梭。同样,沃勒玛和圣普勒是这位退隐庐中的遐思者在创作小说时交替采用的两个想象的身份。他重温着童年的黄金时代,沉浸于感性灵魂的种种欢愉与不幸;但他同样也热切地渴望掌握沃勒玛和爱弥儿的老师的创造力。

教师的反思活动赋予自身的任务乃是促进儿童的非反思性生命健康成长,直到他有一天可以学会反思。然而,当教师安排外物以影响"感性的灵魂"时,我们却从其安排方式中察觉出某种欺骗性(我们之前在考察将沃勒玛及其仆人联结起来的信任关系时[①],就已然发现了这种欺骗性)。圣普勒几乎是不知不觉地被引向德性的。爱弥儿所接受的教育"遵循自然",但这要得益于那位无所不在的、无所不知的老师的人工伎俩:"消极教育"乃积极反思之成果。只要爱弥儿单纯地受感觉操控,这个孩子的自由就仍在沉睡之中。老师的意图无疑是在适当的时候促

---

① [译注]参见本书第五章之《平等》一节。

使其全部责任意识都苏醒过来;但在这种教育的整个过程中,学生却完全处在老师的掌控之下。如果说这种教育追求(pour)的是自由,那么它显然不是通过(par)诉诸于本真的自由来实现这种追求。

爱弥儿觉得自己自由,但他并不自由。许许多多隐形的约束条件控制着他的行为:他所生活的那个"自然的"世界其实是老师的杰作。爱弥儿陷入了一个精心设计的圈套之中。不过大部分读者眼中,卢梭似乎是想通过《爱弥儿》诱导他们借鉴儿童的感觉自发状态,而不要效仿那个操控学生自发状态的老师的理性反思;这些读者并没有把这部著作看成一种教育科学和一套缜密技艺的理论,而是一曲赞美非反思性感受的颂歌。这种理解并不妥当,但卢梭自己也应对这种误解承担一部分责任。事实上,书中这位老师的理论根本无法肯定和证明他自身态度的正当性;他宣教的所有主张几乎都在对抗反思的有害影响,但他对自己的反思活动却似乎浑然不觉;按照他所构建的那套体系,他自己的论述就不该存在。卢梭把基督式的"中保"角色转归教师所有,同时又使他成为预言直接性生命的先知。他的方法就在于让儿童至少在达到某个特定年龄之前"始终保持自足,并专注于那些直接触动他的事物"①。所以,卢梭不仅设定了中介

---

① 《爱弥儿》卷二,见《全集》卷四,第 359 页。

作用的必要性(因为对他来说,老师必不可少),同时也拒斥了它(因为这位老师布讲的是直接性生命的福音)。

不过,卢梭后来对中介性的拒斥态度将变得愈发坚决。在撰写《对话录》时,他把感觉和反思视为两个决然不可调和的对立面。他把自己描绘为一个从未脱离过直接感觉的人。辩证法曾赋予反思一种介于自然世界之原初统一与道德世界之更高统一之间的中介功能;现在,这种辩证法完结了。反思如今成了自然的绝对对立面、一个势不两立的敌人;一切都定格在了一种摩尼教式的二律背反当中。

卢梭原来愿意认同教师的角色,可如今,这一角色却被归入了敌人的阵营。反思的危险力量现在隶属于他者和恶徒,卢梭不能也不愿成为这种恶徒。于是,被迫害妄想滋生出一种对幸福的依附关系的阴暗戏仿——曾几何时,正是这种依附关系将爱弥儿及其老师联结在一起。让-雅克落入了迫害者的手掌,正如爱弥儿落入了支配其自由的教师的手掌;只不过善意的欺骗变成了恶毒的阴谋。以前,反思只是让人羞惭;现在,它却是彻底有罪;它是滋生恶的罪魁祸首。

在《爱弥儿》中,我们读到了如下这段文字:

> 让他一直以为自己是发号施令的老师吧,但其实从始至终,你才是老师。没有哪种顺服

状态能比这种维持自由假象的服从更完美了;由此,我们便征服了意志本身。可怜的孩子啊,什么都不懂,对一切都无能为力,也一无所知,他岂不就任你摆布吗?相较于他,你岂不就操控着他周遭的一切吗?你难道不就是那个可以随心所欲地影响他的老师吗?他的劳作和嬉戏、快乐和痛苦,所有这一切不都是在他毫无察觉的情况下被你一手掌握吗?无疑,他只应做他想做的事,但他只应想做你想让他做的事;他迈出的每一步都应在你的预料之中;他一张嘴,你就该知道他要说什么。①

教师窃夺了学生的自由,为的是培育他,使他准备好去迎接自己的幸福和未来的自由。假如这位教师居心不良,那么这种完全受人掌控的状态就令人恐惧了。而卢梭恰恰觉得自己被一种充满敌意的反思当成了靶子,他认为这是彰明较著、绝不容否认的事实。反思被他驱逐至黑暗的外部,他自己则一人困守于受害者的位置。于是,他沦落为那些听命于这种阴险反思的帮凶们手中的玩偶。为了描述自己如何被他们玩弄于股掌之间,卢梭使用的表达与他用来刻画受动顺从的爱弥儿的语汇如出一辙;他揭

---

① 同上,第 362 至 363 页。

露迫害者阴谋的方式与我们刚刚读到的那段教育建言具有惊人的一致性：

> 他们运用同样有效的防范手段这般严密地监视他，以至于他说出的每个字都记录在案，他迈出的每一步都有迹可循，他怀有的每个打算在刚刚萌生之时便被他们看穿。他们这般处心积虑，为的就是让他看起来像是自由自在地活在人们当中，却跟他们没有建立任何真实的社会关系；他孤零零地活在人群里；对于发生的一切，对于周遭人们谈论的一切，特别是对于那些跟他最息息相关的、最令他关切的事物，他都一无所知；他感到自己无往不被镣铐拴缚，可他却既无法指出，也无法看清这镣铐留下的蛛丝马迹。他们在他四周筑起无法被其目光穿透的黑暗高墙；他们活活将他埋葬在了活人之中。①

> [他们]用这么多方法[来束缚他]，以至于身处这种虚假的自由之中，他说出的每个字、迈出的每一步、伸出的每根手指都为他们所知，并正中他们下怀。②

---

① 《对话录》对话一，见《全集》卷一，第706页。
② 同上，第710页。另参前引毕尔热兰的论著："爱弥儿受的教育建基于人工伎俩之上：自然人只能在一个精心谋划的世界中成长，他的美德由狡计造就"（同上，第300页）。

全知的反思性目光不属于卢梭,而属于那些"先生们"、迫害者们。自我意识被彻底驱散。它不再是卢梭投向自身的目光,不再是教师施加在爱弥儿身上的善意力量:它变成了憎恨的监视,将让-雅克囚禁于"阴谋集团"的罗网之中。他的所作所为不再由他自己掌控,而是受制于那些敌视的目光;他周遭的一切都被精心安排,为的是让他的行动不再是他自己的真实行动。他深知自己的内心始终如一,可除此之外,其他的一切(他的行动,乃至他的面孔)都由别人强加于他。他们把怪物的面具戴在了他的脸上。于是,反思之人便将他们自己的恶意反射①到了卢梭身上,他们用他们自己的感受把他包裹起来,按照他们自己的模样把他塑造成了一名恶徒。他们不但褫夺了他的自由,还篡改了他的外表:他们四处散布的卢梭形象充斥着恶意的中伤。他们把他禁锢在"巨大无比的黑暗高墙"之内;他根本无法冲破这密不透光的黑暗,因为这黑暗正源于他自己的面孔。唯有内心的真实存在依旧完好如初,但从今往后,无人能够见证这种存在,除了上帝。

重重障碍

《论不平等的起源》从"克服自然之重重障碍"这

---

① [译注]在法语中,réfléchir 兼具"反思"和"反射"之意。

一必要性出发解释了武器和工具的发明。我们都知道,卢梭立刻由此推导出人类反思活动的萌生。故而,自然人正是在挑战障碍的过程中脱离了直接性的生命,进入了手段的王国。正是在碰到障碍的那一刻,人的原初统一性破裂了,而他支配世界的力量(他的技术和思维)也就此诞生。人类的可完善性一下子展露无遗;它由潜能转为现实,并启动了历史的演化进程。一旦人类同障碍作斗争,便会被拖出他们原先驻足的永恒当下,他们必须判断、比较,必须利用工具;他们意识到了期望与懊悔,时间将其不在场的维度铺展开来;对他们来说,未来以及对未来的忧虑开始变得至关紧要,他人的意见开始令他们焦虑不安……至于《社会契约论》,这部著作把同等重要的功能赋予障碍;由于遭遇到重重障碍,人类发现了社会公约的必要性:"我假定人类达至这样一个时刻,即危及他们在自然状态下存续生命的重重障碍所构成的阻力,已经超出了每个个体在这种状态下为了保存自身而能够动用的力量。"[1]这个新的例子同样说明,正是克服障碍的努力引起了某种决定性的转变。外部事物造成的逆境导致人类发明一种全

---

[1] 《社会契约论》卷一章六,见《全集》卷三,第 360 页。在《爱弥儿》中,那位教师给我们的建议是:"永远都不要满足他的那些不得体的意愿,只给他制造一些有形的物质障碍"(卷二,见《全集》卷四,第 311 页)。

新的存在方式和社会组织形式。可以说,人类正是在遇到障碍的时候才创造了自身——我们不会担心这种说法曲解了卢梭在第二篇《论文》以及《社会契约论》中表达出的思想。

在遭遇障碍之时,反思萌生了。但是反思是有罪的。那么该如何看待障碍呢?既然卢梭对反思大张挞伐,我们不难料想,他会远离障碍,避之若浼……

我们看到,《对话录》所表达出的态度正是如此。从这部作品的第一页开始,"神奇世界"中的居民就表现出他们对障碍的有意无视。更准确地说,他们无视的其实是障碍带来的冲突、物质层面的抗争以及他们必须为此施展的种种狡计。这些人要么就直接克服了障碍,仿佛障碍从未存在过似的;要么就在障碍前面止步不前,好像这障碍不可逾越似的。没有折中的选项。栖居于神奇世界的"深谙其道者们"瞬时即可达成他们所觊觎的目的,否则,他们便会毅然决然地摒弃它。他们享受的快乐是"直接的",他们付诸的行动是"直截了当的"。他们的精力和思维根本不会为了克服重重阻力而偏离其理想目标。他们不愿顾及外部事物造成的逆境。倘使他们力图克服这种逆境,这就意味着他们甘愿放弃"直接的享受",服从于工具、技术与中介性的法则。

从此,障碍不再被视为某种活动展开的起点,而是存在者的原始动能开始衰退、减弱、偏转的转捩点。正如我们在前文所看到的那样,原始激情碰到障碍后以一种类似于弹道运动的奇特方式转向了"偏斜的轨迹",随后变成了"憎恨的激情"、"派生的激情",这种激情的冰冷恶意正源于动力之衰竭。与障碍相撞根本不会产生新的动能,反而会使灵魂的自发冲动开始衰蘙与偏斜。不过,只有孱弱的灵魂才会"一撞到某个障碍物"便屈从于它受到的阻力。相反,一个强健的灵魂不会让自己偏转,它"不会改道,而是像一枚炮弹似的,要么冲破障碍,要么停下来落在障碍物面前"①。因此,径直的运动轨迹只会导向两种结局:要么阻力被瞬时瓦解,要么彻底止步于阻力面前。

卢梭由此把他的问题转化为了纯粹力学问题——他正是通过这种方式阐述"心理动力学"机制的种种定律;而这种力学模型也极好地满足了他的意图,即只用考虑"在本源性的层面之上"耗费的动能。从"炮弹"发射的那一刻起,一切便已被预先决定:它是否能够击中目标,这取决于火药最初爆燃时的强度。发射地点与障碍物确实会相距较远。一旦发射,我们便无法对"炮弹"的运动轨迹作出任何新的调整或校正;我们也无法测算障碍物本身,以便估

---

① 《对话录》对话一,见《全集》卷一,第 669 页。

量其阻力大小,并据此调节作用力的大小以克服它。如果"炮弹"没有冲破障碍,如果它没有在不偏转的情况下逾越障碍,那么它最终就只能停滞不前。要么障碍微不足道,要么让-雅克对它无能为力,被迫陷入"彻底无所作为"的状态。这是一条颇为奇怪的定律:如果初始动能没有在那无法逾越的界限前面止步,如果它没有在其无法征服(也不愿无法征服)的那个不透明的外部(dehors)面前停下,那么这就意味着,障碍将不得不在自我的扩张过程中灰飞烟灭。

奇特的抉择由此摆在我们面前:一边是毫无障碍的天地,另一边则是阻塞整个视域的重重障碍,而障碍背后不再有任何空间向我们敞开。这项抉择向我们昭示出两个世界,卢梭觉得自己生活在它们之中:他时而栖身于一个无限敞开的世界,时而又居住在一个密不透风的监牢里。他的想象力可以扫清一切障碍,如魔法一般为他打开一片无垠的天地(由此,他跟"存在者的体系"融合为一);可是随即,他重新沦为某个世界中的无足轻重之人,在这个世界里,一切事物都化身为障碍,它们构成了一座"巨大无比的黑暗高墙"、一种"难以识破的神秘"。要么被排除在全体之外,要么与整个天地化为一体;要么沦为绝无仅有之命运的无辜受害者,要么如神明一般享受着自身和世间万物所带来的快乐;要么受制于最为微不足道的外部符号,要么无穷无尽地扩张自身;要么被动地服从于碰撞的力学定律①,要么成为"目的王国"的主人:在这两种可能性中,无论障碍不值一提还是无法逾越,让-雅克的清白都得以保全。事实上,假如障碍无所不能,卢梭便会放弃行动,返归自身,以其充满善意的情感聊以自慰,这善意正因其徒劳无功而愈显纯粹。反过来说,假如障碍在他前进途中瓦解,这就说明让-雅克能够一下子直达其欲望的理想客体,他无需为了克服阻力而停驻于工具世界,那里的人们在行动中把自己变成了罪人。我们知道,卢梭经常会诉诸于魔法行为②;这里的情况亦是如此:只有借助于魔法力量,障碍才可能被彻底清除。大自然的一般规律告诉我们,总会存在着各种衰减与偏转现象,障碍所产生的阻力绝不会消失,我们的活动空间从来都不会畅行无阻。

我们曾强调过,当让-雅克靠近某个对象,接触某种真实环境时,他所看到的状况总是模糊不清的。只有当他能够重获纯粹的感觉,或者说只有当真实对象化为记忆或幻想的影像时,介于他与事物之间的雾气、面纱才会褪去。在纯粹的感觉中,并不与我

---

① "任何碰撞都会在我心中造成剧烈而短暂的冲动;一旦不再有碰撞,冲动也便终止,由碰撞传导给我的一切都不会在我内心持存。"参见《退思录》漫步之八,见《全集》卷一,第 1084 页。

② [译注]参见斯塔罗宾斯基在前文的分析,尤其参见第三章之《魔法》一节。

们对立的世界显现自身;在想象的世界里,我们创造了一种视域,身处其中的一切都主动委身于我们,而我们却丝毫不觉费力——在我们与外部现实发生关系之前,想象力已完成了我们的行动:

> 由于持续关切他所觊觎的那个对象,由于在其欲望的牵引下不断趋向那个对象,他那有益的想象力最终跳过阻挡它或威吓它的重重障碍,达成了目标。想象力的作为不止于此,它还剪除了对象身上一切异于觊觎之物的东西,由此,它只会呈现给他一个从各方面看来都与其欲望吻合的对象。通过这种方式,虚构对他来说就要比现实本身更美妙;它们消除了现实的缺憾与艰辛,把专门为他量身打造的现实呈现给他,让欲望与享受对他来说不过是一回事。[1]

无论是在纯粹的感觉中还是在想象中,意识都不会面对一个有别于它的对象。对象会构成它的障碍:意识并不寻求占有真实世界的某个片断,它寻求的是与这种占有相对应的灵魂状态。只要我们不是借道迂回的世界去获得这种享受,不是去对抗重重障碍和阻力,而仅仅把我们觊觎的对象的影像呈现

---

[1] 《对话录》对话二,见《全集》卷一,第857页。

给自身,这种灵魂状态便将带给我们"不止于此"的享受。意识甘愿承认幻象的正当性;正是靠着这幻象,意识在其自身当中、在它自己的创造物当中体验着惰性的真实世界拒绝给予它的完美关系。它并非不知道这些影像都是其欲望的产物,但只要能从中发现令其激奋的理由,它就会把它们假想成真实世界中的对象。它对其自身感同身受,在它自身当中耗费着情感共鸣的宝贵能源;它将其柔情倾注于自己身上:对灵魂来说,想象情感的迸发带来纯粹而真实的愉悦,这种纯粹性,尤其是这种真实性相较于真实对象带给它的满足也毫不逊色。即使神明没有赋予雕像生命,我们也不难想象,皮格马利翁同样会深感幸福;他因其强烈的激情本身而感到幸福,纵然伽拉忒亚变成活人,这激情的醉人程度也不会因此而更进一步了:朝向想象世界的冲动超越了真实女人所能带给他的幸福。如果一切实在皆可构成障碍,那么卢梭宁可选择并不存在的东西:"唯有不存在者才是美的。"[①]自我就是一个毫无障碍的空间。

* * *

为了开启没有疆界和障碍的神奇世界的大门,我们必须无情地封闭和拒斥"日常的"世界。当卢梭

---

① 《新爱洛漪丝》卷六,第八封信,见《全集》卷二,第693页。

未能栖身于那个畅通无阻的自由天地（想象的、记忆的、纯粹感觉的天地）时，他便会回归一个将一切化为障碍和阻力的世界。不管何物，只要它妨碍事物和存在者以其自发的透明状态向其欲望显现，它就会被赋予一种有害符号的价值：它包藏着敌意，而这包藏本身便泄露了它的敌意。不管何物，只要它不具直接性，就会翻脸变成一张敌视让-雅克的丑恶面具。在那一张张面孔和一堵堵高墙背后藏匿着一座险恶的黑暗法庭，它还没听取被告的申辩，便已作出毁人名誉的判决；接下来该做的事情似乎就是执行这一判决。流露出悲伤怜悯之情的那群人背后却对让-雅克行惩治责罚之事。一旦遭遇外物阻力，他便会将其视为被故意设置在他前进道路上的障碍，为的就是让他明白自己的受迫害者身份，同时不让他知道谁在迫害他。秘密无处不在，黑暗无边无际。因为障碍之为障碍，就在于它无法被坦诚直接的行动消减：我们如何能够对一个篡改的虚假世界有所行动呢？表面现象是骗人的，但这不是因为知觉欺骗了他，而是因为一切对象都是专门给他设下的陷阱。表象的不确定性不再是人类经验的"正常"状态，而是敌人施展的一道魔咒。如果说事物是暧昧不清的，那么这并非是因为让-雅克无法把握表象背后的实在：显然是那些阴谋家们让他没有可能活在清晰明澈的世界之中。正如卢梭将自己的反思投射

给他人,以使之变成针对他的迫害武器,同样,他也把自己暧昧不清的感知归咎为他人编织的一张祸害他的黑暗罗网:

> 我很确定,他们不会让我看到如其所是的事物本身,故而,我避免对他们展示给我的事物外表下判断,而且,不管他们用何种障眼法去掩饰行为的动机,我一眼就能看出这些动机肯定都是骗人的。①

我们在谈到符号的力量时强调过,卢梭不愿知道是他自己作出了解释;他不愿知道自己可以自由地解读表面现象,正是他自己把障碍的意义赋予一切事物。不,他不愿承认这是事实。事物具有一种无法被他理解的意义;他周遭的所有事物之所以会在那里,只是因为那些"先生们"意欲如此,因为那些恶人们想让它们在那里,而他们的意图却被深不可测的神秘性笼罩。故而,他能够赋予周遭对象的唯一意义便是无意义,便是敌对的、顽固的怪异性。设想出最糟糕的状况,他便不再需要在各种可能的解释之间踌躇不定,难做决断……

分隔卢梭与他人的轻薄面纱变得厚重起来,直

---

① 《遐思录》漫步之六,见《全集》卷一,第 1056 页。

至成为他永远无法逾越的"一道道巨大的屏障"。即便其中的一道屏障意外消失,即便畏惧之情得以平复,我们也只会发现,那隐藏在前一道障碍背后的整个深渊恰恰构成了一道深厚的、黑暗的、没有出路的新障碍。让-雅克行走在"一座巨大的迷宫之中,人们只让他在黑暗里瞥见一条条令他越来越迷失方向的歧途"①。

* * *

故而,障碍之为障碍,就在于妄图克服障碍的行动在它面前微不足道。让-雅克行动瘫痪的原因不仅仅在于障碍的阻力无法克服,还在于他的每一个举动都不可能不被那些"先生们"瞬间掌控。从他付诸行动和脱口而出的那一刻起,他便眼睁睁地看着自己的行动和言语落入敌人的手掌,变成他们用来打击他的手段和武器。刚写就一页文稿,让-雅克便相信它会被敌人截获,他们会背着他篡改歪曲它,出版一个残缺走样的版本,或者干脆销毁了事。他的作品不再属于他自己:世人拒不相信他是其著作的作者,抑或,他们把那些并非他撰写的著作归于他。一旦他做出任何一点轻微的动作,即刻就会被歪曲并偏离它们的真实目标。敌人改变了这些动作的方

---

① 《对话录》对话一,见《全集》卷一,第 713 页。

向,将其引向截然不同的结果。"既然再也无法做出一件不会变为坏事的好事"①,他就只能被迫陷入三缄其口和无所作为的状态了。只要他想开口,敌人就会盗用他的言辞;只要他想行善,敌人就会篡改他的行动,为的是更加严密地把他监禁在他自己的错误之中:

> 那些操控我命运的人最关心的事情就是,让一切事物都只能成为用来迷惑我的虚伪骗人的假象;合乎德性的动机向来都只是他们投给我的诱饵,为的是把我引入他们用来困住我的陷阱。我很清楚这一点;我深知,从今往后唯一由我自己掌控的善行便是避免行动,免得在无心和无意的情况下干了坏事。②

敌人们不但使他无法左右自己的行为后果,还强制规定了他的行为动机。既然让-雅克的所有意志无不产生自不怀好意之人的暗中操纵,那么整个行动王国便被那个"阴谋集团"完全把持。一旦让-雅克脱离直接感受的庇护所,他的所作所为便彻底受制于他的敌人。他发现,他为了通达外部对象或

---

① 《遐思录》漫步之一,见《全集》卷一,第 1000 页。
② 《遐思录》漫步之六,见《全集》卷一,第 1051 页。

为了与他人交流而能诉诸的一切手段,以及为了自我辩护而欲调用的一切工具都被他的敌人尽数没收,它们其实预先(或许向来如此)就归那些"先生们"所有。通向直接性外部的所有出路都被堵死;指向外部的任何行动瞬间便被敌对的黑影吞噬。

沉　默

揭去自我之面纱,真实地显露自身——特别是对于这种根本的行动而言,它会发生怎样的状况呢?诚如我们所知,这种行动具有特殊的重要性。卢梭期望能在"本真的"言语中与自身保持直接关联,同时还能向他人传达出真实的自我:成为自身与表达行动似乎融合为单一的运动,自我在这运动中不仅展现了自身,也创造了自身。描绘自身不但意味着肯定个人经验的独特价值,还意味着要将这个人经验造就为共同演出和共同审判的对象。卢梭撰写《忏悔录》既是为了表明自己的与众不同,也是为了吁求普遍的"承认",也就是说,他希望自己的清白纯真最终能通过所有人的一致见证而得到肯定……不过,为实现这一目标,他必须得有听众,而且他们得愿意作出评判。

卢梭面向公众宣读他的《忏悔录》。可当这漫长的宣读结束之时,他得到的回应却是沉默,此乃终极的障碍、神秘的不公。牢不可破的沉默笼罩着让-雅克,使那包围他的黑暗高墙愈发坚固。他已揭去自己灵魂的面纱,他已向其见证者们表露自身,按照他自认为被上帝所看到的那个样子开心见肠地(*intus et in cute*)①表露自身,为的就是迫使人们开口说话,道出他们的宽恕或不满。他最终将可以得知世人因何唾骂他。在《忏悔录》的初稿序言中,他料到自己会听到敌对的声音,而他显然也想要挑动这种声音:

> 我料想得到公众会有何种言论,料想得到他们毫不隐晦地发表的评判会何等严厉,我甘愿领受这一切。②

跟那些"在一片深晦的沉默中编织和策划出来的阴谋"相比,这种"毫无意义的嗷嗷逸口"③又算得了什么!而在《忏悔录》的结尾,卢梭记述了这番情景:

> 我就这样结束了我的宣读,而所有人都沉

---

① [译注]此为《忏悔录》章一开篇所引用的诗句,出自古罗马诗人佩尔西乌斯的第三首讽刺诗。
② 《卢梭学会年鉴》第四期(1908年),第12页;参见《全集》卷一,第1155页。
③ 《卢梭书信集》,杜福尔和普朗编,卷十九,第292页。

默不语。艾格蒙夫人似乎是唯一一个有所触动的人；她显然在颤抖着，但很快便平静了下来，像她的所有同伴那样保持着沉默。①

为攻破他人的沉默而付诸万般努力之后，《忏悔录》的最后几行文字却这样给整部作品筑起一道沉默的围墙。短暂的震颤微微拂过沉默的表面，那是一个女人激动之下的颤抖，它在让-雅克的心中唤起一丝转瞬即逝的希望。

于是，幸福的梦想被彻底颠覆了：这梦想曾把由符号构成的沉默当成人类语言永远无法实现的幸福条件。《新爱洛漪丝》中"英国式的上午时光"的全部魅力就源于那些颤抖、叹息、在沉默中彼此交换的眼神②，感性的灵魂正是通过它们实现相互交流，这比其他任何交流手段都更为可靠、更为迅捷。可现在，不但符号变成了不祥的征兆，连沉默也不再是可以让各个意识直接汇通的"传导媒介"：沉默就是障碍，是绝对的分隔。

《忏悔录》在对沉默的揭示中收尾；而《对话录》则以同样的沉默开场。让我们重读它的开篇部分：

---

① 《忏悔录》章十二，见《全集》卷一，第 656 页。
② [译注]详见《新爱洛漪丝》卷五第三封信中的描述。另参本书第六章之《符号的力量》一节。

第八章

　　这深晦的、无所不在的沉默跟它掩藏的秘密一样不可思议;十五年了,世人为了向我隐藏这个秘密可谓费尽心机,我不想对他们的这份苦心作什么评价,而他们居然奇迹般地成功了;这骇人的、可怕的沉默让我摸不着一点头绪,实在是看不透他们为何会有这般奇怪的表现。①

　　为何会沉默?各种解释都能讲得通:敌人不允许让-雅克开口;即便他开口了,但人们并不接受他的说辞,他们歪曲他的著作,无法看清他的真实动机;沉默乃是敌人强加给他的一种处罚;人们尚未听取他的证词便已对他作出判决,而现在,他们驳回了他的申诉和恩赦请求(让·盖恩诺②非常贴切地比较了这种处境与卡夫卡在《诉讼》中描述的状况③)。假如那些沉默无言的迫害者们没有反过来迫使让-雅克保持缄默,那么或许一切都会有所不同。可是由于他被禁止发言,他便无法道出原本可以化解魔咒、驱散噩梦的实话:

---

① 《对话录》之《论本作之主题与形式》,见《全集》卷一,第662页。
② [译注]让·盖恩诺(J. Guéhenno,1890—1978),法国著名作家与文艺批评家,对卢梭颇有研究。
③ 盖恩诺:《让-雅克:一种精神的伟大与不幸》,巴黎:伽利马出版社,1952年。

只消道出一个字,他或许就能揭去其他人的目光无法穿透的面纱,就能把凡人永远无法看穿的诡计曝露于阳光之下。①

然而,《对话录》这部声称要重新对抗沉默的作品却终将在障碍面前败下阵来。它甚至通向了一种三重的沉默、三重的不可能性:它终究无法让他人打破缄默,开口说话。

当第三篇(也就是最后一篇)"对话"结束时,那位法国人终于认识到了自己的错误:他确信让-雅克并非别人向他描述的那只怪物;他承认自己上了那些"先生们"的当,并为此懊悔不已。但他无法向公众表达任何有利于让-雅克的意见,而且,他也无法把阴谋背后的可怕秘密泄露给这个受迫害的可怜人:

因此,我并不拒绝偶尔去见见他,当然得小心谨慎行事;我对他也怀揣着跟您一样的情感,但他能否感受到这一点,就完全取决于他自己了;而且,尽管我不能把他的敌人的秘密泄露给他,但他至少会看到,被迫保持缄默的我并不准备欺骗他。②

---

① 《对话录》对话一,见《全集》卷一,第 734 页。
② 《对话录》对话三,见《全集》卷一,第 975 页。

尽管如此,这篇对话的最后几行文字还是令人欣慰的。这位法国人虽无法打破沉默,但他日后终将开口——即在另一个时代,当新的一代人诞生时。他承诺保管让-雅克的文稿,并保证为此"不遗余力",让这些文稿有朝一日能进入公众视野;他甚至要努力搜罗"有助于揭去真理面纱"的意见。所以,卢梭打算不再自己行动了,他要将这决定性的行动托付给另一群人。宣读《忏悔录》曾是为了直接地揭去真理的面纱,而现在留给卢梭的唯一指望就是间接地影响另一个时代的人们。这项任务、这一行动不再由他履行,而是一个忠诚的保管人需要操心的工作;或者不如说,这将是时间或神意的任务。人生在世逢知己,这已不再是卢梭抱有的指望了。他相信唯一还有可能实现的事情,就是把他的文稿寄存在某个安全的地方保管起来,以期那姗姗来迟的真理在他死后的时代大白于天下。所以,关键问题只在于文稿的存放,也就是说在沉默中等待。

可是,卢梭终究无法心甘情愿地接受沉默。他在这部作品中声称已经放弃了说服同时代人的任何尝试,但为何不能将这部手稿作为打破沉默的手段,从现在开始就善加利用呢?把平反的希望寄托于"更优秀的一代人",这不就已经直接证明了让-雅克无惧真理之光的检验吗?他对行动的拒绝难道没有不可辩驳地证明他的问心无愧吗?让-雅克在书中宣称自己不再拥有任何手段:这本书正是终极手段。

他期望这沉默能被国王或上帝的崇高言语打破。让-雅克发现他的迫害者们横插在审判者和他自己之间。他要尽力绕过障碍,直达审判者。只不过他不会直接把他的手稿寄给国王。此时的让-雅克再一次免除了自己的行动重负:他希望其行动的根本环节与他毫无关系,他不用为此承担任何责任。

让我们重读紧随《对话录》之后的那篇奇怪的《上述作品之纪事》。卢梭计划把其手稿存放在圣母院的主祭台上:他会把它作为一个"托付于上帝的寄存物"安放于此。手稿还附有一则按语,卢梭在其中声称他无权期待奇迹发生:他将任由上帝来选择时辰和手段。不过,即便他声称把自己完全交托于上帝,他还是想要吸引世人的注意。他希望发生的情况是:"关于我的行为的传闻会让我的手稿被送到国王的眼皮底下。"这实在是一个颇为奇怪的伎俩:它原本是一个朝向上帝的举动,可他之所以要实施这一举动,只是为了吸引世人的关注,以间接造成一股精神的震撼力量,触动那些正直的心灵(假如在法国还存在着正直的心灵)。正如我们所知,几乎与此同时,让-雅克还采取了另一个与此极为类似的举措,即在他的所有书信开头都附上了一首一模一样的祈求上苍的四行诗:

第八章

> 我们是何等可怜的瞎子啊!
> 老天啊,拆穿那些骗子的面具吧,
> 迫使他们那野蛮的心灵
> 在世人的注视下曝露无遗吧。

卢梭恳求上苍消灭欺骗,恢复心灵的透明,然而,他是在见证者的眼皮子底下向上帝发出这一吁求的。尽管如此,这首四行诗并不是直接传达给收信人的信息(假如通信人感到惊愕或受到冒犯,卢梭就会对此作出解释)。他独自祈祷,毫不掩饰地表明其唯一的指望在别处。这也是他把《对话录》手稿"托付于上帝"保管这一举动所蕴含的意味。

然而,这一伎俩失败了。在从一个侧门进入圣母院时,卢梭发现一道护栅将他挡在了祭坛之外。他突然意识到那个如此长久地萦绕在他心头的神话意象化身为了一种具体有形的物质性在场:他就站在那命中注定的面纱前面,撞见了那道不可逾越的障碍。挡在他面前的这个符号告诉他,连上帝都拒绝了他,连上帝都将保持沉默:

> 就在这道护栅映入我眼帘的那一刹,一阵眩晕向我袭来,就像一个人中风倒地一般;随后,我整个人陷入惊慌失措的状态,我不记得自己曾感受过这般状态。这教堂在我眼中变得面

目全非,以至于我怀疑自己是否真在圣母院中;我努力让自己镇静下来,以便更清楚地分辨我眼前的东西……由于我从未把我的计划告诉过任何人,所以这不期而遇的障碍就更令我震惊了;我一时激动,冲昏了头脑,乃至相信自己目睹老天也在跟那些干不义勾当的人们通同一气;愤怒的怨言脱口而出,只有善于设身处地为他人着想的人方可想象出我的怨言,也只有能够洞察人心的人才会原谅我的怨言。

我迅速离开了这座教堂,决心在我有生之年不再踏入半步;在当天接下来的所有时间里,我完全沉浸在自己的激动不安之中,东奔西跑,四处游荡,既不知自己身在何处,也不知要去往何方,直到我实在吃不消了,才被疲惫和夜幕逼回了家,早已筋疲力尽的我就快被痛苦折磨得神志恍惚了。①

教堂里锁闭的护栅使世人在让-雅克四周建造的那座"巨大无比的黑暗高墙"愈发坚固。此时的他所陷入的惊慌失措很能说明问题。它表明,一旦建立关系的最后一点可能性都彻底崩塌了,那么对于让-雅克而言,整套事物的秩序以及世界的整个统一

---

① 《对话录》之《上述作品之纪事》,见《全集》卷一,第 980 页。

性也便不复存在。当人类交流的一切希望均告破灭,唯一剩下的可能性便是与超越的存在建立关系。倘若连上帝都拒绝了让-雅克,那么他就只能踏上歧途,迷失于绝对外部的荒原,在一个不再属于这个世界的空间里游荡。当那位终极见证者也没能回应他的吁求时,遭到拒斥的意识便会骤然陷入错乱,精疲力尽的他最终只会堕入虚无。

接下来,卢梭将会第三次遭遇沉默的拒绝。他要去拜访孔狄亚克,并把《对话录》的手稿托付于他。卢梭期望孔狄亚克不仅会答应保管他的手稿,还会阅读这部作品,对其中每一行文字都提出的那个问题作出回应,并最终开口讲话,推倒那座监禁让-雅克的不可容忍的沉默围墙。或许,面纱终将消失不见?然而,什么都没有发生。孔狄亚克顾左右而言他,对那个问题避而不谈,对本质性的事情三缄其口。沉默的面纱愈发厚重了:

> 十五天后,我再次来到他家,极其坚信我所期盼的那个时刻终要到来:二十年来,他们一直用来蒙住我双眼的黑暗面纱将会褪去,而无论以何种方式,我都会从我的这位保管人那里获得解释和澄清;既然他已读过我的手稿,想必他肯定会想解释些什么。我预期的这一切都没发生。他跟我谈论这部文稿的方式就像是在谈论

某部文学作品似的……可是,这部文稿给他留下了什么印象,以及他如何看待文稿的作者,他却只字不谈。①

从此,决定性的沉默使卢梭疏远了这位曾与他在花篮饭店(Panier-Fleuri)②共聚一堂的伙伴:

> 自那时起,我便再没去他家做客了。他来拜访过我两三回,每一回我们都得特别费劲地找一些无关痛痒的废话打发时间;我对他已无话可说,而他也根本不想跟我讲任何事情。③

三次都遭遇沉默之后,卢梭孤注一掷,尝试付诸最后一次努力。不过这一次,他的行动要尽可能直截了当:他在大街上散发"传单"——"致每一个依旧热爱正义与真理的法兰西人"——但是行人却恰恰因为这句话得到了提醒,拒绝接受卢梭递给他们的传单:"我遭遇到一个我没有预料到的障碍:我虽把传单递给了那些人,但他们却拒绝收下。"④

---

① 《对话录》之《上述作品之纪事》,见《全集》卷一,第 982 页。
② [译注]卢梭、狄德罗、孔狄亚克三人曾常在巴黎这家饭店聚餐。参见《忏悔录》章七。
③ 《对话录》之《上述作品之纪事》,见《全集》卷一,第 982 页。
④ 同上,第 984 页。

不，力图克服障碍的行动已不再有什么意义了，为了让自己被他人更真切地认识所付诸的那些努力也是徒劳无益的。这项任务已经超出了他的能力范围。对卢梭来说，除了退隐到他人不愿承认的清白纯真的内心世界，他已无计可施了。不过，他并未丧失全部希望；揭去面纱的活动将会发生，但这一行动将不再是他——让-雅克——应该承担的责任了。他把这一责任一劳永逸地托付给了时间、上苍、神意。"时间可以揭去许许多多的面纱。"[1]他甚至不再指望他的文稿，转而信赖其他力量。他的义务就是活得真实，遵循他的内在真理而活，而不是将这真理传达给他人，也不是让这真理在他自身之外得到认识。假如有一天真理得以大白，这也并非是他努力的结果，而是一种超越性力量所发挥的效用。沉默终被战胜之时，那战胜它的并非是他的声音，也不是对他心回意转之人意外道出的言辞。他根本不再期望世人会回归[2]到他身边；他唯一想要的回归是重返其"本源"，回到那位审判者的面前——这审判者不仅创造了世界的秩序，还将重建那些迫害让-雅克的恶徒们破坏的和谐……不，如果说沉默终有一

---

[1] 《忏悔录》章六，见《全集》卷一，第 272 页。
[2] [译注]关于"回归"这一主题，参见斯塔罗宾斯基在第六章之《回归》一节中的分析。

天会被打破，那么打破它的只可能是上帝审判的号角声："当最后审判的号角要被吹响时，那就让它响起来吧；我将手捧此书，把自己呈交给至高无上的审判者。"①

无所作为

行动已然徒劳无益。行动的王国无法实现。让-雅克刚有所行动，这行动便不再属于他：运动一旦展开，随即就会被外部力量接管，并被引向让-雅克永远无法了解的某个神秘目的。他采取的任何行动都无法由他自己完成，而从今往后，这行动也无法达成他所期望的那个目的。如果行动要成为一种拯救的行动，那么只有上帝才能实现它。然而更常发生的情况却是，迫害者们控制了让-雅克的行为，以使其产生不利于他的相反后果。

人生来就会行动吗？卢梭给出了肯定的回答②，但他总是表明自己并不喜欢行动。呜呼！要是直截了当的行动可以实现意图，岂不快哉！但这只是幻想的特权；在幻想中，关于行为的思考瞬间即可变成既成行为的影像；然而这不过是一种影像游

---

① 《忏悔录》章一，见《全集》卷一，第5页。
② 人"生而就能行动和思想（penser），但不会反思（réfléchir）"，参见《〈那喀索斯〉序言》，见《全集》卷二，第970页。

戏，意识在这游戏中仍旧内在于它自身，并满足于外部世界的幻影。当想要在外部实现意图时，情况就大不相同了。在这种情况下，我们必须放弃直接的享受：必须接受中介性的律法，诉诸于手段或工具，评估我们无法控制的后果所造成的风险。

还有必要用新的例子证明卢梭对间接行动的怀疑吗？在《爱弥儿》中，当卢梭发展出一套关于人类劳动的功利主义理论时，他便提出劳动的效用就在于保证人类拥有独立性；判断效用的标准就在于自足、完全的自足性；克拉朗的共同体为此提供了一个完美典范。如果人必须行动，那么但愿他运用尽可能少的工具吧！或者说，但愿他只限于利用自己的身体和双手这类直接的工具！唯一正当的行动既不仰赖于先存的文化，也不依托于已然创造工具的传统，而是建立在完好如初的大自然之上，正如鲁滨逊在荒岛上所发现的那个自然：

> 我们的爱弥儿从他读的那本《鲁滨逊漂流记》中会汲取多少重要的思考啊！当他看到这些技艺的完善仅仅体现在日臻细化以及无止境地增加它们各自利用的工具时，他会做何感想呢？他会这样思量：所有这些人都是小黠大痴。我们相信，这些人都是因为担心自己的臂膀和手指不能帮助他们做事，所以为了不用再依靠

它们，才会如此积极地发明种种工具。只是为了运用某一项技艺，他们就得受制于无数种别的技艺；每个工人都需要一整座城市。而对我的同伴和我来说，我们把自身的天赋都倾注于提升我们的技巧；我们只给自己制作一些到处都能随身携带的工具。那些因为自己在巴黎拥有一些本事而洋洋自得的人，到了我们的岛上都会变得一无是处……①

在卢梭眼中，唯一正当的行动应类似于初民发明第一个工具：这是一种无中生有（ex nihilo）的行为，一种完全属于我自己的、不以任何过往的人类经验为前提的创造。我的行为必须全然由我掌控，为此，我不应使用任何不能完全由我自己制造的工具。我的工具不应源于他人的传授，因为我的行动不应同前人的行为发生关联。于是我们会看到，尽管卢梭是最早强调劳动尊严的人之一，尽管他煞费苦心地使理想人的形象"大众化"（他让爱弥儿学会使用犁头和刨子），但他同样也是最早的技术反对者之一。这看起来似乎不合逻辑，但其实并非如此；在个体自由这一统摄原则之下，这种不合逻辑便可以理解了。手工操作式的劳动可以保障我们的独立自

---

① 《爱弥儿》卷三，见《全集》卷四，第460页。

主,可是技术却把我们与传统、制度,特别是与他人拴缚在了一起,正是他人制造了我们的工具或者完成了我们的劳动。与个体统一性相吻合的劳动乃是未分工的劳动。

不过,如果说卢梭憧憬一种没有前因的行动的话,那么他同样也期望这种行动没有后果。他从来都不愿被其行为的后果牵制。甚至在他指责其敌人阻挠和歪曲他的言行之前,他就已经断然无法容忍自己的行动脱离他的掌控,产生出某些意料之外的、时常会同其最初设想的目标南辕北辙的结果。凡是不符合其意愿的后果都是不祥的。一旦他做了某件好事,这善举立马就会变成一种奴役;一旦他帮助了别人,便会牵出"接连不断的承诺的锁链,这是令我始料未及的,而我再也无法挣脱它们的羁绊"①。有不少证据向我们表明,早在卢梭患上被迫害妄想症之前,一旦他发觉自己的行动不听他指挥,按照他不再能掌控的某个逻辑展开时,他便会产生一种奇怪的不安感。他的行为渐渐脱离他,变得与他毫不相干:让-雅克拒绝为这种行为承担责任,否则他将陷

---

① 《遐思录》漫步之六,见《全集》卷一,第 1051 页。他稍后又写道:"在吃尽了那么多苦头以后,我已学会早早预测我那不断滋生的原初冲动所引发的后果,而我也常常避免去做那些我既想做、也能做的好事,生怕一旦轻率地投身其中,接下来便会令自己受其奴役"(第 1054 页)。

入怎样的危险啊！他从不愿意承认自己与这种行为、与他的行为产生的长远后果有任何关系。他只追求直接的目标：故而，他不想要任何令人尴尬的回应、任何不光彩的后果，所有这些都会把他推向那个他不愿陷入的境地。比如，他之所以把自己的孩子送进孤儿院，是因为他们都是他不希望看到的后果，而这后果只是源于他天真地想要与泰莱丝一起直接享受的欢愉。他选择泰莱丝成为满足其直接需求的女仆；他向她声明：他既不想抛弃她，也不想娶她①：这就是说，他想要跟她生活在一连串既不问过去、也不思未来的瞬间当中。可是，大自然此时却跟让-雅克开了一个令人难堪的玩笑，因为肉体爱欲所带来的直接的欢愉隐含着一条未来的纽带、一个后果，那就是孩子。尽管如此，卢梭拒不承认他原本不想生育的那条生命乃是他的创造物。他拒绝这种异化，拒绝这个不同的自我，即便这自我乃是他的作品……在卢梭那里，对父亲身份的拒斥似乎不过是某种更普遍的畏惧在某个特殊环境下的表征而已：他害怕生活在一个行动后果非其本愿的世界当中。

需要补充说明的是，这种拒斥行动后果的姿态也使我们更容易理解为何卢梭会在许多情况下展现出惊人的勇气。他想到什么就说什么，直抒其胸臆，

---

① 《忏悔录》章七，见《全集》卷一，第331页。

不会考虑他要为此付出的代价。不管发生什么,都与他无关;他把这些后果当成一种完全外在的逆境加以承受,就如同我们忍受冰雹与风暴的侵袭一般。于是,这种掌控不了行动后果的无能为力并未使让-雅克的能动性彻底陷入瘫痪,反而让他有胆量立即干出一些极其古怪的事情。他试图相信,他的行动一旦完成,便不再隶属于他了,他与其行动之间的纽带便被斩断了……如果我们的行为后果完全脱离我们的掌控,我们便不能再做任何事情了;抑或,我们什么都可以做了:我们的责任对我们而言是如此沉重,以至于它使我们束手束脚,不敢采取任何举动;或者正相反,我们可以由此导出如下结论,即我们的责任永远都不会被行动牵累。于是我们看到,让-雅克时而沉溺于无比轻率的冲动之中,时而则极力避免行动,仿佛不堪忍受那可怖的责任所带给他的不安。他的态度时而像在表明,一丁点的行动都有可能使他陷入奴役、身不由己,时而又像在表明,他不会受制于任何束缚。

让-雅克说自己懒散、怠惰,但他同样也自称是一个积极而勤勉的人。这两种说法绝对矛盾吗?我们很快会发现,吸引他的活动与他怀疑的活动有着本质的不同。如果卢梭要采取一种行动,他会希望这行动前无因、后无果;他会希望这行动没有从他之前启动的某个行动中承续任何因素,也不会在他没有介入的情况下延续或传导至外部世界。他觉得自己天生适合于这样一种活动:他可以在这活动中将其能量倾注于一连串的原初冲动之中,既无需考虑它们是否连贯一致,也无需顾及它们引发的后果。在他看来,其天性与其思维的统一性并不排斥如下可能,即观念与感受不具有时间连续性。如果说他的统一性建基于直接性之上,也就是说建基在他对反思的摒弃、对后果预估的拒斥之上,那么孤立的瞬间就获得一种至高的地位,它是支配整个活动的律法。由此,看到卢梭在写给德尚的信中这般直言不讳时,我们也就不会觉得奇怪了:

> 您对于我在推理方面不够严谨的责备很正确。您是否意识到如下状况:我能很分明地看清某些对象,却无法对它们加以比较;我颇为善于构建命题,却从来得不出结论;秩序与方法对您来说宛若天神,可对我来说则如同悍妇;呈现在我眼前的一切永远都只是孤立的片断,我在我的著述中没有把我的各个观念连成一体,而是在起承转合上耍花招……[1]

---

[1] 《致德尚的信》,1761年9月12日,见《卢梭书信集》,杜福尔和普朗编,卷六,第209页;《卢梭书信全集》,拉尔夫·利编,卷九,第120至121页。

不过,虽说卢梭自认为无法从其命题中得出结论,他却不得不承受其言辞引发的后果——从外部向他袭来的荣耀与迫害。对于一个不想与非其本意的后果有任何瓜葛的人来说,言说乃一种不够审慎的行为。最好的做法是沉默不语,倘若他感受到行动的需要,那么他应最大限度地将其行动范围收拢于自身,把它定格在当下瞬间一闪即逝的微光之中。卢梭越来越倾向于退隐到这样一种活动中:自我在行动时不会脱离自身,但也不会反思自身。此乃未经反思的、不及物的活动:漫步、闲逛。身体在这类活动中消耗着自身的能量,但它既不改造世界,也不引发反躬自省。对让-雅克来说,漫步首先只是意味着逃离人群,仰赖自然与静观。不过,只要我们重读《忏悔录》《对话录》中的相关段落或是写给马勒塞尔布的第三封书信,我们就会发现,漫步这种无意识的自动行为久而久之竟导致了某种催眠状态;身体忘却了自身的存在。它形成了一个"不可思议的空洞",精神丧失了与现实世界的一切依附关系,沉醉在它自己的独立王国里;幻想自行生发、自行消亡,既不会脱离自身,也不会牵连意志。漫步的节奏激活了整个身体,使之沉浸在运动的韵律当中,反思意识则还原为一种至福的、非在场的状态。在由这种不在场状态所构成的基底之上,遐思的影像似乎无缘无故地自发生成、显现出来,不费吹灰之力:

跟所有喜好静观的人一样，让-雅克也懒散、怠惰；不过这种怠惰只存在于他的头脑里。他只要思考，就得劳神费力；思考令他疲惫不已，任何迫使他思考的东西都会让他担惊受怕……可是，他也以自己的方式成为了一个活跃的、勤勉的人。他无法容忍绝对的无所事事：**他的双手、双脚、手指都必须动起来**，他的身体必须运动，而他的头脑则必须保持休息状态。他对漫步的热爱正由此而来；他在漫步中运动，但不会被迫思考。人在退思时不会积极主动。影像在大脑中自发形成、组合，就像在睡梦中那样，不劳意志帮忙；我们任由这一切纵意驰骋，无需行动便可享受一切。但当我们想要停下来，确定对象，整理并安排它们时，情况就大不相同了；我们得把自己的想法灌输进去。一旦推理和反思掺和其中，冥想便不再是一种休息了；它变成了**极为艰苦的行动**，而这正是让-雅克害怕的那种辛劳，哪怕仅仅是辛劳这个念头都会让他不堪忍受，并使他陷入怠惰之中。我从未看过他表现出这个样子，除非是他碰到了某种需要精神活动参与其中的工作，即便参与的程度微乎其微。他并不吝惜自己的时间和辛劳，他不可能老是无所事事却不为此感到煎熬；他倒是情愿一辈子待在一个花园里铲土犁地，这样就可以舒舒服服地徜徉

> 在他的幻想中了……①

卢梭乐于从事这种无需意志承担责任的行动：行动会自行安排、自动调整，无需精神付诸任何努力。犁地铲土不也是这种单调的机械性活动的绝佳例证吗？需要注意的是，卢梭在这里完全不考虑行为的外在目的：他并不是为了收获而去耕犁他的花园。如果说这行动具有某种目的，那么它的唯一目的就在于使沉浸在幻想中的受动状态成为可能并得以延续。重复的、自动的运动乃是一种封闭的行动，它不会脱离其有限的活动轨迹。身体通过一种单调的运动沉浸在它的节奏当中，遐思则以这种运动为背景，沉醉于它的影像世界：这是双重的不在场、双重的受动性（由此，自我之能动性被体验为一种受动性）……

以"行为的"自动作用为基底的遐思并不总是一种幸福的遐思。作为卢梭晚年生活的一位见证者，科朗塞（G. O. de Corancez）只要看到卢梭的胳膊有节奏地做出某个特定动作，他就知道此时的让-雅克正将自己幽闭在他那谵妄的冥想之中：

> 在这种状态下，他的眼神似乎将整个空间

---

① 《对话录》对话二，见《全集》卷一，第 845 页。

都一扫无余,他的眼睛好像一下子就看到了一切;可实际上,它们什么都没看见。他坐在椅子上,转过身去,把胳臂搭在椅背上。这条悬着的胳臂像钟摆一样快速地左右摆动了起来;早在他去世的四年多以前,我就注意到了这个现象;所以,我就有充分的时间来观察它。每次我抵达时,一看到他摆出这副姿势,我就心如刀绞;我料到自己会听到一些最为荒诞不经的言辞,而我的料想也从未落空……①

在最极端的情况下,运动沦为一种机械性的摆动,而遐思——无论阴郁抑或美妙——则与一种"近乎自动的生命"以彼此分离的方式共存……

植物之谊

1787 年 3 月 17 日,那不勒斯。歌德在其旅行日记中写下这样一段话:

> 我有时会想起卢梭,想到他的疑病症给他带来的忧苦;不过,我完全可以想象得到一颗这

---

① 《遐思录》,马塞尔·雷蒙评注版(日内瓦:德罗兹出版社,1948 年),第 191 页。

般精妙构造的心灵如何会陷入疯狂错乱的境地。假如我对大自然的事物没有如此强烈的兴趣，假如我没有认识到那成百上千的观察素材虽看上去混乱杂多，却能被我们加以比较和整理，就像土地测量员那样，画一条截线就可以核验大量个别的测量结果，那么我恐怕常常也会觉得自己疯了。[1]

保护歌德免于疯狂的因素乃是他对外部世界的介入，是能够衡量并整理事物混乱状态的行动。使他免遭内心魔鬼折磨的大自然并不单纯地是一个静观对象；精神还必须积极地融入其中，制定种种"图表"，在它起初只能看到混乱的地方发现各种关系体系。

可是，卢梭也采集植物标本，他还撰写关于植物学的书信，并着手编写一本植物学词典——难道我们不应承认，他也在本能地寻求某种有益身心的活动吗？这难道不也是一种临时性的治疗方法吗？这种疗法难道没有保障他那焦虑不安的精神得到片刻消遣，并迫使他探究自然事物，观察它们的结构，给它们建立起一套分类系统吗？确实，卢梭在

---

[1] 歌德：《全集》卷四（斯图加特：科塔出版社，1863年），第336页。

植物学中获得了抚慰,但是其疗效断断续续,不够彻底。对此,我们或许可以作出这样的解释,即他的谵妄会周期性反复发作,因而他的精神状态只能得到相对暂时性的改善。不过,就算保护歌德免于疯狂的疗法也能治愈卢梭的病苦,我们仍不得不承认,植物学对于让-雅克来说从来都不是那种可以使其精神真正集中于某项具体任务的活动——对现实世界的介入、对生命现象之意义的研究、对新假说的探求。歌德撰写了《植物变态学》①,卢梭则给自己制作了"漂亮的植物标本集"。让-雅克不是作为博物学家,而是作为收藏家采集植物标本。这对他来说是一项消遣、一个乐趣,而非一种真实的行动。在这里,行动再一次未向世界敞开;它封闭自身,并最终在其自身当中耗尽能量。颇为有趣的是,卢梭在《对话录》②中将他抄乐谱的工作与他对植物学的爱好相提并论。让-雅克采集植物标本;让-雅克也誊抄乐谱。把这两种活动放在一起考察,它们便可相互解释、相互阐明。它们具有一个共性,即它们的任务都仅限于确认某种同一性。辨

---

① [译注]歌德在接近现代生物学的意义上将"Metamorphose"这一最初用于描述昆虫和两栖动物形态变异的概念应用于植物学领域。尽管存有争议,不少植物学家仍把歌德视为生物形态学的奠基者。译者依生物学通行译法将这一概念译为"变态"。
② 《对话录》对话二,见《全集》卷一,第 793 至 794 页。

认不同的植物,从中识别出林奈(C. von Linné)所描述的植物种类;或是将相同的乐谱誊写到不同的横格纸页上。这两种活动都是有益于其身心的工作,而精神的唯一职责就是把自己化为透明的介质,现实世界的片断通过这一介质被一模一样地复制下来。它们虽是行动,但并未给世界带去任何新东西。遐思可以随机地叠加于这些活动之上,有时甚至会干扰到它们。不过更常见的情况却是,这些活动替代了遐思。当日渐衰老的让-雅克发觉自己的想象力不断枯竭,且再也无法重温他曾经看过的那些幻象时,他就必须找点什么来弥补这种不在场:一些可以唤起回忆的纪念物,或是一些半机械性的活动。它们都是"无用的"消遣,可一旦少了它们,精神便只会陷入自身的空虚当中:

> 我在孤独中陷得越深,我就越是需要某种东西来填补这孤独造成的空虚,而尚未被人类践踏的土地从四面八方将那些自然生发出来的作品展现在我眼前,弥补了被我的想象力拒绝或是被我的记忆力驱逐的东西。[1]

这是一个万不得已的办法。卢梭请求大自然提

---

[1] 《遐思录》漫步之七,见《全集》卷一,第 1070 页。

供给他替代品，它大致相当于意识曾经呈现给他的那些似乎自发产生的、只需我们毫不费力地收存的影像。意识深陷于闲散无为的状态之中，变得空虚而澄净；透过这种意识，自然事物得以纯真地、清晰地显现出来，不会遭受任何歪曲。而在所有感性对象中，卢梭选择了最纯真无邪的一种生物，它的生命绝不会背离它的纯真无邪：那就是植物。"我并不想要学到什么知识"①：这种活动并不试图获取任何知识或实践能力。卢梭对植物的效用没有兴趣，他拒绝把植物看成一种服从于外在目的的手段。这一看法颇能说明问题的关键。在卢梭眼中，植物自身就是它的直接目的，他唯一愿意考虑的间接目的就是植物标本集所体现出的某种封闭的整体性，标本集合与先定的体系保持一致，集合中的每一个标本都对应于它所代表的物种。让-雅克不想知道植物的任何药用属性。他迅速越过了那些"有毒的"植物（那些"先生们"不是曾经指责他对有毒的药草太过了如指掌了吗？）。植物体现着大自然的纯净，当让-雅克亲近这些植物时，他也净化了自身：纯真无邪的植物仿佛具有某种魔力，能够使静观它们的人也变得清白无邪。如果干制的植物能够充当记忆符号，唤起让-雅克对那熠熠生辉的美景和美好日子的回

---

① 《遐思录》漫步之七，见《全集》卷一，第1068页。

忆,如果它能使过去的灵魂状态在当下意识之中浮现出来,那么我们可以说,植物是有用的,只不过它被用于一种纯粹内在的目的:它使让-雅克找回了自己。故而,记忆符号虽是一种中介,但是其作用在于确立回忆的直接在场。我们可以称之为回溯式的中介,因为它不是要超越感性经验,而是要唤醒完整的感性经验;它只会让我们以彼时的那种体验方式去重温过往的时刻,而不会像普鲁斯特那样,在这种体验当中掺杂一种试图把握时间本质的认识努力。干制的花朵比任何反思都更有效,曾经领略过的那些青山绿水的美丽影像在它的激发之下自发涌现于一种想要维持受动状态的意识当中。在植物标本集中重新看到的这支花朵使让-雅克回归自身,回归那已然远去的幸福,回归那个美好的日子——正是在那一天,他出门去寻觅这棵尚未被他采集到的稀有标本。

让-雅克求助于植物,为的是日后可以求助于植物标本集;有了它,他便可指望在回忆中安度余生。这就是说,他为自己储备了一种被记忆的直接性,其丰富程度和强烈程度都远超当下感觉的直接性。当朝向想象的"创造物"的冲动衰竭之时,当灵魂的扩张性力量耗尽之时,当让-雅克愈发感到自己无法再获得心醉神迷的、激情澎湃的状态时,唯一能够仰赖的就是直接在他身边的感性对象了。他被迫把自己

的存在压缩到最低限度,而此时,直接性的根本的贫乏状态便暴露了出来。卢梭抱怨道:

> 我的观念几乎都变成了感觉,我那理智的范围也不会超过直接包围着我的事物。①

更糟糕的是,直接可感的世界已被迫害侵犯,被罪恶玷污。一旦他对这个世界稍作探察,即刻便会遭遇神秘的敌人,或者更准切地说,遭遇敌人那神秘的不在场:

> 在将我吞没的不幸深渊中,我感到那落在我身上的一次次打击;我隐约瞥见了那直接用来打击我的工具,却既无法看见操纵这工具的黑手,也无法看见它使用的手段。②

不仅周围世界的可感性质贫乏至极点,而且每个对象都可能突然显现为迫害的符号和工具。日渐衰老的卢梭在外部现实世界中找到的依靠极不牢固。当下感觉的直接性贫瘠而脆弱,无力带来任何欢愉与慰藉。彻底的空虚感向让-雅克袭来;而从这

---

① 同上,第 1066 页。
② 《忏悔录》章十二,见《全集》卷一,第 589 页。

一刻起,记忆里的幸福和预感中的正义将撑起让-雅克的存在——回忆在大自然中享受的清朗日子和出神瞬间,或是期待那最后审判日的到来:

> 我的灵魂想要挣脱它那朽迈的外壳已是困难重重,对于我认为自己有权拥有并因此而渴望达到的那种状态,我已不抱什么希望了;我将只能活在回忆之中。①

当下瞬间似乎被一种奇怪的虚弱状态所掏空,卢梭只能求助于过去和未来以摆脱这种虚弱。于是,作为一种正当的人工伎俩,植物标本集便构成了一座保存过去时光的储藏库,它甚至因此还储存着幸福的完满状态;这座储藏库弥补了想象与感觉的孱羸无力在让-雅克心中所造成的空虚感。在他采集植物标本的时候,这种活动本身乃是一种无用的消遣,它使意识得以排解自身的空虚以及迫害所带来的烦扰;然而,当这种植物学式的漫步在记忆中重现时,它就变成了一座洋溢着幸福的小岛。一旦干制的植物标本恢复了回忆的在场,植物的客观结构便在意识中被抹除干净,无影无踪,让位于幸福回忆的主观涌动。采集回来的花朵标本不只是对它所代

---

① 《遐思录》漫步之二,见《全集》卷一,第1002页。

表的植物种类的复制、重复（répétition），它还化身为一种符号，感受通过这符号挣脱了遗忘的禁锢，饱含其全部的原初活力，重新迸发出来。

由此便形成了这样一个世界：一切都在透明性中重复着自身，不过这重复并不意味着自觉的反思努力；卢梭将自己的活动限定于一条循环流转的行动轨迹之上，每一个行动都在不断地、自发地重新开始。任何能动性、任何真正的开始都会引发意料之外的危险，并招致一些使让-雅克自觉无力再去面对的后果。他的焦虑不安只有在他能够投身于这样一种活动时才会平复：这活动既不具备反思的有害的内在性，也不会像一个在自身之外追寻目标的行动那样暗藏危险的外在性。唯一剩下的可能便是重复的封闭圆圈、一种循环，它的唯一意义就是它自身的重复。

第九章

终身监禁

迫害似乎满足了卢梭的隐秘欲望；它使他摆脱了行动及其后果的牵绊。既然迫害者们已将他团团包围，他就不再能掌控本可使其行动得以展开的那个空间。于是，他被迫"放弃了行动"。如果他试图行动，而这行动又失败了，那么这将不再是他的失败，而是他们的罪行。他不再负有任何责任：这难道不是一个不容辩驳的自我安慰的理由吗？"想做好事的我却会干出坏事来。"既然他们会篡改他的行为，使之偏离它的真实目的，那么最好就不要做任何事情，退隐至无所作为的清白状态。从此，除了采集植物标本和沉湎于幻想之外，只要让-雅克不做别的事情，他的清白无辜就可以得到彻底辩护。他甚至愿意通过一种更为昭显、更为具体的方式来证明自己的清白：被关押在一座小岛上或一间牢房中了此余生。因为四面都被厚实的狱墙禁锢，他能做的一切便只是存在与幻想；

他既不需要付诸善行,也不再可能被指责作恶:"只要他愿意活得幸福,就会活得很幸福。"① 当把整个外部空间都让与他人时,我们就摆脱了一切会妨碍我们成为自身的障碍,没有什么能使我们再脱离自身。我们的意志不得不停驻于直接性之中,手段的王国从今往后将是它的禁区。它的目的就在它自身当中,根本无需经由外部世界这条曲径来达成:这就是为什么只要我们愿意活得幸福,我们当下就会很幸福。

卢梭请求伯尔尼当局将他终身监禁起来;他企盼别人把安宁、平静以及对一切身外之物都不再抱有任何指望的幸福状态强加于他。"我大胆地企望并且向他们提议,最好能把我永远囚禁起来,而不要不断地把我赶出每一个本可由我选择的庇护所,害得我在这世间无休无止地四处漂泊。"② 逃亡、流浪的人生乃是比监禁更加痛苦的折磨;在牢房中,至少不会再心生无益的希望,思想也不会再关注别处,自我不再有其他依靠,除了它自己。

不过,卢梭恰恰把他受迫害的处境也描述成了一种监禁状态;沦为阶下囚的他被栅栏和高墙围困,处在别人的严密监控之下。他哀叹道:此乃世间最为悲惨的命运了!可是,他想要被"永远囚禁起来"

---

① 《忏悔录》章十二,见《全集》卷一,第 646 页。
② 同上,第 647 页。

的欲望也就此得到了象征性的实现。幽禁人生的愿望虽获满足,可逃之夭夭的诱惑也始终潜存:这个"受迫害的迁徙者"被迫在自身当中寻求避难之所,这坚不可摧的庇护所正是他自己的意识。

我们将探讨卢梭的这种矛盾心态。迫害代表着最悲惨的挫折、对正义的最痛苦的否认,以及对让-雅克应当得到的承认的粗暴拒绝。但另一方面,正是迫害使意识退隐到它那"内在的无上快乐"之中。于是我们会看到,卢梭时而表现出要与苦难作斗争的姿态,时而又乐于看到灾祸降临,他从中发现了某种神秘的拣选(élection),正是这拣选迫使他与其他所有人都保持疏离。

得偿所愿

疯狂的奇特本质由一种不可还原的基底所构成;有鉴于此,要想从卢梭的"关系妄想"[1]中破解那些足够明确的意向行为,这并非没有可能。正如我们所知,敏感性关系妄想通常具有十分完备的结构:主体自己构造了一套由动机和解释组成的严密系统,为的是将一种逻辑性与合理性的框架植入其行为当中。既然病人的意识总是将这些动机视为坚实可靠之物,它们就

---

[1] [译注]参见本书第八章之《疾病》一节。

始终值得我们加以考察。我们的分析不应试图将这些动机简单地归结为错谬；恰恰相反，由于承认它们具有某种经得起任何检验的主观有效性，我们就应该去探问那些隐含的意向，正是这些意向为主体构建的那个系统奠定了基础。对于一种追求现象学风格的分析来说，问题的关键不在于追溯那些隐藏于无意识当中的前因，而是要从卢梭有意识参照的系统之中解析出他无法通过反思加以认知的意义和意志。我们并不试图重构各种秘密制造了卢梭的解释系统的"深层"机制，而是为了探究言行本身，最大限度地切近他的供述与行为，直至我们能通过一种未曾被让-雅克自己所察觉到的统一意向性把握其言行的意义。

我们在卢梭的后期著述中可以发现一张由各种相辅相成、彼此强化的动机编织而成的大网。我们无法从一些动机出发推演出另一些动机，而只能将它们不分主次地罗列出来。事实上，它们全都彼此相连，以至于所有的动机都可以轮流占据首要地位。我们也会看到，每一个意向都促使另一个意向显现，于是，它们便无法再彼此孤立地存在……

我们已经看到，压缩自己的存在状态，剥离自己拥有的事物，这在卢梭那里是一种相当明确的意向。他不想再占有任何东西，他想要斩断自己与其他所有人的全部联系：舍弃自己的财物，断绝与他人的往来，让渡使其行动得以展开的空间。在他进行"个人改造"的时期,剥离行为是完全自愿的:他舍弃了佩剑和精美的内衣,卖掉了怀表,以追求德性的高傲的犬儒主义保卫自己,寻求孤独的退隐生活。而在他遭受迫害的时期,剥离状态就变成了不得不忍受的厄运:他被剥夺了一切,甚至失去了朋友,被迫过着东躲西藏的生活,他的面前竖起了阴森可怖的重重障碍。这不是他想要的状态,而是令他不堪忍受的命运,可他唯一能做的也就是逆来顺受。这种苦行的生活与过去无异,唯一的区别就在于,它是敌对的恶徒们强加于他的生活,而不再是让-雅克自觉自愿地选择的结果。其实,我们不得不说,既然让-雅克最终连自己拥有的意志都被剥夺了,他便依然忠于他的最初意向。他如此贫苦匮乏,以至于不再认为自己能够自由地欲求他的贫乏。这贫乏乃是源自外部的打击。他谈论其窘困贫乏之处境的笔调充满愁怨与痛苦;为了表达这种愁怨之情,卢梭不厌其烦地反复运用一种风格化的写作手法,即一种絮絮聒聒的言说方式;它通常以形容词 seul[孤单的、独自的]开头,随后是被介词 sans[无、没有]否定性地限定的一系列词汇。它们构成一连串表达愁苦不安思绪的语词序列,而其中的逗号似乎象征着一声声叹息。这一手法形象地表现了卢梭那无可挽回的悲凉境遇:无依无靠,无法有效地左右事物,四处流亡,意气消沉。这方面的例证数不胜数,我们不妨列举如下几例:

我孑然一身(seul)，没有(sans)朋友，得不到忠告，也没什么经验，身居异乡，为他国尽职……①

我孤身一人(seul)，背井离乡，离群索居，没有(sans)依靠，没有家眷，只遵从我自己的准则和义务……②

我形单影只(seul)，无(sans)依无靠，既没什么朋友，也不会有人为我辩护，我完全陷入了公众的轻率评判当中……③

流落他乡，举目无(sans)亲，没有依靠，孤苦伶仃的(seul)让-雅克被所有人抛弃，被大多数人背叛，对于一个想要获得公正审判的人来说，他可能身处在那最险恶的境地。④

---

① 《忏悔录》章七，见《全集》卷一，第301页。
② 《忏悔录》章十，见《全集》卷一，第492页。
③ 《卢梭书信集》，杜福尔和普朗编，卷十五，第171页。
④ 《对话录》对话一，见《全集》卷一，第734页。在其关于"卢梭的孤独"的研究中（《卢梭学会年鉴》第三十一期，第132页），蒙提阿奴已经指出了 seul [孤单的、独自的]这个词被频繁使用的现象。而在《忏悔录》的开头部分，我们可以再次发现同样风格的表达方式，只不过它表现的情绪与精神衰弱性的(psychasthénique)愁怨之情迥然相反——那是一种扩张的、完满的"亢进的"(sthénique)感受："我年轻力壮，朝气蓬勃，身体强健，无忧无虑，对自己和他人都充满信心，我正处在一生当中的短暂而宝贵的时期，可以说，此时生命的完满扩张状态通过调动我们全部的感觉机能而扩展我们的存在……"（章二，见《全集》卷一，第57至58页）

不过,幸亏身陷这种窘困匮乏之境,卢梭才得以逃脱一切外物宰制,变得不可战胜。当一切都被剥夺,当"不可能再出现更糟糕的状况"时,卢梭便获得了一种坚不可摧的自由启示。意识依然完好如初,它发觉自己不会被任何事物征服。由此,剥夺变成了绝对的占有,无能为力转化为了不可褫夺的力量:

> 从今往后,一切人力皆无力与我对抗……我周围的所有人,哪怕是世间的统治者和国王,都得受我支配;我可以对他们做任何事,而他们却再也奈何不了我。①

我们在这里看到了从"全无"到"全有"的反转,不过只有当"全无"最终实现时,这种反转才可能发生。无可救药的逆境使灵魂回归胜利者的自由状态,而这种状态仅需靠它自身便可获得肯定。

由此,剥离之意志便使我们发现了一种直接自由之意志。当逆境发展至极致时,它便使个人存在当中足以抵抗任何外力侵袭的那个部分彰显出来。此乃一种自由,它不具有任何外在于自身的使命:世间之路禁止它通行。它并不抵抗剥夺和让渡;它任

---

① 《记在扑克牌上的字句》,见《漫步遐思录》附录,马塞尔·雷蒙评注版,第173至174页。另见《全集》卷一,第1171页。

由它们发生。什么都可以让渡出去,唯独这自由无法让渡,它将持续存在。当一个人被夺去了一切,这自由将是他无法再被褫夺的剩余之物:它是那最隐秘的核心,其自主性永远不会遭受侵犯。它摆脱了一切束缚,但也摆脱了一切义务和责任。它的所有工具和手段都被剥夺:那么,它还能做什么呢?一旦敌视让-雅克的所有不利条件都聚积起来,他便会发现无限力量,即以无条件的方式成为自身的力量。为此,他只需欲求成为自身即可,而无需战胜那重压在他身上的命运。卢梭以塞涅卡式的语言道出了这一思想:

> 无论是谁,只要他想自由,他就确实自由。①

当我们面对那无法逾越的障碍时,自我与我的自由之间便不再存在任何障碍;无需经由任何曲径,这自由瞬间便可被一种所向无敌的魔法所实现。它的目的直接就被达成,因为它的唯一目的就是肯定自身之涌现。似乎只有当外部世界阴沉下来,直至一片黑暗之时,让-雅克方可赢得一种内在视角之启示,这将是令让-雅克免受迫害的

---

① 《卢梭书信集》,杜福尔和普朗编,卷十六,第77页。

庇护所,是不会再让这位"公民"遭遇驱逐危险的唯一祖国:

> 独自漫步的我时不时会体验到那种狂喜出神的迷醉之境,这种享受要归功于我的迫害者们;没有他们,我恐怕永远都不会发觉或认识到我自己身上怀揣着怎样的宝藏。①

于是,我们会看到,直接自由之意志也完全可以被界定为一种自身在场之意志。在永恒不变的当下瞬间中在场。因为当迫害将一切事物都推向最糟糕的境地时,它就不仅封堵了通向外部空间的所有出口,还阻塞了朝向未来的一切道路。痛苦已无以复加之时,时间的长河便干涸了。由此,卢梭就"摆脱了希望所带来的焦虑不安"②,感受到一种"完满的澹然"之境。他无法再去寻求"更美好的时光";唯一残留给他的便是这已然融入永恒的当下瞬间。在《随笔集》第三卷中,蒙田描述了他拥有过的一种与此类似的澹然宁静之境,他同样摆脱了改变生活的全部希冀和关切。当往事皆已如烟,当整出"喜剧"③落幕之时,"天

---

① 《遐思录》漫步之二,见《全集》卷一,第 1003 页。
② 《遐思录》漫步之一,见《全集》卷一,第 997 页。
③ [译注]蒙田沿袭了许多古代作家的修辞,把人生和世界比作演戏、剧场。尤参《随笔集》卷三章十。

空静谧下来"①,蒙田感到自己卸去了期望所带给他的重负:"而如今,木已成舟"②。卢梭所表达的意思与之如出一辙:"既然事已至此,我又有何惧?③……对我而言,这尘世间的一切皆成定局。④"只不过蒙田所说的"木已成舟"是指他自己人生的完满状态,而当卢梭说"事已至此"时,他指的却是其敌人使他蒙受的无以复加的苦难。"事已至此":但这一切都是别人造成的,是他们无所不用其极地犯下的恶行。让-雅克什么都没做过;回顾往昔,他几乎看不到什么真正的行动:只有一些感受、情绪以及惨遭命运扼杀的意图……什么都不会再发生了;时光已在彻底顺从和泰然自若的当下瞬间中凝固。迫害已达至其极限,而极限之外则是它鞭长不及之地。卢梭发现的这一属于他自己的当下瞬间正是这个"之外",一处不会被他人侵夺的安身之所。这是一个有去无回的外部(dehors),对于栖身于此的让-雅克来说,他人显得微不足道;对于他人来说,让-雅克亦是无足轻重之人。这个无法再用我们习以为常的时空坐标加以定位的地方乃是一个极端奇特的、不可名状的含混世界,彻底使人迷失了方向:

---

① [译注]语出《随笔集》卷三章十三。
② 蒙田:《随笔集》卷三,第二章。
③ 《遐思录》漫步之一,见《全集》卷一,第997页。
④ 同上,第999页。

第九章

> 我莫名其妙地就从事物的秩序中被拽了出来,眼睁睁地看着自己被抛入一团不可思议的混沌之中,在那里,我什么都看不清,而我越去思考我的当下处境,我就越是无法弄清楚自己身在何处。①

卢梭遭到放逐,被排除在人类的时间和世界之外;他被监禁起来,被活生生地埋葬。然而,就在那最偏离中心的极限之外,卢梭使自己成为了一片毫无障碍之疆域的中心。作为其放逐之地的外部变成了任何外来势力都无法威胁的世界内部。在《遐思录》的第一篇"漫步"中,我们可以读到如下这段文字,它绝妙地道出了这种"对立面的统一":

> 在这尘世间,再没有什么会令我心生向往抑或忧心忡忡了,我就这样静静滑向那深渊的底部;我这个可怜的凡夫俗子虽时乖命蹇,可我却像上帝那样泰然居之。②

在同一个段落中,卢梭既认为自己被排除在一切之外(他生活于深渊之中),又把自己比作上帝,使

---

① 《遐思录》漫步之一,见《全集》卷一,第 995 页。
② 同上,第 999 页。

自己成为宇宙的中心;这位无足轻重、一无是处的受害者摇身一变,成了完满性的拥有者,厄运转为幸福,耻辱化为荣耀。

一旦迫害达至极限(卢梭正希望如此),他就只能指望他自己了,他体验到完美的自足境界所带来的苦涩而神圣的幸福:他栖身于自身之中,再也不会脱离自身了。与外界的一切联系都已不复存在,只剩一种与自身的关系,一种完满的同一性。

卢梭有时把这种完满境界形容为一个彻底顺服于外部冲力的无生命事物的存在状态,有时又将其描述为一种不受制于任何物质力量的、脱离了肉身的精神状态。无论是何种情况,这都是一种全然清白无辜的完满状态。故而,除了我们已经看到的直接自由之意志以外,我们还可以发现一种追索清白无辜的要求。

黑格尔说,只有石头才是无辜的①。被迫害者们操弄于股掌之间的卢梭将自己石化,变成了一块石头。如果他不实施任何出于自身意志的行动,如果他彻底沦为外部力量的玩偶,那么,他的清白无辜岂不就更加彰明较著了吗?既然再无能动性,又何来罪错?当迫害者们篡夺了卢梭的所有行动及其后

---

① [译注]语出《精神现象学》第六章第一节之"伦理行动的对立"。

果时,他们也就使他摆脱了沦为罪人的可能性。行动瘫痪的受害者也好,受外界操控的玩偶也罢,如此状况的他又怎能作恶生非呢?然而,为了使他的清白无辜变成绝对的确定性,这种责任转移必须成为一个决定性的结果,为此,让-雅克需要那些恶徒把他逼至山穷水尽、脱身乏术的境地。正如想象力之扩张性的自由只有在直面无法克服的物质障碍时才会迸发一样,让-雅克的清白无辜也只有在他遭遇全体一致的普遍敌视时才能达至纯净无瑕的程度。只要没有实现绝对的反差,只要纯白之色没有获得最黑暗的背景映衬,什么事情都不会是板上钉钉的。于是,卢梭只有在欲求最严酷的迫害的同时才能欲求他的清白无辜,因为只有迫害所施加的外部重压才能卸下责任所带来的内心重负。卢梭用控诉为自己辩护:所有的罪错都在外部,即那不停折磨他的阴谋、那掌控其存在的厄运。①

为了更严密地杜绝任何自主行动的可能(从而也就规避了任何让自己有罪的风险),卢梭并不满足于指控那个"阴谋集团";他还怪责命运,并向他自己的"天性"发难。那些"先生们"的恶毒行径不过是一种

---

① 我们还应注意到,卢梭从未激烈地回击那些被他视为侵犯者的人。他甚至为伏尔泰的雕像解囊捐资。通过一种心理投射的迂回机制,他将他的全部侵犯性都导向了自身。

外在因果性的极端形态,而卢梭对于自己所陷入的这种因果性一直都牢骚满腹。事实上,他诉诸于一套同时从内部和外部将他裹挟的强迫系统来为自己辩解。他说自己是其"天性"或感官的奴隶,仿佛这种隶属关系使他屈从于某股外部力量。因此,罪错要么被归咎于他那"过于热烈的天性"(或过于懒散的天性),要么就被算在命运的头上,正是这命运使他无法过上"他生来就该过上的那种生活"。他既是脱离他掌控的、无法被压抑的自发性的受害者,也是从外部压向他的厄运手中的玩偶。在这两种情况下,即无论顺从于自己的冲动,还是屈服于命运的无常,他的行动都不再是他自己的行动:他身不由己,听命行事,任何人都无权苛责于他。于是,在撰写《忏悔录》时,卢梭似乎急于使自己尽快摆脱他的存在责任:"我的出生乃是我所有不幸中的头一个。"[1]仿佛是为了更加坚定地确信自己就是严酷厄运的玩偶,他不断谈及各种境遇——它们要么"决定了他的命运",要么标志着一连串不再受他掌控的不幸遭遇的开始。对他来说,仅仅谈及某一次致命的灾祸似乎远远不够,他需要接连不断地将他裹缠于无法逃脱的罗网之中的灾祸。不过有的时候,卢梭能非常清醒地批评自己的这种态度。当他在《忏悔录》第二章中叙述自己改宗天主教的经

---

[1] 《忏悔录》章一,见《全集》卷一,第 7 页。

历时,他这样写道:"我哀叹命运竟害我落到如此田地,好像这命运并非是我咎由自取似的。"①所以卢梭完全明白,他对命运的指控乃是不正当的责任转移;他也知道,至少这一次,他太过匆忙地把一种由他自己的能动性所造成的困窘处境归咎于命运。他对自己的审视严厉而清醒,只不过在面对其他许多类似境遇时,他却未能保有这种清醒。只有这唯一的一次,卢梭如此明确果断地批评了自己。他在这里责备自己拿命运当托辞,可是在整部《忏悔录》中,他又不断地诉诸于这一托辞来为自己辩解;随着他对自己生平的叙述不断展开,他显得愈发想要忘掉如下这种可能,即至少在一定程度上,他的不幸或许正源于他的自作自受。为了确保自己的清白无辜,卢梭似乎打算牺牲掉自由原则本身,而在他的心理学理论和社会生活中,他曾把自己塑造成这一原则的狂热代言人。悖论终于在《对话录》中暴露了出来:他先是对唯物主义哲学家抱持的"一切……都是一种盲目必然性之产物"②的信念大张挞伐,可几页过后,他却承认自己的行为举止乃是"必然性所引起的单纯的性情冲动"。他用一种"近乎自动"的"机械生命"③的清白无辜来

---

① 《忏悔录》章二,见《全集》卷一,第 63 页。卢梭在这里谈到他的改宗经历。
② 《对话录》对话二,见《全集》卷一,第 842 页。
③ 同上,第 849 页。

袒护自己,尽管他刚刚还在痛斥那些哲学家们的决定论,认为这种论调会将人类的行为还原为自动的机械作用并取消了善恶之分。

不过,受动性与卢梭追索的自由并非不可兼容。他的自由乃是一种无效用的、行动瘫痪的、无所事事的自由;这种自由只想同它自身发生关联,对其他一切事物都弃之不顾,任由不公的命运和外在的不幸随意处置。他的自由并非行动自由,而是自身在场的自由。它只是一种感受。无论发生什么都与它毫不相干,而它对抗重重障碍的唯一方式就是任由它们在其自己的王国里战无不胜。绝对的受动性不过是这种自由的另一面,其效力仅仅停留于自身之内。除了毫无内在性的、被动地服从于外部推力的对象之外,没有什么东西能与这种对外部世界无能为力的意识更相似了,尽管这两者看上去有着霄壤之别。因此,当卢梭将其存在描述为"连串的感受"或是"接连不断的灾祸"时,他要表达的都是同一个意思,即他自身的清白无辜。《忏悔录》向我们展示了一种双重视角;逝去的时光要么被构造为种种无效的美好感受的聚合,要么被构造为种种过于有效的灾祸的汇集。连串的主观感受与连串灾祸的机械作用之间存在一种关联,即外部事实对于灵魂状态来说乃是一种"偶然原因"。在命运的外在性与感受的清白内在性之间不再有自由行动的空间;让-雅克绝不可能犯下罪错。其实,正像卢梭定义的那样,感受要么是某个外在的偶然事件激发的简单反应,要么是一种意向,它为了保持主观纯粹性而拒绝外在化为具体的行动。在无所作为的纯粹状态与外部袭来的敌对态度之间,卢梭的全部所作所为都并不真正属于他,也不能被当作指控他的证物。这种决疑论式的自我辩护轻而易举地将行为与意向分割开来。他总是在某股外部力量的威逼利诱之下作出行动的决定。不论安身于退隐庐,还是搬出那里,他都身不由己[1];他撰写《忏悔录》,只是因为他"身不由己,被迫开口"[2]。他对苏菲·杜德托的爱情是"罪恶的,但却是情不自禁的",这是一种"不由自主的一时软弱",不应将它混同于"秉性之恶"[3]。卢梭一直强调他的这一原则:

> 人有时会陷入一种癫狂错乱的状态,我们此时不应通过其行动去评判他们。[4]

在这种情况下,行动就跟战栗、颤抖这类"植物

---

[1] "我的命运就是身不由己地住进那里,再同样身不由己地搬出那里。"(《忏悔录》章九,见《全集》卷一,第488页)
[2] 《忏悔录》章七,见《全集》卷一,第279页。
[3] 《忏悔录》章九,见《全集》卷一,第448和462页。
[4] 《忏悔录》章一,见《全集》卷一,第39页。

神经性"反应一样,并不具有自觉的意识。如果说自我之本质被保存在心灵深处,如果说人的存在本质上只体现在他的感受之中,那么,任何行动都不会损害他的清白。这种清白就像海藻覆盖的格劳克斯神像那样纯洁无瑕、完好如初,不会被一丝一毫的尘垢玷污(所以在卢梭看来,尽管华伦夫人有许多不端行为,但她依然永葆一种不会变质的纯洁性:"您的行为应受指摘,可您的心灵永远纯洁"①)。

就在意向转化为决定的那一刻,让-雅克便不再是他自己了:他总是感到自己"还没来得及作出选择就已被征服了"②。然而这个被征服的让-雅克同样也是那个在命运的持续打击下自称拥有无限自由的让-雅克。为了感到自由,他需要被征服;而他夺回自己的自由只是为了可以更长久地受制于那些征服他的力量。至于卢梭可能犯下的恶行,那并非真实情况:它只是虚幻的表面现象,一座在空隙当中骤然浮现的海市蜃楼——正是这空隙将命运那难以平息的敌意与让-雅克那未受污损的纯洁善意分隔开来。故而,石头的无辜与"美好灵魂"的清白似乎终究可被等同视之:一种没有效用的自由与一个没有意识的物体永远都不会在自身当中发现罪错。

---

① 《忏悔录》章六,见《全集》卷一,第 262 页。
② 《对话录》对话二,见《全集》卷一,第 847 页。

* * *

然而,这真是一种没有效用的自由吗?这自由不是一直被拿来向它自己证明,外部世界乃无法通行的禁地吗?为了确保无所作为的清白状态和纯粹的自身在场,难道不需要一种格外积极的意志去摒除一切行动的可能,以此远离罪错的染指吗?事实上,我们不禁要问,为什么让-雅克觉得有必要这般不懈地重申他活在逆来顺受的状态之中,任凭自己被命运和不由自主的冲动所左右?《遐思录》中的让-雅克每时每刻都像是第一次下定决心:回归自身,逆来顺受地活着;我们似乎在每个瞬间都能立即看到他作出的那个初始决定,即剥除自己的决定权力,把自己完全托付给上帝。故而,他尚未获得平静和清白,因为他无时无刻不需要向自己肯定他的平静和清白。他不断地告诉自己,他根本不在乎迫害,于是,他便不断地感受到迫害的在场,或不断地想到它的种种表征——既然他只能在迫害的黑镜中看清自己无辜清白的面庞,他又能有什么别的做法呢?直面那最为不可思议的敌意,卢梭便完完全全地重获了自己的"本质"。罪恶的他者目光却企图指控让-雅克的罪恶。因此,真实的让-雅克与他者眼中的让-雅克有着本质的不同:

如果其他人想要按照不同于我所是的那个样子来看我，那于我又有何妨？我存在的本质岂会取决于他们的目光？①

他人无法真正摆布他。他们恶意中伤的乃是另一个人，这个人被他们冠以让-雅克的名字。他们审判的那个人、被他们阴险地置于死地的那个人乃是另一个人。不过，为了确信自己的不同（它意味着他的清白无辜），让-雅克必须不断设想敌对力量的在场，正是这些力量迫使他在自身当中寻求庇护之所。

正如卢梭不再能意识到自己的反思一样，他也不再能意识到自己的选择、行动、罪错。那个被罪疚所困扰、被反思所折磨的焦虑不安的、积极主动的卢梭为了平复自己的内心，建构了一个游手好闲、不能反思和行动、从未自觉踏上罪恶之途的让-雅克的神话。在他眼中，这建构并非一种建构。他如此痴迷于自己的神话，以至于不再能把自己和神话区别开来，不再能察觉到自己的口是心非。让-雅克还没来得及作出选择就已被征服；但卢梭不想承认正是他

---

① 《对话录》之《上述作品之纪事》，见《全集》卷一，第 985 页。另参《遐思录》漫步之八："无论人们想以何种方式看待我，都无法改变我的存在；无论他们有何等能耐，无论他们有多少不可告人的阴谋诡计，任凭他们费尽心机，我也不会为之所动，我将继续成为我所是的那个样子。"（见《全集》卷一，第 1080 页）

自己选择了这番境遇:在这境遇中,他的选择早已被命运遏止,而他唯一能做的事情就是听任厄运的摆布。卢梭自称受制于种种令他不堪忍受的外力,可当他努力宣说这种境遇的时候,他所付出的努力本身便驳斥了那庇护他的受动性:他持续不断地写作,这一简单的事实就已然证明这种受动性并不彻底。当卢梭说他自己完全陷入逆来顺受的状态中时,他说话的声音仍然透露着焦虑不安的情绪,可他却对这种情绪置若罔闻。让-雅克的说话方式似乎表明,他没能意识到言说行为本身已经推翻了他赋予其言语的意义。他说他自己从来都无法欲求什么,但当他宣说这种支配他的不由自主的境遇时,又是谁的意志在驱动这一宣说行为呢?正是卢梭的意志;他不再能认出他自己,他以为自己什么都不再欲求,可实际上他的意志却想要获得清白,而他并未意识到自己对清白的寻求利用了受动性这条曲径,他对受动性的寻求则利用了迫害这条曲径。迫害是手段,卢梭利用其中介作用获得了他的清白。但他不愿承认自己可能想要利用这样的手段:他希望自己感受到的清白就像某种被直接给予的原初之物;他想要感受到的清白不是由他自己创造的作品,而是一种毫无来由的内在于他的禀赋,就像某种"本质"或某种不可摧毁的"实体",谁都无法剥夺他对这种禀赋的所有权。从此,他的任务并不只是战胜罪恶或阻遏罪错的可能性,因为这意味着罪错仍可能玷污他,而他的清白则会受制于谬误或软弱;他的任务毋宁是竭力使罪错在本质上永远都不可能成为他的罪错,它始终是某种异于他自身的实在:他人之罪错、命运之无常、情不自禁的机械反应、虚假表象的匿名魔咒。被迫害妄想使他的这种魔法伎俩大获成功,由此,他人的能动性、外部的力量被视为有罪的一方,而这位受迫害的主体则拒绝承认并担负这一罪责。他被动地屈从于厄运:不再是出于自己的意志,而是出于某个险恶的阴谋集团的意志——它掌控着他的全部行为,监视着他的所有活动。这样一来,他不仅开脱了自己的罪责,还把隐藏于一切意志和自由当中的潜在罪错都算到了外部厄运的头上。当他人篡夺了他的行动时,他们也使他摆脱了恶之可能性:于是,他永远变成了一个纯洁之人,因为他们永远变成了邪恶之人。

不过,这个被卢梭投射到外部并算到他人头上的罪错到底是什么呢?是他的出生吗(他的出生断送了他母亲的性命)?还是说他抛弃自己的孩子?这两个答案都对,也都不对。卢梭的罪疚感并非源自其母亲的过世或其抛弃孩子的行为,它毋宁是这样一种动因:正是这动因促使他抛弃孩子并将其母亲的过世阐释为他所犯的罪行。考察卢梭是如何摒弃他的意志、反思、行动自由以及与其同类的联系,我们可以得出如下结论:当存在者与他无法支配的外部发生关系时,任何这类行为都会让他体会到一种弥散性的罪疚感。自由乃是一种向众多可能性敞开的危险状态,而对我来说,其中的一个危险就是我自己可能会犯下罪错:我在享受自由的同时,也身陷于这种风险当中;只有放弃我的行动自由,也就是说,只有寻求石头的无辜状态或者无所作为的意识的清白状态,我才可能消除这种风险。行动会招致不受我们掌控的、违背我们想要实现之愿望的种种后果。好心办坏事的风险一直存在。总会出现某种超出我们能力范围之外的偏离;我们的每一个行为都蕴藏着不可预见的丰富可能。我们已经指出,这正是卢梭害怕直面的风险。我们的行动会在外部留下持久不灭的踪迹,它们会歪曲我们的意向,并有可能使我们受到他人的误解。由此,人们就根据那些与我们的内在真实状态并不吻合的表面现象来评判我们。然而这些表面现象——我们只对它们负有一半责任——都是邪恶与罪错的表征。至于反思,正如我们已经看到的那样,它构成一种原罪:罪恶经由反思渗入世界;通过反思行为,意识发现自己不同于另一个意识,前者会拿自己与后者比较,它想要胜过后者。由此,人就使自己沦为表象的奴隶,受制于自己眼中的他者以及他者眼中的自己。罪错再一次表现为向外部、向差异的敞开。最后,在一切与他人的交流当中，卢梭都能预感到误解的风险。他无法把自己内心深处感受到的信念强加于他人。他无法预防自己有可能被他人视为恶徒：面对他人时，总是存在着一种永远无法被彻底消除的不确定性。每时每刻，他都可能发现自己在他人眼中变得有罪；每时每刻，交流都会让真相岌岌可危，而这罪错就可能落在他的头上。

既然只有把自己暴露于外在于我们的世界，我们才能活下去，那么这就说明，早在任何行动产生之前，早在它造成某种确定的罪错之前，罪错的潜在性便已然隐藏于我们存在的核心；这罪错就是我们自身的罪错，它与我们对世界的敞开行为密不可分。它并非神学意义上的那种内在于我们生命本身的根本罪责：它只是一种在我们的意识中心显现的风险；它需要被遏制，却永远无法被彻底遏制。我们无法掌控一个将我们卷入其中的空间……

为了重获彻底的清白，我必须消除这种因我向"外部"现实敞开而出现的"内部"风险；要么清除它，要么驱逐它：把一切令我依附于外部世界的暧昧力量都从自我当中排除出去。在卢梭那里，这种脱罪的基本手段就在于，把他在面对可能的罪责时的那种不确定性解释为外部世界施加在他身上的确定无疑的魔咒。由此，罪错不再是潜藏在与他人之交流当中的无形风险，而是一种从外部压向让-雅克的沉重的、不变的现实:笼罩着他的罪恶的根源来自别处。使其意识焦虑不安的可能的罪错变成了深重的敌意和外在的障碍,它具有实物一般的真实重量。于是,敌对力量在另一个王国里集结起来,它迫使让-雅克退隐到一个清白的世界——这清白的世界同样也将获得实体性的坚实存在。卢梭与他人之间的不安关系现在被一种无法和解的对抗所取代。漂移不定的罪责可能性曾令让-雅克无法容忍,从今往后,所有这些可能性都被确信无疑的迫害所锚定。当罪错变成了戕害无辜的让-雅克的绝对恶时,它当然就会变得更加明确、更加深重:卢梭将他的罪责投射向他人,并指控他们犯下更卑劣的罪行;不过,他这么做是为了使自己在遭受一次次不义的打击时,可以感到自己的清白无辜得到了绝对辩护:为了赢得受害者的纯洁性,他把自己献给了祭司的屠刀。

卢梭为自己的罪责开脱,却始终感到自己受到指控。罪错已被投射到外部,但结果却是他人之恶化身为了攻讦让-雅克的诽谤和污蔑。每时每刻,他的敌人都可能编写一本新的《公民意见书》①来抨击他,令他遭受无所不在的仇视。在为自己脱罪的同

---

① [译注]针对卢梭的《山中来信》,伏尔泰于1764年底匿名撰写了《公民意见书》这本小册子对卢梭和《山中来信》大张挞伐。卢梭曾以为小册子是凡尔纳牧师撰写的。参见《忏悔录》初稿及章十二。

时,我们难道察觉不到某种自责和自罚的意味吗?就像那些被迫害妄想症患者们一样,这难道不也是一种将他的攻击性转向自身的方式吗?[1] 卢梭不会不知道,尽管他斩断与他人的交流是为了获得清白无辜的孤独状态,可这同样也构成了一个重大的罪错。因此,在让-雅克为自己开脱罪责的行为中也存在着一种需要被抵偿的罪错:本应使他摆脱罪责的伎俩却使他变得有罪。我们由此会看到,清白无辜的自我陶醉之感不仅没有消除他的内疚之情,反而激发它不断重生。这是一个永不停歇的循环,就像一台永动机;罪错绝不会被一劳永逸地涤净;于是,迫害永远不能结束;清白永远不够确定,净化永远不够彻底。

两个法庭

说到底,让-雅克的意识最终期望获得的乃是自身的完全自足。可是,它能实现这个愿望吗? 狄德罗向卢梭提出了一个关键问题:

---

[1] 关于自责的作用,参见埃纳尔:《罪疚的病态世界》(巴黎:法国大学出版社,1949 年)。还可以参见拉康的博士论文《论偏执狂精神病及其与人格的关系》(巴黎:弗朗索瓦出版社,1932 年)。

我明白,不论您做了什么,您的良心都会为您作证;可是,仅凭这一番证词就够了吗?到了某个时候,我们还能对他人的证词充耳不闻吗?①

任何清白都不可能通过自我肯定就得到确证。为了确信自己的清白身份,我必须诉诸于可以认定我的这一身份的外部审判。一旦需要肯定一种内在价值,意识的内在直接性就应求助于某种外在保证;换言之,必须接受他者审判的中介作用;我需要通过一个外部证人来评判我自己。

这位《遐思录》的作者不再向任何人发话,他不再指望自己能被世人认识得更真切,不再操心如何藏匿或是展示他不断写满文字的一张张纸页。可是,他仍然期待受审,他期待着自己的清白无辜在上帝的目光中获得肯定的那一刻。让-雅克撤销了"人们的种种愚谬判断",他察觉到他们脸上透露出的不公判决的神情;他转向另一个法庭,向上帝提出上诉。让-雅克的意识无法满足于它自身;它想要在一种目光当中变得透明。于是,卢梭在《忏悔录》的开篇发出祈求,他预先为自己设立了一个宣判他无罪

---

① 《卢梭书信集》,杜福尔和普朗编,卷三,第133页;《卢梭书信全集》,拉尔夫·利编纂,卷四,第192页。

的普遍法庭：

> 我已示我所是；当我是一个卑劣而无耻的人时，我绝不相瞒；当我变得善良、宽厚而高尚时，我也照实记录：我已按照你亲眼所见的那个样子揭去了掩盖我内心的面纱。永恒的存在啊，请把我那不计其数的同类们集结到我的周围吧：让他们都来听听我的忏悔吧……①

无论卢梭在其他情况下把自己比作上帝的欲望有多么强烈，无论神秘的（或泛神论的）融合境界对他有多么巨大的诱惑，他依然离不开一位施行报应的上帝，每个人都得在祂面前受审。面对主持正义的上帝，个人存在并不会消逝（也不会卑躬屈节），而是以无比荣耀的方式在其自身的真理之中安定下来。让-雅克在上帝那里寻求的并非是上帝本身，而是绝对的（*absolu*）②目光，这目光将肯定他自身的同一性，并将他判决为其透明性的合法拥有者。一直以来，个体都在徒劳无功地追索着曾被充满敌意的黑影团团包裹的恒定本质与清白状态，在这赦罪

---

① 《忏悔录》章一，见《全集》卷一，第5页。
② ［译注］法语词 absolu 和下文中的 absolution（赦罪）都由拉丁语动词 *absolvo*（解除、赦免）演化而来。斯塔罗宾斯基在这里似乎有意利用这两个词语的同源性。

(absolution)的时刻,它们终将被赋予这一个体。

故而,卢梭对自我自主性的全部主张似乎都变得没有意义了。他那建立在意识的不可异化性之上的自由再也离不开超越性的援助。自我在它自身当中无法寻到足够稳固的支点①。当自我孤身独处时,它无法从其诸多可能性所造成的茫然无措的状态中解脱出来,于是,它便永远无法摆脱罪疚的焦虑感。当它面对自己根本无法左右的其他意识时,同样的茫然无措攫住了它:要怎样做才能消除误解的可能性? 要怎样做才能消除一种骇人审判的可能性,即不会被世人当成一个怪物呢? 他者可以将让-雅克视为恶徒,但他并不拥有预防这种风险的任何特权;他者反倒掌握一种永恒的特权:只要他们愿意,就可以对他横加指责。人类的日常交往在任何情况下都无法排除错觉与误解的风险。没有什么能保证作为意识规定性的"双重关系"不会变成一种"双重错觉"。介于我和他者之间的面纱无处不在;我有可能沦为虚伪面具的受害者。

当人与物的所有意义都不再取决于我时,当他们追索自己的意义并要求有权按照他们的想法把某

---

① 儒贝尔的批评正是针对这一点:"卢梭把我们的义务准则置于我们的意识深处。这就等于是把世界上最多样、最多变和最无常的东西当作了衡量标准。"(《札记》卷一,鲍尼埃编,巴黎:伽利马出版社,1938年,第216页)

种意义赋予我时,我就只有一种方法能够摆脱可能性所带来的茫然无措了:那便是将自己的处境推至最糟糕的状况,并且认定,凡脱离我掌控的事物永远都对我充满敌意。在让-雅克那里,交流问题的病理根源就在于,他需要依靠绝对的极限条件,即便这条件是绝对负面的。他需要一个永恒不变的上帝;同样,他也需要一种"顽固不化的"罪恶。一旦人们对他的敌意达至一个确定的界限,卢梭便可仰仗另一个确定的极限条件,即上帝的审判,它将把相反的可能性确定下来,即本质上清白无辜的让-雅克的形象。在上述这两种极限状况下,卢梭都可在他自身之外找到绝对的审判者,其判决结果不可撤销,却也根本对立。这两个法庭以一种极端的方式体现出让-雅克从一开始就怀有的矛盾心态:他需要受审,但受审令他焦虑不安①。

所以,卢梭无法活在不确定的人类关系当中,他无法忍受人类存在条件的束缚,因为在这种条件下,交流的希望总是会被障碍与误解的风险所抵消;卢梭将其矛盾心态分解为泾渭分明的两个部分,为的是把它们设立为两个永远对立的绝对法庭。他没有

---

① 这种状态始终暗含着某种性欲化的意味:让-雅克接受双重判决的方式,就如同他忍受朗贝尔希耶小姐掴打他的屁股,以及他期待得到华伦夫人的欢迎。

正视可能性所带来的不确定状态,也没有直面积极的自由所隐含的危险,而是宁愿站在两个法庭面前受审。他已预知它们将会作出怎样的判决;它们将用无比响亮的声音宣说那无法撤销的裁定:有罪以及无罪。纯粹的人类经验绝不会碰到这样的判决。卢梭的内心终获一份苦涩的安宁;他明白,一旦他赢得了补偿,即获准向上帝祈求一切,他就不应再对世人抱有一丝一毫的期待了。

第十章

水晶般透明

卢梭不懈地重申自身的透明。"他行走在阳光下①……他们徒劳地想要耗尽那明澈的池水②"……明净的阳光、清澈的池水,此乃让-雅克之禀性;而其他人则隶属于黑暗的王国。卢梭将自己的心灵比作水晶:

> 他的心灵如水晶般透明,里面发生的一切都遮掩不住;他感受到的每一股冲动都会涌向他的双眼和面孔。③

他们具有温柔的、敞亮的、充满信任的、善于倾吐衷肠的心灵吗?而在我这颗如水晶般透明的心灵中,这样的秘密又能在哪里躲藏片刻

---

① 《卢梭书信集》,杜福尔和普朗编,卷十九,第258页。
② 《卢梭书信集》,杜福尔和普朗编,卷十九,第82页。
③ 《对话录》对话二,见《全集》卷一,第860页。

呢？它感受到的每一股冲动瞬间就会被它引向我的双眼和面孔。①

　　他们的心灵像黑暗的迷宫一般让我无法看透，我的心灵则如水晶般透明，它那一丝一毫的冲动都掩藏不住。②

他的心灵是透明的，可是其他人看到的样子却与其真实状况大相径庭。那么，到底是什么妨碍了他表露真实的自己呢？任何事物都不受他左右。只要别人愿意，他们就完全可以看清他的真实面目。但他们却歪曲了他的外表。正是在他者那里，存在与表象彼此分离；正是在他者那里，面纱之魔咒大获全胜……

让-雅克狂热地宣示着自身的透明；然而另一方面，面纱却愈发厚重，直至变成笼罩整个可见空间的黑暗。正如我们在《新爱洛漪丝》结尾部分所看到的那样③，透明性与面纱同时获胜。朱莉进入上帝的王国，获得了直接的交流；可为了达到这个目的，她必须牺牲自己的性命，她的面庞必须永远消失在死亡的面纱背后。卢梭的个人经验也同样通向了这番

---

① 《卢梭书信集》，杜福尔和普朗编，卷十九，第 237 页。
② 《卢梭书信集》，杜福尔和普朗编，卷二十，第 43 至 44 页。
③ [译注]参见本书第五章之《朱莉之死》一节中的分析。

境地,唯一的不同就在于,光明世界与面纱王国的割裂在卢梭还活着的时候便已形成。他的生活境况无异于小说中所描写的死亡(我们由此便可理解卢梭为何常常把自己形容成一具行尸走肉:想要最终存在于透明的王国中,他就必须死去)。

说到底,透明性即彻底的不可见性(invisibilité)。世人将我视为我所不是的那个样子:故而,他们并未看见我,我是他们看不见的隐形人;他们把一种异于我的不透明性强加在我身上,把与我毫不相像的面具贴在我的脸上。倘若我能使我的全部在场都脱离他们的钳制,防止自己被他们硬贴上一副虚假外表,岂不妙哉!于是,遐思转变成了魔法神话:

> 要是我如同上帝一般不可见且无所不能,我就会跟祂一样乐善好施、善良仁慈……要是我能拥有巨吉斯的那枚魔戒[1],它就可以让我不再受制于他人,而让他们听命于我。我时常沉浸在自己的异想天开之中,寻思着该如何利用这枚魔戒。[2]

---

[1] [译注]在柏拉图《理想国》第二卷所讲述的传说中,尚未夺取王位的巨吉斯意外获得了一枚可以使人隐身的金色魔戒。
[2] 《遐思录》漫步之六,见《全集》卷一,第 1057 页。

变成不可见的隐形人:正是在这个时候,存在的极端无效状态转化为了无限的力量。戴上巨吉斯的魔戒后,卢梭就可以逃离无所作为的境地,进入行动的王国;他可以博施济众,虏获芳心。摆脱自己的表象之后,他就摆脱了令他无能为力的障碍。我们在阅读《遐思录》第六篇"漫步"时不难发现,最为可怕的、最为顽固的障碍不是别的,正是外部意识所形成的关于让-雅克的虚假印象,他的透明性在这种印象中遭到了否认。令自己不可见:这就意味着不再成为(即便是暂时地成为)一种被重重围困的透明性,而是要变成一道不会遭到任何禁锢的目光;真正地"变成一只活眼";收复那片曾被封禁的空间。

如水晶般透明:因为在所有的石头中,只有水晶才是无辜的①;它具有石头的坚固性,却可令光线透过。目光可以穿过水晶,而水晶自身即为一种极其纯粹的目光,它能够射入并穿透它周边的物体。水晶乃石化的目光。它是一个纯粹的物体吗?抑或相反,它是一个凝固的灵魂?我们颇为踌躇,无从确定……在他的《化学原理》②一书中,卢梭最为关注

---

① [译注]此处影射前一章之《得偿所愿》一节中所引用的黑格尔的说法:"只有石头才是无辜的"(出自《精神现象学》第六章第一节之"伦理行动的对立")。

② [译注]卢梭作于1745至1747年间的未完成手稿,生前并未出版。关于卢梭对化学的兴趣,参见《忏悔录》章七。

的化学操作之一便是玻璃化(vitrification);我们对此不会感到惊讶。获得精美的玻璃或水晶,这经常是人们安排一整套化学"实验"所要实现的目的。但我们对这种活动的思辨还可以更进一步:对于一门其基本概念仍受制于变化无常的"物质想象"①的科学来说,玻璃化技术与纯真生命、不朽实体的梦想密不可分。将一具遗骸转化为透明的玻璃,这意味着我们战胜了死亡和肉身之腐坏。这已构成一条通往不朽生命的道路:

> 贝歇尔②所确定的玻璃质土③并不只存在于矿物界中;他在植物燃烧后的灰烬里也找到了一种极为类似的物质……在动物身上则发现了第三种更为神奇的相似物质。他认定动物体内蕴含一种可熔的、可玻璃化的土元素,我们可以用它制造出比最精美的瓷器还要漂亮的花瓶。他做了一些实验,并对实验操作中所运用

---

① 巴什拉:《科学精神的形成》(巴黎:1938 年),第 44 至 45 页;巴什拉在此处援引并评论了贝歇尔(Johann J. Becher)。
② 贝歇尔(1635—1682),德国医生和探险家,《土质物理学》(*Physica subterranea*, 1669)一书的作者。他在书中表明我们可以实现金属的转化。
③ [译注]贝歇尔在《土质物理学》中认为,水、土、气三种元素中只有土元素是产生化合物的根源。他将土元素分为三种,即玻璃质土、流质土、油质土。

第十章

的方法秘而不宣;这些实验让他确信,人像所有**动物一样,也由玻璃元素构成,且可以被还原成玻璃**。这使他对如下这些问题作出了妙趣横生的思考,即古人们为了焚烧或保存亡者遗体需要付出何等努力,以及人们用何种方式可以在短短几个小时之内使其祖先的遗骸得到保存,再也不是那些腐臭的、可怕的尸体,而是代之以洁净的、鲜亮的花瓶;它们的材质乃是**一种漂亮而透明的玻璃**,其色彩不是植物烧制成的玻璃所特有的青绿色,而是一种水仙花式的淡雅色调所烘托的乳白色……①

那么,透明性的物理原理到底是什么呢?某些物体是如何让光线通过的呢?卢梭对此问题作出了回答。一切透明物体都具有一个共性,即流动性(fluidité)。在《论物体之内聚性的成因及其透明性的成因》这一章中,卢梭一开始就指出:"水以及液体的透明性表明它们的组成部分之间存在一种直接的结合。"②因此,直接性与透明性在物理世界中是一对相互关联的概念;如果光线能够穿过某些物体,这正是因为它们具有完美的直接性。虽然这是一条

---

① 《卢梭学会年鉴》第十二期,1918 至 1919 年,第 16 至 17 页。
② 同上,第 34 页。

"化学"公设,但它也表达出某种心理诉求……至于玻璃或透明的石头,它们的坚固性与流动性并不矛盾:固体的透明性乃是一种固化的流动性,即熔化的物质"凝结"成了坚硬的物体。就其内在本质而言,水晶乃流动的物质,它始终都是一种"液体"。卢梭甚至进一步断言,"流动性就是物体坚固性的成因"。在阅读《化学原理》时,我们学会了从熔化与溶解这类自然现象中发现某种道德价值:

> 流动性极有可能也是透明性的成因,而且……没有任何一种物体会是不透明的,只要它的所有组成部分都同等受到熔化或溶解所形成的流动性的支配。的确,构成流体的各个微粒之间的结合关系其实很易发生裂解,不过它仍不失为一种理想关系,由此导致的结果就是,光线在通过液体时只会发生微乎其微的改变,因为它无需穿透众多各不相同的微小表面,而这些表面会迫使光线以成千上万种方式折射和偏转;相反,粉碎的水晶和玻璃会变得不透明,因为光线在大小不一、形状各异的微粒表面之间穿行时不得不东碰西撞,由此便消散在了致使其发生无限偏转的介质当中。这就是为什么实验也告诉我们,溶解的物质会与溶剂如此紧密地结合在一起,以至于完全形成一个透光的、

透明的单一整体,直至新加入的某种物质将它们重新分离;而这就会使溶液瞬间变得浑浊和不透明了;同样,当我们煅烧石头、沙子和金属以使它们丧失其燃素①时,它们的内部组成部分会经由玻璃化过程而重新排列组合,由此便从之前的不透明物质变成透明物质。②

如果说流动性就是透明性之成因的话,那么"水晶"与"明澈的池水"这两个隐喻就更加贴近了。它们表达了同一种能令光线穿透的内在结合关系。卢梭将他的心灵比作水晶,这是一种凝结的流动性、一种不流动的流动性,故而,它是一种在时间之外的稳定状态。

事实上,在卢梭思想发展的最后阶段,这种结晶化的凝结状态还有一个对立面,即不透光的粉碎状态,它将人类世界还原成一团晦暗的、模糊的、无法看透的乌合之众。这两个对立面之间不再有任何交流互通的可能:让-雅克的透明性安如磐石,外部的黑暗则凝结成冰。由于面纱本身也会冻结僵化,它

---

① [译注]贝歇尔的"油质土"学说为其学生斯塔尔(Georg E. Stahl)后来提出的"燃素学说"提供了理论基础。卢梭撰写《化学原理》约三十年后,法国化学家拉瓦锡提出了"氧化说",取代了"燃素学说"的统治地位。
② 《卢梭学会年鉴》第十二期,1918 至 1919 年,第 36 页。

便不再是飘浮不定的轻薄屏障;从此,它重重地压在它所遮蔽的世界之上,将这世界牢牢围困于一张黑暗的罗网之中。

不过,只有人类世界才不透明。大自然则始终属于让-雅克和透明性这一方。他要在大自然中与那些流动的事物融洽共处。卢梭想要生活在这样的完美环境中,那里并不只有明澈的空气与光鲜的色彩,他始终都需要有一片水域:

> 悦耳的声音、壮美的天空、如画的风景、秀丽的湖泊,桃红柳绿,花香四溢,明眸善睐,顾盼神飞——所有这一切只有先以某种方式直击他的心灵,才能如此强烈地作用于他的感官。我曾见他几乎一整个春天都每日步行两古里路程[1],就是为了前往贝尔西(Bercy),在那里逍遥自在地聆听夜莺的歌唱;为了让鸟儿的歌声能够打动他的耳朵,他需要有湖水、草地、孤独和树林伴他左右。[2]

---

[1] [译注]一古里约合4公里。
[2] 《对话录》对话一,见《全集》卷一,第807页。关于水对让-雅克的吸引力,参见马塞尔·雷蒙为《遐思录》撰写的"导论"(日内瓦:德罗兹出版社,1948年),第29页;后收录于《让-雅克·卢梭:自我探寻与遐思》(巴黎:科尔蒂出版社,1962年)。另参米歇尔·布托尔:《文集》卷三(巴黎:午夜出版社,1968年,第59至101页)。

第十章

在这无能为力、无所作为的至福境界中,头脑完全放空的让-雅克仍然需要湖水相伴方能通达"存在的感受",这是一种"自足的、完美的和充盈的幸福":

> 这就是我在圣-皮埃尔岛上常常陷入的那种状态,无论是躺在我的小舟上随波漂流,还是坐在渌水荡漾的湖畔,或是在别的什么地方,譬如秀美的河流岸边,或者拍击着砾石淙淙而流的小溪旁,我总是沉浸在自己的孤独遐思当中。①

存在的感受超越了变幻不定的流动性以及尘世事物的"流变不居"②,它揭去自身之面纱,显现为一种稳固的、脱离了时间的流动性。如果说让-雅克的灵魂与透明的风景确实具有某种深层相似性的话,那么我们能否将其视为一种同化关系呢?答案是否定的,因为水是流动的,而灵魂则升华为当下的瞬间,这瞬间"永远持存,但它既不会将其绵延展现出来,亦不会留下前后相继的任何踪迹"③。存在的感受所具有的不变的、结晶的透明性与波浪起伏的湖

---

① 《遐思录》漫步之五,见《全集》卷一,第 1046 至 1047 页。
② 同上,第 1046 页。
③ 同上。

水所具有的变化的、涌动着的透明性彼此分离。尽管如此,外界传来的潺潺流水声却是必不可少的,它使卢梭得以感知其稳定不变的完满境界。他敞开怀抱迎接"连续的涌动"和湖水的涟漪,但这只是为了更好地感受与外部环境判若天渊的内心安宁。透明性需要一个可以反衬它的晦暗世界做背景;同样,只有通过一个被它遗忘并超越的连续漂流着的背景,透明性才能被固定下来:"一种对于世事无常的脆弱的、短暂的反思时常油然而生,水面则将这无常世事的映像呈现在我的眼前……"①无论这反思多么脆弱,它都是一种对完美透明性的扰动。不过,除了这种"时常"从透明性中轻拂而过的细微扰动以外,没有什么能更好地揭示这透明性了。完全透明即是完全虚无:因为意识之所以透明,就是为了使某物显现(诚如儒贝尔所说:"思想孕育于灵魂当中,就像云彩成形于大气之中"②)。模糊的形象涌现之时,意识方显其透明,就像玻璃之所以能被我们看到,正是由于它反射出来的映像或蒙着的那层水汽:故而,在自我显现的行为本身当中,透明性便已然受损。笼罩着感知世界的水雾逐步消退、散尽之时,存在的纯粹

---

① 《遐思录》漫步之五,见《全集》卷一,第 1045 页。
② 《札记》卷一,鲍尼埃编,巴黎:伽利马出版社,1938 年,第 64 页。

境界便显现为一种澹然的在场,即一种超越一切思想和情感的原始基底,此时的卢梭便一下子进入出神之境:这既是最虚空的状态(因为它毫无内容),也是最充盈的状态(因为它完全自足);我们可以用两个几乎没有差别的表达来形容它:完全的忘我,抑或一种享受,而其享受的对象"完全内在于自身"。然而,即便达成这种理想的完满状态,即便只剩下存在的感受,卢梭还是离不开外部世界的影像;他需要一幅触动他感官的风景,这风景吸引感官的全部注意力,直至使其陷入一种催眠状态。他的存在成了纯粹的自身在场,而在这种存在的周围,他仍然需要有潺潺的流水、荡漾的碧波、浩瀚的星空:如同那包裹着出生前的胚胎的液态环境。

在梅尼孟丹的那次摔倒曾令他陷入昏厥;当他苏醒时,他仿佛重获一种婴儿般的纯真感觉;沉浸于这种感觉中的存在者无法将自己与周围的世界区分开来。世界与存在被同时给予他,而精神无需为此付出一丝一毫的努力。卢梭恢复了知觉,不过他尚未对自我形成"任何分明的观念"[1];满怀甘美之情的他所发觉的事物并非是他自身的"个体"存在,而是茫茫的夜幕,以及这夜幕所笼罩的星星点点的青翠草木。卢梭苏醒时所体验到的这种奇特的幸福感使自我和外部

---

[1] 《遐思录》漫步之二,见《全集》卷一,第 1005 页。

世界融合于一种轻飘飘的共通状态之中(自我尚未发展为个人同一性的意识,而在外部世界当中也尚未出现他人)。于是,经由一个隐约可见的世界之在场,让-雅克享受着自身之透明所带给他的快乐。

让-雅克对他在比尔湖畔的出神之境的描述似乎表明,他想要使可感之物变得贫乏,将其压缩为单调的、有规律的运动;意识自身的活动则萎缩到只有纯粹的自身在场:衰微的思想与潺潺的水声之间建立起一种相互应和的亲密关系。不过,无论是精神活动还是世界之在场,它们都未被彻底消除,而只是被压缩为一种极端微妙的状态。存在的感受正是从这种双重的衰微中涌现出来,它近乎于一种双重的虚无化,但终究没有落入静寂之地与乌有之乡。所以,事物和自我的依旧可见的部分根本不是它们的隐秘的、深奥的本质,而是它们的表面(surface)——这表面处于一种纯真的、不稳定的澹然之境(一旦"深处"被搅动,厄运便会重新降临)。出神之境被描述为一种在事物和灵魂当中同时出现的浮于表面的微澜。然而这表面也暗示出某股神秘而单纯的力量在支撑着它,确保灵魂在完满的幸福中获得安宁。我们似乎只有让自己无止境地不在场,才能够感受到在场——也就是存在。

让我们重新翻开《遐思录》的第五篇"漫步"。卢梭曾一度表明,一切不属于水晶般透明的、毫无遮蔽的"存在感受"的东西都要被摒除:思想、感性世界皆为多余。感觉本身就可能构成障碍,它根本没有给予我们直接的享受,反而使我们脱离那更核心的、更纯粹的、无形无相的直接性。因为存在就是一种被感受到的直接性,绚丽多彩、纷繁芜杂的感官体验覆盖其上。卢梭似乎选定了一条苦行之路,他拒斥诱人的幻象,力图回归更为原始、素朴的状态:

> 被剥除其他一切情感的存在感受自身即是一种令人满足和安宁的珍贵感受;一个人仅凭它就足以体会其存在的宝贵和美妙,只要这个人能从自身当中清除掉一切感官印象、凡尘杂念,它们会不断分散我们的存在感受,搅扰它在这世间带给我们的那份甘美享受。①

可是,寥寥几行文字之隔,卢梭又恢复了感性世界的价值,它的在场对于卢梭那"甘美的出神之境"来说又重新变得必不可少。我们必须臣服于一种表面感性的魔力,而不应把注意力投向外部世界的完整现实或我们的灵魂深处:

> 心灵必须安宁,任何激情都不会搅扰它的

---

① 《遐思录》漫步之五,见《全集》卷一,第1047页。

平静。体验这种境界的人必须保持适宜的内心倾向,还必须得到周围事物的协助。既不能绝对静止,亦不能过于躁动,而应保持一种匀速的、适度的运动,不会出现任何震荡或间断。毫无运动的生命只会陷入昏睡。如果运动不规则或过于剧烈,则会将我们惊醒;当它使我们注意到周围的事物时,它便破坏了退思的魅力,并把我们从自身当中拖拽出来,我们顷刻之间就会重新陷入命运和他人的奴役,再次感到自身的不幸。绝对的寂静导致悲伤,它展现出一片死气沉沉的景象。于是,我们就需要求助于一种欢快的想象力,对于被上天赐予这种想象力的人来说,它会自然而然地生发出来。在这个时候,运动并不源于外部,而是发自我们内心。轻柔的、美妙的意念并未搅动灵魂的深处,可以说,它只是从表面轻拂而过,此时的这份平静确实没有那么完满,但它更令人感到惬意。①

想象之物与可感之物的地位就这样得到了恢复,而卢梭方才似乎还想彻底摆脱它们,以求获得纯粹的存在感受。之前,他似乎对一切会令他分心(distrait)的东西都感到忧心忡忡,而现在,他却阐发

---

① 《遐思录》漫步之五,见《全集》卷一,第 1047 至 1048 页。

了一套名副其实的"分心理论";按照这种理论,我们应该受到"周围事物"的影响,但不能注意到它们的在场(我们需要周围事物的协助,不过,一旦某种过于剧烈的运动使我们注意到周围的事物,我们就会感到自己的不幸)。他规劝我们停驻于自身当中,但灵魂的深处却不会被任何事物触动和惊扰。当我们深切地关注自身和世界时,存在的感受并不会作为一种回报被给予我们;相反,它是从我们对自身和世界的遗忘中结出来的神奇果实。无上的快乐与至高的智慧就在于任由自己耽溺于最为浮浅的表面现象,由此,事物的深度自会揭去其在场之面纱。为了感受水晶或湖水的透明,我们必须仰赖其表面反射出来的映像,尽管这映像确实泄露了透明性之阙如。

双重判决

在《道德书简》(1758)和《爱弥儿》中,卢梭将意识界定为"与自身以及与其同类的双重关系"[1]。几乎就在撰写这两本著作的同一时期,他还以如下这段文字来表述这种双重关系:"我不善于在任何人面前伪装自己,又如何能在我的朋友们面前伪装呢?不,就算他们对我的尊重会减少几分,我还是想让他们

---

[1] 《全集》卷四,第 600 和 1109 页。

始终都能看见如我所是的自己,这样一来,他们便可以帮助我变成我所应是的那个自己。"[1]然而,他最终得到的却只是一种双重判决。一方面,卢梭与其同类的关系不再是一种真实的交流,而是无益的对峙、顽固的对立。另一方面,存在的感受构成一种完满的、自足的幸福,对这种幸福的享受来说,其享受对象"完全内在于自身之中":卢梭对他人已不再抱有任何期待,他"沉浸于他自己的本质之中"。从此,意识不再按照双重关系的标准和谐地存在于世。它彻底藏身于两极状态中的一端,除了它自己以外,它不再了解任何事物。当然,外界风景依旧在场,不过从今往后,它只是一个没有人类踪影的有限空间,一个契合无间的大自然。自我沉醉于它的出神之境。在这种境界中,它将自己同想象的世界整体相提并论;如果它对这种整体毫无兴趣,它便会专注于浮于表面的声响与映像,这给它带来了同等的快乐。可是,这种完满的幸福并未弥合分裂的世界;出神之境也没有消除迫害,它不过是对这种迫害的补偿而已。真实的视域被难以克服的重重障碍所封堵。正是因为一切都跟卢梭作对,所以他才投身于这样一个世

---

[1] 《致杜德托夫人的信》,1758 年 1 月 15 日,见《卢梭书信集》,杜福尔和普朗编,卷三,第 266 页;《卢梭书信全集》,拉尔夫·利编,卷五,第 19 页。

界,自我在其中不会遭到任何对抗。沉浸于存在感受中的意识体味着自身的独特性,它相信这种独特性弥补了它无法从真实视域中获得的统一性。这个自称受到"整整一代人"唾弃的人欣然自得地消融于"存在者的体系"之中(他的迫害者们不再属于这个体系)。卢梭的意识给自己分别建构了两个世界,积极主动的关系在其中都不再具有任何意义,因为一个世界已无法挽回地分裂了,另一个世界则顷刻间变得尽善尽美。无论在哪个世界,意识都无所作为,那里并不存在任何值得它冒险尝试的"双重关系":有的时候,唯一可能做的事情就是在那暗无天日的敌对世界里逆来顺受;另一些时候,它只能委身于伟大存在、在场、实存的透明性。不过,由于这种对立状态的交替更迭,真实的统一性遭到了破坏……

能够同时将我与他者、与我自身联结起来的真实统一性已难以实现,那么,在某些特殊时刻体验到的内在独特性能构成对它的一种补偿吗?心醉神迷地沉浸在对于整体性的想象之中,这足以弥补双重关系的失败吗?意识在隔离状态下体验到的这种象征的统一性有何价值呢?象征的力量强大到足以否定和战胜隔离吗?还是说它只是可笑的幻觉、无意义的慰藉?我们都知道,黑格尔对这种"美好的灵魂"提出了严厉的批评:它自以为把握到它面前的对象,然而这对象其实还是它自己。当它设想整体性时,它所想到的不过是它自己的透明,而这最终也就是它自己的虚空、脆弱的无效状态:"作为意识,它被分裂成自我与对象的对立状态,这对象对于它来说乃是本质;然而这对象恰恰是一种完全的透明,是它的自我,而它的意识不过是关于它自身的知识。全部的生命和全部的精神本质性都返归到了这个自我之中。"①美好的灵魂创造了一个纯洁的世界,这世界就是它的言语以及它直接听到的言语回音。但是"在这种透明的纯洁性中",它会"像那消散于空气中的无形水雾一般消逝无踪"。它丧失了全部的实在性;当它在自身当中消耗殆尽时,它便在一种极端的抽象中蒸发消失了。黑格尔的矛头无疑指向诺瓦利斯,但同样也通过诺瓦利斯而指向了《遐思录》中的卢梭;在黑格尔眼中,透明性即自我之丧失,它是对同一性原理"我 = 我"的无效的重复断言。

荷尔德林的诗意阐释则与此迥然不同。在赞美诗《莱茵河》②中,卢梭被形容为一位"大地之子",一

---

① 黑格尔:《精神现象学》("哲学丛书",莱比锡:迈纳出版社,1911 年),第 422 至 425 页。我们援引的是伊波利特的译文,参见《黑格尔〈精神现象学〉的起源与结构》(巴黎:奥比耶出版社,1946 年),第 495 至 500 页。
② 荷尔德林:《全集》卷二,斯图加特:科尔汉默出版社,1953 年,第 149 至 156 页。另外参见伯申施泰因(B. Böschenstein)对此诗的评论:《荷尔德林的赞美诗〈莱茵河〉》(苏黎世:亚特兰蒂斯出版社,1959 年)。

位半神半人的英雄,他像狄奥尼索斯那样在神圣的癫狂中向人道说。他是上帝的选民,能够轻而易举地领悟整体之境,并且肩负起天国与欢乐赋予他的重担。而在那首献给卢梭的颂诗[①]中,荷尔德林则更明确地指出了这位如黑影一般的受迫害者的不幸,不过这是为了在接下来的诗行中将其塑造为一个沐浴着遥远太阳发出的耀眼光芒的先知。卢梭即"孤独的道说",它仍在等候着崭新的一代人能够理解它;他是一个"可怜人",在沉默的世界中四处流浪,找不到一处安身之所,就像"那些没有入土为安的亡者"。然而,就在这种迷失方向的逃亡形象之后,我们却看到了另一番意象,先是狄奥尼索斯式的节庆及其信徒,随后是一棵"从故土中生长出来的"大树:这个意象暗示出一种深厚的稳定性,它与之前那种无止无休的迷失漂泊状态形成反差。这个指向有机生命的"树"的隐喻意味深长,它表达了一种"生命的"直观,让我们不禁想到谢林的哲学。树木的生长代表扩张、延展,然而这种扩张是"封闭的",它很快便会垂下枝叶(它的枝条和树冠痛苦地被压弯了)。这棵树与环绕它的无限存在相互分离;不过,无限的存在却被树木重新汲取到体内,促成了果实的成熟。这正是颂诗第六节所要赞美的主题:"生命

---

① 同上,第 12 至 13 页。

之盈溢,在它四周如曙光一般闪耀的无限,它永远都抓不住它们。可是,它们就在它体内滋长,热烈而丰饶的在场,结出的果实从它身上落下。"我们可以把不幸的隔离状态视为对真实世界的遗忘;虽然现在发生了这种隔离,但整个天地万物都在有机生命的内部得以恢复,它们汇聚其中,然后化为果实,脱落下来。树木无法抓住在它四周环绕着的"生命之盈溢",但它在自身之内却拥有这种盈溢的生命。这生命渗透于它的体内,为的是将来变成果实脱离它,即化身为真实有效的言语,回归世界。

* * *

黑格尔的判决与荷尔德林的诗歌之间存在着一种深刻的差异。这种差异并不仅仅表明一位思考绝对的哲学家与一位渴求回归的诗人的不同视角:前者否认而后者承认让-雅克的"自然神秘主义"的正当性。我们还应从卢梭晚期作品的暧昧性出发来理解这种双重视角;在这些作品中,上述两种阐释都可以找到支持它们的理据。一方面,我们可以看到一种对障碍的拒斥,以及一种"对世界中的行动的拒斥,这最终导致自我之丧失"[①]:卢梭迷失在对其自身透明性的不可动摇的肯定当中。然而另一方面,

---

① 参见前引黑格尔著作。

我们也可以看到一种内在于贫乏中的占有,一种内在于不幸中的不可名状的、无穷无尽的幸福。按照《遐思录》和《忏悔录》的说法,这种幸福不可辩护,却也可以在超越人类正义之全部法则的层面上得到辩护。比尔湖畔的出神之境、那些"愚蠢的"和"漫无目的"的遐思让卢梭体验到了(正如第五篇"漫步"所描写的那样)自身存在的直接性,即他自己拥有的东西是如此原初、如此核心,以至于任何面纱都无法使他与之分隔;这位泛舟湖上、随波漂流的存在者消逝在最为赤裸无蔽的在场之中,漂荡到那最遥远的边界,在那里,他不再听得见、不再看得到任何东西,除了他自身的本源发出的窸窣微响,还有他双眼凝望的空寂苍穹。不过,这种自身的直接在场也是普遍的大自然的在场;在《忏悔录》中,卢梭把这些至福的瞬间描述成泛神论式的出神之境,第五篇"漫步"则将它们归结为存在的感受;让-雅克感受到同宇宙力量的无间无碍的联系:

> 我有时会满怀深情地呼喊道:"啊,大自然!啊,我的母亲! 我就这样得到了你独自施与我的保护;在这里,没有任何精明狡诈之人会横插在你我之间。"[①]

---

① 《忏悔录》章十二,见《全集》卷一,第644页。

如果我们承认这两个文本描写了同一种出神之境,那么这似乎说明,"在本源性的层面之上"(在存在感受的层面上)体验到的自我与拥有母亲般的无上权能的大自然融合为一,以至于"自我"与"自然"这两个词汇可以相互替换。极端的贫乏与极端的丰富在异乎寻常的"对立面的统一"中合为一体。去个人化(dépersonnalisation)的过度状态与匮乏状态变得不可识别①。荷尔德林将这种境界称为惊异(surprise):必死的凡人将肩负起神圣恩典的重担,这"令他感到惊骇"②。然而,黑格尔正是要质疑自我与神化自然(两者都被直接感知)的同一化:为了体味这种幸福,卢梭遁世绝俗,逃避反思,拒绝"仰赖绝对的差异"。可是卢梭自己也深知,他的"静观"姿态并未超越和战胜积极主动的生活,他不过是在逃避它。他感到有必要为自己辩解:他在孤独中被给予的这种幸福不能被树立为一个普遍适

---

① 参见马塞尔·雷蒙:《让-雅克·卢梭:自我探寻与遐思》,巴黎:科尔蒂出版社,1962年,第179页。
② 参见荷尔德林的赞美诗《莱茵河》。荷尔德林的表达"*die Last der Freude*"(欢乐的重担)完全呼应了卢梭对"*accablé*"[被重压、承受重负]这个词的运用。参见卢梭写给马勒塞尔布的第三封信:"我带着一种欣喜之情感受到那压向我的宇宙的重负"。另外参见《爱弥儿》中向上帝发出的祈祷:"我感到自己承受着你的伟大所赋予我的重担,这令我的精神陷入狂喜,令我的脆弱充满魅力"(卷四,见《全集》卷四,第594页)。

用的典范。对于遵从社会秩序而生活的人来说,这是一种禁忌的幸福;而让-雅克却有权享受这种幸福,仅仅是因为他已然被抛入一种异乎寻常的境遇,他的命运变得独一无二、骇人听闻。这种幸福对于人类来说不可辩护,因为它只有通过世人迫使让-雅克忍受的那种极端的不义(这种不义本身是不可辩护的)才能得到辩护。作为补偿,透明的出神之境成了一种合法状态,这只是因为一切都已被世人犯下的罪错搅浑:

> 在当前这样的世道中,如果他们[人类]都渴求这种甘美的出神之境,而厌恶他们不断滋长的需要所要求的一种积极生活的义务,那么这恐怕并不是一件好事。可是,对于一个已被逐出人类社会的不幸的人来说,他再也不能在这世上做任何利他利己的好事了,于是,他便可以在这甘美的境界里寻求对那全部人类幸福的补偿,而这补偿无法被命运和人类剥夺。①

卢梭对黑格尔式的判决似乎早有预见;他自我辩解的借口即是他并非自愿遁世绝俗、脱离"积极的

---

① 《遐思录》漫步之五,见《全集》卷一,第1047页。

生活"。人们拒斥他、驱赶他;人们不允许他有所作为;人们封禁了他通往自身之外的一切出口。他原本打算经由他人的中介作用和曲线道路通达自身,可他很快便遭到世人的围攻,他便只能躲藏于唯一残存的、不可剥夺的庇护所中:直接的享受、自身之在场、自然之在场,以及想象的统一性,它取代了他想要进入、却不被准许进入的真实的统一性。卢梭明白,他那"甘美的出神之境"乃是对某种本质性缺失的"补偿"。荷尔德林说,卢梭在比尔湖畔体验到的一切最为美妙。不过,卢梭之所以准许自己享受这种"最为美妙的"权利,只是因为他忍受着最为糟糕的命运。罪错与他的幸福形影不离,而这罪错乃是谎言的世界、"精明狡诈"之人(卢梭无法忘记这些人的存在,即便当他因为这些人不在场而欢欣鼓舞地投入自然母亲的怀抱之时)所要背负的沉重责任。所以,对统一性的出神体验并不意味着真实的和解;相反,根本的、神秘的分歧一直存在。卢梭似乎担心他那"直接性的生命"由于缺少充分的伦理根据,因而从社会人必须承担之义务的角度来看是有罪的。只有当他者全部有罪,直接性的生命才全然清白。卢梭将其孤独的享受所引发的罪疚感转嫁给了那些阻碍他有所作为、防止他超脱自我的人。"美好的灵魂"感到内疚和不安,然而它将全部的罪恶都归咎于谎言的世界。故而,在出神之境当中感受到的普遍性与特殊性的完美统一并不能修复什么东西。恰恰相反,为了使出神之境的"补偿"具有正当性,他就必须先行丧失对具体统一性的一切期望。"甘美的出神之境"不正是在美妙之物阙如之时才显得最为美妙吗,即不再有灵魂的结合,不再有能让所有意识在敞亮的天地里凝聚起来的节庆,也不再有人类的友爱之情?世界的其他地方都已被暗影侵占,唯一能做的事情就是泛舟于一片湖光山色之间。事实上,即便沉醉于大自然或存在感受的理想的普遍性之中,卢梭还是无法忘记人类世界之中的那种普遍性,他感到自己被它不公地排除在外。假如让-雅克不是一个起身反击其指控者的被告人,他也就不会成为那个"如同上帝一般"自足的孤独漫步者。我们早前在评述让-雅克的"个人改造"时已经指出,卢梭向内在生命的退隐与其对不公社会的指控紧密相连:甚至在他的晚期著述中,情况也依然如此;只不过在这些作品中,社会的罪恶景象变得愈发虚幻而荒诞。由此导致的结果是,在卢梭的那些"神秘主义的"文本中,我们不仅可以正当地读解出浪漫主义"内在体验"的基本内涵,同样也可以感受到他对腐化社会的拒斥、反抗和挑战。由此,让-雅克的评论者和崇拜者们便获得了一种双重视角;十八世纪末的读者对他所怀有的那种狂热的崇拜之情将两种形象混杂其中:他既是一位政治英雄,亦是一位感伤的英雄;一些人将他视为某种纯粹内在启示的先知,另一些人则向这位新人(homme nouveau)致敬,他是旧制度下的坚韧不屈的受害者,是最终战胜了非正义的、不合理的社会秩序的决不妥协的反抗者。

所有这些方面都不能被我们割裂开来;卢梭是一个迷失在他自身透明性之中的"美好的灵魂",但他发出的控诉与哀歌却在这世界当中化身为一种行动;这行动的力量永远也敌不过作品的力量,而卢梭在作品中似乎摒弃了一切力量。为了在面对迫害时拒绝行动,他或许已然神秘地获取了某种禀赋,这禀赋使他可以成百上千倍地放大行动的效力。对黑格尔来说,"美好的灵魂"在它自身当中消耗殆尽,就"像那消散于空气中的无形水雾一般"。荷尔德林则将卢梭比作迎着暴风雨展翅翱翔的苍鹰。在这里,最为贴切的意象或许就是那压顶的乌云、大革命的狂风暴雨和"诸神之降临":

> 勇敢的精神,它展翅翱翔,宛如苍鹰
> 飞向狂风暴雨,预示着
> 它的诸神之降临。[①]

---

① 荷尔德林:《卢梭》最后一节,见《全集》卷二,斯图加特:科尔汉默出版社,1953年,第13页。

第十章

"我就这样孑然于世了"[1]

让我们最后再来看一眼这个写作《遐思录》的人。他栖身于一块虚空之地、一个社会关系全然阙如的无足轻重之境——它介于人类世界的敌对黑影与尚未到来的最后审判之间。刺骨的寒冷向他袭来。他无法心甘情愿地将他的位置彻底让与虚空,他无法在沉默中成为他自身;于是,他必须写作,必须自言自语,否则他的意识将不再面对任何对象。只要他开口说话,他就能保有一种确信,即他最后的那一点自由并未被剥除,而那些恶徒也始终被他隔绝在外。这最后的自由不再是行动与能动性的本源;它不过是对内心安宁的追索,对无论如何都要拥有的言说能力的追索。

四周的一切对他来说皆属虚妄,尽是梦幻泡影;一切都是迫害之象征。可他必须依托一种完满的存在;如果贫乏而枯竭的当下时刻无法给予他任何支点,他就必须坚持不懈地激发出其他时刻的在场影像:这些时刻源于过去和他身后的遥远未来。故而,他将继续开口说话,为的是不会丧失逝去时光的影像,不会错失将要接受他并称他为义的最后审判。

---

[1] [译注]此即《遐思录》开篇第一句话。

言语保存着往日幸福的映像，它使那仍然隐匿不现、但终将显露真容的上帝成为一位见证者。

卢梭找到了一种语言来哀叹这种内在的枯竭、这种萎缩成了自动作用的贫乏生命，而这语言也确证了一种永不干涸的源泉的在场，它使他得以构想任其自由驰骋的想象空间。他是一个微不足道之人，但却运用饱含旋律的言辞来道说他的微不足道；他已形同虚无，但在表达这种虚无的同时，他也使之变成了呈现于上帝眼中的透明性；他不再满怀炽热的激情，然而冷却的心灵却使一个更加久远的自我开始发话，它描绘着它的出神之境与迷醉状态；他游手好闲、无所事事，但他正是通过写作来解释自己的无所事事，手不停毫的他撰写了成千累万的文稿。

这种似乎不会耗尽的韧力揭示出某股隐秘的力量、某种近乎无穷无尽的能力，它使他能够在虚无中重获自身。然而，它也揭示出一种强迫性的偏执活动，卢梭通过这活动将自身置于罪恶与指控的视域，正是在这视域当中，他获得了自身的清白。敌对世界的黑暗在场同样是卢梭需要的一个支点，他由此便可更彻底地委身于自己的透明性。

卢梭以及这种没有听众的话语展现出一种惊人的不懈努力，它试图拯救岌岌可危的存在，它抵偿了恒久在场的谵妄。在《遐思录》中，我们既可以发现

第十章

单调重复的疯狂信念,亦可以听见护卫灵魂、防止其堕入毁灭的悦耳歌声。这声音丧失了理智,但它也抵抗疯狂、反驳疯狂;正是在这反驳中,一股能够穿透疯狂的内在力量涌现出来(或许唯有这股力量才有权被称为"理性")。

通过卢梭自己无法澄清的神秘方式,他周遭世界的意义改变了:然而,自我却感到自己完好如初,它执拗地追索自身的恒久不变。解释性妄想使卢梭在环顾四周时只能看见无尽的黑暗与戴着面具的脸孔。一切事物都获得了一种威迫的、监控的、龌龊中伤的意味;由此,让-雅克的所有言行都变得不当和虚假:它们在回应一种想象的威胁。可是,无论卢梭的谬误多么深痼,无论他给予自己的最终"报偿"的意象多么天真,无论他为了自我申辩而针锋相对地构造的理据体系多么脆弱,我们始终都能听见一种语言,它以其美妙的旋律抵偿了他的谬误。在那狂热自称清白无辜的言语本身当中,在那密密麻麻写满了一行行工整字迹的纸页上,在他不厌其烦地重复使用的充满怨毒之情的字词里,面纱以及交流之不可能性始终在场。因为,这织成面纱的言语同样在诉说着一种透明;尽管没人知道它的力量源自何处,但它依旧化身为拍击着湖岸的碧波、如水晶般明澈剔透的涌动:揭去面纱的存在依稀显现,这是一个唯有澄明之境的时刻——一个超脱时间之外的时刻。

卢梭七论

卢梭与起源探寻*

我们从未摆脱他的影响：我们永远都必须重新开始阅读他；重新定位也好，失去方向也罢，我们必须忘掉那些使他在我们眼中显得寻常无奇的表述和形象，它们让我们心安理得地坚信，我们已然对他了如指掌。每个时代都会发现一个崭新的卢梭，每个时代都会在他身上看到它想要成为抑或激烈拒斥的那个榜样。

读者视角的丰富多变是由卢梭著作本身的某些特点所造成的。他说得太多，又说得太少。从哲学反思到自传文学，从最为严密的辩证推理到热烈的情感抒发，从虚构作品到立法学说，卢梭的著作涵盖众多门类，展现出蕴藏着极为惊人的多样性的精神维度。思想家或遐思者、政治学家或被迫害妄想症患者、音乐家或小说家：单就卢梭的某一个面向来看，所有这些阅读视角都是正当的。然而，所有这些视角又都是片面的，它们只触及了一部分真相：这不

---

* 原发表于《南方手册》第367卷（1962年）。

仅是因为任何不甚全面的研究视角都具有内在缺陷,还因为在任何情况下,甚至在他那些具有最严密稳固的结构的文本中,卢梭都将其显明的言辞与其个性、激情的隐晦在场融为一体;他不断将我们重新引向那个既独特又渴望普遍化的纯粹意向:它对自身确信无疑,却又显得不可捉摸;它虽然能够在内心深处被感受到,却又难以言宣;它既是卢梭言行之担保,亦是其遁辞。他不仅要求我们阅读并热爱他的作品,还要求我们通过其作品而热爱他这个人,抛开他的作品本身去信任那个曾经的他、现在的他。他的每一句话背后都隐藏着一个先于它、支撑它的缄默信念——我是正确的,因为在依循严密的理性思考道路的同时,我总是暗中得到了绝不会出错的内在感受之声的肯定;或许我错了,但我的意向永远纯洁;一位正直的法官始终都能透过外在的偶然现象追溯至真实的存在,他决不会把任何罪错算到我的头上。这种暗含的主体性乃是一个增补性要素,它表明有一团深藏于作品核心地带的熊熊火焰不仅存在于自传性的文本里,也蔓延到所有其他的作品当中:在文字的阴影背后,"心灵的规律"(loi du cœur)[1]

---

[1] [译注]斯塔罗宾斯基在本文中借用了黑格尔对"心灵的规律(das Gesetz des Herzens)与自大狂"的相关分析,详见《精神现象学》第五章第二节。

闪耀着冲天火光……

　　这就是为何卢梭的读者在其作品中既感受到一种力量,也察觉出某种言不尽意的未竟状态。无论是充满道德的张力,还是浸染着"记忆性的"旋律,卢梭的遣词造句始终摇摆于它的字义结构与欲望能量所唤起的视域之间。语句当然由含义所充实,但它也指向了某种超出字词精确边界的增补意义。这种过度饱和的意蕴既源于文本内容本身,也源于那环绕着文本内容的光晕(halo):卢梭的写作风格的连续性与其说取决于逻辑(这逻辑并不像人们认为的那样匮缺),毋宁说仰赖于泛音的持久在场;卢梭的写作犹如给传统的琴键增添了一副踏板①,引发泛音的多重共鸣。任何文体学分析、任何对文本的"内部批评"都应致力于揭示卢梭的言语如何逾越了精确的所指(signifié),朝向某种超出言语并激发言语的模糊而炽烈的力量。卢梭无疑是第一个以这种方式运用沉默的作家:他借助沉默延长言语的声音,并使其回声向外传播开来……

　　故而,一种同情式的阅读方式将把我们引向这

---

① [译注]斯塔罗宾斯基在这里使用的"踏板"比喻可能借自纪德(A. Gide)的一句名言:"法语是一架没有踏板的钢琴。"这一名言最早应见于让·谷克多(J. Cocteau)的《雄鸡与丑角》(*Le Coq et l'arlequin*, 1918),他在该书的附页中特别说明这句话引自纪德。鲁迅曾据日文译本将此书转译为《雄鸡和杂俎》。

种"弦外之音、言外之意",它溢出了印有文字的纸页边缘,不仅指向一种完备性的视域,也指向一种激情涌现的视域,它是最初的纷乱、最终的确信,是语言的无声本源或沉默顶峰。

不可言表之物包裹着表述出来的言语,前者是后者之根由,它使我们依稀望见意识的深渊;在这深渊里,确信之物直接拥有其自足性(当叔本华称卢梭是一位"省略式三段论"的作者时,他要表达的意思正是如此:卢梭的推理论证建基于不言明的隐含前提之上)。卢梭要求我们依据其言语之无法宣说的目的和起源而信任他。不仅如此,他还一再告诫我们,精确严密的话语乃是有罪的妥协,是屈从于虚假外在性的自我异化;具备清晰分明的发音的语言乃是一种无效的中介,它必定会背弃信念的直接纯粹性。至于他自己为何也使用这种语言中介,卢梭像开脱罪责一般为自己辩解:他天生就拥有公民责任的朦胧意识、缄默无言的美德以及在自身当中知足常乐的情感。写作乃是一次致命的堕落(这应归咎于那些虚情假意的朋友们,特别是狄德罗),致使他深陷误解的泥潭。作为惩罚,他不得不没完没了地使用自传的语言去驱散那些由"文学"语言所造成的误解。从《致马勒塞尔布先生的信》开始,除非是为了修正他之前留给世人的印象以及他的敌人对其形象的歪曲,他几乎很少再提笔写作:他的堕落将被宽恕,只要世人起码还愿意读一读这份"附言",他在其中揭示了自己在变成一介文人之前曾是什么样的人,以及当他决意保持缄默并对遐思的无言幸福心满意足之时,此刻的他又是什么样的人。

然而,言说是为了逃离言说的魔咒,写作是为了宣称它对语言的摒弃:这种颇为讽刺的做法加剧了分裂状态。在这指控言语的言语与沉默——言语想在这沉默中消散无影,以实现它所宣称的真理——之间一直存在一股张力:一种永远持存的差异使让-雅克的声音始终沦为谎言的囚徒以及它所抨击的文学的囚徒。由于这自称要坚决摆脱言语魔咒束缚的声音永远都无法作出牺牲,即它无法迫使自己陷入沉默以赢得未分裂的纯粹感受,故而它便愈发彰显出这言语魔咒的强大力量。这声音表达了它想要平静下来的意愿,但它未能挣脱那包裹着它的冲突环境。

* * *

批评家们有时企图用清晰明确的语言揭示和阐述那些在卢梭头脑里可能只是一丝暗示或预感的东西;他们在其作品中探寻某种增补要素,它具备系统性的清晰度和结合力,可以让整部作品展现出一套严密统一的伟大理论应有的圆融与光彩。这种对单义性(univoque)意义的探寻遵循的正是卢梭自己将我们引向的那个方向:我们很难拒绝它的引诱。卢梭告诉我们,一切都相互联结,一切都彼此相关;一切都可以从若干条伟大原理中推演出来。确实如此。卢梭想要阐发一种哲学,想要提出一套探讨人类及其起源、历史、制度的连贯话语;《爱弥儿》是一部发生心理学著作,卢梭在此基础之上构想了一种教育学、一种宗教(或者说"宗教性")以及一种政治学。构成这套话语的多样元素并不像人们指责的那么矛盾。不过,这些元素之间确实存在一些分隔它们的、似乎有待填补的间隙;由于缺少联结它们的铰链,卢梭的阐释者们自觉有必要亲手打造铰链,以维护让-雅克的卓著声名。通过一些外推的论断,他们一步步塑造出一种哲学形象,这形象要比这种哲学自身的真实情况更加连贯统一,并在卢梭生活的那个世纪的各种哲学理论中占据一席之地。于是,他们忘记了,卢梭构建其体系正是为了反抗一切体系;他们没有意识到,这种极其擅长逻辑推理的思想却耻于被当成反思性的思想,甚至最终拒绝把自己归为一种"思想"。更为恰当的阐释态度应该是承认卢梭理论话语的间断性与潜在自我的连续性之间的一种往复运动;话语的断裂本身会把我们重新引向那个潜在自我。我们无法指责卢梭思想严重缺乏连贯性,因为它在一定程度上确实自成体系;然而,它以如此爆裂性的面貌呈现在我们眼前,以至于我们很难将这"体系"视为它的目的本身。言不尽意的未竟状态标示出一种力量,这力量不能或不愿竭尽所能地阐明自身。自我及其理想目的完全超越了作品;自我将它自身确立为起源和目的,它能够不断地与其言语和"体系"相连,为的是从"成为自身"的单纯快乐中寻得满足。

所以,为了尊重那个真实的让-雅克,我们不应填补他可能在其体系中留下的间隙。既然他自认为已经预先将其理论建构推进到非常完善的地步,他便仅仅满足于肯定这种建构的统一性:他应该得到我们的信任,但他却不会为此而给出详尽的证明。当他致力于一项真正的证明任务时,当他试图"在任何时候都专注于阐明初始原因,从而去揭示因果链条"时,这其实是为了撰写他的《忏悔录》:这不再是哲学层面上的"证明";它不是要向我们解释卢梭为何想其所想,而是要解释他为何是其所是。理论著作的间断性与悲怆执守的自我描绘之间存在某种根本的关联。让-雅克不得不对抗有损其个人颜面的迫害,这种必要性迫使并激发他回归自身、追寻往昔、依时间顺序记叙他的个人经历——对于他的哲学著作来说,这些活动的价值就在于阐明其起源。卢梭从1762年[①]开始便专注于描绘自身,为的是让

---

① [译注]卢梭正是在这一年撰写了《致马勒塞尔布先生的信》。

世人最终能够了解他那多情仁善的灵魂:骗子及其上当者们曾诬蔑他的著作是一个全人类的敌人炮制出来的作品,现在,世人将发现这些著作的真正本源。

我们发现,卢梭从一开始就认为那些针对其理论的批评似乎是为了污损他的个人颜面:他觉得自己整个人都暴露在他的学术论著当中,而这些论著既体现亦歪曲了他的个人品性。故而,当他反击时,他采用的方式乃是个人辩解;除了叙述他的观念史(就像我们在《致克里斯多夫·德·波蒙的信》中读到的那样),他所诉诸的终极手段乃是勾画他的生命史。他要做的事情不是别的,正是揭示那个从一开始便为其所有作品奠定基础的内在权威。因此,必须通过回溯运动重返其作品的信念-本源,逆流而上,追寻至更为深远的层面:一种被秘密保存在所有理论、概念和文学表达背后的原初人格、"天性"。这位作者将言语让渡给真实的个人。卢梭创作出另一类作品,为的是揭示他的感受、激情、欲望,正是它们孕育了他早前创作的第一类作品;他要求我们不仅把他的意向视为其观念的根由,还应将它看作一种比观念更本质的实在。由此,在卢梭眼中,他的两篇《论文》和《社会契约论》并非一种通过思考世界以改造世界的理论努力,而是其追求理想的情感流露:通过拒斥现代社会的腐化风尚,通过刻画天然的善好,他将自己的种种空想抒发出来,并为自己勾画了第一幅自画像。他的体系建构可能有误,但他在建构过程中如实地描绘了自己;即便他的哲学思辨千错万错,他一刻都没有脱离他的真理;他之所以仍然坚持这套"可悲的和宏大的体系",他之所以没有抛弃它,正是因为让-雅克的灵魂在其中本真地在场。他的早期著作乃是预先吐露的"忏悔",是自我的映像,而他后来撰写的《忏悔录》则有助于我们阐释它们的真实意义。故而,感受吞噬了作品(这作品从未真正成为一种"作品",也就是说一种活动——通过这活动,自我在其达成的事物中忘却自身),按照有利于自身的方式将其吸纳进来;作品之为作品的身份——即它的外在性和及物性——被感受一笔勾销。严格说来,卢梭创作作品的意愿并不比其生养孩子的意愿更强烈。他想要自得其乐,想要停驻于统一性当中,在母亲般的大自然深处体味在场的无声幸福。

* * *

起源关切在构成卢梭"体系"的那些作品之中已然发挥着关键作用。卢梭描绘人的原始状态、他的悠闲而幸福的孤独生活、与其需求相协调的欲望以及可被大自然即刻满足的渴望;这是先于一切生成变化的初始平衡,是乐曲奏响之前的漫长空拍;时光尚未流转,历史还不存在,河水静止不动。于是,我们有必要设想到底是什么原因终结了这种史前的起源状态;哲学猜想应当重构决定性的事件,正是这事件打破了自然状态的原初平衡及其封闭的完满性,由此成为了历史的开端。人在逐渐发展出其可完善性的种种潜能的同时,也沦为了时间的奴仆;他在历史的长河里随波逐流,变成了社会性的邪恶之人;他既是利用骗人假象的行家里手,亦是受其宰制的奴隶;他以其自身天性腐化为代价变成了支配自然的主人。卢梭重构了社会的起源,探寻了语言的起源,追溯了个体的童年经验。总之,他寻求一种谱系学解释,即从一个初始状态出发,推演出一连串相互关联的结果与结论。在这一点上,他与他身处的那个时代的精神保持一致。不过,如果说这种思辨研究、这种寻根探源式的历史铺陈构成其哲学著作的首要主题的话,那么我们会看到,他后来的自传性作品的根本任务则在于揭去先前著作的主体性起源的面纱。故而,在卢梭的整个作品系列中存在着两重起源探寻:在早前的著作中,滔滔雄辩的他客观探讨了人类的起源;而在之后的作品中,他将自己描绘为其之前的理论话语的起源,以及自然人肖像的隐秘原型。"如今,人的天性已被如此歪曲和诋毁,它的画家和辩护者若不从他自己的内心中又能从哪里获得其原型呢?他按照对他自身的感受来描画这天性。

他没有向那些偏见低头,也没有成为那些人工的虚假激情的牺牲品,这些偏见和激情并未像遮住其他人的双眼那样遮住他的眼睛,他看到了那被如此普遍地遗忘或认不出来的原初的容貌。"① 自然并非推论式思维设定并探究的客观对象;它与言说主体之最内在的主体性融合为一。自然即自我;从今往后,卢梭赋予自己的任务不再是与哲学家、法学家和神学家们喋喋不休地争论自然的定义,而是描绘他自身。这种探究方式应该被称为"退行"(精神病学家赋予该词的内涵不应被排除在外)。文本自身既透露着光亮,亦暗藏着黑影;循着这光明与黑暗,我们有时会听到一种在法国文学当中仍然默默无闻的诗意嗓音高唱凯歌;有时则与此相反,我们看到了一种"失败神经症"②的表现:他的解释性妄想用怀恨在心的傀儡塞满了人类世界,在面对这样一个世界时,这位独特的存在者日益深陷于一种被他当做庇护所的遁世绝俗的状态。这种朝向起源的运动乃是指向自我中心位置的退隐行动,但是相对于活生生的人类世界而言,这种运动却不断滑向偏心的边缘位置。所以,诚如黑格尔所说,顺服于心灵规律的人逐渐堕

---

① 《对话录》对话三,见《全集》卷一,第 936 页。
② [译注]参见斯塔罗宾斯基在第六章之《符号的力量》一节中的相关论述以及我们的译注。

入"自大狂"的境地。

倘若我们在分析卢梭时专注于他的交流模式,并对其一系列重要文本的演变过程多加留意,我们就会发现,言语的及物性功能在逐步衰退。在他最初撰写的两篇《论文》中,在《致达朗贝尔的信》中,在《社会契约论》和《爱弥儿》中,这位作者都公开向某一听众发话(第戎科学院、日内瓦共和国、达朗贝尔、公众、人类)。我们注意到,这些作品所指向的听众更多地是在卢梭的想象中而非在他的真实感知中获得了具体的人格特质;在面对面单独交谈的情况下,对话者太过真实的在场令卢梭感到尴尬,提笔写作的他则得以摆脱这种窘境。尽管如此,在这些构成其"体系"主体部分的著作中,交流行为的及物性特征仍完整保留了下来。卢梭在世人面前陈述一种与全人类的普遍利益密切相关的个人信念。隐藏在作者背后的那个自我当然想要突出自己的独特之处,他乐于成为拥有独一无二思想的人,他也乐于让公众认识到这一点;自我充满激情地投入到对其确信之物的理性陈述之中;然而,他所谈论的对象乃是有别于自身的他物,而其言语所面对的听众乃是他人。

或许,从这些早期著作开始,一种预示着其未来写作方向发生变化的关键因素就已然萌生了:卢梭不仅想要赢得听众在智识层面上的赞同,更想激起他们的热爱和仰慕,因此,他虽然将其目光投向了那些普遍的问题,但正是通过这条曲径,他将其言语的最终目标瞄准自己。话语不会消逝在外部,不会迷失于世界的远方;他的雄辩高谈将唤起读者的激情,并要求读者把让-雅克尊崇为狂热崇拜的对象,于是,这言语向我们呈现出一条环形轨迹:起点与终点完全重合。及物性的言语效力于一种自反性的欲望。

正是在卢梭与他人的关系变得愈加复杂之时,他成了一名小说家。小说这种体裁将一个想象的世界植入作者及其读者之间。言语的及物性绝没有消失,它只是被延迟(retardée)了而已(一种间接效力正由此产生,它只有通过这种延迟、通过幻想的调和作用才可能存在)。《新爱洛漪丝》犹如一曲流淌的音乐、一场白日梦,它是间接交流的典范。

自1762年起,即从他撰写《致马勒塞尔布先生的信》开始,卢梭感到不得不为自己辩护;他需要驱除那些积聚在他身上的误解和诽谤:此时发话的这个人使他自己成为其言语的主题。自我自行变成其话语对象;它越来越倾向于将自己同时理解为交流活动的言说者和言说主题。然而与此同时,交流本身却似乎因为这种演变的内在规律而越来越成问题。让-雅克再也无法被他的同时代人理解:这既是谵妄的内在确信,亦是巴黎警署总长官萨尔汀的一纸命令所造成的客观结果。从《致马勒塞尔布先生的信》到《忏悔录》,再从《忏悔录》到《对话录》,卢梭与其"听众"的关系日渐疏远。最终,在《遐思录》中,卢梭说他自己已然祛除了内心的全部希望与不安,他的辩护词变成了一份独白;自我成了独一无二的"所指对象",同时也是当下唯一可能存在的听众。诚然,他那完美的句子、和谐的语言呼唤着潜在见证者的现身;卢梭并未彻底绝望:他的独白终有一天会被公正的读者发现,他们没有被那个迫害卢梭的"阴谋集团"所影响,故而不会对他心怀偏见。可是,这一天的到来似乎不断延宕、遥遥无期,卢梭宁可认为他被世人理解的机会已经为零。废弃的机会制造了一个巨大的空洞,抒情的言语从此在这空洞中展开自身,它对抗不在场,甚至迸发出一种超越绝望的确信。于是,我们看到了这样一种言语运动:言语的"正常"功能原本是在共同的意义场内将自我与他者相连,可它现在向自身折返(或者说它歪曲自身),从而变成了一种呈现给自我的自我再现,除此以外,别无其他;这既是一种至高无上的透明性,亦是一种无与伦比的奇特性。卢梭相信自己找到了一种完美的居有(appropriation)状态,这使他得以重获那失落的澹然之境;我们可以说,这种逆来顺受的幸福也是一种完美的异化:

> 所以,就让我把所有那些令我悲痛欲绝且徒劳无益地挂念着的对象都从我的脑海里清除干净吧。我将孑然一身度过余生,既然我只能

在我自身当中寻得慰藉、希望和安宁,那么除了自我之外,我就不应也不愿再操心别的什么了。正是在这种状态中,我重新开始了一系列严苛而真诚的反躬自省,我过去曾将其称作我的《忏悔录》。我把我最后的时光都用来研究我自己,并为了我即将就我自身所作的那份陈述而预先做好准备。就让我全身心地投入到与我的灵魂交流的美妙境界之中吧,因为只有这种境界才是人们无法从我这里夺走的东西……我从事的这项事业与蒙田所做的事情是一样的,不过我的目的却与之截然相反:因为他写《随笔集》只是为了给别人看,而我写下我的这些遐思只是为了给自己看。倘若在我迟暮之年,行将就木之际,还能得偿所愿地沉浸于我现在这般的心境之中,那么对这些遐思的重读将会让我回想起我在写下它们时所体味到的那种愉悦,这对我来说就是让过去的时光重生,可以说,也让我获得了双倍的生命。不管人们怎么对待我,我仍然得以领略到社会生活的迷人之处,而我也以这老朽之躯同另一个年代的自我一起生活,就如同在跟一个年轻的朋友生活似的。[①]

---

① 《遐思录》漫步之一,见《全集》卷一,第 999 至 1001 页。另参我在本书所附第六篇论文《遐思与嬗变》中对这段话的分析。

时间流变使自我的许多不同时刻之间出现某种虚拟的外在性关系;今日写下的文字乃是为那个将要追寻自身踪迹的未来自我提前做的准备。于是,言语的外在化便通过未来自我的期许而获得了正当性;在《遐思录》作者的想象中,这个未来的自我孱弱而贫苦,只能在回忆的世界里寻求生命的支点;从现在开始,他要搜集自身存在的种种踪迹与印象,为这个自我构筑一座庇护所。今天享受的自身在场与完满感受必须在语言中获得一种具体形态,并被提前确定为满足未来所需的记忆视域。如果让-雅克想要在其生命力急剧干涸的危急时刻仍能拥有种种回忆-肖像,他就必须写作……

在这种对绝对性的追索中,意识试图内化一切超越性,将其吸纳于自身当中;写作也变成了自我向其造物主预先呈交的一份陈述。《忏悔录》一开篇便定下了基调:卢梭想象自己在至高无上的法庭上出庭受审,并在他的良心深处上演了一场最后审判的彩排。这不仅是一幅意象,更是一种根本的姿态。祖露心迹的让-雅克想要自行宣布判决:这位单纯的信徒曾经在"畏惧与颤栗"①中毫无疑虑地把这一任务托付给了上帝。卢梭当然料想到自己会在死后出

---

① [译注]此处应是借用了克尔凯郭尔的书名。关于卢梭与克尔凯郭尔,参见本书第三章之《孤独》一节。

庭受审,但他现在就想要知晓判决结果。为了获得他必需的内心安宁并确信自己会被判无罪,他提前占据了最高审判者的位置,想象出一道只会投向他的公正目光,这目光使他可以对自己的清白无辜永远确信无疑。

最后的审判意味着在最初的造物主面前出庭应讯:个体必须供述那些改变其原初天性的意志行为。审判的精准天平将结局与开端放在一起衡量,它把被造物的最终状态与其脱离造物主双手时的本来模样相比照:如果说起源状态确实纯真清白,那么审判被造物的依据就在于他是忠于还是背离了他的起源状态。而卢梭全部的个人辩护词都是在强调他自己(并且只有他自己)拥有最为恒定不变的原初善好。他致力于证明,所有可能归咎于他的罪恶都不过是无关紧要的偶然性:它们源于外部,产生自"命运"、"环境"、"社会"等的罪错。他有可能犯下恶行,但这恶行是在违背其本愿的情况下偶然产生出来的。恒久不变的内在天性完好如初,内心深处永葆纯洁。

因此,诗性语言在这里的任务就是支持一种双重虚构:它需要求助于想象的极端力量。一方面,这种不及物的言语(它揭露了诗歌之可疑的及物性)模仿最高审判者的角色并将其内化,审判者的判决意味着个人历史之终结;这言语窃取了最高知识的特权——通过这种知识,这位单纯的信徒知道自己会被上帝所洞察,但无法企及这种知识的他绝不会自称能够认识他自身。而现在,自传性的目光变成了察验心肠肺腑的上帝①的世俗化身,让-雅克希望他的整个命运从今往后都凝结于一种既无生成流变亦无残余杂质的澄澈状态当中。另一方面,这种最终的澄澈状态自称与初始的澄澈状态完全一致:让-雅克的心灵并未改变,它始终都与其最初的和谐状态相吻合。言语担负着叙述完整存在的使命,这只是为了消除在历史中有可能腐化、堕落、沉沦的因素。在心灵的幽深之处,历史彻底失效了。没错,让-雅克一开始生活在伊甸乐园里,只是后来才堕入了灾祸与苦难之中;然而,他的所作所为不应使他遭此厄运。他可以心安理得地断定,他的清白之身恒久不变,他对起源之光的忠诚也始终不渝。站在最后到来的审判面前,他的面孔流露出原初状态下的纯洁神情。在《忏悔录》开篇的一个句子中,卢梭提到了大自然用来铸造他的那个独一无二的"模子";而就在紧接下来的一段话中,他向最后审判的号角发出了呼唤。忠于他的起源(origine),忠于其生命所蕴含的独创性(originalité);这两者合二为一。因为,如果说自我内化了最后的审判者,那么它同样也内

---

① [译注]典出《旧约·诗篇》第7篇第9段:"公义的神察验人的心肠肺腑。"

化了造物主：自我即其自身的起源，或者不如说，它保存着它的起源记忆，它在这记忆中与起源融合为一。这记忆只有在忘却一切事物的遐思当中才能如此完美。我们应该相信黑格尔的判决：这是一种谬误的极端形态。不过，卢梭的伟大正在于此，他甚至企图将始与终、首与尾全部统一于自身。

卢梭论不平等的起源和基础[*]

在创作了《论科学与艺术》四年以后,第戎科学院发布了一则新的征文启事,这给卢梭提供了进一步阐发自己的理论原则的契机。天才与约束的碰撞再次令我们赞叹不已!环境对这部著作的诞生本身所发挥的作用与它在卢梭思想体系内部所产生的效用——即它在人类演化过程中所承担的功能——如出一辙:只有通过"环境的协助",只有当人类为了存续生命而在障碍与逆境的逼迫下施展其全部的力量和才能时,作为潜能的可完善性才会发挥出它的实际效应。

对卢梭来说,新的征文比赛将是一次精神鞭策,是推动他取得决定性思想发展的良机(或者说偶然原因)。这一回,卢梭不想谋求第戎科学院院士们的选票(他已名闻天下,取悦他人且赢取桂冠都是无关紧要的事情),而是力求以另一种方式引人注目、拔

---

[*] 此文系我为《论不平等的起源》撰写的导论,收于《全集》卷三(巴黎:七星文丛,1964年)。

类超群,即其学说的广博视野、严密结构以及决不妥协的理论姿态。第一篇《论文》为了博得评审们的好感尚免不了些许套话,而第二篇《论文》则体现出一种艰涩而纯粹的文风,似乎对那些可能为其赢得学院掌声的审慎与退让都视如敝屣。他藐视一切规矩和惯例,而且一上来就对论文的简明性要求视若无睹。他宣说了一种艰深的真理,公然挑战了种种成见,然而他正是想要通过这种对抗传达一种激奋的思想,这思想直捣问题根源,以此重新探究那些重大难题。在那个时代,这样一篇论文是难以被人们接受的;第戎科学院关于卢梭论文的评审会议记录也向我们印证了这一点:"因其篇幅过长和论述失当等原因,我们没有读完。"①

这场征文比赛来得正当其时;在它的激发下,卢梭将用证据说话,清晰地阐明一种学说,而第一篇《论文》的论敌们曾将这种学说贬斥为悖谬和诡辩。这部新作将使世人看到,对于一种由哲学讨论(或者说科学讨论,因为那个时代的人们在这些问题上对这两者尚无明确的区分)之严格法则所引导的探究活动来说,它通向的必然结果正是对社会腐化的批判。让-雅克试图使其激情获得它一直以来都缺少

---

① 洛杰·提斯朗:《卢梭在第戎科学院遇到的对手们》(巴黎:1936年)。

的推论结构:他要证明在前往樊尚途中,他脑海里闪现的直觉具有历史根据。第一篇《论文》仅以热烈而含糊的笔触勾勒的一切,以及卢梭在关于艺术和科学的笔战过程中已然发现或预感到的一切,现在都可得到彻底阐明,并通过一整套事实、论据和推理被表述出来,而这或许正是一位苛刻的读者期望看到的内容。于是,"音乐家卢梭"完成了他的蜕变;他向世人证明,他不但能够谱写道德雄辩的和谐乐章,还可以站在布丰和孔狄亚克、"哲学家"和"文人"自己的领地之上同他们一较高下。

他曾在反驳斯坦尼斯瓦夫①的文章中写道:罪恶的最初根源乃是不平等②。现在,他感到有必要进一步深化他的探究活动,"追根究底":如果说罪恶源自不平等,那么现在的问题就在于知道这种不平等本身源自何处。只有通过探究不平等的起源,我们才能揭示罪恶的真正起源。

* * *

卢梭后来在谈论其命中注定的文学生涯时,采

---

① [译注]即斯坦尼斯瓦夫·莱什琴斯基(Stanisław Leszczyński,1677—1766),波兰国王、路易十五的岳父,于1751年9月在《法兰西信使》上发文驳斥卢梭的第一篇《论文》。尽管是匿名发表,不过卢梭知晓文章作者的真实身份。
② 《全集》卷三,第49页。

用了他在第二篇《论文》中用来阐明人类诸种官能发展的解释方式:这是一种既不可阻挡亦令人沮丧的演化进程;如果出现某种更为有利的偶然事件,这一进程或许会得以延缓,可无论如何,我们从今往后都不得不直面这一回头无望的进程。《论不平等的起源》既是一部应时之作,也是一种深刻潜在性的必然实现;它以人类历史的普遍视野展示了对抗环境的活动所隐含的巨大危机和丰富可能。这部著作在其自身内部蕴藏着一幅宏大图景,它既是其自身起源的映像,亦是其存在所依托之危险的写照。

* * *

在撰写有关不平等的论著之前,让-雅克显然早已开始经历其生命中的不平等。他是日内瓦公民,但没什么社会地位,沦为了"下等公民",隶属于较低的社会阶层;他从父亲那里不仅学会了古罗马人的高傲姿态,也懂得了什么是怨恨和尖酸的不满之情。他做过饱受苛待的学徒,还当过仆人、家庭教师、秘书以及迷失在包税吏们的沙龙之中的身份可疑的音乐家:多么卑微的地位啊!蒙受着何等的羞辱啊!累积了怎样的经验啊!他在华伦夫人身边过得很幸福,却始终无法彻底驱散寄人篱下的生活带给他的苦恼。这个后来抗拒他人救济的人(尽管他有时也会接受别人好心提供给他的"栖身之所")一想到自己的一切都得仰仗他的这位"女恩主"便深感惶惶不安:他的理想诚然是获得情感依靠,但这必须建立在经济独立之上。故而,为了成为一名音乐家和文人,他在尚贝里(Chambéry)和夏尔梅特展开的那段孤寂的学徒生活并非只是兴趣使然;他还希望有朝一日能够体面地自食其力、偿清债务。他想在将来以其改善的优裕生活向"妈妈"证明,她对他的接纳和供养完全正确。他年少时留下的文字告诉我们,他很早就开始为了过上"不靠他人救济的生活"[1]而忧心忡忡。在体会到自己社会地位之卑微的同时,他的内心不可能感受不到一种反抗和报复的补偿性需要;他从一开始便拒斥不太光明磊落的讨巧伎俩,尽管大多数人都对此心安理得,而本身就是寄生虫的特权阶层则对此默许;他要通过认真的劳动和独立的努力解放自己。他感受到了自身的价值(这种价值恰恰存在于感受当中),也感受到了真实的自己与命运将他造就成的那个样子并不相称。他本该过得更好,然而命运却按照一种数学般严格的定比定律小心翼翼地维持着价值与财富的乘积始终都是一个常数。让-雅克一想到自己拥有的那颗富于感性的

---

[1] 《致父亲的信》,1731 年,见《卢梭书信集》,杜福尔和普朗编,卷一,第 13 页;《卢梭书信全集》,拉尔夫·利编,卷一,第 13 页。

心灵,便不会再为他的贫穷而痛苦不安了:

> 夫人,为何有些心灵敏于感受伟大、崇高和悲壮之物,而另一些心灵却似乎天生就只能带着卑劣龌龊之情阿谀奉承?财富似乎对此作出了某种补偿;它通过抬高后者的地位,谋求使它们跻身前者的伟大行列。①

不过,这只是口头上的自我安慰而已,并未让他心甘情愿地接受既定秩序。年轻的卢梭在更多时候怀着一股怨艾之情发声,反叛的冲动以及试图通过不幸而使自己受到关切的浪漫渴望在其中变得难以区辨:"让一个像我这样思考问题的性情中人因别无他法而不得不乞求援助和救济,这是令人难以忍受的事情。"②

倘若跨越了阶级壁垒,变成富人当中的一员,他是否就可以同自己的命运和解了呢?他很快便表明了态度:不平等已令他遭受太多不幸,他无法因为一次让他摆脱生活困境的运气就跟这命运讲和。他愈

---

① 《致华伦夫人的信》,1737 年 9 月 13 日,见《卢梭书信集》,杜福尔和普朗编,卷一,第 58 页;《卢梭书信全集》,拉尔夫·利编,卷一,第 49 页。
② 《致萨瓦地方长官之陈情书》,1739 年 3 月,见《全集》卷一,第 1219 页。

加坚信,自己年少时常常抱怨的贫穷使他站在了正确的一方,他也以此为荣。不平等不是某个人单独获得的体验,它不能被还原为自卑感:不平等乃是一种共同命运,是相互之间休戚与共的人们共同承受的苦难。卢梭在乡村和都市里亲眼目睹的不幸与贫苦使他最终变得"敏于感受"不平之事。《忏悔录》第四章中的那些著名段落在让-雅克年少时的书信中得到了印证。1737年,他在蒙彼利埃看到了许多法国人在那个时代无法看到的景象,几乎令所有人都无动于衷的情景却使他倍感震惊:

> 富丽堂皇的宅第与堆满粪土的破陋茅屋交错地排列在街道两旁;一半的居民腰缠万贯,另一半则贫无立锥。可是,他们都以人类所能想象得到的最为卑微而肮脏的方式苟活于世,因此,他们都同等贫贱。①

请注意,当卢梭揭露这种将富人和穷人一并吞噬的同等的贫贱时,他似乎预告了第二篇《论文》的结论:一旦不平等发展到极致,无论特权阶层还是受

---

① 《致夏波奈尔的信》,1737年,见《卢梭书信集》,杜福尔和普朗编,卷一,第70页;《卢梭书信全集》,拉尔夫·利编,卷一,第61页。

压迫者,不分高低贵贱,所有人都会陷入同等的不幸与暴力。

当弗朗格伊先生向他提议做自己的出纳时,金融职业的美好前程正在向他招手。卢梭踌躇片刻后,坚定不移地回绝了:他病倒了,似乎连他的肉身都在抗拒那使他可以掌管钱财并跻身不平等关系之获利方的唯一可能性。卢梭早在十九岁时写给父亲的一封信中就表明了这一原则:

> 我珍视暗淡的自由,胜过那辉煌的奴役。①

这一书生气的表述无疑是普鲁塔克式的老调重弹。可是,卢梭的天真与才华将使他极其严格地遵循它:独创之处倒不在于这一原则本身,而在于他对这一原则的忠贞不渝。他在这一点上从未动摇过。当卢梭进行"个人改造"时,他利用其在文学领域取得的成功夸耀自己的独立和贫穷。他的目的不只是吸引世人关注他这个人本身:此乃对斯多亚主义的(或犬儒主义的)德性的"演示",他想要获得一种普遍意义与影响。在众目睽睽之下特立独行,以一个

---

① 《致父亲的信》,1731 年,见《卢梭书信集》,杜福尔和普朗编,卷一,第 13 页;《卢梭书信全集》,拉尔夫·利编,卷一,第 13 页。

穷光蛋的面目示人：这位离群索居的道德家试图教诲全人类。卢梭视一切装模作样的社交礼节和虚情假意如敝屣，心甘情愿地过着贫苦窘迫的生活，以此控诉并揭露社会之不平等，警戒人心。许多批评家们基于《忏悔录》中的那些"供认"而指出这种行为具有戏剧化的造作特质。不过，这并非毫无根据的假模假样，而是一种"示范"。如果说这一切都只是表演，那么在任何严肃而坚定的献身行为中，我们都能够通过心理分析而诊察出这种表演因素：意识为自身选定某种信念，从彷徨不决、跌宕起伏的存在状态中挣脱出来；从今往后，它再也不能天真地耽溺于碌碌庸庸、索然无味的"日常"生活之中了。任何选择都是一种偏激的选择。然而在这里，卢梭选择的道路呼应了一种深刻需要：让-雅克对其出身和社会阶层的赤胆忠心。当他有机会改善自己的生活境况时，当他可以通过自己的休声美誉出人头地时，他却决意轻世肆志、安贫守道。他并不满足于忍受入不敷出的生活：他之所以甘愿过这样的日子，是为了向他的富有的读者们证明，在目前的社会状况下，高贵而合乎道德的生存状态只有在极度贫困的条件下方可实现。既然让-雅克为我们树立了一个遵循真实的道德规范的榜样，那些大人物和有钱人便不得不在一道指控他们的目光下反躬自省：他们的财富以及由此而来的权力都是巧取豪夺之物。当这位大名鼎鼎的人物选择靠誊抄乐谱来维持生计时,财富之淫滥与不义就变得众目昭彰了。卢梭向我们宣告,在社会地位之低微与道德品性之高尚之间维系着恒久而必然的关联。不平等源自表象(paraître)所诱发的虚荣的谵妄状态;只要人们摆脱了它的魅惑并睁开双眼,便可识破其原形:一种非实在性的魔咒。这种非真实的幻象愚弄人类,诱使他们犯下荒谬错乱的罪行,腐蚀真实不虚的日常生活。空洞虚幻的表面现象影响深远,它会转化为苦难与罪行。在那封用密码写成的致杜班·德·弗朗格伊夫人的著名书信中[1],卢梭为他遗弃亲生子女的行为作了辩解,并把罪错推卸给社会制度:

> 正是富人们的社会地位,是您的社会地位,从我这种地位的人这里窃取了喂养我的孩子们的面包。[2]

卢梭在此通过指控他人为自己辩解,这难免有自欺欺人之嫌:人们归咎于他的罪错实乃这个罪恶

---

[1] [译注]此信写于1751年4月20日,除了日期、收信人名和正文开头的两个词语之外,原稿由数字和符号编码而成。关于卢梭撰写此信的原因,参见《忏悔录》章八。

[2]《卢梭书信集》,杜福尔和普朗编,卷一,第308页;《卢梭书信全集》,拉尔夫·利编,卷二,第143页。

社会利用他犯下的恶行;他是深受双重羞辱的受害者,因为他既要忍受不平等对他的压迫,又要遭受道德谴责对他的伤害。这就是为何卢梭想要维续自己的受害者身份,以此保有受害者的正当权利;对他来说,他的不利境遇正是其社会地位赐予他的恩惠。可为了保住这份恩惠,他得付出多么巨大的努力啊!为了保全自己的自由,他得疑神疑鬼地拒绝掉别人的多少帮助,招致多少矛盾与不和啊!卢梭回绝种种馈赠、年金和奖赏,为的就是不用被迫感恩荷德,以免卷入同其恩主的暧昧不清的友谊。在这样的友谊中,不平等关系被虚伪地否认了,双方均对此心照不宣:接受施助即意味着自认低人一等,且不得不与恩主们结成友人,而后者的乐善好施既是为了显示社会差距,亦是为了营造差距弥合之假象。让-雅克宣称自己是一个忘恩负义之人:他所追求的平等——自由意识间的互惠关系——排斥任何依附性,而这首先就是指恩主的殷勤善举所导致的依附关系(不过我们注意到,爱弥儿以及沃勒玛夫妇恰恰践行了卢梭所抗拒的这种慈善救助)。所以,为了不亏欠任何恩惠,他决意不接受任何施助。他将自己贫寒却不失尊严的生活暴露于公众惊愕而好奇的目光之中;此前,这位俭朴的手工匠人的生存状态尚未受到关注,而现在,他使其引人注目,乃至令人倾羡。当第欧根尼舍弃了一切,甚至扔掉他的木碗时,富人们便再也不能恬不知耻地直视他们那穷奢极侈的人生了。他们被囚禁在无聊生活的金丝笼中,深感烦扰不快。他们想要跨越到阶级壁垒的另一边。时机已然成熟,他们做好了倾听《论不平等的起源》的准备。

* * *

财富与生活状况的不平等、政治与司法的不平等:按照正常逻辑,这两者应被区分。然而事实上,一切都相互关联。卢梭比任何人都更敏锐地意识到了隐藏于它们之间的实实在在的相关性,感受到了它们的同时在场,尽管他此时尚未付诸必要的努力去分析它们。

第二篇《论文》标志着一次非同寻常的反思努力:它不仅将推论式的、体系化的结构形态赋予持久不息的、激情澎湃的反抗行动,而且还调动了个人经验,为的是超越这种经验并将其提升至普遍层面。在此之前,我们已经从卢梭笔下读到一些极其意味深长的论断,不过它们的思想视野依然受限,这或是因为这些零零散散的论断并未构成一个理论整体的组成部分,或是因为它们同让-雅克个人的不幸境遇太过密切地联系在一起。

然而第二篇《论文》却是这样一部著作,它在各个方面都超越了一位传记作者可能想要归给卢梭的那些或有意识或无意识的写作意图。假使他的打算是赢得第戎科学院院士们的选票,那么他的表现相当糟糕。假使他的目的只是在其返乡之际发表一份惹人注目的信仰自白①,那么他又做得太过火。这部著作蕴含着某种过激倾向,而正是这种过激性使得卢梭期望的和解落空了。卢梭亮出自己的公民身份,面向整个日内瓦共和国发话,同时,他也吁求全人类将目光投向他,促请他们欣赏这位浪子同其重返的祖国间的对话。这番对话激起巨大的反响,其持续时间之久、波及范围之广均远远超出卢梭的预想。不管怎么说,卢梭的冒险做法逾越了他与日内瓦达成全面和解所必需的条件。日内瓦人崇尚低调平和的处世之道。已在文坛声名大噪却毁誉不一的让-雅克以其铺张扬厉之文笔极尽渲染他重获日内瓦公民身份之事,这在那些依然记得当年这个小偷小摸的小学徒的人们眼中,实在是极不持重得体的做派;更糟糕的是,卢梭的这篇"献词"不但向日内瓦人极尽谀颂他们的社会制度,同时还企图教导日内瓦人。献词指向的对象乃是整个日内瓦共和国,可

---

① [译注]根据《忏悔录》章八中的记叙,卢梭于 1754 年 6 月重返日内瓦途中,在尚贝里改定了第二篇《论文》开头的致日内瓦共和国的"献词"。不过,亦有学者认为该献词应完成于卢梭重返日内瓦之后。同年 8 月,卢梭重新皈信日内瓦所奉行的教派,并恢复了日内瓦公民的身份。

更妥帖的做法其实应该是将它献给"小议会"中的权贵们。所有这些颇显失礼的愚拙表现都是卢梭有意而为。他早已下定决心,要按照自己的极端方式热爱日内瓦,即便这可能惹人生厌或令自己犯下过错(话说回来,这同样也令其他人陷入错误的境地,使他们在面对卢梭那炽热如火的爱国之心时感到了自己的麻木冷漠和德性缺失)。他没有依循通常的礼仪,在发表献词之前将它预先呈给献词的接受者们过目,因为他并不确定他们会毫无保留地欢迎这部著作。他对此已有相当清晰的预感,以至于在跟一些日内瓦友人通信时,他提前采用了一种自我申辩的口吻:

> 在世人之间孤立无援,对社会中的一切都了无牵挂,放弃了种种要求与奢望,只在他人的幸福之中寻求我自己的幸福——我相信我至少避免了阶级偏见,而正是这些偏见使得最富智慧的人在作判断时屈从于那些对他们自身有利的原则。[①]

---

① 《致让·拜尔德里奥的信》,1754年11月28日,见《卢梭书信集》,杜福尔和普朗编,卷二,第132页;《卢梭书信全集》,拉尔夫·利编,卷三,第57页。

于是，尽管卢梭在日内瓦逗留期间完全沉浸在他那"共和主义的热情"之中，可仅仅几周之后，他便重新开始冷眼旁观：从今往后，他将以置身事外的姿态发话。虽然他十分骄傲地给著作扉页上的署名"让-雅克·卢梭"加上了"日内瓦公民"这一头衔，然而"献词"的结尾却注明写于萨瓦的城市尚贝里。按照《忏悔录》中的说法，这是为了"避免任何"来自法国或日内瓦方面的"无端指责"而采取的有效预防措施。此乃卢梭需要的一种独特的不在场状态：当他向日内瓦人发话时，他置身于他们之外；可当听众是整个欧洲时，他又以日内瓦公民的身份发言。故而，在这两种情形下，他都是一位异乡孤客。不管身在何方，他总是一个心居别处的言说者，不为任何恭而有礼的处世规矩所约束或威吓。除了被埋没的真理和被流放的德性，他跟任何人都道不同，不相为谋。他掌握着另一类视域，关照着另一种需求，归属于另一个祖国：一个既不是真实的法兰西，亦不是真实的日内瓦的理想祖国。卢梭非常清楚地意识到这种疏亲慢友、遁世绝俗的处世态度所具有的弱点（以及过错）；可是，他同样感觉到，这种弱点也会转化为一股非同寻常的力量。他曾多次指明这一点，特别是在写给马勒塞尔布的第四封信中：

　　您身边的那些文人雅士们徒劳无益地嚷嚷

着说,一个离群索居之徒对所有人都百无一用,且不能履行他的社会义务……向世人树立一个他们都应效法的生活榜样,这就是他所发挥的重要作用;当一个不再拥有强健体魄并因而无法运用自己的双手劳动的人,勇于在其归隐之所宣扬真理之声时,这就是他所发挥的重要作用;提醒世人要对那导致他们不幸的舆论众议之荒谬心存戒备,这就是他所发挥的重要作用……假如我在日内瓦生活,我恐怕就既无法发表《论不平等》中的那篇献词,甚至也无法用我彼时所采用的那种腔调来反对剧院的建造了①。假如我生活在我的同胞们中间,我对他们的用处或许还远不如隐世幽居的我在某些时候所起到的作用大。如果我该怎么行动就怎么行动,那么无论身居何处,又有何妨呢?②

卢梭让自己化身为所有现存社会的异乡人;在第二篇《论文》中,他变成了遭受欺凌侵犯的人们的代言人,他替所有被社会秩序压迫(不论是在日内瓦还是在法兰西)、沦为异乡人的人们大声疾呼。他不

---

① [译注]即卢梭反对达朗贝尔所提出的在日内瓦建造剧院的主张。
② 《全集》卷一,第1143页。

但隐身于圣-日耳曼森林的幽深之处,在那里向全人类发话;他还决心通过自己的著作和他所树立的人生榜样,向他们勾画完整的人的形象。他离群索居、特立独行,只是为了更真切地揭示普遍性,同时彰显其事实和义务这两个层面。于是,他远离现存的共同体,斩断一切直接联系,这恰恰是为了思考一个更正义的共同体和一种更令人幸福的直接联系的存在条件。

* * *

卢梭已经发现他那伟大的思想风格。让我们在他的这部著作中尽情领略他那炉火纯青、锋芒毕露的高超技艺吧!卢梭在反思严肃问题方面的思想天赋找到了与其相得益彰的笔调。他将一种简傲绝俗的雄辩术发挥到了登峰造极的地步;在这滔滔雄辩之中,激扬的修辞、严密的推理、尖锐的论战、广博的学识以及不羁的想象彼此交织、渐次铺展,而所有这一切都被一股无与伦比的思想热忱激发出来。虽然卢梭从那些哲学家、法学家、博物学家、旅行家的著作中汲取了大量养分,但这其实无关紧要:因为他在将其先辈们贡献的思想素材完全融入自己的研究的同时,也抹除了他们的印记,使我们无需再向他们求教。对于渊博的学问家们来说,《论不平等》所蕴含的有待辨识的思想来源已足以令他们乐此不疲地展开探寻;不仅如此,这部著作本身就构成了一个"思想来源",所有关于社会本质的现代反思均肇始于它。

卢梭显然决意向公众展现一种坚不可摧的思想;第二篇《论文》犹如戒备森严、处处设防的军事堡垒。读者们很快就会发现:卢梭在四面八方都筑起炮台。某些尾注如同具有极远射程的火炮……一切可资利用的说服方式都在这里被调动了起来,这就是卢梭的写作风格:不论肯定还是否定,他的论断都一针见血、不容置辩,同时,这种风格还向读者们勾画了一幅幅充满奇特力量的思想图景。第二篇《论文》不再像第一篇《论文》那样只是一场控诉:它更是一次"*investigation*"[探究](这是卢梭新近创造的一个法语新词①)。激情汹涌的极端言辞虽令人震愕与不快,可是,读者们也不应忽视他在行文时所设置的种种限制和转向,它们不断校正着思想的运行轨道。我们应当承认,卢梭有权利用那些重大的正反题,并通过转移其论述重心"辩证地"建构他的作品。第二篇《论文》之所以会产生如此多的误解,是因为

---

① [译注]这一法语新词最早由卢梭在第一篇《论文》中引入,它后来也成为了勒卡(C.-N. Lecat)批评卢梭及其第一篇《论文》的缘由之一。卢梭曾在其回应中专门就此作出辩解。不过根据利特雷法语词典(Le Littré)中的说法,早在卢梭之前,该词就已经在法语中存在了。

人们对它的研读流于片面和草率；他们脱离上下文孤立地看待那些激进的论断，可是几页之后，这些论断便被卢梭自己撤销或修正。人们在抨击卢梭时往往只抓住了他的某一个论证环节，却丢失了他的真实哲学。

*　*　*

卢梭无比庄重地揭开第二篇《论文》的序幕：献词、序言、引论构成三排柱廊，我们缓步穿行其间；卢梭仿佛刻意以此象征性地表现那横亘在我们与人类真实开端之间的遥远距离。若干意象引导着我们缓缓前行：从当代的日内瓦出发，我们历经柏拉图的神话故事和亚里士多德的雅典学园，最终进入原始森林，整个人类历史正是从这一诞生地徐徐展开。在忆及初民时代的沉默人类之前，让-雅克以一个演说家的雄辩姿态正式登场；他在四周为自己设置了一群听众。听众的范围由现实的人群不断扩展，直至一个想象的共同体；他依次向日内瓦的公民、伟大的雅典人发话，最终则面对全人类："啊，人类！不论你们身居何方，不论你们持何观点，听听吧，这就是你们的历史。"卢梭以此神秘的口吻向我们揭开了重重秘密。

如果说在卢梭的所有著作中，第二篇《论文》最少涉及他的基督教信仰，那么这不单单是因为

《百科全书》的精神和狄德罗的影响都给此作打上深刻的思想印记,更是由于这篇《论文》正是被当作一部人类"启示录"而创作出来的:它完全是一种特殊的宗教行为,取代了基督教向我们宣说的那套神圣历史。卢梭重构了一部哲学《创世记》:无论是伊甸园、罪恶还是语言的混乱,它们均可在这部著作中找到自己的化身。这是起源历史的非宗教性的、"去神秘化的"版本,但是它在替代《圣经》的同时也以另一种语言复述了《圣经》。这是一种推测性的反思语言,所有超自然因素都被排除了出去。基督教的神学教义虽被摒弃,但是它的基本形式仍构成卢梭组织其思想时所参照的原型。最初的人类几乎处于动物状态;他活得很幸福:这种原始状态就像一座天堂;只有当他有机会施展自己的理性时,他才会脱离动物状态;然而,与初生的反思一同到来的还有善恶的知识,苦恼不安的意识发现了分裂的存在所造成的不幸:所以,这就是一种堕落。

* * *

"这就是你们的历史!"只不过卢梭将要谈及的这段"历史"并非历史学家们的历史。他既不会谈论一个个帝国,也不会回顾它们的命运。他继续向后退转,决意站在更为遥远的地点观察事物。第戎科学院提出了"一个政治法(droit politique)①的问题",卢梭则想要将他的回答"限定在一种一般性的、纯粹哲学的探讨范围之内,既不夹杂个人色彩,亦不将其付诸实践"②。事实上,这种哲学探讨所关注的并非历史事件,而是历史过程:起初不在历史当中的人类经由这一过程逐步变成了历史性的存在者。

究竟是哪些原因改变了完全动物性的人类,将其造就成历史的主体和能动者呢?由于缺少经验材料支撑,我们只可能以推测性的方式叙述这种转变过程:我们只能将其描述成假设性的历史。我们手中的全部证据所指向的事实都发生在人类已然开化并被卷入历史洪流之后。必须追溯至更遥远的过去。如果我们既对《圣经》的证词置之不理,又想勾画出依然如动物般愚蒙无知的人的理论形象,并以此作为探究的起点,我们就必须果断地"抛开一切事

---

① [译注]《社会契约论》副标题的通行中文译法为"政治权利(droit politique)的原理"。斯塔罗宾斯基在下文试图说明《论不平等》与《社会契约论》之间的关联。不过,"政治权利"这一通行译法颇成问题,它既不契合《社会契约论》一书的主旨,亦脱离了这一概念在 18 世纪政治思想中的基本内涵。卢梭从孟德斯鸠手中接过 droit politique(政治法)概念并对其作出根本改造,其复杂内涵需进一步界定和辨析。译者在本书中将其暂译为"政治法"(尤其参见本书第 616 至 619 页)。
② 《致德·柯雷吉夫人的信》,1755 年 9 月 8 日,见《卢梭书信集》,杜福尔和普朗编,卷二,第 213 页;《卢梭书信全集》,拉尔夫·利编,卷三,第 170 页。

实"。因为事实是人留下的历史踪迹,它们将我们羁留在历史当中;由此,对事实的关切会使我们陷入已经远离起源之地的历史泥潭。为了洞察人类历史之诞生,就必须逃离历史。找谁做向导呢?旅行家们的记述——他们曾亲眼目睹未开化人类的生存状态。诚然,旅行家们描述的任何一个原始部落都没有向我们完整揭示自然人的本来样貌:在卢梭眼中,加勒比人和霍屯督人的本性已然发生了"变质",文化改变并分化了他们;但是,他们是如此落后于我们,以至于当我们转身朝向他们时,我们的目光便投向了遥远的起源。透过那些头戴羽毛饰物、身涂赭石颜料的人,我们瞥见了那个赤裸的、孤独的人的身影。在民族志记录的事实材料的支撑和指引下,想象力可以大胆推断。

让-雅克还仰仗另一位向导:为了描画人的原初形态,他转向自己的内心世界。他相信自己就是一个"自然人",或至少是一个没被抹除自然记忆的人。就此来说,他是一个例外;卢梭毫不犹豫地将超出了正常限度的特权赋予自身,其中之一便是:他是唯一一个"深谙其道者"(这个说法出自《对话录》之对话一)。因此,在圣-日耳曼森林里潜心创作这篇《论文》的卢梭可以无拘无束地发挥自己的想象力:即便原始人的形象归属于一个空想出来的、"随心所欲地创造的人物",卢梭也不会误入歧途,因为他的心灵保存着自然留下的不可磨灭的印记。幻想不会撒谎。起源虽是最遥远的过去，但幸好也构成了让-雅克的最深邃的主体性。在其他哲学家满足于枯燥僵化的抽象思辨之处，卢梭却诉诸于内在的诗意直观。对他来说，原初之物并非理智游戏的起点，而是我们在意识之存在根源所瞥见的一幅图像；自然状态首先是活生生的亲身体验、永恒童年的幻景，而卢梭在谈论它时就好像那是他亲眼所见："如今，人的天性（nature）已被如此歪曲和诋毁，它的画家和辩护者若不从他自己的内心中又能从哪里获得其原型呢？他按照对他自身的感受来描画这天性。"①所以，对于卢梭来说，基本推测与内在明证性相吻合。一旦摒除各种偏见与激情，一旦摆脱所有后天知识和外在经验，时间长河的晦暗幽深之处便会被照亮，我们得以望见一个几乎停留在纯粹感官层面上的存在者，他与机器和动物的唯一区别就在于他的潜在官能和尚未施展的自由；就像那座格劳克斯神像，我们在扭曲其面貌的海藻和积盐之下重新辨认出它的真容。

卢梭的假说力图通过减法和否定的途径回归起源。洛克、孔狄亚克、布丰也都使用过这种还原方法，他们剥除那覆盖精神的外衣，由此发现一个仍然空白的意识；在其觉醒的最初时刻，它甚至还不具有

---

① 《对话录》对话三，见《全集》卷一，第 936 页。

任何最简单的观念,它惊异于它所感知到的种种信号,反思再将这些信号据为己有。一切都开始于愚蒙无知的状态,可是,洛克和孔狄亚克太过急于重塑这一精神模型并为它穿上外衣,以使其活动起来并可主动组织和整理感觉材料。他们几乎没有想过,应该把这一假说投射到人类历史的时间纵深当中。在洛克那里,儿童、白痴、野人这些实例都与"白板"(table rase)之说大同小异。我们能否同他们交谈并且教育他们呢?只要他们能够进行反思,他们不久就都会像一位小小哲学家那样开口讲话。事实上,卢梭完全没有改动这一假说,但是他补充了前人并未充分思考过的两方面内容。首先是集体维度:仅仅追溯某一个特殊意识的假设性起源,这是不够的;必须回溯人类的童年。由此可以得出第二点,即在一种抽象时间中重构事件发生的自然顺序是不可能的:只有通过考察整个历史的发展进程,我们才可能有效地解释当代人类。卢梭将时间参数和集体参数同时纳入考量,并且果断地摒弃了带有神意色彩的宗教阐释,由此,他极其出色地开创了一门被后人称为"历史社会学"的学科:如果不了解教化现代人的那个社会,我们就无法理解现代人;如果不了解社会是以何种方式建立起来的,我们就无法理解社会。对卢梭来说,问题的关键在于追本溯源,即返归那个假设性的时刻,孤立的个体正是在此时遇见彼此,形成不同的族群。通过回溯最遥远的过去，我们得以通览"许多个世纪"的发展过程，人与自然及其同类的关系在这个漫长的过程中逐渐发生演变。我们还可以顺带指出的是，下述两件事实也许不只是一种巧合：一方面，卢梭个人的精神成长过程迟缓而曲折；另一方面，他认为有必要坚持如下观点，即漫长的时间间隔对于理性成熟来说是不可或缺的条件。人类正是在历史的兴衰变迁中将他的种种潜能逐渐发挥出来：他并非一开始就是一只理性的动物；他在脱离动物状态的过程中才获得理性。

* * *

不过，脱离动物状态也意味着丧失某些特权。自然人的身体是健康的；自然人的精神则属于一种"直接性的生命"，它是同情与自爱的自发冲动。卢梭所想象的原始人类疏散而居，在这种情况下，虽没有什么因素会将个体与其同类联结在一起，但同样也不会有任何因素致使他被同类奴役。由于他感受不到任何交流需要，故而就不会觉得孤立无援；他与外部对象之间尚未出现任何形而上学意义上的差异，而这种差异会造成两者的疏离。他与周围世界处于完美的和谐关系之中：个体从属于世界，世界亦从属于个体。需求、欲望与世界相互关联、协调一致。被严格限制在当下瞬间之内的欲望绝不会逾越需求的最低限度；

只被自然激发的需求那么快便得到满足,以至于自然人从不知道何谓匮乏不足;原始森林供给一切所需。这便是幸福的本来模样。原始人独来独往、无所事事,整日昏昏欲睡,寡欲而知足;他所栖居的王国如同音乐中一段漫长的空拍,此时,历史的音符尚未奏响。卢梭在他自己的怀乡思愁的驱使下追念这座天堂,重拾了那些令人类上千年以来一直魂牵梦萦的主题:无论什么时代,无论身居哪里,人类一旦意识到自己在时间的法庭上被判处了死刑,便会想象出一座先于时间而在的、最终也为时间所摧毁的天堂。

如果说只有这种最初级的平衡状态才能使人类过上幸福的生活,那么,任何改变人类存在形态的事物都得为不幸的突然降临承担罪责,即便这种改变似乎令人类攫取并增强了力量。对于完满而封闭的自然状态来说,再细小的一个裂口也会让尚被拦阻的历史长河奔泻而出。失衡将使人类释放出巨大潜能。与智力进步相伴而生的乃是欲望及其对象之间日益加剧的失调状态;人类将饱受其害。一旦他想违抗自然,强行对其发号施令,混乱与战争便接踵而至。因此,我们可以粗略地说,人类在技术和智力方面的"提升"对应于《创世记》中的人类"堕落"。这是一个名副其实的崩溃过程,人类在这个过程中脱离了最初的粗野的非道德状态,变成了有道德的存在者,但这不过是为了以善人自居、行恶徒之事。一旦停滞不前的原始状态让位于生成流变,不平等的大门便被开启。社会进步愈大,堕落程度愈深。

这种进步的意义模棱两可;然而,对于已然脱离自然状态的社会来说,回归之路已不复存在。改变不可逆转;归途只向幻想者敞开。不管回归的欲望多么强烈,我们已没有退路;唯一能做的就是唤醒并保存我们关于自然状态的活生生的记忆,因为这种记忆的影像可以充当一个"调节性概念"(concept régulatif,埃里克·韦伊语):它构成了一种确定的坐标,一把标尺,我们可以借此标示出每一种不同的文明状态与它之间的差距。通过界定人类存在状态的最低限度,我们便可精准衡量人类的种种过度发展与改善之处。一切有别于理想而贫乏的原始状态的事物都应被视为人类的发明、文化的事实以及人的自我改造。我们由此便可判断自然人在哪里停下脚步,人化人(l'homme de l'homme)在哪里粉墨登场。于是,通过一种责任转移(人们或许尚未充分意识到其重要意义),卢梭将那些在传统观点中被当作自然或上帝之原初馈赠的东西呈现为人之造作:具备清晰发音的语言的完善,此乃人类之创造;男性与女性的持久婚姻,此乃人类之创造;社会、财产以及法律的形式规则,此乃人类之创造;道德也是人类之创造,只要它建基于理性之上,并且它发出的指令超越了单纯的自保本能和同情心的模糊冲动。所有这些发展当然都以人的潜能为前提,但是它们的实现却并非不可避免;在卢梭看来,从可完善性到完善状态的发展过程中没有什么是必然的;人类可以自由地接受或者拒绝这一过程,至少,可以自由地使其加速或者减缓。

卢梭告诉我们,自然状态可能从未存在过。好吧!可即便如此,这仍是一个必需的假设,因为只有预先确定好作为基准的"零点",我们才能测量历史的间距。况且,正如我们所知,在作为遐思者的卢梭看来,"唯有不存在者才是美的"①,而我们之所以如此迫切地需要幻想存在,恰恰是出于幻想的不可能性。应该指出的是,自然状态并非道德命令;它不是一种要求我们加以遵守的实践规范:它是一个理论公设。然而得益于一种善于化虚为实、化假如真的语言,这个公设却获得了某种近乎实在的明证性。卢梭对自然状态的描述充满激情,这或许会令他的读者们以为,他决意选择一种原始的生活方式,比如伏尔泰就写道:"他想要四脚爬行。"但这是一个不可能的选择,卢梭对此心知肚明。他之所以极尽渲染初民时代的诱人景象,不过是为了加剧我们对于背井离乡、无法回头之命运的惋伤之情。尽管卢梭饱含乡愁,可他并不是一个"原始主义者"②。

---

① [译注]语出《新爱洛漪丝》卷六,第八封信。
② 参见洛夫乔伊:《被臆断的卢梭的原始主义》,收于《观念史文集》(巴尔的摩:约翰·霍普金斯大学出版社,1948年)。

如果对于人类而言,永远都不脱离原始状态本该是一个更好的选择的话,那么从今往后,我们再也没有这种选择的余地了。卢梭特意多次重申这一看法。他在《爱弥儿》中写道:"为了防止社会人彻底非自然化,就得利用诸多人工技艺。"[①]正是通过文化之完善(因而也是进一步脱离自然),我们得以恢复与自然的和谐关系,而这第二种自然乃技艺之成果,它不再被规定为一种模糊的、本能的平衡状态:它被理性之光所照亮,由道德情操所支撑,而原始状态下的愚蒙野人对此一无所知。自然与文化之对立能够通过一种不断发展的运动得以化解:这就是康德从卢梭那里学到的哲学,他以自己的方式重新阐发了这一哲学。

在作为其"思想体系"导言的第二篇《论文》中,卢梭几乎没有向我们透露这种令人宽慰的发展前景。他之所以创作此书,意在揭示人是如何自绝于自然和谐状态。卢梭以其特有的激进文风将人类历史推演至灾难性的终点。大幕落下,整个舞台已被无政府主义和混乱不堪的局面侵占:不过,这只是第一幕的结束。就算构建正义社会(譬如昔日的斯巴达或日内瓦)的所有机会都已不复存在,我们仍有可能教化个体,使之获得足够的理性以遵照自然的要

---

① 卷四,见《全集》卷四,第 640 页。

求生活。第二篇《论文》的历史悲观主义被一种人类学的乐观主义所抵消,这种乐观主义是卢梭思想的一个常量。"人天然地就是善好的。"这种天然的善好已被永远遗失了吗? 如果我们考察社会,那么答案为"是";如果我们考察单个的人,那么答案为"否"。罪恶不在人性当中,而在社会结构之中。"如果变异相较于人之原初本性而言是偶然的,那么这种变异所滋生的种种罪恶就并非不可救药。"(勒内·于贝尔①语)我们可以构想一种教育,它能够预防并抵御世道沦亡的有害影响。不过,为了使这样一种教育成为可能,教育者必须通晓自然,或者他自己必须是一个"自然人",就像卢梭那样。因此,我们不仅需要亲眼目睹人之原始本性的生动写照,还得洞穿导致人心不古的准确原因。对于诊疗灵魂和社会的医生来说,第二篇《论文》提供了先决规定性:这就是我们已然丧失的健康;这就是罪恶的机制。

* * *

不平等与罪恶这两个词近乎等义。第二篇《论文》乃是一部神义论。上帝(或自然)不可能希望罪恶存在。人有罪吗? 他犯下了罪行吗? 如果人天然

---

① [译注]勒内·于贝尔(René Hubert, 1885—1954),法国哲学史家、教育理论家,尤其擅长 18 世纪哲学。

地就是善好的,他又怎会沦为恶徒呢?

他沦为恶徒是因为他让自己陷入了生成流变:同一个运动过程使人既沦为恶徒,也变成历史性的存在者。何以如此?当他与大自然积极斗争,用劳动对抗外部逆境时,上述结果便会产生。其实,人在沦为恶徒时并不希望罪恶出现(正如《忏悔录》所描述的那样,卢梭在干坏事时仍保有一颗纯洁的心灵)。在人与世界之间,某种东西神秘地扭曲变形,由此导致脱节——或勒内·于贝尔所说的"偏斜"(clinamen)①。需求及其满足之间的水平面不再平稳;于是,人已无法继续生活在与自然世界的直接联系当中。这种失调终将演变为对抗,它同时构成了人的活力与不幸之根源。

挑动这一切的诱因源自外部。在世界的某些地方,人遭遇到"荒歉的年景、漫长的严冬、酷热的夏季";他无法再从自然环境中获得可靠保护,而必须同这环境给他设置的重重障碍作斗争。他陷入危险之境,不得不竭尽全力地保存自己的生命,由此,他便被驱逐出悠然自得的幸福乐土:人被自然母亲断了奶,从此往后将依存于外部世界。他曾近乎被动

---

① [译注]此处应是借用了伊壁鸠鲁原子学说的概念。另参斯塔罗宾斯基在本书第八章之《有罪的反思》与《重重障碍》两节中对卢梭的具有"弹道学"意味的相关文本所作的分析。

地接受大自然的馈赠，如今则必须自己奋力争夺这一切。他发现，只要坚持不懈地付诸努力，就一定能够战胜逆境。

　　劳动过程意味着一段与障碍反复接触的时间；反思是这种接触活动的能动者。在与无生命的惰性事物的积极对抗中，人开始意识到自己与外物的差异。他拿自身同他者比较，这种比较本身正是理性的觉醒。然而，人在攫取支配世界的权力的同时也为此付出了代价，那便是丧失了与自然的直接联系，而这联系乃是他的最初幸福的源泉。他的所有关系都变成了间接工具。工具横亘在人与遭到侵犯的自然之间；不仅如此，人在赢得其独特身份的同时，也亲眼目睹了直接性生命所构成的完美世界的破裂；他丧失了原初状态下的封闭统一性和不分内外的一致性。他再也无法全身心地沉浸于当下的存在感受。他现在发现自己不仅有别于他所遭逢的同类，有别于威胁其生命、违拗其欲求的大自然，还有别于他曾经之所是、他将来之所是。一旦他的努力获得成功，并由此认识到他那凌驾于世界之上的权力，他便会发觉分裂、差异、时光流逝以及随时可能降临的死亡。他夺取了统治权，却丧失了独立性。比较（反思）的官能不但使人意识到自己相对于世界的优越性，也使他预见到了自己的苦难和死亡。卢梭以令人叹赏的寥寥几页文字向我们揭示了人类是如何通过劳动脱离动物状态,并发现各种对立面的冲突:外部与内部、自我与他者、存在与表象、善良与邪恶、权力与奴役。如果我们拒不承认这是一部充分体现了辩证法的著作,那么还有什么别的哲学堪当此典范吗?因为正如我们在这里所看到的那样,各个对立面彼此呼应、相反相成;当人在改变他与外部世界的关系的时候,我们也目睹了种种作用于人的内部世界的变化过程。道德变迁与技术进展在历史的生成运动中相互依存。生计和生产方式(即经济)的转变总是会相应地引发人类的思维方式和激情形态的转变。我们如何能区辨这个转变过程中的因与果呢?所有这一切都交互决定。

从那场有关艺术与科学的论战开始,卢梭就已深谙恶之谱系的复杂性,而我们不可能单纯地谴责知识和技术。恶既是斯多亚学派揭示的精神不安,亦是现代人说的异化:不再归属于自身,脱离自我,活在舆论和他者的目光之中,强求的东西超出了人与人之间的必要承认。罪恶源于外部,它是一种朝向外部的激情。一旦人舍弃自然状态下的自足生活,便会感受到那个虚有其表的自己是何等脆弱;他渴求用表象确证自身的存在。经济结构(尤其是奢侈风尚)的发展可以用心理学的原因加以解释:文明人想要获得的不仅是生命安全保障和基本需求满足,他还觊觎并非他必需的外物,他欲求他人的欲求,他渴望通过炫弄自己的力与美去征服世人。金钱与货币关系所造成的异化不过是最初的意识异化的最终完成,正是人与世界的工具化的对立关系使这一异化成为可能……

* * *

卢梭告诉我们,在原始状态的遗失与人类向社会状态的转化之间横亘着一条巨大间隙。严格来说,只有当人类组建政治共同体且成立政府之时,自然状态才会终结。故而,用卢梭自己的话来说,存在着"第二自然状态",这种状态下的人已经脱离了自然、改变了本性,但尚未被社会化。人在变成"文明"人之前得先经历一段历史。然而,这段历史之所以能够向前发展,正因为它蕴藏着种种危机。若干重大革命将这段历史划分为如下几个阶段;让我们在卢梭的引领下回顾一番:

1. 在初民时代,悠然闲散的人类受到外部环境的挑战,发现了劳动的必要性和有效性。人类尚未舍弃原始的散居方式,但他们有时在需求的驱使下也会联合起来共同努力完成某些事情:在这种临时的协作过程中,一些并不稳定的、无政府的松散部落得以形成。

2. 随后,卢梭所说的第一次革命突然到来,它源于一次技术进步。人类学会为自己建造容身之所，从此，各个家庭得以持久聚居。人类进入家长制时期。村落形成，但土地尚无主人。采集和狩猎是供给族群生活所需的主要活动。卢梭对这一时期的描绘受到了旅行家们的记述以及《圣经》的启发，它同我们今天所设想的"旧石器时代"的图景颇为相似。假如真有一个令我们扼腕叹息的逝去的黄金时代，那么这就是那个时代！因为它确实存在过，而我们原本可以停驻于这个历史阶段——那些原始民族就是铁证。此乃"世界之真正的青春时代"，它位于时间王国的中心地带：一旦踏足界外，衰敗之门便会打开。自然人不过是一个必要的假设、一种欲望的幻象，然而家长制式的共产社会却展现了实实在在的幸福图景，我们为获取虚妄的利益而任由这幸福从指间溜走。倘若历史能凝固于这个"初始社会"阶段，我们将免遭多少苦难啊！在抵达第二篇《论文》的结论部分之前，卢梭在这里最后一次描绘了那幅哀婉动人的光辉图景——他非常善于使已然消逝的事物散发诱人魅力。这幅图景同那在前路等待我们的暗淡命运形成鲜明反差，令人倍感痛惜。

3. 正如人类丧失了悠闲自得的天堂，坠入劳动与反思的世界，一次新的堕落将再次使他失去家长制社会的幸福生活。由于某种"不幸的偶然"，人类发现了劳动分工所带来的种种好处，这使其得以从生计经济（économie de subsistance）过渡到生产经济

(我在这里特意使用了这些不为卢梭所知的现代术语:尽管他对"词"一无所知,但他却将"物"精确地描述了出来)。人们现在投身于不同的工作:一些人成了铁匠,另一些人则成了农夫。卢梭告诉我们,农业和冶金术的诞生引发了一次重大革命。撇开细节上的出入不论,这就是我们今天所说的"新石器革命"。"正是铁器与小麦使人开化,也败坏了人类。"为何会造成如此不幸的后果?因为人们的生产活动已超出他们的实际需要,他们开始你争我抢,都想要独占剩余产品;他们不再只是追求享受,还想要占有;他们不再只是追求现实的财富,还想要获得他们在未来可能攫取的财富或所有物的抽象符号。在卢梭看来,以下两件事实具有紧密关联:一是从事不完整的活动的人丧失了他的统一性;二是他满怀激情地想要借由财物占有方式补偿存在之完整性的缺失。不过,这种补偿并未恢复平衡,反倒进一步破坏了平衡。人只能以圈定并据守土地的方式拥有他所占领的土地。人们筑起围栏,因为占有某物即意味着将非所有者排除在外。于是,不够机敏或不够强悍的人便遭到排挤,变成了穷人。

4. 即便第一个土地占领者可以自称土地所有者,他对土地的这种占有也依旧缺乏正当性,由此便触发战争。"初生的社会让位于最为恐怖的战争状态。"卢梭在这里重拾了霍布斯的论点;他只是在如何界定"第一自然状态"这个问题上同霍布斯产生了分歧,即他认为这种状态下的人类过于疏散,因此不需要对同类施加暴力。诚如埃里克·韦伊看到的那样,卢梭之所以与霍布斯背道而驰,不过是为了将《论公民》的这位作者用来界定前社会的人类生存状态的原子主义观点推向极致。卢梭以极端形态的霍布斯主义提出了一个天然善好的(或者不如说"非道德的")人的假设。

人类现在步入难以为继的境地:"所有人反对所有人"的战争使得社会秩序的建立成为必需。早已丧失自然本性的人类投身于你死我活的斗争当中,这导致了第二自然状态的终结。由此,自然人(以及人之天性)的荣誉得以保全,即便人类此时确实身处于霍布斯所说的自然个体之间的冲突状态。

宁要秩序,不要暴力;宁要正义之表象,不要无政府之混乱:正是这种逻辑导致了社会状态的诞生。生命安全备受威胁的人类要使自己的生存状态社会化。然而,这一进程从一开始就走上歧途。第二篇《论文》向我们揭示了契约的缔结过程。这是一份极为不公的契约:它没有建立正义的社会,反而使"腐恶的社会化进程"(毕尔热兰语)臻于完善。卢梭让若干杜撰人物上演了颇具象征意味的一幕。一个"老谋深算的"(因而邪恶的)主角突然登场:这个富人向一群粗野愚蒙且容易上当的乌合之众发话。欺世惑众之术加剧了不平等状态，而这场一个人针对所有人的欺人之谈正淋漓尽致地凸显了这种不平等。契约是在不平等的条件下订立的，其结果必然是使富人的利益得到巩固，并把一种制度性的价值赋予不平等：经济掠夺打着正义与和平的旗号演变为政治权力（puissance politique）；富人以过去从未有过的法律之名保障自己的财产，从此以后，他就是主人。这一不义的契约乃是对真正的社会公约的歪曲，它并不源于正在形成的社会集体的自发意愿。可是，这份脱胎于狡计与诱骗的契约却成为我们的社会根基，构成我们历史进程中的决定性阶段。今天的我们都继承了这份讹言惑众的合约，于是，有利于富人的虚伪约定所隐含的暴力取代了明目张胆的"所有人反对所有人"的战争暴力。此外，我们还发现，国家间的关系恰如被社会公约联合起来之前的个体间的关系。我们消除了个体间的战争，却在国家间重新燃起更猛烈的战火。

在这几页慷慨激昂的文字中，卢梭顺应了启蒙时代的哲学倾向，将不义制度的起源解释成一场骗局。骗子与被骗者、花言巧语者与上当者：这就是哲学中不断重现的"原初场景"（scène primitive）。深受社会秩序压迫的受害者把他们的当下处境归因于过去的一场精心策划的阴谋，由于强者们沆瀣一气,这阴谋一直延续至今;受害者觉醒与反抗的时刻已然到来。哲学精神的使命就是传布那道可以对抗和挫败阴谋的解救口令:应该通过理性分析揭掉那层覆盖着秩序起源的面纱,这起源完全植根于人间,并不像骗子们所声称的那样神圣不可侵犯;应该"启蒙"世人的精神,赋予最初的压迫者权力的骗术应被曝露于阳光之下。我们的反抗不过是姗姗来迟的激愤之情,它本应从一开始就爆发出来。

但是,为了使"事实"批判具有充分的说服力,就必须能够提供与事实相对立的"正当"的准确内涵。卢梭在撰写第二篇《论文》时就已感到有必要放弃叙述种种前后相继的可能事件,为的是快速搭建起政治法的原理①。我们如果想要揭露嵌在"世界之运转过程"中的错误,就必须对正义规范作出严格规定。因此,卢梭试图抽象地限定正当的社会生活的诸多条件。此时向我们开口说话的人已不再是一位历史学家,而是《政治制度论》的作者。在这几页文字里,卢梭没有再去重构起源,也没有再去发掘时间的深度,而是确立任何一个健全社会都应承认的基础。这就是卢梭所说的"追根究底"。不同于他的大多数先辈,卢梭懂得要区分时间顺序的起点与理想

---

① [译注]参见本书第 598 页的译注。

秩序的基点。

所有这一切都向我们表明,在卢梭那里,规定理想原则的理性与抨击不可容忍之事态的批判活动密切相关。政治法原理的功能是充当反题。原始人的形象以及家长制时期的社会图景也已然构成反题;但是卢梭将它们统统呈现为湮没于往昔时光中的、遥不可及的真实存在。相反,正义社会则是历史之外的可能性,即便它从未变成现实,它也可以在假设当中获得实现。

在讨论基本概念的过程中,论战起到了举足轻重的作用:父权不是法律之基础;被征服者的臣服不是征服者的正当理由;弱者的联合不是一个更可接受的假设。那么,我们还能够接受什么呢? 一份契约。这不是我们在先前那个令人沮丧的场景中所目睹的屈辱条约。卢梭在第二篇《论文》中所主张的契约似乎依然具备经典的"双重契约"的形式,但他在这里提供给我们的只是一种临时的理论:他的"研究"尚未完成。得益于对理想契约的阐明,我们能够更透彻地看清历史中那些真实契约的欺骗本质,而且,我们此后便有权"以正当来考察事实";我们可以衡量公道之要求与一开始就偏离正途的历史生成的奴役状态间的差距。因此,第二篇《论文》具有两套参考坐标:"自然"(nature)观念,它使我们得以评估历史的差距;以及"正当[法]"(droit)观念,它令我们看清自己违犯公义的严重程度。显然,卢梭拆解了古典的自然正当(*droit* naturel)概念。自然法(loi naturelle)不是一种法律(un droit)①,却被自然人(他们已经灭绝了)本能地加以遵守;理想的市民法根本不会与自然法相悖,它在其他根基之上重建自然法。不过,构成这些根基的恰恰是理性、反思、已被启蒙的意志。因为人天然地就是善好的,所以法律的整座大厦都完全可以建基于人的意志之上。

故而,第二篇《论文》的这一部分内容蕴藏着《社会契约论》的种子,它明确预告了这部著作的诞生。如果我们仔细研读这几页文字,并且留意卢梭在何处插入这些文字,我们就可以更深刻地理解正当的契约在卢梭思想中所扮演的角色。契约确立了一种规范,它被成功实现的几率或许不大(因为它只适合年轻的国家和小国),但这并不妨碍它拥有普遍的规范效力。任何实际存在的社会体制都可以拿来同它比较并得到评判,在必要时,我们也可根据这种社会体制同理想模型间的差距而批判之。不仅如此,这位作家在直面他那个时代的社会时所采取的态度也因而具有了正当理由。既然事实与正当公然相悖,

---

① 〔译注〕在法语中,droit 一词的内涵非常丰富,比如:作形容词时可表示笔直的、正直的、正当的(正义的)等含义,作名词时可表示正当或正义(不可数)、法律(法规)、权利(常用复数形式)等含义。

卢梭的反抗行为就不能再被当成一股受激情驱使的个人冲动,我们也不能再单纯地将其视为愤世嫉俗的病态发作:这种反抗具有科学和道德的双重正当性;从此,卢梭对社会的拒斥便建基于理性之上。

* * *

在插入这番关于"政治法"的思索之后,卢梭快马加鞭,继续对那段假设性的历史展开叙述。卢梭使各种不同主题反复地紧跟进入,犹如一位擅长对位法的作曲家谱写赋格曲终了前的密接和应(strette)一般。不善始者难善终,这段同真正契约理想相对立的历史正是我们的历史。历史之生成以缓慢的演变开启,随后急转直下,以灾难收场。无疑受到马基雅维里和孟德斯鸠影响的卢梭描述了前后相继的种种不同政府类型、贵族世袭制度以及日益专制的君主政权。随即,卢梭运用假省略、真强调的修辞法,以迅雷不及掩耳之势终止了历史细节的铺陈:"假使此处能够展示种种细节的话,我将很容易解释……是如何发生的。"他快速作出结论;他本可以说得更多,却只道出了其中的一小部分:他勾勒了一本潜在的未来之书。受金钱与舆论之腐化权力宰制的悲惨世界的景象令我们应接不暇;读者有如临深渊之感:历史在鲜血和无政府的混乱中终结。普遍战争状态在这不幸的卑劣浊世中重建了一种平等,这让我们想起维柯所说的"第二个野蛮时代";"一种新的自然状态"重新出现,唯有霍布斯所说的最强者的法则统治着这个世界。暴动与叛乱斩断了社会联系:只剩下个体间的残酷对抗。呜呼哀哉!人类已没有任何机会回归最初那种疏散而孤独的自然状态了。从今往后,人们再也无法摆脱彼此,纵然互为不共戴天之死敌:社会联系有时尽,憎恨之情无绝期。

* * *

然而,还有一种可能性始终向我们敞开。当骚动不安的灾难时代跌入历史的谷底,某一次革命或许会使政府"更加接近"那个"合理制度"。这是一种可能性,而非必然性。因为在卢梭看来,人从未丧失为善或为恶的自由。在这一深陷于第二个野蛮时代的世界中,向合理制度的回归(这一想法可能源自马基雅维里)乃是我们保存下来的一束着实微弱的希望火种;星火燎原之势太过偶然,以至于我们没有理由相信历史的进步会自动生成,或者某种恩典会拯救那些毫无作为且不配得救的社会。恩格斯在论及第二篇《论文》的结论时所说的"否定之否定"在卢梭那里绝非一种历史规律,而是某些人获得的回报,这些人所拥有的美德使他们足以逃离腐败的命运,他们所拥有的力量使他们足以带领人们走上复兴之路。事实上，卢梭几乎没有阐明救恩的具体条件。对他而言，历史的本质就是堕落。因此，救恩不能在历史当中或者通过历史而获得实现，它是在对抗毁灭性的历史生成的过程中骤然降临的。让-雅克把日内瓦城当作典范加以颂扬，并将自己树立为榜样，他想让我们相信，只有那些忠于自身原则的小城邦和勇于同社会决裂的灵魂可以不被这种世道沦亡的普遍状态所侵蚀；只有像他以及他梦想中的日内瓦那样去抵抗那股导致庞大文明国家迷失方向的汹涌漩涡，我们才可能幸免于难。故而，卢梭之所以成为他那个时代中发现历史与时间性的最重要的见证者，并不是因为他提出某种进步理论，而是由于他具有一个在面对时间性存在的危险及其相伴而生的丰富性时深感忧惧的意识。我们最后仅需补充一点，即他对历史的怀疑并未妨碍其思想影响历史的进程。

第二篇《论文》的结论在以下两个方面体现出非同寻常的意义。一方面，卢梭暗中（有些遮遮掩掩地）提及他的公民平等学说：他并不要求诸种社会条件的均等化和平均化，他只是希望公民的不平等与其才能的天然不平等能够相称。另一方面，通过比较原始人的形象与腐化的人的形象，卢梭置读者于进退维谷之地，他所面对的乃是两种相称的不可能性：原始人的生存状态已不可回返，"文明人"的生存状态则无法接受。幸福位于我们身后,而我们已无法倒退回去;现实社会留给我们的尽是不幸,而意识到这一点的人再也无法因循苟活。若要实现批判之否定性,就需要将一个更美好的潜在世界或人的形象同此浊世对立起来,而原始人的神秘形象以及建基于真正契约之上的社会的理想形象正满足了这一需要。倘若回归自然已不可能,倘若社会已无可救药,那么孤独便构成了远见明察之人的整个生命。正如我们所知,他仍然可能从事的唯一活动就是爱弥儿的教育。然而爱弥儿自己也将变成世人当中的一位异乡人、一个生活在都市里的原始人。卢梭意味深长地延长了这段教育史,直到爱弥儿也成长为一个遁世绝俗之人,就像让-雅克那样。他被夹在逝去童年的幸福回忆与重压其身的不公厄运之间,他试着效仿原始人,去享受绵延不断的当下瞬间。但是,他却具备一种反思其决断、阐明其筹划的能力:即便他所筹划的事情乃是活在"直接性"当中,可这筹划本身便已然同唯有原始意识才有幸享受的当下瞬间背道而驰了。没有什么会比这种失而复得的直接性更间接了,而卢梭想要以此慰抚自己生命的最后时光。这不是自发的原初幸福,而是不幸人生经由反思所得到的补偿。自然存在乃是不幸的反思者苦苦追寻的遥远的生命榜样。卢梭不可能没有意识到如下问题,即当他言说自然存在之幸福时,这言说便打破了自然存在之沉默,即刻使我们与这幸福天各一方。纯粹的肯定性、自然存在已不再是我们可以企及的理想:它们一旦被提及,就会马上从我们身边溜走。最终留给我们的只有否定性以及对当代世界的拒斥:反抗的意识以此对抗一个既违犯了自然法亦背离了公民理想的社会。

卢梭与语言的起源[*]

对语言问题的反思在卢梭思想中占有举足轻重的地位。一方面,在构成其学说主体部分的著作(它们或是探讨社会的历史,或是关注现代人的教育)当中,语言理论是一个不可或缺的组成部分;另一方面,交流问题、表达方式的选择始终是作为音乐家、艺术家、小说家,尤其是作为自传作家的卢梭关切的难题。卢梭是第一个将某种重要的情感意义赋予人际关系理论的思想家;因此,当我们发现言语一直构

---

[*] 原发表于《欧洲启蒙运动:赫尔伯特·迪克曼纪念文集》(慕尼黑:芬克出版社,1966年)。

自本文发表以来,卢梭的语言学思想已激发许多新的探讨,尤其参见雅克·德里达的《论文字学》(巴黎:午夜出版社,1967年)以及《卢梭的语言学》一文(载于《国际哲学期刊》第八十二期第四册,1967年)。我们在该期杂志中还可读到日内维耶夫·罗迪-鲁伊的研究(关于卢梭和贝尔纳·拉米),以及米谢勒·杜谢和米歇尔·罗奈的研究(关于《语言起源论》和第二篇《论文》)。夏尔·波尔塞主编的《语言起源论》(波尔多:1968年)为我们提供了一个出色的评注版本。〔译注:本段注释文字在原书中位于此文末尾处。〕

成卢梭自己的话语体系的永恒主题时,我们不必感到惊讶。卢梭的著作常常被指责为缺乏统一性,而从许多方面来看,我们在这里将要探讨的语言问题正是一个可以将其著作内在统一起来的要素。故而,我们应该极其细致地考察卢梭构想的语言理论;鉴于他十分重视社会制度的"发生学"机制,我们将特别专注于阐明他对语言起源的思考。

两大文本构成我们的研究对象:《论不平等的起源》和《语言起源论》。这两个互补的文本有时虽略有分歧,但它们向读者提供了同一段历史的两种版本:《论不平等》在社会史内部插入一段语言史;与之相反,《语言起源论》则将一部社会史引入语言史。

对卢梭而言,人并非天生就具有社会性,或者说,至少在一开始,他本不具有社会性。人因其可完善性而变成了社会性的存在者。不过,卢梭将可完善性视为一种天赋、一份大自然的馈赠。因此,社会制度与自然并非毫无关系:它是一种原始倾向的延迟(différée)效果;只有在能够激发潜在官能的特殊条件的作用下,这种倾向才能在许久以后极其迟缓地释放出它的种种效应。外部的环境障碍构成这一进程的诱因,人在这些意外出现的障碍面前不得不停下脚步。卢梭责怪这些原本可能并不会出现的自然"环境";可是,它们一旦出现,沉睡的可完善性便会由潜能转为现实。

在第二篇《论文》中，卢梭所设想的原始人类十分缓慢地扩张着自己的活动范围；一些人离开气候温和的栖居地，遭遇到恶劣天气，被迫同自然环境展开斗争。走出四季如春的原始森林的人们饱受"酷热的夏季"或"漫长的严冬"[1]的摧残；在他们克服环境障碍的过程中，智力、技术、历史诞生了。《语言起源论》也有同样的观点，但它是以一种更为神秘的方式被提出来的；四季的更替被赋予一种宇宙学式的象征意涵："那个想使人类具有社会性的造物主用手指触碰了地球的轴线，并使之偏向了宇宙的中轴"[2]。按照古典传统以及霍布斯的看法，语言和社会联系在一起；这种联系如此紧密，以至于我们如果承认非社会性的人后来才变成了社会性的存在者，那么我们同样应该作出如下推测，即最初不会说话的人后来才学会了说话。因为人原先并不具备说话能力。人类对语言能力的掌握和运用并非一蹴而就：这是一个习得过程；不过，正是由于那些从一开始就潜存、但长久以来未被激活的原始倾向，这种习得才能成为可能。在所有生物中，唯有人天生具有超脱其原始状态的能力。跟社会制度一样，语言也

---

[1] 《全集》卷三，第 165 页。
[2] 《语言起源论》章九，见《全集》卷三（巴黎：福尔纳出版社，1835 年），第 508 页。

是原始官能的延迟效果:它是一个姗姗来迟的结果。具有自然起源的语言发展出反自然的结果。人类的危险特权就在于其自身天性当中蕴藏着一种力量之源,而他运用这力量对抗他的天性以及大自然。

"言语是最初的社会制度,决定其形态的那些原因都源于自然。"①从长远来看,社会制度终归与"自然法"背道而驰;然而,社会制度乃是一种源于自然的反自然。

自然之声

《论不平等》的序言提出一个定义问题:为了知道不平等是否符合自然法,首先得要知道何谓自然法。这一问题随即被转化为一个语言难题:自然法如何发声?它如何被我们感知到?

卢梭首先强调自然法的否定面向。自然法并非用哲学反思式的语言写下的陈述。为了倾听并领会自然法,我们并不需要掌握任何知识。因此,它不以任何先在的语言为前提条件。它不是一种约定的规则,不是一种靠论据支撑的话语。卢梭拒不承认自然法的内容取决于公约或契约,然而这恰恰是大部

---

① 《语言起源论》,见《全集》卷三(巴黎:福尔纳出版社,1835年),第495页。

分哲学家秉持的错误观点。卢梭不会忘记对这些哲学家们报以嘲笑:"他们一上来就寻找规则,这些规则在他们看来应当是人们为了共同的利益而一起商定出来的……"①所以,卢梭废黜了哲学家们的种种话语建构:他们假借定义之名,用话语顶替了真正的自然法。他摒弃了那些太过博奥艰深的主张,而固守这些主张的人往往想让自然法也用人类创制的理性语言说话。卢梭促请我们探寻一个尚未被人类言语统辖的领地。诚然,他自己也在诉说着一种"话语",但这是为了让那先于一切话语的声音能被听见。

若要"法"成自然,"它就必须直接用自然之声来说话"②。根据定义,自然之声的道说应早于一切言语。这种无言的、专断的声音向我们宣谕"先于理性的原理"③,即自爱与同情的自发冲动。不过,这里所说的"声音"难道不是一种隐喻吗?大自然的道说几乎等同于一种自动反应、一项本能、一个不可磨灭的"烙印"。可是,卢梭却想表达另一种深意:此乃向道德存在者发出的命令,而道德存在者具有违抗命令的自由和能力。"大自然对所有动物都发号施令,

---

① 《全集》卷三,第 125 页。
② 《全集》卷三,第 125 页。
③ 《全集》卷三,第 126 页。

野兽服从之。这命令也在人身上打上了同样的印记，但他知道自己可以自由地接受或抵制它。"① 假如自然人并没有违抗它，这是因为他尚未完全拥有自己的意志，他还没有机会充分行使其自由。因此，自然法对于人来说乃是一种暧昧的本能，它不再是无意识的机械反应，而是变成了一道谕令；即便在原始人学会反思和说话之前，自然对他来说也早已不是单纯的生理作用了：它不再是不可抗拒的"印记"，而是变成了内在的语言。人之所以能听见这言语，是因为它在人的内心当中道说；既然能听见它，这一事实本身就确保了一种原初道德性，它已然将人与兽区别开来——即便两者的外部行为如出一辙。人之为人首先不是因为他会说话，而是因为他会倾听。对他来说，自然之声乃是一种并不会直接铭刻于行为表象中的信息。但是，这种声音并未借用任何约定性符号，它无需通过任何"解码"即可被我们理解。自然之声与我们如此亲近，仿佛已与人的内心世界融为一体、难分难解。所以，我们不能把它比作信息的传递，即某个"发送者"（或寄信者）将其组织的一段陈述清楚地传达给某个"接收者"（或收信者）。只要人还是自然之人，他就会在自身当中感知到自然之声。大自然之所以在他的内心当中道说，是因为

---

① 《全集》卷三，第 141 至 142 页。

他自己就在大自然之中。自由之萌动仍是一种潜在性。

对文明人来说,这种声音遥远而陌生;它游离其外。更糟糕的是,人已不再能够听见并辨识这种声音(《对话录》中提到的那群"深谙其道者"①是个例外,卢梭认为自己也是其中一员)。脱离自然的人以劳动对抗自然,并学会运用自己发明的语言,由此,他对那最初向他道说的声音充耳不闻。道德存在者不再受自然法支配:必须颁布"实在"法、公约、契约。为了通过一种解释考古学(archéologie interprétative)重新发现自然之声,理性话语变得不可或缺:必须用人工创制的替代品弥补"直接冲动"的枯竭,而在过去,正是这种冲动确保了人们尊重他人生命并保护其个人存续。道德之目的始终如一,但它今后应当通过明确的法则而得到规定。因此我们可以说,随着自然之声的强度在历史发展过程中逐渐减弱,推论式语言的重要性却日益增强:具备清晰分明之发音的语言日臻完善,而自然之声则在我们内心泯没殆尽。由此,社会便离不开这样一位哲学家,他可以解译不能被其他人感知到的声音。他在当下感受中发现了其他人早已不再记得的失落之物。卢梭的这篇哲学《论文》唤醒了先于一切话语的权威。

---

① 《全集》卷一,第668页及以后。

沉默之人

第二篇《论文》的第一部分描绘了自然人。这种缺乏语言能力的人几乎不与同类交流。

然而,卢梭却在《论文》的这个部分当中插入了一段言语和语言的发展史——按理说,这段历史本应被放入专门阐述历史运动的第二部分。我们在这里看到一种奇特的换位现象(métathèse)。卢梭提前构想自然人的未来状况,但这是一种否定性的构想:他并不试图让读者窥见人类种种官能的未来发展,而是致力于清点一切阻碍自然人存在状态发生变化的因素。语言问题的提出正是为了把所有那些导致原始人停驻于哑口无言的幼年期、无法获得言语能力的障碍都揭示出来。

卢梭在这里刻意制造一种悖论。从语言起源之不可能性的角度描述语言之起源,这着实是颇为悖谬的做法;尽人皆知语言已然诞生,因为我们此刻的言说正意味着语言之存在。

卢梭对自己的论证方法了然于胸。为了让我们懂得人学会说话是很晚才发生的事情,他将堆积如山的困难摆在我们面前;这些困难如此巨大,以至于让我们以为,他似乎是想证明人从未学会开口说话。这显然是一种夸张手法。卢梭以强证弱、借虚印实:通过罗列不计胜数的阻止人类创制语言的障碍,他迫使我们无论如何都得承认,在原始人和具有语言能力的人之间横亘着一条极其巨大的间隙、一段漫长的时间。我们由此可以推测,"第一自然状态"历日旷久,它不是单纯的假设,而人在学会说话之前过着沉默无言的漂泊生活,这种生活持续数千个世纪。由此,卢梭便引出了"必定横亘于纯粹自然状态与语言需求之间的巨大差距"①。他令我们深切地感到这段巨大的时间间隔:"我们对这一主题思考越多,我们就越会发现纯粹感觉与简单知识之间的距离在不断扩大。"②

卢梭在第二篇《论文》的第一部分中致力于阐发一种否定人类学(anthropologie négative):自然人的规定性源于一种不在场,即他并不具备任何专属于文明人之存在状态的特性。卢梭的方法就在于剥除人在历史进程中逐步获得的一切"人工"属性。故而,他正是经由一条"否定途径"来勾画自然人的形象。卢梭在概括《论文》第一部分全部内容的段落里极其频繁地运用否定词和否定式:"让我们做出以下结论:[原始人]在森林里漂泊不定,无所事事,不会说话,居无定所,没有战争,也互不往来……"③探讨

---

① 《全集》卷三,第 147 页。
② 《全集》卷三,第 144 页。
③ 《全集》卷三,第 159 至 160 页。

语言起源的所有段落均隶属于这一否定运动：不是去描述语言之发展、形成过程中的各个不同阶段，而是去揭示阻碍语言诞生的困难和"障碍"。考察这些障碍是为了在公认的年代学之外将一段纯粹绵延的时间（一个漫长的时代）灌注于人类历史当中。对孔狄亚克而言，语言史的历程仅仅意味着几代人的时间；而卢梭则看到了人类创制语言时所遭遇到的种种无法想象的困难。由此，一段无限期的史前史（未被劳动和文化所改造的人的原始状态）便成为可能，它延续"数千个世纪"，生活在这个时期的人既不知需求和激情为何物，亦不掌握或试图传授任何技术①。需求、激情、技术原本能让语言成为必需，但是自然人却感受不到任何匮乏，而匮乏正是需求和激情的核心要素，它迫使人表达自己。悠闲自得的自然人无所事事，但也不会因此坐以待毙：所以，他没有什么机会习得并传授技能。卢梭写道："第一个出现的[困难]是设想语言如何会成为必需。"为了凸显困难，卢梭着重谈到了那些会导致逻辑悖论的因果问题（即"先有鸡还是先有蛋"这类问题）；为了加深困境，他向我们抛出许多涉及恶性循环的难题。

---

① 卢梭对语言问题的长篇阐述都建基在一个否定性的词组之上，它被置于段落的结尾处，颇为醒目："互不交谈"（《全集》卷三，第146页）。

如此繁多的制约因素会推迟"文化"之诞生,并使人停驻于自然之中。①

这就是为何卢梭会对孔狄亚克发起诘难。后者在其《人类知识起源论》中假设,两个在"大洪水"中幸存下来的孩童乃是人类语言的最初发明者。卢梭反驳道,这种想法预设了"某种已然建立起来的社会"②。孔狄亚克的假说因其形式瑕疵(vice de forme)而被卢梭否认:它建基于一种倒逆论法(hysteron proteron)③之上。卢梭则力图通过两个彼此反照的否定式命题使我们陷入左右为难之境:因为社会不存在,故而自然人无法拥有语言;因为自然人不会说话,故而社会不存在。假定在孩子依赖母亲哺育的那段短暂时期,母亲与孩子确实会临时发明某些特定的言语方式,但这充其量不过是个人化的、暂时性的牙牙学语④。

尽管如此,让我们权且假定语言已成为必需——卢梭假装认为这一公设并无根据。之前的难题再次出现了,卢梭以夸张的口吻写道:"如果人们为了学会思维而需要掌握言语的话,那么为了发现

---

① 《全集》卷三,第 146 页。
② 同上。
③ [译注]即把有待论证的命题当成论证的前提。
④ 《全集》卷三,第 147 页:"……这便会大大增加语言的种类,也就是说,有多少人在使用语言,就有多少门语言存在。"

言语的艺术,他们就更得需要学会思维……"卢梭由此推断:"言语对于确立言语之习惯用法来说似乎是十分必要的。"卢梭"把如下这一难题留给那些愿意研究它的人去探讨:究竟是已然建立的社会对于语言之创制更为必要,还是已然发明的语言对于社会之建立更为必要呢?"① 假使卢梭此时是在给传统的语言神启说保留余地,那么这与其说是为了证实这一观点,不如说是为了给语言起源之不可能性增添一份神秘莫测的色彩……

诚然,卢梭在许多方面都重拾了孔狄亚克的观点,而后者是从一种可以追溯至柏拉图的传统学说出发来阐发这些观点的。跟孔狄亚克一样,卢梭亦认为语言伴随着"自然的呼喊"而诞生,人们先是运用身体的举止姿态进行表达(动作语言),最终慢慢创造出约定性的语言。跟孔狄亚克、莫佩尔蒂② 一样,卢梭亦承认具体的专名和象声词要早于抽象符号和约定词汇:最初的交流通过情感的直接征象(symptômes)展开,后来才逐步发展为一套中介性的符号系统。卢梭的原创性体现在两个方面:一方面,他在语言起源这一难题中发现了许许多多令人

---

① 《全集》卷三,第 151 页。
② [译注]莫佩尔蒂(P.-L. M. de Maupertuis, 1698—1759),法国数学家、物理学家、哲学家。

困惑不解的矛盾,而孔狄亚克看到的却是轻而易举的过渡①;另一方面,卢梭揭示出极其丰富的相关性和复杂的内在联系。感觉主义者总是在强调经验的作用;但是,他们所理解的经验不过是一连串抽象的瞬间:卢梭的做法则与此相反,他把经验时间化了,通过绵延和事实上不断生成的历史使经验逐渐展开。不仅如此,在卢梭眼中,语言并不是孤立发展出来的成果。语言的演化会引发并反映人与社会的其他一切转变。所以我们会发现,对卢梭来说,语言的

---

① 比如,在孔狄亚克那里,思维和语言问题并不会引发"孰先孰后"这一使人百思不得其解的难题。孔狄亚克所强调的反倒是两者的相互作用:"符号的运用渐渐扩展了心灵的各种活动;而随着心灵活动的不断增多,它们又反过来使符号日臻完善,并使其运用更为惯熟"(《人类知识起源论》卷二篇一章一,第4节)。同样,孔狄亚克还进一步地展示了前后相连的各个发展阶段之间的过渡:从哑口无言到自然的呼喊,从自然的呼喊到动作语言,再从动作语言到约定性的创制符号。这些发展阶段在卢梭那里都变成了难以跨越的鸿沟。为了让我们更为信服,卢梭便根本无需语言的人的沉默状态与似乎源于某种语言规约的文明状态截然对立起来。在这种语言规约中,特定的发音与特定的观念之间具有任意的对应关系。这样一种语言"契约"的确立要以某种先在的语言为前提,而这一语言本身又需要通过另一种语言才能得以创制,以此类推,直至无穷。

任何真正的"约定"都要求使用某种先在的语言规定观念以及符号同观念的关系。我们在这里陷入恶性循环。然而,既然我们在说话,既然语言是一个事实,卢梭在进入另一个论述环节时就必须作出让步,承认他一开始为了增强其论证说服力而拒绝承认的观点。

演化同欲望和性的历史难分难解,它与社会化的进程融为一体,并始终与各不相同的生计和生产方式密切相关。

虚华之辞

卢梭清楚标明语言史的起点与顶点。一边是沉默无言的起源;另一边则是语言的政治功能:"说服聚集的民众"①,赢得他们的一致同意,"对社会施加影响"②。《社会契约论》中的社会要求语言具备滔滔雄辩的说服力。然而,从卢梭确立其参照坐标的那一刻起,他便开始促请我们思考言语被败坏的可能性。这种败坏将阻碍言语达至其说服力的顶点,抑或在经历一段极具说服力的时期之后,将它推上衰敗之途。语言开始堕落、腐化,沦为欺世讹言、讪谤之术;与此同时,人亦踏上歧路,行鄙诈歹毒之事。社会的形成与语言的诞生相辅相成;社会的没落与语言的堕落亦如影随形。言语之滥用所造成的危险不断浮现于卢梭的脑海之中。他相信所有时弊之下都埋藏着某个黑暗根基,谎言(langage trompeur)正是构成这一根基的要素之一。"事物之现时构造"建

---

① 《全集》卷三,第 148 页。
② 《全集》卷三,第 151 页。

立在这黑暗根基之上;历史的使命就在于告诉我们自然世界之光如何被这黑暗取而代之。

卢梭在《论不平等》中运用的文学手法意味深长。这篇《论文》的第二部分——我们在这一部分中可以看到,脱离自然状态的人舍弃无所事事的闲散生活,丧失平等关系,发明语言,踏上骄奢自负的灾祸之途,等等——开始于一句突然说出的话语,它表达的是占有要求:"圈占了某块土地后想到说出'这是我的'这句话的第一人……"①(卢梭在这里运用了拟人法:他记述了一个虚构人物编造的谎话)。卢梭所假想的第一个开口讲话的人说出了一句恶言。他又设想一个反对者可能作出驳诘,可实际上,这个反对者并不敢站出来讲话。本该有人反击、违抗、驳斥,可这一切都没有发生②。土地的窃夺者蒙骗了一群"轻信他的人",以不义手段成功掌控局面。当卢梭让不公的契约提议从富人的嘴中说出时,同样的状况将再次发生:骗子用花言巧语操控了一群"易被诳惑之人"③。狡谲之辞施加了隐蔽的暴力。我们在这里可以看到,语言发挥了它的社会功能,但其

---

① 《全集》卷三,第 164 页。
② "假使有人拔除了界桩或者填平了壕沟,并向他的同类喊道:'不要听信这个骗子的鬼话'……人类本可远离多少罪行、战争、凶杀,免遭多少不幸和恐惧啊!"(同上)
③ 《全集》卷三,第 177 页。

目的却是确立一种非正当的社会化进程,构建一个不平等的社会。

另外,卢梭在《论文》第二部分的某些段落里让各个开口讲话的人物粉墨登场,当我们仔细考察这些段落时就会发现,绝大部分话语都代表语言的滥用:掩饰、撒谎、蛮语……人们使用言语是为了营私舞弊、为非作歹,抑或纯然只是夸夸其谈、言之无物①。卢梭以何等讥讪的口吻提及君主向"人民中之最卑微者"讲出的那句话语啊:"汝阖族当安享尊荣!"此乃欺诳之语,目的是制造虚假表象。由于君主的这番封赏之辞,那个被他钦点的卑微之人似乎立马"人前显贵,自视亦然"②。在所有的社会时弊中,卢梭尤为关注那些汲汲于"令大家都谈论自己"③的浅薄庸人们的无聊喧噪,以及那散播谬妄之见、造成文明人不幸的毫无真实价值的虚华之辞。一种不可遏制的罪恶戕害了社会,将文雅的语言变成了处处编织谎言的时疫。因此,没有谁能置身事

---

① 唯一的例外是普林尼和布拉西达斯说出的金玉良言(《全集》卷三,第 181 页)。不过,它们都是卢梭引证自其他权威文献的箴谏之辞、至理名言。

〔译注:上文中的"普林尼"是指小普林尼(Gaius Plinius Caecilius Secundus,61—约 113 年),图拉真统治时期的罗马帝国政治家、作家。布拉西达斯(Brasidas,? —公元前 422 年),伯罗奔尼撒战争时期的斯巴达著名将领〕

② 《全集》卷三,第 188 页。
③ 《全集》卷三,第 189 页。

外、毫发无损(除了奇迹般地幸免于难的让-雅克·卢梭)。文明社会在谎言、虚构、幻想所营造的环境里向前演进。如金子般闪耀夺目的言语沦为了交换货币,把人变成了连他自己都不认识的陌生人。

原初的语言与完善的语言

卢梭向我们透露了支撑其整个语言研究的"地基":在他看来,正如历史具有一个终点,语言也具有一个终点;两个终点皆是灾难。生成之力即腐败之力。我们会看到,对卢梭而言,语言的历史开始于最初的沉默,终结于虚华的喧嚣,这喧嚣如同一场最终的沉默。

在卢梭所说的"第二自然状态"(即介于"第一自然状态"与社会构建之间的巨大的时间间隔)刚开始时,遭遇最初障碍的人们偶尔会互帮互助;最终,他们组成一些"部落"。部落语言是物质需求的语言,即求助的语言。诞生之初,它还是含混不清的"自然的呼喊";此时的语言尤其是由象征性的、模仿性的举止姿态所构成的动作语言;有声语言则以象声词(此乃动作语言的有声形式)的方式发展起来;此外,某些极其少见的清楚分明的"发音"和约定性元素也会被补充到这种语言当中。显然,这是一种"粗糙的和不完善的"语言。尽管如此,它却是一种普遍的语言……

它的普遍性乃是"自然之声"的普遍性的最后回

响。事实上,这种由生理原因决定的语言被所有人(即人类全体)以同样的方式使用。但这种语言不具备逻辑工具,不包含语法功能,无法进行抽象:"他们起初赋予每个词整个命题的意义"①。这种富含具体名称的语言几乎全然由专有名词和动词不定式所构成,它指向个别事物:被指称的对象不是通过它的可被普遍化的性质,而是通过其转瞬即逝的个体性、它的"此性"(eccéité)被呈现出来的。故而,原始语言的普遍性尚未达至概念层级:它涉及言说主体而非所指对象。这种为所有人共同使用的原始语言意味着广泛传播的可能性,即通过近乎相同的方式指称个别事物。需要补充说明的是,这种普遍性的好处会不断流失,因为处于这一历史阶段的人类尚未彼此认同,他们只能以十分松散的形式联合起来。尽管从理论上说,人们在任何地方都能以同样的方式相互理解,但他们此时的生存状态同原来的散居状态依然非常接近。

卢梭承认,此时的原始语言只是一个"蹩脚的工具";但他认为这种语言具备强大的表现力。虽然它无法对所指对象的可被普遍化的性质作出精准描述,但它却能够非常忠实地反映言说主体及其情感。它在一个特殊意识和一个特殊对象之间搭建起联

---

① 《全集》卷三,第149页。

系;关于这个对象,它所说甚少,但它强有力地表现了个体的在场。如果可以生造一个语言学词汇表(它只涉及能指与所指)尚不包含的术语,那么我们不妨说,原始语言的主导因素乃是表征者(signifieur)[1]的存在——这种言语先于约定性语言体系的形成。它可以将主体感受到的不安与需求一目了然地呈现出来。

当人类从原始部落阶段(漂泊不定、居无定所)过渡到家庭阶段(定居)时,语言将发生一次重大变革。人们努力联合起来共同生活,以更好地维持生计;小型的社会群体逐步形成,人们的关系更为紧密;需求的表达(通过一种由身体动作和姿势所主导的语言)让位于欲望和激情的表达(通过具有清晰发音的语言所蕴含的富于旋律性的音调变化)。一旦各个家庭开始聚居(所谓"聚居",亦即"convenir"的拉丁词源[2]所具有的内涵:共同达成一项约定),话语之约定性要素便得以出现、确立并稳定下来,由此形成某些特定的土语。为了解释语言的多样性[3],

---

[1] 相较于"发送者"(émetteur)、"说话者"(locuteur)或"寄信者"(destinateur)这类词汇,我们在这里更倾向于使用"表征者"。
[2] [译注]拉丁词 convenire 既有聚集、集中的意思,也可表示约定、达成一致。
[3] 这是一个非常古老的难题,阿尔诺·包斯特已在其《巴别塔》(斯图加特:1957—1962,共 6 卷)中勾勒了这一难题的整个历史。

卢梭诉诸于种种物理原因(即自然灾难,如地震、洪水、干燥气候),它们把一些人群分隔开来,使他们只能在岛屿、山谷或是靠近水源的地区生活。卢梭在作出上述推测时对"隔离"(séparation)这一概念的运用应该引起我们的注意。起初,原始人类疏散而居,所有人都是平等的孤独个体;这是一种绝对同质化的分散状态,而且正如我们所知,从"自然之声"到"自然的呼喊"乃至动作语言皆为普遍的语言。舍弃了最初阶段的孤独生活以后,人们开始相互接近,组成各不相同的族群。族群内部的人们可以更好地理解彼此,但为此付出的代价是自然状态之普遍相似性的丧失。各个族群会发展出它们特有的土语和文化特征;它们之间的关系要比初民时代孤独个体之间的关系更为疏离。隔离状态以及部落(或民族)之间很快产生的激烈对抗抵消了巨大的内部凝聚力。这一切似乎告诉我们,在卢梭看来,一直存在着某种趋于恒定的隔离系数(coefficient de séparation)。社会化进程在某种意义上减轻了人们的隔离状态,可在另一种意义上,它也不可避免地制造并加剧了这种状态。

当把目光转向"现代"社会时,卢梭看到的不再是初民时代那个利用语言寻求帮助的困窘之人:困窘之人已沦为利用语言征服和欺骗他人的狡诈之人。原初时代的身体隔离如今演变成精神隔离、不平等、"异化"。

看似被同一种文雅语言联结在一起的巴黎人其实互为异客;共鸣感与同情心这种自发的本能早已泯没殆尽,或许还剩一缕余辉勉强残存于常人心中。即便人们用同一种语言说话和写字也无济于事,他们并不会因此就走得更近。尽管如此,这种无法以其表现力确保人们心心相印、息息相通的语言却成为了一个异常奏效的行动手段。它无法使所有个体被在场的共享情感联结起来,但它是一件极其精密的工具:它可以间接表达抽象普遍性。诚然,它还需要进一步发展才能充分满足诸种逻辑要求,但它已然能够明确表达大量的一般观念。由此可见,语言的工具性已压过其表现力。言语反映的不再是主体自身的真理;恰恰相反,它把主体拖出自身之外,以便将其抛入非个人化的概念之中。在体现我们社会的主要特征的文字[①]当中,言语与个人不再密不可分:语言沦为一件脱离活生生的存在者的外部产品。人们已无法感受到真实的激情,与此同时,语言丧失了表达激情的能力。

同《论不平等》一样,《语言起源论》在对一场终极灾难的描绘中画上了句号:文明世界充斥着虚华之辞、自吹自擂、蜚短流长。现代语言是如此精致文

---

① 《语言起源论》章五。

雅,以至于无法再被用于传达任何富于激情、充满生气的内容了。对卢梭来说,法语就是一种衰弱的语言,它没有任何真正的重音,很难被人听清:

> [我们的语言]是为苏丹王的会议厅里叽叽喳喳的嘈杂声度身定造的。我们的布道者们在教堂里声嘶力竭、挥汗如雨,可没有人知道他们到底说了些什么。①

嗓音仿佛被施了魔咒,真实的存在关系遭到窒息,陷入瘫痪。在文明社会里,言说主体似乎被驱逐出言语的王国;非个人化的话语反倒大行其道,它无需说话者的在场即可发挥出巨大效力:这就是专制权力的表达方式,它发出的命令不可更改:

> 社会已呈现出它的最终形态:如果不使用枪炮和金钱,任何事物都再也不会发生改变;既然除了"交出钱来",他们对老百姓已无话可说,那么就让街角张贴的告示或闯进家门的士兵去说出这几个字吧。没有必要为此召集任何人,反倒应该让臣民们始终分散。②

---

① 《语言起源论》章二十。
② 同上。

于是，人类的交流被专制暴力的号令所取代。金钱、告示和枪炮迫使灵魂陷入沉默。在这压迫之下，人们相互交换的只是一堆抽象符号。正如《论不平等》所勾勒的人类历史最终通向一种混乱无序的"新的自然状态"、"一种过度腐败的后果"①，《语言起源论》中的人类历史也终结于一种新的沉默状态。原始人类的疏散状态重新出现："应该让臣民们始终分散"……原始人只能体验当下的瞬间（悠闲自得的瞬间）；巴黎人同样活在一连串稍纵即逝的瞬间之中（这一次却是波波碌碌的瞬间）。历史结局乃是对历史开端的戏仿。原始人"只会沉浸于对其当下存在的感受之中"②；卢梭在巴黎遇见的法国人"对你表现出什么样子，他们对你的感受就是什么样子；但是，这种感受来得快，去得也快。在跟你说话时，他们的心里满满都是你；一旦不再与你相见，便把你忘得一干二净。在他们心中，没有什么是恒久不变的：他们的所作所为都是一时的心血来潮"③。语言史就像社会史那样，存在一个"极点，它使圆圈闭拢，并同我们出发时的起点相接"④。

---

① 《全集》卷三，第191页。
② 《全集》卷三，第144页。
③ 《忏悔录》章四，见《全集》卷一，第160页。
④ 《全集》卷三，第191页。

半路幸福

我们已经揭示了两个对立的极点：一个是主体优先的语言，另一个是对象普遍性优先的语言。然而，在原始部落的粗糙语言与文明社会的衰弱语言之间，还存在一种诞生于人类定居时代之初的语言，它是家长制时期的社会发明。我们已在前文简要提及了这段时期，现在应当回到这一话题上来，因为在语言史的领域内，就像在其他所有领域中一样，这段时期都代表着一个等分点、一个幸福的平衡点。在《论不平等》中，这一时期被描述成黄金时代，它是"世界之真正的青春时代"[①]；在历史的悲剧进程中，它就像我们在身后隐约瞥见的明净小岛。在其他大陆或一些迷人的海岛之上，来自欧洲的探险家们曾发现某些原始民族仍有幸将这种幸福保存下来。

对卢梭来说，语言的演化与社会的发展紧密相连、相辅相成，而他对家长制时期的描绘正是揭示这种密切关系的绝佳例证之一。卢梭相信，社会史的每一个发展环节都具有一种与其相适应的语言："语言依据人的需求而自然形成，它们随着这些需求的

---

① 《全集》卷三，第171页。

变化而演变和衰堕。"①

正如我们在前文所说,定居时代的到来使得人类第一次战胜了物质必然性的王国。人们共同劳动、相互协作,从而更好地满足他们的各种生活需求。由于生计更有保障,人们学会了在劳动之余享受闲暇,激情不断滋长。共同的生活拉近了人与人之间的距离,他们相互攀比、自命不凡:这为虚荣心的蠢蠢欲动创造了更有利的条件。在这种恰好介于自然状态与社会状态之间的中间状态下,家长制时期的庞大家族向我们呈现出暧昧的情感关系世界。人们相互爱恋抑或相互竞争。对于性的历史来说,这是一个十分重要的发展阶段:事实上,这一时期正介于爱欲关系疏离的两个时代之间。原始人只具有本能的、非固定的、不带激情的性关系;文明人则爱慕虚荣、放纵行乐,耽溺于轻躁而混乱的露水情缘。历史结局再一次构成对历史开端的戏仿:"有教养的"文明人朝三暮四、用情不专,这与原始森林里男男女女的短暂结合如出一辙。就语言来说,历史从最初的沉默走向最终的沉默;同样,就性关系而言,历史从最初的混乱发展到最终的混乱。然而,介于历史首尾之间的却是一个完满的时代:语言和情感均处于它们最完满的状态。恋爱关系不再是自由

---

① 《语言起源论》章二十。

的:乱伦禁忌出现了①。从今往后,语言也将受制于约定性。但是,束缚人类的锁链依然是幸福的锁链。它使人类脱离断断续续的当下瞬间所构成的原始存在状态,获得了绵延不断的时间意识。在时间运动的支撑下,语言变成了连串的音调变化,即话语……

人类利用身体姿势已足以恰当地表达其需求;可若要用情感征服灵魂,就必须诉诸于嗓音的转调和重音。瞬间做出的某个姿势足以表达人的饥渴感;可若想激发爱意、"触动人心并点燃激情",就必须把各个语音串联在一段由言语活动所构成的时间进程之中。

> 相较于对象自身的一目了然的在场,话语所产生的连续印象会反复不断地触动你,使你获得一种截然不同的情绪。假设你身处于一个司空见惯的痛苦场景中;当你看到那个悲痛不堪的当事人时,你很难被他感动落泪:但若给他

---

① 《语言起源论》章九。推迟(différer)欲望之满足,这意味着踏入差异(différence)与不平等的王国。社会秩序要求人类进行延异(diffère),即在放弃直接性的同时接受社会规则赋予每个人的不同角色。

[译注:法语词"différer"既有延缓、推迟之意,亦可表示差异、不同。斯塔罗宾斯基显然利用了该词的双重内涵。我们在这里使用后来德里达所提出的"延异"概念来翻译该词。]

些时间向你倾诉他所感受到的一切,你很快就会泣不成声。悲剧场景只有以这种方式才能发挥出它的艺术效果。没有台词的哑剧令你近乎无动于衷;没有身体姿势的话语却让你泪流满面。激情不仅有姿势,还具有音调。①

显然,卢梭并没有忽视身体姿势的力量;他对姿势的重视有时甚至超过言语。不过,他非常清醒地意识到,言语有别于姿势的特性就在于其时间秩序。在这个意义上,卢梭预言了索绪尔的观点:"一个词的构成元素前后连贯,我们最好不要因为这是一个显而易见的事实而将它视为某种没有意义的语言学现象;恰恰相反,这一事实预先给出了关于词语的全部有效反思都应遵循的核心原理。"②。

第一自然状态下的人活在直接性中,对他们来说,语言的不在场对应于时间意识的不在场。生活在原始部落里的人几乎尚未脱离未开化的粗野状态,只能断断续续地从事某些活动;他的语言主要由以吁求帮助为目的的身体姿势所构成,尚不具备时间性结构。因此,这其实并不是一种语言……人类

---

① 《语言起源论》章一。
② 参见斯塔罗宾斯基:《索绪尔的易位构词研究》,载于《法兰西信使》,1964 年 2 月,第 254 页。

的时间意识与有声语言(即在一段连贯的时间进程中展开的话语)相伴而生;与此同时,人类选择在稳定的居所里生活(定居即意味着选定一个长期生活的地点),他们使彼此之间的情感关系不断延续(男女之间的结合在过去只是短暂的邂逅,现在则须遵守忠贞的义务,由此发展为家庭),并且为了积累生计所需的物质资料而持续地从事劳动。具备先见之明的人类变得忧心忡忡。危险潜藏于尚未显露真容的未来之中,人类感到惴惴不安。从今往后,人再也不能活在纯粹的当下瞬间了,他现在必须开始储备物资、未雨绸缪。约定性的语言符号捕获了时间并将其结构化。这些符号同样是储备的物资。它们既见证了过去的劳动,亦构成了对未来的主动预期。

早期的语言富于节奏和重音。这些语言不是物质需求和劳动者理性的产物;它们与情感和欲望的涌动紧密相连。在卢梭看来,它们并非诞生于生产活动的过程,而是在人们中止忙碌的生活状态、开始享受闲暇并消耗物资的时候逐渐形成的。诚如埃杜阿尔·克拉巴海德所强调的那样[①],卢梭的原创性就在于,他使语言脱胎于一种纯然情感性的本源。劳动(这种劳动尚不具奴役性)中止之时,节庆应时

---

① 埃杜阿尔·克拉巴海德:《卢梭与语言的起源》,载于《卢梭学会年鉴》第二十四期,第 95 至 119 页。

而生。早期语言的节奏和重音同兴高采烈、手舞足蹈的身体息息相关:

> 在这个既无时间标记亦不必计算时间的幸福时代,衡量时间的唯一尺度就是消遣与烦厌。在那久经沧桑而不倒的老橡树下,热情奔放的青年人逐渐忘却了他们的凶残:他们慢慢地驯化了彼此;在努力获得别人理解的过程中,他们学会了自我表达。最初的节庆活动就在这里诞生了;人们欢快地跳了起来,热切的身姿已不足以表达他们的感受,嗓子也随着身体的律动而发出了充满激情的重音;快乐与欲望融为一体,被人们同时感受到。最终,这里成为了民族的真正发源地;从水晶般澄净的泉水中,爱情的第一缕火焰喷薄而出。①

在这个阶段,音乐不是"一种截然不同于言语的艺术"。语言在其诞生之初将重音、旋律、诗歌紧紧连在一起:

> 由于促使人们开口说话的最初动因是激情,故而其最初的表达乃是比喻。最早诞生的

---

① 《语言起源论》章九。

语言是比喻性的语言;本义是最后才被人们发现的。①

早期的语言适合歌唱、富于激情,后来才变得简单易懂、条理分明。②

为了凸显原始语言和南方语言的优越性,卢梭想方设法地要把重音(它跟元音和节奏相关)同清楚分明的发音(辅音)对立起来。在他看来,富含后者的北方语言属于需求和推理的语言;而激情则诉诸于富有旋律性的音调变化和重音。"人们歌唱而非说话。"③因此,他们说出的第一句话不是"帮我"(aidez-moi),而是"爱我"(aimez-moi)。

诚然,早在卢梭之前就已有不少人指出了早期语言的诗歌本性。卢梭特意引证斯特拉波的权威观点。维柯、克洛德·弗勒里、威廉·沃伯顿、托马斯·布莱克威尔都先于卢梭提出了这一观点。在这个问题上,卢梭的原创性再一次体现在如下方面,即他洞悉且阐明的一系列相关性,而非某个孤立的论点。

尽管为语言发展创造环境的节庆出现于劳动中

---

① 《语言起源论》章三。
② 《语言起源论》章二。另外参见《音乐词典》之"音乐"、"重音"、"旋律"词条。
③ 《语言起源论》章四。

止之时,可是,言语的发明仍然同均衡化的技术条件密切相关。在冶金术和农业诞生之前,人们掌握的器具十分简陋,他们还无需任何劳动分工。他们的确会使用工具,但是工具化活动造成的后果尚未使他们产生"异化":他们尚未沦为其手段的奴隶。即便不平等已然悄悄渗入初生的社会,这种不平等也无关乎经济(既不存在富人,也不存在穷人),更无关乎政治(既无特权阶层,亦无受压迫者)。此时的不平等依然只是自然不平等的早期发展;人们产生了对美丑的好恶。虽然人养成了相互攀比的危险习惯,可对其自身以及对他人来说,他的存在依旧始终在场。

语言在人与人之间确立关系;工具在人与自然之间建立关系。这两种关系具有相同的风格(style),我们对此不应感到惊讶。家长制社会中的人开始同自然拉开距离,同其他人走得更近;他脱离了最初的缄默状态,不再仅仅满足于短暂的呼喊声。不过,他那如音乐和诗歌般的语言尚未造成分裂。它使人们能够以极具表现力的方式交流彼此的感受,达成相互之间的充分理解。尽管人们已经可以运用这种语言发挥自身的禀赋(它放大了天赋差异造成的不平等现象),尽管语言的力量已足以使人制造幻象、欺世惑众,但人类的言语尚未导致人的不在场:它依然效力于在场。主体尚未沦为自己发明之手段("中介")的受害者;当这些手段不再被用作交流媒介时,它们就变成一种障碍、一层横插在文明人之间的面纱。在家长制社会载歌载舞的节庆活动中,语言仍然内在于满怀激情之主体的肉身当中;它不仅是反映个人存在("表征者")的符号,还是附着在个人身上的姿势、具体行为。我们可以得出如下这一重要结论:家长制时期的语言保存了早期象声词的记忆和力量,它仍然拥有自然呼喊的立竿见影的说服力。不过除此之外,它还获得另一种力量:它能够超越言说主体,指称某种独立存在的思维实在……虽然历史洪流裹挟着人类偏离了原初的直接性,但是人类依然掌握一种能够重建直接性的工具(中介)。通过如歌的言语,主体在表达自身的同时并未脱离自身。他走出自身是为了在言语中向他人呈现自己;通过激发其言语的持久的情感性在场,他得以回归自身。没错,我们已然越过充满野性呼声的起源时代(既无清楚分明的发音,亦无曲折变化的音调),可是,我们同文明人的非个人化的语言之间的距离依旧十分遥远:那将是一种抛弃言说主体、沉浸于普遍性所指之中的语言,它完全受其工具化功能及其外在目的所支配,我们在这语言中看不到任何人的存在。

雄辩与符号

与"初生社会"的幸福状态相适应的语言就是理

想的语言。遗憾的是,人类已经回头无路。那个将言语、音乐、舞蹈、诗歌融为一体的黄金时代一去不复返了。在对具备音调变化的早期语言的诞生过程作了一番描述之后,《语言起源论》展开了一段不断发展的、不可逆转的分离史。失去其活力、重音和转调的言语将变得冰冷、单调、合乎逻辑。音乐则独自走上另一条发展道路;而作为灵魂的表达,旋律的主导地位将会受到现代音乐家的精湛的和声技艺的威胁。至于诗歌,它将被完全托付给文字,原本存在于荷马史诗以及口头传统的伟大诗作中的至上力量消失殆尽。发展所带来的全部后果不过是本质性的丧失。

音乐性的、歌唱性的语言是初生社会之黄金时代的语言,而契约社会则具有另一种类型的语言,即雄辩(éloquence),这是公民参与公共协商与决议的行动方式。我们在这里再次看到,言语结构同社会模式相一致。滔滔雄辩的崇高风格与公民理想不可分割。

然而,契约社会并非一个过去的社会,也不是家长制时期的社会。它向我们提出的问题关乎理想的基础而非历史的起源:这是一种社会可能性,可以说,一个超脱于时间和现实社会之外的原型。还没有哪个社会能将这一原型完美地付诸实现:它所界定的乃是规范而非事态。由此,现实社会的腐化程度就可以通过它与这一规范相差的距离大小而得到评估。陷入专制暴政的庞大现代国家同这一规范格格不入、背道而驰。可对于昔日的日内瓦和罗马共和国来说,情况则截然不同:它们与规范之间的差距十分有限;它们近乎实现了这一规范。卢梭由此便可诉诸于它们所代表的社会典范[①]。

如果说存在一种理想化的雄辩语言,而政治生活的规范正是通过这种语言被陈述和彰显出来,那么,同样存在一种绝望的、批判性的雄辩语言,思想用这种语言哀叹那被遗忘的规范,并揭示这种遗忘的因和果。撰写《社会契约论》的卢梭采用了前一种立法式的雄辩语调。而在两篇《论文》以及《爱弥儿》中,卢梭则诉诸于后一种激愤的、控诉式的悲怆笔调:他追忆了已被世人忘却的律法,并且展现了这种不忠所引发的不可避免的致命后果。

家长制时期的语言是原初语言的进一步发展,它恢复了先前语言中的身体姿势和转瞬即逝的呼喊声,并将它们整合进它的连贯话语当中;与此相似,理想社会的雄辩语言同时恢复并整合了原始语言中的姿势以及家长制时期的语言的旋律性。姿势、引人注目的符号是真正的雄辩术的组成部分。卢梭在

[①] 卢梭关于《社会契约论》理想与现实社会之间的关系的最清晰的阐述见于《爱弥儿》第五卷。

《语言起源论》中已经告诉我们,言语(它在时间中不断展开)要比"对象自身的在场"更能唤醒情感。可是在《爱弥儿》中,卢梭的说法却正好相反,他似乎更加强调可见对象的优越性:

> 我们时代的一个错误就在于,对理性的运用太过单调、不够生动,仿佛人们就只是一种纯粹理智的精神存在似的。由于对那种能够激发想象力的符号性语言漠不关心,我们便丧失了所有语言中最强有力的语言。言语所产生的印象总是微弱的;为了触动心灵,与其通过耳朵,倒不如通过眼睛来得更加有效。当我们想把一切都归于推理论证时,教训便会沦为空谈,完全无法付诸行动……
>
> 我发现在现代,如果不通过威逼利诱,人们就没有办法去左右其他人了;而古代人则更多地通过说服,通过灵魂的触动去影响他人,因为他们没有漠视符号性语言……
>
> 古罗马人对于符号性语言是何等看重啊!他们的着装因年龄、身份之不同而千差万别;托加长袍、萨古姆斗篷、镶边长袍、布拉式垂饰、紫色饰带,宝座、刀斧手、束棒、斧头、金冠、草冠、叶冠,小凯旋式、大凯旋式;所有这一切都营造出一种盛况、一种排场和仪式感,它们都在公民

的内心当中留下了深刻的印象……将士们不会夸耀自己的战功,而只会露出身上的伤痕。我常设想,我们当代的某位演说家在面对凯撒之死时,定会为了感动民众而用尽各种艺术上的陈词滥调,以一种哀婉动人的笔法去描写凯撒的伤口、鲜血和尸首。可是能言善辩的马克·安东尼却对这一切都绝口不提;他命人搬来了凯撒的尸体。何等绝妙的修辞啊!①

其实,卢梭并没有自相矛盾。他在《语言起源论》中告诉我们,当与言语相分离的身体姿势超越自身,变成连贯的话语时,表现力就会大大增强;而在我们刚刚引用的这段文字中,卢梭则向我们揭示了话语的全部效力就在于它能够回归到身体姿势当中,并且没有遗忘被呈现(或再现)的对象的迷人魅力。在这两种情况下,语言为了获得表现力都需要寻求某种额外的力量。使用符号的人需要发明言语;使用言语的人需要回忆符号的力量。1751 年,卢梭取下身上的佩剑,卖掉了他的怀表②。

一方面,卢梭的思想乃是对一种起源的重构,它设想了我们在后续发展过程中不断习得的东西;另

---

① 《爱弥儿》卷四,见《全集》卷四,第 645 至 648 页。
② [译注]即卢梭所说的"个人改造",参见《忏悔录》章八。

一方面,这种思想以自身为参照,向我们展现了一幅失落的景象:逝去的力量、耗尽的能量、背弃的美德。当这种思想引入人类的历史时,它最喜欢使用的词汇就是"尚未"以及"不再"。《爱弥儿》与《语言起源论》的结论是一致的:真正的雄辩语言已然丧失,暴力、狡计与私利大行其道。

让-雅克的语言

然而,让-雅克并未因此沉默不语。他在一种在他看来渺茫无望的历史境遇中开口说话。"对我们来说,大众语言与滔滔雄辩都已变得同样毫无用处。"①让-雅克以孤注一掷的斗士面目出现在我们眼前;就在人类语言摇摇欲坠,即将堕入毫无意义、浮华不实的深渊中时,他向我们发出最后的警告。他是最后的雄辩家,他预言了语言的消亡:我死之后,沉默将至(Après moi, le silence)②。

在《论不平等》的"献词"中,卢梭让自己站在他的同胞面前,向他们发话;在紧接下来的"序言"中,他召集起一批哲学家听众(亚里士多德的雅典学园)

---

① 《语言起源论》章二十。
② [译注]斯塔罗宾斯基在这里应是套用了一句法语习语"我死之后,洪水滔天"(Après moi, le déluge)。据说此话出自法王路易十五之口(亦有人认为原创者是其情妇蓬帕杜尔夫人)。

环绕在他周围,这群听众的范围很快便扩展至全人类。一个遁世绝俗之徒要对全人类发话,为的是批驳之前哲学家们的种种谬论。卢梭给自己设定的这一英勇无比的情境太过完美,以至于它只可能是一场白日梦。这是他的一个幻想,他在日后还会一再地沉醉于这类想象出来的完美情境,难以自拔:尽可能面向最广泛的听众表达自我,从而揭示那遭到埋翳的真理。

我将对这几个要点所蕴含的意义作进一步阐述:

1. 表达自我:言语必须承载言说主体的独特性。根据卢梭的理论,原始语言能够确保这种独特性,而他自称在其心灵的自发冲动中依然保留这一禀赋。作为音乐家和诗人,他未曾忘记初生社会的语言;他是一位"神奇的世界中的居民"[①]:他就是让-雅克。

2. 尽可能面向最广泛的听众发话。撰写第二篇《论文》的卢梭希望自己的声音被全人类听到。其言辞所指向的接收者乃是一个无限广大的集体。创作《对话录》的卢梭深信自己被那沉默无言的高墙所围困。于是,对普遍性的欲望以两种方式存在:前者是可能的,后者则不可能。契约社会的公民理想要

---

① 《对话录》对话一,见《全集》卷一,第 672 页。

求城市的中心具备一个公共场所——一个可以举行公众集会的广场。卢梭想象自己伫立在这片广场之上,面对一群被他召集起来的听众们发表演说,他以他的雄辩之辞赢得了人们的拥戴。他制定法律;他说着契约社会的语言;他是公民:他是让-雅克·卢梭,日内瓦公民。可是,如果日内瓦拒不承认他的身份,如果没人愿意听他讲话,他就只能在孤独之中变成一个悖谬的个体:他的离群索居构成了对那个堕落共同体的指控。

3. 揭示真理。这就是要在有关人、良心、社会的问题上作出与某种臻于完善的科学认识相符的阐述。卢梭进行推理论证;他动用了他能获取到的所有现代知识;在他觉得必要时,他能够诉诸于抽象的推理语言:他想要比其他任何人都更擅长操纵这种工具——它在普遍性的光辉之下指称对象并消失于对象之中。他说着文明社会的语言,但目的却是揭露这个文明社会。他是一位法语作家。

卢梭坚信,唯有他一人能揭示失落起源的普遍真理。让-雅克·卢梭的滔滔雄辩乃是一个一文不名之徒的滔滔雄辩,除了他对真理的爱,他没有任何其他可资凭借的正当名分,而他发觉自己已经沦落到这样一番境地,即他说出的言语就是他仅剩的全部财富。

他想要作为这样一个人被世人聆听:尽管世道

沦亡、人心不古,可在他的内心深处,自然之声、自爱和同情的无言冲动依旧没有消失殆尽。他能够唤醒起源时代的语言,因为在他的心灵里,这种最初的语言从未沉默不语。他是哑口无言的自然人,是黄金时代的音乐家-诗人,也是德性社会中拥护共和的雄辩家。他戏剧性地将整个语言史浓缩于自身。然而,他之所以要捍卫并继承所有这些古老的语言,就是为了奋起反抗现存的社会,为了批判其同时代人所发出的虚华之辞、蜚短流长以及那些"叽叽喳喳的嘈杂声"。他吸纳了所有过去的语言,他掌握了它们的全部功能,为的是催生一种崭新的抗议语言。

卢梭与布丰*

在《论不平等》中,特别是在该书的注释中,卢梭公开援引布丰的《自然史》①。在所有涉及科学的问

---

* 本文为我在巴黎学术研讨会(1962年10月)上所作的报告。
① [译注]即"Histoire naturelle",也译为"博物学"。法语中的这一概念出现于16世纪,译自老普林尼的 *Historia Naturalis*。这里的"histoire"并不具有时间内涵,而是指对自然事物(建立在一个排除了历史的亚里士多德式的宇宙模型的基础之上)的描述、记录和研究。尽管从17世纪开始,对地球起源的理论建构将某种"历史"观念引入了自然科学,但是这一尚具神学色彩的时间结构仍然外在于自然的因果必然性。机械论的式微并不会导致历史话语即刻侵入自然规律的领地。正如福柯所看到的那样,在古典时代,对自然之历史(histoire de la nature)的思考对于"自然史"(histoire naturelle)来说是不可能的(参见《词与物》第五章第六节)。到了18世纪末、19世纪初,"自然史"(或"博物学")开始获得一种自然的历史深度。因此,从18世纪科学史的传统语境来看,"自然史"这一容易滋生歧义的译法并不准确;不过,站在哲学的立场上看,歧义的本质正源于自然与历史、结构与时间、科学与偶然之间的恒久张力,这种张力不仅内在于19世纪的科学理论(例如进化论)中,也早已内在于卢梭和布丰的思想中;而在向"自然之历史"的转变过程中,布丰发挥了某种或许并非出自他本意的关键作用。译者在本书中(转下页注)

题上,《论不平等》都始终把布丰的观点奉为权威;卢梭毫不掩饰他对布丰的钦仰之情:"从我迈出的第一步开始,我就信心十足地仰仗于一种受到哲学家们尊敬的权威,因为这权威源于一种只有它能够发现并触及的坚实而崇高的理性。"①

乍看之下,卢梭和布丰两人作品背后的创作意图实在大相径庭。卢梭的反叛精神体现为拒绝和否定的态度;当他谈及自然时,为的是把自然同他那个时代的文明社会对立起来:"自然"观念是一个用来批判社会价值的武器。布丰的态度则与此相反,对他而言,自然与文化并不具有一种悲剧性的对立关系。他当然知道人类活动会改造自然,造成动物的退化,但是这在他看来正是对理性至高权力的印证。正是大自然把理性赋予人,并促使他创造文明。布丰把关注的目光投向了一个无限多样的世界,对于有耐心的观察者来说,这种多样性并非一个难以克服的困难。宇宙展现出一幅令人心满意足的美妙图景:没有断裂,没有冲突。不管现实世界多么浩瀚无边,我们依然可以描述它;从矿物到人类,存在者的等级不断上升,人类的智慧可以弄清这些存在者的

(接上页注)统一采用"自然史"的译法,但仍依汉语惯例将从事这一学科研究的学者称为"博物学家"。

① 《全集》卷三,第195页。

细微差异和不同等级;以具备理性优势的人的形象为中心,我们可以用清楚明白的语言、按照一定的秩序全面清点这个可见世界的丰富宝库。让-雅克和布丰的精神气质如此迥异,他们的著作如此不同,以至于我们似乎并不应该企图能从根本上对他们的思想作出比较。然而,这项工作却是值得的[1],因为卢梭不仅为了支撑他自己的立论而从《自然史》中汲取各种事实和论据(关于触觉的重要性、马的寿命、人的预期寿命、食物、襁褓,等等),他还从中发现了一种人的形象,或者不如说是一种哲学人类学——他在很大程度上接受了这一学说,尽管在某些重要问题上与之背道而驰。这就是我们关注的重点所在;为了揭示两人思想之异同,应该比较他们关于人类存在境况的看法。

毫无疑问,卢梭的注释已经告诉我们,从第二篇《论文》序言的第一句话开始,他就处于《人的自然史》的影响之下。卢梭写道:

> 在我看来,人类的一切知识中最有用也最

---

[1] 本文受惠于让·莫雷尔的文章《对〈论不平等〉之思想来源的研究》(载于《卢梭学会年鉴》第五期,1909年,第119至198页),尤其还要感谢欧提斯·菲洛斯在其文章《布丰与卢梭:一种关系的多重面向》(载于《美国现代语言学会期刊》,1960年6月,第184至196页)中指出了几个最为关键的共通点。

不成熟的知识就是关于人的知识。①

卢梭在注释中引证了布丰的一段长文:

尽管我们有极其强烈的兴趣认识我们自己,可我不知道我们对于一切同我们无关的东西是否反倒认识得更清楚些。②

当这位日内瓦公民着手展开"道德的历史研究"时,他很庆幸自己能从一位伟大的博物学家那里寻得支持;两人都注意到,在精确科学的知识体系中,人的科学依然缺席。虽然布丰的研究并未涉猎社会生活的相关问题,但是对于卢梭而言,《人的自然史》开创了一个尤为可贵的研究先例。事实上,卢梭在这部著作中发现了一种对人类存在境况的"自然主义的"探究方法,这种方法将一切神学观点都小心翼翼地排除出去;而且,《人种的多样性》这一长篇章节大大拓展了我们的研究视野,促使我们从历史的角度来解释造成我们当前所观察到的那些体质差异的原因:

---

① 《全集》卷三,第122页。
② 《全集》卷三,第195页;另外参见布丰:《全集》卷二,皮埃尔·弗卢朗(P. Flourens)编,巴黎:伽尼埃出版社,第1页。以下所有布丰引文均出自该版本《全集》。

所有这一切都有助于……证明,人类并不是由各种本质不同的人种所组成的集合,恰恰相反,原本只存在着唯一一个人种,由于人类在地球的所有土地上不断地繁殖并散布开来,他们便在种种因素的作用之下发生了各不相同的变化,这些因素包括气候影响、食物和生存方式的差异、传染病以及或多或少彼此相近的个体之间的千差万别的杂交方式。①

对于一位渴望证明如下观点的思想家来说,上述这段文字是不可能不被注意到的:文明欧洲的社会体制既不是唯一的也不是最好的体制,它是一段堕落历史的产物。当讨论到我们为了区辨原初性和人工性而遭遇到的困难时,卢梭追随走在他前面的布丰所开辟的道路:

原始人是……所有动物中最不同寻常、最不被认知且最难以描述的一个物种。但是,在大自然单独赋予我们的东西以及教化、技艺和榜样所传授给我们的东西之间,我们所作的区分是如此之少,或者说,我们对这两者的混淆是如此严重,以至于我们如果从某个原始人的肖

---

① 布丰:《全集》卷二,第 221 页。

像中——假使这幅肖像所呈现的真实色彩和自然特征都如实地反映了原始人的模样——完全认不出我们自己,这也是毫不奇怪的。一个绝对原始的原始人……[会是]哲学家眼里的一个奇观;通过观察他眼前的这个原始人,哲学家或许就能够准确地评估自然欲望的力量,看清那赤裸无蔽的灵魂,区辨它的所有自然冲动,或许他在这灵魂中所发现的温柔、平和与冷静还要多过他自己的灵魂,或许他会清楚地认识到,拥有德性的与其说是文明人,倒不如说是原始人,而罪恶诞生于社会之中。①

这段文字相当于是对卢梭的自然人定义的概述(不过卢梭用"善好"这一概念替换了"德性"概念)。有了布丰提供的如此权威的研究先例和理论支撑,卢梭又怎会不放开胆子、勇往直前呢? 布丰那无所顾忌的科学胆识使卢梭备受鼓舞,勇气大增;而《地球理论》中的那些假说也同样促使卢梭诉诸于他自己的"假设性的和条件性的推理……就像我们的物理学家在世界形成的问题上每天所做的事情那样"②。尽管布丰声称要尊重事实的权威,但他并未

---

① 布丰:《全集》卷二,第 200 至 201 页。
② 《全集》卷三,第 133 页。

因此而放弃在太阳系的构成以及生命本质等问题上进行推测的权利;所以,当他的名字因为科学假说而同卢梭联系在一起时,我们不应对此感到奇怪。事实上,正如萨穆埃尔·佛麦在1756年8月所描述的那样:

> 卢梭先生与布丰先生在他们各自的领域内做着相同的工作;前者关于人的研究方法与后面这位哲学家关于自然和宇宙的研究方法如出一辙;前者在社会问题上作出假设,就像后面这位科学院院士在宇宙天体和行星起源的问题上作出假设那样。①

两人方法的相似性尤其体现在他们的研究都始于对一种基础存在形式的详尽说明,这是为了能够通过对比而更加清楚地认识它的后续演化或者它发展出来的某种更为高级的官能。在《论动物本性》(1753)中,布丰或许是出于解释的便利而采用了一种源自笛卡尔的二元论;他试图仅仅借助于自然的力学规律,对有机物质能够胜任的种种活动作出最为精确的描述。正如我们所知,布丰和笛卡尔都认

---

① 《中正文丛》(*Bibliothèque impartiale*),1756年7月和8月,第十四期第一部分,哥廷根和莱顿:1756年,第62页。

为生命本身并不享有任何独特的优势地位:"生存和生命不是存在者的某个形而上学等级,而是物质的一种物理学属性。"① 在生物这架物质机器和理性灵魂的活动之间,存在着一条重大的形而上学分界线。这条分界线也存在于我们身上,因为我们既有肉身,也有精神,既是有机物质,亦是思维实体。只有弄清楚人的动物本能的边界在哪里,我们才能确切地知道何谓人之人性。因此,对"物质内感官"的细致考察会十分有益:

> 让我们看看这种物质内感官能产生什么效果:一旦我们确定了其活动范围的大小,那么所有不包含在这一范围内的活动都必然隶属于精神感官;物质感官做不到的一切都将由灵魂来完成。如果能够在这两种能力之间划定明确的界线,我们就会清楚地知道它们各自所掌管的领域;我们也就可以轻而易举地区辨清楚,动物跟我们的共通点是什么,而我们高于动物的地方又在哪里。②

我们会观察到什么结果呢? 只有人能够作出判

---

① 布丰:《全集》卷一,第434页。
② 布丰:《全集》卷二,第327至328页。

断,也就是说作比较;只有人能够预见未来、回忆过去。动物的行为再机智,它还是会固守于自己的本能,重复着相同的活动而无法对其进行修正;人却具有一种专属于他的不断完善和发展的能力:

> 假如[动物]具有反思能力,哪怕是最低层次的反思,它们就能够获得某种发展,并学会更多的技能。它们既毫无创造,亦无所完善,因此它们不会反思任何事物;它们永远都只会以相同的方式做着相同的事情。①

所有这些观点都可以在第二篇《论文》或《信仰自白》中找到。当然,这并不意味着卢梭的所有观点都借自布丰;但是,在卢梭并未受惠于布丰的那些地方,我们会发现两人都汲取了相同的思想资源,并都接受了一种经洛克修正的笛卡尔主义。尽管如此,两人之间的细微差别仍应被指出,因为它并非无关紧要:对布丰来说,人的精神性在于其理智;对卢梭而言,它本质上存在于自由之中。无论如何,对于那些熟读布丰的读者们来说,当卢梭断言"可完善性"(perfectibilité)乃是人所独有的特权时,这一新词并不会让他们感到惊异。

---

① 布丰:《全集》卷二,第 7 页;另参卷二,第 355 页以后。

布丰不是一个物种演化论者；即使他承认存在着某种演化，其形式也属于一种退化，而且它只发生在极其有限的范围之内，即某些因为驯养而被改良过的物种。在《驴》这一重要章节里，布丰提出了一种生物大家族假说，在这个大家族内，某些物种是由另一些物种演化而来的；不过这一假说后来被布丰抛弃了，他还是（也许是出于谨慎）坚持一种固定论的自然观，在这个自然中，各个物种从最遥远的过去开始就始终共存。因此，他所发现的无处不在的等级变化和细微差异并不源于物种与物种之间的连续的因果链条；所有这些变化和差异都是同时存在的，而这个广阔无边的生物界整体并不受制于时间之生成流变。不仅如此，在最高级的动物和人类之间，那曾将所有物种联系起来的难以察觉的渐进连续性中断了：从动物到人，这不过是一个突然发生的质的飞跃。布丰之所以会持这种观点，很有可能是为了满足宗教权威的要求；《地球理论》曾使他备受抨击，他现在试图避免遭受新一轮攻讦，这不是没有可能。卢梭无疑更为真诚；他同样坚持这条形而上学分界线：动物只是"一架灵巧的机器"①，而人却具有自由。不过，卢梭把这条分界线划在了物种体系的较低等级。作为唯物主义的敌手，他认为猴子与人类

---

① 《全集》卷三，第 141 页。

之间存在着根本的差异,故而他反对拉美特利的那些大胆观点;可对卢梭而言,问题在于我们需要弄清楚猩猩和狒狒到底是不是猴子。尽管心存疑惑,卢梭还是倾向于对这一问题作出否定的回答:它们可能不是动物,而是一种极其原始的人类,类似于古代人所说的半人半兽的萨蒂尔,或是文艺复兴时期的学者们所说的"森林人"。而且,卢梭并不是他那个时代中唯一一个拓宽了人类物种界限的人。林奈同样把某些类人猿归入到人类这一物种之中,并将其命名为"夜人"(*homo nocturnus*)。

在将这些与文明人如此迥异的生物纳入人类这个物种之后,卢梭便在原始人和文明的欧洲人之间划出了一条巨大的鸿沟。这条鸿沟只能通过历史而得到解释,这种历史即使没有改变人的本性,至少也改变了他的"构造"。由此,人便成为了某种范围有限的演化现象的一个极具说服力的例证;布丰已对人类驯养动物的各个物种演化阶段作了相当详尽的描述,他也毫不犹豫地将这种演化赋予人类。《爱弥儿》开篇第一句话表明,卢梭将人自身的演化以及狗和马这类自然物种因人的驯养而发生的演化置于同一层面之上。布丰在《自然之诸时代》中同样强调,人对自然施加的作用及其对自身施加的作用是同时发生的;这是一个幸运的发展过程;人类为了自身的福利,运用理性知识以及由此而来的技术手段去驯化和改造自然,并因此不断自我完善。这与卢梭的慨叹"一切都在人的双手中堕落了"相去甚远。

事实上,历史对于布丰来说不是一场充满意外的自由冒险。在他眼里,历史就是一系列的发展阶段,而人在每一个阶段都能比之前更加完善地发挥出他天生具备的能力,直至最终赢得对整个大自然宝库的绝对支配。因此,文明于布丰而言乃是从人之人性中正常结出的果实。理智、智慧、社会并非源于历史,它们是人的本质属性,已经为原始人所有。所以在布丰那里,我们看不到自然状态与文明状态的鲜明对立。

而对卢梭来说,情况则截然不同。这两种状态之间的巨大差距几乎相当于人与动物的差距。布丰通过分析差异而将所有不能由"物质内感官"加以解释的活动统统归于"精神感官";卢梭则将这种差异分析应用于别的比较对象之上。在第二篇《论文》中,卢梭的方法就在于详尽细致地描绘自然人的身体和精神,从而更为鲜明地反衬出那些在历史中逐步获得的、人工性的多余之物,那些由我们自身的活动所制造出来的额外之物。卢梭的方法与布丰的方法如出一辙,只不过前者主要对比的是当今社会中的人和遥远过去的人(人类演化过程的两个端点),而不再是人与动物。拥有关于人的原初状态的"合理正当的观念是必要的,为的是能够公允地评判我们当下的状态"①。这就是二人之间的一个重大差别：布丰力图在完全排除时间因素的条件下对身体和灵魂的活动作出区分。卢梭则认为人和动物的区分是后天形成的，他所看到的差异不再是形而上学的差异，而是历史性的差异：他将那存在于最遥远过去的人的形象同现代人对立了起来。卢梭由此便引入了一种完全未被布丰意识到的历史张力。

《论不平等》第一部分的全部内容都专注于描绘一种存在者，他尚未开始施展其种种能力以克服外部障碍或改造自身。卢梭认为，以此观察为基础，我们就可以更加清楚地认识到我们身上的哪些品质源于自然，哪些品质则归属于"人化人"。在自然人和我们变成的那种人之间，一场悲剧已然上演，而卢梭想要成为研究这一悲剧的历史学家。

有必要指出的是，卢梭在重拾布丰的方法以服务于他自己的目的的同时，丝毫没有忘记布丰关于动物状态的那些描述。只不过卢梭把布丰赋予动物的那种身体层面的幸福状态转移到了自然人的身上。乍看之下，这里并不存在任何矛盾。按照布丰的看法，野兽所具备的一切亦为人所具有；而且，在最初的幼儿时期或在愚蒙无知的状态下，人几乎只具备动物式的官能。对卢梭来说，原始人无需运用

---

① 《全集》卷三，第123页。

理智能力便可体验到存在的完满状态,布丰将这种理智能力视为人类灵魂的独有特性。卢梭笔下的原始人确实是一种人,但这种人并不能从事任何理智性的或技术性的活动。他有别于动物的唯一特性就是自由:这种自由尚未实现,因为原始人还没有开始从事任何实践活动。因此,我们可以说,卢梭为了描绘自然人而将布丰笔下的人的形象动物化、"去理智化"了;可是另一方面,我们又会发现卢梭人性化、理想化了某些情感,这些情感曾被布丰流放至"物质内感官"的黑暗王国。

人何以能意识到自己的存在呢?按照布丰的看法,由于人通过记忆能力而将其过去存在的回忆叠加在当下的存在感受之上,他就会更为清楚地意识到自己的存在:

> 对自身存在的意识,这种构成自我的内在感受是由我们当下存在的感觉以及对我们过去存在的回忆复合而成的。跟前者一样,这种回忆也是一种当下在场的感觉,它有时甚至会比当下的感觉更吸引我们、更有力地影响我们;由于这两种感觉并不相同,而且我们的灵魂能够比较它们,形成关于它们的观念,因此,我们越是频繁地、大量地回忆逝去的事物,我们对自身存在的意识就越是确定和丰富……显而易见的

是，我们拥有的观念愈多，我们就愈加确信自己的存在；我们的理智愈发达，我们的存在感就愈强烈；最终，正是通过且仅仅通过我们灵魂所具备的反思能力，我们得以确信自己过去的存在并展望我们未来的存在。①

跟布丰在这里阐述的观点正相反，自然人和让-雅克本人都不需要通过观念来感受自身的存在；事实上，他们越是无视反思或者越少反思，他们就越能感受到自己的存在："他的灵魂不为任何事物所扰，只会沉浸于对其当下存在的感受之中，毫无任何未来的观念，不管是多么切近的未来。"②对布丰而言，动物能够感知到的正是它自身的当下存在，但它也只能感知到这种存在；因此，跟人关于其存在所具有的更为完整的认识相比，这种自我意识的形式并不完善且十分狭隘：

> [动物]具有……对它们当下存在的意识，但是并不具有对它们过去存在的意识……动物未被赋予反思能力，因此，它们确实无法形成观念，由此导致它们的存在意识没有我们的存在

---

① 布丰：《全集》卷二，第 336 至 337 页。
② 《全集》卷三，第 144 页。

意识那么确定和丰富;由于它们无法获得任何时间观念、对过去的认识以及关于未来的概念,所以它们的存在意识是简单的,它仅仅取决于当下作用于它们的感觉,并且存在于这些感觉所引发的内在感受之中……它们并不知道自己存在,但它们能感受到这种存在。①

布丰出人意料地将"动物的这种存在意识"比作我们的某种状态:"当我们被某个对象强烈吸引,或者被某种令我们完全无法反思自身的激情剧烈扰动时,我们便身处这种状态中。为了形容这种状态,我们会说自己游离于自身之外;当我们仅仅专注于当下的感觉时,我们确实游离于自身之外。"②对布丰而言,真正的内在性,或者至少说真正的泰然自若,是与主动而自觉的记忆密切相关的,这记忆把我们同过去联结起来;这种内在性同样也意味着对于未来的预见。卢梭的看法则正好相反;正是当我们主动地重返过去时,尤其是当我们关切未来、未雨绸缪时,我们脱离了自我,游离于自身之外:反思使我们比较各种对象和我们存在的各个不同瞬间,它诱使我们将自己同他

---

① 布丰:《全集》卷二,第336至338页。
② 布丰:《全集》卷二,第338页。

者对立起来并在他者的目光中寻求自我。反思使我们异化。卢梭由此断定:"原始人活在自身当中;社会人则总是游离于自身之外,只能在他者的意见中苟活;可以说,他只能从他者的评判当中汲取他自身存在的感受。"① 如果说活在当下存在的感受之中就意味着活在自身当中,那么对于卢梭来说,自然人可以本能地达成一种独立自主的自足理想,而文明人却只有在经历了一段漫长的哲学劳作之后方可实现这一理想:"[自然人]只想悠闲自得地活着,他只想保持着这份逍遥自在,即便是斯多亚派的不动心(ataraxie)也达不到他对一切外物皆极度漠然的地步。"② 由此,激情之恶果便不再源于我们骚动不安的动物本能,而是产生自一种不幸的反思,这种反思所妄图满足的欲望与个体的自然需求毫不相干。于是,卢梭便可以按照自己的方式重拾布丰关于爱情的著名论断:"这种激情只有在其肉身层面上才是好的……不管陷入爱河的人们怎么说,它在其精神层面上是危险的。爱情的精神层面究竟是什么? 虚荣心"③……卢梭尤其可以将布丰关于动物欲望之幸福平衡状态的

---

① 《全集》卷三,第 193 页。
② 《全集》卷三,第 192 页。
③ 布丰:《全集》卷二,第 352 页。

描述用于自然人：

> 动物根本不会遭受所有这些不幸的摧残；它们不会在毫无快乐的地方寻求快乐；只受情感支配的它们绝不会作出错误的选择；它们的欲望总是与它们享乐的能力相称；怎样快乐，它们就怎样感受；它们只在自己感受的范围内找寻快乐。相反，想要制造快乐的人却只会破坏自然；想要压制自己感受的人却只会损害自己的存在，并在他的内心挖出一个永远无法填补的空洞。[1]

我们可以看到，卢梭的思想体系在上述这种情况下反倒比布丰表面上的二元论更加符合布丰自己的文字。因为布丰虽然认为爱情只在其肉身层面上是好的，可仅仅几页之后，他便断言我们身上的"精神原则"乃是可以带来"沉静与泰然"的纯粹精芒，而物质原则却"是一种虚假不实的微光，只能在暴风雨的裹挟下幽幽闪现于黑暗之中；它是一股狂热躁动的湍流，席卷着激情与谬误滚滚而来"[2]——这前后两番表述难道不自相矛盾吗？卢梭则把反思视为一

---

[1] 布丰:《全集》卷二，第 352 页。
[2] 同上，第 346 页。

种既使人异化也使人完善的暧昧能力,由此,他便可以使原始人的动物性处在一种全然纯真的清白状态之中;他把恶之罪责归咎于那"陷入谵妄的理智"①。一方面,《论动物本性》向我们展现的是一幅文明人的不幸图景;可另一方面,在布丰的其他著作中,每当论及人类对大自然的支配力量时,布丰都显得十分心满意足——这两个方面难以调和。关于我们不幸的证词与其说表现了布丰的理性乐观主义,不如说印证了卢梭的历史悲观主义。事实上,更为严密自洽的做法应该是把人类的不幸归咎于他的某些独特官能,而不是在指责"我们的物质内感官的错乱无序"②的同时却不揭示其根源。只要把罪恶的原因改动一下,布丰所写下的那些激扬文字就都可以被卢梭重新采用:

> 对人而言,身体的快乐与疼痛只是其所有痛苦与快乐中最微不足道的一小部分:他那持续活动着的想象力则造成了他的所有痛苦与快乐,或者不如说,它只会造成他的不幸;因为它向灵魂呈现的只是虚妄的幻想或夸张的影像……

---

① 《全集》卷三,第 122 页。
② 布丰:《全集》卷二,第 335 页。

因此,每当我们寻求快乐时,我们就给自己制造了痛苦。一旦我们想要更幸福,我们就会陷入不幸。

身体中的善无限多于恶:我们应该畏惧的不是现实,而是空想;令我们忧虑的应该是灵魂的躁动、激情和烦厌,而不是身体的苦楚、疾病或死亡……在我们试图征服自然的同时,我们也在力求毁灭自己;我们不太清楚什么适合我们、什么对我们有害;我们不能清楚地分辨这种或那种食物的不同作用;我们瞧不上简单朴实的饮食,更喜欢精致繁复的菜肴,因为我们已经败坏了自己的味觉,我们已经把一种享受快乐的感官变成了一副堕落的器官,它只能靠外部的刺激来获得满足。①

让-雅克不会接受布丰给出的解释:"我们被赋予灵魂只是为了去认知,可我们却只想用它去感觉"②。如果就像布丰所说的那样,身体中的善无限多于恶,那么恶又何以会诞生自我们只想感觉(也就是说把我们自己局限于身体层面)的欲望呢?卢梭所提出的"感性伦理学"表明,他把幸福的生活设想

---

① 布丰:《全集》卷二,第 332 至 335 页。
② 同上,第 333 页。

为在感觉世界中的沉浸状态,一种向感性世界的回归,而这个感性世界已事先被能够探察可感之物的理性反思所整理和安排①。卢梭试图辩证地解决布丰的矛盾:他首先把反思视为一个麻烦制造者、罪恶的教唆者;但在之后的发展阶段,当理智变成了已被启蒙的理性时,反思就化身为调和力量。

对于卢梭极其重要的统一性概念也在布丰的思想中占有一席之地。布丰写道:"智慧的人无疑是自然中最幸福的存在者,他将身体的快乐和精神的快乐结合在一起,前者为他和动物所共有,后者则只属于他:他有两种获得幸福的手段,它们相辅相成、彼此强化。"②卢梭也看到了人的分裂性,但是他并不满足于宣称理性支配地位的必要性:智慧——也就是重新获得的统一性——只能在一种生成流变结束之时得到实现;在这个过程中,理性力图完好如初地保存(或至少通过记忆来保全)某种已然失落的寂静自然的影像,这种寂静的自然将在更高的道德和社会生活的层面上得到恢复,与此同时,理性也克服并转化了自身。

* * *

布丰曾对卢梭作出回应,那时的他还没有读过

---

① [译注]可参见斯塔罗宾斯基在本书第八章之《有罪的反思》一节中的相关分析。
② 布丰:《全集》卷二,第334页。

《爱弥儿》。在其《食肉动物的自然史》(1758)的序言中,布丰驳斥了卢梭关于自然人的种种假设。他的驳斥仍然忠于他先前的看法:早在《论动物本性》中,他就已经认为"人之为人只是因为他能够与其他人联合起来","一切都有助于使人具有社会性"①。在此基础之上,他还补充了一些传统论据,以证明最小的社会单位(家庭)对于新生儿存活至可以独立生活的年龄以及习得语言来说都是必需的条件。然而,从第二篇《论文》开始,卢梭就一直在反驳这些论点,他有时会从布丰那里借来一些很能说明问题的典型事例以支撑其假设,即人类曾经完全生活在疏散而居的状态之中。这正是布丰在其《食肉动物的自然史》的序言中拒不接受的观点;他既不能接受自然人的孤独状态的公设,更无法接受人类历史的演化视角:

> 呈现在我们眼前的不是自然的理想状态,而是自然的真实状态。居住在荒原之上的原始人是一种安静的动物吗?他是一个幸福的人吗?我们并不同意那位哲学家②——我们人性的最高傲的审查员之一——所作的假设,即纯

---

① 布丰:《全集》卷二,第359页。
② [译注]即卢梭。

粹自然的人与原始人的差距要大于原始人与我们的差距,而言语艺术被发明之前所经历的时期要远远长于符号和语言臻于完善所需要的时间,因为在我看来,如果我们想要依据事实进行推理,我们就必须抛开各种假设并且严守这样一条准则,即只有在穷尽了大自然给予我们的所有材料之后才诉诸于假设……①

布丰试图诉诸于我们当前能够证实的事实;可当他毫不犹豫地依赖假设去追溯地球的物理历史时,他却无法容忍别人尝试同样的推测方法来重构人类的历史。相较于其他任何文献资料,布丰的这种抵触态度都是我们用来衡量《论不平等》之理论胆识的绝佳标尺。

---

① 布丰:《全集》卷二,第566页以后。关于布丰的思想,参见雅克·洛杰的著作《十八世纪法国思想中的生命科学》,巴黎:1963年。

小说的歧异*

瑞士法语区作家与富于创造力的差异

任何想要界定"瑞士法语区文学"的人很快就会陷入一座差异密布的迷宫。瑞士法语区:它既是法语地区中的一个独特组成部分,也是瑞士这个国家的一个独特组成部分。因此,这里存在着双重的归属关系和双重的差异关系。我们必然需要诉诸于分析的方法,并对不同层面的问题加以区分:语言、文化、政治制度、宗教特色……

在语言这个层面上,没有什么差异因素会将瑞士法语区同法国截然区分开来——尽管存在着某些方言,但我们在法国本土的各个地区都可以找到与这些方言相对应的表达。早在现代国家具备稳定的实体形态之前,法语地区就已然成形。在位于汝拉

---

* 本文系我为《新爱洛漪丝》(洛桑:交会出版社,"瑞士与欧洲"丛书,1970年)撰写的序言。

山脉和阿尔卑斯山脉之间的那片土地上,法语这门语言似乎天然地存在着;它不是一种外来的语言,并不伴随着任何征服或领土扩张的记忆而出现:它是一种无法追忆的古老媒介。不管拉缪兹①这位为自己的个人风格作辩护的大作家怎么说,生活在法语区的瑞士人可以轻松地摆脱他们的第一语言——与法兰克-普罗旺斯语②很接近——并遵守"标准法语"的语言规范。的确,他们居住在法语区的边缘地带,时常会感到自己的语言受到德语表达方式的威胁,为了抵制这种影响,他们有时会过于讲究言辞的纯正性。拘谨的态度和对纯正性的刻板追求使这种过于文绉绉的语言显得有些矫揉造作,并很快激起了反对的声音。

不过,我们很难准确地界定属于这个国家居民的自然的言说方式到底应该是什么样的。在这一点上,作家们享有完全的自由:发明听上去正确的语调,此乃他们肩负的责任。然而这里或许存在着某种不可确定性,因为对自发本能的倚赖往往并不能发挥作用。

尽管想要找寻一种"本真的"风格绝非易事,但

---

① [译注]拉缪兹(C.-F. Ramuz, 1878—1947),著名瑞士作家、诗人。
② [译注]隶属于高卢-罗曼语支,与奥依语和奥克语相近,主要通行于法国中东部、瑞士法语区和意大利西北部。

我相信没有哪个瑞士法语区的作家——即便是那些自称最忠于自己故乡文化的作家——会承认他的作品可以被排除在法国文学圈子之外；这种问题根本就不会被提出来；反之亦然，法国作家在日内瓦或洛桑也不会被当地的读者们视为外国作家。瑞士法语区的作家们要求保持真我、特立独行的权利，但他们并不想划定任何界线。在语言的层面上，他们与法国文学圈子的关系太过紧密，以至于体会不到一个身在异乡的外国人通常会感受到的那些情感：感激、妒忌、敌对。把某一种语言的文学简化为其文学"首都"的精神再现：这种粗浅的理解一旦被摒弃，一曲复调的音乐便将奏响，而瑞士法语区文学理所当然会在其中担当一个重要的声部（或许有些太理所当然了。不过，这就是另一个有待探讨的问题了）。因此，当这些作家们翻开文学教科书或文学史著作，看到自己被归入书的附录部分，或是被错误地收录于"法语语系文学"的章节之中，跟那些因殖民时代的遗留影响而用法语写作的作家们为伍时，他们会颇为不悦。但他们也不会因为像外省文学或地方文学作家那样被彻底纳入法兰西的文学版图，变成其中的一个附属版块而感到高兴。他们既要求作为一群享受充分的正当权利的作家被纳入其中，同时又要保留一种本质的差异原则——它绝非一个国家内部各地区间的那种差异。

这种要求是否太过分了呢？他们想要得到的各种优越性是否过于相互矛盾，以至于毫无合理性可言呢？他们既拒绝被归并，又不希望被排除在外；乍看之下，这实在是有点匪夷所思！有些人会说，得寸进尺者必会一无所得。可是，这一悖论正是瑞士法语区文学的生命力所在。

这真是一种悖论吗？对于一种可以区辨各个不同层面因素的分析来说，所有问题都并非仅仅取决于语言这种因素：还需把历史和制度因素考虑在内。浪漫民族主义已经提出了一套出色的理论来说明民族灵魂与语言精神之间的一致性。今天，显而易见的是，一个国家的政治版图的轮廓和它的语言版图的轮廓可以并不重合，这并不存在任何悖谬之处。直到十八世纪，宗教的界线都要比语言的界线更重要。到了十九世纪，当日内瓦人、沃州人、纳沙泰尔人加入瑞士联邦时，他们从不觉得自己面对的是一个非此即彼的艰难选择：既然他们如此珍爱自己在本地所拥有的自由权利，他们就不可能看不到他们在加入联邦后将会获得的一切，因为这个联邦所遵从的久经考验的原则保证了它的每一座市镇、每一个州（和大学）都会享有它们在一个庞大的中央集权国家里无法获得的自治权。因此，瑞士法语区的作家们可以同时保有多种关系和多重归属感，但这些摆脱不掉的隶属关系和文化"根基"所施加的约束力会被个人的自由选择所抵消。这种多元状态并不会削弱或者瓦解善于思考并积极利用它的人的个性：恰恰相反，它打开了自由实践的空间。让我们设想这样一个瑞士人，他作为公民觉得自己归属于他所在的市镇（城市）；在政治层面上，他不仅忠于瑞士，而且也认同那些具有普世价值的思想潮流；在文学方面，他钟情于法语文学；而在宗教层面上，他忠于一个必然超国家的共同体——所有这一切并不会相互矛盾，只要我们能够摆脱各种成见，不再认为一个人的志趣是内在统一的，也不再把他的忠诚当成铁板一块。

* * *

不过，政治边界所施加的影响对于文学来说并非无足轻重。法国作家们——正如前文所说，他们在瑞士法语区并不会被当作外国作家——有时会在他们的现实生活和作品中对那些同法国政治共同体特别相关的事件作出回应；他们会在自己的祖国面临重大考验的时刻挺身而出；在那些尤其牵涉到国内"事务"的问题上，他们会鲜明地表明自己的立场。总之，他们写作时的政治和社会环境同瑞士法语区并没有直接关联。瑞士作家们则会关注和效仿这些法国作家：他们在同样的问题上常常毫不迟疑地表明自己的态度，并继续就这些问题展开辩论。在二十世纪的瑞士,巴雷斯和莫拉斯①拥有不少崇拜者和信徒;但布勒东和萨特也同样如此……不管这种派生的热情有多么强烈,它终归就像是一种缺少真正实体的回音而已。瑞士人感到自己很难全身心地"投入其中":我们就像是在观看一场演出。当然,任何人都不会天真地以为我们生活在另一个世界,与一切灾祸绝缘,不为历史的洪流所裹挟;法国国内所发生的那些事件往往极具代表性,我们不可能不引以为鉴。尽管如此,我们却身处于一种退隐的状态之中:我们以另一种方式穿越了历史的长河;我们既没有经历过光辉的岁月,也未曾沦陷于衰亡的世道。我们挤着牛奶,优哉游哉②。我们的小心谨慎使我们避免了灾祸,也使我们与胜利擦肩而过。这让我们当中的一些人心灰意冷;他们因自己躲避了危险而感到懊恼,他们本可以在激烈的冲突中完成更为英勇的壮举,更加充分地展现自己的雄才大略。有些人开始对袖手旁观、明哲保身的审慎智慧感到厌烦,他们跨越了边界,追寻着一种激烈的、冒险的、往往会给他们带来荣耀的生命状态。

---

① [译注]巴雷斯(Maurice Barrès, 1862—1923)和莫拉斯(Charles Maurras, 1868—1952)均为法国著名作家、民族主义者,在德雷福斯事件中持反对立场。
② [译注]斯塔罗宾斯基在这里应是借用了维克多·雨果的诗句"瑞士人挤着牛奶,优哉游哉",出自其诗集《历代传奇》第二卷。

无论如何,始终存在着一种歧异。我相信它跟任何歧异一样,都会是一种富于创造力的歧异。因为任何差异都会激发反应:要么得消除差异,要么得扩大差异;无论是哪种情况,我们都必须果断地投身于行动。尽管共同的语言维系着一条没有断裂的纽带,但我们在面对法国时仍感受到一种"精神上的"差距。这一差距既显而易见,亦难以言喻;它时而会让瑞士法语区作家暗自庆幸,时而会让他们抱怨连连,因为它既是一种优势,也是一种劣势——这取决于我们如何利用它。从某些方面来看,这种差距可能意味着一种历史发展的落后;举一例足矣:我们国家没有大城市,而与城市的飞速发展密切相关的那些社会、文学、艺术现象都是在过了很长时间以后才在我们国家出现。不过,这种差距不仅仅具有时间意义;可以说,它还具有一种认识论的意义。外在性、独立性以及相对来说"非利害性"的关系都是我们从事判断、理解、理论(théorie)①活动的有利条件。雅各布·布克哈特说得没错,我们这个小国适合于进行政治实践和思想方面的实验,理由就在于我们同时面对着各种"创造历史"的力量。我们身处于观察者的位置,同时审视着多种多样的文化。因此,我们摆脱了所谓的法国人的"单一语言的自恋"

---

① [译注]希腊词源 Theoria 具有静观、观察之意。

(narcissisme monoglotte)①，而且往往是我们最早注意到意大利、德国乃至英语国家的种种最新动向。

事实上，由于每个人的选择或者性情的不同，我所说的这种差距可能会具有极其多样的意义和作用。这种状况非常值得我们加以利用。只要我们仔细考察就会发现，我们的那些伟大作家们不仅接受了这种状况，而且对其善加利用。概略地说，他们对这种差异的利用方式可以被形容为反思式的方式或者是诗意的方式；我们对此不应感到惊讶。始终存在两种极端的诱惑：一是批判性的警觉，二是饱含激情地向内在体验的世界折返。

先驱者让-雅克·卢梭

卢梭早已充分体验到了"瑞士法语区"作家在其与法国的关系中所身处的上述境况，他是拥有这种完整体验的第一人；而且，他从一开始便把这一问题的所有维度都铺展开来，并从中引出了那些最为重要的结果：他难道没有以其榜样性的鲜明姿态向我们传达出一种社会批判的使命感吗？他那充满激情的孤独状态难道没有达至一种生命的极限吗？让-

---

① [译注]此处这一说法可能借自福柯。参见福柯与马德莱娜·夏普萨尔（Madeleine Chapsal）关于《词与物》的访谈（1966年5月16日）。

雅克·卢梭——这位全能作家——似乎以其生命和作品向我们完整地预示了瑞士法语区作家们所能享有的种种可能性以及他们不得不接受的重重约束。与此同时,他还让我们看到(这才是他的真正功绩所在),这些文学姿态根本没有局限于一种特殊的、地方性的处境之中,它们还可以具有一种普遍意义、一种象征价值,并有助于揭示出整个时代的精神内涵。更准确地说,卢梭以其天才把反叛的个体与作为一种社会风格和文化(在这种情况下即指法国君主制和旧制度下的社会)的强制性的公共规则之间的冲突上升到了时代精神的象征高度。

诚然,由于卢梭的古怪性情,国家之间的差距被他夸大了,但不可否认的是,卢梭的反抗姿态确实建基于国家之间的这种差异之上。作为一名日内瓦公民,卢梭高傲地宣示自己的外国人身份——他在其著作的扉页上专门注明了这一点;而且毫无疑问的是,他这么做与其说是出于对他那个极小的"祖国"的真实的忠诚,倒不如说是为了使他向庞大的腐朽国家所发起的挑战获得合理性。他的共和国公民身份对他而言极为宝贵:这使他能够同时以法官和原告的身份自居;他是作为一个更加纯洁的政治世界的见证者而开口说话的。他想让人们知道,他具有另一种身份,来自另一个国度,他的归属感、责任和快乐都存在于别处。当他公开仰仗日内瓦的政治权威时,他那社会反抗的使命感便获得了一个合理的根基,即一种明确的政治身份。至少对于卢梭整个文学生涯中的早期作品来说,情况确实就是如此;这些作品体现的是一种"社会-文化"批判。到了后期,抗拒性的激情与反叛性的逻辑把卢梭推得更远,使他变成了自己国家中的一个异乡人。就在他曾经以为能够找到"庇护所"的地方,这位莫蒂埃村的居民、比尔湖上的遐思者却选择在遁世绝俗的生活中放逐自己。《爱弥儿》(1762)出版以后,日内瓦人也效仿巴黎当局发出了逮捕令,最终,卢梭放弃了那个曾让他长久以来如此骄傲的国籍:从今往后,他只想委身于真理,这正体现了他多年以来一直信奉的那句座右铭——终生献给真理(*Vitam impendere vero*)。这真理不属于任何地方,不属于任何尘世之城;它只活在感性的人的心灵当中,任何力量都无法将这真理褫夺。虽然沦为了自己国家中的一个异乡人,但他却在自己意识的幽深之处寻得一个更为狭小亦更为辽阔的祖国;在这再也不会为迫害所扰的地方,卢梭诗意地栖居着、遐思着:他要么沉浸于往昔的时光之中,要么在那伟大的存在全体的广袤天地间纵情遨游。

从时间上来看,卢梭对其日内瓦祖国之政治权威的公开仰仗处于两次决裂之间:第一次决裂使得少年卢梭改宗别教,并陷入了漂泊不定的生活;而最后那次永不回头的决裂则使这位日渐衰老的作家离群索居,为的是在自己的内心世界之中寻求庇护。最初的决裂向他敞开了整个世界,最终的决裂则注定使他孤独终老;我们不能说处于这两者之间的卢梭跟他的祖国和谐共处、相安无事。作为巴黎社会的批判者,他所阐发的那些绝对严苛的要求连真实的日内瓦共和国也无法达到。故而,他的行动具有双重的反抗意义:他用来对抗法兰西的那个日内瓦神话变成了他不满于日内瓦现实状态的一个根由。卢梭的反叛使他果断地切断了自己的所有退路——除了情感和语言的内在力量,除了文学。在这一点上,卢梭再一次预示了瑞士法语区作家命运当中的一个重要面向。

小说的诱惑

众所周知,在卢梭童年的两个重要时刻,小说都发挥着极其关键的作用。虚构世界第一次被发觉之时正是意识之觉醒时刻:

> 我不知道我五六岁前都干过些什么:我不知道自己是如何学会阅读的;我只记得我最初的那些读物和它们对我产生的作用:正是从这个时候开始,我才对我自己具有了连续不断的

意识。我的母亲遗留下一些小说。晚饭过后,父亲和我便开始阅读它们。①

于是,通过一种"危险的方法",让-雅克并没有学会认识现实的世界和真实的事物,而是开始懂得了情感的无穷力量,发现了一片任凭心灵自由驰骋的想象天地。可能性和想象性的力量划定了一块理想的领土,卢梭竭尽全力地维护着这片领土的完整无损和永久自由。当学徒身份的束缚使他不堪重负时,他便再一次躲进了虚构的世界之中。然而这一次的情况却有所不同:以前,卢梭获得了父亲的准许,二人形成了夜间读书的默契;可现在,阅读变成了一种偷偷摸摸的行径,一种受到谴责的可耻消遣。在卢梭的师傅眼中,阅读就是浪费时间、偷窃时间。跟卢梭太过强烈的阅读热情相比,师傅所准许的那一点点休息时间简直就是杯水车薪,于是,卢梭甚至把工作时间也用来读书。想象的世界此时便获得了一种极具颠覆性的意义,一种跟工作和社会声誉所构成的世界相对抗的意义:

> 我对同伴们喜爱的那些娱乐活动感到厌烦;当束缚多到使我开始嫌恶工作时,我便对一

---

① 《忏悔录》章一,见《全集》卷一,第8页。

切都感到厌烦了。这倒重新唤醒了我已丧失太久的阅读爱好。在工作的时间偷偷读书,这变成了一项新的罪行,给我招来了新的责罚。束缚愈加激发了我的这种爱好,使之演变成一种热情,很快就发展到如痴如狂的地步。从特里布小姐的那个有名的租书店里,我可以获得各式各样的书籍。①

阅读再一次取代了现实世界:卢梭既拒绝被这个世界奴役,亦拒绝受其诱惑。让-雅克没有像他的同龄人那样追求女孩、贪恋美色,而是把他的全部热情都投注于那些从书本中走出来的虚幻人物。欲望遭受严苛的禁遏,难以得到满足,这反倒有利于躁动的激情在一个由心理意象构造的世界中获得升华:

> 我那长久以来激荡着的感官欲望驱使我去寻求一种快感的享用,可我甚至想象不出这种快感的对象到底是什么。我就像一个从未有过性经验的人那样对这种快感的真实对象一无所知。已进入青春期并变得敏感的我有时会想起自己的那些蠢事,但也仅限于此,并未动过别的

---

① 《忏悔录》章一,见《全集》卷一,第39页。

什么念头。在这种奇特的状况下,我的焦躁不安的想象力作出了一个决定,把我从我自身当中解脱了出来,平息了我那刚刚萌生的情欲。这决定就是沉湎于我在书中曾经读到的那些令我兴趣盎然的情境,将它们唤醒,并对它们进行变换和组合,使它们适应我的需要,由此,我便变成了一个我想象出来的人物,并总是处在跟我的趣味相符的最为讨喜的地位;最终,我刚刚令自己彻底投身其中的这种虚构的处境使我忘却了那令我如此不满的真实处境。我钟爱这些想象出来的对象,很容易沉浸其中,这就会让我对我周遭的一切都感到厌烦,并促使我喜好离群索居的生活,从那个时候起,我就一直保持着这种喜好。①

在这充满着奇特想象的白日梦中,卢梭丧失了他的自我同一性,同时又完满地体验着(正如他在其他地方告诉我们的那样)成为他自身时所获得的那种幸福!我们所看到的这种对于现实世界的厌烦并非一种有罪的情感,而是一条救赎之路:卢梭从中获得了一种正当的方法(他在《爱弥儿》中甚至竭力提倡这种方法),可以预防过早萌动的"情欲"

---

① 《忏悔录》章一,见《全集》卷一,第41页。

快感所带来的危险。卢梭在这里似乎将性经验视为一种危险的奴役状态,在这危机时刻,正是想象力将他从奴役中解放了出来。今天的人们则会对此作出另一番评判。用当代的心理学术语来说,小说所营造的想象世界使这位学徒摆脱了令人难以忍受的社会约束,同时又对情欲的自由冲动造成了压抑。因此,小说的世界体现了一种不彻底的反抗、一种妥协:它既拒斥学徒身份的束缚,又接受乃至强化了那禁遏肉欲的道德审查。如果说小说诱使这位少年学徒远离了他的手工台,那么它也同样使他远离了不洁之地。小说的虚构世界既是一个有罪的世界(阅读被视为一桩"罪行",它违抗井然有序的工作规程,用欲望的自由游戏替代了现实原则),亦是一个清白的世界(因为在寻求虚拟的欲望满足的同时,这位空想家便得以远离女色,不被玷污)。卢梭所体验的那个小说的世界乃是一个本质上暧昧不清的世界:它呼应着一股非法的欲望冲动,但同时也暗含着这股欲望之流的偏离,它被无限期地悬搁、扣留在了影像的疆界之内。工作与纪律所要求的道德规范受到了挑战,而性道德则得以从中重获其效力,尽管它作出了让步,即在想象世界中承认那不为现实世界所准许的行为,并为自体性欲的形成付出了巨大代价。

《忏悔录》对逃离日内瓦的整个经过的叙述采用

了《堂吉诃德》和流浪汉小说式的讽刺笔法[1]：我们看到的是一个长久沉迷于传奇小说和浪漫田园牧歌的少年幻想着自己在一片未知的土地上纵情冒险，希冀着一场与古堡佳人的风流奇遇。他对未来的想象全然源于他的阅读经验；他用小说的语言倾吐着自己的期望：它创造出了取之不尽、用之不竭的幻想。不过，卢梭有着异乎寻常的好运：在华伦夫人那里，他那由小说的浪漫想象所驱动的欲望终于找到了意中人。这在很大程度上补偿了都灵之行所带给他的幻灭感。不仅如此，年轻的卢梭在任何情况下总能迅速地扫除内心失望的阴霾，重燃希望之火——跻身上流的诱人想象、源源不绝的快乐与这希望如影随形。白日梦于卢梭犹如一团原始的星云，他那尚未形成的生命星群正诞生自这原初的氤氲；因为在卢梭那里，青春期的幻想充满着美妙的不确定性，它把虚构的当下体验中显现出来的东西与某种可实现的未来的预示混杂在了一起。想象的奇遇既是当下欲望的满足，亦是一种可能的命运、一个有待实现的筹划：虚构——仅仅就其作为虚构而言——已然十分美妙诱人了；不仅如此，它还试图在未来"进入现实世界"，在事实当中重复自身。唤起浪漫梦想的欲望冲动绝不会就此停歇：它想要实现

---

[1] ［译注］参见《忏悔录》章二开篇部分。

这梦想,它渴望"改变生活"。最初不过是存在于幻梦之中的单纯的补偿——对令人不满的现实生活的替代或"替补"——现在变成了一份积极的期望,它激发出一种新的现实。原本只是充当"欺骗性替代品"的幻想生发出额外的力量,推动着更加深远的改变。在夏尔梅特度过的那段时光最终画上了一个令人无比伤感的句号,但它同样也引发了极其深远的影响,激发出一股想要在巴黎出人头地、功成名遂的强烈愿望;夏尔梅特的时光证实了小说的浪漫想象所蕴藏的丰富可能,以及它所具备的一种在"现实生活"中产生实际效果的能力,尽管它需要为此付出代价,即欲望对象之转移或规训化的改变。

当激奋不安的想象力终于将他的人生推至危机重重的荣耀巅峰时,撰写《忏悔录》的卢梭却回过头来,开始重新审视自己的人生轨迹:他幻想着如果自己一直留在了日内瓦,如果他的梦想没有诱使自己走到城墙之外,如果他当初变成了一个过着安稳日子的手艺人,他的命运是否会有所不同。在《忏悔录》第一章的结尾部分,沉浸于怀旧的想象冲动之中的卢梭为自己重新描画了一幅由日常工作和纵情肆意的纯真幻想所构成的简朴而平淡的生活图景:

> 没有什么能比一个优秀的手工匠人的安定而卑微的生活状态——特别是像日内瓦的雕刻

匠那样的社会阶层所过的生活——更适宜我的性情,也更能令我感到幸福了。这种生活状态虽不致大富,却足以营生,衣食无忧。它本可以在我的余生节制我的野心,留给我合理的闲暇时光去培养一些适当的爱好;它本可以使我安守自己的社会身份,完全无法脱离它。我那丰富多彩的想象力足以用它的种种幻想去美化任何生活状态,可以说,它强大到足以让我随心所欲地从一种状态进入到另一种状态,而我的实际状况则于我无关紧要。不论我的地位与我建造的那座空中楼阁相距多么遥远,我总能轻而易举地在其中安身立命……①

这不是在用幻想去调和那不可调和之物吗?让-雅克的浪漫的青春梦想同小城邦、手工行当以及家庭带给他的种种束缚难以调和:即便如他所期望的那样,他当初落入了"一个更好的师傅手里",他终归还是会被自己湍流不息的欲望裹挟着走上另一条道路。他的想象力迫使他拒绝现状,逃离家乡,怀着过高的期许踏上了冒险之途。可以说,充满欲求的幻想无法摆脱它自身的过度冲力。多年以后,当他回顾往昔时,安定而庸常的生活图景正因其不可实

---

① 《忏悔录》章一,见《全集》卷一,第43页。

现而显得愈发诱人。于是,回归故里这一主题便构成了浪漫幻想的新方向。一种令人无比惋伤的诱人视域就此形成,它展现了一幅从未被真实体验过的幸福生活的景象。年岁愈长,惋伤愈深。梦想所投注的力量转向了流逝的时光、错失的可能、往日的面孔。记忆试图取代期望。然而,步入壮年期的卢梭却获得了一种平衡:对未来的激奋企盼与对过去的感伤追忆享有同等的权利。此时此刻,个体的存在不仅承载着整个过往人生的丰富经验,也不断将其希望投射向一个始终敞开的未来。

在我看来,《新爱洛漪丝》正诞生于此刻:期望之幻想与惋伤之幻想达至平衡;虚幻的企盼依然能够产生强大的诱惑力将记忆的影像延展至未来。

《忏悔录》有助于我们辨识出支配这部小说创作过程的各个环节和多重动机。既然卢梭自己已将这些环节的时间顺序清楚地记录了下来,我们就应当按照这个顺序来考察这部小说诞生过程的各个阶段;之所以这么做,不只是源于一个研究者的单纯好奇心,更是由于这种研究方式能够让我们辨识出那些发挥作用的欲望之力。

一切都开始于一种痛苦的觉知:匮乏、情感空虚、缺憾以及亲友的背叛或可鄙行径。

这种空虚需要被填补:它需要一种补偿、一种"替补"。在离群索居的生活状态和繁茂的蒙莫朗西

森林的荫庇下,想象力开始发挥作用,试图弥补这种空虚。惋伤之情激发出最初的冲动:

> ……身处于我觊觎已久的福地之中,我却享受不到一丝一毫的纯粹快乐;明媚清朗的青春岁月一阵阵地重新涌现于我的脑海之中,我时不时地唉声叹气:"唉!这里毕竟不是夏尔梅特啊。"①

不满之情、深感自己从未遇见一位配得上其心中真爱的"特定对象"、忧心于自己"尚未真正活过"就要离开这个世界——所有这一切都诱使卢梭在一种充满魔力的幻想中寻求慰藉;这幻想唤醒了他对那些错失的机遇、无疾而终的爱情以及短暂邂逅的感伤回忆。在卢梭过往的人生中,那些浮现于他心中的美好的女性形象曾经满足了他那充满浪漫幻想的欲望;让-雅克怀恋这些承载着期待与梦想的对象,他相信她们就是从小说里走出来的女主人公;《阿斯脱利亚》②和田园牧歌小说所激发的热烈情感被让-雅克"投射"到了那些女性的身上。这些曾经

---

① 《忏悔录》章九,见《全集》卷一,第 425 页。
② [译注]法国作家杜尔菲(Honoré d'Urfé,1567—1625)的长篇爱情小说,卢梭儿时曾与父亲一起读过此书,对他影响颇深。

似乎触手可及、却永远无法拥有的梦中情人早已沉入往昔,她们那迷人而伤怀的倩影现在又重新涌上心头。这些与让-雅克只有泛泛之交的真实女性化为了空幻的、不受现实制约的、可自由调动的影像,就像小说所杜撰的那些女主人公:卢梭任由自己被这影像之流卷入变化无常的幻想之境。曾几何时,寄托在这些影像之上的浪漫理想似乎即刻就可变为现实,可如今,它们不过是些萦绕不散的幻影、纠缠不休的魅惑,有助于让-雅克逃离那令人失望的现实世界,奔向梦幻之国,并把他重新带入一种热血沸腾、神思恍惚的迷醉状态:他再一次变成了"荒唐牧人"(berger extravagant)①——卢梭使用的这一词汇源自巴洛克时期的小说。他虚构出各种完美无瑕的人物,狂热地投身于一个激动人心的天堂之中:

> 既然得不到真实的可人儿,我便投身于幻想的王国;既然我眼中的现存世界与我的谵妄毫不相称,我便在一个理想世界中如醉如狂,而这个世界很快就充满了我那创造性的想象力随

---

① [译注]应指法国作家夏尔·索莱尔(Charles Sorel,约1602—1674)的《荒唐牧人》(Le Berger extravagant, 1627),该作以滑稽讽刺的笔法对流行于那个时代的田园牧歌文学进行了戏仿。小说于1633年再版时,索莱尔将其重新命名为《反小说》(L'Anti-roman)。

心所欲地杜撰出来的人物。我的这一对策无比及时,也极富成效。在这绵延不绝的出神之境中,人心从未体验过的一股股无上甜美的情感巨流席卷而来,令我陶醉不已。彻底遗忘人类的我为自己虚构出一大群美貌绝世且德行卓越的完美人物伴我左右,以及绝不会存在于人世间的可靠的、温柔的、忠诚的朋友。①

现在,这种狂放不羁的虚构活动已不再包含任何怀旧的思绪,它将让-雅克推向那超脱凡尘俗世的"九霄之上"。但是这些瑰丽诱人的幻象并未被记述下来;无疑,它们无法被清楚地加以记述;它们不过是用来宣泄那些勾魂摄魄且始终混杂不清的内心情感的一个借口。接下来,卢梭将从天上重返人间,使其幻梦与当代社会的真实状况相契合。在这之前还发生了一段"文坛"小插曲,而这一插曲的主题并非无关紧要:卢梭深感有必要对伏尔泰的《咏里斯本灾难诗》作出回应,思索那折磨着肉身与精神的苦难。伏尔泰宣称人并不幸福,卢梭则回答道:此乃人自身犯下之过错,实与上帝无关。对不幸的反思无疑有助于充实卢梭那虚无缥缈的幻想,将它限定在更为狭小的疆界之内,并把它起先只想激烈否定的匮乏

---

① 《忏悔录》章九,见《全集》卷一,第 427 至 428 页。

与苦痛注入其中。

> ……我的不再那么激奋的幻想这一回虽足履实地,却对这尘世间能够找到的种种迷人之物作了一番极其精细而全面的挑选,以至于挑选所得之精华简直就跟那已被我摒弃的想象世界一样虚幻。①

更加清晰鲜明的画面——首先是"两位迷人的女性密友"②的形象——在卢梭的脑海中逐渐成形,尽管此时的整体构思仍比较"模糊"。故事发生的地点变得明确起来:

> 为了让我笔下的人物生活在一个适合他们的环境里,我对自己在旅行途中曾经领略过的那些无比优美的地方逐个回顾了一番,却想不出有哪一片足够清新的树林或足够动人的景色跟我的趣味相合。倘若我亲眼目睹过色萨利(Thessalie)的山谷,或许我会感到满意吧;可我的想象力已然疲于创造,它想要依托某个可以充当其支点的真实地方,而且这个地方得能够

---

① 《忏悔录》章九,见《全集》卷一,第430页。
② [译注]即《新爱洛漪丝》中的两位女主人公朱莉与克莱尔。

促使我对我想要安置其中的那些居民的真实性产生幻觉。伯约明群岛(îles Borromée)的旖旎风光曾让我陶醉不已,我对此也斟酌良久,却发觉它人工雕琢的痕迹太重,并不适合我笔下的人物。尽管如此,我还是需要找到一处有湖的地方;最终,我选定了那片一直以来令我心驰神往的湖区。这湖畔以后就是我定居的地方了——很久以前,我就已然怀揣着在这里安家落户的心愿,沉浸于命运为我限定的那种想象的幸福之中了①。我那可怜妈妈的故乡对我而言仍具有一种特别的吸引力。青山绿水相映成趣,绚丽而多姿的万千景物组成了一幅完整的壮美画卷,既悦目娱心,亦超拔灵魂。所有这一切都促使我最终决定把沃韦(Vevey)②设定为我笔下那几个年轻人生活的地方。③

于是,当那起初奔向虚幻之地的想象冲动开始退潮,当虚构活动在现实世界中寻得一个将会发挥极其重要作用的"支点"时,整部小说的构思才获得了一个坚实的地基。写作唯有在此时才是可能的。

---

① [译注]参见《忏悔录》章四。
② [译注]瑞士沃州小城,位于莱芒湖畔,华伦夫人的故乡。
③ 《忏悔录》章九,见《全集》卷一,第430至431页。

卢梭开始起草那些构成小说的书信,用文字将喷涌的情感激流记录下来;因此,当卢梭后来佯称自己只是这些书信的誊写员和编纂者时,他并非毫不真诚。似乎正是在这位作家愿意脱离那个由过于完美的自然幻景或人工幻景所构造的心理世界之际,小说的创作活动才取得了进展:它需要被设定在某个更为具体的地点之上——这个地点更易唤醒昔日漂泊生活的回忆,更易经受真实苦难的洗礼;它虽然取代了幻想的天堂,却持久不断地反射着这座天堂的熠熠光辉。想象力似乎因为"疲乏"而没有把色萨利设定为故事发生的地点,这一决定具有十分重要的意义。色萨利对于从未去过那里的卢梭来说不过是一种纯粹的想象,以此为基础构思出来的故事只会变成旧时田园牧歌小说的老调重弹。当卢梭把沃韦和克拉朗选定为小说主人公生活的地方,并向自己的真实记忆寻求助力时,他便得以回归其最初的幻想冲动曾诱使他逃离的那个"人类"世界。尽管沃韦更加贴近卢梭的现实生活,但它依然可以激发出同样强烈的幻想投射。沃韦不仅诱使这位寄居在退隐庐的客人神游于遥远时空之外的梦幻之境,而且,作为"我那可怜妈妈的故乡",这座小城还促使卢梭开始想象华伦夫人的青春岁月,想象那颗尚不为他所知的、还未曾遭受人世忧患摧挫的纯真心灵的最初萌动。沃韦的虚构世界使让-雅克得以在其幻想中取代了露易丝-艾伦诺·德·拉图尔①的初恋情人的位置……不仅如此,怀旧的幻想还被设定在一种充满日常生活气息的现实场景之中——这种安排满足了大众读者因阅读理查生②的小说而渐渐养成的欣赏趣味。天堂般的梦幻与现实主义的幻觉有可能被调和在一起……多年以后,原先由浪漫想象所虚构出来的与华伦夫人相逢的画面变成了怀旧的欲望征用现实世界的一个借口。激情、失望、记忆、写作共同构成了一张复杂的中继网,将那个令童年的让-雅克如痴如醉的小说世界与他现在试图自己创造的小说世界联结了起来。连续性虽未中断,但我们在这里可以看到卢梭早年阅读小说的经验所产生的深远影响是如何促使他发明了一种崭新的小说类型。卢梭向我们提供了一个范例,即决定性的转变正产生自对于过去的赤胆忠心;完全耽溺于旧小说之中的青春岁月如今变成了构造新小说的建筑材料。创造活动无法同重复的欲望分割开来。举一例足矣:少年卢梭想要在现实生活的际遇中证实他在书本和美梦中所经历的种种幻想奇遇;小说家卢梭试图在现实世界中找到他自己杜撰的人物的真实化身,而他相

---

① [译注]即华伦夫人的本名。
② [译注]即英国作家塞缪尔·理查生(Samuel Richardson,1689—1761),其小说在18世纪的欧洲取得了极大成功,卢梭读过其作品的法译删节本。

信他赋予朱莉这一人物的所有优点都可以在苏菲·杜德托的身上找到。三十年后,具备写作能力的卢梭试图通过他自己的作品复活他曾在其他作家的作品中体验到的那份陶醉之情。既然已经发现了写作的力量,他就想要变成他自己的读者,阅读他自身;他想要在他投注于苏菲身上的那股激情中体验想象冲动的真实化身。倘使卢梭对苏菲·杜德托的爱慕之情无益于揭示他那不可遏制的欲望,即试图消弭幻想与现实之差距,让小说的理想世界变成激发生命的酵素,那么这份爱情对我们而言也就无关紧要、平淡无奇了。1757 年的卢梭何以还会怀有这种欲望呢?塞万提斯的《堂吉诃德》难道没有一劳永逸地戳穿所有这一类旧梦重温的虚妄念想吗?在那躁动不安的青春岁月里,卢梭自己不也亲眼目睹了他所怀抱的一切浪漫期望几乎破灭殆尽吗?难道他没有看到真实的利尼翁河(le Lignon)①并不像《阿斯脱利亚》所描绘的那样灌溉着两岸美丽的田园牧场,而是流经一片耸立着炼铁炉的阴霾之地吗?所有这一切都完好无损地留存在了卢梭的记忆当中,也正是因为这样,卢梭通过创作《新爱洛漪丝》而构造出来的那个小说世界清除了旧小说中一切可能会加剧想象

---

① [译注]法国卢瓦尔河的一条左岸支流,杜尔菲的小说《阿斯脱利亚》中的一个重要的故事场景。

世界与日常现实之歧异的元素：非同寻常的奇遇、神话般的场景、传说中的教派，等等。正像卢梭自己承认的那样，《新爱洛漪丝》的世界摒弃了传统小说的一切——除了其蕴含的情绪精髓和情感冲力。不仅如此，卢梭还进一步摒弃了情感世界中那些出于憎恨的激情，他不允许自己描写那些充满怨毒之情的言行。没有什么能比卢梭缩小小说与生活之间差距的方式更能说明问题了：小说的世界应通向生活，尤其是要与个人生活相联通。但与此同时，也没有什么能比卢梭在想象世界与真实生活之间执拗地维持着某种歧异关系的方式更加意味深长了。沃韦不是色萨利，但它也不是法国，尤其不是巴黎：在某种意义上，它是纯粹想象的别处（ailleurs）与令人失望的此处（ici）之间的一个中间地带。卢梭具有十分敏锐的直觉，能够恰到好处地把握这种差距的分寸：他考虑过伯约明群岛，但觉得它的景致过于雕琢，异国情调太重；而且，如果把故事场景选定在这里，小说中那些用法语写就的书信就会不太可信了。最合适的地点应该位于法语区的边界地带，而卢梭最后也确实找到了这样一个地方：这个地方不但可以让他自己在幻想中重温旧梦，回归那安扎在其内心深处的圣境，而且它还向巴黎的读者们呈现出一幅既"新奇"又可通过相对有限的环境转换便付诸实现的生活图景。这令人神往的胜地距离巴黎仅有数日路程！只要你愿意为它辛苦付出，你就能够领略到它那鲜妍明媚的风光！同样，虽然小说中的人物笼罩着一层神秘面纱，但是只要读者们愿意革新自己的内心世界，他们就能够对这些虚构的人物产生认同感：卢梭在与杜德托夫人相处时就让自己活在圣普勒这个角色之中；不仅如此，许许多多的读者也同样沉醉在这部小说的世界里，对里面人物的命运感同身受——两个贵族女读者曾想模仿小说中那"两位迷人的女性密友"，并试图引诱卢梭加入她们的游戏。众多的朝圣者前往瑞士旅行，就是为了能够踏上朱莉生活过的那片土地——她在那里爱过、被爱过，最后死去。显然，这部小说成功地引诱了它的读者。不过，就跟任何一种引诱一样，近在咫尺的迷人面孔却遥不可及；看似诱引，实为拒却。就这一点来看，《新爱洛漪丝》中引用的所有诗句均出自意大利语诗歌（彼特拉克、梅塔斯塔齐奥、塔索），而情感抒发之激奋时刻竟依托于一种用外语吟咏出来的动人诗篇——这绝非一个无关紧要的偶然现象。沃韦与我们之间的差距蕴藏着另一重差距，它将我们引向那萦绕着意大利语言和音乐的遥远他乡：这语言和音乐为整部小说染上了一层柔美的淡蓝底色，如同美妙无比的旋律一般完满，散发着柏拉图式的纯洁光辉。不管《新爱洛漪丝》的世界多么靠近我们，它总归还是一个不在场的世界：虚构与经验实在、小说与日常生活的二元性由此保存了下来。

差异的利用

以写实笔法来描绘那座"阿尔卑斯山脚下的小城"及其居民,尽最大可能使之真实可信——卢梭由此写出了一部当代小说,一部布尔乔亚小说;他虽然把故事背景设置在了瑞士沃州,但写作时的他时刻都没有忘记那些将来会阅读这本小说的巴黎的文人雅士们,他要让他们瞥见一个不属于他们的世界的撩人美景。是的,躁动的想象力需要虚构出一个"不同的世界",而我们在小说中也确实看到了这样一个世界,但它不再是一座神话般的空中楼阁:它并不包含那些同现实世界背道而驰的超绝凡尘的理想和不可思议的奇遇。它的意义在于展示真实的心灵、炽热的激情和本真的美德,而它们只有在远离大都市的地方才能被我们寻得。因此,我们必须补充的是,沃韦与巴黎之间的差距不仅仅体现了一定程度的虚构性,它尤其还隐含着一定程度的批判性(小说序言以及第二卷中那些论及巴黎的书信承担了这一批判功能)。传统小说所惯用的虚构与现实之反差现在被颠倒了过来:活在幻景、谎言和虚妄表象之中的正是那些文人雅士们,正是那些巴黎人。而虚构的小说反倒象征着一个真实的世界:一个由真实的美德凝聚起来的生活小圈子，里面的每一位成员都体验着绝对透明可见的真挚情感……沃州美景与卢梭所使用的格格不入的陌生化语言结合在了一起，由此便以极具象征性的手法体现出极端的对立、本质的反差。按照卢梭的说法，这个小圈子里的年轻人文笔糟糕，但他们富于真情实感；这跟上流社会的文人雅士们正好相反，后者的语言虽精致考究，可他们的情感却虚伪做作。构成这部小说的一封封书信正标示出一种深受横亘其间的差距与障碍所折磨的、充满激情的主体性，它力图消除这些差距和障碍。然而与此同时，这些书信也暗含着某种笔战的意味：它们象征着一种不为"上流社会"人士所具备的深刻道德和真诚伦理；它们揭示出已在富人们心中凋萎退化的能力。这些书信乃是激情澎湃之意识的真实行动，它无惧于展露自身；通过这些书信，"美好灵魂"的证词构成了虚荣心的对立面：在那个充斥着虚荣心的、由各种精英圈子所组成的上流社会中，人们已然忘却了自己的灵魂，"任何人都无法再做他自己"；对于这些汲汲于世俗名利的"木偶人"来说，情感只是他们用来卖弄精致造作的"人生格言"的借口而已。于是，沃韦与巴黎之间的歧异就相当于一种挑战；我们在这差异中看到了一种质疑，一种"异议"。正是通过这差异，两种言语被截然区分开来：一是两个情人间时常不甚得体的动人言辞，二是装腔作势的"行话"、"空洞的套话",圣普勒和卢梭将其归咎于巴黎人所热衷的那种谈话方式。

除此之外,我们还应尤为重视卢梭在第二卷第十六封书信中提出的一项研究设想,即通过比较不同社会的差异特性来认识和批判社会:

> 各个民族的个性只能通过它们之间的差异而得到规定……如果我要研究某个民族,我会到偏远省份去观察那些依然保有其自然倾向的居民。我会细致而缓慢地把许多个彼此相距甚远的省份都考察一遍;通过对它们的比较而观察得到的所有差异将使我认识到每个省份的特性;这些省份所共有的且不为其他民族所具备的所有特性就构成了这个民族的特性,而那些在任何地方的人身上都可以发现的品性则属于人的一般禀性……我的目标是认识人,而我的方法是在人的多种多样的关系中来研究他。迄今为止,我只见过各种小型社会中的人,他们分散在世界各地,几乎老死不相往来。现在,我要考察的是在同一个地方大量聚居生活的那群人,由此,我将开始评判社会所产生的真实效果;因为假如社会确实让人类变得更好的话,那么一个社会的人口越多、越稠密,则该社会中的人就应该越好——举例来说,巴黎的道德风尚

就应该比瓦莱的道德风尚纯净得多;而如果我们观察到的情况正相反,那么就应该得出相反的结论。

我承认,这个方法还可以引导我去认识各个民族,尽管这条道路如此漫长曲折,以至于我可能一辈子都无法对任何一个民族发表意见。我应该从我最初所在的那个国家开始研究,观察其中的一切现象;随着我逐渐走遍了其他国家,我便可以确定它们之间的差异;我把法国同我游历过的每一个国家进行比较,就好像我们比照着柳树来描绘橄榄树,或者比照着冷杉来描绘棕榈树那样;而只有在观察了其他所有的民族之后,我才会对我考察的第一个民族作出评判。[1]

这种比较研究的方法源自卢梭那个时代的自然科学的分类学,它预言了二十世纪结构主义的基本原理。圣普勒要周游世界,我们无法不相信他能够把他的探究活动推进到最为深远的地方。尽管如此,这里的根本问题仍在于沃韦与巴黎的差异关系,而那些涉及巴黎的书信告诉我们,这种关系包含着多重反差:经济结构、权力来源、生活方式、娱乐活动

---

[1] [译注]原书未标注引文页码。参见《全集》卷二,第242至243页。

方面的差异；恋爱方式的反差，以及集中体现了所有反差的语言方面的对立关系。因此，对于具有独创性的、炽热多情的语言来说，在某种哲学性的构成元素被添加进去之前，这种语言就已经具有了一种文化意义和社会意义：它标志着一种感受能力，而生活在大都市的人们不得不承认，他们已经遗忘了这种能力的奥秘所在。风格的歧异以及与之相关的抒情性、悲惋之情、音乐性的节律、"吐字发声"在这里不仅体现出一种绝无仅有的强烈的心理体验，而且还揭示出一种社会和道德的优越性——卢梭对这一优越性的肯定有时较为隐晦，有时则颇为明确。

卢梭竭尽全力要让巴黎人自己也清楚察觉到这种反差。异国风光的诱惑力若要发挥实际效用，它甚至还得能够触动那些它要批判和反对的人。因此，卢梭不得不与那些活在虚妄假象中的人达成某种默契：他必须继续以某种方式说着他们的语言。圣普勒在巴黎时非常清醒地意识到了这个问题：当他想到自己近乎不知不觉地沾染上这座首都的社会风气时，他深感焦虑不安。他担心自己对巴黎的批评会以一种奇怪的方式被扭曲："当下的我自己不也是巴黎的一个居民吗？或许，我自己就是造成我在这里所看到的这番乱象的一个共犯，只是我不自知罢了①……听着大

---

① ［译注］同上，第 243 页。

家对事物的判断与推理,我也不知不觉地像他们那样判断和推理了①。"在卢梭和他反抗的那个世界之间暗藏着奇特的共谋关系。虽然"真实的生活"存在于沃韦,但是他在宣说这一真相时,他所针对的听众始终都是巴黎人,而且他必须使用能够打动他们的那种言说方式。卢梭在小说序言中声称,他的这部作品只会得到外省读者们的喜爱和欣赏,可事实证明并非如此:小说在巴黎取得了尤为巨大的成功,而我们也很难相信这并非作者的初衷。《忏悔录》告诉我们这部作品在巴黎极受欢迎;卢梭对此一针见血地指出,这是由于巴黎的读者们感受到了一种匮乏,即小说生动有力地再现了读者们心灵深处已然丢失的宝贵财富:

> 跟我的预期完全相反,这部作品在瑞士很不成功,在巴黎反倒大获成功。那么,这是否说明友谊、爱情、美德在巴黎要比在其他地方更加蔚成风气呢?毫无疑问,并非如此。不过,巴黎人仍会被一种微妙的感受力所左右,这种能力会让我们在看到友谊、爱情、美德的影像时心荡神驰,并使我们珍爱那些存在于别人身上、而我们自己已不再拥有的纯洁的、柔美的、真诚的情感。②

---

① [译注]同上,第255页。
② 《忏悔录》章十一,见《全集》卷一,第545至546页。

卢梭的上述观察格外重要:他的小说是作为不在场之美德和幸福的表达而被读者们接受的。既然这部小说可以被这样理解,那就证明它确实加剧了读者的匮乏感,令其昭然,授之以声,将其化为"动人的"影像,从而深刻地感动了那些在卢梭看来沉沦于无比虚妄之梦幻泡影中的生命。当他写作小说时,他不就已然同意要与恶魔共舞了吗?他不就已经屈从于充斥着种种人工伎俩的表象王国了吗?卢梭毫不犹豫地承认了自己的这种困境。他令自己也受到了牵累;他跟魔鬼订立了契约。然而这也是不得已而为之,因为他不得不以毒攻毒、以恶制恶,他必须使用那些迷失在异化的表象世界中的芸芸众生的语言同他们对话。如果说《新爱洛漪丝》试图引诱巴黎人沉迷于小说中的那个虚构世界,那么这并非是为了带给他们有毒的想象快感,而是为了孤注一掷,将猛药掺入阅读快感之中以疗愈沉疴:

> 当一个民族已经腐化到其他任何教化手段都无济于事的时候,小说或许是剩下的最后一种可供采用的教化手段了。[①]

圣普勒的上述观点也完全适用于他作为男主人

[①] 《新爱洛漪丝》卷二,第二十一封信,见《全集》卷二,第277页。

公的这部小说:它不但想要展现出论战的姿态,还试图获得道德行动的额外价值。乍看之下,这不过是诉诸于某种古典的功利性(教化性)原则:在那个时代,没有哪部作品——即便是那些最为荒诞不经的或违背道德的作品——不通过宣称自己的教化作用而证明自身的正当性……卢梭的这一抱负则更为真诚。当他宣称要让其小说服务于"在根本上关乎整个社会秩序的道德风尚和忠诚婚姻这一目的"时,当他确信自己提出了一个"关乎社会和谐与国家安宁的更隐秘的"①目标时,我们无法不相信他说的乃是真心话;因此,这部小说的批判功能升级为一种调和作用,卢梭企图让它以一种引人注目的方式介入历史、影响时代。一个有罪的、软弱的年轻姑娘能够成长为一位无可指摘的妻子,一个品德高尚的无神论者可以变成一群感性灵魂和信徒们的领导者——小说所描写的这一切都发生在克拉朗,它为巴黎人树立了一个极端的、诱人的榜样:它是救赎之幻影、重生之许诺。由此,这部刻画心灵改造的伟大小说以其批判性的视角孕育出了一个乌托邦式的目标,那就是改造世界。以我们今天的眼光来看,这部长篇小说的缺陷就在于它那过于浓厚的道德主义色彩;我们在阅读它时应当能够察觉出作者所倾注的巨大

---

① 《忏悔录》章九,见《全集》卷一,第 435 页。

努力,即揭露当代世界的种种矛盾,最后再将它们化解于幻象之中——那些分别体现着创造他们的作者的某一种意图和欲望的虚构人物最终在这幻象的世界里和谐共处。

小说的线索

《新爱洛漪丝》所描写的故事沿着一条精心设计的时间线索而铺展开来。欲望、拒绝以及拒绝所造成之分裂状态的重新统一共同构成了这条线索的主导力量。

这部作品一开篇就被一股欲望冲动所牵引。不过,就在这欲望通过身体而获得满足之时,它却遭遇到社会禁忌和贵族偏见,致使它不可能合法地持续存在,也无法被纳入现实的秩序。这种激情的本质是正当的,但它事实上却被社会视为一种混乱无序的状态:在"一家之主"戴丹热男爵这个专制法官的法庭之上,激情就是一个罪犯。社会所设置的障碍虽然暂时受到了挑战,但最终并未被打破:社会秩序获得胜诉;朱莉答应嫁给她父亲为她指定的那个男人,她将成为一位忠贞的妻子。但这真是世俗道德的胜利吗?这真是对现有社会秩序的认可吗?完全不是。这对恋人内化了其激情在社会中所遭到的拒绝,心甘情愿地牺牲他们当下的幸福,但绝不会停止相爱；他们的激情愈发强烈。起初，社会秩序拒不接受他们的爱情，而现在，他们的爱情本身就承载着这一拒绝的烙印；由此，这拒绝就变成了回归的担保或为了重获统一而要付出的代价。爱情获得新生——我们今天会认为它源自压抑：一个新的社会、一种更高的秩序得以诞生。如果说世俗社会的力量曾比自由激情更强大的话，那么现在，这种新生激情的力量则反超世俗社会，并最终在克拉朗的土地之上构建了一座无与伦比的共和国；相对于它周围的那个先在的世界来说，这座共和国的体制要更为优越，它其实不过是由那些决意组成命运共同体的美好灵魂以一种"政治的"方式扩张而成。克拉朗的新体制（它确实更加倾向于家长制而非民主制，而且它绝不是一个平等主义的社会）并不与欲望背道而驰：它是修剪和升华之后的欲望所产生的一个姗姗来迟的成果。同样，被激情否定的尘世间的"虚假智慧"让位于一种更高的智慧，它就源于激情本身，且需要通过难以接受的"压抑性的"规训过程而得到澄清。多情的、高尚的朱莉既是一位新第俄提玛①，也是一位新爱洛漪丝（或新劳拉②）。由此诞生出一种哲学、神

---

① ［译注］即柏拉图《会饮篇》中的女祭司和先知。
② ［译注］应指诺韦的劳拉（Laure de Noves, 1310—1348），即意大利诗人彼特拉克《歌集》中的女主人公，激发彼特拉克创作灵感的缪斯。

学、教育学,它不想再度沦为书斋里的虚华无益的学问,而是要与世俗道德作斗争,并在一种新的根基之上重建这种道德:这种经历过情感考验的思想刻有本真性的印记;这种哲学源于卓尔不群的高尚心灵,它不再是学院派的枯燥无味的絮絮聒聒;这种神学的确定性则源于爱的冲动。

然而,克拉朗的幸福生活是对世间种种冲突的一种想象的综合和疗愈,它自身当中仍然暗藏着太过强烈的激情冲动和不满足感,以至于它势必要打破它冒险停驻其中的那套程式化的体制。它始终面临着一种巨大的威胁,即肉欲之灾难性的回归,因此它必须寻求一处庇护所,这庇护所不但意味着决然无法挽回的分裂,同时还蕴含着最高统一性的可能:这就是死亡——它既是激情的完美实现,亦是改造世俗政治秩序之企图的失败。小说的整个发展线索最终通向了一个超出我们理性的终点:从骚动不安之贪欲(卢梭让我们认识到,这种贪欲就隐藏在一种由充满柔情的修辞所纯化的表达之中)的深渊出发,一股不断上升的冲力经由一次又一次的牺牲通往来世。这是一部宗教小说吗?是的;但它仅在如下意义上才是如此,即信仰和崇拜都是欲望能量的化身,它们都是情欲的变形;欲望的各个阶段和所有面孔都在小说徐徐展开的故事线索中依次显露出来。诚然,整部小说从头至尾一直都在利用一种宗教性的语言,这便给激奋涌动的情感披上了一层高贵的外衣。人们会指责这种宗教语言的运用构成了最为自私自利之激情的虚伪掩饰。可是,卢梭完全有理由要求我们把他的小说作为一个整体来看待,且不应把朱莉的"软弱"同她的救赎割裂开来。因此我们可以说,即便是在肉欲最为炽烈的时刻,宗教语言也并未将一种虚假的合理性给予欲望,而是瞬间预示了这种欲望可能发生的变容(transfiguration)。正是由于快感内部已被植入了宗教语言,所以当朱莉和圣普勒不得不离别时,他们的内心之中便会升起一种宗教性的希望:他们可以改变行为而不改变语言。激情的神圣化语言预先蕴含着英勇牺牲的一切元素(常常带有一种受虐倾向):它牵动人心,并支配它们的转变。对于小说中某些具有象征意义的场景来说,情况亦是如此:正是通过对那个如天堂般完满透明的神话的回忆,瓦莱的美景、小树林、山间木屋、朱莉的乐土以及葡萄收获节才得以施展出它们全部的诱惑力;它们构成了绝对统一性的映像——正是在这些场景中,沉重的人类历史所分裂出的种种对立面奇迹般地重获统一:爱欲与纯真、艺术与自然、孤独与共同体……卢梭毫不掩饰自己的意图,他将天国的启示和起源的记忆投射在了瑞士法语地区的美妙景物之上。他让自己到访过的那些地方染上了一层末世论的色彩:他用宗教符号创造了一部个人的神话。我们不必感到惊讶:以这种方式构建起来的个人神话终将变成一个令后世读者心驰神往的集体神话。

遐思与嬗变[*]

> 《漫步遐思录》并不包含多少真正意义上的"遐思";这不是一本私人日记、一部"未成形的日志"。与延续几个世纪的修辞话语的决裂没有那么容易。
>
> ——马塞尔·雷蒙[①]

卢梭的《遐思录》为谁而作?为他自己,且只为他自己。他在最后这部著作中想要探讨什么话题?他的命运。这位作者把自己当作这部作品的接受者,又把自己设定为其话语的主题。言语不再追求任何外在的目标,它拒绝指向任何一个可能的读者。卢梭相信,全世界从今往后都将对他的声音充耳不闻,他对此只能逆来顺受。言语别无出路,形成了一

---

[*] 原载于《从德·龙沙到布勒东:向马塞尔·雷蒙致敬》(巴黎:科尔蒂出版社,1967年)。

[①] 马塞尔·雷蒙:《让-雅克·卢梭:自我探寻与遐思》(巴黎:科尔蒂出版社,1962年),第197页。

条内在的封闭环路;它在其作者的思想中反映自身、消耗自身;个人意识分裂成了言说的意识和聆听的意识,它从其自身的本质中汲取力量。根本的孤独伴随着这种独一无二的写作姿态——在蒙田的文字和那些神秘主义者的独白中,它还只是一丝依稀可见的、残缺不全的征兆。于是,卢梭深感有必要为自己这一新颖的、奇特的写作事业的正当性辩护:他被迫陷入了这种前所未有的奇特境遇之中,因而不得不诉诸于一种同样前所未闻的对策。纵观整部《遐思录》,内在关系的不断展开始终伴随着一种为排他性的自我关系所作的理性辩护,这种辩护最终甚至取代了它原本宣称将要展开的内心对话(《遐思录》中的大量段落其实只是在宣说他的写作意图,为他将要从事的遐思活动作长篇铺垫;第一篇《漫步》便是如此,它相当于整部作品的序言。但我们同样可以给第二篇和第七篇《漫步》中的那些较长段落加上一个副标题:《我为何决意写下我的遐思》)。

这还是一种遐思吗?人们会有所怀疑。纯粹的遐思是内在的、缄默的,它沉浸在一种捉摸不定的迷醉之境当中。对于遐思的意识来说,表达活动就已经意味着脱离遐思了。由于没有记录下漫步途中在他脑海里闪现的那些想法和意象,卢梭不止一次流露出些许遗憾之情;这恰恰说明,令人全神贯注的遐思状态在它消失后不会给人留下一丝言语的踪迹①(我们做梦时的情况就是如此,最不可思议的美妙梦境永远无法为语言所捕捉:我们只能在醒来后重构一个与这梦境大致相当的等价物)。尽管如此,让我们暂且承认存在着一种梦的语言,一种似乎是在做梦时展开的、如同梦中说出的言语。《遐思录》的语言属于这种情况吗?我们在《遐思录》中看到的是一个醒觉着的意识。读者有理由追问:我所读到的究竟是遐思本身,还是一种关乎幸福遐思的自由话语呢?而这种自由的话语竟然以文字的形式存在,这也会令读者颇为惊异,因为这话语本应直接呈现一种行动,意识正是在这行动中获得了它的自我内在性:自我关系本应保持沉默,它本应将自己限定在感受之不可言喻的明证性中。即便写作只是为了同自身对话,它也必定会陷入外在性的牢笼,它需要求助于第三者的阅读可能性,尤其要仰赖于一种约定性的符号——在《语言起源论》中,卢梭认为这种符号不可避免地外在于感受之活生生的真理:不论是谁,只要他诉诸于写作,他就会沦入一个充斥着不透明的对象和手段的悲惨世界。

乍看之下,《遐思录》似乎必定会陷入一种外在

---

① "当我想要回忆起那么多美妙的遐思时,我会再次沉浸其中,却无法将它们描述出来"(《遐思录》漫步之二,见《全集》卷一,第1003页)。

性的悖论。这种外在性首先意味着外在于遐思的时刻；宿命般的间距横亘于《遐思录》和它所谈论的那些无与伦比的美妙时刻之间：第二篇《漫步》中所描述的出神之境是在几周之前发生的；圣-皮埃尔岛上的至福感受则在十二年后被重新想起；而卢梭更是常常哀叹其遐思的能力正在逐渐枯竭。不仅如此，外在性还意味着外在于内心的、沉默的确信。卢梭的话语指向了一种无比珍稀的状态，而这话语本身似乎注定要在一个远离这种状态的空间中展开。为了替遐思的正当性辩护，话语必须承认自身已不再是或尚未变成遐思；为了宣明那不可侵犯的内心确信，话语就必须在内在性之外展开。无论如何，这位作家的言语总是具有一种必然的缺陷，它将我们引向一个捉摸不定的领域、一种由时间间隔或本质差异所构成的内在超越性：不管谈论的是逝去的幸福还是当下的感受，言语都会落入外在于这种幸福或感受的世界。易逝的遐思与深邃的情感遥不可及，可卢梭却偏要倚仗这种遐思和情感的力量。企图言说不可言说之物——这难道没有让卢梭显得有些不够真诚吗？

一位严苛的读者或许会对《遐思录》作出上述评判；而卢梭力图使这一评判无效。他坚信，写作不只是一种反思行为、一种对遥远过去的回忆，还是一种重生。写作，就是重活一遍。如果说写作一开始确实不是遐思的话,那么卢梭倾尽全力要达成的目标就是消除言语与它所表达的那个对象之间的差异。这种努力具有诗的本质,尽管它只是在十分罕见的情况下才断断续续地采用了一种诗化的散文体。言语被赋予一种神奇的魔力,为的是重获往日时光以及不可言说之物的暧昧不清的本质。卢梭千方百计要使内在的超越性与"内在的间距"相互抵消并消融于一种重生的内在性之中。

卢梭说他"写下了他的遐思"——让我们相信他所言不虚。他说他想要把这些遐思"凝结成文字",并决意将它们写入"日志"或"记事簿"中。言语已不再是原初的遐思,而是其延时的回音。它是对遐思的复写,是梦之梦。正如卢梭有时强调的那样,它并非遐思的忠实复制品,而是由原初遐思之记忆所激发出的一种声音(因为原初遐思的灵感已不可能再被找到);随着描述性反思的不断展开,这声音任凭自己在一种派生的遐思(rêverie seconde)中随波漂流。于是,遐思的记忆变成了重生的遐思;只要卢梭准备日后重读他的遐思,它就必定会无止境地重复下去。"对这些遐思的重读将会让我回想起我在写下它们时所体味到的那种愉悦,这对我来说就是让过去的时光重生,可以说,也让我获得了双倍的生命。"写作构成一种重复,它先于且决定着由阅读所引发的重复……

"我要用气压计来观测我的灵魂"①。马塞尔·雷蒙一针见血地指出,这句话向我们暗示,遐思者之灵魂的变化既无法预见,亦严格遵循着大自然的物理规律,就像大气的种种变化那样:它们不受个人意志左右。这句话还告诉我们,对遐思的描述可以像观测仪器一般精确——一旦仪器的刻度被校准,观测结果就会被自动记录下来,无需手动操作或计算工作。灵魂被动地经受着种种变化,气压计则被动地记录下这些变化。然而,气压计的变化并不是大气压力自身的变化:前者以特定比例将后者的变动情况象征性地显示出来。况且,卢梭也不可能一直忠于他理想中的气压计模型:如何能够维持原初的遐思与派生的遐思之间的恒定关系呢?在派生遐思不断展开的过程中,原初遐思的种种变动不仅被誊写了下来,还被加以阐释和修改。卢梭在第四篇《漫步》中要求一种虚构(虚构是纯真无邪的,不能与谎言相提并论——只要它对我们的同类不构成任何伤害)的权利,这也颇能说明问题。他想要将一种无疑有些过度的特权赋予重复性的记忆;这记忆不仅具有创造力,同时还不会丧失真实性。卢梭在《遐思录》中就其《忏悔录》所作的评论显然也适用于《遐思录》这部作品自身:"我凭着记忆将它们写出来;这记忆时常不济,或只能提供一些不

---

① 《遐思录》漫步之一,见《全集》卷一,第 1000 至 1001 页。

甚完整的模糊印象,我想象出许多可以补充这些印象的细节来填补记忆的空白,但这些细节绝不会与记忆发生矛盾……"①因此,卢梭没有把当下的感受与过去的感受之间的差距视为无法消弭的差异,也没有把写作与其难以捉摸的对象的异质关系视为一种失败,而是自认为赢得了双重的成功:过去(从当下出发探索过去)未遭背弃,与此同时,真实的当下(被记忆所激活)也被表达了出来。"当我同时沉浸于对过去印象的回忆以及当下的感受时,我便从两个维度描画出了我的灵魂状态,也就是事件降临在我身上时的灵魂状态和我描述该事件时的灵魂状态。"②书面语言被卢梭赋予一种独一无二的特权(在我们看来,这就是"文学"的特权,或者不如说是诗歌的特权),它并不具有必然缺陷,相反,它完全可以满足卢梭的双重需要。由此,意识僭取了自我创造的权利,它绝不会背离自身的真实性。卢梭坚信,恣肆无忌的想象力即便近乎谵妄,也绝不会令自己背负谎言的罪责。在他看来,想象力的自由驰骋正是为了追寻一种多重的真实性。

* * *

故而,阅读遐思就意味着沉浸于派生的遐思的

---

① 《遐思录》漫步之四,见《全集》卷一,第 1035 页。
② 《忏悔录》初稿,见《全集》卷一,第 1154 页。

近乎连绵不断的波流之中;它让我们重温那些发生在过去不同时刻的、迥然相异的连串事件:这些事件是派生的遐思的建筑材料,是它的客观性基础。有时,派生的遐思就像一个绝对光滑的表面,它反射出了涌溢着极端冲动的原初遐思的影像(第五篇《漫步》);有时,它以嘲讽的笔调刻画出了原初遐思的戛然而止(在罗贝拉山区采集植物标本,意外发现一座织袜厂);有时,它会把那些用来替代已然枯竭的虚幻遐思和情感想象的活动——一列举出来;还有的时候,通过回顾某个导致《遐思录》的撰写工作被耽搁下来的突发事件,卢梭以令人难忘的动人笔触描述了虚弱麻木的自己在刚刚苏醒时意外体验到的一种出神之境(第二篇《漫步》);而派生的遐思总是会重新陷入这样一种境地,即它被迫在人类世界之外寻求可供自由呼吸的空气:它之所以记述那个无所不在的阴谋集团的诡计和那张用来构陷让-雅克的巨大罗网,正是为了驱除它们的侵扰。显然,派生的遐思试图重新捕捉并操控那些彼此不相称的异质元素,使它们消融于它自身的波流之中,赋予它们一种均匀而平稳的思想律动——这种思想摆脱了外部世界的魔咒,坚信自身的无懈可击。因此,派生遐思的作用就在于创造一种均衡而统一的话语,它将充满多样性与间断性的体验消融其中。这样一种重新获得的统一性从此便能够以回溯的方式投射向整个存在，甚至能促使创造性的记忆重构过去；由此，过去的时光便仿若遐思所造，它呈现出后者均衡的律动性以及有规律的漫步活动所标示出的平稳连续性："我的整个人生不过是一场漫长的遐思，它被我每天的漫步划分成了若干章节。"①

只有以嬗变（transmutation）为代价，这种对多样性的单纯化以及向统一性的过渡才可能实现。意识必须在改变自身的同时改变其周遭世界及其视域。的确，如果说作为虚构幻想的遐思乃欲望影像之嬗变，那么它同样可以成为一种禁欲的、贫乏的遐思，摆脱了幻象之牵绊，演化为感受的纯粹嬗变；不仅如此，通过一种更为抽象的形式，遐思还会呈现出反思的或冥想的色调，它从其遭受的某种境遇（它同样是想象力的产物）的观念出发，为的只是逐渐转变这种境遇的意义和价值。无论如何，嬗变始终是牵引遐思意识的根本动力。

不过，仅仅谈论"嬗变"尚不足以说明全部问题：每一个遐思者都欲求变化。我们需要对卢梭的遐思活动的特性作出更为确切的界定：这是一种澄明的（clarifiante）嬗变。不管其关涉的对象是虚构的形象还是感受、观念，自我永远是嬗变的主角，而遐思这种精神活动始终意味着从一种充满冲突的混乱状

---

① [译注]参见《遐思录》初稿，出自《全集》卷一，第 1165 页。

态过渡到一种澄澈透明的单纯状态——此即遐思之种种不同形态所共享的不变量和公分母。就此来看，派生的遐思并不亚于原初的遐思；除了以下差别之外，两者不相上下：原初的遐思涌现于炽热的当下瞬间，而派生的遐思则源于冷静的"第二意向"，即对遐思者所珍爱的那些幻象的回忆或惋惜，以及原初感受的延迟再现。而且，这种差别也不是绝对的，因为原初的遐思在其最为激奋的时刻仍要不断地诉诸于反思，以便同精神历险的低级阶段保持距离；为了通达透明的世界，思想超越了那些必须被清除并被禁锢于过去当中的影像与感受：故而，为了通过对比而更加完满地体味当下的出神之境，逝去之物须被不断思及。反过来说，倘若派生的遐思在其诞生之初不具备某种当下的感受（苦恼、焦虑、犹疑不定，等等）以激发它向遥远的实在（遥不可及的过去、逝去的出神之境、不复存在的快乐、情感的幽灵、曾经酝酿的写作计划）寻求助力，倘若它的目标不是于此时此地运用其联结起来的词语去创造一种苦乐交集的信念，即确信那泰然自若之境失而复得，那么这种遐思将无法生成。

* * *

在第一篇《漫步》的一个较长段落里，卢梭试图将那个推动他写作的动机揭示出来。这个段落向我们提供了一个完美的例证,有助于同时阐明"派生的遐思"和"澄明的嬗变"。

从今往后,一切身外之物均与我无关。在这人世间,我再无友邻,再无同胞,再无兄弟。我生活的这个凡尘世界如同一颗外星球,我从自己曾经居住的那颗星球跌落至此。若要说我周遭还有什么事物能够让我认清的话,那也不过是些令我心如刀绞、痛不欲生的东西罢了;当我将目光投向那些挨近我的、围绕着我的事物时,我总是会从中发现某种将我激怒的可鄙之物,或是折磨着我的痛苦之情。所以,就让我把所有那些令我悲痛欲绝且徒劳无益地挂念着的对象都从我的脑海里清除干净吧。我将孑然一身度过余生,既然我只能在我自身当中寻得慰藉、希望和安宁,那么除了自我之外,我就不应也不愿再操心别的什么了。正是在这种状态中,我重新开始了一系列严苛而真诚的反躬自省,我过去曾将其称作我的《忏悔录》。我把我最后的时光都用来研究我自己,并为了我即将就我自身所作的那份陈述而预先作好准备。就让我全身心地投入到与我的灵魂交流的美妙境界之中吧,因为只有这种境界才是人们无法从我这里夺走的东西。假如通过不断反思我内心的种种倾向，我最终得以将它们理清，并根治其中可能一直存在的痼疾，那么我的这些沉思冥想就并非毫无益处，而且，尽管我在这世间已是一无是处，我也绝不会虚度最后的光阴。我每天漫步的闲暇时光常常为令人陶醉的静观冥思所填满，可惜的是，我已将它们遗忘。我将把那些尚可想起的思绪凝结成文字；今后每当我重读它们时，我便得以再次沉浸在那无上的享受之中。当我想起我的心灵应得的那份奖赏时，我便会忘记我的不幸、那些迫害我的人以及我蒙受的耻辱。①

上述段落构成了第一篇《漫步》之总体脉络的一份概要：正如我们所知，这篇《漫步》开始于"我就这样孑然于世了"，终结于如下期望，即"享有自己的清白，并且不受他们侵扰，安享余生"。不仅如此，其他段落也是在同样的开头和结尾之间铺展开的，即起始于孤独人生和不公命运的回忆，结束于平静心境的期许。一股股连绵不断的浪涛构成了这条遐思之流，它们统统朝着同一个方向奔涌而去，且几乎都在重复着同一种运动，即澄明的嬗变。就此来说，部分即为整体之缩影。

---

① 《全集》卷一，第 999 至 1000 页。

第一篇《漫步》在许多方面都依循了古典修辞学的金科玉律。根据其规则,我们须对某个确定问题的修辞情境(*status, stasis*[争议点])加以斟酌;最先需要考察的乃是演说者本人,接下来则是演说所关涉的那个人,最后是听众(法官、平民、普罗大众)。面对这样一群听众谈论这样一个话题的这个人、这个"我"到底是谁呢?这曾是卢梭在《论不平等》开篇抛出的根本问题。现在,卢梭再次提出这个问题,只不过是以阅读遐思的内在读者的立场来发问。卢梭说明了他的处境,随后揭示了他的写作动机,即他为何既要成为其言语的作者,亦要做它的读者以及它所谈论的那个人。不过,在其行文过程中,一种独特的演变发生了:从外在到内在,从陌生到亲密,从不透明到透明,从苦恼到欣快。这篇经过深思熟虑而写就的长篇独白宣说着一种反躬自省的言语,而非朝向世界的话语;然而,正是在它宣说这种言语并无外部听众之时,正是通过这一宣说行为本身,它面对着我们——遭其拒绝的听众——讲出了这番言语。

我们刚刚引用的那个段落的第一句话以平静的口吻在自我与外部世界之间建立起一种极端差异的关系。它在重述"无所谓"(*adiaphoria*)这一斯多亚主义的重要思想主题的同时,亦流露出一丝悲怆之情。存在者局限于自身当中;他之所以谈及那些外部对象,无非是为了将它们全部判为无效。因为"与我无关"(m'est étranger)这一表达并不是一个纯粹的事实陈述:接连使用的两个表语("… m'est *extérieur* m'est *étranger*"[……身外①之物均与我无关])向我们传达出了一种否定性的嬗变。正是意识通过一种述谓行为决定了这种从空间意义(外在性)向精神意义(关系之阙如)的过渡。从主语(tout ce qui m'est extérieur[一切身外之物])到谓语(étranger[无关]),其中的表语成分的意义由弱转强,但动词(est)和与格人称代词(m'est)②都没有变化,这标示出了相关的主体性以及持续有效的解释性的反思能力。副词"从今往后"(désormais)最终③使这句话带有一种主观色彩,尽管整个句子仍摇摆于客观性与主观性之间,这种暧昧的状态并未被彻底消除。从表面上看,这句话似乎只是对某种不可挽回之处境的客观记录,然而"从今往后"这一副词的一个极常见的用法正是暗示某种意志行为、一种决断,即立足于当下,从而在过去的行为与未来的新生活之间划出一条分界线。这一决断没有通过动词体现出来,

---

① [译注]法语原文"…ce qui m'est extérieur"直译即"外在于我的东西",译者在此以中文惯用表达"身外之物"译之,其中作为定语成分的"身外"对应于法语原文中的表语"extérieur"。
② [译注]在我们的中文翻译"身外之物"(ce qui m'est extérieur)中,法语原文中的"me"(我)这一人称代词未能明确显示出来。
③ [译注]副词 désormais 位于法语原句的末尾,我们在中文翻译里将其提至句首。

而是隐匿于副词之中。于是,事实陈述发展成了模糊的预感和隐秘的意志;陈述的客观性受到了侵蚀,它似乎不再同某个真实的事态保持一致,而是与意识的活动相对应。卢梭并不是(*est*)孤独的;他离群索居、自我孤立,创造了自己的孤独之境;逆来顺受的不幸体验催生出一种奇特而陌生的存在境遇。内心感受隐秘地支配着外部事实。不过,卢梭拒不承认自己担负责任,这就是为什么他更愿意采用客观化的表述方式,从而将他的处境呈现为一种他不得不忍受的境遇。

接下来的几句话则对这种实际境遇作出了说明。我们注意到,诸如"在这人世间"、"这个凡尘世界"这类表达显然借自宗教语言,它们所暗示出的放逐意味点明了分裂的存在状态,强化了疏离之感。周遭的生存空间是通过一种宗教拓扑学的方式而得到界定的:真实的人类似乎逐渐消失了,最终只剩下充满敌意的非人存在。卢梭先以否定句式引出"亲友近邻",最后过渡到那些"令我……痛不欲生的东西",而"外星球"这一夸张的形象化比喻则位于两者之间,它表现了空间"错位"之感。在这凡尘俗世之中,环绕在我们身边的一切具体事物都叫人震愕不已。"堕落"这一意象("我从……跌落至此")使我们感受到一种不可逆转的骤变。在这颗外星球上,事物的意义不再源于它们共享的某个真实过去,它不再为人熟知,也不再令人心安:急剧的断裂就此出现。从今往后,一切外部对象("*那些挨近我的、围绕着我的事物*")不但与我毫不相干,还会令我倍感痛苦。

从第一句话到第四句话,卢梭的笔调由逆来顺受转为怨天尤人。与此同时,句子也变得越来越长。那折磨灵魂的痛苦不断加剧,终于在第四句话中达到了顶点:尖锐而响亮的元音 i 在"affl*i*geants"[(令人)痛不欲生的]和"déch*i*rants"[(令人)心如刀绞的]这两个词中迸涌而出;随即,它又在两个简短有力的关系从句中再次响起,仿若卢梭发出的连连叹息:"……将我激怒(qui m'*i*ndigne)的可鄙之物,或是折磨着我(qui m'affl*i*ge)的痛苦之情"——相同的字眼(*affligeants*, *afflige*)以及同样响亮的元音(i)使那达至巅峰状态的情感如回声一般持续涌动。悲恸的灵魂已无法自制,完全沉浸在阴郁的情感激流之中。逆来顺受的言辞和顾影自怜的表述唤醒并滋长了胸中的悲情:卢梭被他自己的哀怨之声所感动。

然而,一旦达至绝望的顶点,澄明的遐思便开始调动其言语并发挥相反的作用。在第四句话和第五句话之间出现了一次逆转。忧郁的遐思被一股内心冲动所取代,后者企图修复那即将支离破碎的个人存在。为了实现这一转向,首先要做的就是主动弃绝这个敌对的世界:"所以,就让我把所有那些令我悲痛欲绝的……对象都从我的脑海里清除干净吧"。祈使句式在这里体现出意志之决断行为的近乎魔法般的神奇力量。这个世界无关紧要;更确切地说,意识行使了它的一项基本主权:区隔的能力。对于世界和自我这两个发生冲突的对立面来说,一方(世界)会因另一方(自我)的行动而消失无影,唯有后者依然可见。冲突化为回忆。不过,企图修复个人存在的遐思若要成为可能,冲突乃是其必要条件;澄明的嬗变若要真正展开,就必须以晦暗不明的冲突为起点。因此,显而易见的是,混乱不清的冲突状态始终潜存于意识的背景之中。事实上,即便当卢梭决心"忘记我的不幸"时,他依然在谈论着这些不幸。想要忘怀并不等于真能忘怀。甚至在第一篇《漫步》的最后一句话中,当卢梭谈及其安享余生的期许时,他也不由自主地会把这种晚年生活的至福状态同其敌人的无谓侵扰加以对照:"……不受他们侵扰,安享余生"。所以,那些"令我悲痛欲绝的对象"并未消失:它们的存在只是遭到了否认,而没有被真正清除;它们也并未丧失敌意,只不过是在相隔很远的地方将它彻底释放了出来。卢梭化解它们咄咄逼人之锋芒的办法就是宣称自己从今往后已不在它们的势力范围之内。意识发现自己可以逃离这个敌对的世界,只要它不再关心这个世界。事实上,卢梭重复使用的动词 *s'occuper*[关切、操心]正体现出这种决定性的转变,即思想由痛苦的外向状态转为幸福的内省活动:1."那些令我悲痛欲绝且徒劳无益地挂念着的(m'occuperais)对象";2."除了自我之外,我就不应也不愿再操心(m'occuper)别的什么了"。

正如宗教拓扑学的语言帮助卢梭创造了外部空间(被界定为"凡尘世界"、"人世间")的意义,"慰藉"、"希望"和"安宁"这三个宗教概念则使卢梭对其自身的关切得以合理化。显而易见的是,卢梭以对他自己有利的方式盗用了上帝的恩典:身为信徒的他把只能在上帝那里寻得的恩典之源转移到了自己的身上。同样显而易见的是,三个具有相同句法地位的宗教名词被并置在了一起,造成的实际效果就是句子的节奏趋于平缓。它们把平和而丰富的意涵赋予卢梭的语句,同时又不会显得冗赘啰嗦;这三个词暗示出生命的至福状态,它们同该段落第二句和最后一句话中并列出现的三个词形成对照:1."在这人世间,我再无友邻,再无同胞,再无兄弟";2."我便会忘记我的不幸、那些迫害我的人以及我蒙受的耻辱"。更为重要的是,"慰藉"、"希望"和"安宁"这三个词表明灵魂与时间的三个维度达成了和解:过去(通过慰藉)、未来(通过希望)和当下(安宁的状态)重新变成了适合灵魂栖息的居所。

如果说遐思是在生存空间不断萎缩的过程中逐渐展开的,如果说自我选择了遁世绝俗、离群索居的生活,那么它在这么做的同时也获得了一种补偿,即它授权自己在时间中自由扩张:重温往昔,展望未来。在连续的两个句子中,卢梭首先表示自己想要延续他在过去所从事的自传式写作,随后他表达了自己的期待,即在上帝的法庭之上接受那即将到来的审判。关切自身:这首先意味着重建内在的连续性。澄明的嬗变所能发挥的一个主要的转化功能就在于,它使存在者逃离了四面楚歌、八方受敌的生存空间,并在个人存在的时间性之中寻求庇护;思想可以在这条时间之河中时而溯流而上,时而顺流而下,不会碰到任何障碍。从这一刻开始,一种新的空间得以敞开:这是一个时间化的空间,它以自我为中心,并被充溢其间的扩张性感受所激活。这就是卢梭每日漫步的空间……现在,就在卢梭写下我们所读到的这页文字的时候,内在的连续性还没有被真正重建起来:它还只是一项成形于遐思之中的筹划,并倾向于攫取现实的力量——正如对于内心笃定的信念来说,稍早前所描绘的那幅彻底疏离的异化景象已然获得了现实的力量。

关切自身这一构想正体现于遐思之中;遐思活动以多种方式发展并阐明了这一构想——不妨说,它尝试赋予其多重意涵。在我们引用的那个段落的后半部分,遐思考察了与自身对话这种活动可能具有的多重目的。首先是认识自我:反躬自省,研究自身。不过，认识自我这一目的立即就被卢梭归属于一种个人的末世论：它有助于完成一份更为忠实的自我陈述，并将其呈交给那至高无上的审判者。遐思活动会止步于此吗？不，卢梭还有别的意图。一个更为切近的伦理目的便是改造自我，纠正内心的不良倾向。然而，当卢梭宣称自己"在这世间已是一无是处"时，这一伦理目的便即刻失去了效用。遐思在不断展开的过程中似乎也在接二连三地舍弃它刚刚为自己日后要从事的活动所设定的目标。它将这些目标逐一列出是为了能够不断超越，更进一步，它想要通达一个超脱于目的王国之外的世界；任何目的都会迫使存在者依附于某种外部权威，而它想要逃离这种宿命。不论是将自己呈交给上帝，还是改造自我，这种做法都依旧受制于他者或道德的要求，这种要求支配着我们在他人中间的行动；当"认识自我"被理解为一种知识时，它就预设了一种内在的差异，从而将进行认识活动的意识与被认识的存在者区分开来。卢梭的遐思力图消除这种外在性和差异性。与自身对话的活动并非是达成遥远未来的某个目的的手段：它本身就是终极目的、绝对目标。被凝结成文字的遐思承载着同者与同者的相互交融。澄明的嬗变通向的终点乃是对一种可在阅读中无限重温之享受的期望。随着遐思之流不断涌向终点，灵魂也变得澄明清朗起来；我们注意到，这一转变正体现在逐渐加强的措辞当中:"与我的灵魂交流的美妙境界"、"令人陶醉的静观冥思"、"我便得以再次沉浸在那无上的享受之中"……显然,就在意识准备重温它那凝结成文字的昔日影像并从中认出它自身之时,遐思之流达至其至福之境。卢梭期望通过重读遐思而得以无限期地重复、重温往日的时光,为意识敞开一种纯粹的泰然自若之可能,既摆脱无常之侵袭,亦逃离敌对世界之戕害。遐思将我们带向这样一座王国,在那里,记忆显得愈发鲜活,与此同时,遗忘亦变得更加容易;这种精神活动宣告了一个乌托邦式的预言:一切劳苦终告结束,通过绝对的弃绝、受动性以及内在能量的释放而重返个人的黄金时代。让-雅克不费吹灰之力即可体味那已然消逝的静观冥思的恒久在场;他轻而易举地逃离了他的不幸境遇,摆脱了那些恶毒的迫害者们。这种时光的停驻,这种维续着的、超脱一切绵延的当下,就是卢梭刚刚谈到的"安宁",它被列在了"希望"(朝向未来)和"慰藉"(面向过去)之后。不可逾越的间距横亘于内在的完满在场与外在的苦难之间:卢梭向自己许诺,他将会拥有这些特权。由于他尚未获得它们,遐思便力图通过欲望冲动去赢取它们,它在这股冲动中向自己预示了它们的存在。

事实上,后面的九篇《漫步》都没有将最近的某次漫步途中骤然涌现的"令人陶醉的静观冥思"即刻凝结为纯粹的意象并将其呈现给我们;没有一篇《漫步》能够从头至尾维持连贯一致的幸福笔调。正如我们刚刚在第一篇《漫步》中所看到的那样,幸福的瞬间犹如闪烁的微光,它们总是在昏暗天幕的映衬之下幽幽显现。遐思在其刚刚展开之时似乎总是需要同敌对世界和"令我悲痛欲绝的对象"发生冲突。卢梭在第八篇《漫步》的开头十分清楚地阐明了这一点:

> 我在不同时期都有过短暂的幸运时刻,它们几乎没有给我留下任何深刻而持久的愉悦回忆;相反,在我生命中的各个艰难时刻,我却总是感到自己心中充满了温柔而动人的美妙情感,它们在我那颗悲痛心灵的伤口上面涂上了一层镇痛的香膏,仿佛将痛楚转化为快感……①

将痛楚转化为快感:这句话确实最为准确地界定了卢梭的欲望炼金术,我们在前文曾把它称为"澄明的嬗变"。黑影与痛苦乃是这种嬗变的原初质料。遐思只有同它力图摆脱的某个压抑性的给予物形成对照,方可激发并强化自身的活力,最终化为难以磨灭的记忆。让-雅克的灵魂如"大气"一般变化无常、

---

① 《全集》卷一,第 1074 页。

阴晴不定,其原因不仅仅在于感受之多变和幸福之脆弱(正是他的敏感使得这种幸福昙花一现),还在于这种幸福需要潜入那不幸感受的深渊之中寻得滋养及其根基。为了积极地、快乐地从痛苦中解脱出来,卢梭必须重新陷入痛苦之中。

在这十篇《漫步》中,卢梭并没有把他的不幸忘得一干二净,他也没能获得彻底的安宁;在重读它们的过程中,卢梭或许从未体验到他曾向自己许诺的那份至上享受。不幸四处横流,泛滥成灾;它扮演着一个暧昧不清的角色:既是遮蔽幸福的魔障,亦是那澄明的遐思施展其驱魔行动的必要借口。另外,我们还应注意到,《遐思录》就其本身的写作线索来说或许的确对应着卢梭的"漫步"活动,然而,它们根本就不是对漫步途中之遐思的现场笔录,也不是将当日事件立即记述下来的"日志"[1](即便它们"未成形")。如果说在撰写过程中,让-雅克的灵魂正专注于解释事件,并因为这种解释而变得激奋不安,那么他所解释的事件或感受很少会源于他写作的前一时刻。它们隶属于一个更为久远的过去。卢梭的思维若要从事解释性活动,就必须跟事实保持一定的距离,以便将意义从中解析出来。他曾多次重申这一点:事件正是在回忆中获得其意义(被让-雅克润

---

[1] 《遐思录》漫步之一,见《全集》卷一,第 1000 页。

饰过乃至自由创造出来的意义)。卢梭在其《遐思录》中明确提到的最近发生的一次事件乃是阅读达朗贝尔为热奥弗兰夫人撰写的悼词;三天之后,他才写出了第九篇《漫步》。在这三天当中,卢梭对事件的所有细节作了编排,使其服从他自己的阐释逻辑……卢梭只有一次明确地谈到"今天",即在第十篇《漫步》的开头,其目的在于精确地限定他所要记述之主要事件的发生时间正好是五十年前的今天:遇见华伦夫人。最后的这篇"遐思"沉浸在对那次非同寻常的邂逅的追忆之中;作为真正拉开了让-雅克人生大幕的首次"漫步",他逃离日内瓦的漂泊之旅终于在这次邂逅中画上了句号。极其巨大的时间间隔横亘于亲身经历的事实及其激起的沉思性的回响之间。

因此,我们在前文所引用的那个较长段落宣告了一项只能被部分实现的计划。时光停驻,在生命之永恒映像中重复生命,将幸福凝结于写下的幸福意象之中:这些都是欲望的公设,是遐思所瞄准的超脱于混乱和不完美的当下时刻之外的目标,而它追求这一目标的意志从未消退。值得注意的是,在第五篇《漫步》中,这位追念灵魂所能享有之至福状态(在这种状态中,"时间毫无意义")的人却处在一个抑郁不快的时刻,他满怀乡愁,把目光投向了过去。他运用了未完成过去时,还有复合过去时:"这就是我……曾陷入的（où je me suis trouvé）那种状态……"就在这位《遐思录》的作者写下上面这句话的时候，他便令自己与圣-皮埃尔岛上那位出神的静观者处于一种由欲望和分离所构成的关系之中，这同俄耳甫斯与欧律狄刻的关系如出一辙：回望竟成永别①。

* * *

这些评述或许有助于我们界定"澄明的嬗变"的整条发展线索。从焦虑与敌意编织而成的黑暗背景出发，遐思制造了一连串的推理、意象、感受并将它们不断铺展开来，但这只是为了耗尽和废弃所有的推理、意象与感受——唯有一种感受除外，即对经久不变且澄澈透明之在场的感受。

存在的感受、伟大的存在、完美的自足……就其严格的定义来说，这些概念当然并不等同。然而，卢梭却使它们变成了可以相互替换的表达，这是因为它们都指向了嬗变运动停止下来的那个终点；它们都意味着不可嬗变者，即从今往后不会为生成之流和思想活动所改变的东西；那位于意识或世界之深

---

① [译注]俄耳甫斯在将爱妻欧律狄刻救出冥府途中，因关切她尚未痊愈的脚伤而回头看了爱妻，违反了他与冥王的约定，导致欧律狄刻被打回冥府，无法重返人间。

渊当中的东西,它既是一切力量之源,亦是力量消退后的持存之物。

　　卢梭的反思活动力图超越反思所导致的分裂状态,为的是通达这样一处终极境地,即泰然自若的意识沉浸在非反思的直接性之中。同样,受到欲望牵引和激发的澄明的嬗变也在追求不变者的过程中不断发展出它的种种变体。然而,"世间万物皆流变不居"。如此强烈地吁求安宁、透明与平静,这就意味着存在者必定要投身于追求和解的无尽努力中去,为了实现那不可实现的非运动状态而持续不懈地运动着:对不变者的激情要求遐思必须无止无休地重新开始。

论卢梭的疾病[*]

我一出生就险些夭亡;大家对我活下来并不抱什么希望。我与生俱来的病根随着年岁的增长而愈发严重,如今,它带给我的病痛虽时不时有所缓解,但它却会以另一种方式更加残酷地折磨我。我父亲有个妹妹,是位乖巧可爱的姑娘,她对我的悉心照料救了我的命。①

然而,这位《爱弥儿》的作者对体弱多病的孩童可没有那么体贴:

但凡一个人担负起照料体弱多病的学生的责任,他的角色就从老师变成了护士;他把时间都浪费在了照顾一条毫无用处的生命上面,而

---

* 原发表于《耶鲁法国研究》第 28 期(1962 年)。
① 《忏悔录》章一,见《全集》卷一,第 7 至 8 页。

他本该用这些时间去做一些更有价值的事情……我可不愿意承担起照顾一个体弱多病的孩子的职责,就算他能活到八十岁。①

在第二篇《论文》中,卢梭对体弱多病者的态度同样冷酷无情:在论述自然状态的那些重要原理时,卢梭告诉我们,"大自然"对待儿童的方式"与斯巴达的法律对待其公民的孩子的方式如出一辙:令体格健全者茁壮成长,其余则尽数灭绝"②。卢梭在作出这一陈述时不带一丝怜惜之情。

这些文本之间的剧烈反差令人惊诧。卢梭时而作为一个天生的体弱多病者向我们发话,时而又采取了一种自然选择的残忍立场。彼时,他奇迹般地存活下来,他的整个生命都不过是死亡之飘摇不定的延宕过程;此时,他却平静而冷漠地(或者不如说,带着些许赞赏之情)认可了牺牲弱者的做法,仿佛忘记了他自己也可能沦为那些受害者中的一员。

然而,卢梭的这两个对立面最终以其对称性而统一于一个真实而单一的问题域中:它们构成了同一种痛苦的双重表达。为方便起见,我们将用精神

---

① 《爱弥儿》卷一,见《全集》卷四,第 268 页。
② 《论不平等》,见《全集》卷三,第 135 页。

分析学的术语来讨论它,即一种施虐-受虐结构:病人的痛苦呻吟按照一种理想的互补关系反转成为面对弱者时冰冷而残忍的严酷态度。对体弱多病者的漠视变成了一个补充性的动机,诱使卢梭哀叹他那从诞生之日起便种下病根的生命。卢梭显然乐于感受并宣扬自己的痛苦,他对此颇为沾沾自喜;尽管如此,他同样也发自真心地鼓吹一种绝对的健康(以淘汰弱者为代价)。他在受伤或伤害别人时会体验到一种混杂不清的快感;而且,我们可以认为,正是他的病弱之躯促使他渴望一种理想的健康状态,这种理想正好呼应了他所感受到的缺陷。于是,我们便看到了这样一个因担心旧病复发而惶惶不可终日之人:他频繁地使用尿道探条;他的"女管家"①在很多时候倒更像是他的一个护士;最终,他在试过各种办法后打发走了所有的医生,然而他对医学的这种决定性的拒绝不过是他从前向医生寻求帮助时的急切不安之情(他的蒙彼利埃之行足以说明这一点)的颠倒映像。他内心深处怎可能不祈求一个完满无损的健康生命呢?他怎可能不渴望一种单纯的存在状态呢?在这种状态下,人的自发力量与其周遭自然的自发力量相辅相成,奇迹般地协调一致,它们足以使身体保持健壮,而在享受健康的同时也根本不用担

---

① [译注]即泰莱丝。

心这种脆弱的健康状态难以维续。机体组织仅靠它自己便能够保存自身并享受生存的简单快乐,完全无需借助人为手段加以改善——在卢梭看来,这种能力是如此罕见,以至于它只可能被设想为自然状态下的一个永远无法恢复的特权,它从一个侧面将那座粗野葱翠的失乐园勾画了出来:存在者在其中不会惧怕死亡,因为他尚未被抛入反思的漩涡之中。一旦人僭越这种动物式的幸福状态,抛弃无忧无虑的未开化的存在方式,他便学会了未雨绸缪,并预见了自己的死亡,而这死亡从此便渗进了他的意识之中,再也不会离去。与此同时,我们还学会了想象,但当我们想要满足自己那些想象的需求之时,我们便丧失了原始的平衡状态:一切人为需求皆疾病之源。于是,想象世界或许只是生命的纯真期许,但它事实上却变成了死亡的预期……

像动物那样活在当下瞬间以及连续瞬间的非连续性之中,这就意味着享有一种本质的健康生命,完全体会不到骄傲自负之情,也不会在乎他人的眼光,更不会为了明天的生计而辛苦劳动、积累财富——一句话,这些多余之物都是随着时间的推移才慢慢构成了我们对于自己的必死命运的意识。卢梭对反思的批判众所周知,然而研究者们并未充分意识到,这种批判以健康之名展开:

> 如果它[大自然]本来是要让我们成为健康的人,那么我几乎敢断言,反思的状态是一种违反自然的状态,而沉思的人则是一种堕落的动物。①

卢梭想要说明什么问题呢?在我看来,与其说他意在向反思(一种暧昧不清的能力,卢梭在其他地方则将它视为保障灵魂之精神属性的官能)发起不容置辩的指责,倒不如说他试图凸显尚无法运用理性的自然人的幸运的生命状态。既然反思和想象在带来益处的同时也会造成有害影响,那么人们也就没有必要担忧自己会缺少这两种能力。自然人并不感到匮乏。他既无技术,亦无工具,整日懒散无为,得过且过;在这种恰到好处的平衡状态下,只有当人感受到进食的欲望且想要即刻采摘原始森林提供的丰富果实时,意识才会脱离愉悦惬意的睡眠状态。与这种不会过度发展的欲望相对应的乃是一种不会被任何事物所干扰的安乐生活。欲望的自发冲动不会被任何道德力量或羞耻心所束缚,但另一方面,欲望也不会逾越它的边界,正是这边界保证了幸福状态可以不断更新并一直延续下去。幸福是有界限的;倘使人没有跨过自己的界限,这种幸福或许本可

---

① [译注]参见《全集》卷三,第 138 页。

成为永恒。原始的健康状态只能以一种模糊而混杂的方式被意识到;同样,这种状态也没有历史。自然人数千年来始终如故,直到"环境"将沉睡中的可完善性激活。由此,反思、想象和人类劳动便踏上了冒险之旅:历史乃是一种病态。可是,如何才能治愈历史这种疾病呢?无论如何,我们都无法通过拒绝历史来达成这一目的。答案可以在《爱弥儿》和《社会契约论》中找到;在这两部著作中,作为个体或共同体的人都被抛入了由人工性所支配的生成变化之中。

* * *

我们刚刚所谈到的这些方面在卢梭个人神话的构建过程中肯定发挥了决定性作用。在西方和非西方的集体意识中,受苦受难的疗愈师形象都备受尊崇。在这个意义上,基督的形象不过是一种普遍原型的众多化身之一,而马松(P. M. Masson)的著作提醒我们[①],人们常常会把卢梭(作为《遵主圣范》[②]的一位读者)同这一形象联系起来。饱受焦虑与病痛折磨的人类期盼着能从一个被苦难命运所鞭挞并

---

① 马松:《让-雅克·卢梭的宗教观》(巴黎:阿歇特出版社,1913年,共三卷)。
② [译注]即著名的天主教灵修典籍 *De imitatione Christi*,又译《师主篇》、《效法基督》等。

孤立的人的口中听到救赎的话语与解放的讯息。与世隔绝的极端处境散发着非比寻常的神奇魅力，深重的苦难则会进一步促使这种处境被神圣化。这就是狄奥尼索斯的面孔之一；或许，这也是为什么荷尔德林——这位讴歌狄奥尼索斯的诗人——会被卢梭吸引。受苦受难的疗愈师神话奠基于如下信念之上，即极度痛苦的孤立处境乃是赢得无比强大的在场状态与最为有效的亲近关系所必须付出的代价。众所周知，萨满巫师在成为疗愈师之前，必须先在离群索居的状况下经受疾病之启悟（maladie-initiation），这一过程有时会持续数年之久。玛丽·贝柯·艾迪①所取得的卓越威望在很大程度上要得益于她先前罹患过瘫痪。我们还可以举出大量类似的实例……没有人敢鲁莽断言，卢梭在世人面前的这种形象是他自己苦心经营的结果。这样一种威望是算计不出来的；它是在与公众期待盲目契合的过程中逐渐形成的。一种模糊而匿名的希望潜藏于深厚的集体经验之中，它既是他者怀抱的寄托，亦是个人听到的召唤；它早已萦绕在卢梭的心头，激发着他以愈发清晰而鲜明的方式逐渐化身为一位饱受苦难的救世主、一个理想的榜样，这便是他对这种寄托与召

---

① [译注]玛丽·贝柯·艾迪（Mary Baker Eddy，1821—1910），美国基督教科学会创始人。

唤作出的回应①。无论如何，可以肯定的一点是，卢梭的大部分崇拜者都把他视为一个忍受巨大痛苦的人，并因此而爱戴他。这个体弱多病的人不仅宣告了一个有罪的社会将会遭受的惩罚，而且预言了"恶疾之痊愈"；击打在他肉身之上的所有苦难都转化成了非同寻常的、光彩夺目的至高威望；相反，正如他在前往樊尚途中所体验到的出神之境那样，理智直观的炫目精芒则将他的身体重重击倒在地，使他陷入了泪水、错乱与晕眩之中②。

* * *

不过，历史学家们对于卢梭的疾病还想要知道得更多。这是一项冒险的探索；我们只有预先接受彻底失败或悬而未决这两种可能的结局，这项探索才有意义。如果我们认为原始资料会以明确的"是"或"否"回答我们的问题，那么我们就是在诱使这些资料讲述我们希望听到的内容；这样的探索是难以

---

① 在 1754 年 11 月 28 日写给牧师让·佩尔德李奥（Jean Perdriau）的信中，卢梭的这种态度就已然彰明较著："倘若一颗对荣华富贵不屑一顾，甚至将生命置之度外的心灵凭此超脱境界而值得成为真理之预言者，那么我斗胆认为，我自己就受到了这一崇高天职的召唤"（《卢梭书信集》，杜福尔和普朗编，卷二，第 135 页；《卢梭书信全集》，拉尔夫·利编，卷三，第 59 页）。
② [译注] 详见卢梭在致马勒塞尔布先生的第二封信中关于樊尚之行的描述。

取得进展的。

世人总是带着强烈的好奇心去窥探赫赫有名的杰出人物染上的疾病。我承认,我不大喜欢这样的做法。他们是有血有肉之人,他们已然死去:因此,他们和我们一样都是凡夫俗子。或许,他们本想躲藏于完美的作品之中,他们只想化身为艺术和文字。然而这种企图是徒劳的:死神已将他们俘获。我们总是可以从死神的视角随心所欲地研究他们;在考察他们的疾病时,我们正是这么做的:他们患有龋齿、消化不良、咳嗽不止,或者感染了螺旋体门细菌。后世对这些杰出人物暗中施以报复:剖解他们脏腑中的污秽之物,详察身体病变所造成的痛苦。一群神情严肃、身着防护服的人向我们宣布:他们享有的赞美和崇敬已经够多了,是时候去认真了解他们本人了。一具具尸体被抬到了解剖台上,似乎某块病变的人体组织就可以让我们发现那股隐秘的动力,正是这动力驱使这些曾经活着的自由放浪之人创造出了他们的作品。某些"病理检查者"就是这么天真:在他们看来,波德莱尔、肖邦、格雷考(El Greco)的创作可以分别通过他们所患的梅毒、肺结核和散光得到解释。这是一种相当简单化的、一概而论的做法。我们的脑海里自然而然地会浮现出一个问题:为什么并不是所有病人都拥有这种创作才华呢?每位艺术家都留下一具遗骸,可我们绝不会在这遗骸中发现他的艺术。

*　*　*

卢梭的疾病极富争议！这是由于它并不仅仅关系到人们对卢梭所作出的回顾性诊断①是否准确可靠。当诊断被人们赋予新的意义时,历史向让-雅克不断发起的这场诉讼的主要案卷或许就会被意外改写。倘若卢梭真像十九世纪末持正统观念的作家们所坚信的那样是一个"堕落之徒",他身上带有"神经病性体质"乃至悖德狂(insanité morale)的先天缺陷,那么人们就可以对卢梭作出终审判决:此人声名狼藉、信誉扫地,这个"病态天才"的全部作品都龌龊不堪,它们的根基本身已被腐化。诚然,卢梭的作品作为一种病征来看或许引人注目,可它们并不值得人们用心研读和尊奉——罗伯斯庇尔(Robespierre)的问题正在于此,他把卢梭奉为了权威……另一派观点则是为卢梭辩护:疾病在其生命中并不占据核心的、首要的地位,它只是一个附带的伤疤、一块意外出现的阴影、一种源自外部的灾祸。因此,我们势必要区分两个不同的角色:一个是本真的卢梭,另一个则是由于不断恶化的尿毒症而日渐癫狂和忧郁的病人。令人钦仰的

---

① [译注]参见本书第八章之《疾病》一节的相关译注。

作家、社会改革家、教育学家——这才是真实的卢梭;被迫害妄想症患者、偏执狂——这是一个饱受日益恶化的肾炎折磨的泌尿系统感染患者。他年轻时的荒唐行径不过是尿道畸形在心理层面引发的相应后果;诚然,卢梭在其人生中的某些时期确实陷入过谵妄状态,但他不应对这种谵妄承担责任。诊断结论:解释型的中毒性妄想(délire toxique)。对苏珊娜·艾洛旭(S. Elosu)医生来说[1],这就是绝对确定无疑的结论。所有那些想要替卢梭开脱罪责的人都热切地接受了这一假说。

试图为卢梭辩解——这种关切显然会扭曲事情的本来面目。在医学检查完毕之后,人们是否必须作出判决呢:有罪? 还是无罪? 当然,这恰恰是卢梭自己想要迫使我们作出的抉择;正是他自己要求后世法庭审判他。心怀善意的医生们意识到自己将要扮演庭审鉴定专家这一角色,他们为此暗暗高兴。假如在这场诉讼中涌动着某种激情,那么这激情的基调乃是由被告人自己确定下来的。我们最好还是应该避开这一陷阱,尽管这可能会违背卢梭本人的意愿。

前文所谈到的两种截然相反的诊断都犯了一个

---

[1] 苏珊娜·艾洛旭:《卢梭的疾病》(巴黎:菲施巴赫尔出版社,1929 年)。

基本错误:它们把某种坚实的本质赋予疾病,使之成为一种独立的存在。它们之间的唯一分歧仅仅在于,疾病在卢梭的生命中究竟占据怎样的地位。一方将其视为卢梭人格内核的根本性畸变;另一方则把它当作某种绝对异质的外来物,它就像有机体无论如何都不得不忍受的寄生虫那样依附于卢梭的生命。他们忘记了,疾病的名称只是一个理性的抽象概念,唯一的具体实在就是病人的言行举止。他们以为自己作出了科学评判,可他们实际上只是将一堆"现代的"疾病分类学概念生硬地贴在了逃避一切此类定义的含混不清的现实世界之上。在这种情况下,所谓"现代"实乃最为变化无常之物。看看那张罗列了各种有趣诊断的清单吧!它们都宣称对卢梭病例作出了终审判决,这不仅涉及他的泌尿功能障碍,也关乎他的"心理状态":卢梭还在世时就在为自己遭受的忧郁症(就该词的医学意义而言)的非议进行辩解①;人们曾一度认为用"悲伤性妄想狂"(lypémanie)或"悲伤性单狂"(monomanie triste)来

---

① "您以为我过得闷闷不乐,被忧郁症折磨得形容枯槁。啊!先生,您真是大错特错了!只有在巴黎时,我的生活才会沦落至此;正是在巴黎时,我的心灵被一股黑胆汁(bile noire)所腐蚀……"(《致马勒塞尔布先生的信》第一封信,见《全集》卷一,第1131页)。[译注:众所周知,"忧郁症"(mélancolie)一词的古希腊语本义为"黑胆汁",古人认为忧郁症乃体内黑胆汁失衡所致。]

描述这种病症更为准确①;"神经症"和"退化"这类术语刚开始流行,便很快被用在了卢梭身上②;随后出现了"解释性妄想"(délire d'interprétation)和"偏执狂"概念③;皮埃尔·让内(P. Janet)把卢梭视为一个典型的精神衰弱患者④;而当临床医学热衷于将五花八门的诊断术语混杂在一起时,我们读到的诊断结论便是"间歇型强迫性神经衰弱症、动脉硬化症以及继发于神经性关节炎的进行性脑萎缩"⑤;"精神分裂症"这一相当宽泛的概念非常适合于涵盖

---

① 伊斯基洛尔:《精神疾病》卷一,布鲁塞尔:1838年(共两卷),第212页。忧郁症这一诊断也同样被用在了穆罕默德、路德、塔索、加图(Caton)、帕斯卡尔、查特顿(Chatterton)、阿尔菲耶里(Alfieri)和吉尔伯特(Gilbert)的身上。皮内尔(Pinel)早已把帕斯卡尔视为一个忧郁症患者。
② 龙勃罗梭:《论天才》(法译本),巴黎:1889年。
③ 牟比士:《卢梭病史》,莱比锡:1889年。该书作者认为卢梭得的是一种组合形态的解释性妄想症。这也是夏特兰(Chatelain)医生在其《让-雅克·卢梭的精神病》(纳沙泰尔:1890年)一书中所持的观点。在塞里厄(P. Sérieux)和卡普格拉(J. Capgras)的著作《推理性妄想狂:解释性妄想》(巴黎:1909年)中,卢梭是"解释性妄想之逆来顺受的类型"的典型代表。在我这本书的第一版中,我采用的则是"偏执狂"这一概念。
④ 参见皮埃尔·让内的《从焦虑到出神》(巴黎:1928年,共两卷)中多处。
⑤ 艾玛纽埃尔·雷吉斯:《关于让-雅克·卢梭的医学研究》,载于《医学专栏》1900年第一、二、三、五、七、十二、十三期;以及《让-雅克·卢梭的衰老前期》,载于《脑》1907年8月。

让-雅克的种种病征①;而对于精神分析学家拉佛格来说,卢梭具有潜在的同性恋倾向,并带有癔病性的强迫观念和反应②;人们还认为卢梭患有尿毒症,而且正如我们已经提到的那样,艾洛旭医生的诊断结论就是解释型的中毒性妄想③;更为晚近的一些专家则倾向于接受克雷奇默④所定义的"敏感性关系妄想"⑤。那么泌尿系统方面的疾病呢?许多人都相信,造成卢梭患有尿潴留的原因在于尿道狭窄这一器质性事实。可我们仍需知道畸形的具体部位。会是包茎吗?或是前列腺尿道狭窄?还是膀胱输尿管口的瓣膜变形呢?在蓬塞(A. Poncet)和勒里什(R. Leriche)看来(艾洛旭的著作正是以此二人的会议报告⑥为基础而完成的),"狭窄现象应该出现在尿道球部和膜部附近,这里是最易发生此类畸形的部位之一"。卢梭的文本敞开了如此众多的可能性,

---

① 德莫勒:《对让-雅克·卢梭〈忏悔录〉的精神病学分析》,载于《瑞士神经病学与精神病学档案》第二卷第 2 期,第 270 至 304 页,苏黎世:1918 年。
② 拉佛格:《让-雅克·卢梭研究》,载于《法国精神分析杂志》1927 年 11 月;后收录于《失败神经症的精神病理学》,巴黎:1944 年。
③ 苏珊娜·艾洛旭:《卢梭的疾病》(巴黎:菲施巴赫尔出版社,1929 年)。
④ 克雷奇默:《敏感性关系妄想》,柏林:1918 年。
⑤ [译注]参见本书第八章之《疾病》一节以及相关译注。
⑥ 蓬塞和勒里什:《让-雅克·卢梭的疾病》,载于《国立医学科学院通报》(1907 年 12 月 31 日会议)。

可没有哪一个能够得到最终验证。有些评论家甚至更大胆地认为,卢梭患有尿道下裂[①]:被他送到孤儿院的五个孩子没有一个是他亲生的,泰莱丝有可能只是假装怀孕,为的是紧紧拴住让-雅克的心……不过,也有人支持功能性痉挛的论点;从十八世纪开始,人们就在怀疑,卢梭的排尿障碍应该是纯粹"神经性的"问题:雷吉斯(E. Régis)认为是泌尿神经系统疾病;而在那些采纳了偏执狂这一解释的精神病学专家看来,卢梭关于疾病的种种抱怨从本质上说乃是其疑病症的表现,这一病症阶段一般会先于被迫害妄想症的发作:事实上,当谵妄的执念开始占据上风,当关于阴谋的信念变成挥之不去的强迫观念时,从这一刻起,卢梭就很少会再谈论他的排尿困难和频繁使用的尿道探条了[②]。

如此繁多的观点和诊断对于我们了解1800至1970年间医学观念之历史沿革或许极有教益;与此相反的是,我们对卢梭的认识却几乎毫无进展。正如人们所料,支持体因性(somatogenèse)的专家与赞成心因性(psychogenèse)的学者各执一词,截然对立:人们甚至会发现,为了预防对手必然提出的反对意见,双方都会作出许多让步,以使他们的观点更

---

① 弗莱德丽卡·麦克唐纳:《卢梭传奇》,巴黎:1909年。
② 身心的协调最终导向了谵妄状态。

为接近。一方说,泌尿功能障碍源于器质性畸形,不过,我们不应完全排除"大脑皮层过载"这种可能性;另一方则反驳道,泌尿功能障碍源于心理问题,但是对于一个每天使用探条的人来说,即便他的身体原本没有任何器质性病变,也早晚会因此而导致尿路感染……

* * *

还是让我们回归文本吧。不过,这并不是为了尝试提出某种更出色的诊断;我们不会比这么多杰出的医生做得更好了。首先应当承认的是,卢梭的病史资料虽十分丰富,但其内容则几乎全是病人自己的陈述。这些资料根本无法被我们核实验证。当诉诸于事实的可能性被堵死时,再敏锐的"临床洞察力"亦是枉然:病人的不在场使我们构想出来的一切都只能是假说。

那么,我们还能做些什么呢?首先,我们可以追问,疾病对于卢梭的"意识"本身而言到底意味着什么。准确知道一个人所罹患的疾病是什么,这还远远不够。关键在于知道他是如何忍受这些疾病的:在遭受病痛折磨时,他是泰然居之还是焦虑不安,是自得其乐还是企图漠然置之?尽管缺少确切的诊断,我们仍然可以追问:卢梭是如何体验自身的疾病的?疾病是如何改变他的生活和写作的?

我们观察到的第一个结果如下：对于自己的病态心理，卢梭实际上处于一种疾病感缺失（anosognosique）的状态。在"被迫害妄想症"发作早期便及时摒弃自己的某些谵妄意念并责备其惊惶不安的想象力——这种情况只出现过一两次而已。而在绝大多数情况下，晚年的卢梭都固守着一些无比荒诞不经的信念，但他对这些信念的病理性质从未产生过丝毫疑虑。卢梭对泌尿系统疾病的体验则完全不同：他仔细观察这种疾病，反复描述它，像宠爱自己的孩子一般把它展示给所有人。他为何如此关注，尤其是如此热切地想要让我们知道他所罹患的这种疾病呢？毕竟，大多数人都会选择默默忍受和掩饰这种病痛：跟卢梭的情况相比，布瓦洛的尿道病变是一个更为确定无疑的事实——一些间接证据向我们透露了这一点，尽管布瓦洛本人在其作品中对此只字不提。可卢梭却把自己的情况一五一十地告诉我们。为什么？是因为他的表现癖吗？还是为了效仿蒙田？后者对于自己所患的肾结石毫不掩饰。文学先例对卢梭而言也许并非毫无意义，但这只是一个相当肤浅的动机。更为合理的原因或许是：通过直截了当地坦露他所忍受的种种最为隐秘的病痛，让雅克便对自己的真诚作出了保证。倘若他勇于揭开自己的伤疤且不以为耻，倘若他对自己的荒唐往事和恶劣行径（偷窃丝带、受虐倾向、遗弃子女）都直言不讳,那么,我们也就没有任何理由怀疑那些不太会有损其名声的生活细节的真实性:当他向我们谈论他那永远纯洁的意图和始终温柔仁厚的情感时,我们就更应相信他所言不虚。对难以启齿之事的供认恰恰印证了其他一切陈述的真实性。假如还有别的让他问心有愧的"罪行"或耻辱没被坦白,那么,他得怀着何等强烈的羞耻感或何等虚伪的心肠才能让自己守口如瓶啊! 他笔下描绘的自己是如此粗鄙下流,以至于我们可以肯定,他已经开心见肠地(intus et in cute)①把自己完全袒露于世人面前。而这正是他想要让我们相信的事情:《忏悔录》乃是一个深陷绝境之人的辩护词,他感到自己背负着骇人的骂名——这种感受既合情合理,亦谬妄无稽。这部作品得给后世重塑一个真实的让-雅克的形象——那些阴谋家们为了蒙骗全世界而捏造出来的怪物形象暂时取代了这一真实形象。

卢梭的指控者们都说了些什么呢? 让我们看看伏尔泰在他匿名散布的攻讦卢梭的小册子《公民意见书》里写下的一段话:

> 我们痛心而羞愧地承认,这是一个身上仍

---

① [译注]即《忏悔录》章一开篇所引用的诗句,出自古罗马诗人佩尔西乌斯的第三首讽刺诗。

被放荡品行打上了不祥烙印的堕落之徒,这个乔装改扮的江湖骗子拖着一个可怜的女人跟他一道颠沛流离、翻山越岭,不但害死了她的母亲①,还把她的几个孩子丢在了孤儿院门口……

我们可以看到,卢梭所遭受的诽谤和谴责确实存在,只不过他的想象力把它们夸大成了无所不在的嗷嗷谗口。只有一种回应能够反击这种攻讦:通过最不起眼的微小细节来揭示其疾病的确切性质;解释他为何无论到哪里都要把他平时储备的尿道探条带在身边;说明他必须穿着亚美尼亚人服装的动机。卢梭让他的巴黎出版商将这本恶意中伤他的小册子(他错误地以为日内瓦的凡尔纳牧师是其真正的作者)正式编印出来,同时附上了他的更正声明:

> 我想简单地作一点说明,这似乎也是该文向我提出的要求。重疾也好,小病也罢,我的身体从来都没有遭受过该文作者在此提到的任何一种病症的损害。它们与那折磨我的疾病完全风马牛不相及;正如那些依然健在的、曾在我童

---

① [译注]伏尔泰在这篇作于1764年的《公民意见书》中认为卢梭对泰莱丝母亲之死负有责任,不过根据卢梭1766年11月15日给好友迪贝鲁的一封信,泰莱丝的母亲应是在写信当年才去世。

年时期照料过我的人们都知道的那样,我所罹患的这种疾病与生俱来。马鲁安先生、莫朗先生、蒂耶里先生、达朗先生以及科姆修士都对这疾病了如指掌;假如此病同放荡的品行有一丝一毫的牵连,那么我恳求他们驳斥我……①

而在他 1763 年立下的遗嘱(早于《公民意见书》)中,卢梭就已经意识到需要用大量的细节来反驳他所遭受的性病非议。我们在这里不妨大段摘引这篇异乎寻常的文献中的几段话:

> 这种折磨了我三十余载②且看起来会最终要了我的命的怪病是那么不同于所有其他同类疾病,而且内科和外科的医生们又总是把它们搞混,因此我相信,出于公众福祉的考量,应当在我死后检查病灶本身。这就是为何我希望如果可能的话,我的遗体能交由技术娴熟的人来解剖,体内病灶的状况能够得到细致的观察;为了引导外科医生们进行剖检,我在这里附上一份病情说明。既然二十年来,那些拥有最精湛

---

① 《卢梭书信集》,杜福尔和普朗编,卷十二,第 366 及后页。
② [译注]斯塔罗宾斯基在这里的引文与"七星文丛"版《全集》略有出入;根据《全集》,"三十余载"应为"这么多年"。

的技术和最高深的造诣的医学专家们为了减轻我的病痛而做出的一切都不过是在不停加重病情,那么想必只有通过某种非同一般的手段才能对这些病变部位产生疗效了。另外需要声明的是,我从未得过任何一种通常会诱发这类病症的疾病——我承认这没什么可夸耀的,我只是碰上了好运而已;我所说的这些情况都确凿无疑,我之所以要强调这一断言,是因为一些内科和外科的医生们在这一点上拒绝相信我的话,但是他们错了。最重要的是,他们切不要在根本不存在病因的地方寻找病因①……尿潴留症已折磨了我二十年,我甚至在童年时期就患有这种病症;长久以来,我都把它归咎于尿道结石。不管是莫朗先生,还是那些医术最为高明的外科医生,都从来没能为我成功导尿,我也就一直不能肯定结石就是病因,直到科姆修士最终把一种极为纤细的导管插入尿道以后,他才确定里面并无结石。

(让我们先暂时中断引述。我们注意到,如果连

---

① [译注]据"七星文丛"版《全集》,上述两句话(即从"另外需要声明的是"至"寻找病因")只出现在遗嘱草稿中,在定稿中未被保留。

大部分医生都无法顺利地将尿道探条插入膀胱,那么卢梭自行插入探条的尝试恐怕也同样不会获得成功。)

我的尿潴留病情并不像尿道结石患者那样时断时续、时有时无,他们有时排尿会很顺畅,有时则根本尿不出来。我的病症则会经常性发作。我的小便从来都不顺畅,但也从未出现过完全尿不出来的状况;只不过尿液在流出时多多少少会有些阻塞,从来没有彻底排尽过,这便令我深感焦虑,总想去小便,可这近乎持续不绝的排尿欲望却从来没有真正得到满足。尽管小便很不规律,我却从这病情中注意到一种稳定的发展态势,那就是尿流一年比一年细,我由此判断,早晚有一天会一滴尿都排不出来。

我感觉致使探条难以插入的阻塞物似乎逐渐深入到了膀胱部位,以至于每年使用的探条都得比上一年更为纤长;最近,由于找不到足够长的探条,我竟敢自行将其拉长。

沐浴、利尿剂,所有那些通常会减轻此类病痛的治疗方法对我却从未起效,它们只会加重我的痛苦,而且放血疗法也从未让我的病情有过一丝缓解。内科和外科的医生们对我的病症从来都是束手无策,他们只能给出一些含糊其辞的推论，与其说是为了让我明白自己的病情，倒不如说是为了安慰我。既然无法治愈身体，他们便想要疗治精神。他们的治疗对身体和精神都没什么好处；自从不再找他们看病以后，我反倒活得更加舒坦平和。

科姆修士说，他发现我的前列腺严重肥大且硬化，就像硬癌一样；因此应该重视他的观察记录。病灶肯定位于前列腺，或膀胱颈部，或尿道，也可能同时位于这三处。故而通过检查这几个部位，也许能够找到病因。

绝不应该认为这病因源于过去染上的某种性病。我要声明，我从未得过这种病。我跟曾经治疗我的医生们都说过这一点，可我觉得他们当中有好些人都不相信我的话。他们错了。[1]

卢梭想在所有方面都成为一个特例。他的疾病就像他的个性和命运一般绝无仅有。大自然打碎了它用于铸造让-雅克的那个"模子"。不过他尤为看重的是，人们不该含沙射影地指责他是一名放荡之徒。这一指控显然令他耿耿于怀、不得安宁，他要在《忏悔录》中细致详述自己的情史与艳遇，以此来反

---

[1] 《全集》卷一，第 1224 至 1226 页。

驳这种指控:读者们会发现,他的情场经历实在不值得吹嘘。别的回忆录作家们往往会夸耀自己的风流韵事,可卢梭却更加热衷于展示自己的腼腆并为其辩解。他不知羞耻地讲述自己的手淫行为,以及同女人亲密接触时的一种类似于阳痿的失败经历(比如他在威尼斯面对迷人的祖丽埃塔时的奇怪行为①),以此证明他染上性病的风险很低。他只有过一次与妓女成功发生亲密关系的经历,他当时立马就觉得自己染上了性病,并赶忙去找外科医生看病,而后者告诉他,他的"身体构造比较特别,因此不会轻易受到感染"②,这才打消了他的疑虑。令他异于常人的先天性缺陷虽使其饱受病痛折磨,却也有助于他反击种种蜚语恶言。为了驳斥那些诬蔑他"染上梅毒而浑身溃烂"的敌人,卢梭与他的疾病结成了同盟。为了揭穿敌人的谎言,他暗中承认了自己的阳痿和疾患。

然而问题还不止于此。人们不仅指控他染上了梅毒,卢梭还相信(参见《对话录》)自己被所有人都当成了色情狂,落入他手里的妇女会惨遭其奸污;他还认为人们无端谴责他的性欲太过强烈和粗野。尽管卢梭的敌人对他深恶痛绝,可是他们其实从未提

---

① [译注]参见《忏悔录》章七。
② 《忏悔录》章七,见《全集》卷一,第 317 页。

出过上述指控：这是卢梭自己凭空捏造出来的一项罪名，为的是能够认真而详尽地对其作出反驳。在我看来，他的这种做法恰恰暴露出他的一种焦虑，它伴随着一切直接获取性满足的活动。这焦虑从何而来？我们无疑可以追溯至他在日内瓦度过的童年时光——他最先接受到的教育就是：肉欲乃可鄙之物。

> 我在成年以前不但对于两性交合之事没有任何清楚的概念，而且我仅有的那点模模糊糊的认识也只会让我想到十分可憎和令人作呕的画面。我对风尘女子的嫌恶之情从未消释；我无法不怀着鄙夷乃至恐惧之心去看待一个放荡之徒：因为有一天，我在沿着一条低洼小路前往小萨孔内村（petit Sacconex）时，发现道路两旁有一些土洞，别人告诉我这里是一些人的野合之所，自那天起，淫猥放荡之事便令我憎恶不已。这种事情总是会让我回想起曾经看到的野狗交配时的情景，一想起那画面，我就感到无比恶心。①

欲望及其肉体满足提前就遭受到了严苛的禁遏：任何感官满足都是非法的、有罪的。卢梭该怎么

---

① 《忏悔录》章一，见《全集》卷一，第16页。

办呢？在洁身自好、严守律法与玩世不恭、僭越妄为之间存在着一些中间道路，卢梭或多或少地意识到它们只是权宜之计：幻想的爱情、反常的行为、"部分的"满足、欲望的转化，以及把攻击性转向自身。由此便导致了卢梭的受动性、手淫、漫游症、裸露癖；这同样也造成了他的那些"女性化"特征，某些人据此断定他具有"潜在的同性恋倾向"。感性的灵魂热衷于幻想和忍受，而非行动；它从疾病中为其孤僻与内向找到了绝佳的托辞。甚至有人认为，反复使用探条的习惯表明卢梭患有一种"易感尿道的性欲亢进"：这不应被仓促地视作一个荒谬的推测①。无论如何，卢梭向我们展示出的这种疾病——不仅是身体的病，也是心理的病——为他可能犯下的罪行提供了一个不在场证明。与其被怀疑干了坏事，他宁可象征性地自残，或者把自己装扮成一个蹩脚的情人。他预先就已准备好把自己——作为一具顺服的死尸——交托给那把将要剖检其畸形部位的解剖刀。他想要被侵犯、被剖开。

可见，即便泌尿系统疾病最初确实源于某种器质性病因，卢梭却利用它来表达自己的拒绝与焦虑。

---

① 想要了解精神分析学家如何看待卢梭的泌尿功能障碍的读者，可以参阅汉斯·克里斯托费尔（H. Christoffel）的著作《本能与文明》（巴塞尔：本诺·施瓦布出版社，1944年）。

在面对"正常的"性经验时,他想要临阵脱逃,而疾病恰好在此时迫使他只能这么做。我们注意到,正是当他身处于"社交圈子"之中,尤其是有女性在场时,他的尿频症就最为严重。

> 这疾病是导致我远离社交圈子且避免与女性共处一室的主要原因。光是想到解手的需要可能会令我陷入的那番窘态,我就已经开始坐立不安了,以至于再这样下去非得闹出洋相不可,那我还真不如死了算了。[1]

这疾病显然是一种既高傲又不安的否定态度在身体上的反映。而且我们还发现,每当他处于或者有可能处于某种依附性的社会地位时,他的疾病几乎总是会剧烈发作:比如,他在威尼斯逗留初期,不得不听命于那位反复无常、独断专行的大使先生时;当税务总管弗朗格伊先生向他提议做他的出纳员时;当他得去觐见国王以获取年金时——每一次,卢梭都毫不妥协,绝不屈从,用他的整个身体说"不"。此时,疾病已远远不只是一个托辞:它是一种行为。排尿的急迫需要以及对难以容忍之依附关系的拒绝:这两者是一回事。在卢梭那里,身体几乎总是第

---

[1] 《忏悔录》章八,见《全集》卷一,第 379 页。

一个发声,最先作出反应。让我们重读卢梭原打算寄给米拉波侯爵的这几行不同寻常的文字:

> 一想到下面这番场景,我还是会颤栗不已:陷在一堆女人中间,苦苦等待着某个夸夸其谈的男人结束他的高谈阔论,要是没人问我是否要去别的什么地方,我压根儿不敢动身离开;在灯火通明的楼梯上,我又遭遇到另一群光鲜靓丽的太太,被她们耽搁了下来;整个院子里都车水马龙、熙来攘往,我感觉自己随时都可能被辗轧至死;女仆们一个个盯着我看,站在墙边的一排男仆在嘲笑我;我甚至都找不到一面墙、一条拱廊、一个可怜巴巴的犄角旮旯来安身;总之,我只能丢人现眼地当众把尿撒在了一条高贵的穿着白色长筒袜的腿上。①

* * *

任何解剖学材料都不会告诉我们一个人是如何利用他的疾病的。卢梭的尸检结果平淡无奇,令人大失所望,这或许是我们可以学到的最有教益的一课了。1778 年 7 月 3 日,即卢梭去世后第二天,医生们就在埃尔芒翁维尔(Ermenonville)剖检了卢梭

---

① 《卢梭书信集》,杜福尔和普朗编,卷十七,第 3 至 4 页。

的尸体。他们发现了什么异常之处吗?

> 在脑组织与包裹它的脑膜之间充满着大量浆液(超过八盎司)。

他们相信卢梭一定是死于"浆液性中风"(apoplexie séreuse):这一诊断术语很久以前就已从我们的医学教科书中消失不见了。那么泌尿系统的情况呢? 剖检记录如下:

> 无论是在肾脏、膀胱、输尿管和尿道中,还是在生殖器官和输精管中,我们都没有发现任何病变部位或违反自然的地方;下腹部所有内脏的体积、容量、硬度也处于完全健康的状态……故而,我们有理由认为,卢梭先生所感到的膀胱部位的疼痛以及他的排尿障碍——特别是他早年所受到的这些方面的困扰——源于膀胱颈邻近部位或膀胱颈自身的痉挛,或是源于前列腺体积增大;这些因素随着身体日益衰老和瘦弱而逐渐消失。①

---

① 勒拜格·德·普莱斯勒:《关于让-雅克·卢梭先生的最后岁月的记述或说明》,伦敦:1778年,第18至19页。

诚然,医生们当时使用的尸检技术应该还比较落后。蓬塞和勒里什发出感慨:"卢梭的整部病史都在抗议这份对它如此不利的尸检记录。"可是,让-雅克全部的情感史与精神史都肯定了这种不确定性。一个举世无双的大人物总是死得这么稀松平常①。

---

① 卢梭之死激起了人们的"解释性妄想",引发出种种夸张的解读;自杀说和谋杀说(泰莱丝坚称此种说法)都有它们各自偏执的支持者。对于像卢梭这样的大人物来说,他的死亡不可能不激发出关于他的各种最为矛盾的心理投射。人们不愿意承认这位"自然人"是自然而然地死去的。

人名索引

(以下为法文原书页码,即本书页边码)

Amiel(Henri-Frédéric),阿米埃勒(昂利-弗雷德里克),126
Augustin(saint),奥古斯丁(圣),31,65,169,221
Aulard(A.),奥拉尔(阿勒冯斯),117

Bachelard(Gaston),巴什拉(加斯东),303 注释
Barrès(Maurice),巴雷斯(莫里斯),395
Baudelaire,波德莱尔,434
Becher(Johann-Joachim),贝歇尔(约翰-尤阿希姆),303
Belaval(Yvon),贝拉瓦勒(伊冯),139
Bernardin de Saint-Pierre(Jacques-Henri),贝尔纳丹·德·圣-皮埃尔(雅克-昂利),184,185,198,238
Blackwell(Thomas),布莱克威尔(托马斯),374
Boileau,布瓦洛,68,438
Borst(Arno),包斯特(阿尔诺),367 注释
Breton(André),布勒东(安德烈),395
Buffon(Georges-Louis L. de),布丰(乔治-路易·勒克莱尔·德),331,342,380—392
Burckhardt(Jakob),布克哈特(雅各布),396
Burgelin(Pierre),毕尔热兰(皮埃尔),20 注释,89,108 注释,125,178 注释,214 注释,259 注释,350

Butor(Michel),布托尔(米歇尔),305 注释

Capgras(J.),卡普格拉(乔塞夫),436 注释
Cassirer(Ernst),卡西尔(恩斯特),33,46,47,178 注释
Cervantès,塞万提斯,406
Chopin,肖邦,434
Christoffel(H.),克里斯托费尔(汉斯),442 注释
Claparède(Edouard),克拉巴海德(埃杜阿尔),373
Coleridge(Samuel Taylor),柯勒律治(塞缪尔·泰勒),193 注释
Condillac,孔狄亚克,40,92,179,246,251,271,331,342, 361—363

Demole(V.),德莫勒(维克多),436 注释
Denysl'Aréopagite,托名狄奥尼修斯［亚略巴古的狄奥尼修斯］,145
Derathé(Robert),德哈代(罗贝尔),56 注释
Derrida(Jacques),德里达(雅克),356 注释
Descartes(René),笛卡尔(勒内),58,383,384
Diderot(Denis),狄德罗(德尼),57,67,70,162,179 注释, 297,321,339
Duchet(Michèle),杜谢(米谢勒),356 注释

Eddy(Mary Baker),艾迪(玛丽·贝柯),433
Elosu(S.),艾洛旭(苏珊娜),435,437
Engels(F.),恩格斯(弗里德里希),44,46,353
Épictète,爱比克泰德,66
Esquirol(Jean-Étienne),伊斯基洛尔(让-埃提安那),436 注释

Fellows(Otis),菲洛斯(欧提斯),381 注释

人名索引

Fleury(Claude),弗勒里(克洛德),374

Formey(Samuel),佛麦(萨穆埃尔),383

François d'Assise(saint),亚西西的方济各(圣),145

Freud(Sigmund),弗洛伊德(西格蒙德),142,214 注释

Gœthe,歌德,34,91,278,279

Gouhier(Henri),古叶(昂利),31 注释

Greco,格雷考,434

Grimsley(Ronald),格里姆斯利(罗纳德),61 注释

Grotius(Hugo),格老秀斯(胡果),39

Guéhenno(Jean),盖恩诺(让),268

Hegel,黑格尔,38,43,44,50,116,214 注释,221,234,238,289,310—313,315,325,329

Herder(J. G. von),赫尔德(约翰·戈特夫里德·冯),111

Hesnard(A.),埃纳尔(昂热洛),194,297 注释

Hobbes(Thomas),霍布斯(托马斯),350,353,357

Holbach(P. H. Dietrich d'),霍尔巴赫(保罗·昂利·提利),94

Hölderlin(Friedrich),荷尔德林(弗里德里希),26,27,173,186,200,214 注释,310—313,315,433

Homère,荷马,375

Horace,贺拉斯,15

Hubert(René),于贝尔(勒内),346

Hume(David),休谟,162,163,165,191

Janet(Pierre),让内(皮埃尔),436

Joubert(Joseph),儒贝尔(乔塞夫),55 注释,299 注释,306

Kafka(Franz),卡夫卡(弗朗茨),268

Kant,康德,43,46,47,58,97,137,141,246,345

Kierkegaard(Sören),克尔凯郭尔(索伦),50,60,61

Kretschmer(Ernst),克雷奇默(恩斯特),241注释,437

Lacan(Jacques),拉康(雅克),297注释

Laforgue(René),拉佛格(勒内),168注释,211,436

LaMettrie(Julien Offray de),拉美特利(朱利安·奥弗雷·德),385

Launay(Michel),罗奈(米歇尔),356注释

Le Bègue de Presle,勒拜格·德·普莱斯勒,444注释

Leriche(R.),勒里什(勒内),437,444

Linné(Carl von),林奈(卡尔·冯),279,385

Locke(John),洛克(约翰),95,170,246,251,342,384

Lombroso(Cesare),龙勃罗梭(切萨雷),436注释

Lovejoy(Arthur O.),洛夫乔伊(亚瑟),345注释

MacDonald(Frederika),麦克唐纳(弗莱德丽卡),437注释

Machiavel,马基雅维里,125,353

Malebranche,马勒伯朗士,58,95,169

Marx(Karl),马克思(卡尔),38,44,47,83

Masson(Pierre Maurice),马松(皮埃尔·莫里斯),90注释,433

Maupertuis(Pierre-Louis Moreau de),莫佩尔蒂(皮埃尔-路易·莫侯·德),363

Maurras(Charles),莫拉斯(夏尔),395

Merleau-Ponty(Maurice),梅洛-庞蒂(莫里斯),204

Métastase,梅塔斯塔齐奥,408

Möbius(P. J.),牟比士(保罗·朱利欧斯),436

Montaigne,蒙田,32,54,70,76,221,224,288,327,415,438

Montesquieu,孟德斯鸠,28注释,353

Morel(Jean),莫雷尔(让),381注释

人名索引

Munteano(Basil),蒙提阿奴(巴兹勒),76 注释,286 注释

Newton,牛顿,138
Novalis,诺瓦利斯,310

Osmont(Robert),奥斯蒙(罗贝尔),147

Pétrarque,彼特拉克,408
Platon,柏拉图,22,27,28 注释,41 注释,97,125,177,339,363,408
Plutarque,普鲁塔克,78,334
Poncet(A.),蓬塞(安托南),437,444
Porset(Charles),波尔塞(夏尔),356 注释
Poulet(Georges),布莱(乔治),40 注释,196 注释
Proust(Marcel),普鲁斯特(马塞尔),217,281

Ramuz(Charles-Ferdinand),拉缪兹(夏尔-费尔迪南),393
Raymond(Marcel),雷蒙(马塞尔),7,70 注释,78,79,139 注释,179 注释,305 注释,312 注释,415,418
Régis(E.),雷吉斯(艾玛纽埃尔),436 注释,437
Richardson(Samuel),理查生(塞缪尔),406
Rodis-Lewis(Geneviève),罗迪-鲁伊(日内维耶夫),356 注释
Roger(Jacques),洛杰(雅克),392 注释
Rougemont(Denis de),卢热芒(德尼·德),140
Rousseau(Jean-Baptiste),卢梭(让-巴提斯特),14

Sartre(Jean-Paul),萨特(让-保罗),167,395
Saussure(Ferdinand de),索绪尔(费尔迪南·德),372
Schelling(F. W. J.),谢林(弗里德里希·威廉·约瑟夫),311

Schiller(Friedrich),席勒(弗里德里希),93,113,115,137

Schopenhauer(Arthur),叔本华(阿图尔),320

Sénèque,塞涅卡,54,287

Sérieux(P.),塞里厄(保罗),436 注释

Socrate,苏格拉底,87—89,93,214

Strabon,斯特拉波,374

Tasso(Torquato),塔索(托尔夸托),78,408,436 注释

Tisserand(Roger),提斯朗(洛杰),331 注释

Vernes(Jacob),凡尔纳(雅各布),439

Vico(Giambattista),维柯(詹巴蒂斯塔),178 注释,353,374

Voltaire,伏尔泰,36,53,160,290,345,404,439

Vossius(Isaac),沃西乌斯(伊萨克),181

Wahl(Jean),瓦尔(让),58 注释

Warburton(William),沃伯顿(威廉),374

Weil(Eric),韦伊(埃里克),47 注释,125 注释,141,344,350

Wirz(Charles),威尔兹(夏尔),156 注释

图书在版编目(CIP)数据

透明与障碍:论让-雅克·卢梭/(瑞士)让·斯塔罗宾斯基著;汪炜译.--上海:华东师范大学出版社,2019
ISBN 978-7-5675-9117-2

Ⅰ.①透… Ⅱ.①让… ②汪… Ⅲ.①卢梭(Rousseau,Jean Jacques 1712—1778)—哲学思想—研究 Ⅳ.①B565.26

中国版本图书馆 CIP 数据核字(2019)第 070035 号

华东师范大学出版社六点分社
企划人 倪为国

JEAN-JACQUES ROUSSEAU, LA TRANSPARENCE ET L'OBSTACLE suivi de Sept essais sur Rousseau
By Jean STAROBINSKI
Copyright © Editions Gallimard, Paris, 1971
Published by agreement with Editions Gallimard
Simplified Chinese translation Copyright © 2019 by East China Normal University Press Ltd.
ALL RIGHTS RESERVED.

上海市版权局著作权合同登记 图字:09-2012-348 号

快与慢
透明与障碍:论让-雅克·卢梭
著　者　(瑞士)让·斯塔罗宾斯基
译　者　汪　炜
责任编辑　高建红
封面设计　姚　荣

出版发行　华东师范大学出版社
社　　址　上海市中山北路3663号 邮编 200062
网　　址　www.ecnupress.com.cn
电　　话　021-60821666 行政传真 021-62572105
客服电话　021-62865537 门市(邮购)电话 021-62869887
地　　址　上海市中山北路3663号华东师范大学校内先锋路口
网　　店　http://hdsdcbs.tmall.com

印　刷　者　上海盛隆印务有限公司
开　　本　787×1092 1/32
印　　张　26
字　　数　390千字
版　　次　2019年11月第1版
印　　次　2019年11月第1次
书　　号　ISBN 978-7-5675-9117-2/B·1185
定　　价　138.00元

出版人　王　焰

(如发现本版图书有印订质量问题,请寄回本社客服中心调换或电话021-62865537 联系)